E-Business *kompakt*

Tobias Kollmann

E-Business *kompakt*

Grundlagen elektronischer Geschäftsprozesse in der Digitalen Wirtschaft
mit über 70 Fallbeispielen

Tobias Kollmann
Lehrstuhl für E-Business und E-Entrepreneurship
Universität Duisburg-Essen
Essen, Deutschland

ISBN 978-3-658-26977-7   ISBN 978-3-658-26978-4   (eBook)
https://doi.org/10.1007/978-3-658-26978-4

Die Deutsche Nationalbibliothek verzeichnet diese Publikation in der Deutschen Nationalbibliografie; detaillierte bibliografische Daten sind im Internet über http://dnb.d-nb.de abrufbar.

Springer Gabler
© Springer Fachmedien Wiesbaden GmbH, ein Teil von Springer Nature 2019

Lektorat: Barbara Roscher

Springer Gabler ist ein Imprint der eingetragenen Gesellschaft Springer Fachmedien Wiesbaden GmbH und ist ein Teil von Springer Nature
Die Anschrift der Gesellschaft ist: Abraham-Lincoln-Str. 46, 65189 Wiesbaden, Germany

Vorwort

Warum sollte man sich mit dem Buch „E-Business" in der nun vorliegenden **7. Auflage** befassen und sich durch die inzwischen über 1.000 Seiten rund um digitale Geschäftsprozesse und -modelle arbeiten? Die Antwort ist klar: Damit man sich im Hinblick auf eine wirkliche Kompetenz und echtes Fachwissen von denen unterscheidet, die nur mit Buzzwords um sich werfen. Und trotzdem kann es manchmal hilfreich und sinnvoll sein, sich einen schnelleren Zugang zu den vielen Themen dieses umfassenden Lehrbuchs zu verschaffen. Zu diesem Zweck ist dieses Werk **„E-Business *kompakt*"** in der nun **1. Auflage** entstanden, welches genau dies ermöglichen soll und zentrale Inhalte des Gesamtwerkes nun als Auswahl zur Verfügung stellt. Damit ist sowohl für den Autor als auch insbesondere den Leser eine große Verantwortung verbunden, die in den folgenden Statements zusammengefasst wird:

Was das Buch „E-Business *kompakt*" <u>leisten</u> kann:

▨ Das Buch „E-Business *kompakt*" bietet einen **schnellen und kompakten Zugang zu ausgewählten Themen** des E-Business und damit zu den Grundlagen elektronischer Geschäftsprozesse in der Digitalen Wirtschaft.

▨ Der Leser soll über das Buch „E-Business *kompakt*" einen **leichteren Zugang zu dem inzwischen doch sehr umfangreichen Themenfeld „E-Business"** bekommen, um dadurch einen Anreiz für das gesamte Spektrum zu erhalten.

▨ Die verschiedenen Zielgruppen (Dozierende, Studierende, Praktiker, Gründer, Berater und Investoren) können sich über das Buch „E-Business *kompakt*" **zielorientierter mit zentralen Aspekten des E-Business** und damit der Digitalen Wirtschaft befassen.

Was das Buch „E-Business *kompakt*" <u>nicht leisten</u> kann:

▨ Das Buch „E-Business *kompakt*" ist **keine Zusammenfassung** des Hauptwerkes „E-Business". Die Themen stellen eine verdichtete Auswahl dar, aber nicht alle Inhalte werden hierdurch abgedeckt.

▨ Die ausgewählten Inhalte des Buches „E-Business *kompakt*" sind diesbezüglich **keine Bewertung in wichtige und unwichtige Inhalte**, sondern sollen nur einen schnelleren Zugang zu zentralen Aspekten des Hauptwerkes „E-Business" ermöglichen.

▨ Das Buch „E-Business *kompakt*" bietet für den Lehrbereich **keine Vollständigkeit der lerntheoretischen Grundgesamtheit** und lehrdidaktischen Möglichkeiten wie Übungs- und Klausuraufgaben. Beides ist nur über das Hauptwerk „E-Business" möglich.

Fazit: „E-Business *kompakt*" ist kein Ersatz für das Hauptwerk „E-Business"!

Es ist auch in der Verbindung von Theorie und Praxis anders gestaltet: Während im Hauptwerk der praxisorientierten Implementierung für jede Plattform ein eigenes Kapitel gewidmet ist, werden im Buch „E-Business *kompakt*" neben den vielen Praxisbeispielen im Text nun direkt an den entsprechenden Stellen **konkrete Anwendungsfälle aus der Praxis** eingeführt, welche die theoretischen Grundlagen unmittelbar verdeutlichen sollen. Damit wird das Buch „E-Business *kompakt*" **deutlich praxisorientierter** als das Hauptwerk „E-Business". Alle Zielgruppen haben über diesen Zugang hinaus dann die Möglichkeit, ihr Wissen über die ausführlichen Beschreibungen im Hauptwerk zu vertiefen.

Da die weitere Digitalisierung nicht mehr aufzuhalten ist, müssen wir das digitale Zeitalter aktiv über das zugehörige **Digital Leadership** gestalten und gemeinsam das Deutschland 4.0 für unsere digitale Wirtschaft aufbauen. Dies wird abhängig sein von einem **Digital Mindset (Wollen)**, den zugehörigen **Digital Skills (Können)** sowie der **Digital Execution (Machen)**. Dieses Buch „E-Business *kompakt*" möchte ebenso wie sein großer Bruder „E-Business" für alle drei Bereiche einen Impuls setzen. Zunächst soll es die Chancen und Möglichkeiten der Digitalisierung hervorheben und somit das „Wollen" motivieren. Es setzt den Hebel aber natürlich insbesondere beim zweiten Aspekt an und möchte gerade einen ersten Zugang zum notwendigen „Wissen" ermöglichen, damit ein erfolgreiches „Können" mit klaren Hinweisen auf ein zugehöriges Projektmanagement wahrscheinlicher wird. Daneben gibt es nun die Möglichkeit, sich selbst im Hinblick auf das eigene „Digital Leadership" zu testen. Dafür gibt es im Internet den neuen begleitenden **Digital Leadership Index** (www.digital-leadership-index.de), bei dem man über einen Fragebogen seine eigenen Fähigkeiten im Hinblick auf die Attribute Digital Mindset, Digital Skills und Digital Execution kostenlos einschätzen kann. Dieses Tool wird auch für Unternehmen im Rahmen einer Gesamtanalyse der vorhandenen Mitarbeiter angeboten, um eine übergreifende Einschätzung für die „**Digital Readiness**" abgeben zu können.

Hinzu kommen die erfolgreichen **berufsbegleitenden Studiengänge** zum „**E-Business-Manager**" (www.e-business-manager.de) für Fachkräfte und für die (angehenden) Führungskräfte zum „**E-Business-Leader**" (www.e-business-leader.de) mit Zertifikat der Universität Duisburg-Essen, bei dem sich die Teilnehmer die Kompetenzen für das Management und die Unternehmensführung im digitalen Zeitalter erarbeiten können. Daneben gibt es weiterhin die Möglichkeit, die Grundlagen (Kapitel 1) aus dem Lehrbuch „E-Business" und deren Auswahl im Buch „E-Business *kompakt*" auch mit einem **Online-Kurs** zu begleiten. Dieses **E-Business-Seminar** (www.e-business-seminar.de) ist ein Premium-Angebot im Internet mit einer aufwendigen Produktion der Lerninhalte in Text, Bild, Ton, Video, Animation, interaktiven Grafiken usw. Aufgeteilt in sechs Kapitel mit vielen interessanten Medien und Inhalten erhalten die Teilnehmer das Rüstzeug für einen erfolgreichen Weg durch die Digitale Wirtschaft bequem für zu Hause oder ihren Arbeitsplatz. Durch das cloudbasierte Angebot lernt man zeit- und ortsunabhängig. Die professionell aufbereiteten Inhalte und attraktiven Medienformate machen Spaß und vermehren nochmals das Wissen.

Die **Zielgruppe des Lehrbuchs** sind weiterhin Dozenten und Studierende der Studienrichtungen Betriebswirtschaftslehre und Wirtschaftsinformatik/Informatik, die sich mit den Themen E-Business bzw. E-Commerce oder jetzt auch M-Commerce bzw. T-Commerce, (E-)Entrepreneurship, Marketing und Innovationsmanagement beschäftigen. Praktiker, Politiker, Berater und Investoren, die sich mit Geschäftsmodellen bzw. -prozessen in der Digitalen Wirtschaft oder im Rahmen der Digitalen Transformation befassen oder dort bereits tätig sind, erhalten wertvolle Anregungen.

Ferner bietet der Autor unter der Marke „*netSTART – WE START YOUR E-BUSINESS*" (www.netstart.de) ein umfassendes Angebot von **Keynotes**, **Vorträgen**, **Seminaren** und **Workshops** zu den Themen Digitale Innovation, Digitale Transformation und Digitale Wirtschaft an. In der Kombination aus dem Vortragsangebot und den Weiterbildungskursen ist auch die „*netSTART-Academy*" entstanden (www.netstart-academy.de). Das resultierende Aus- und Weiterbildungssystem für das Digitale Zeitalter bietet als Baukasten das Wissen und die Kompetenz für die Digitale Transformation und die Digitale Wirtschaft an.

Mein besonderer **Dank** für die **Unterstützung** bei der Fertigstellung dieses Werkes gilt erneut den wissenschaftlichen Mitarbeitern meines Lehrstuhls, die unter der zugehörigen Marke „*netCAMPUS – WE START YOUR E-ENTREPRENEURSHIP*" (www.netcampus .de) nun schon seit 18 Jahren mit mir gemeinsam Forschung und Lehre für die Digitale Wirtschaft betreiben. Dazu zählen in diesem Auflagen-Durchgang Herr *Simon Hensellek*, Frau *Katharina de Cruppe*, Herr *Philipp Jung* und Herr *Lucas Kleine-Stegemann*. Weiterhin möchte ich mich sehr bei Herrn *Ingo Kummutat* für die Betreuung der zugehörigen Webplattform und meinem Sekretariat mit Frau *Denise Goldkuhle* für die Korrekturarbeiten bedanken. Auch die studentischen Hilfskräfte haben sich mit den Recherche- und umfangreichen Layout-Arbeiten für dieses Werk verdient gemacht. Mein besonderer Dank gilt aber erneut meiner lieben Frau *Frauke Stefanie* und meinen beiden Söhnen *Kilian* und *Niklas*, die mir einen vorbehaltlosen Rückhalt bieten. Sie sind Ansporn und Erfüllung zugleich und geben meinem Leben einen Sinn.

Essen, im Sommer 2019

Tobias Kollmann

Universität Duisburg-Essen, Campus Essen
Lehrstuhl für E-Business und E-Entrepreneurship
Internet: www.netcampus.de / www.netstart.de
Universitätsstrasse 9, D – 45141 Essen
E-Mail: tobias.kollmann@uni-due.de

Facebook: www.facebook.de/prof.tobias.kollmann
LinkedIn: www.linkedin.com/in/tobiaskollmann
Xing: www.xing.com/profile/tobias_kollmann
Twitter: www.twitter.com/prof_kollmann

Medienhinweise

Parallel zum Buch „E-Business *kompakt*" bieten wir zahlreiche multimediale Lehrmaterialien an. Dazu zählen zum Beispiel folgende Inhalte:

Video-Podcasts „E-Business" mit u.a.

- Die elektronische Kommunikation im E-Business

- Die elektronische Wertschöpfung im E-Business

- Der Informationswettbewerb im E-Business

Video-Podcasts „E-Procurement" mit u.a.

- Aufgaben im E-Procurement

- Produktanalyse im E-Procurement

- E-Procurement und E-Supply-Chain-Management

sowie zahlreiche **Audio-Podcasts zu den Themen „E-Business" und „E-Community"**. Kostenlos abrufbar (Video- und Audio-Podcasts) unter *www.netcampus.de/podcasts*

Online-Kurs „E-Business-Seminar"

Alle Grundlagen für elektronische Geschäftsprozesse und -modelle (Kapitel 1) gibt es jetzt auch als Online-Kurs. Nie war es einfacher, sich für die Digitale Wirtschaft fit zu machen! Unser Premium-Angebot mit einer aufwendigen Produktion der Lerninhalte in Text, Bild, Ton, Video, Animation, interaktiven Grafiken usw. Durch unser cloudbasiertes Angebot lernen Sie zeit- und ortsunabhängig. Die professionell aufbereiteten Inhalte und attraktive Medienformate machen Spaß und vermehren Ihr Wissen. Die Themen sind Digitale Technologien, Digitale Mehrwerte, Digitale Geschäftsmodelle und Digitaler Wettbewerb.

Testkapitel kostenlos/Gesamtkurs kostenpflichtig abrufbar unter
anmeldung.e-business-seminar.de

Inhaltsverzeichnis

1. Die Grundlagen des E-Business

1.1 Der Informationstransfer für die Digitale Wirtschaft

Was ist die **Basis für das E-Business**? Es sind die **digitalen Daten**, die über elektronische Technologien zwischen ökonomisch Beteiligten ausgetauscht werden! Es sind die Nullen und Einsen als digitale Inhalte, die drei Kernelemente **Information**, **Kommunikation** und **Transaktion** auf einer elektronischen Handelsebene repräsentieren (*Kollmann* 2019a). Um dies zu gewährleisten, müssen eine Reihe von Rahmenbedingungen gegeben sein, damit das E-Business bzw. die zugehörige Digitale Wirtschaft funktioniert.

    Lernhinweis: Grundlagen als E-Business-Seminar (Online-Weiterbildung)
www.e-business-seminar.de (anmeldung.e-business-seminar.de)

Da ist zunächst die Entwicklung der **Informationstechnik**. Diese induzierte spätestens seit Beginn der 1990er Jahre einen Strukturwandel im gesellschaftlichen und wirtschaftlichen Bereich (*Tapscott* 1996, S. 17 ff.). Waren anfangs Computer und Netzwerke nur wenigen Spezialisten vorbehalten, sind sie heute für alle Menschen ein fester Bestandteil des täglichen Lebens. Die digitale Technik und ihre Auswirkung auf die Informationsübertragung sind allgegenwärtig. Der stetige Fortschritt und die wachsende Bedeutung der Informationstechnik sowie der Ausbau und die Vernetzung von elektronischen bzw. digitalen Datenwegen sind notwendige Voraussetzungen für eine neue Dimension des wirtschaftlichen Miteinanders: dem elektronischen Handel auf elektronischen Datenwegen (*Weiber/Kollmann* 1997, S. 513 ff.; *Kollmann/Krell* 2011). Den Ausgangspunkt dieser Entwicklung bildete das Leistungsvermögen der Computer- und Informationstechnik. Auf dieser Basis konnten und wurden **Inhalte digitalisiert** und über **elektronische Netzwerke transferiert**. Die zugehörigen zentralen **Fragen und Lernziele** sind:

- **Digitalisierung**: Welche Veränderungen und Auswirkungen auf Information, Kommunikation und Transaktion und damit letztendlich wirtschaftliche Kraft steckt hinter der Digitalisierung von Inhalten?

- **Vernetzung**: Welche Rolle spielt die Vernetzung der Marktteilnehmer und deren Erreichbarkeit über das Internet als digitales Medium und welche Möglichkeiten ergeben sich daraus für Information, Kommunikation und Transaktion?

- **Datenmenge**: Welche Möglichkeiten ergeben sich durch die Sammlung, Auswertung und Übertragung der digitalisierten Inhalte in Form von Daten für Information, Kommunikation und Transaktion?

© Springer Fachmedien Wiesbaden GmbH, ein Teil von Springer Nature 2019
T. Kollmann, *E-Business kompakt*, https://doi.org/10.1007/978-3-658-26978-4_1

▨   **Interaktivität**: Wie ändern sich die Rahmenbedingungen für einen Austausch von Informationen in Form von Daten zwischen den direkt und unmittelbar vernetzten Marktteilnehmern im Rahmen einer transaktionsorientierten Kommunikation?

1.1.1   Die Kraft der Digitalisierung

Die **Digitalisierung** der Informationen im Softwarebereich stellt eine der Grundvoraussetzung für die Digitale Wirtschaft dar. Die Digitalisierung ermöglicht es, große Mengen von Text, Bildern und anderen Informationen ohne Qualitätsverlust und mit hoher Geschwindigkeit zu bearbeiten, zu kopieren, zu übertragen und anzuzeigen (*Bode* 1997, S. 449 ff.). Diese neue digitale Welt wird dabei vom Takt von 0 und 1 bestimmt; Daten, die dann über Netzwerke übertragen werden können und so eine neue Kraft für **Information**, **Kommunikation** und **Transaktion** entfalten können. Für eine optimale Gestaltung elektronischer Geschäftsprozesse mit hohem Informationsgehalt werden dabei die verschiedenen grundlegenden **Datenarten** in ihre digitale Form umgewandelt:

▨   **Text**: Digitalisierung von Text erfolgt meist über den *American Standard Code for Information Interchange* (ASCII)-Code, bei dem jeder lateinische Buchstabe durch eine Folge von sieben Ziffern ausgedrückt wird. Jede Ziffer kann nur den Wert 0 oder 1 annehmen. Die Ziffernfolge 1000001 stellt bspw. den Großbuchstaben „A" dar.

▨   **Bild**: Die Digitalisierung eines Bildes basiert auf dessen Zerlegung in Zeilen und Spalten. Bei einfachen Rastergrafiken mit ausschließlich schwarzen und weißen Bildpunkten nimmt jedes Element dieser Matrix entweder den Wert 0 für weiß oder 1 für schwarz an. Die Matrix wird zeilenweise ausgelesen, wodurch man eine Folge von Ziffern erhält, die das Bild repräsentiert. Um demgegenüber ein Farbbild darzustellen, wird jedem Pixel z. B. eine 16- oder 32-stellige Ziffernfolge zugeordnet.

▨   **Ton**: Die Umwandlung von Tonsignalen erfolgt in der Regel mit einem Analog-Digital-Wandler, der die analogen Eingangssignale in einen digitalen Datenstrom überführt. Auflösung und Abtastrate des Wandlers bestimmen dabei, mit welcher Genauigkeit das ursprüngliche Signal in digitaler Form dargestellt wird und somit die Tonqualität.

> **!**   **Alle in elektronischen Geschäftsprozessen übermittelten Informationen lassen sich auf die Digitalisierung der grundlegenden Datenarten Text, Bild und Ton zurückführen.**

Die **Datenmenge**, die bei der Erstellung von Ton- und Bildinformationen entsteht, ist enorm. Ein Bild nach dem internationalen Standard für professionelles digitales Video der *International Telecommunication Union Radiocommunication Sector* (ITU-R) „ITU-R BT 601" (frühere Bezeichnung: CCIR 601) ist 830 KB groß und eine Minute Videodaten benötigen 1,26 GB. Das Fassungsvermögen einer CD-ROM beträgt gegenwärtig in der

Regel 800 MB, also etwa 30 Sekunden Videosignal. Selbst handelsübliche DVDs (4,7 GB) und USB-Speichersticks (ca. 64-128 GB) könnten dementsprechend nur wenige Informationen aufnehmen. Zur Reduktion des **Speicherbedarfs** bei der Datenhaltung und zur Reduktion des Datenaufkommens, insbesondere während der Übertragung von Daten, werden die Informationen nach Möglichkeit komprimiert. Bei der Datenkompression wird die Datenmenge dadurch verringert, dass eine günstigere Repräsentation bestimmt wird, mit der sich die gleichen Informationen in kürzerer Form darstellen lassen. Unterschieden wird zwischen einer verlustfreien und/oder verlustbehafteten Kompression. Bei der verlustfreien Redundanzkompression wird die Datenreduktion durch das Entfernen von Redundanzen erreicht und es entsteht somit kein Informationsverlust. Die Irrelevanzreduktion hingegen reduziert die Information. Dabei wird ein Modell zugrunde gelegt, das entscheidet, welcher Teil der Information für den Empfänger entbehrlich ist. Ein Beispiel für eine entbehrliche Information sind akustische Signale, die außerhalb des Bereichs des menschlichen Hörvermögens liegen, aber dennoch z. B. in Musiktiteln enthalten sind. Die Einsatzgebiete der verlustbehafteten Kompression sind insbesondere Ton, Bild und Film. In jedem dieser Bereiche existieren definierte Methoden und Standards zur **Datenkompression**. Ohne diese Informationsreduktion wären die oftmals enormen Datenmengen im E-Business (z. B. Produktbilder, Produktvideos) nicht zu handhaben (*Kollmann* 2019a).

- **Bild**: PNG, JPG, GIF, TIFF

- **Ton**: MP3, WMA, OGG, AAC

- **Video**: MP4, AVI, WMV, MPEG

Im Hinblick auf die **wirtschaftliche Dimension** der Auswirkung einer Digitalisierung von Informationen kann festgehalten werden, dass die elektronische Erfassung, Verarbeitung und Weitergabe von 0/1-Daten erhebliche Skalen- und Kostenvorteile für wirtschaftliche Transaktionen im Hinblick auf die **Datenproduktion** mit sich bringt (s. Abb. 1). Im Gegensatz zu realen Informationsprodukten bzw. -trägern, die mit der Zunahme der Ausbringungsmenge der Informationsinhalte nur bedingt Kosteneinsparungen realisieren können (z. B. bei der Produktion von Broschüren und/oder deren postalischer Versendung), ist bei digitalen Informationsprodukten bzw. -trägern in der Regel lediglich die erstmalige Erstellung des digitalen Inhaltes mit größeren Kosten verbunden (sog. First Copy Costs). Die nachfolgende Vervielfältigung und Verbreitung der 0/1-Daten ist dann nur noch mit marginalen Kosten, z. B. für die digitale Speicherung oder die Datenübertragung über elektronische Netzwerke, verbunden. In der Folge kommt es mit steigender Anzahl der Kopien der digitalen Informationsprodukte zu einem erheblichen **Kostendegressionseffekt** (s. Abb. 1), der auch zu einem Anstieg der wirtschaftlichen Attraktivität der Nutzung digitaler Informationen und deren mengenmäßigen Distribution über elektronische Datennetze führt (**Gewinnskalierungseffekt**, s. Kapitel 1.1.2). Diese Effekte sind ein zentrales Merkmal für die Etablierung der Digitalen Wirtschaft. Damit diese Effekte innerhalb des Datenaustausches zwischen Handels- und Kommunikationspartnern wirksam bzw. realisiert werden, müssen die von ihnen genutzten Übertragungsmedien und zugehörigen Nutzer aber miteinander vernetzt sein (*Kollmann* 2019a).

Der Kostendegressionseffekt als Verhältnis von Kosten der einmaligen Daten-produktion zu den Kosten der multiplen Datenverwendung ist umso größer, je öfter die Daten wirtschaftlich verwendet werden können.

Fallbeispiel: iTunes

iTunes (www.itunes.de) ist eine universelle Multimedia-Verwaltungssoftware des US-amerikanischen Unternehmens Apple. Das Programm dient dem Abspielen, Konvertieren, Brennen, Organisieren und Kaufen von Musik, Hörbüchern, Podcasts und Filmen. Es kann die Inhalte angeschlossener Geräte des Typs iPod, iPad und iPhone verwalten. Die digitalen Musiktitel werden einzeln oder in Verbindung zu einem Album u.a. in den For-maten MP3 und AAC als Download zu einem festgelegten Preis angeboten. Die Produk-tion eines Musiktitels bzw. das zugehörige Musikrecht kostet Geld und unabhängig von dem Geschäftsmodell (Einzelverkauf oder Nutzungsabo) ist es das ökonomische Ziel mög-lichst viele Einheiten abzusetzen bzw. nutzbar zu machen. Während früher jede Kopie ei-ner Schallplatte oder CD mit gleichbleibenden Produktions- bzw. Materialkosten verbun-den war, ist die weitere Distribution eines digitalen Titels aufgrund der einfachen Repro-duktion (Kopierbarkeit im Datenabruf) nicht mit diesen Kosten verbunden. Und so sinken die durchschnittlichen Kosten aus der Datenproduktion auf Basis der First-Copy-Costs mit jeder weiteren Ausbringung bzw. Datenverwendung in Form der Anzahl an Kopien und deren Verkauf.

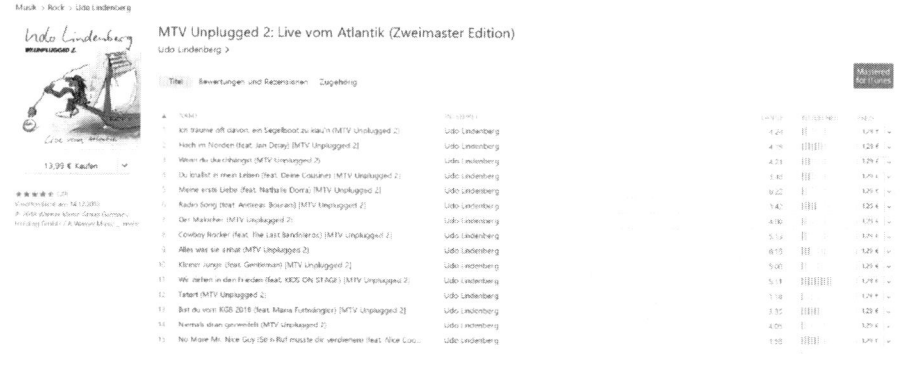

1.1.2   Die Zunahme der Vernetzung

Die **Vernetzung** von Computersystemen lässt neue Freiheitsgrade für die Verbreitung der digitalisierten Informationen und Inhalte in Form von digitalen Daten zu. Die zunehmende Vernetzung der einzelnen, in der Anschaffung immer günstiger werdenden PCs oder mo-bilen Einheiten, führt dazu, dass quasi jeder am „Datenhighway" teilnehmen kann. Dabei führt die weltweite Vernetzung von digitalen Daten und Informationswegen zu einer neuen Phase des Aufschwungs mit neuen Spielregeln für das wirtschaftliche Zusammenleben. Kommunikationsformen ändern sich, **Marktgrenzen lösen sich auf**, die Globalisierung schreitet fort und individuelle Informationen lassen sich ohne räumliche Beschränkungen nahezu unendlich schnell von einem Punkt zum anderen innerhalb dieser Netze übertragen. Hält man sich vor Augen, dass die ersten Rechner erst im Jahr 1969 vernetzt wurden, so wird einem immer wieder deutlich, wie kurz eigentlich die Zeitspanne von den Ursprüngen der Entwicklung bis zu den heutigen Strukturen des vorhandenen **globalen Informationsnetzes** ist bzw. war. Der *Global Digital Report* (2018) zeigt, dass heutzutage mehr als 4 Mrd. Menschen weltweit das Internet nutzen. Insbesondere für die jüngeren Generationen gilt das weltweite Datennetz als das zentrale und wichtigste **Informations- und Unterhaltungsmedium**. Die Nutzung ist zu einem Kennzeichen eines innovativen und zukunftsgerichteten Lebensstils und somit zu einer gesellschaftlichen Kulturfrage geworden. Gleichermaßen bestimmt die zunehmende Vernetzung die wirtschaftliche Entwicklung maßgeblich. Internationale Experten sind sich einig, dass sich zunehmend auch überlegene **breitbandige Netz-Infrastrukturen** zu einem entscheidenden Erfolgsfaktor im internationalen Standortwettbewerb entwickeln.

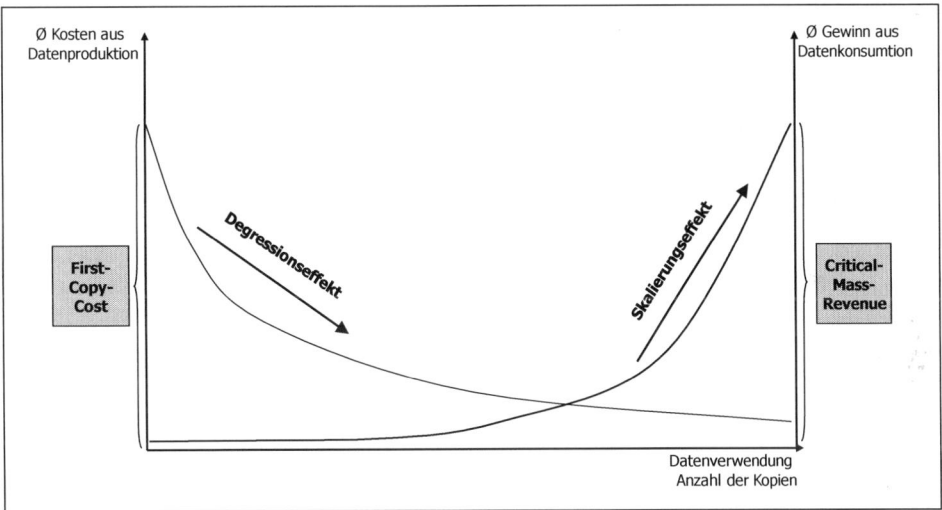

Abb. 1:   Kostendegressions- und Gewinnskalierungseffekte bei der Produktion und Konsumtion von digitalen Informationen

Quelle: in Anlehnung an bzw. Erweiterung von *Wirtz* 2018, S. 219.

Ein ständig verfügbares Netz mit hohen Bandbreiten und moderaten Preisen fördert die Wettbewerbsfähigkeit von Unternehmen und bietet Konsumenten vielfältige neue Möglichkeiten zur Bewältigung und Gestaltung des Alltags. So betrug laut *Statistischem Bundesamt* (2015) der Anteil von Informations- und Kommunikationsdienstleistungen am deutschen Bruttoinlandsprodukt im Jahr 2014 etwa 4,7 % mit einem Anstieg von 2,0 %

im Vergleich zum Vorjahr. Der vor einigen Jahren prognostizierte Anstieg auf 11,8 % bis zum Jahr 2015 wird somit wohl nicht ganz erfüllt, dennoch lässt sich die steigende Bedeutung dieses Sektors feststellen. Experten erkennen ebenfalls einen Trend zur persönlichen Vernetzung über Breitband. So werden insbesondere Kommunikationsservices und Entertainmentangebote als wachsende Gruppen im Bereich Breitband-Nutzung angesehen (*Wirtz* 2008, S. 18 ff.). Die **Breitband-Technologie** stellt somit den Ausgangspunkt von zukünftigen Veränderungen dar, die den Einzelnen genauso wenig unberührt lassen wie die Wirtschaft oder die Gesellschaft als Ganzes. Erst mit einer ausreichenden Bandbreite können die umfassenden und komplexen Informationen für eine geschäftliche Transaktion übertragen werden. Mit dieser technischen Möglichkeit wuchs die Attraktivität für Handelsteilnehmer, das Datennetz wirtschaftlich zu nutzen, und damit wuchs die Vielfalt der Datenquellen und der verfügbaren Datenmenge (*Kollmann* 2019a).

Im Hinblick auf die **wirtschaftliche Dimension** der Auswirkung einer Vernetzung der Teilnehmer im und über das Datennetz kann festgehalten werden, dass mit einer Zunahme der **Datenkonsumtion** ein Skalierungseffekt für den Gewinn aus digitalen Transaktionen entstehen soll bzw. kann (s. Abb. 1). Der Grund hierfür ist die sog. **kritische Masse** (engl. Critical-Mass). Sie bezeichnet die subjektive Attraktivität der von einem Individuum empfundene Mindestzahl an Angeboten oder Nutzern auf einer elektronischen Plattform, die erforderlich ist, damit ein ausreichender Nutzen für die eigene langfristige Verwendung wahrgenommen wird. Dies kann z. B. bei einem E-Shop die Anzahl an angebotenen Produkten, bei einer E-Community die Anzahl der registrierten und/oder aktiven Nutzer oder auf einem E-Marketplace die Anzahl der Anbieter und Nachfrager bzw. der durch sie determinierten Handelsaktivitäten sein. Je größer diese installierte Basis, desto größer ist der Derivativnutzen für den (nächsten/vorhandenen) Kunden (s. Kapitel 4.3.1). Wenn hierbei eine bestimmte Angebots- bzw. Nutzerzahl überschritten ist und der Derivativnutzen ein bestimmtes Niveau überschritten hat, ist zu erwarten, dass nicht nur die vorhandenen Nutzer das elektronische Angebot auch in Zukunft akzeptieren, sondern auch die Anzahl der Neukunden und die damit verbundenen Einnahmen exponentiell zunehmen (Skalierungseffekt, Critical-Mass-Revenue, s. Abb. 1). Dies gilt gerade vor dem Hintergrund, dass die dafür notwendigen Informationen aus der Datenproduktion gleichzeitig aufgrund des bereits dargestellten Kostendegressionseffektes immer weiter sinken (s. Kapitel 1.1.1).

   Der Gewinnskalierungseffekt als Verhältnis von Einnahmen bzw. Gewinn aus der multiplen Datenkonsumtion im Verhältnis zu den Kosten der multiplen Datenverwendung ist umso größer, je skalierbarer die Daten systemseitig abgerufen werden können.

Fallbeispiel: Audible

Audible ist ein international operierender Anbieter für kommerzielle Hörbuch-Downloads. Sowohl die deutsche Audible GmbH als auch das US-amerikanische Audible Inc. sind seit 2008 Tochterunternehmen der Amazon.com Inc. Neben Deutschland bedient das Unternehmen über Internetplattformen auch Märkte in den USA, Großbritannien, Italien und Frankreich. Zusätzlich zu dem eigenen Online-Auftritt stattet Audible als weltweit exklusiver Partner den iTunes Store mit gesprochenen Audioinhalten aus. Audible hinterlegt in seinem System die einzelnen digitalen Hörbücher und stellt diese kostenpflichtig als einzelne Kopien oder im Rahmen eines Abosystems dem Nutzer zur Verfügung. Dabei ist die Plattform technisch so gestaltet, dass diese sowohl den Abruf von wenigen als auch den von sehr vielen Nutzern gleichzeitig als Datenlast auf dem Server auffangen kann (technische Skalierbarkeit). Dadurch wird auch die Anforderung an die technische Absicherung einer möglichst positiven Nutzungsakzeptanz im Hinblick auf eine hohe gleichzeitige Nutzungsintensität der Kunden adressiert. Je mehr Nutzer das technische System ohne eine kostenseitige Erweiterung der Infrastruktur aufnehmen kann, umso höher ist dann auch der Gewinn aus den verkauften Hörbuch-Einheiten bzw. den Abo-Paketen und somit jedem neuen Kunden. Wenn es dem Unternehmen dann noch gelingt, eine kritische Masse an Kunden zu erreichen, sodass die Aufnahme weiterer Hörbuch-Titel und ggf. Eigenproduktionen kostenseitig gerechtfertigt erscheinen, dann steigert Audible die damit verbundene Attraktivität für weitere Nutzer, diese Plattform zu nutzen und den Critical-Mass-Revenue für das Unternehmen zu realisieren.

1.1.3 Das Wachstum der Datenmenge

Abhängig von der Zahl und der Leistung der vernetzten Rechner auf der Hardwareebene erfolgt parallel eine enorme Zunahme hinsichtlich der über die Datennetze transferierten **Datenmenge** der Bits und Bytes. Die mit ihnen übermittelten Informationseinheiten und damit die eigentlichen Inhalte des Datenaustauschs werden zunehmend auch zum Träger wirtschaftlicher Transaktionen. Geschäftliche Prozesse werden vermehrt von der persönlichen Ebene (Face-to-Face) auf die Kanäle der weltweiten Datennetze (Bit-to-Byte) verlagert. Das hiermit verbundene Informationsaufkommen erreicht bisher unvorstellbare Dimensionen. So wurden in den Jahren 2000 bis 2002 genauso viele Daten produziert wie in den gesamten 2.000 Jahren davor. In den drei Jahren darauf hat sich das weltweite **Datenvolumen** vervierfacht. Einer von *IDC* (2012) durchgeführten Studie folgend verzehnfacht sich das weltweite Datenvolumen bis zum Jahr 2020, wobei die im Jahr 2013 erzeugte Datenmenge auf 4,4 Zettabyte (4,4 Billionen Gigabyte) geschätzt wurde. Nach neuesten Erkenntnissen wird sich die weltweite Datenmenge bis zum Jahr 2025 verzehnfachen auf bis zu 163 Zettabyte (*Kroker* 2017).

Diese Datenexplosion konfrontiert die Menschen mit so vielen Informationen, dass sie nur noch einen geringen Teil wahrnehmen können. Der breite Datenstrom muss daher sowohl logistisch wie inhaltlich organisiert werden und bietet daher viele Chancen für neue Geschäftsmodelle im Bereich der Informationsverarbeitung, -systematisierung und -übertragung (*Kollmann* 2006, *Kollmann/Krell* 2011). Ein aktuelles Stichwort ist in diesem Zusammenhang der Begriff „**Big Data**", der die Zusammenführung von hohen Datenmengen und deren Auswertung umfasst. 90 % der heute gespeicherten Daten wurden allein in den letzten zwei Jahren erzeugt, womit diese Datenvolumina vier Mal schneller wachsen als die gesamte Weltwirtschaft. Täglich werden weltweit ca. 2,5 Trillionen Byte an Daten erzeugt, wovon jedoch 90 % in unstrukturierter Form vorliegen, also z. B. als Posts, Fotos, Nutzerhistorien, Log-Files etc. (*Kroker* 2015). Zudem zeichnet sich eine enorme Verlagerung bei der Datenquelle ab. So wird bis zum Jahr 2025 nicht mehr der Großteil der Daten durch Privatnutzer, sondern durch Unternehmen generiert (*Kroker* 2017). Diese großen, heterogenen Datenmengen gilt es sinnvoll zu analysieren und somit (wirtschaftlich) nutzbar zu machen. Die vier zentralen **Facetten** von Big Data sind vor diesem Hintergrund gemäß der *BITKOM* (2014):

- **Datenmenge (Volume)** bezeichnet den stetig ansteigenden Umfang an gespeicherten Daten. Dabei können einzelne Organisationen oder Unternehmen bereits über enorme Datenvolumina verfügen, welche von mehreren Terabytes bis hin zu einigen Petabytes reichen können.

- **Datenvielfalt (Variety)** bezieht sich auf die wachsende Vielfalt an Datenquellen und -formaten, welche in Big Data-Datensätze einfließen. Dabei lassen sich diese oft sehr heterogenen Daten grob in die drei Oberkategorien von unstrukturierten, semistrukturierten und strukturierten Daten einordnen. Optional ist auch die Verwendung einer vierten Oberkategorie, den sog. polystrukturierten Daten, möglich. Dabei wird oftmals auch versucht, die unternehmensintern vorliegenden Daten mittels externer Daten, z. B. aus sozialen Netzen, zu ergänzen und besser zu strukturieren.

- **Geschwindigkeit (Velocity)** bezieht sich auf die Notwendigkeit einer immer schnelleren Auswertung der Datenmengen. Die Geschwindigkeit der Datenverarbeitung und -auswertung muss dabei generell mit den stetig wachsenden Datenvolumen Schritt halten, um eine zeitnahe Analyse der Daten zu gewährleisten – oftmals sogar in Echtzeit. Die Datengenerierung und -übertragung mit hohen Geschwindigkeiten, Analyse großer Datenvolumina mit Antwortzeiten im Sekundenbereich sowie Analysen in Echtzeit sind hierbei besondere Herausforderungen.

■ **Analysemethoden (Analytics)** bezeichnen die Methoden zu Erkennung und Auswertung von Mustern, Zusammenhängen und Bedeutung innerhalb der Datenmengen. Aufgrund der drei vorgenannten Facetten ist ein höchstmöglicher Grad der Automatisierung essentiell für Big-Data-Analysemethoden. Unter anderem zählen hierzu Verfahren der Statistik, Prognosemodelle, Optimierungsalgorithmen, Data Mining, Data Warehousing, Semantik- und Bildanalysen.

Neben dem sich ergebenden großen Potenzial für neue Geschäftsmodelle im Bereich **Big Data** sind auch Risiken mit der Ansammlung, Auswertung und weiteren Nutzung solch großer Datenmengen zu berücksichtigen. Hier lassen sich grob die drei Bereiche der Data Compliance (rechtliche und soziale Aspekte), der datensatzbasierten Risiken (sicherheits- und Qualitätsaspekte) sowie Definitions- und Aussagerisiken (modell- und interpretationsbezogene Aspekte) nennen (*BITKOM* 2014). Ein bekanntes aktuelles Erfolgsbeispiel für den Einsatz von Big Data stellt *Microsofts* Vorhersage der Fußball-Weltmeisterschaft im Jahr 2014 dar. Durch die Analyse enormer Datenmengen war es dem *Microsoft*-Team gelungen, sowohl alle Teilnehmer der K.o.-Runde als auch die jeweiligen Gewinner aller 16 K.o.-Rundenspiele korrekt zu prognostizieren.

! **Die Datenmenge und -vielfalt sowie deren schnelle Auswertung mit Hilfe von datenbezogenen Analysemethoden im Rahmen eines Big-Data-Ansatzes sind die Quellen für Wettbewerbsvorteile im E-Business.**

Wenn über elektronische Datennetze nun aber immer mehr Daten und damit Informationen zur Verfügung stehen, dann stellt sich die Frage nach deren Funktion im wirtschaftlichen Wettbewerb. Ein zentrales Charakteristikum der postindustriellen Computer-Gesellschaft ist vor diesem Hintergrund die systematische Nutzung, Aneignung und Anwendung von Informationen, was die Arbeit und das Kapital als ausschließliche Wert-, Produktions- und Profitquelle komplementiert. Informationen bzw. die damit zusammenhängende „informationsverarbeitende" Industrie werden zum eigenständigen **Wirtschaftssektor**. Die Computertechnik hat dazu geführt, dass Informationen als Produktionsfaktor auf einer breiten Basis und auf wirtschaftliche Weise genutzt werden können (s. Kapitel 1.2). Arbeit wird mehr und mehr von programmierten Maschinen geleistet. Dabei fließt das Kapital dorthin, wo gute Ideen generiert werden. „Die Ausgangsvoraussetzung für Erfolg im Informationszeitalter", sagt der englische Wirtschaftsphilosoph *Charles Handy*, „ist heute ein großer Kopf: Die richtigen Ideen, die richtigen Informationen, sind in Zukunft ausschlaggebend. Der Rest ist kein Problem mehr." Der massive Einsatz von Informations- und Kommunikationstechniken in der gesamten Wirtschaft führt somit nicht nur zu Produktivitäts- und Effizienzsteigerungen. Ein anderer Punkt ist genauso, wenn nicht sogar noch bedeutsamer: Auch **neue Märkte**, **neue Geschäftsprozesse und -modelle**, **neue Geschäftsfelder und -branchen** sowie **neue Unternehmen entstehen** (*Kollmann* 2019a, *Kollmann* 2019b).

Deswegen stehen neben den „Knöpfen" in technischen Systemen eben auch die „Köpfe" als Know-how-Träger weiterhin im Mittelpunkt der Digitalisierung (*Kollmann* 2019a).

Der Informationsaustausch mit Hilfe von Datennetzen beinhaltet nicht nur eine dezidierte Zweierbeziehung zwischen einem Anbieter und einem Nachfrager, sondern schafft die Voraussetzung zu weltweiten Verbindungen zwischen allen Anbietern (Angebot) und Nachfragern (Nachfrage) unabhängig von ihrer geografischen Lage. Durch die Zunahme an vernetzten Kommunikationswegen (Computer- bzw. Telekommunikationsnetze) wird es immer einfacher, zweckgerichtete Informationen an bestimmten Punkten in den Netzen zu platzieren, abzurufen, anzubieten, auszutauschen usw. Während Informationen bisher lediglich eine unterstützende Funktion für physische Produktionsprozesse übernahmen, werden sie in Zukunft zu einem eigenständigen **Wettbewerbsfaktor** (s. Kapitel 1.2). Dieser Wettbewerbsfaktor begründet sich darin, dass durch die **Gewinnung, Verarbeitung und Übertragung von Informationen** sowohl die Effizienz von wirtschaftlichen Leistungssystemen als auch die Effektivität wirtschaftlicher Aktivitäten im Hinblick auf die Erstellung erfolgreicher Marktleistungen signifikant erhöht werden (*Day/Wensley* 1988, S. 2 ff.; *Bohr* 1993, S. 859 ff.; *Weiber/Jacob* 2000, S. 526 f.).

Fallbeispiel: UPS

UPS (United Parcel Service of America) ist ein global tätiges US-amerikanisches Logistikunternehmen. Mit einem täglichen Zustellvolumen von ungefähr 19 Mio. Paketen und Dokumenten ist es das größte Express- und Paketdistributionsunternehmen der Welt. Um die Pakete und Dokumente möglichst effizient von einem Ort zum anderen zu liefern, versucht UPS dauerhaft die Routen seiner Zusteller zu optimieren. Deshalb speichert das Unternehmen große Datenmengen, welche von den Sensoren in den Fahrzeugen stammen. Diese Daten werden sowohl für die Überwachung der täglichen Leistung genutzt als auch für Analyseverfahren für die Neugestaltung der Routenstrukturen. Mit der Initiative ORION (On-Road Integration Optimization and Navigation) konnte UPS auf die Onlinekartendaten zurückgreifen, um die Routen der Fahrer in Echtzeit neu zu konfigurieren. ORION enthält mehr als 250 Mio. Adressdatenpunkte. Die Software kombiniert die Versandanforderungen der Kunden mit kundenspezifischen Kartendaten, die das Unternehmen zusammengestellt hat, um UPS-Fahrern optimierte Routenanweisungen zur Verfügung zu stellen, die den Servicelevel-Anforderungen entsprechen und gleichzeitig die gefahrenen Kilometer reduzieren. Der ORION-Algorithmus wurde zunächst in einem Labor entwickelt und von 2003 bis 2009 an verschiedenen Standorten getestet. Um die notwendigen Daten zu sammeln, begannen die Forscher der UPS Operations Research 2008 mit der Installation von fortschrittlichen GPS-Ortungsgeräten und Fahrzeugsensoren, Telematik-Technologien zu erproben. Die Integration dieser Technologien ermöglicht es UPS, Daten über Fahrzeugrouten, Leistung und Fahrersicherheit zu erfassen. Die mobilen Handheld-Geräte und Telematik-Technologien des Fahrers in Kombination mit benutzerdefinierten Kartendaten und ORION-Algorithmen ermöglichen effizientere Routen für Fahrer. UPS konnte somit durch das Nutzen von Big Data 31,8 Mio. Liter Kraftstoff ein-

sparen, weil die täglichen Routen um gut 136 Kilometer gekürzt werden konnten. Schät-
zungen zu Folge können bis zu 30 Mio. US-Dollar gespart werden, wenn täglich pro Fah-
rer eine Meile eingespart wird, was wesentliche Auswirkungen auf die Gesamtbilanz hätte.
Darüber hinaus erzielt UPS durch die Neugestaltung der Routen Zeitvorteile und kann die
Pakete schneller zum Kunden liefern, was die Kundenzufriedenheit steigert.

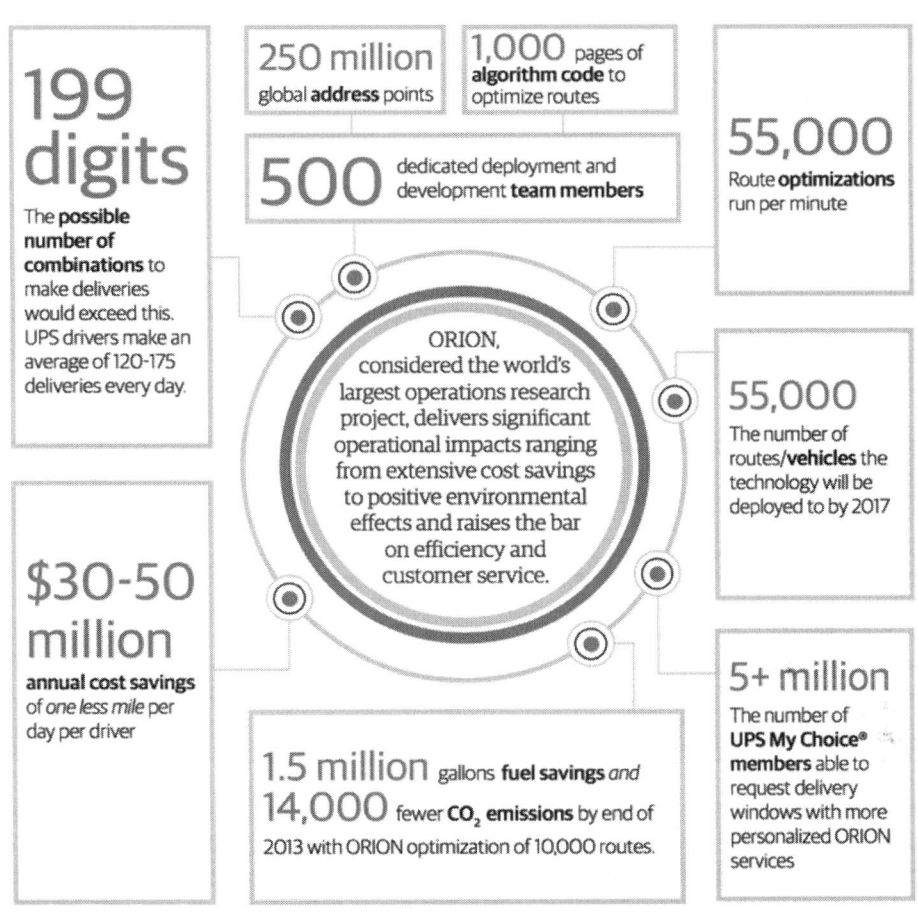

Damit können Informationen generell als „zentraler Wettbewerbsfaktor" in weltweiten Datennetzen interpretiert werden (*Kollmann* 1998a, S. 44 ff.). Die Verarbeitung der produzierten und übertragenen **Informationsmenge** scheint das schwache Glied zu sein. Diese
Engpässe sind sowohl menschlicher als auch organisatorischer Natur, repräsentiert durch
die begrenzte Fähigkeit von Individuen und Individuengruppen, Informationen mental zu
speichern, zu verarbeiten und zu benutzen (*Noam* 1997, S. 36). Die wirkliche Aufgabe des

zukünftigen elektronischen Handels scheint deshalb nicht in der Informationsproduktion und sicherlich nicht in der Informationsübermittlung zu liegen, sondern eher in der **Informationsverarbeitung und -darstellung** mit Hilfe verschiedener Informationstechnologien. Diese Informationstechnologien stellen quasi das Zugriffsmedium auf die zwischen vernetzten Rechnern transferierten digitalen Datenmengen dar (*Kollmann* 2019a).

1.1.4   Die Notwendigkeit der Interaktivität

Der zunehmende Datentransfer zwischen vernetzten Marktteilnehmern führt zu einer Veränderung in der Art und Weise, wie sich der **Informationsaustausch** und damit die Kommunikation zwischen diesen Individuen in digitalen Datennetzen gestaltet. Damit zusammenhängend ist ein gesellschaftlicher Strukturwandel zu erkennen: Die Allgemeinheit kommuniziert zunehmend unter den virtuellen Rahmenbedingungen des Informationszeitalters, arbeitet verstärkt in der Informationswirtschaft und wird durch das enorme Leistungspotenzial der Informationstechnologie umgeben (*Noam* 1997, S. 35 f.). Der Wandel zur Informationsgesellschaft ist allgegenwärtig. Die besonderen Bedingungen für den Datenaustausch und damit die Kommunikation in dieser Informationsgesellschaft können auf einige wenige, aber dafür sehr gravierende Eigenschaften reduziert werden: Dazu gehört die **Virtualität**, die es erlaubt, dass Kommunikationspartner (Sender und Empfänger) sich nicht mehr real gegenüberstehen müssen, sondern dass sie das Internet als Medium zum Senden und Empfangen von Informationen benutzen und so die reale Präsenz überflüssig wird. **Multimedialität** erlaubt den Einsatz und die Einbindung verschiedenster Medien bzw. Kommunikationsmittel und eröffnet damit ganz neue Möglichkeiten der Informationsübermittlung. Das Internet als Medium zur **Interaktivität** ermöglicht den Kommunikationsprozess in beide Richtungen (zwischen Sender und Empfänger) und kann damit den Dialog zwischen einzelnen Handelspartnern fördern. Dies ist ganz besonders hinsichtlich der Reaktionszeiten eine grundlegende Veränderung im Vergleich zum realen Handel, da auf diese Weise die Kommunikation wesentlich effektiver gestaltet werden kann. Auch der **Individualität** kommt eine große Rolle zu, da das Internet aufgrund seines interaktiven Charakters und der Möglichkeit der Datenspeicherung und Auswertung zum Zwecke der Personalisierung, Bedürfnisse individuell befriedigen kann. Zuletzt ist noch die **Mobilität** zu nennen, die es ermöglicht, jederzeit und überall zu kommunizieren.

 Der digitale Datenaustausch zwischen Sender (z. B. Anbieter) und Empfänger (z. B. Nachfrager) wird im E-Business bestimmt von den Attributen Virtualität, Multimedialität, Interaktivität, Individualität und Mobilität und die zugehörige Kommunikation muss diesen Rahmenbedingungen angepasst werden.

Abb. 2 zeigt vor diesem Hintergrund den aufgrund der veränderten Rahmenbedingungen angepassten **digitalen Kommunikationsprozess**, der zwar prinzipiell auf das ursprüngliche Sender-Empfänger-Schema der traditionellen Kommunikation zurückzuführen ist, diesen Prozess allerdings durch die Möglichkeiten des Internets auf eine globale Ebene hebt (*Faulstich* 2000). Kommunikation besteht immer aus einem Kommunikator (Sender), einem Empfänger, einem Medium, einer Botschaft (*Schramm* 1955), die je nach Einsatz von technischen Mitteln kodiert und dekodiert werden muss, und einer Reaktion des Empfängers (Feedback). Das Internet bietet nun jedoch die Möglichkeit, dass der Empfänger einer Botschaft auch (unmittelbar) zum Sender einer Botschaft wird und so die ursprünglichen Rollen der Kommunikationspartner somit z. T. aufgehoben bzw. vermischt werden. Die Gleichzeitigkeit der Sender-/Empfänger-Rolle wird durch die besonderen Eigenschaften des Mediums Internet ermöglicht (Virtualität, Multimedialität, Interaktivität und Individualität). Sie bietet einerseits gerade im Online-Marketing (*Kollmann* 2013) enorm viele Potenziale, da der **reziproke Dialog** weitaus einfacher wird und die Partner ein direktes Feedback auf ihre Botschaft erhalten können.

Allerdings bergen die neuen Bedingungen auch Herausforderungen, da z. B. auch Kunden untereinander kommunizieren können. Die globale Ebene bedeutet in diesem Zusammenhang, dass der Kommunikationsprozess nicht mehr unbedingt zwischen einzelnen Partnern bzw. zwei Individuen stattfinden muss, sondern dass sich (sofern technisch ermöglicht) jeder in den Kommunikationsprozess einklinken kann. Prinzipiell kann also jeder mit jedem kommunizieren und einmal im Internet veröffentlichte Inhalte können von beliebig vielen Usern **eingesehen**, **manipuliert**, **kopiert** oder **kommentiert** werden. Weiterhin muss der Teilnehmer nicht mehr auf das passive Empfangen einer gewünschten Nachricht warten, er kann sich aktiv Informationen „holen" und dadurch selektiv das Informationsangebot auf seine Bedürfnisse zurechtschneiden.

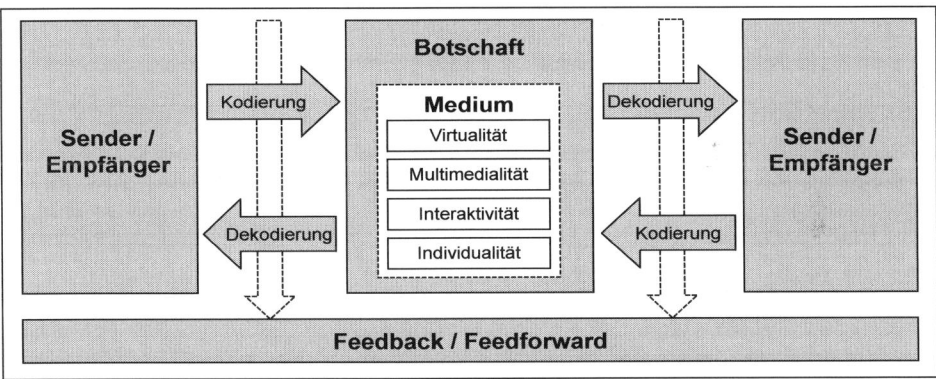

Abb. 2:   Der Online-Kommunikationsprozess über das Internet

Unter den Rahmenbedingungen des virtuellen Kontaktes und der individuellen Einwahl ins digitale Datennetz (z. B. IP-Adresse), wird jeder Teilnehmer zu einer aktiven Komponente für den Kommunikationsaustausch. Da Informationen nicht nur abgerufen, sondern auch von jedem eingestellt werden können, kommt es zu einem Wechsel von einer passiven zu einer aktiven Kommunikation zwischen den Marktindividuen, da jede Einheit durch die digitale Verarbeitung von Informationen im Netz zum Sender und Empfänger wird. Der Begriff der **Interaktivität** bezeichnet dieses „miteinander in Verbindung treten", das „ko-

operative Agieren" sowie die „wechselseitige Kommunikation zwischen Sender und Empfänger". Interaktivität zeichnet sich vor diesem Hintergrund insbesondere durch die Möglichkeit zu individuellen Aktionen und Reaktionen der Kommunikationspartner aus, welche unabhängig von vorgegebenen Ablaufmustern sind. Die Interaktivität ermöglicht es
dem Empfänger zum Sender zu werden und vice versa. Der **Grad der Interaktivität** ist
jedoch immer abhängig von den durch die Software determinierten, zugelassenen Inter-
aktionsmöglichkeiten.

Ein weiterer Parameter der Interaktivität wird durch die Differenzierung nach Online- und
Offline-Technologien bestimmt. Hierbei wird „echte Interaktivität" ausschließlich mit dem
Online-Bereich verbunden, da nur hier eine ständige Verbindung und damit eine permanente Wechselbeziehung zwischen Sender (Mensch/Maschine) und Empfänger (Mensch/
Maschine) besteht. Ein Kernelement der elektronischen Handelsebene ist vor diesem Hintergrund die multimediale Kommunikation mit digitalisierten Informationen, die einen interaktiven medienübergreifenden und damit höchst effektiven Datenaustausch ermöglicht. Insbesondere die Veränderungen hin zu einer **interaktiven Kommunikation** beinhalten ein enormes Potenzial für wirtschaftliche Aktivitäten. Die digitalen Informations-
netze und die Möglichkeiten der Interaktivität bewirken, dass es zu einem Wechsel von
der passiven Massen- zu der aktiven Einzeltransaktion kommt. Jeder Marktteilnehmer wird
zu einer eigenständigen Informationsadresse, d. h. jeder wird einzeln selektierbar und an-
steuerbar. Die Marktkommunikation braucht daher nicht mehr nur auf die anonyme Mas-
senansprache über einzelne Medien zurückgreifen, sondern kann multimedial auf jeden
einzelnen Marktteilnehmer gezielt zugeschnitten werden (Individualisierung). Auch hierdurch wird die Kommunikationswirkung vor diesem Hintergrund entscheidend verbessert
(s. Abb. 3).

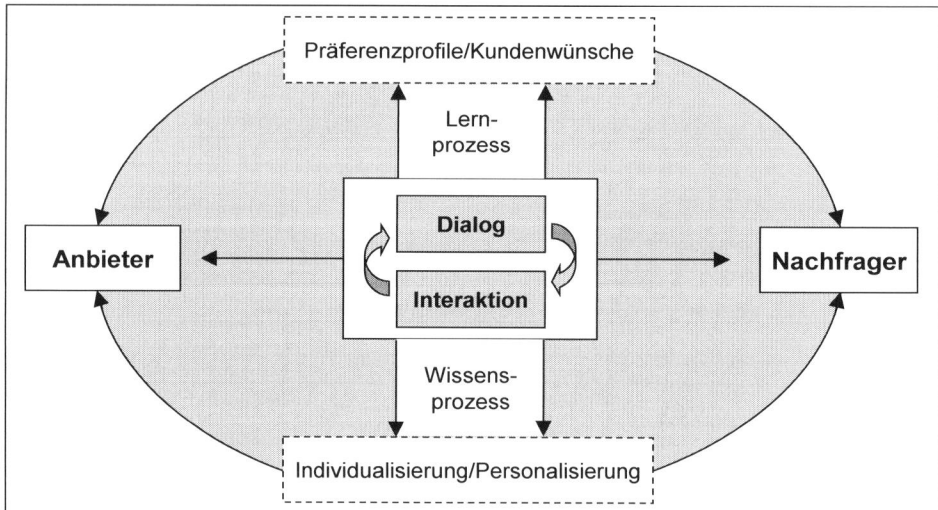

Abb. 3:   Der individuelle Informationsaustausch als Basis des Wissensaufbaus

Fallbeispiel: Auchan

auchan.fr, die Webseite der französischen Supermarktkette Auchan, bietet Tausende von Produkten aus über dreißig Abteilungen, und generiert einen Traffic von 4,3 Mio. Besuchern mit ebenso vielen User Journeys. auchan.fr wollte mit Hilfe der Software von Kameleoon den unterschiedlichen Interessen seiner Besucher gerecht werden und Weinliebhabern ebenso wie Deko-Fans oder Hobbygärtnern eine personalisierte Erfahrung und relevante Produkte anbieten. auchan.fr sammelte in einem Pilotprojekt im Hinblick auf den Lernprozess einen Monat lang über Dialog und Interaktion umfassende Besucherdaten, um nach einer eingehenden Analyse präzise Kundenprofile zu erstellen. Das ermöglichte in der Folge im Rahmen des Wissensprozesses die Erstellung von personalisierten User Journeys. User Journeys sind alle Schritte, die ein Nutzer geht, um ein gewisses Ziel mit einem interaktiven System zu erreichen. Im Rahmen der nachfolgenden Personalisierungsstrategie sahen Besucher mit Affinität für Produkte aus den Abteilungen Babys, Kinder, Möbel oder Garten im Ergebnis z.B. Banner mit Sonderangeboten aus diesen Bereichen. Die anderen Besucher sahen dagegen ein allgemeines Schlussverkaufsbanner. Die Klicks auf das Feld der Sonderangebote stiegen über diese Variation um 16 %. Besucher sind einfach mehr an Angeboten interessiert, die auf sie zugeschnitten sind. Den Bedürfnissen der verschiedenen Besuchersegmente wurde somit Rechnung getragen, was zu einer Steigerung der Verkäufe von 2,5 % führte. Fazit aus Sicht von Kameleoon: „Je besser Sie die User Ihrer Webseite kennen, desto präziser ist die Segmentierung und die Anpassung des jeweiligen Angebots. Heute kann man anhand von Signalen bzgl. Verhalten, Kontext des Besuchs, Akquise-Kanal, genutztem Endgerät usw. sogar die kurz-, mittel- oder langfristige Conversion-Wahrscheinlichkeit errechnen." Der individuelle Informationsaustausch wird somit zur Basis des Wissensaufbaus.

Je interaktiver die digitale Kommunikation gestaltet und die ausgetauschten Daten ausgewertet werden, desto schneller können individuelle Präferenzen erkannt, die Informationen daraufhin angepasst sowie in personalisierte Angebote für eine Transaktion überführt werden.

Durch die zweiseitige Kommunikationsbedingung der Interaktivität (Sender/Empfänger) werden in Zukunft nicht nur Informationen „**one-way**" von einem zum anderen Marktteilnehmer verteilt, sondern die Teilnehmer können sich die gewünschten Informationen selbst beschaffen („**two-way**"). Die Akteure der elektronischen Handelsebene können/ müssen durch den Interaktionskanal „Datennetz" die Kommunikation gleichberechtigt beeinflussen und zugleich die Rolle von Informationsbereitstellern und Informationsanbietern ausfüllen. Durch diese duale Rolle jedes einzelnen Akteurs drückt sich auch ein Wechsel von einer reinen Push- zu einer Push/Pull-Kommunikation aus, d. h. Informationen werden nicht nur über Massenmedien an möglichst viele Empfänger „gedrückt", sondern die Empfänger „ziehen" sich aus Informationsnetzen auch selbst die jeweilig gewünschten Informationen heraus. Diese **duale Rolle** ist aber in Abhängigkeit einer **wechselseitigen Akzeptanz** der beteiligten Akteure zu sehen, die nur dann gegeben ist, wenn neben einer Einstellungs- (innere Haltung gegenüber digitaler Interaktion) und Handlungsakzeptanz (erstmalige digitale Interaktion) auch eine **Nutzungsakzeptanz** (wiederkehrende digitale Interaktion) gegeben ist. Erst die **Nutzungshäufigkeit und die -intensität** determinieren den Erfolg einer digitalen Interaktion (*Kollmann* 2019a).

 Medienhinweis: Die Akzeptanz im E-Business (Audio-Podcast)
www.netcampus.de/podcasts

Interaktive Kommunikation im Internet wird nicht nur ermöglicht, sondern insbesondere auch zur Individualisierung und Personalisierung der Aktivitäten genutzt. Vorteile im Vergleich zu Offline-Kanälen entstehen hier aufgrund der Tatsache, dass sämtliche Bewegungen, Transaktionen und Informationen der Nutzer in Form von digitalen Daten gespeichert werden können. Auf diese Weise kann der Anbieter unmittelbar nachdem ein potenzieller Kunde seine Seite öffnet und in bestimmter Form agiert, auf dieses Verhalten reagieren und je nachdem, wie dieser sich auf der Seite bewegt, spezielle und auf seine Interessen zugeschnittene Informationsangebote bereitstellen. Je mehr beide Partner miteinander kommunizieren und interagieren, desto mehr Daten fallen an, die der Anbieter analysieren und zur Personalisierung aufbereiten kann. Interaktivität ist daher nicht nur die Basis guter Kommunikation (**Dialog**), sondern auch Voraussetzung für die Ausschöpfung des Individualisierungs- und Personalisierungspotenzials. Und dieses führt am Ende zu einer höheren Erfolgswahrscheinlichkeit für eine tatsächliche Transaktion und damit zum ökonomischen Ziel im E-Business.

 Medienhinweis: Die Kommunikation im E-Business (Video-Podcast)
www.netcampus.de/podcasts

1.2   Die Informationsökonomie für die Digitale Wirtschaft

Die Verwendung von Informationen in ökonomischen Prozessen ist so intensiv geworden, dass die „Arbeit" und das „Kapital" als ausschließliche Wert-, Produktions- und Gewinnquelle durch einen neuen Faktor komplementiert werden. Informationen werden zum eigenständigen Produktionsfaktor (*Krüger/Pfeiffer* 1991, S. 21; *Weiber/Kollmann* 1997, S. 517 f.) und begründen somit die neue Dimension der **Informationsökonomie**. Historisch gesehen waren zunächst einzig die Produkteigenschaften (Qualität) und die zugehörigen Konditionen (z. B. Preis, Rabatte) für den Erfolg verantwortlich (*Mises* 1940; *Porter* 2013; *Kirzner* 1974; s. Abb. 4). Es kam darauf an, das eigene Leistungsangebot für den Nachfrager entweder kostengünstiger (Kostenführerschaft) oder qualitativ besser (Qualitätsführerschaft) als die Konkurrenz anbieten zu können. Später traten mit den Erfolgsgrößen Zeit (Schnelligkeit) und Flexibilität zwei weitere Faktoren hinzu (*Simon* 1988; s. Abb. 4). Es kam hier darauf an, die Leistung zu einem bestimmten Zeitpunkt an einem bestimmten Ort anbieten zu können (Verfügbarkeitsführerschaft) bzw. bei wichtigen Merkmalen des Produktes eine kundenorientierte Differenzierung vorzunehmen (Bedarfsführerschaft).

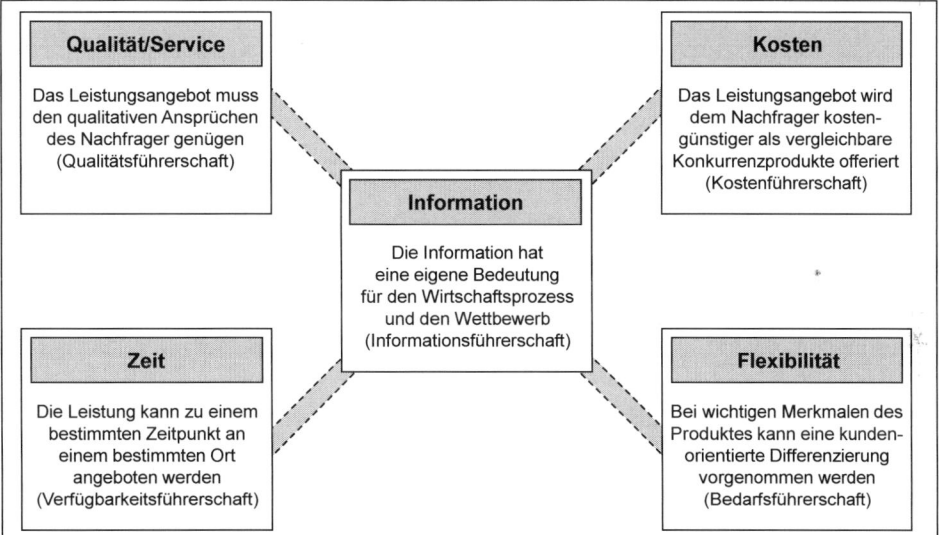

Abb. 4:   Der Wettbewerbsfaktor „Information" als Basis der Informationsökonomie
Quelle: in Anlehnung an *Weiber/Kollmann* 1997, S. 519.

Die Informationstechnologien haben nun dazu geführt, dass Informationen einfacher zugänglich und verstärkt auf wirtschaftliche Art und Weise und damit als eigenständiger Wettbewerbsfaktor (s. Abb. 4) genutzt werden können. Die Quelle für den Wettbewerbsvorteil der Zukunft wird aufgrund der dargestellten technologischen Entwicklung die Wissens- und Informationsüberlegenheit gegenüber der Konkurrenz sein (**Informationsfüh-**

rerschaft). Wer bessere Informationen zum Markt und seinen (potenziellen) Kunden besitzt, wird sich im Wettbewerb durchsetzen. Während Informationen bisher lediglich eine unterstützende Funktion für physische Produktionsprozesse übernahmen, werden sie somit in Zukunft, gerade für das E-Business, zu einem eigenständigen Produktions- und Wettbewerbsfaktor (*Weiber/Kollmann* 1998, *Kollmann* 2019a).

 Lernhinweis: Grundlagen als E-Business-Seminar (Online-Weiterbildung)
www.e-business-seminar.de (anmeldung.e-business-seminar.de)

Die daran anschließende ökonomische Frage lautet: Wie wird mit Hilfe von Informationen ein Wert für den Kunden erzeugt, für den er am Ende auch bereit ist zu bezahlen? Die Antwort liegt in der elektronischen Wertschöpfung. Die in diesem Zusammenhang zentralen **Fragen und Lernziele** sind:

▓ **Elektronische Wertschöpfung**: Welche elektronischen Mehrwerte können für einen Nachfrager überhaupt geschöpft werden, damit er sich für ein Angebot im oder über das Netz entscheidet?

▓ **Elektronische Wertschöpfungskette**: Auf welcher Basis müssen die elektronischen Mehrwerte durch einen Anbieter gegenüber dem Nachfrager aufgebaut werden?

▓ **Elektronischer Wertschöpfungsprozess**: Wie werden diese elektronischen Mehrwerte durch einen Anbieter gegenüber dem Nachfrager aufgrund von elektronischen Informationsprozessen erzeugt?

1.2.1 Die elektronische Wertschöpfung

Ausgehend von der Möglichkeit, Informationen über die drei zentralen Informationstechnologien Internet, Mobilfunk und interaktives Fernsehen (s. Kapitel 1.2) virtuell, multimedial, interaktiv und individuell (s. Kapitel 1.3) zwischen Transaktionspartnern auszutauschen, muss nun geklärt werden, was für ein elektronischer Wert durch diesen innovativen Informationstransfer für den Kunden „geschöpft" werden kann, wodurch ein Online-Angebot überhaupt erst attraktiv wird. Für eine elektronische Wertschöpfung können dies z. B. folgende **Aspekte** sein (*Kollmann* 2006, S. 70 f., *Kollmann* 2019a):

▓ **Überblick**: In diesem Fall schafft ein Online-Angebot einen Überblick über eine Vielzahl von Informationen, die sonst nur sehr mühselig zu beschaffen wären. Damit wird ein Strukturierungswert geschöpft.

▓ **Auswahl**: In diesem Fall schafft ein Online-Angebot die Möglichkeit, über Datenbank-Abfragen für die Nachfrager die gewünschten Informationen, Produkte oder Dienstleistungen gezielter und damit effizienter zu identifizieren. Damit wird ein Selektionswert geschöpft.

▓ **Vermittlung**: In diesem Fall schafft ein Online-Angebot die Möglichkeit, Anfragen von Anbietern und Nachfragern effizienter und effektiver zusammenzuführen. Damit wird ein Matchingwert geschöpft.

▓ **Abwicklung**: In diesem Fall schafft ein Online-Angebot die Möglichkeit, ein Geschäft effizienter und effektiver zu gestalten (z. B. Kostenaspekt oder Bezahlmöglichkeit). Damit wird ein Transaktionswert geschöpft.

▓ **Kooperation**: In diesem Fall schafft ein Online-Angebot die Möglichkeit, dass verschiedene Anbieter ihr Leistungsangebot effizienter und effektiver miteinander verzahnen können. Damit wird ein Abstimmungswert geschöpft.

▓ **Austausch**: In diesem Fall schafft ein Online-Angebot die Möglichkeit, dass verschiedene Nachfrager effizienter und effektiver miteinander kommunizieren können. Damit wird ein Kommunikationswert geschöpft.

▶ *Medienhinweis: Die Mehrwerte im E-Business (Video- und Audio-Podcast)*
www.netcampus.de/podcasts

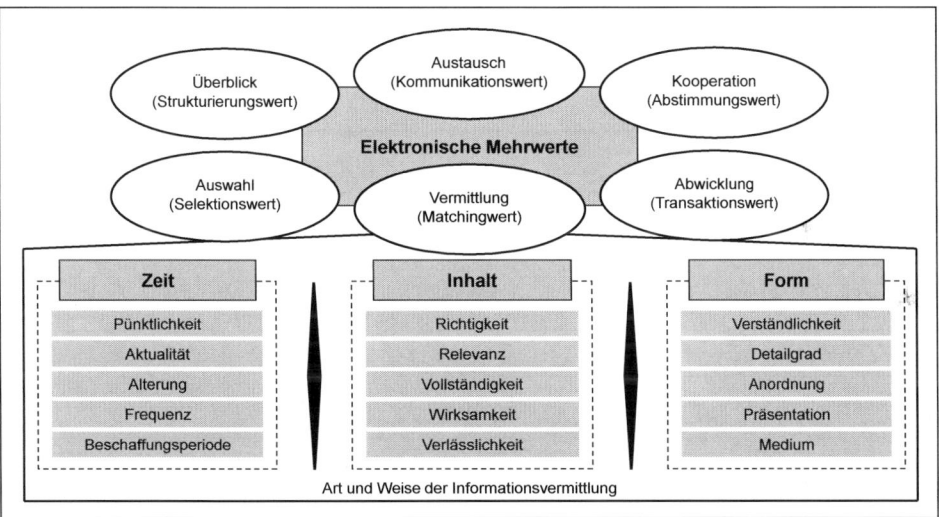

Abb. 5:   Die elektronische Wertschöpfung in der Digitalen Wirtschaft

Dabei ist es durchaus möglich, dass auch eine **multiple Wertschöpfung** stattfindet und durch ein Online-Angebot sowohl ein Strukturierungswert als auch ein Auswahl- und Vermittlungswert erzeugt wird. So bietet *amazon.de* einen Überblicks- (Bücherangebot), Auswahl- (Bücherselektion) und Abwicklungsmehrwert (Bücherkauf).

Strukturierungs-, Selektions-, Matching-, Transaktions-, Abstimmungs- und Kommunikationswert sind die sechs zentralen elektronischen Mehrwerte, mit denen ein Anbieter einzeln oder in Kombination den Nachfrager im Netz von seinem Angebot bzw. Geschäftsmodell überzeugen kann.

Fallbeispiel: AutoScout24

Mit 10 Mio. Nutzern pro Monat und mehr als 2 Mio. Fahrzeugangeboten ist AutoScout24 europaweit der größte Online-Automarkt. AutoScout24 bietet sowohl Privat- als auch Firmenkunden eine umfassende Handelsplattform für Gebraucht- und Neuwagen sowie für Motorräder und Nutzfahrzeuge an. Dabei agiert das Unternehmen als unabhängige Plattform, um die Kundennachfrage und die Fahrzeugangebote miteinander zusammenzuführen. Im Zuge dieses Angebotes bietet das Online-Unternehmen gleich mehrere elektronische Mehrwerte an. Zunächst wird ein Strukturierungswert in Form eines umfassenden Überblicks zum aktuellen Gebrauchtwagenmarkt geschaffen. Darüber hinaus kann der Nachfrager gezielt über eine Auswahlmaske nach seinem Wunsch-PKW suchen und somit einen Selektionswert für sich in Anspruch nehmen. Über die anschließende passende Zusammenführung bzw. Vermittlung von Suchergebnissen zum Suchwunsch wird der Matchingwert adressiert und zwar sowohl für die Nachfrager- als auch für die Anbieterseite von Gebrauchtwagen. So schafft AutoScout24 eine multiple elektronische Wertschöpfung nur auf Basis der digitalen Informationen zu Angebot und Nachfrage.

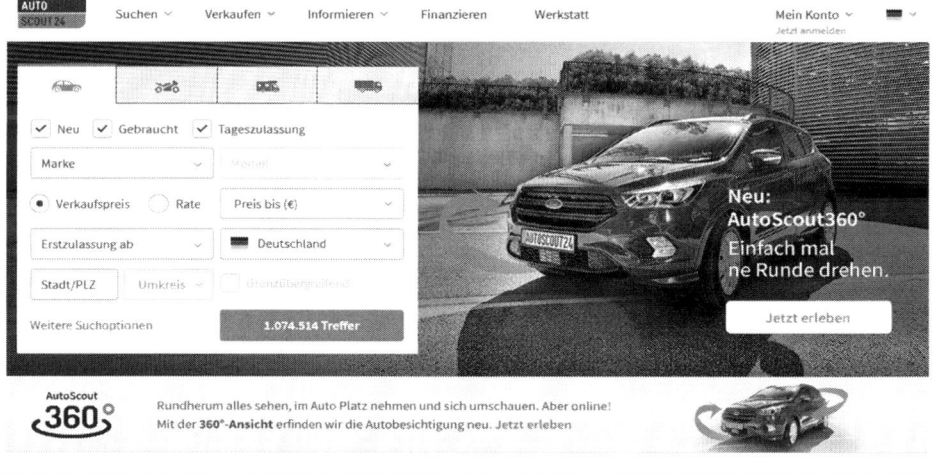

Der eigentliche Wert der Informationsverarbeitung ist als Ergebnis jedoch auch abhängig von der zeitlichen, inhaltlichen und äußeren **Form der Vermittlung** (s. Abb. 5). So können noch so gut aufbereitete Informationen zu Börsenkursen keinen Wert erzeugen, wenn sie nicht schnell, im besten Fall „real-time" übertragen bzw. bereitgestellt werden. Dagegen nutzt einem Segelflieger die schnelle Information über das Wetter nur wenig. Er ist vielmehr an der Genauigkeit und Differenziertheit, z. B. an Aussagen über Luftveränderungen, interessiert. Nach der Identifikation der elektronischen Wertschöpfung wechselt die Perspektive und es stellt sich sodann die Frage: Wie wird der Wert erzeugt? Hierzu kann die elektronische Wertschöpfungskette angeführt werden.

1.2.2   Die elektronische Wertschöpfungskette

Die **elektronische Wertschöpfungskette** basiert auf dem Ansatz von *Weiber/Kollmann* (1997a, 1998): Durch die neue Dimension von Informationen als eigenständige Quelle von Wettbewerbsvorteilen können auch unabhängig von einer physischen Wertschöpfungskette elektronische Wertschöpfungsaktivitäten in digitalen Datennetzen entstehen. Diese elektronischen Wertschöpfungsaktivitäten sind jedoch nicht mit den von *Porter* herausgestellten physischen Wertaktivitäten vergleichbar, sondern liegen in dem besonderen Umgang mit Informationen innerhalb von **informationsverarbeitenden Prozessen**. Die entsprechenden Wertaktivitäten können bspw. in der Sammlung, Systematisierung, Auswahl, Zusammenfügung und Verteilung von Informationen liegen (s. Abb. 6). Durch diese spezifischen Wertschöpfungsaktivitäten innerhalb von digitalen Datennetzen manifestiert sich eine „elektronische" Wertschöpfungskette, deren Ursprung und Auswirkung allein auf der elektronischen Handelsebene zu finden ist (*Kollmann* 2019a).

> **❗** **Die elektronische Wertschöpfungskette basiert auf informationsverarbeitenden Prozessen und damit dem Umgang mit digitalen Daten und ist die Basis für die resultierenden elektronischen Mehrwerte als Informationsprodukt.**

Im Resultat ergibt sich auf Basis dieser neuen Wertschöpfungsebene ein **elektronisches Informationsprodukt**, für dessen elektronische Wertschöpfung (s. Kapitel 1.2.1) der Kunde (hoffentlich) zu zahlen bereit ist. Dieses Produkt könnte dann entsprechend auch die Basis einer Unternehmensgründung in der Digitalen Wirtschaft sein (*Kollmann* 2006; *Kollmann* 2019b). Als Beispiel für die elektronische Wertschöpfungskette kann erneut *AutoScout24* angeführt werden. Der Wert für den Nutzer wird dabei nicht über den realen Gebrauchtwagen als solches geschaffen, sondern liegt vielmehr in der Überblicks-, Auswahl- und Vermittlungsfunktion (s. Fallbeispiel; Kapitel 1.2.1) der diesbezüglich notwendigen Informationen und deren Verfügbarkeit, unabhängig von zeitlichen und räumlichen Restriktionen. Dieses „elektronische Informationsprodukt" wird nur über die zugrundeliegende Informationstechnologie und die informationsverarbeitenden Prozesse ermöglicht. *autoscout24.de* ist somit ein Unternehmen mit einer elektronischen Wertschöpfungskette, da die innovative Wertschöpfung für den Kunden auf der elektronischen Ebene erfolgt. Das bedeutet nicht, dass keine realen Ressourcen (Personal, Logistik usw.) benötigt werden. Eine reale Wertschöpfungskette ist existent, hat jedoch nur einen Unterstützungscharakter, um die elektronische Wertschöpfung anbieten zu können. Diese Zusammenhänge gelten nicht für ein Angebot wie z. B. *seat.com*. Hier wird der Wert für den Kunden über das reale Produkt „Auto" geschaffen und der Shop im Internet ist „nur" ein weiterer Distributionskanal. Dieser vereinfacht zwar das Bestellverfahren, jedoch wird hierdurch kein eigenständiger Wert geschaffen, für den der Kunde bereit wäre gesondert zu bezahlen.

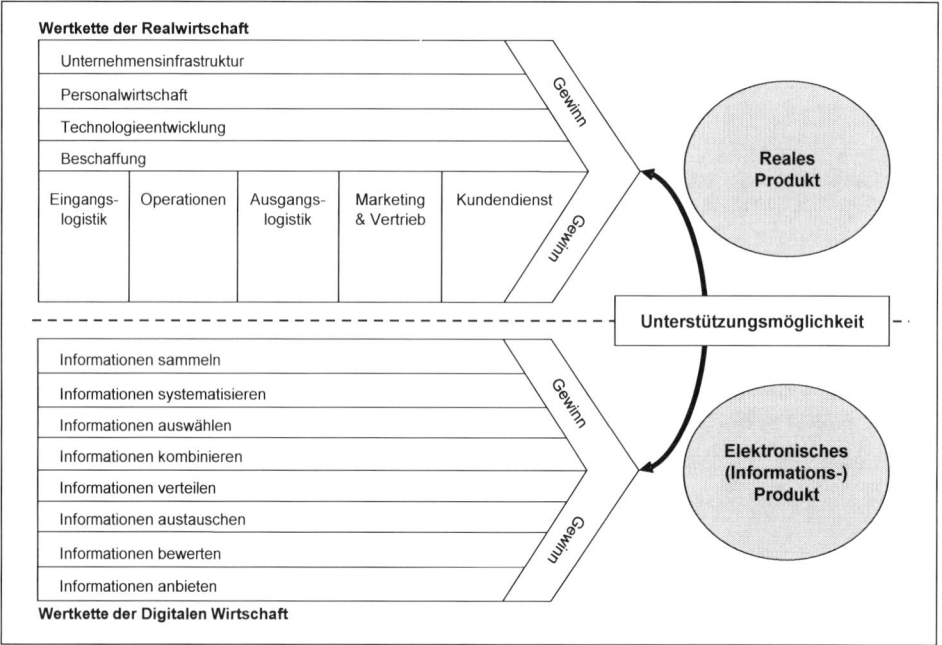

Abb. 6:   Die elektronische Wertschöpfungskette in der Digitalen Wirtschaft
Quelle: in Anlehnung an *Kollmann* 2019a.

Die elektronische Wertschöpfungskette gliedert eine Unternehmung in der Digitalen Wirtschaft also ebenso in strategisch relevante Tätigkeiten wie die reale Wertschöpfungskette, um dadurch Kostenverhalten sowie vorhandene und potenzielle Differenzierungsquellen zu verstehen (*Kollmann/Krell* 2011, S. 671 ff.). Dabei stellt die elektronische Wertschöpfungskette aber entsprechende spezifische **informationsverarbeitende Prozesse** dar, die in ein „elektronisches Informationsprodukt" münden, welches dann einen elektronischen Wert (s. Kapitel 1.2.1) für den Kunden erzeugt. Die elektronische Wertschöpfungskette zeigt somit den Gesamtwert, der sich aus einzelnen elektronischen Wertaktivitäten und der Gewinnspanne zusammensetzt. Innerhalb der Wertschöpfungskette werden nun insbesondere die Wertaktivitäten identifiziert, die für die Wertschöpfung eine besondere Relevanz aufweisen (*Kollmann* 2019a).

Medienhinweis: Die Wertschöpfung im E-Business (Video-Podcast)
www.netcampus.de/podcasts

Als Beispiel kann eine Plattform für den Online-Handel mit gebrauchten Fotokameras angeführt werden (*Kollmann* 2019a, s. Abb. 7). Die elektronische Wertschöpfung spiegelt sich unmittelbar in dem resultierenden Mehrwert für den Nutzer wider und bezieht sich in dem angeführten Beispiel im Kern auf die Überblicks-, Auswahl-, und Vermittlungsfunktion. Somit könnte der Anbieter der Fotokameras bereit sein, insbesondere für die Vermittlungsfunktion zu bezahlen, während der Nachfrager eventuell für die Überblicksfunktion eine Gebühr zahlen würde. Um diese Wertschöpfung zu realisieren, werden im Unternehmen mit Hilfe der elektronischen Wertschöpfungskette insbesondere die **Wertaktivitäten** identifiziert, die hinter der angebotenen elektronischen Wertschöpfung stehen (s. Abb. 7). Dabei müssen zunächst die Informationen über das Objekt, den Standort und den Anbieter der Gebrauchtkamera gesammelt werden, um in einem nächsten Schritt in einer Datenbank strukturiert abgelegt zu werden. Über diese Datenbank werden die Informationen den Nachfragern angeboten, die über entsprechende Suchmechanismen eine Anfrage formulieren können. Wird ein passendes Objekt gefunden, so werden die diesbezüglichen Informationen verbunden mit der Vorstellung ausgetauscht, dass es anschließend zu einer Transaktion kommt. Nach der Identifikation der elektronischen Wertschöpfung und der zugehörigen elektronischen Wertschöpfungskette wechselt nun erneut die Perspektive und es stellt sich die Frage: Wie kann das elektronische Informationsprodukt nun konkret erzeugt werden? Hierzu kann aus Unternehmenssicht der zentrale elektronische Wertschöpfungsprozess angeführt werden.

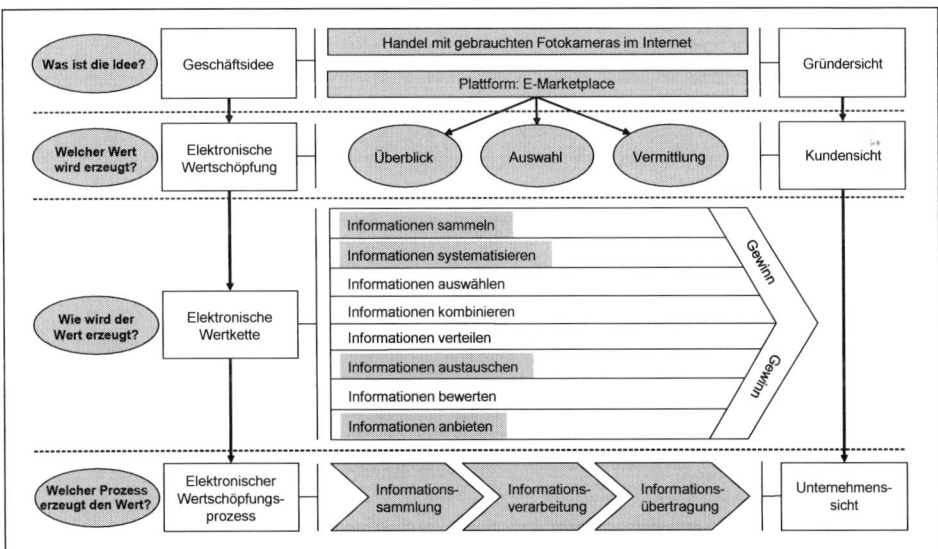

Abb. 7:   Beispiel für eine elektronische Wertschöpfung in der Digitalen Wirtschaft

Fallbeispiel: Trivago

Trivago ist eine Hotel-Metasuche im Internet. Dort können die Preise von Hotels, Hostels oder „Bed and Breakfast"-Unterkünften verglichen werden. Die Webseite durchsucht nach eigenen Angaben die Preise von mehr als 1 Mio. Hotels weltweit aus über 250 anderen Buchungsseiten (z. B. Expedia, oder Booking.com). Das Unternehmen erwirtschaftet seine Gewinne mit einem Pay-per-Click-Modell und war die erste Hotel-Metasuchmaschine in Deutschland. trivago.de bietet seinen Kunden somit ein reines Informationsprodukt auf Basis einer rein elektronischen Wertschöpfung an. Die Idee einer schnellen und umfassenden sowie best-price-orientierten Suche nach Übernachtungsmöglichkeiten aus Gründersicht reflektiert insbesondere die elektronischen Mehrwerte Überblick, Auswahl, Vermittlung und Transaktion aus Kundensicht. Um diese zu erzeugen greift Trivago auf eine elektronische Wertkette zurück, bei der die Informationen anderer Buchungsseiten u.a. ausgewählt (Hotelangebote), gesammelt (Hotelinformationen), kombiniert (Hotelunterschiede), systematisiert (Hotellisten) und angeboten (Hotelbuchung) werden. Dabei basiert das angebotene Ergebnis ausschließlich auf den Daten anderer Marktteilnehmer, die lediglich als rein informationsverarbeitender Prozess „abgegriffen" und „verdichtet" werden. Im Ergebnis steht das elektronische Informationsprodukt „Hotelbuchung über das Internet" mit einem Umsatz von 914,82 Mio. Euro in 2018.

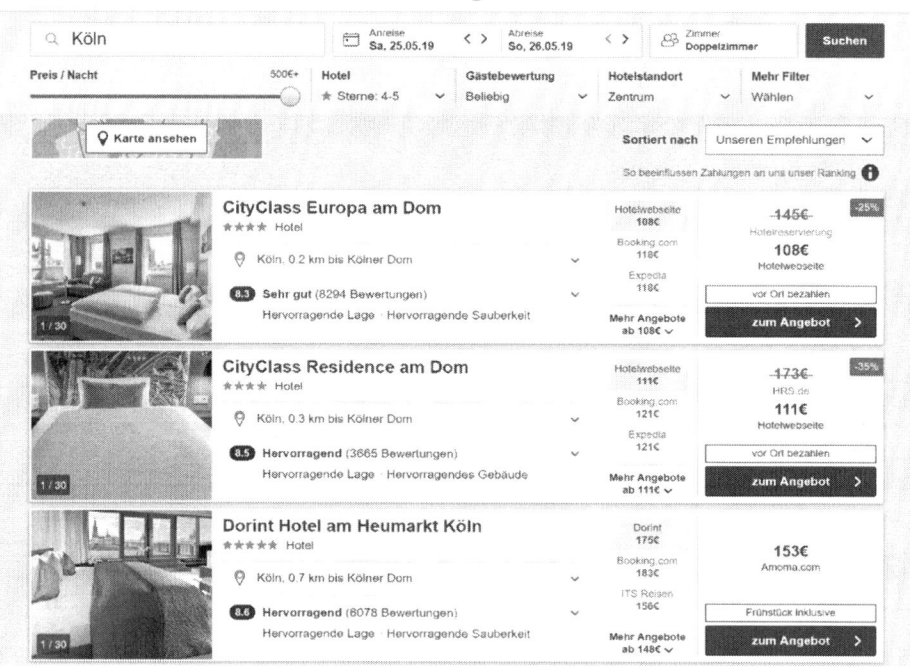

1.2.3 Der elektronische Wertschöpfungsprozess

Der **elektronische Wertschöpfungsprozess** beschreibt die Informationsaktivitäten bzw. die Abfolge von Informationstätigkeiten, die zusammengenommen einen Mehrwert für den Kunden schaffen (*Kollmann* 2019a). Dabei gibt es **Kern- und Serviceprozesse**. Die Kernprozesse haben eine echte Wertschöpfungsfunktion, während die Serviceprozesse die Abläufe in der Wertschöpfungskette unterstützen. Der elektronische Wertschöpfungsprozess beginnt in der Regel mit dem **Informationsinput**. Um den avisierten Mehrwert (s. Kapitel 1.2.1) anbieten zu können, müssen zunächst die benötigten Informationen gesammelt werden (z. B. Wer fragt was in welcher Qualität nach bzw. bietet an?). In einem zweiten Schritt werden die Informationen intern so bearbeitet, dass sie in gewünschter Form als **Informationsoutput** wieder an den Kunden mehrwertorientiert übertragen werden können. Dieser Vorgang kann als zentraler elektronischer Wertschöpfungsprozess bezeichnet werden und beschreibt den Kernprozess der meisten Aktivitäten im E-Business. Somit kann meist der folgende idealtypische elektronische Wertschöpfungsprozess, als sog. **Informationsdreisprung** für die Digitale Wirtschaft unterstellt werden (*Kollmann* 1998b):

▦ Im ersten Schritt steht die Informationsgewinnung, bei der es darum geht, relevante Daten als Informationsinput für die weitere Wertschöpfung zu sammeln. Im Ergebnis steht der Aufbau eines nutzbaren Datenbestandes. Dieser Wertschöpfungsschritt kann auch als **Informationssammlung** bezeichnet werden (s. Abb. 7). Ziel dieser Informationssammlung ist eine Effektivitätssteigerung: Die einfache, schnelle und umfassende Gewinnung von Informationen über die Ansprüche bzw. Vorstellungen der potenziellen Kunden soll die Basis für die Realisierung eines auf die individuellen Wünsche zugeschnittenen Leistungsangebotes sein (s. Kapitel 1.1.3). Kundeninformationen können aktiv in die Produktgestaltung einfließen.

▦ Im zweiten Schritt steht die Informationsbearbeitung, bei der es um die Umwandlung des Datenbestandes in ein Informationsprodukt für den Kunden geht. Dieser Wertschöpfungsschritt kann dementsprechend auch als **Informationsverarbeitung** bezeichnet werden (s. Abb. 7). Ziel dieser Informationsverarbeitung ist insbesondere eine Effizienzsteigerung: Die einfache, schnelle und umfassende Verarbeitung von Informationen kann unternehmensinterne Prozesse verbessern und kostengünstiger gestalten (s. Kapitel 1.1.3).

▦ Im dritten Schritt steht der Informationstransfer, bei dem es um die Umsetzung des neu erlangten oder bestätigten Wissens über die gesammelten, gespeicherten, verarbeiteten und ausgewerteten Daten gegenüber dem Kunden geht. Im Resultat steht ein wertschaffender Informationsoutput. Dieser Wertschöpfungsschritt kann auch als **Informationsübertragung** bezeichnet werden (s. Abb. 7). Ziel dieser Informationsüberarbeitung ist insbesondere eine Effektivitätssteigerung: Die einfache, schnelle und umfassende Übertragung von Informationen kann zu einer verbesserten Wahrnehmung der Vorteilhaftigkeit eines Angebotes führen. Die relevanten und individuell benötigten Informationen werden dabei vom Empfänger selektiert und aktiv ausgewertet (s. Kapitel 1.1.3).

Medienhinweis: Der Wertschöpfungsprozess im E-Business (Video-Podcast)
www.netcampus.de/podcasts

Fallbeispiel: Check24

Die Check24 Vergleichsportal GmbH ist ein Internetunternehmen und mit über 15 Mio. Kunden Deutschlands größtes Vergleichsportal. Unter dem Motto „Hier check ich alles" bietet das Unternehmen seinen Kunden das digitale Informationsprodukt an, schnell und einfach Preise und Tarife in den Bereichen Versicherungen, Finanzen, Energie, Telekommunikation, Reisen und Shopping zu vergleichen. Diese Vergleichsberechnungen sind dabei unverbindlich und die Darstellung der Ergebnisse erfolgt ausschließlich nach dem Preis. Check24 nutzt dabei mit dem Informationsdreisprung den zentralen elektronischen Wertschöpfungsprozess der Digitalen Wirtschaft. Im Rahmen der Informationssammlung generiert Check24 Daten zu den Produktpreisen und Kundenanfragen. Dadurch sammelt das Unternehmen die relevanten Informationen über die Angebotsseite sowie die Ansprüche bzw. Vorstellungen der Nachfragerseite, womit die Basis für den elektronischen Mehrwert der Vermittlung (Matchingwert) geschaffen wird. Im Zuge der Informationsverarbeitung nutzt Check24 computerbasierte Analysesysteme, um die passende Zuordnung von Angebot zur Nachfrage zu ermöglichen. In der abschließenden Informationsübertragung werden der Nachfragerseite die nach dem Preis sortierten Ergebnislisten angezeigt. Daneben werden auch Konditionen und weitere Informationen zum Angebot wie z.B. Bewertungen zur Verfügung gestellt. Check24 selbst nutzt die Analysedaten und die Reaktionsdaten der Nachfrager, um die Marktbedürfnisse noch besser zu verstehen und die eigenen Dienstleistungen zukünftig verbessert auf den Nachfrager zuzuschneiden.

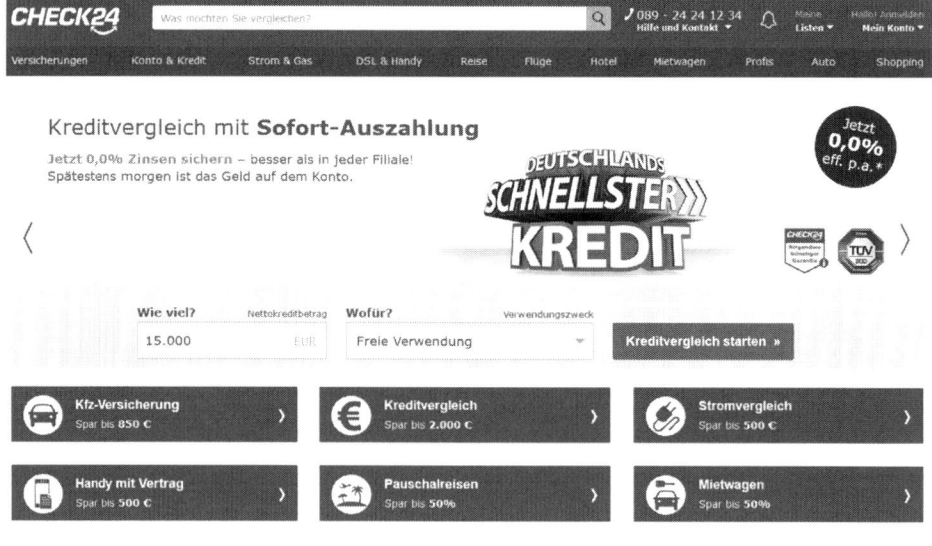

Der Informationsdreisprung beschreibt mit der Informationssammlung, -verarbeitung und -übertragung die drei zentralen Schritte eines elektronischen Wertschöpfungsprozesses, die im Kern bei allen digitalen Angeboten im Netz zu beobachten sind.

Wichtig bei dieser Betrachtung ist die Erkenntnis, dass ein einmaliger Durchlauf durch diesen idealtypischen elektronischen Wertschöpfungsprozess alleine nicht ausreicht, sondern der Durchlauf durch Informationsgewinnung, -verarbeitung und -übertragung vielmehr permanent notwendig ist. Dies gilt umso mehr, als die Daten, aus denen Informationen gewonnen werden, Veränderungen unterliegen. Insofern muss deren Aktualität stetig überprüft werden. Einige Beispiele für den elektronischen Wertschöpfungsprozess in der Digitalen Wirtschaft bietet vor diesem Hintergrund die Abb. 8.

	Informations-sammlung	Informations-verarbeitung	Informations-übertragung	Mehrwert
google.com	Daten zu Webseiten und Suchanfragen (=Input)	Abstimmung von Suchwörtern und Webinhalten	Liste mit passenden Webseiten (=Output)	Überblick, Auswahl
miles-and-more.com	Daten zu Produkten, Kunden und Webangeboten (=Input)	Vergabe von Bonuspunkten für die Nutzung von Webangeboten	Punkteinformationen, Eintauschoptionen, Kundeninformationen (=Output)	Abwicklung, Kooperation
delticom.de	Daten zu Reifen und Kundenanfragen (=Input)	Abstimmung von Anfrage und Angebot	Liste mit passenden Angeboten und deren Online-Bestellmöglichkeit (=Output)	Überblick, Auswahl Abwicklung
guenstiger.de	Daten zu Produktpreisen und Kundenanfragen (=Input)	Strukturierung von Produktpreisen, Abstimmung von Anfrage und Angebot	Produktinformationen, Preisinformationen, Kundeninformationen (=Output)	Überblick, Auswahl, Vermittlung
travelchannel.de	Daten zu Reisezielen, Buchungsmöglichkeiten und Reiseberichten (=Input)	Abstimmung von Anfrage und Angebot, Strukturierung von Reiseangeboten und Reiseberichten	Reiseangebote, Zielortinformationen, Reiseberichte (=Output)	Überblick, Auswahl Abwicklung Austausch

Abb. 8:   Beispiele elektronischer Wertschöpfungsprozesse der Digitalen Wirtschaft

1.3   Der Informationswettbewerb für die Digitale Wirtschaft

Die wachsende Bedeutung der Informationstechnologie (s. Kapitel 1.1) und der Ausbau von elektronischen Datennetzen führten zu einer neuen wirtschaftlichen Dimension der Informationsnutzung und damit zum **Informationswettbewerb**, der auch als Netzwerk- oder Informationsökonomie bzw. Digitale Wirtschaft bezeichnet werden kann (s. Kapitel 1.2). Dies ist insbesondere der Bereich der elektronischen Geschäftsprozesse auf digitalen Datenwegen (*Kollmann* 2001a, S. 11 f.). Die Besonderheiten dieser elektronischen Geschäftsprozesse liegen in den folgenden **Bereichen** (*Kollmann* 1998b, S. 45):

▧ **Produktangebot**: Produkte und Dienstleistungen können über Informationstechnologien (Internet/Mobilfunk/ITV) rund um die Uhr, an sieben Tagen pro Woche und ganzjährig virtuell angeboten bzw. verkauft werden.

▧ **Informationsangebot**: Die Darstellung von digitalen Informationen zu den Produkten, Dienstleistungen und dem Unternehmen kann mit Hilfe von multimedialen Bausteinen und unter den Bedingungen des virtuellen Kontaktes einfach, schnell und umfassend erfolgen.

▧ **Informationsnachfrage**: Der an den Produkten, Dienstleistungen oder Unternehmen interessierte Nachfrager kann aufgrund interaktiver Kommunikationsmöglichkeiten die benötigten Informationen einfacher, schneller, umfassender und insbesondere aktiv abrufen.

▧ **Informationsaustausch**: Der Kontakt mit dem an den Produkten, Dienstleistungen oder Unternehmen interessierten Nachfrager kann direkter und individueller gestaltet werden.

▧ **Informationsverarbeitung**: Unternehmen haben mit Hilfe der elektronischen Informationsverarbeitung die Möglichkeit, eine enorme Menge an relevanten Kunden- und Prozessdaten einfacher, schneller und umfassender zu verarbeiten und die Ergebnisse direkt in den Kundenkontakt mit einfließen zu lassen.

 Medienhinweis: Der Informationswettbewerb im E-Business (Video-Podcast)
www.netcampus.de/podcasts

Die zugehörigen wirtschaftlichen Möglichkeiten werden in diesem Zusammenhang auch als „Electronic Business" bzw. **E-Business** bezeichnet. Für eine genauere Definition des Begriffes kann sowohl eine eher theoretische, als auch eine praxisorientierte Sichtweise herangeführt werden (*Kollmann* 2001a, S. 64 ff.):

E-Business ist die Nutzung der Informationstechnologien für die Vorbereitung (Informationsphase), Verhandlung (Kommunikationsphase) und Durchführung (Transaktionsphase) von Geschäftsprozessen zwischen ökonomischen Partnern über innovative Kommunikationsnetzwerke (theoretische Sichtweise).

E-Business ist die Nutzung von innovativen Informationstechnologien, um über den virtuellen Kontakt etwas zu verkaufen, Informationen anzubieten bzw. auszutauschen, dem Kunden eine umfassende Betreuung zu bieten und einen individuellen Kontakt mit den Marktteilnehmern zu ermöglichen (praxisorientierte Sichtweise).

Für beide Sichtweisen gilt, dass die notwendigen Bausteine Information, Kommunikation und Transaktion zwischen den beteiligten ökonomischen Partnern über digitale Netzwerke transferiert bzw. abgewickelt werden (*Kollmann* 2002, S. 883). Ferner ist beiden Definitionen gemein, dass Information als zentraler Wettbewerbsfaktor angesehen werden kann, die Bedingungen der elektronischen Handelsebene (Informationsökonomie) Beachtung finden und damit insbesondere die **Nutzung von Informationen** zum speziellen Fokus des Managements wird. Die in diesem Zusammenhang zentralen Fragen sind:

- **Digitale Plattformen**: Über welche digitalen Plattformen im Netz können Anbieter und Nachfrager miteinander in Verbindung treten, um E-Business stattfinden zu lassen?

- **Digitale Geschäftsmodelle**: Auf Basis welcher digitalen Geschäftsmodelle können Anbieter und Nachfrager das E-Business über diese digitalen Plattformen betreiben?

- **Digitale Unternehmensführung**: Wie sieht das digitale Management bzw. Digital Leadership für die Umsetzung der digitalen Geschäftsmodelle über die zugehörigen digitalen Plattformen im E-Business aus?

1.3.1 Die digitalen Plattformen

Als Basis für die Abwicklung elektronischer Geschäftsprozesse haben sich in der Praxis drei zentrale Plattformen gebildet, die den Austausch aller drei Bausteine (Information, Kommunikation und Transaktion) zum Inhalt haben und damit zum **engeren Kreis des E-Business** gezählt werden können. Mit den zugehörigen Stoßrichtungen **Einkauf, Verkauf** und **Handel** adressieren sie die zentralen Betätigungsfelder einer Unternehmung bzw. eines Marktes:

- Das **E-Procurement** ermöglicht den elektronischen Einkauf von Produkten bzw. Dienstleistungen durch ein Unternehmen über digitale Netzwerke. Damit erfolgt eine Integration von innovativen Informations- und Kommunikationstechnologien zur Unterstützung bzw. Abwicklung von operativen und strategischen Aufgaben im Beschaffungsbereich.

- Ein **E-Shop** ermöglicht den elektronischen Verkauf von Produkten bzw. Dienstleistungen durch ein Unternehmen über digitale Netzwerke. Damit erfolgt eine Integration von innovativen Informations- und Kommunikationstechnologien zur Unterstützung bzw. Abwicklung von operativen und strategischen Aufgaben im Absatzbereich.

- Ein **E-Marketplace** ermöglicht den elektronischen Handel mit Produkten bzw. Dienstleistungen über digitale Netzwerke. Damit erfolgt eine Integration von innovativen Informations- und Kommunikationstechnologien zur Unterstützung bzw. Abwicklung einer Zusammenführung von Angebot und Nachfrage.

Medienhinweis: Das Schalenmodell im E-Business (Video-Podcast)
www.netcampus.de/podcasts

Allerdings muss festgestellt werden, dass diese Bezeichnungen nicht überschneidungsfrei sind. So kann z. B. der elektronische Einkauf durchaus als Marktplatzlösung angeboten werden. Daneben existieren aber auch noch zwei weitere Plattformen, welche ebenfalls dem **erweiterten Kreis des E-Business** zugerechnet werden können, die jedoch nicht alle drei Bausteine in gleicher Weise betonen, sondern sich insbesondere auf Information und Kommunikation konzentrieren. Allerdings bezieht sich insbesondere die Kommunikation bei diesen Plattformen zunehmend direkt oder indirekt auf wirtschaftliche und damit transaktionsrelevante Inhalte. Dies ist z. B. dann der Fall, wenn im Rahmen der Kommunikation durch die Nutzer verschiedene Produkte besprochen und bewertet werden und der anschließende Kauf in einem E-Shop dadurch beeinflusst wird. Auch bei der Vernetzung von Unternehmen geht es neben dem Informationsaustausch zunehmend um transaktionsrelevante Ergebnisse im Rahmen gemeinsamer Produktentwicklungen, die in der Folge dann gemeinsam dem Markt angeboten werden. Mit den zugehörigen Stoßrichtungen **Kontakt** und **Kooperation** begleiten die beiden Plattformen also zunehmend die Transaktionsentscheidung, wodurch sie im Rahmen des E-Business ebenfalls behandelt werden sollten:

- Eine **E-Community** ermöglicht den elektronischen Kontakt zwischen Personen bzw. Institutionen über digitale Netzwerke. Damit erfolgt eine Integration von innovativen Informations- und Kommunikationstechnologien sowohl zur Unterstützung des Daten- bzw. Wissensaustausches als auch zur Vorbereitung transaktionsrelevanter Entscheidungen.

- Eine **E-Company** ermöglicht die elektronische Kooperation zwischen Unternehmen über digitale Netzwerke. Damit erfolgt eine Integration von innovativen Informations- und Kommunikationstechnologien zur Verknüpfung von einzelnen Unternehmensleistungen im Hinblick auf die Bildung eines virtuellen Unternehmens mit einem zusammengesetzten Transaktionsangebot.

Die anhaltend rasante technologische Entwicklung in der Digitalen Wirtschaft geht dabei zwangsläufig mit vielfältigen Möglichkeiten einher, innovative Geschäftskonzepte auf Basis elektronischer Informations- und Kommunikationsnetze zu entwickeln und diese nicht nur im Rahmen von bereits vorhandenen Unternehmen einzusetzen, sondern auch gänzlich neue Unternehmen (Startups) zu gründen. Unter der **Unternehmensgründung** wird dabei allgemein die Schaffung einer selbständigen und originären rechtlichen Wirtschaftseinheit verstanden, innerhalb der die selbständigen Gründerpersonen mit einem spezifischen Angebot (Produkt bzw. Dienstleistung) einen fremden Bedarf decken möchten (*Kollmann* 2019b). Bezogen auf das E-Business würde der übergeordnete Begriff „**E-Entrepreneurship**" bzw. „**Digital Entrepreneurship**" somit die Gründung von jungen Unternehmen in der Digitalen Wirtschaft auf Basis elektronischer Geschäftsprozesse beschreiben (*Kollmann* 2019b; *Kollmann/Kuckertz/Stöckmann* 2010).

Medienhinweis: Die Grundlagen des E-Entrepreneurship (Video-Podcast)
www.netcampus.de/podcasts

Medienhinweis: Die Plattformen im E-Entrepreneurship (Video-Podcast)
www.netcampus.de/podcasts

1.3.2 Die digitalen Geschäftsmodelle

Das E-„Business" ist unmittelbar mit der Frage nach der Geschäftsgenerierung und damit nach verschiedenen **Geschäftsmodellen** verbunden. Die Antwort auf eine diesbezüglich erste Frage „Wo sollen die Einnahmen im E-Business generiert werden?" ist insbesondere über eine Analyse der handelnden Akteure in den einzelnen Geschäftsbereichen zu beantworten. Danach folgen die Überlegungen zu den verschiedenen Geschäftskonzepten, den einzelnen Erlösmodellen und der spezifischen Erlössystematik.

Geschäftsbereiche

Dabei kann im E-Business im Grunde zunächst eine grobe Unterscheidung in Anbieter und Empfänger der elektronisch basierten Leistungen erfolgen. Entsprechend findet man als mögliche Anbieter bzw. Empfänger hauptsächlich Unternehmen (Business), öffentliche Institutionen (Government) und private Konsumenten (Consumer). In Kombination dieser drei Gruppen ergeben sich vor diesem Hintergrund die typischen **Geschäftsbereiche** für das E-Business:

- Der Leistungsaustausch zwischen **Business-to-Consumer (B2C)** impliziert den On-line-Handel zwischen Unternehmen und Kunden. Charakteristisch für diese Transaktionsbeziehung ist die Geschäftsanbahnung, -vereinbarung und die Zahlungsabwicklung. Die Beziehung ist dabei geprägt durch die Kurzfristigkeit des Marktkontaktes und die relativ kleinen bis mittleren Transaktionsbeträge (*Merz* 2002, S. 22 ff.). Im Vordergrund des Kaufprozesses steht die Auswahl des Produkts, die Bestellung und Bezahlung. Klassisches Beispiel ist *amazon.de*. Als Plattformen im B2C-Bereich kommen hauptsächlich E-Shop und E-Marketplace zum Tragen (s. Kapitel 1.3.1).

- Die Leistungsbeziehung zwischen Unternehmen, **Business-to-Business (B2B)** ist im Gegensatz zu B2C von einer längerfristigen Geschäftsbeziehung und komplexeren Wertschöpfungsstrukturen geprägt. Es handelt sich dabei nicht unbedingt nur um einzelne Unternehmen, die miteinander interagieren, sondern auch um Unternehmensgruppen (z. B. Autohändler oder Werkstätten-Verbünde). Ziel ist es, dass Unternehmen mittels Informations- und Kommunikationstechnologien miteinander Geschäfte abwickeln. Die Ausprägungen von B2B im Sinne von Handel, Kommunikation, Transport sind in der Praxis vielfältig und treten bspw. in Form einer internetbasierten Beschaffungsplattform auf. Ein Beispiel stellt hierbei *supplyon.de* dar. Als

Plattformen im B2B-Bereich kommen hauptsächlich E-Company, E-Procurement und E-Marketplace zum Tragen (s. Kapitel 1.3.1).

▪ Der Bereich **Government-to-Business (G2B)** bezieht sich überwiegend auf Transaktionen im Bereich der öffentlichen Beschaffung und kommt insbesondere bei formalisierten Ausschreibungsverfahren zum Einsatz. Mit der Unterstützung der Informationstechnologie erlangen diese einen höheren Grad an Transparenz und Effizienz (*Merz* 2002, S. 22). Wenn Staaten oder öffentliche Institutionen und Ämter, wie etwa Zollämter über das Internet kommunizieren (E-Community), so dient der **Government-to-Government (G2G)**-Leistungsaustausch in erster Linie der Unterstützung von Unternehmen beim Handel (*Merz* 2002, S. 29). Bestrebungen im Hinblick auf E-Government sind häufig auch unter dem Stichwort „virtuelles Rathaus" zu finden. Dies beinhaltet E-Services für den Bürger wie z. B. die Bereitstellung von Informationen, Formularen und die Abwicklung der Kfz-Anmeldung. Aber auch die An- und Ummeldung des Wohnsitzes und Wahlen sollen in Zukunft online erfolgen. Die *Bundesagentur für Arbeit* ist ferner eine öffentliche Institution, die im **Government-to-Consumer (G2C)**-Bereich Leistungen wie etwa Vermittlungsbörsen, aber auch ausführliche Informationen zum Arbeitnehmerrecht, zur Greencard-Initiative und anderem anbietet (*Kollmann/Kayser* 2010; *Kollmann/Kayser/Stöckmann* 2012; *Wirtz* 2018). Als Plattformen im G2X-Bereich kommen hauptsächlich E-Shop, E-Marketplace und E-Procurement zum Tragen (s. Kapitel 1.3.1).

▪ Der Bereich **Consumer-to-Consumer (C2C)** bezeichnet einen Bereich, wo es um die Organisation des Produkt- bzw. Informationsaustausches zwischen Privatpersonen geht. Prominentes Beispiel für diesen Bereich sind Handelsbörsen im Internet wie *ebay.de*, bei denen Privatpersonen als Anbieter und Empfänger einer Leistung fungieren können. Dieses Verhältnis wird häufig auch als Peer-to-Peer (P2P) bezeichnet, da sog. Peers (Gleichberechtigte) in einem Verbund gegenseitig Ressourcen (z. B. Informationen) austauschen können (*Schoder/Fischbach* 2002, S. 101). Die bekanntesten P2P-Technologien finden speziell im Instant Messaging (z. B. *WhatsApp*), File Sharing (im Sinne von einer Musiktauschbörse) und Web Services (im Sinne von *web.de*) Anwendung (*Oram* 2001). Als Plattform kommen hauptsächlich E-Community und E-Marketplace zum Tragen (s. Kapitel 1.3.1). Ein aktueller Trend im C2C ist auch die Entwicklung zur sog. **Sharing Economy**. Dieser ursprünglich durch *Weitzman* (1984) geprägte Begriff beschreibt einen Wohlfahrtsgewinn durch das kollektive Teilen unter allen Marktteilnehmern. Im Internet bezieht sich der Begriff auf das Teilen von Wissen und Informationen, beschreibt jedoch auch Applikationen, die es ermöglichen, Ressourcen wie z. B. Essen oder Wohnraum miteinander zu teilen.

Prinzipiell gilt, dass die **Rollen der Akteure** in der Digitalen Wirtschaft nicht hundertprozentig fix sind. Das bedeutet, dass sich in Abhängigkeit vom Markt die Rollen wieder verändern und umkehren können (*Wirtz* 2018, S. 25 f.). Klassisches Beispiel ist der Konsument, der ab einem bestimmten Zeitpunkt auf *ebay.com* zum Profianbieter (Powerseller) wird und damit eher die Rolle eines Unternehmers einnimmt. Auch kann es vorkommen, dass ein Marktplatz wie z. B. *autoscout24.de* sowohl den Handel zwischen Unternehmen und Privatpersonen (B2C) als auch den Handel unter Privatpersonen (C2C) organisiert und damit eine **Mischform** bei der Wahl des Geschäftsbereiches präferiert.

 **Die beiden wesentlichen Geschäftsbereiche im E-Business können eingeteilt werden in Business-to-Business (B2B mit E-Procurement und E-Marketplace) und Business-to-Consumer (B2C mit E-Shop und E-Marketplace). Eine zunehmende Digitalisierung löst diese Grenzen aber immer weiter auf und führt zu einer B2B2C-Gesamtbetrachtung.**

Geschäftskonzepte

Die Antwort auf die nachfolgende Frage „Wie können Einnahmen im E-Business generiert werden?" ist direkt über eine Analyse des elektronischen Geschäftskonzeptes zu beantworten. Dieses Geschäftskonzept beschreibt dabei den Austausch einer angebotenen Leistung (Produkt oder Service) zwischen bestimmten Geschäftspartnern hinsichtlich des Inhalts und der dafür zum Tragen kommenden Vergütung. Dabei können für das E-Business fünf typische **Geschäftskonzepte** identifiziert werden: Content, Commerce, Context, Connection und Communication (*Wirtz* 2003, S. 106 ff.; *Rayport/Jaworski* 2002, S. 184 ff.).

Das Geschäftskonzept „**Content**" (s. Abb. 9) beinhaltet die Sammlung, Selektion, Systematisierung, Kompilierung (Packing) und Bereitstellung von Inhalten auf einer eigenen Plattform innerhalb eines Netzwerkes. Dabei zielt dieses Geschäftskonzept auf die einfache, bequeme, visuell ansprechend aufbereitete und online zugängliche Präsentation und Handhabung der Inhalte für den Nutzer. Varianten dieses Geschäftskonzepts sind im Hinblick auf E-Information, E-Entertainment und E-Education zu sehen und verfügen dementsprechend über informierende, unterhaltende oder bildende Inhalte. Die Erlöse werden bei diesem Konzepttyp entweder über direkte (z. B. Verkauf von Premiuminhalten) oder indirekte (z. B. Werbung bei Inhaltspräsentation) Erlösmodelle erzielt. Ein Beispiel für ein direktes Modell wäre *genios.de*, bei der Inhalte über eine Datenbank nur gegen eine Nutzungsgebühr zu erhalten sind. Dagegen sind die Beiträge auf der Plattform *manager-magazin.de* bis auf Premiumartikel grundsätzlich kostenlos, wobei die Einnahmen indirekt über Werbeeinblendungen generiert werden (z. B. Banner).

Das Geschäftskonzept „**Commerce**" (s. Abb. 9) umfasst die Anbahnung, Aushandlung bzw. Abwicklung von Geschäftstransaktionen über Netzwerke. Die traditionellen Transaktionsphasen werden somit elektronisch unterstützt, ergänzt oder substituiert. Dieses Geschäftskonzept zielt dabei auf die einfache, bequeme und schnelle Abwicklung von Kauf- bzw. Verkaufsprozessen ab. Die Erlöse werden bei diesem Konzepttyp wiederum über direkte (z. B. Verkauf von Produkten und Dienstleistungen) oder aber indirekte (z. B. Werbung) Erlösmodelle erzielt. Ein Beispiel ist das Reiseunternehmen *expedia.de*, das einen Großteil seines Reiseangebots direkt von den Anbietern erwirbt und anschließend Hotelzimmer und Flugtickets über seine Webseite an Endkunden direkt weiterverkauft – und zwar zu einem Preis, den das Unternehmen nach Angebot und Nachfrage selbst kalkuliert (*Hirn/Rickens* 2003, S. 77 f.).

	Content	Commerce	Context	Connection	Communication
Definition	Sammlung, Selektion, Systematisierung, Kompilierung und Bereitstellung von Inhalten über Netzwerke	Anbahnung, Aushandlung und/oder Abwicklung von Geschäftstransaktionen über Netzwerke	Klassifikation, Systematisierung und Zusammenführung verfügbarer Informationen in Netzwerken	Repräsentation des Grades der formalen Verknüpfungen in Netzwerken	Herstellung der Möglichkeit eines Informationsaustausches in Netzwerken
Ziel	Bereitstellung von konsumentenorientierten, personalisierten Inhalten über Netzwerke	Ergänzung bzw. Substitution traditioneller Transaktionsphasen über Netzwerke	Komplexitätsreduktion und Bereitstellung von Navigationshilfen und Matchingfunktionen über Netzwerke	Schaffung von technologischen oder kommerziellen Verbindungen in Netzwerken	Schaffung von kommunikativen Verbindungen in Netzwerken
Erlösmodell	Direkte (Premiuminhalte) und indirekte Erlösmodelle (Werbung)	Transaktionsabhängige, direkte und indirekte Erlösmodelle (Werbung)	Direkte (Inhaltsaufnahme) und indirekte Erlösmodelle (Werbung)	Direkte (Objektaufnahme/ Verbindungsgebühr) oder Indirekte Erlösmodelle (Werbung)	Direkte (Verbindungsgebühr) und indirekte Erlösmodelle (Werbung)
Plattformen	E-Shop, E-Community, E-Company	E-Shop, E-Procurement, E-Marketplace	E-Community, E-Marketplace	E-Marketplace, E-Company, E-Community	E-Community, E-Shop, E-Marketplace, E-Company
Beispiele	sueddeutsche.de, manager-magazin.de, guenstiger.de	mytoys.com, amazon.com, expedia.de	yahoo.de, google.de, ciao.com	autoscout24.de, travelchannel.de, t-online.de	ebay.com, facebook.com, elitepartner.de
Mehrwert	Überblick, Auswahl, Kooperation, Abwicklung	Überblick, Auswahl, Abwicklung	Überblick, Auswahl, Vermittlung, Austausch	Überblick, Auswahl, Vermittlung, Abwicklung, Austausch	Überblick, Auswahl, Vermittlung, Austausch

Abb. 9:   Die elektronischen Geschäftskonzepte der Digitalen Wirtschaft
Quelle: in Anlehnung an *Kollmann* 2019a.

Das Geschäftskonzept „**Context**" (s. Abb. 9) zeichnet sich durch die Klassifizierung, Systematisierung und Zusammenführung von verfügbaren Informationen und Leistungen in Netzwerken aus. Hierdurch wird das Ziel verfolgt, eine Verbesserung der Markttransparenz (Komplexitätsreduktion) und Orientierung (Navigation) für den Nutzer zu erreichen. Die Erlöse werden bei diesem Konzepttyp entweder über ein direktes (z. B. Gebühr für die Aufnahme oder Platzierung von Inhalten) oder indirektes Modell (z. B. Werbung, Statistiken, Inhalte) generiert. Als Beispiel können hier in erster Linie die Suchmaschinen, wie bspw. *google.de* (*Röhle* 2010) und *lycos.de* oder die Web-Kataloge, wie *web.de* genannt werden. Während Suchmaschinen die Netzinhalte quasi automatisch suchen und katalogisieren, beinhalten Web-Kataloge qualitative Bewertungen von Webseiten und werden von Redakteuren eigenhändig erstellt (*Fritz* 2004, S. 53).

Bei dem Geschäftskonzept „**Connection**" (s. Abb. 9) wird die Interaktion von Akteuren in Datennetzen ermöglicht bzw. organisiert. Dieser Zusammenschluss kann auf kommerzieller aber auch technologischer Ebene erfolgen. Als Erlösmodell kommen erneut direkte (z. B. für die Objektaufnahme/-anbindung oder Verbindungsgebühren) oder indirekte (z. B. Werbung, Statistiken, Cross-Selling) Modelle zum Einsatz. Als Beispiel für eine technologische Zusammenführung kann *t-online.de* genannt werden, die einen generellen Zugang zum Internet anbieten und somit gegen eine Verbindungsgebühr die „Connection" ermöglichen. Als ergänzendes Beispiel für eine kommerzielle Zusammenführung kann *autoscout24.de* genannt werden, die Autohändler zum Zwecke des Gebrauchtwagen-verkaufs mit einer Datenbankanbindung auf einen E-Marketplace bringen.

	Content	Commerce	Context	Connection	Communication
autoscout24.de					
reifendirekt.de					
expedia.de					
yahoo.de					
ciao.de					

Abb. 10:   Beispiele für Mischformen der Geschäftskonzepte der Digitalen Wirtschaft
Quelle: in Anlehnung an *Wirtz* 2018, S. 309.

Bei dem Geschäftskonzept „**Communication**" (s. Abb. 9) wird die Interaktion von Akteuren in Netzwerken ermöglicht bzw. unterstützt. Dies schließt sowohl die Kommunikation zwischen Nutzern einer Seite untereinander als auch die Kommunikation von Nutzern mit einer Plattform und umgekehrt ein. Die Erlöse werden bei diesem Geschäftskonzept entweder über ein direktes (z. B. Verbindungsgebühr) oder ein indirektes Modell (z. B. Werbung) generiert. Im Hinblick auf die Werbung wird dabei insbesondere auf die vorhandenen Kommunikations- und Nutzerprofile zurückgegriffen. Als Beispiel können hier in erster Linie E-Communities (social networks), wie *facebook.com* oder *elitepartner.de*, bzw. Informationsangebote, wie durch E-Mail-Benachrichtigungen auf *ebay.com* realisiert, genannt werden.

Waren die Geschäftskonzepte Content, Commerce, Context, Connection und Communication zu Beginn des E-Business noch vorwiegend in der „Reinform" vorzufinden, so können heute fast nur noch Mischkonzepte (sog. **hybride Geschäftskonzepte**) im Netz beobachtet werden (s. Abb. 10). Dieser Entwicklungsprozess nimmt vor allem durch Adaption, Kombination und Aggregation der obenstehenden Typen weiter zu. Die Gründe für die Veränderungen liegen vor allem in den strategischen Veränderungen von Konzepten durch die Zielsetzung von Verbundeffekten, multiple Kundenbindung, Preisbündelung und Diversifikation sowie Expansion der Erlösquellen (*Wirtz* 2003, S. 106 ff.).

Fallbeispiel: Handelsblatt

Das Handelsblatt ist die größte Wirtschafts- und Finanzzeitung in deutscher Sprache. Rund 200 Redakteure, Korrespondenten und ständige Mitarbeiter sorgen rund um den Globus für eine aktuelle, umfassende und fundierte Berichterstattung. Das Handelsblatt ist mit mehr als 70 In- und Auslandskorrespondenten auf allen Kontinenten vertreten und verfügt über eines der größten Korrespondentennetzwerke der deutschen Medien. Ab Mitte der 90er Jahre gingen, beginnend mit Handelsblatt und Wirtschaftswoche, zahlreiche Objekte der Handelsblatt Media Group mit ihrem Informationsangebot in das Internet. Die Digitalaktivitäten wurden über die Jahre weiter ausgebaut und bildeten neben Print das zweite wichtige Geschäftsfeld. Im Zuge der Redaktionsreform wurde Handelsblatt Online 2015 mit der Printredaktion verschmolzen. Die neu geschaffene Gesamtredaktion ist in vier Ressorts (Unternehmen, Wirtschaft & Politik, Finanzen und Agenda) organisiert und arbeitet für alle technischen Plattformen. Handelsblatt Online setzte zunächst auf ein Freemium-Modell (Kombination aus Free = kostenlos und Premium = kostenpflichtig), bei dem die Homepage-Inhalte gratis verfügbar waren oder teilweise hinter der Paywall lagen. Im Mai 2018 führte das Handelsblatt eine neue Paid-Content-Strategie ein. Alle Texte, Videos, Recherchetools und Infografiken wurden kostenpflichtig. Damit wird das Content-Geschäftskonzept konsequent umgesetzt.

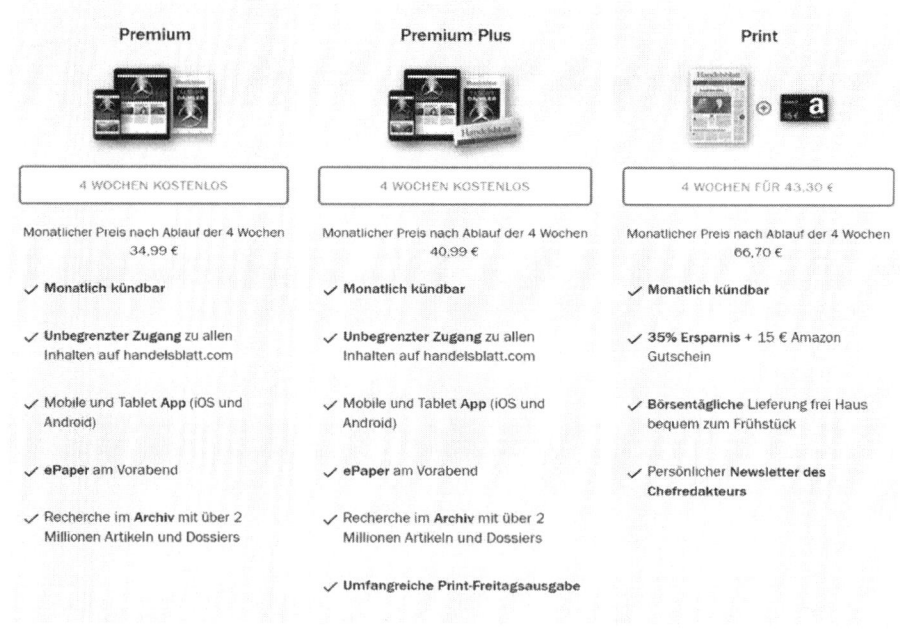

Erlösmodell

Die Erlöse im E-Business ergeben sich primär aus der direkt angebotenen elektronischen **Kernleistung** (*Kollmann* 2019a). Somit stellt die Kernleistung gerade den elektronischen Mehrwert (s. Kapitel 1.2.1), eventuell im Zusammenhang mit einem realen Produkt oder Dienstleistung dar, für den das Geschäftsmodell ursprünglich entwickelt worden ist und welches zu direkten Einnahmen (s. Abb. 11) führt. Daneben existieren aber auch indirekte Einnahmequellen (s. Abb. 11), die sich aus dem Angebot der Kernleistung ableiten. Dabei werden über die Kernleistung Informationen generiert, die für Dritte von Interesse sein könnten. Voraussetzung dafür ist, dass diese sog. **Nebenleistungen** wiederum einen elektronischen Mehrwert für den Abnehmer darstellen (*Kollmann* 2019a). Der Abnehmerkreis für diese Nebenleistungen kann sich dabei von dem der Hauptleistung durchaus unterscheiden. Entsprechend ergeben sich vor diesem Hintergrund für die **Produktstrategie** drei Varianten:

- **Singular-Prinzip**: Hier steht die bezahlte Kernleistung im Mittelpunkt (z. B. Verkauf über E-Shop) und eine Nebenleistung ist nicht vorhanden bzw. wird bewusst nicht erzeugt und/oder genutzt. Das bedeutet, dass die im elektronischen Wertschöpfungsprozess produzierten Informationen (Informationsverarbeitung; s. Kapitel 1.2.3) über die Erstellung der Kernleistung hinaus nicht wirtschaftlich genutzt werden. Typisches Beispiel ist der E-Shop.

- **Plural-Prinzip**: Hier steht sowohl die bezahlte Kernleistung (z. B. Vermittlungsleistung auf einem E-Marketplace) als auch die vermarktbare Nebenleistung (z. B. Verkauf von Marktdaten/-statistiken) im Mittelpunkt. Das bedeutet, dass die im elektronischen Wertschöpfungsprozess produzierten Informationen (Informationsverarbeitung; s. Kapitel 1.2.3) auch über die Erstellung der Kernleistung hinaus wirtschaftlich genutzt werden. Typisches Beispiel ist der E-Marketplace.

- **Symbiose-Prinzip**: Hier steht, wie schon beim Plural-Prinzip, sowohl die Kern- als auch die Nebenleistung im Mittelpunkt. Allerdings wird die Kernleistung kostenlos angeboten (z. B. Teilnahme an E-Community), um die Informationen für die Nebenleistung (z. B. personalisierte Werbung) überhaupt zu erhalten. Das bedeutet, dass die im elektronischen Wertschöpfungsprozess produzierten Informationen (Informationsverarbeitung; s. Kapitel 1.2.3) nur über die Nebenleistung wirtschaftlich genutzt werden. Die Kernleistung ist Mittel zum Zweck, wobei diese ohne die Einnahmen aus der Nebenleistung nicht aufrechterhalten werden kann und umgekehrt die Nebenleistung ohne die Kernleistung gar nicht existieren würde (Symbiose). Ein typisches Beispiel ist die E-Community.

▶ *Medienhinweis: Produktstrategie im E-Entrepreneurship (Video-Podcast)*
www.netcampus.de/podcasts

Für jede elektronische Plattform lassen sich Nebenleistungen identifizieren. Abb. 11 gibt exemplarisch einen Überblick. Ein E-Shop (z. B. ein Internetverkauf für Spielsachen) sammelt bei jeder Transaktion Kundendaten, die dann sowohl individuell (in Form von Einzelauswertungen) als auch die gesamte Kundendatenbank umfassend ausgewertet werden können. Dadurch entstehen neue Informationen, wie z. B. Kaufhistorien oder Trendentwicklungen, die ihrerseits den Herstellern oder anderen Marktsegmenten angeboten werden können (z. B. Holzspielsachen sind wieder gefragt). Das indirekte (sekundäre) Leistungsangebot (z. B. Marktinformationen als Nebenleistung) im E-Business besitzt dabei einen eigenständigen Mehrwert, der jedoch ohne die direkte Leistungserbringung (z. B. die Bereitstellung einer E-Community als Kernleistung) nicht geschaffen werden könnte. In der gleichen Systematik sind für die anderen Plattformen die Leistungsunterschiede zu verstehen.

	Kernleistung (direkt)	Nebenleistung (indirekt)
E-Shop	Spielsachen	Trendinformationen
E-Marketplace	Autohandel	Versicherungen
E-Community	Kommunikation	Werbefläche
E-Procurement	Bürobedarf	Kundendaten

Abb. 11:   Beispiele für Kern- und Nebenleistungen in der Digitalen Wirtschaft

 Die Unterscheidung in Kern- und Nebenleistung orientiert sich immer am elektronischen Mehrwert, der für den Nachfrager geschöpft wird und wegen dem er in erster Linie (Kernleistung) eine digitale Plattform nutzt.

Fallbeispiel: Facebook

Facebook Inc. ist ein US-amerikanisches Unternehmen mit Sitz in Menlo Park, Kalifornien. Der Gesellschaft gehören das soziale Netzwerk Facebook, die Video- & Foto-Sharing-App Instagram und der Messenger WhatsApp. Facebook wurde 2004 gegründet und hat es sich zur Aufgabe gemacht, Menschen die Möglichkeit zu geben, eine Gemeinschaft aufzubauen und die Welt näher zusammenzubringen. Menschen nutzen Facebook, um mit Freunden und Familie in Kontakt zu bleiben, um zu erfahren, was in der Welt vor sich geht, und um zu teilen und auszudrücken, was für sie wichtig ist. Die Facebook-Nutzung ist für Mitglieder kostenlos. Einnahmen soll vor allem das Werbegeschäft bringen. Damit setzt diese E-Community auf das Symbiose-Prinzip, bei dem die Kernleistung (kommunikative Vernetzung der Plattform-Teilnehmer) bewusst kostenlos zur Verfügung gestellt wird, um über die Nebenleistung (Bereitstellung von Werbeflächen) zu verdienen.

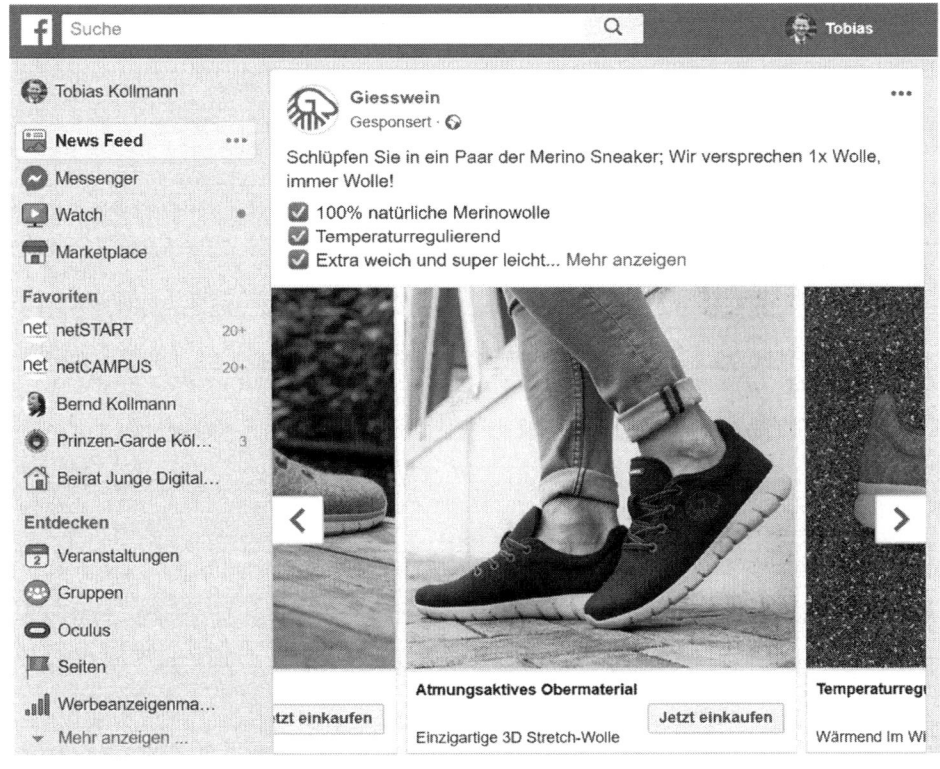

Erlössystematik

Im E-Business lassen sich, unabhängig ob es sich um eine Kern- oder eine Nebenleistung handelt, drei idealtypische **Erlössystematiken** identifizieren (*Kollmann* 2019a). Die konkrete Ausgestaltung ist dabei abhängig von der elektronischen Plattform (s. Kapitel 1.3.1) und dem eigentlichen Leistungsgegenstand (*Kollmann* 2019a; *Skiera/Spann* 2002, S. 691 ff.; *Wirtz* 2018):

- **Margenmodell**: Diese Form findet meistens Anwendung, wenn eine eigene Leistung direkt an den Kunden verkauft wird. Die für die Leistungserstellung entstehenden Kosten werden errechnet und um eine Gewinnmarge erweitert. Der daraus entstehende Betrag repräsentiert den Preis, den es für das elektronische „Produkt" zu zahlen gilt. Die Gewinnmarge ist dabei so zu wählen, dass neben den variablen Kosten auch die Fixkosten gewinnbringend gedeckt werden. Typisches Beispiel ist ein E-Shop.

- **Provisionsmodell**: Werden über die elektronische Plattform insbesondere Fremdleistungen an den Kunden vermittelt, erfolgt für die Leistungsvermittlung eine erfolgsabhängige Provisionszahlung. Gerade bei den Affiliate-Programmen (s. Kapitel

3.4.1) wird diese Form der transaktionsabhängigen Vergütung sehr häufig eingesetzt. Typisches Beispiel ist ein E-Marketplace.

- **Grundgebührmodell**: Bei dem Angebot von transaktionsunabhängigen elektronischen Leistungen wird in der Regel ein Entgelt in Form einer Gebühr erhoben (z. B. Zugangsgebühr, Bereitstellungsgebühr oder Aufnahmegebühr). Sie kann als einzige Erlösform verwendet werden oder in Kombination mit transaktionsabhängigen Leistungen. Typische Beispiele sind eine E-Community oder ein E-Marketplace. Aber auch neuere E-Geschäftsmodelle wie z. B. das Abo-Commerce-Modell (monatliche Gebühr für regelmäßige Lieferung) beim E-Shop greifen auf diesen Ansatz zurück.

Fallbeispiel: XING

XING ist das führende soziale Netzwerk für berufliche Kontakte mit über 15 Mio. Mitgliedern im deutschsprachigen Raum. Auf XING vernetzen sich Berufstätige aller Branchen, sie suchen und finden Jobs, Mitarbeiter, Aufträge, Kooperationspartner, fachlichen Rat oder Geschäftsideen. Eine der wesentlichen Säulen der Erlössystematik für diese E-Community sind die Premium-Mitgliedschaften, basierend auf dem Freemium-Modell (Kombination aus Free = kostenlos und Premium = kostenpflichtig). Hierbei wird eine Grundleistung kostenlos angeboten, während besondere Funktionen oder Bereiche erst gegen eine Grundgebühr freigeschaltet werden (Erlösmodell: Symbiose-Prinzip). Im Falle von XING ist die generelle Teilnahme an der Business-Community kostenlos, aber insbesondere die Information, wer das eigene Profil besucht hat und die zugehörigen Besucher-Statistiken sind kostenpflichtig. Abgerechnet wird dieses Grundgebührmodell im Symbiose-Prinzip in Form eines 12-Monats-Abo.

Die Umsetzung der jeweiligen Erlössystematik wird nicht immer in ihrer Reinform erfolgen. Vielmehr sind im E-Business häufig **Mischformen** anzutreffen, die sich nach preispolitischen und wettbewerbspolitischen Gesichtspunkten ergeben. An dieser Stelle sei darauf hingewiesen, dass die dargestellten Erlössystematiken analog für wirtschaftliche Angebote im mobilen Bereich gelten können.

> *Lernhinweis: Zertifikatskurs zum E-Business-Manager (Weiterbildung)*
> *www.e-business-manager.de*

1.3.3   Die digitale Unternehmensführung

Neben den Überlegungen zu neuen Unternehmungen auf Basis digitaler Geschäftsmodelle und dem zugehörigen **E-Entrepreneurship** können natürlich auch bereits etablierte Unternehmen neue digitale Geschäftsmodelle entwickeln (**E-Intrapreneurship**) oder bereits vorhandene Geschäftsprozesse bzw. -modelle digital transformieren. Gerade diese **Digitale Transformation** ist in der jüngeren Vergangenheit zu einem allgemeinen Schlagwort geworden. Doch entgegen der weitläufigen Annahme, dass die zugehörigen Maßnahmen eher die technische EDV- und IT-Landschaft im Zuge der Automatisierung betreffen, betreffen die Auswirkungen das gesamte Unternehmen in allen Bereichen und Funktionen. Laut einer Umfrage der Unternehmensberatung *Accenture* gehen fast ein Viertel der Führungskräfte vor diesem Hintergrund davon aus, dass ihre Unternehmen, wie sie heute existieren, zukünftig verschwinden werden (*Axson/Delawalla* 2016). Somit ergeben sich für Unternehmen sowohl Chancen als auch Risiken für die Gegenwart und Zukunft aufgrund der Digitalisierung. Das bedeutet auch, dass sich die Unternehmensführung und der zugehörige Führungsstil an die Rahmenbedingungen der Digitalisierung anpassen müssen. Entsprechend rückt das **Digital Leadership** in den Mittelpunkt der diesbezüglichen Betrachtungen (*Kollmann/Schmidt* 2016, S. 72f.).

Leadership kann dabei zunächst allgemein definiert werden als der zwischenmenschliche Einfluss, welcher in bestimmten Situationen durch Kommunikationsprozesse zur Erreichung bestimmter Ziele ausgeübt wird (*Tannenbaum/Weschler/Massarik* 1961, S. 24). Da sich im Rahmen der digitalen Transformation insbesondere die Umwelteinflüsse stark verändert haben, sollten Führungskräfte nach dieser Logik ihr Verhalten an die externen Herausforderungen der Digitalisierung anpassen (*Kensbock* 2018, S. 146). Die Unternehmensberatung *Capgemini* charakterisiert dabei folgende Einflussgrößen, welche die **Zusammenarbeit im digitalen Zeitalter** besonders stark verändert haben und von den Führungskräften beachtet werden sollten (*Crummenerl/Kemmer* 2015):

- **Vernetzung**: Durch zunehmende Globalisierung und stärkere Verknüpfung der Märkte sind zunehmend sämtliche Marktteilnehmer miteinander vernetzt. Durch digitale Technologien, wie bspw. Cloud-Lösungen, sind Daten jederzeit verfügbar und zu bearbeiten.

▨ **Kommunikation**: Digitale Informations- und Kommunikationstechnologien sind zunehmend fester Bestandteil vieler Arbeitsplätze. Dadurch hat sich die Kommunikation der Mitarbeiter deutlich vereinfacht und beschleunigt. Virtuelle Kommunikationsformen wie bspw. Mail, Chats oder Videokonferenzen ergänzen die Kommunikation.

▨ **Arbeitsmittel**: Digitale Arbeitsmittel ermöglichen es zunehmend jederzeit und an jedem Ort (s. Kapitel 1.1) zu arbeiten. Daraus ergibt sich keine Standortgebundenheit mehr, sodass unter anderem flexible Arbeitszeit- und Ortsmodelle (Home-Office etc.) implementiert werden können. Durch digitale Systeme und Tools können weiterhin Arbeitsprozesse besser gemessen und effizienter verteilt werden.

▨ **Schnelligkeit**: Schnelligkeit ist eine entscheidende Eigenschaft der Digitalisierung. In nahezu allen Arbeitsbereichen wird der Innovations- und Veränderungsrhythmus erhöht, sodass ein erhöhter Anpassungsdruck entsteht. Denn nur das Unternehmen, welches rechtzeitig handelt kann langfristig am Markt bestehen.

Insgesamt kann demnach unter Digital Leadership ein Führungsverhalten zusammengefasst werden, welches die äußeren Einflüsse und Muster der Digitalisierung integriert und in einen zeitgemäßen Führungsstil transferiert (*Buhse* 2014, S. 230). Damit wird aber auch klar: Digitalisierung bedeutet Veränderung! Und die muss man zunächst einmal wirklich wollen. Viele Verantwortliche tun sich hier schon schwer, denn eigentlich wollen sie von ihrem Erfahrungswissen und den erarbeiteten Positionen weiter so profitieren wie in der Vergangenheit. Das führt aber in der Regel zu einer Verteidigungshaltung, einem Festklammern am Status quo – und das funktioniert angesichts der tiefgreifenden Veränderungen durch die Digitalisierung nicht mehr. Denn diese werden von außen aggressiv an die Unternehmen herangetragen und können nicht von innen heraus verwaltet werden. Dabei ist es laut *Kollmann* (2018) für Unternehmen in der Digitalen Wirtschaft besonders wichtig, dass Führungskräfte einen digitalen Wandel wollen (**Digital Mindset**), für diesen digitalen Wandel auch das notwendige Wissen haben (**Digital Skills**) und schließlich die sich daraus ergebenden Maßnahmen im Rahmen der digitalen Transformation auch konsequent umsetzen (**Digital Execution**). Nur dann ist der komplette **Handlungsrahmen eines Digital Leadership** adressiert (s. Abb. 12).

❗ **Die Digitale Transformation ist nicht nur eine Frage der technischen Systeme (EDV/IT), sondern insbesondere ein Aspekt des menschlichen Faktors und ob die Akteure als Fach- und/oder Führungskräfte eine Digitalisierung „wollen" (Digital Mindset), „können" (Digital Skills) und dann auch „machen" (Digital Execution).**

▶ *Medienhinweis: Der Digital Leadership Index (Online-Test)*
www.digital-leadership-index.de

Digital Mindset (Wollen)		Digital Skills (Können)	
• **Offenheit** und Neugierde gegenüber digitalen Technologien, Führungsmodellen und Vorgehensweisen. • Kritisches **Hinterfragen** etablierter Geschäftsmodelle oder Strategien mit Blick auf sich verändernde Umweltzustände. • **Wille**, Veränderungen aktiv mitzugestalten und Neues auszuprobieren.		• Konkretes **Wissen** und digitales Know-how rund um die digitale Wertschöpfung. • **Kenntnisse** und Fertigkeiten im Umgang mit modernen digitalen Tools, Technologien, Geräten und Software. • **Kompetenzen** digitale Potenziale zu erkennen und ein Unternehmen im Rahmen der digitalen Transformation weiterzuentwickeln.	

Digital Execution (Machen)			
Objektansatz (Was?)		**Managementansatz** (Wie?)	
• **Prozesse**: Kosten senken und Prozesse optimieren. • **Produkte**: Angebot sollte aktuelle Trends antizipieren und den Kundenwünschen entsprechen. • **Plattformen**: Digitale Geschäftsmodelle prüfen, entwickeln und einführen, um Potenziale auszuschöpfen.		• **Agilität**: Schnelle Anpassungsfähigkeit gegenüber Veränderungen. • **Flexibilität**: Befähigung sich verändernden Umwelteinflüssen anzupassen. • **Proaktivität**: Initiatives und vorausplanendes Handeln.	

Abb. 12: Der Handlungsrahmen für das Digital Leadership

Damit Unternehmen und deren Führungskräften der digitale Wandel gelingt, müssen sie sich an Veränderungen und äußere Umwelteinflüsse anpassen. Wo früher „Erfahrung" ein wesentliches Qualitätsmerkmal war, ist es heute der Faktor „**Ausprobieren**". Das bedingt aber Entscheidungen unter Unsicherheit – und dafür sind die Strukturen in den Unternehmen meist nicht ausgelegt. Es widerspricht auch der deutschen Kultur der klaren Planung und mehr oder weniger abgesicherten Prognose. Von daher muss die Frage nach dem Wollen in vielen Führungsetagen schon als kritisch betrachtet werden. Wie verschiedene Studien hierzu belegen, schaffen es viele Unternehmen nicht, sich auf die veränderten Spielregeln von digitalisierten Märkten einzulassen.

Im Hinblick auf den **ersten Faktor Digital Mindset** spielen somit die **alte Unternehmenskultur**, die **fehlende Risikobereitschaft** und die **starre Unternehmensorganisation** (*Goran/Srinivasan/LeBerge* 2016) eine große Rolle. Hinzu kommt, dass in den meisten Anreiz- und Belohnungssystemen von Geschäftsführern und Vorständen die Ergebniszahlen aus dem laufenden Stammgeschäft im Vordergrund stehen und nicht die mutige und risikoreiche Ausrichtung auf neue digitale Geschäftsmodelle. Dadurch verkümmern viele vermeintliche Digitalisierungsoffensiven zu einer reinen IT-Automatisierung, um vorhandene Prozesse noch effizienter zu machen. Das Ergebnis sind dann eher inkrementelle als disruptive Fortschritte. Viele Führungsetagen delegieren die Digitalisierung vor diesem Hintergrund an ihre IT-Abteilungen, so dass dieses Thema kein integraler Bestandteil der gesamten Unternehmensstrategie ist. Aus diesem Grund muss die digitale Transformation in den Köpfen der Führungskräfte und Mitarbeiter universell verankert werden und ein fester Bestandteil der Unternehmenskultur sein bzw. werden. Wie eine Studie des *SAP Center for Business Insights* (*o. V.* 2017) zeigt, ist es daher für den Erfolg einer digitalen Transformation unverzichtbar, ein Digital Mindset im Unternehmen zu entwickeln, welche die Digitalisierung als Chance interpretiert und Veränderungen annimmt. Ein Digital Mindset zeichnet sich dadurch aus, **offen** und **neugierig** gegenüber aktuellen Technologien, Führungsmodellen und Vorgehensweisen zu sein. Dabei ist ein zentraler Punkt, eine Unternehmenskultur zu implementieren, welche **Veränderungen aktiv mitgestaltet und Neues ausprobiert**. Dabei müssen auch etablierte Abläufe, Geschäftsmodelle oder Strategien kritisch hinterfragt und mit Blick auf sich verändernde Umweltzustände angepasst werden.

> **Lernhinweis: Zertifikatskurs zum E-Business-Leader (Weiterbildung)**
> *www.e-business-leader.de*

Digital Leader sollten nicht nur aufgeschlossen gegenüber Veränderungen und disruptiven digitalen Innovationen sein (Digital Mindset), sondern sollten auch über die notwendigen digitalen Kompetenzen verfügen eine entsprechende Strategie im Unternehmen zu implementieren. Digitale Veränderungen sind kein technischer Knopf, den man so einfach so drücken kann. Es geht vielmehr um das konkrete Wissen und das zugehörige Know-how rund um eine digitale Wertschöpfung. Der **zweite Faktor Digital Skills** bezeichnen entsprechende **Kenntnisse** und **Fertigkeiten** mit digitalen Technologien, Prozessen und Geschäftsmodellen umzugehen. Die zugehörigen Grundlagen der digitalen Ökonomie sind unerlässlich für jeden Manager. Neben Fach- und Sozialkompetenz wird ein Digital Leader künftig zwingend auch eine Digitalkompetenz brauchen, um unternehmerisch führen zu können. Dabei geht es darum, ob Führungskräfte über das Wissen und digitale Know-how rund um die **digitale Wertschöpfung** verfügen und dieses auch anwenden können. Es beschreibt im Detail, über welche **Fähigkeiten** und **Kompetenzen** eine digitale Führungskraft verfügen sollte, um digitale Potenziale zu erkennen und ein Unternehmen im Rahmen der digitalen Transformation weiterzuentwickeln. Zu den klassischen Führungskompetenzen gehören demnach einerseits **digitale Anwendungskenntnisse**, wie der Umgang mit digitalen Tools für Entscheidungsfindungen, aber auch digitale Verhaltensweisen, wie das Nutzen entsprechender Software im Arbeitsalltag (*Crummenerl/Kemmer* 2015). In diesem Zusammenhang spielt insbesondere die Persönlichkeit und Einstellung einer Führungskraft zum ersten Faktor Digital Mindset eine wichtige Rolle im digitalen Zeitalter.

Damit Unternehmen im Rahmen der digitalen Transformation erfolgreich agieren, müssen Digital Leader insbesondere auch die erforderlichen Maßnahmen ergreifen und richtig in Bezug auf den **dritten Faktor Digital Execution** umsetzen. In diesem Zusammenhang sollten Führungskräfte zum einen beachten „Was" (**Objektansatz**) umgesetzt werden sollte. Der Objektansatz beinhaltet die drei digitalen Ps: **Prozesse**, **Produkte** und **Plattformen**, beziehungsweise deren Aufbau und Gestaltung. Digitale Prozesse, wie bspw. interaktives Bestellwesen oder Tracking, haben vor allem die steigende Produktivität, sinkende Kosten und kürzere Reaktionszeiten bei Lieferanten- und Kundenanfragen zum Ziel. Dafür ist es notwendig bestehende Arbeitsabläufe zu hinterfragen und aktuelle Prozesse gegebenenfalls zu verändern (*Keller* 2017). Ebenso muss das Produktangebot stetig hinterfragt und angepasst werden, um den rasant ändernden Kundennachfragen gerecht zu werden. Unternehmen müssen sich demnach mit Innovationen, wie bspw. der künstlichen Intelligenz oder der Blockchain, beschäftigen und analysieren inwieweit eigene Produkte von Veränderungen betroffen sind oder inwiefern neue Potenziale genutzt werden können. Nicht außer Acht gelassen werden darf aber auch der Aufbau digitaler Plattformen (E-Marketplace, s. Kapitel 4), die sich als überlegendes Geschäftsmodell in der Digitalen Wirtschaft erwiesen haben. Erfolgreiche Unternehmen, wie beispielweise *Alphabet*, *Amazon*, *Facebook* und *Alibaba*, fungieren demnach als Vermittler für Anbieter und Nachfrager und kontrollieren damit immer mehr die bestehenden Absatzmöglichkeiten oder schaffen sogar neue Märkte. Neben dem „Was", müssen sich Digital Leader auch damit befassen, „Wie" dies geschehen kann (**Managementansatz**). Führungskräfte sollten demnach **agil**, **flexibel** und **proaktiv** im Führungsstil agieren, um die notwendigen Veränderungen herbeizuführen. Folglich sollten sie die Fähigkeit besitzen sich bestmöglich an verändernde Umwelteinflüsse anpassen zu können. Dies kann sowohl reaktiv, indem flexibel auf Veränderungen reagiert wird, oder proaktiv geschehen, um Veränderungen selbst herbeizuführen. In diesem Zusammenhang sind insbesondere die Aspekte „**Geschwindigkeit**", „**Anpassungsfähigkeit**", „**Kundenzentriertheit**" und eine „**Haltung**" von zentraler Bedeutung. So ist es für digitale Leader insbesondere wichtig schnell und dynamisch auf digitale Veränderungen, wie sich ändernde Kundenwünsche, einzugehen und eigene Verhaltensweisen dynamisch anzupassen (*Fischer* 2016).

 Die Digitale Transformation muss über ein Digital Leadership agil, flexibel, proaktiv sowie ganzheitlich für Produkte, Prozesse und zugehörige Plattformen gestaltet sein, damit die digitalen Geschäftsmodelle erfolgreich im Netz umgesetzt werden können.

Fallbeispiel: Klöckner & Co SE

Die Klöckner & Co SE ist ein deutsches börsennotiertes Unternehmen aus der Stahl- und Metallbranche. Das Unternehmen verfügt über 160 Standorte in 13 verschiedenen Ländern und bedient über 100.000 Kunden weltweit. Das Produkt- bzw. Leistungsangebot der Klöckner & Co SE umfasst dabei neben der Lieferung von Handelswaren in verschiedener Güte und Abmessungen auch weitere Services wie die Lagerhaltung, Logistik oder das Materialmanagement. Zunehmend wird auch die Anarbeitung (Serviceleistung im Stahlhandel) bis hin zum montagefertigen Teil übernommen. Mit dem Vertrieb dieses Produkt- und Leistungsspektrums erwirtschaftet die Klöckner & Co SE ihre Erträge. Vor dem Hintergrund der Digitalisierung sieht das Unternehmen die eigene Schnelligkeit und Anpassungsfähigkeit als entscheidende Fähigkeiten im internationalen Wettbewerb im Stahlhandel an. Das Strategieprojekt „Klöckner & Co 2022" soll dabei helfen eine offene, kundenorientierte, flexible und digitale Unternehmenskultur zu implementieren. Dazu wurden folgende drei Eckpfeiler festgelegt: „Digitalisierung und Plattformen", „Hochwertiges Geschäft" und „Effizienzverbesserung". Der erste zentrale Eckpfeiler „Digitalisierung und Plattformen" beschreibt die entscheidende Rolle, die von der Digitalisierung des Geschäftsmodells ausgeht. In diesem Kontext strebt die Klöckner & Co SE die Funktion als

Vorreiter an, durch die der Weg für Kunden und Partner bereitet werden soll. Dieser Weg soll durch den Fokus auf internetbasierte Plattformen realisiert werden und so eine Transformation des Stahl- und Metallhandels erwirken. Eine solche Strategie ist auch vor dem Hintergrund des Digital Leaderships zu verstehen. Hierbei berücksichtigt die Klöckner & Co SE die zentralen Aspekte für die Zusammenarbeit im digitalen Zeitalter, nämlich die Vernetzung, Kommunikation, Schnelligkeit sowie die Verwendung von Arbeitsmitteln. Diese Aspekte wurden von Führungskräften identifiziert, welche selbst die wichtigen Qualitäten eines Digital Leaders an den Tag legen und verkörpern (Digital Mindset). Auch zeigen diese Führungskräfte, dass sie das notwendige Wissen (Digital Skills) für die Umsetzung einer solchen Strategie besitzen. Durch die offen kommunizierte Strategie „Klöckner & Co 2022" wurde bereits ein wichtiger Schritt hinsichtlich einer konsequenten Umsetzung (Digital Execution) geleistet.

In diesem Zusammenhang spielt auch der Aufbau der Plattform XOM, als digitaler Marktplatz für den Handel mit Werkstoffen eine zentrale Rolle. XOM agiert als Beschaffungsplattform für alle Produkte und Dienstleistungen rund um die Fertigungsindustrie, einschließlich Stahl, anderer Metalle und Kunststoffe. Klöckner adressiert damit über seine 2022-Strategie nicht nur die Digitalisierung von Produkten (Stahl-Fulfillment) und Prozessen (Stahl-Order), sondern baut auch die zugehörige Plattform (Stahl-Trading) auf.

2.   Die Grundlagen des E-Procurement

Das **E-Procurement** steht allgemein als Begriff für den elektronischen Einkauf von Produkten bzw. Dienstleistungen durch ein Unternehmen über digitale Netzwerke. Damit erfolgt eine Integration innovativer Informations- und Kommunikationstechnologien zur Unterstützung bzw. Abwicklung von operativen, taktischen und strategischen Aufgaben im **Beschaffungsbereich**. Das „E-Procurement" stellt dabei im Prinzip einen Sammelbegriff für die elektronisch unterstützte Beschaffung dar, ohne dass jedoch eindeutig definiert werden kann, was alles darunter zu verstehen ist. Einigkeit herrscht in der Literatur allerdings darin, dass der Einsatz von Internettechnologien ein Kernelement von E-Procurement-Konzepten darstellt (*Nekolar* 2003; *Bogaschewsky* 1999). Die Grundidee des elektronischen Einkaufs ist also darin zu sehen, dass die Beziehung und die einkaufsrelevanten Abläufe zwischen einem Unternehmen (Einkäufer) und einem Lieferanten (Verkäufer) über die mit Hilfe des Internets vernetzten Computer (s. Kapitel 1.1.1) mit dem zugehörigen elektronischen Informationsaustausch abgewickelt werden (s. Abb. 13).

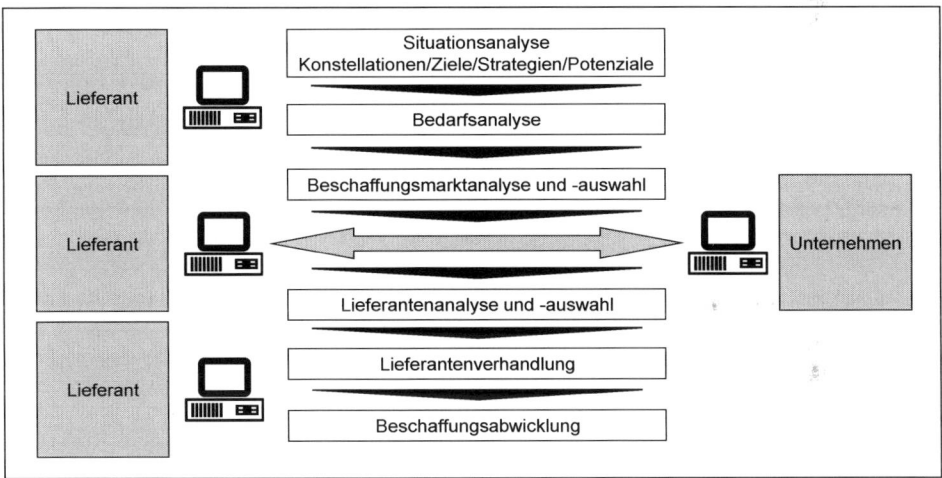

Abb. 13:   Die Grundidee des E-Procurement
Quelle: in Anlehnung an *Koppelmann/Brodersen/Volkmann* 2001, S. 81.

Obwohl das E-Procurement bereits seit Anfang der 2000er-Jahre Einzug in den Alltag vieler Unternehmen gefunden hat, zeigen Untersuchungen, dass Unternehmen auch weiterhin mit steigenden Bestell- bzw. Beschaffungsvolumina über E-Procurement-Tools planen (*Bogaschewsky* 2015). Hintergrund für die Zunahme des Einsatzes elektronischer Informationstechnologien im Beschaffungsbereich und damit Kerntreiber für das E-Procurement waren zahlreiche Probleme in der **realen Beschaffung**, die mit Hilfe der elektronischen Informationsverarbeitung gelöst werden sollten. Zu diesen **Problemen** gehören insbesondere die folgenden Aspekte (*Dolmetsch* 2000, S. 11 f.):

© Springer Fachmedien Wiesbaden GmbH, ein Teil von Springer Nature 2019
T. Kollmann, *E-Business kompakt*, https://doi.org/10.1007/978-3-658-26978-4_2

- **Routinearbeiten**: Die Einkaufsabteilung verwendet sehr viel Zeit für wiederkehrende Aufgaben (*Hartner* 2008, S. 43), so z. B. mit dem Verbuchen von Beschaffungsanträgen, dem Anfordern von Lieferantenkatalogen und der manuellen Suche nach Lieferanten und Produkten. Studien gehen davon aus, dass nahezu 70 % aller Einkaufsvorgänge in diesen Bereich fallen. Für Aufgaben mit höherer Wertschöpfung (wie z. B. der Durchführung von Ausschreibungen und Lieferantenverhandlungen) bleibt dementsprechend wenig Zeit.

- **Einkaufsregularien**: Bis zu einem Drittel aller zu beschaffender Güter und Dienstleistungen werden außerhalb der formalen Beschaffung und damit abseits von gültigen Regularien eingekauft. Trotz verhandelter Rahmenverträge werden von den Mitarbeitern oftmals Produkte von Unternehmen beschafft, mit denen nicht vorab Vereinbarungen getroffen wurden. Teilweise liegen überhaupt keine Regularien für die Beschaffung vor, sodass es immer wieder zu Einzelfallentscheidungen kommt. So führt eine Vielzahl von Unternehmen im diesem Zusammenhang auch Prozesstransparenz und Compliance als wichtige Punkte an (*Bogaschewsky* 2015).

- **Beschaffungszeit**: Der reale Beschaffungsprozess benötigt enorme Zeitressourcen, da die einzelnen Ablaufschritte unter der Hinzunahme realer Mitarbeiter erfolgt. Dies gilt sowohl für die Bedarfsformulierung und die Genehmigungsverfahren, als auch für die Bestellabwicklung (z. B. Lieferantenauswahl und Eingangskontrolle). Studien haben ergeben, dass reale Beschaffungsprozesse bis zu neun Tage dauern können.

- **Beschaffungskosten**: Der reale Beschaffungsprozess ist relativ kostspielig, was nicht nur an dem eingesetzten Personal liegt, sondern insbesondere in der Tatsache begründet ist, dass immer noch ein beachtlicher Anteil aller Bestellungen papierbasiert ist. Studien im internationalen Umfeld haben ergeben, dass die Beschaffungskosten für einen $ 5-Artikel und einen $ 4.000-Artikel in etwa gleich hoch sind und sich die Gesamtkosten für einen einzelnen Beschaffungsvorgang bei etwa $ 70 - $ 300 bewegen. Die anfänglich prognostizierten Einsparungspotenziale in Höhe von 50-60 % durch Einsatz von E-Procurement-Systemen mussten jedoch nach ersten Studien auf 10-20 % korrigiert werden (*Andreßen* 2010, S. 294).

 Lernhinweis: Zertifikatskurs zum E-Business-Manager (Weiterbildung)
www.e-business-manager.de

Eine zentrale Anforderung an elektronische Beschaffungssysteme ist insbesondere die Möglichkeit des Datenaustausches mit bereits bestehenden Informationssystemen auf Anbieter- und Nachfragerseite. Somit ist eine Integration von E-Procurement-Systemen in die bestehende Systemlandschaft eines Unternehmens unerlässlich. Von besonderer Relevanz ist dabei der Datenaustausch zwischen Beschaffungssystemen und **Warenwirtschaftssystemen** oder auch sog. **ERP-Systemen** (*Kollmann* 2019a).

Medienhinweis: Der Wechsel auf das E-Procurement (Video-Podcast)
www.netcampus.de/podcasts

Der offensichtliche Integrationsbedarf zwischen E-Procurement-Lösungen und der bereits bestehenden Systemlandschaft erfordert standardisierte Schnittstellen, über die die Anwendungen auf Basis einer einheitlichen, auf etablierten Standards basierenden Kommunikationsinfrastruktur Daten austauschen können.

! **E-Procurement ist ein Sammelbegriff für die elektronisch gestützte Beschaffung auf Basis der Internet-Technologie, über die ein betriebswirtschaftlich gekoppelter Datenaustausch auf der Einkäufer- und Lieferantenseite erfolgt.**

Die zugehörigen zentralen **Fragen und Lernziele** sind:

- **Systeme**: Welche Grundmodelle gibt es als Systemlösungen für das E-Procurement, welche die jeweilige Marktstruktur auf Einkäufer- und Lieferantenseite berücksichtigen?

- **Prozesse**: Wie sehen die Anforderungen, die Gestaltung und das Management von elektronischen Einkaufsprozessen im Rahmen des E-Procurement aus?

- **Management**: Welche Produkte eignen sich für den elektronischen Einkauf und welche diesbezüglichen Anforderungen müssen Lieferanten erfüllen?

- **Marketing**: Wie kann die marketingorientierte Beziehung zum Lieferanten über ein E-Procurement genutzt werden, um die Geschäftsbeziehung zu verbessern und das Wissen über den Einkaufsbereich zu erhöhen?

2.1 Die Systeme beim elektronischen Einkauf

Wichtige Ziele internetbasierter Beschaffungslösungen sind unter anderem, einen dezentralen Einkauf am Arbeitsplatz der Mitarbeiter zu ermöglichen, Kosten zu sparen sowie definierte Rechte an Einkäufer zu vergeben. Ähnlich wie bei den anderen beiden Plattformen des E-Business (E-Shop, E-Marketplace), bei denen elektronische Geschäftsprozesse nach ihrem Veranstalter differenziert werden, lassen sich auch die **Systemlösungen** im E-Procurement anhand der Frage differenzieren, wer die resultierenden Geschäftsprozesse durch die Implementierung der Systemlösung ermöglicht. In Abhängigkeit von der Partei, die die Beschaffungslösung in ihrem System hält, kann zwischen insgesamt drei **Grundmodellen** bzw. Ausprägungen von internetbasierten E-Procurement-Lösungen unterschieden werden, auf die im Folgenden jeweils detailliert eingegangen werden soll.

Medienhinweis: Die Systeme im E-Procurement (Video-Podcast)
www.netcampus.de/podcasts

2.1.1   Das Sell-Side-Modell

Bei Sell-Side-Lösungen werden sowohl die Einkaufssoftware als auch der Online-Katalog vom **Lieferanten (Anbieter)** zur Verfügung gestellt (*Nekolar* 2003, S. 8 f.). Bei derartigen Lösungen hat der Bedarfsträger des einkaufenden Unternehmens nach Anmeldung über die Lieferanten-Webseite Zugriff auf die eventuell individuell vereinbarten Produkte und Preise. Bei Sell-Side-Lösungen handelt es sich somit prinzipiell auch um eine, hier primär im Bereich B2B zum Einsatz kommende E-Shop-Lösung (s. Kapitel 3). Aus Sicht der Beschaffung unterscheidet sich diese „E-Shop-Lösung" aber sehr im Grad der Integration mit der Beschaffungsseite, die in erster Linie von der Intensität der Geschäftsbeziehung zu einem beschaffenden Unternehmen abhängt.

Da die Kataloge verschiedener Anbieter weder konsolidiert noch rationalisiert sind, sind Sell-Side-Lösungen unfähig, den Besteller elektronisch beim Vergleich der Angebote verschiedener Anbieter zu unterstützen. Ein weiterer Nachteil von Sell-Side-Lösungen ist, dass sich der Bedarfsträger mit den unterschiedlichen Designs und **Navigationsstrukturen** der verschiedenen Lieferanten auseinandersetzen muss. Da die Transaktionsdaten beim Lieferanten anfallen, kommt es auf Einkaufsseite zudem zu einer manuellen Übertragung der Bestellungen in das eigene ERP-System, sofern die Lösung keine zusätzlichen Schnittstellen zum Datenaustausch mit der EDV des einkaufenden Unternehmens zur Verfügung stellt (*Stoll* 2007, S. 21; *Schubert* 2002, S. 5).

Der wichtigste Vorteil einer derartigen Lösung liegt darin, dass der Lieferant seine Produkte optimal präsentieren und produktspezifische Funktionen integrieren kann. **Regelbasierte Produkt- und Preiskonfiguratoren** ermöglichen es dem Bedarfsträger, ein Produkt nach eigenen Wünschen dynamisch zu konfigurieren. Zudem erlauben viele Sell-Side-Lösungen eine Integration mit dem ERP-System bzw. der Warenwirtschaft des Lieferanten. Mittels integrierter Systeme kann der Beschaffer Informationen wie die Bestellhistorie oder den Auftragsstatus abfragen. Dem Lieferanten erspart die Integration die erneute Eingabe von Bestellungen und eine wesentlich effizientere Auftragsabwicklung (*Dolmetsch* 2000, S. 141).

Im Kern unterstützen Sell-Side-Lösungen den Beschaffer beim **Sourcing**, nicht jedoch bei unternehmensinternen Verfahren wie z. B. Genehmigungsprozessen. Viele Sell-Side-Lösungen verfügen allerdings über umfangreiche Personalisierungsfunktionen, wie die Abbildung kundenindividueller Regeln für den Beschaffungsprozess. Aus Sicht des beschaffenden Unternehmens verursachen Sell-Side-Lösungen außerdem nur geringe Kosten, da das Katalogmanagement komplett von den Lieferanten übernommen wird.

Das Sell-Side-Modell im E-Procurement bezeichnet eine Systemlösung, bei der sowohl die Einkaufsplattform als auch der zugehörige Online-Produktkatalog vom Lieferanten (Anbieter) zur Verfügung gestellt und betrieben werden.

Fallbeispiel: Festo

Die Festo AG & Co. KG ist eine Unternehmensgruppe der Steuerungs- und Automatisierungstechnik mit Stammsitz in Esslingen am Neckar. Die Unternehmensgruppe beschäftigt weltweit rund 20.100 Mitarbeiter und erzielte konzernweit 2018 einen Umsatz von 3,1 Mrd. Euro. Über festo.com bietet das Unternehmen eine Sell-Side-Lösung für das E-Procurement an. Das Unternehmen stellt im Internet nach eigenen Angaben über 33.000 Katalogprodukte in mehreren hunderttausend Varianten aus den Feldern Automatisierungstechnik, pneumatische Komponenten und Systeme für einkaufende Unternehmen bereit. Über einen Online-Katalog hat der Beschaffer Zugriff auf alle dazugehörigen technischen Daten, CAD-Modelle und ausführlichen Produktdokumentationen. Nach Produktauswahl, Verfügbarkeitsprüfung und einer eventuellen Konfiguration kann über eine Warenkorbfunktion abschließend der Einkauf erfolgen. Dabei werden sowohl die Softwarelösung als auch der Online-Katalog von Festo zur Verfügung gestellt und betrieben bzw. gepflegt. Mehrere einkaufende Unternehmen haben somit Zugriff auf diese E-Procurement-Lösung. Die Bereitstellung und Pflege seitens des anbietenden Unternehmens Festo macht aufgrund der Breite und Tiefe des Produktportfolios sowie der Marktstellung des Unternehmens mehr Sinn im Vergleich zu einer Lösung seitens der 300.000 Unternehmenskunden in über 35 Branchen und 176 verschiedenen Ländern, welche Festo laut eigenen Angaben aktuell hat. Darüber hinaus ermöglicht das Sell-Side-Modell auch die Erstellung der ca. 15.000 maßgeschneiderten Kundenlösungen pro Jahr über das leistungsfähige E-Procurement-Portal auf Anbieterseite.

2.1.2   Das Buy-Side-Modell

Im Gegensatz zu einer Sell-Side-Lösung werden bei einer Buy-Side-Lösung die Einkaufssoftware und der überwiegende Teil des Online-Kataloges von dem einkaufenden **Unternehmen (Nachfrager)** betrieben (*Nekolar* 2003, S. 8 f.). Der Einsatz einer eigenen Einkaufslösung bringt zwei wesentliche Vorteile mit sich: Zum einen ermöglicht der zu einer Buy-Side-Lösung zugehörige Multilieferantenkatalog (MSPC) die lieferantenübergreifende Auswahl der gewünschten Produkte. Zum anderen ermöglicht eine Buy-Side-Lösung die einmalige und lieferantenunabhängige Abbildung von Regeln für den Beschaffungsprozess und sorgt so für die Einhaltung von Rahmenvereinbarungen, Kompetenzen und Genehmigungsabläufen. Buy-Side-Lösungen werden hierbei oft auch als **Desktop-Purchasing-Systeme** (DPS) bezeichnet, da sie es jedem Mitarbeiter ermöglichen, vom eigenen Schreibtisch aus über eine einheitliche Benutzeroberfläche Bestellungen zu generieren. Sie basieren verbreitet auf einem MSPC, der über das Intranet des Unternehmens zugänglich ist. Zum Einsatz kommt auf Seite des Bedarfsträgers dabei lediglich ein Webbrowser. Anders als fremdbetriebene Systeme lassen sich Buy-Side-Lösungen optimal in die bestehende Systemlandschaft des Unternehmens integrieren. So bieten viele ERP-Systeme Schnittstellen für den Datenaustausch mit Buy-Side-Lösungen bzw. eigene Module zur Unterstützung des elektronischen Einkaufs. Diese erlauben darüber hinaus das **Tracking** von Genehmigungs- und Bestellprozessen, unterstützen den Warenempfang sowie die finanzielle Verbuchung der beschafften Produkte.

Abhängig von der jeweiligen Lösung und Implementierung können DPS das beschaffende Unternehmen in allen Teilprozessen der Beschaffung unterstützen, worauf in Kapitel 2.2 noch detailliert eingegangen wird. Eine Buy-Side-Lösung muss nicht zwangsweise von der eigenen Einkaufs- bzw. IT-Abteilung gepflegt und administriert werden: Wird eine Buy-Side-Lösung von einem externen Dienstleister (einem sog. Procurement Service Provider) unterhalten, spricht man von einer **Hosted-Buy-Side-Lösung**.

 Das Buy-Side-Modell im E-Procurement bezeichnet eine Systemlösung, bei der sowohl die Einkaufsplattform als auch der zugehörige Online-Bedarfskatalog vom einkaufenden Unternehmen (Nachfrager) zur Verfügung gestellt und betrieben werden.

Fallbeispiel: Siemens SCM Star

Die Siemens Aktiengesellschaft ist ein integrierter, börsennotierter Technologiekonzern. Der Konzern ist in 190 Ländern vertreten und zählt weltweit zu den größten Unternehmen der Elektrotechnik und Elektronik. Das Unternehmen mit Doppelsitz in Berlin und München unterhält 125 Standorte in Deutschland. Über die eigene Plattform SCM Star betreibt Siemens ein Buy-Side-Modell für das E-Procurement. Laut eigenen Aussagen verfügt das Unternehmen damit über eine international ausgerichtete, konzernweite elektronische Einkaufslösung, die die Lieferanten und die eigenen Mitarbeiter in ihren täglichen

Hauptaufgaben im Beschaffungsprozess unterstützt. Die Registrierung in diesem unternehmenseigenen E-Procurement-Portal ist dabei nur auf Einladung von Siemens möglich. Dies stellt sicher, dass potenzielle Lieferanten erst mit ihren Produkten in den Online-Katalog aufgenommen werden, wenn deren Eignung als Lieferant über eine standardisierte Überprüfung bestätigt wurde. Für große Unternehmen bietet sich die Lösung über ein Buy-Side-Modell deutlich besser an, als es für kleinere Unternehmen der Fall ist. Großunternehmen können aufgrund ihrer exponierten Marktposition und großer Einkaufsvolumina in verschiedensten Bereichen (z. B. vom Bürobedarf bis hin zu Produktionsmitteln) davon profitieren, eine zentrale Einkaufsplattform zu schaffen, an die seine Lieferanten angeschlossen werden. So können Unternehmen sichergehen, dass ihre Compliance Richtlinien im Bereich der Beschaffung stets eingehalten werden. Im Falle von SCM Star werden über diese strategische Einkaufsplattform schließlich sogar das gesamte Lieferanten- und Vertragsmanagement sowie die eSourcing Events des Unternehmens abgewickelt.

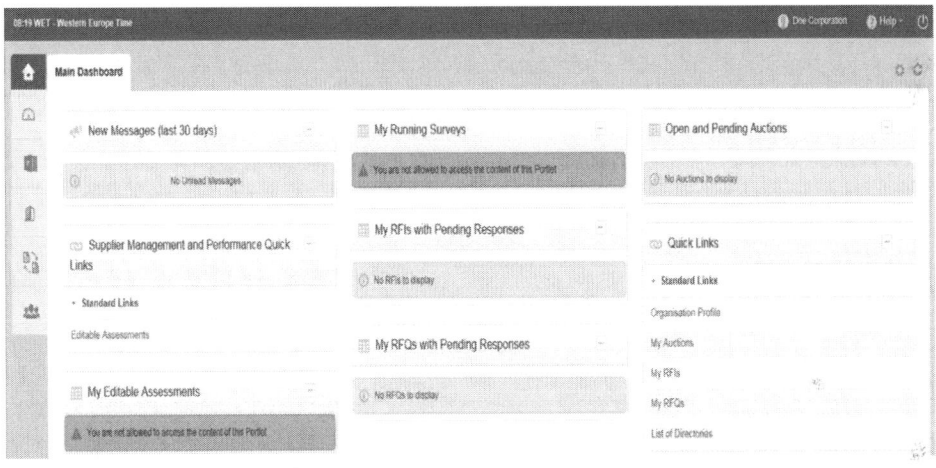

2.1.3   Das Marketplace-Modell

Bei einer E-Marketplace-Lösung (s. Kapitel 4) werden die für die Bestellabwicklung erforderlichen Funktionen sowie Online-Kataloge in der Regel durch einen **Marktplatzbetreiber (Intermediär)** betrieben, dessen MSPC-basierte Internet-Plattform von mehreren einkaufenden und verkaufenden Unternehmen genutzt wird (*Nekolar* 2003, S. 9 f.). Dabei müssen Marktplätze nicht zwangsweise allgemein offen sein. Oft werden im Rahmen des E-Procurements auch gemeinschaftlich betriebene Portale eingesetzt, bei denen eine Gruppe einkaufender oder verkaufender Unternehmen federführend ist und die für die Geschäftsvorgänge gültigen Regeln aufstellt (*Schubert* 2002, S. 5).

Ähnlich wie Sell-Side-Lösungen unterstützen Marketplace-Lösungen das einkaufende Unternehmen beim Sourcing, weniger aber beim Genehmigungsprozess. Zwar werden einige der Nachteile von Sell-Side-Lösungen durch den vorhandenen Multilieferantenkatalog und die einheitliche Benutzeroberfläche ausgeglichen, eine optimale Integration mit bestehenden Systemlösungen auf Nachfragerseite ist aber auch bei der Nutzung einer reinen Marketplace-Lösung nicht gegeben. So bieten viele Marktplatzbetreiber zusätzliche modular aufeinander abgestimmte **Dienstleistungen** an. Diese wiederum können von einzelnen Unternehmen für den Betrieb ihrer Sell-Side- bzw. Buy-Side-Lösungen in Anspruch genommen werden. Beispiele für derartige Leistungen sind die Pflege, Konsolidierung und Rationalisierung von Online-Katalogen. Auch die Aufbereitung privater Produktkataloge mit verhandelten Preisen und individuellen Katalogstrukturen und Produktdaten für jedes einzelne beschaffende Unternehmen zählt zu den von einem **Content Provider** angebotenen Diensten (*Dolmetsch* 2000, S. 165). Besonderheiten eines E-Marketplace – auch im E-Procurement – werden ausführlich in Kapitel 4 behandelt.

Das Marketplace-Modell im E-Procurement bezeichnet eine Systemlösung, bei der sowohl die Einkaufs-/Verkaufsplattform als auch der zugehörige Online-Bedarfs-/Produktkatalog von einem unabhängigen Marktplatzbetreiber (Intermediär) zur Verfügung gestellt und betrieben werden.

Fallbeispiel: Mercateo

Mercateo Deutschland AG betreibt eine offene B2B-Handelsplattform im Internet. Das Angebot umfasst Büromaterial bis hin zu Labor- und IT-Bedarf, Lager- und Betriebsausstattungen. Das Unternehmen bietet gewerblichen Kunden die Möglichkeit, gleichzeitig die Kataloge von vielen Lieferanten nach Produkten zu durchsuchen (Online-Multilieferantenkatalog). Das Unternehmen bietet somit eine Marketplace-Lösung für das E-Procurement an. Nach eigenen Angaben werden ca. 16.400 Hersteller bzw. Lieferanten, 223 Markenwelten und ca. 25,5 Mio. Artikel sowie über 1,5 Mio. Geschäftskunden auf diesem offenen B2B-Marktplatz zusammengefasst. Die nach einem Login ausgewählten und bestellten Artikel werden dann direkt vom einzelnen Lieferanten versendet, die Rechnung für seine gesamte Bestellung erhält der Einkäufer dagegen vom Marktplatzbetreiber mercateo.de. Damit übernimmt der Marktplatz neben der Bereitstellung der Software- bzw. Plattformlösung in Form des Marktplatzes zentrale Funktionen, welche einen standardisierten Beschaffungsprozess sicherstellen sollen. Der Vorteil von Marketplace-Modellen besteht insbesondere für kleine und mittlere Unternehmen darin, dass sie einen Zugang zu vielen anderen Unternehmen über eine einzige Plattform erhalten. So können Anbieter auf der einen Seite viele Kunden erreichen und Nachfragern stehen auf der anderen Seite viele Lieferanten gleichzeitig zur Verfügung. Nachteil des Systems ist die technische Komplexität, welche sich daraus ergibt, dass zwar der Wettbewerb auf Artikelebene stattfindet, jedoch für den Kunden ein gesamter Warenkorb mit zum Teil mehreren Positionen (und dann eventuell mehrfach anfallenden Versandkosten einzelner Lieferanten) optimiert werden muss.

2.2   Die Prozesse beim elektronischen Einkauf

Die konkreten **Prozesse** im E-Procurement ergeben sich aus den vor der Implementierung einer internetbasierten Systemlösung bestehenden Beschaffungsprozessen. Diese unterscheiden sich nicht nur von Unternehmen zu Unternehmen, sondern auch innerhalb eines Unternehmens in Abhängigkeit des jeweils zu beschaffenden Produktes. So werden Güter, die direkt in den Produktionsprozess einfließen, in der Regel über automatisierte und fest definierte Prozesse beschafft, bei denen z. B. EDI-Technologien zum Einsatz kommen. Güter wie Büromaterialien hingegen, die nicht in den Produktionsprozess einfließen, werden meist über manuelle und nicht genau definierte Prozesse eingekauft. Automatisierte und manuelle Beschaffungsprozesse in einer Nicht-Internet-Umgebung lassen sich als zwei **Extrema eines Kontinuums** auffassen (*Subramaniam/Shaw* 2004, S. 170):

▓   Eine **strukturierte Beschaffung** ist, was die Bedarfsidentifikation, Bestellung und Lieferung angeht, durch automatisierte Prozesse gekennzeichnet, die essentiell für ein zukunftsorientiertes, strategisches E-Procurement sind (*Nekolar* 2003, S. 4; s. Kapitel 2.2.3). Um die hinsichtlich unternehmensspezifischer Bedürfnisse und hoher Bestellvolumina aus Lieferantensuche, Genehmigung, Bearbeitung und Bestellung resultierenden Prozesskosten weitestgehend zu minimieren, verhandeln Unternehmen langfristige Lieferverträge mit ihren Lieferanten und gestalten dementsprechend vordefinierte, strukturierte Prozesse. Beispielgüter hierfür sind Schweißdrähte oder kundenspezifische Ersatzteile, die regelmäßig und mit identischen Spezifikationen eingekauft werden.

▓   Eine **unstrukturierte Beschaffung** liegt bei Produkten vor, die sich nicht für ein automatisiertes Vorgehen eignen. Bei der Bestellung von Büromöbeln bspw. macht es nur wenig Sinn, die Beschaffung an produktspezifische Beschaffungsschritte oder gar einen bestimmten Lieferanten zu binden. Die Bedarfsträger haben dementsprechend einen höheren Freiheitsgrad, was die Auswahl von Produkten und Lieferanten sowie die sonstige Gestaltung des Beschaffungsprozesses angeht. In Abhängigkeit des Auftragsvolumens und des Hierarchiestatus des Angestellten müssen ggf. allerdings Genehmigungsprozesse durchlaufen werden.

Insbesondere bei der strukturierten Beschaffung eröffnen die hochautomatisierten Prozesse im Rahmen der Entwicklung hin zur **Beschaffung 4.0** interessante Potenziale, derartige Beschaffungsprozesse noch weiter zu automatisieren und das Eingreifen von Menschen somit noch weiter zu minimieren. Der Ansatz des sog. **Cognitive Sourcing** macht sich in diesem Zusammenhang kognitive IT-Technologien und aktuelle Entwicklungen im Bereich Big Data (s. Kapitel 1.1.3) sowie Machine Learning und KI zu Nutzen (*Präuer/Thies* 2016). So lernt das System in der Interaktion mit Einkäufern aus den (bisherigen) Einkaufsvorgängen und wendet dieses Wissen auf zukünftige Einkaufsvorgänge an, können aber auch darüber hinaus externe Informationsquellen (z. B. minutengenaue Preisinformationen aus dem Internet) miteinbeziehen. Werden solche aktuellen Marktinformationen genutzt, spricht man auch von **Market Intelligence**, die schließlich auch für weitere Querschnittsbereiche des E-Procurement wie z. B. das strategische Lieferantenmanagement (s. Kapitel 2.4.1) oder auch das Qualitätsmanagement im Rahmen von Nachhaltigkeits- und ähnlichen übergeordneten Compliance-Zielen genutzt werden kann. Die Nutzung von Big Data und Cognitive Sourcing ermöglicht Unternehmen schließlich auch bessere Zukunftsprognosen im Sinne von Prognosen hinsichtlich steigender oder fallender Rohstoffpreise, wodurch Gewinn- und Cashflow-Prognosen unterstützt werden können. Die Nützlichkeit bzw. Genauigkeit dieser Verfahren hängt jedoch maßgeblich von Relevanz und Güte der als Input genutzten Daten ab, weshalb der Art der Informationsquellen bei Implementierung diesbezüglicher Verfahren eine besondere Beobachtung geschenkt werden sollte, um gerade dann auch eine verlässliche Entscheidungsbasis zu erzeugen.

 Das E-Procurement soll die bestehenden Einkaufsprozesse digitalisieren und wenn möglich vollständig in eine strukturierte Beschaffung überführen, was von der Art der zu beschaffenden Produkte/Serviceleistungen abhängig ist.

2.2.1 Die Prozessanforderungen

Die Anforderungen an die Prozesse im E-Procurement adressieren im Wesentlichen die **Ziele der elektronischen Beschaffung** und setzen diese um. Hierzu zählen insbesondere die Reduktion der Beschaffungskosten und der -zeit sowie die Steigerung der Beschaffungsflexibilität und -qualität (*Kollmann* 2019a).

Online-Beschaffungskosten und -zeit

Vor dem Hintergrund der Ausführungen zu den generellen Problemen in der realen Beschaffung (s. Einführung in Kapitel 2) ist das Hauptziel elektronischer Beschaffungsprozesse zweifelsohne die Erzielung von **Zeit- und Kostenersparnissen** für die einkaufende Organisation (*Bogaschewsky* 2015; *Fernandes/Vieira* 2015). So soll und ergibt sich

auch durch den elektronischen Austausch von Geschäftsdokumenten und die internetbasierte Distribution von Produktdaten eine Reduktion von operativen, taktischen und strategischen Beschaffungsprozesszeiten (s. Abb. 14). Analog kommt es auf der Kostenseite
zu einer Reduktion der Beschaffungsprozesskosten sowie der Kosten zur Informationsbeschaffung und -distribution. Dies liegt insbesondere am Verzicht auf papierbasierte Informationsübertragung und dem geringeren Personaleinsatz. Kosteneinsparungen für die einkaufende Organisation ergeben sich also insbesondere durch eine Reduktion von Personalkosten und eine deutliche Reduktion von Ausfallzeiten (*Kleinecken* 2004, S. 93). Laut Untersuchung von *corps-verlag.de* kann als Beispiel für diese Zusammenhänge die *Frankfurter Flughafen AG (Fraport AG)* angeführt werden: Dort kostete der Einkauf eines Blei-
stiftes, unter der Berücksichtigung der gesamten Prozesskosten (inkl. Personaleinsatz) vor
einer Einführung des E-Procurement-Systems immerhin ca. 143 Euro und die Beschaffung dauerte ca. drei Stunden pro Vorgang. Durch die elektronische Bestellung kostet
derselbe Bleistift nun ca. 17 Euro und der Vorgang der Bestellung dauert nur noch 18 Minuten.

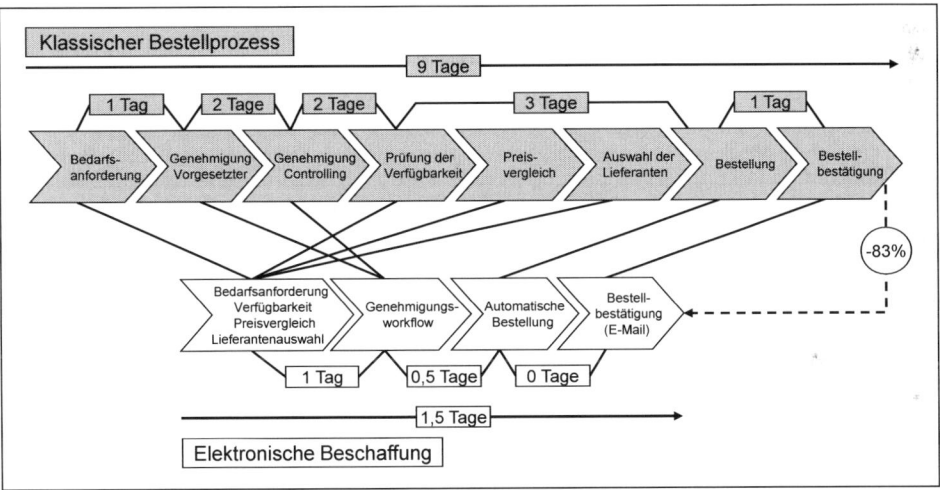

Abb. 14:   Beispiel für die Zeitersparnis durch E-Procurement-Systeme
Quelle: *Wirtz/Eckert* 2001, S. 155.

Durch den geringeren Lagerbestand aufgrund verkürzter Durchlaufzeiten und erhöhter
Transparenz für den Bedarfsträger ergeben sich zusätzliche Einsparungen im Bereich der
Lager- und Logistikkosten (*Kleinecken* 2004, S. 93). Zeiteinsparungen ergeben sich zudem durch die mögliche Automatisierung von Ersatzbestellungen. Eine weitere Facette
zukünftiger Lieferanten-Kunden-Beziehungen ist die automatisierte Auslagerung des gesamten Lagerbestandsmanagements zu Lieferanten, was zu einer Reduktion des auf Kundenseite gebundenen Kapitals und einer schnelleren Auftragsbearbeitung führt (*Braun-
stetter/Hasenstab* 2001, S. 506). Zeit- und Kostenersparnisse ergeben sich analog auch

auf der **Lieferantenseite**. Die vereinfachte Verarbeitung von Informationen und Transaktionen führt zu einer optimierten Produktionsplanung und zu reduzierten Auftragsbearbeitungskosten. Auch elektronische Kataloge bringen für den Lieferanten oft erhebliche Einsparungen mit sich: Anders als Papierkataloge sind sie stets aktuell, wodurch hohe Druck- und Distributionskosten vermieden werden können. Zudem sind die Lieferanten dank E-Procurement in der Lage, ihre Angaben selbstständig, zeitnah, fehlerfrei und wettbewerbsorientiert zu aktualisieren und an den Abnehmer zu übermitteln.

Online-Beschaffungsflexibilität und -qualität

Neben Kosten- und Zeitvorteilen spielen in der Beschaffung auch die Anforderungskriterien Sicherheit- und **Flexibilitätserhöhung** eine entscheidende Rolle. So geht mit der Einführung von E-Procurement in der Regel eine Erhöhung der Lieferquellen sowie eine Erhöhung der Liefertreue bestehender Lieferanten einher. Gleichzeitig wird die Lieferantenbasis flexibilisiert (*Kleinecken* 2004, S. 93). Auch Kommunikation und Informationsbeschaffung und -distribution werden durch E-Procurement flexibilisiert: Während die strukturierte Beschaffung durch internetbasierte Lösungen vor allem bei der Suche und Verhandlung (also vor Vertragsabschluss) unterstützt werden sollte, betrifft die Unterstützung der vormals unstrukturierten Beschaffung alle Phasen des Beschaffungsprozesses – unabhängig von den spezifischen Eigenschaften des zu beschaffenden Produktes (*Subramaniam/Shaw* 2004, S. 173). Darüber hinaus erlauben Desktop-Purchasing-Systeme bzw. Online-Kataloge durch die Abbildung von Produktstrukturdaten eine weitaus flexiblere Konfiguration und Zusammenstellung von Produkten als klassische Kataloge. Eine Erhöhung der Flexibilität wird nicht zuletzt auch durch die mit der Einführung von E-Procurement einhergehende Reallokation der personellen Ressourcen in der Beschaffung herbeigeführt (*Kleinecken* 2004, S. 93). Durch die Automatisierung von wertschöpfungsneutralen Aufgaben in Einkauf und Controlling bleibt den entsprechenden Mitarbeitern mehr Zeit, sich auf ihre eigentlichen Kernaufgaben zu konzentrieren.

Eine **Qualitätserhöhung** innerhalb beschaffungsbezogener Prozesse findet ebenfalls auf mehreren Ebenen statt. Eine entscheidende Rolle spielt zunächst die erhöhte Informationsqualität, die mit der Verwendung von Online-Katalogen einhergeht: Während Papierkataloge meist lediglich Listenpreise ausweisen, sodass der Bedarfsträger den verhandelten Preis oft erst erfragen muss, sind elektronische Kataloge auf das einkaufende Unternehmen zugeschnitten und lassen sich zusätzlich sogar für den einzelnen Bedarfsträger personalisieren. Produktspezifikationen und sonstige technische Angaben sind dank elektronischer Anbindung der Lieferanten stets aktuell. Im Gegensatz zu klassischen Katalogen ist zudem eine Einbindung komplexer, interaktiver Grafiken, Audio- und Videosequenzen möglich. Insbesondere bei der vormals unstrukturierten Beschaffung gilt es, mit Hilfe von Internet-Technologien die bestehenden Beschaffungssysteme zu zentralisieren und zu integrieren (*Subramaniam/Shaw* 2004, S. 173). Durch die elektronische Erfassung und Übermittlung werden Medienbrüche vermieden und Erfassungsfehler reduziert. Mit steigender Informationsqualität steigt offensichtlich also auch die Qualität der Beschaffungstätigkeiten, insbesondere vor dem Hintergrund einer optimalen Auswahl von Produkten und Lieferanten. Damit steigt nicht zuletzt auch die Qualität der eingekauften Produkte.

Elektronische Beschaffungsprozesse sollen neben Kosten- und Zeitersparnissen auch die Flexibilität und Qualität der Beschaffung erhöhen. Dies kann durch entsprechende Gestaltung und Umsetzung von Vorgaben bezüglich bestimmter Prozessanforderungen im Rahmen der Digitalisierung geschehen.

Fallbeispiel: Onventis

Die Onventis GmbH mit Sitz in Stuttgart betreibt eine Cloud-Lösung für das E-Procurement und damit die Vernetzung von B2B-Geschäftsprozessen von Einkäufern und Lieferanten. Die E-Procurement-Lösung des Unternehmens richtet sich insbesondere an die Beschaffung im Mittelstand. Nach eigenen Angaben wickeln ca. 350.000 registrierte Nutzer über das Onventis Beschaffungsnetzwerk jährlich über 5,5 Mrd. Euro an Einkaufsvolumen ab. Durch eine Zertifizierung als Mitglied der „Initiative Cloud Services Made in Germany" signalisiert es außerdem Sicherheit gegenüber Kunden. Derartige innovative All-in-One E-Procurement-Lösungen auf Cloudbasis bieten Unternehmen eine hohe Flexibilität in ihren Beschaffungsprozessen und können somit die zentralen Anforderungen an Prozesse im E-Procurement erfüllen. Hierzu zählen Zeit- und Kostenersparnis durch modularen Aufbau und Outsourcing von Infrastruktur sowie Flexibilität und Qualitätserhöhung durch geräte-, zeit- und ortsunabhängigen Zugriff auf die Beschaffungsplattform. Entsprechende Referenzstimmen weisen dies aus: „[...] ist es uns gelungen, die Prozessdurchlaufzeit von Bestellungen um mehr als 60 % zu verkürzen." Ferner wird die Prozesssicherheit durch den Anbieter Onventis selbst zertifiziert. Die Nutzung solcher Angebote von spezialisierten Dienstleistern stellt für mittelständische Unternehmen oftmals eine lohnenswerte Alternative zur Eigenentwicklung einer E-Procurement-Plattform dar.

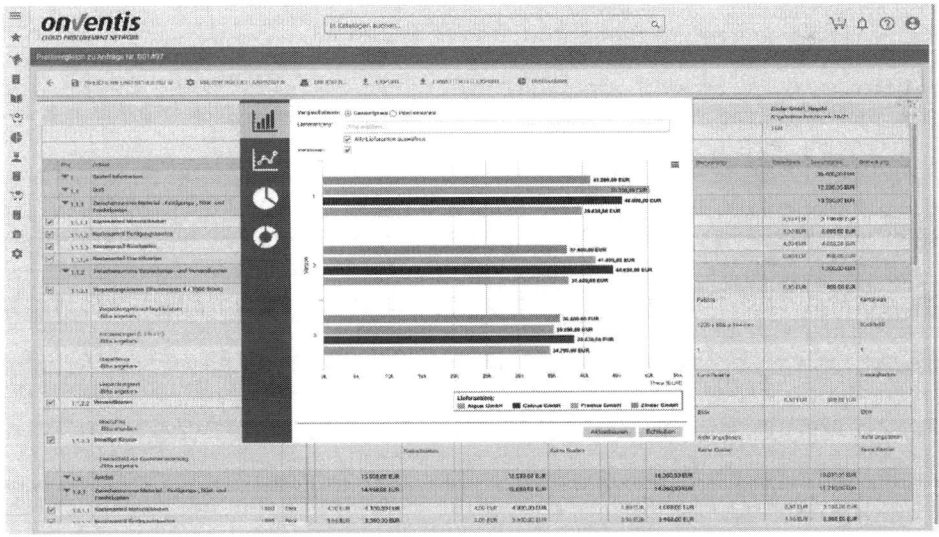

2.2.2   Die Prozessgestaltung

Die Gestaltung der Prozesse im E-Procurement adressiert im Wesentlichen die **Abfolge der elektronischen Beschaffung** und setzt diese um. Hierzu zählen insbesondere der Such-, Bestell- und Transaktionsprozess, der Fulfillment- und Tracking-Prozess sowie der Distributions- und Bezahlprozess (*Kollmann* 2019a).

eSearch- und eOrder-Prozess

Nahezu alle Phasen des elektronischen Beschaffungsprozesses können wirkungsvoll durch E-Procurement-Systeme unterstützt werden. Wie in Kapitel 2.1 erläutert, ermöglichen insbesondere Desktop-Purchasing-Systeme (DPS) jedem Bedarfsträger im Unternehmen, aus den Produkten der im Vorfeld ausgewählten und technisch verbundenen Lieferanten auszuwählen (**eSearch**), um diese anschließend auch tatsächlich zu kaufen und damit zu beschaffen (**eOrder**). Abb. 15 bietet einen Überblick zu diesem Kernprozess, auf den im Folgenden immer wieder zurückgegriffen werden soll.

Bei dem ersten Schritt der **Produktauswahl** (1; s. Abb. 15) greift der Bedarfsträger mit Hilfe seines Webbrowsers auf den Online-Katalog bzw. unternehmensindividuellen und ggf. für den Bedarfsträger personalisierten MSPC des DPS zu. Neben einem einfachen Browsen in der Produkthierarchie unterstützen DPS verschiedene Arten der Suche. Zudem erlauben einige Systeme – wie schon mehrfach erwähnt – eine regelbasierte Konfiguration von Produkten, so bspw. die Zusammenstellung eines Arbeitsplatz-Rechners über vordefinierte und voneinander abhängige Menüs. Sollten die DPS und Lieferantensysteme über eine entsprechende Kommunikationsverbindung verfügen, können Produktverfügbarkeit und Preisinformationen in Echtzeit beim Lieferanten abgerufen werden. Zudem kann die Software allen Beteiligten (Kunde, Spedition, Lieferant, Hersteller) einen präzisen Zeitpunkt der Anlieferung nennen.

Sollte eine Organisation das gewählte Produkt von mehreren Lieferanten beziehen, wird die Priorisierung beim **eSourcing** entsprechend der Beschaffungspolitik des Unternehmens durch die Reihenfolge der Suchtreffer angezeigt. Ausschlaggebend können an dieser Stelle sowohl der Preis als auch die Beziehung zu einem speziellen Lieferanten sein. Unternehmen, die ein eigenes Lager unterhalten, können dieses (analog zu einem externen Anbieter) ebenfalls im MSPC repräsentieren und mit hoher Priorität versehen (*Dolmetsch* 2000, S. 156). Die zu bestellenden Produkte werden in einem virtuellen Warenkorb abgelegt. Produkte, die besonders häufig nachgefragt werden, lassen sich in vielen Systemen als Bookmark kennzeichnen. Zudem besteht vor diesem Hintergrund oft die Möglichkeit, repetitiv beschaffte Warenkörbe abzuspeichern – bspw. einen Warenkorb zur kompletten Ausstattung des Arbeitsplatzes für einen neuen Mitarbeiter (*Dolmetsch* 2000, S. 157).

Nach der Zusammenstellung seines virtuellen Warenkorbs durchläuft die Bestellung den **Genehmigungsworkflow** (2; s. Abb. 15). Dieser ist entweder im DPS selbst oder im damit integrierten ERP-System abgebildet. Liegt die Bestellung innerhalb der Kompetenz des Bedarfsträgers, kann sie umgehend weiterverarbeitet werden. Ist dies nicht der Fall,

wird die Bestellanforderung (BANF) zunächst zu der entsprechenden Genehmigungs-
instanz weitergeleitet. Diese kann bspw. per E-Mail auf die zu genehmigende Anforderung aufmerksam gemacht werden.

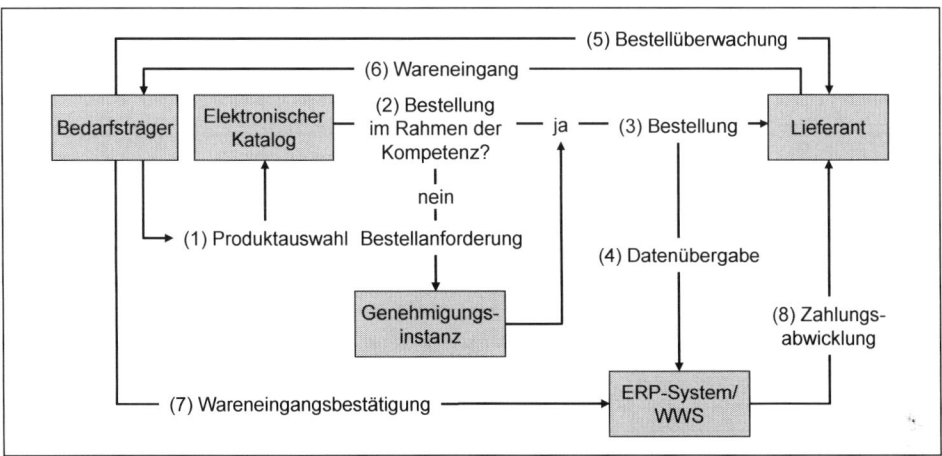

Abb. 15:   Die Kernprozesse bei einem Desktop-Purchasing-System
Quelle: *Kleinecken* 2004, S. 117.

eTransaction- und eFulfillment-Prozess

Nach erfolgreichem Genehmigungsworkflow wird der eigentliche Kaufprozess (**eTransaction**) angestoßen. Aus der Bestellanforderung werden dabei ein oder mehrere **Bestellungen** (3; s. Abb. 15) generiert, die umgehend an den bzw. die Lieferanten weitergeleitet
werden. Je nach Implementierungsvariante geschieht dies auch hier entweder durch das
DPS selbst, oder durch das entsprechende ERP-System. In beiden Fällen findet zwischen
DPS und ERP-System eine **Datenübergabe** (4; s. Abb. 15) statt, damit Wareneingang bzw.
Zahlungsabwicklung durch das ERP-System unterstützt werden können. Trotz enger Einbindung des ERP-Systems ist es allerdings nicht zwingend notwendig, alle Produkte mit
Materialstammsatz im WWS bzw. ERP-System zu repräsentieren. Dies ist der Fall, wenn
die resultierenden Prozesse nicht auf wesentliche ERP-Funktionen (wie z. B. Rechnungsprüfung, Wareneingang oder Lagerhaltung) zurückgreifen müssen. Auf Lieferantenseite
wird nach Empfang der Bestellung das **eFulfillment** angestoßen. Eine perfekte Auftragsabwicklung wird dabei zum entscheidenden Kriterium für den Folgekauf (*Wannenwetsch*
2002, S. 182). Auf Produktebene kann die Auftragserfüllung danach unterschieden werden, ob es sich um einen Lagerkauf handelt, oder ob das entsprechende Produkt noch
beschafft oder produziert werden muss. Ist ein Produkt nicht vorrätig, muss lieferanten-
seitig erneut ein Beschaffungs- bzw. Produktionsprozess angestoßen werden. eFulfillment
spielt hierbei insbesondere im Rahmen der integrierten Planung der Lieferkette eine entscheidende Rolle. Auf diese wird in Kapitel 2.3 noch eingegangen.

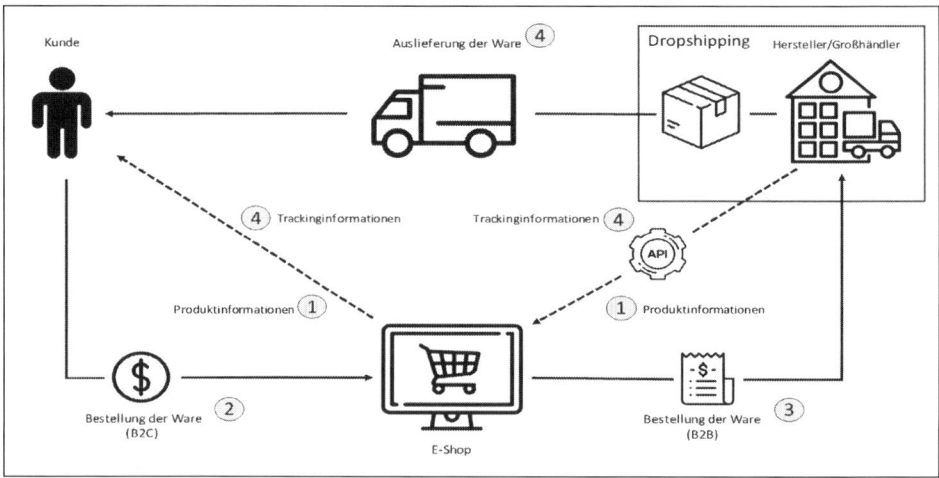

Abb. 16:   Nutzung des Dropshipping-Konzepts

Aufgrund der zunehmenden Vernetzung der gesamten Supply Chain rücken im Bereich des eFulfillment auch Konzepte wie das **Dropshipping** in den Vordergrund (*Kemkes* 2015). Hierbei wird die Möglichkeit der Zeit- und Ortsunabhängigkeit im E-Business (s. Kapitel 1.1) dazu genutzt, dass Lieferanten ihren Kunden ganze Produktpaletten ihrer eigenen Lieferanten oder Hersteller anbieten können, ohne diese physisch im Lager zu haben. Abb. 16 stellt die grundlegenden Zusammenhänge des Dropshippings an einem beispielhaften Ablauf dar. Durch die automatisierte Übermittlung der Bestelldaten, welche heute ohne nennenswerte Verzögerung auch über mehrere Parteien hinweg möglich ist, wird trotzdem eine reibungslose Abwicklung und Auslieferung (z. B. direkt vom Hersteller) an den Procurement-Kunden ermöglicht. Dabei bestehen diverse Ausgestaltungsmöglichkeiten des Dropshippings. So kann bspw. ein verdecktes Dropshipping mit individualisiertem Branding erfolgen, sodass für den Endkunden suggeriert wird, dass das Produkt von seinem direkten Vertragspartner und nicht von dessen Lieferanten oder Hersteller verschickt wurde. Es besteht aber auch die Möglichkeit eines offenen Dropshippings, bei dem die Procurement-Plattform offen kommuniziert, dass das Fulfillment durch Dropshipping-Partner vorgenommen wird. Besonderes Augenmerk muss der Procurement-Anbieter bei diesem Konzept auf ein reibungsloses eFulfillment legen, da z. B. die Qualität der Ware als auch der Auslieferung etc. durch dritte Parteien immer Risiken birgt und Fehler durch Partnerunternehmen direkt auf ihn zurückfallen.

Fallbeispiel: Endlichzuhause

Unter www.endlichzuhause.de bietet der Hobby-Webdesigner und Freizeit-Programmierer Alexander Hupe seiner schnell wachsenden Käuferschaft eine breite Palette von Produkten rund um ein schönes Zuhause, einen gastlichen Tisch und eine funktionale Küche an. Sein Unternehmen bietet seinen Kunden rund 6.000 verschiedene Artikel an. Von Be-ginn an sorgten die Anforderungen in Sachen Lagerhaltung und Versandlogistik für eine besondere Belastung. Da keine ausreichende Lagerfläche zur Verfügung stand, wurden die einzelnen Produkte meist erst nach der Bestellung durch den Endkunden bei den je-weiligen Lieferanten geordert. Dies führte zu langen Lieferzeiten, die moderne Verbrau-cher heute nicht mehr bereit sind zu akzeptieren. 2008 erfolgte die Einführung eines Drop-shipping-Konzepts. Anstatt Verkaufsprodukte im Vorfeld selber einzukaufen und vorfinan-zieren zu müssen, werden diese beim jeweiligen Lieferanten belassen und im Falle von Bestellungen direkt von dort aus an den Endkunden versendet. Im Interview mit Drop-Shipping.de erzählt er: „Zum einen vermeidet man durch die fehlende Lagerhaltung eine nicht zu unterschätzende Kapitalbindung. Weiterhin sparen wir Ressourcen wie Lager-raum, Verpackungsmittel, Verpackungstechnik und natürlich auch Personal. Da unser Großhandel personell gut ausgestattet ist, können Aufträge auch in Spitzenzeiten (wie im Weihnachtsgeschäft) gut abgearbeitet werden. Da der Großhandel oft schon gute Ver-träge mit Logistikern hat, kann man über diese Schiene meist auch recht günstig mit ver-senden – die Handlingkosten amortisieren sich dadurch zum Teil." Mittlerweile arbeitet das Unternehmen mit mehreren Dropshipping-Lieferanten zusammen und bietet einen 24h-Versand, den es selbst nicht hätte gewährleisten können.

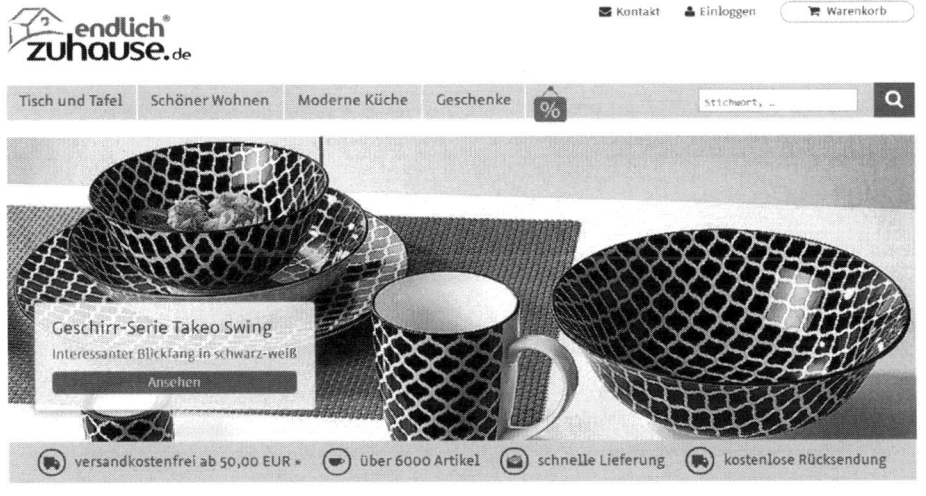

eTracking- und eDistribution-Prozess

Während des Fulfillment-Prozesses ermöglicht die **eTracking**-Funktionalität des Beschaf-fungssystems eine **Bestellüberwachung** (5; s. Abb. 15) durch den Bedarfsträger bzw. die Einkaufsabteilung des Unternehmens. Dieser durchgängige Einblick in den Lieferstatus war früher nicht oder nur beschränkt möglich und oft mit einem zeitintensiven „Hinterher-Telefonieren" verbunden. Heute ist eTracking zu einem der wichtigsten Kontrollinstrumente der operativen Beschaffungslogistik geworden (*Braunstetter/Hasenstab* 2001, S. 509). Denkbar ist im Rahmen dieser Prozesse auch eine Integration üblicher Tracking-Informationen von Transportintermediären wie *FedEx* oder *UPS* (*Dolmetsch* 2000, S. 158). Die eTracking-Funktionalität kann aber auch schon vor der Bestellung genutzt werden, um bspw. den Genehmigungsstatus einer BANF abzufragen. Der zugehörige Prozess der **eDistribution** endet mit der elektronischen Registrierung des **Wareneingangs** (6; s. Abb. 15). Für diesen existieren zwei Alternativen: Einerseits kann die Lieferung direkt an den Schreibtisch des Bedarfsträgers erfolgen, der die Ware im DPS bzw. ERP-System verbucht. Andererseits kann die Lieferung auch an eine zentrale Anlieferungsstelle erfolgen. Das E-Procurement-System zeigt die Transaktion als nicht beliefert an, bis der Empfang der Ware durch eine elektronische **Wareneingangsbestätigung** (7; s. Abb. 15) bestätigt ist.

ePayment- und eReporting-Prozess

Nach erfolgter Wareneingangsbestätigung wird die **Zahlungsabwicklung** (8; s. Abb. 15) angestoßen. Auch diese kann natürlich durch elektronische Prozesse unterstützt werden (**ePayment**). Dabei kann zunächst die Rechnungsprüfung – falls aufgrund des damit verbundenen Aufwands überhaupt erwünscht – mit Hilfe des ERP-Systems stattfinden. Mit Hilfe von E-Procurement-Systemen kann dabei die Vielzahl von Einzelrechnungen in schlüssigeren Sammelrechnungen zusammengefasst werden. Aus Sicht des Rechnungswesens werden so auf Lieferantenseite Zeitverzögerungen und Aufwände bei der Rechnungserstellung und -versendung vermieden sowie die Steuerung des Cashflows optimiert. Einkaufende Organisationen können einen Vorteil wahrnehmen, wenn sie ihre Positionen über einen Dritten (z. B. eine Bank) zwischenfinanzieren lassen und gegen einen Aufschlag später bezahlen. Durch die daraus folgende spätere Übertragung liquider Mittel können kurzfristige Liquiditätsengpässe überbrückt werden (*Braunstetter/Hasenstab* 2001, S. 509). Die Rechnungsverarbeitung kann auch elektronisch mittels **eInvoicings** erfolgen. Ein Vorteil ist hierbei, dass der komplette Rechnungsverarbeitungsprozess papierfrei erfolgt. Damit kann eine beschleunigte, automatisierte und weniger fehleranfällige Verarbeitung zwischen den Buchhaltungssystemen der Handelspartner erfolgen. Bei einer elektronischen Rechnung ist das Einverständnis des Rechnungsempfängers notwendig (*Elter* 2014, S. 35 ff.). Zudem ist es bei der digitalen Rechnung erforderlich, sich an zusätzliche gesetzliche Vorschriften zu halten. So müssen die elektronischen Rechnungen bspw. mit einer qualifizierten elektronischen Unterschrift versehen sein, um die Validität von elektronischen Zahlungen zu gewährleisten (*Laga* 2013, S. 9 ff.).

Zu den Vorteilen innovativer ePayment-Prozesse gehören des Weiteren auch gesteigerte Auswertungsmöglichkeiten im Rahmen des **eReportings**, die die Grundlage für weitere Beschaffungsentscheidungen bilden können. Im Prozessbereich „Beschaffungsmanagement" bieten fast alle E-Procurement-Systeme (s. Kapitel 2.1) die Möglichkeit, umfangreiche und fast beliebig detaillierte Reports zu einzelnen Mitarbeitern, Abteilungen, Produkten, Produktgruppen, Lieferanten und Lieferantengruppen auf Basis von konkreten Bestell- und Bezahldaten zu generieren. Somit kann das Management auf eine einfache Art und Weise Beschaffungsmuster und auch -volumen erheben sowie Lieferanten beurteilen.

Ein gut ausgestaltetes E-Procurement sollte den gesamten Beschaffungsprozess digital abdecken. Dies umfasst die größeren Prozess-Teilbereiche von eSearch und eOrder, eTransaction und eFulfillment sowie einem ePayment und eReporting.

Fallbeispiel: Precoro

Precoro ist ein amerikanisches SaaS-Unternehmen mit Sitz in Brooklyn, NY und bietet eine Cloud-basierte Software für kleine und mittlere Unternehmen an, die bei der Automatisierung von Beschaffungsprozessen hilft. Zu den wichtigsten Funktionen gehören die Erstellung und Lieferung von Bestellungen, Fakturierung, Ausgabendatenanalyse, Lieferantenmanagement, Echtzeit-Budgetierung, Wareneingang, Drei-Wege-Matching und Katalogmanagement. Precoro ermöglicht es Benutzern, Bestellanforderungen zu erstellen, automatisierte Genehmigungsroutinen festzulegen und Bestellungen zu empfangen. Das Lieferantenmanagementmodul von Precoro speichert Lieferanteninformationen wie Adressen, Kontaktinformationen und Zahlungsbedingungen, die dem Benutzer bei der Erstellung von Bestellungen helfen. Mit dem Echtzeit-Dashboard können Benutzer den Gesamtausgabenstatus über alle Bestellungen hinweg visualisieren. Die Katalogverwaltung ermöglicht es Benutzern, eine Liste von Produkten von Anbietern zu erstellen und zu verwalten. Precoro speichert alle Informationen an einem Ort, so dass die Benutzer Bestellanforderungen, Genehmigungen, Budgets und Bestellungen verfolgen können. Benutzer können auch Fälligkeitsdaten für Anfragen nach Prioritäten festlegen. Insgesamt deckt Precoro somit den gesamten Prozess im E-Procurement ab.

**Full-fledged Procure-to-Pay platform
to meet your needs**

Requisition   Sourcing   Ordering   Inventory   Invoicing

Suppliers Portal   Budgeting   Real-time Reports   Custom Approval   User Role Controls

2.2.3   Das Prozessmanagement

Das Management der Prozesse im E-Procurement lässt sich aufgrund der **Nutzung der generierten Informationen** im bzw. aus dem elektronischen Einkauf nach operativen, taktischen und strategischen Aufgaben differenzieren (s. Abb. 17; *Kollmann* 2019a).

Operativer Einkauf

Der **operative Einkauf** ist für den unmittelbaren Einkaufsprozess im Bereich „Transaktionsunterstützung" verantwortlich (s. Kapitel 2.2.2). E-Procurement-Systeme übernehmen dabei fast alle Aufgaben im Bereich der **Bestell- und Bezahlprozessunterstützung** und automatisieren Sourcing und Genehmigung, Bestellanforderung und Bestellung, Lieferung und Empfang sowie Rechnungsprüfung und Bezahlung (s. Kapitel 2.2.2). Viele operative Beschaffungstätigkeiten können durch E-Procurement direkt an den Bedarfsträger delegiert werden. In allen Teilprozessen sind die Aufgaben der Einkaufsabteilung somit nur noch unterstützend; die Einkaufsdisponenten bearbeiten bspw. Bestellanforderungen und verschicken Bestellungen. Neben den Aufgaben im Bereich der Bestell- und Bezahlprozessunterstützung ist der operative Einkauf für **Ausschreibungen** und **Sourcing-Entscheidungen** bei bedarfsausgelösten Beschaffungsvorgängen verantwortlich. Auch hier bringt die internetgestützte Beschaffung diverse Vorteilen mit sich. Neben der Verminderung der Aufwände in Zeit und Personal sowie Qualitätsvorteilen im Sinne einer Fehlerminimierung unterstützt E-Procurement den operativen Einkauf bei der Auswahl geeigneter Beschaffungscluster und der Ausschreibungsformulierung und ermöglicht eine effizientere Abwicklung und eine erhöhte Anzahl von Ausschreibungen (*Braunstetter/Hasenstab* 2001, S. 508). Die Aufgaben des operativen Einkaufs sind in Abb. 17 dargestellt. Mit der Einführung von E-Procurement wird der Einkauf in hohem Maße von wertschöpfungsneutralen operativen Aufgaben entlastet, sodass sich die Einkaufsabteilung auf Aufgaben des taktischen und strategischen Einkaufs konzentrieren kann.

Taktischer Einkauf

Die Aufgaben im **taktischen Einkauf** zeichnen sich in vielen Unternehmen dadurch aus, dass sie mit wenigen Schnittstellen nachhaltig den Ist-Zustand des Einkaufs überprüfen und diesen möglichen Verbesserungspotenzialen gegenüberstellen (*Braunstetter/Hasenstab* 2001, S. 507). Der taktische Einkauf ist somit für die **Analyse** von Bedarfs- und Ausgabemustern, Nachfrage und Marktangebot verantwortlich. Auf Basis des gewonnenen Wissens über interne Prozesse und Beschaffungsmärkte werden Lieferanten ausgewählt und Rahmenkontrakte mit ihnen ausgehandelt. Zudem definiert der taktische Einkauf in enger Zusammenarbeit mit den jeweiligen Abteilungen den Bedarf an Produkten innerhalb eines Segments (*Dolmetsch* 2000, S. 129). Die elektronisch gestützte Beschaffungsmarktanalyse ermöglicht das Auffinden von Restbeständen, sorgt für eine Erweiterung des Beschaffungsmarktes, ermöglicht schnelle Firmenauskünfte und weltweite Firmenvergleiche sowie das Platzieren von Anfragen auf Internetplattformen. Eine Stärkung seiner Position gewinnt der taktische Einkauf vor allem durch Angebots- und Vertragsverhandlungen, die durch Internettechnologien aufgrund des schnellen Informationsabgleichs und der erhöhten Markttransparenz ermöglicht werden (*Braunstetter/Hasenstab* 2001, S. 508). Dabei profitiert der taktische Einkauf insbesondere auch von dynamischen Preisbildungsverfahren wie z. B. Online-Einkaufsauktionen (Reverse Auctions) auf elektronischen Marktplätzen (s. Kapitel 4).

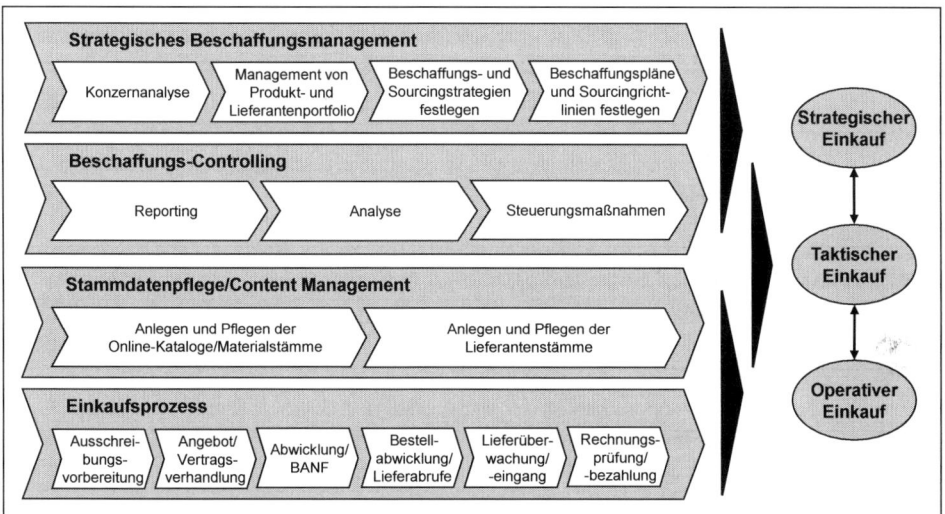

Abb. 17:   Prozessmanagement im E-Procurement
Quelle: in Anlehnung an *Braunstetter/Hasenstab* 2001, S. 508.

Ebenfalls in den Aufgabenbereich des taktischen Einkaufs fällt in vielen Fällen das **Content Management** sowie die Verwaltung von Benutzerprofilen, Zugriffsrechten, Vorgesetzten, Budgets und Adressdaten, die bei Sourcing-, Bestell- und Lieferprozessen verwendet werden. Neben dieser internen Prozessführung übernimmt der taktische Einkauf aber auch Aufgaben im Bereich der **Erfolgsmessung**. Dabei kontrolliert er nach definierten Faktoren und Parametern mögliche und erzielte Einsparungen, bewertet die Lieferanten-Performance und misst die Kundenzufriedenheit. Zum Einsatz kommen dabei die bereits beschriebenen **Reporting-Funktionen** von E-Procurement- und ERP-Systemen. Nicht zuletzt gehört auch die Durchsetzung der Beschaffungsrichtlinien des Unternehmens zu den Aufgaben des taktischen Einkaufs, die vor diesem Hintergrund in Abb. 17 noch einmal zusammenfassend dargestellt sind.

 Medienhinweis: Die Aufgaben im E-Procurement (Video-Podcast)
www.netcampus.de/podcasts

Strategischer Einkauf

Der **strategische Einkauf** wird in vielen Unternehmen auch als „Corporate Supply Management" bezeichnet. Er trägt die **produktsegment-** und **unternehmensübergreifende Verantwortung** für alle beschaffungsbezogenen Prozesse sowie Richtlinienkompetenz für beschaffungsstrategische Entscheidungen und IT-Entscheidungen (*Dolmetsch* 2000, S. 128). Prozesse im Rahmen des strategischen Einkaufs umfassen somit die Analyse von Konzerninformationen, das Management der einzukaufenden Produktsegmente, die Entwicklung von Beschaffungs- und Sourcingstrategien sowie das Festlegen der daraus resultierenden Pläne und Richtlinien. Basierend auf den bestehenden **Lieferanten- und Produktportfolios** unterstützt und forciert das strategische Lieferantenmanagement eine optimale An- und Einbindung der für den Unternehmenserfolg wichtigen Lieferanten. Das häufig undurchsichtige Lieferantenportfolio wird mit Hilfe von elektronischen Systemen und elektronischen Märkten nach den Prinzipien Positionierung, Entwicklung, Kooperation und Integration optimiert und bereinigt (*Braunstetter/Hasenstab* 2001, S. 508). Die Aufgaben des strategischen Einkaufs zeigt ebenfalls Abb. 17. Nach *Andreßen* (2010, S. 291 ff.) fällt dem strategischen Einkauf aufgrund des sog. Produktivitätsparadoxons eine besondere Rolle zu: Obwohl ein E-Procurement-System generell eine höhere Produktivität im Vergleich zum bisherigen (manuellen) Einkauf aufweist, kann es passieren, dass die Gesamtbeschaffungsproduktivität gar nicht oder nur eingeschränkt zunimmt. Dieses Problem ergibt sich aus potenziell fehlender organisatorischer Integration, unzureichendem **Change Management** (z. B. fehlende Schulungen), zu mächtigen und dadurch unübersichtlichen Einkaufskatalogen und der Angst vor Fehlentscheidungen aufgrund von Nachverfolgbarkeit und potenziell möglicher Überwachung der eigenen Aktionen. Empirische Studien zeigten schließlich, dass der abgestimmte Einsatz sowohl von E-Procurement als auch strategischem Einkauf positive Effekte auf die Unternehmensperformanz ergeben (*Kim/Suresh/Kocabasoglu-Hillmer* 2015). Aus diesen Gründen ist die Erarbeitung einer ganzheitlichen E-Procurement-Strategie von großer Bedeutung. Die im Rahmen der einzelnen Prozesse zum Einsatz kommenden Managementmethoden zur Produkt-, Lieferanten- und Strategieanalyse werden im Folgenden ausführlich beschrieben.

 Das Prozessmanagement im E-Procurement erfolgt auf drei Ebenen. Dabei sollte die langfristige strategische Ausrichtung im elektronischen Einkauf auf dem mittelfristigen taktischen Einkauf und dieser wiederum auf dem kurzfristigen operativen Einkauf aufgebaut sein.

Fallbeispiel: SAP Ariba

Das deutsche Softwareunternehmen SAP bietet mit seinem Produkt Ariba eine vollständige Lösung für die Digitale Transformation des Beschaffungsprozesses von Unternehmen an. Das 1996 in Kalifornien gegründete Ariba wurde im Jahr 2012 durch SAP übernommen und heute umfasst das Ariba Network Einkäufer und Lieferanten aus über 2,5 Mio. Unternehmen in 190 Ländern. Insgesamt werden jährlich mehr als 1,5 Mrd. US-Dollar an Handelsumsätzen über diese Plattform abgewickelt. Dabei bieten die SAP-Ariba-Lösungen sowohl Käufern als auch Lieferanten die Möglichkeit, sämtliche Geschäftsvorgänge automatisiert, zentral und umfassend in einem Tool zu steuern. Somit können alle drei Aufgaben des Prozessmanagements (strategisch, taktisch und operativ) mit den Lösungen von SAP Ariba adressiert werden. Beispielhaft bietet eine spezielle SAP Ariba Strategic Sourcing Suite ein umfassendes Sourcingtool im Rahmen der strategischen Beschaffung, welches sich in das ERP-System eines Unternehmens integrieren lässt. Dies soll laut eigener Angaben bis zu 90 % Zeitersparnis beim Finden und Qualifizieren von geeigneten Lieferanten mit sich bringen sowie die Effizienz und die Beschaffungszyklen verbessern. Ein richtlinienkonformer, vollständig digitaler Workflow ermöglicht gleichzeitig die Beachtung der Qualitäts- und Compliancestandards der einkaufenden Unternehmen.

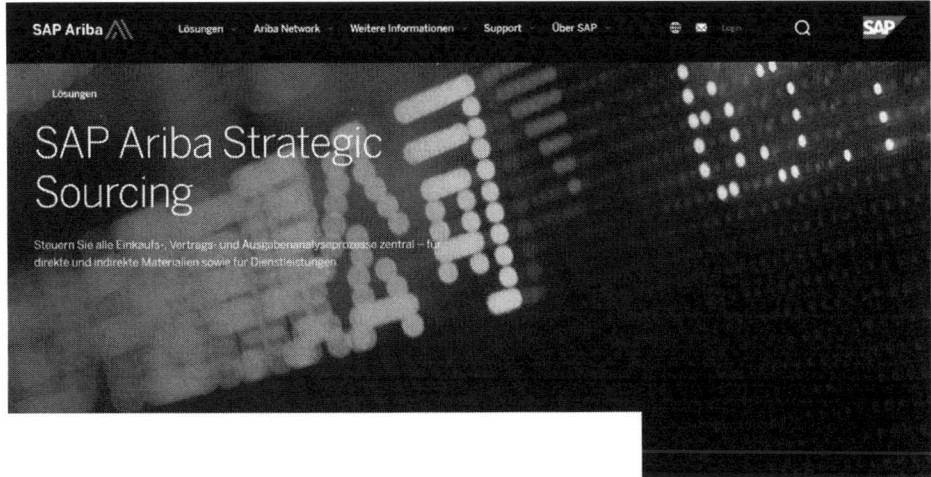

2.3   Das Management beim elektronischen Einkauf

Nach den vorangegangenen Darstellungen zur Systemebene (s. Kapitel 2.1) und den Ausführungen zur Prozessebene (s. Kapitel 2.2) gilt es nun auf der **Managementebene**, die
spezifischen Anforderungen an den Entscheidungsträger zu beschreiben. Die Grundan-
forderung der Beschaffung ist die optimale Versorgung des Unternehmens mit externen
Gütern und Dienstleistungen, welche zur Erreichung des Geschäftsziels benötigt werden
(*Weiber/Mühlhaus/Egner-Duppich* 2007). Die drei wesentlichen Kriterien, die die optimale
Beschaffung ausmachen, sind **Zeit**, **Qualität** und **Kosten** (*Tripp* 2002, S. 2). So muss
das Beschaffungsmanagement vor allem sicherstellen, dass die zu beschaffenden Objekte
zur richtigen Zeit am richtigen Ort im Unternehmen ankommen, Qualitätsanforderungen
für den gesamten Beschaffungsprozess sowie für die Lieferanten und Beschaffungsobjekte definieren, und die durch die Preise der Beschaffungsobjekte und die Prozess- und
Transaktionskosten getriebenen Kosten der Beschaffung reduzieren. Aufbauend auf diesen Grundanforderungen der Beschaffung befassen sich die folgenden Ausführungen mit
den managementbezogenen Aspekten des E-Procurement (*Kollmann* 2019a).

 Das E-Procurement muss aus der Perspektive des Managements sicherstellen,
dass die richtigen Produkte bzw. Artikel von den passenden Lieferanten zum
richtigen Zeitpunkt kostenoptimal am richtigen Ort sind.

2.3.1   Die Produktanalyse

Oft wird von einer allgemeinen Vorteilhaftigkeit der Beschaffung über E-Procurement-
Lösungen gesprochen. Dabei wird der Aspekt vernachlässigt, dass sich E-Procurement
keineswegs pauschal für alle Güter und Dienstleistungen eignet. Vielmehr sollte der Einsatz von E-Procurement zunächst natürlich nur für diejenigen Beschaffungsobjekte erfolgen, bei denen über den elektronischen Einkauf substantielle Einsparpotenziale hinsichtlich des Preises und der Beschaffungskosten zu erwarten sind. Darüber hinaus gilt für
die elektronische Beschaffung aber auch, dass nur die Güter als geeignet erscheinen, die
sich durch eine geringe Erklärungsbedürftigkeit, eine hohe Standardisierbarkeit, hohe
Beschaffungsprozesskosten, große Bestellvolumina sowie einen geringen Materialwert
und eine geringe strategische Bedeutung für das Unternehmen auszeichnen (*Dolmetsch*
2000, S. 11 ff.). Denn nur bei diesen Gütern erscheint auf den ersten Blick eine Beschaf-
fungsentscheidung, die nur auf digitalen Informationen und nicht auf eine reale Prüfung
basiert, durchführbar. Der Entscheidung über den Einsatz eines E-Procurement-Systems
im Unternehmen muss demnach eine umfangreiche unternehmensinterne **Produktanalyse**
vorausgehen. Dabei steht zunächst die Frage nach der grundsätzlichen Verwendung der zu
beschaffenden Güter im Mittelpunkt. Die Anforderungen der Beschaffung von Rohmate-
rialien, Handelsartikeln und Dienstleistungen unterscheidet sich teilweise erheblich. Die
elektronischen Beschaffungsprozesse und Systemlösungen müssen daher den Material-
klassen angepasst werden. Primär unterscheidet man dabei zunächst zwischen zwei **Be-
schaffungsgütern**:

▨ Den **direkten Gütern** werden diejenigen Materialien zugeordnet, die in die direkte Wertschöpfungskette des Unternehmens einfließen. Die Beschaffungsobjekte fließen also direkt und damit unmittelbar in die Produktion oder Bereitstellung höherwertiger Produkte bzw. Dienstleistungen ein, die dem Kunden angeboten (z. B. bei Handelsunternehmen) bzw. für den Wiederverkauf vorbereitet werden (*Tripp* 2002; *Weber/Kabst/Baum* 2018).

▨ Den **indirekten Gütern** hingegen werden Produkte bzw. Dienstleistungen zugeordnet, die nur mittelbar zum Unternehmensziel beitragen. Sie werden von Unternehmen konsumiert, um die primäre Wertschöpfungskette überhaupt zu ermöglichen. Es handelt sich in diesem Zusammenhang demnach hauptsächlich um sog. Gebrauchs- und Verbrauchsmaterialien (*Tripp* 2002).

Es liegt nun auf der Hand, dass es bezüglich des Einsatzes eines E-Procurement-Systems hier zu unterschiedlichen Auswirkungen kommen kann. So ist ein möglicher Ausfall des Systems bei der Beschaffung von direkten Gütern möglicherweise viel gravierender als bei indirekten Gütern. Die wohl wichtigste Gruppe von indirekten Gütern bilden dabei die sog. **MRO-Materialien** (Maintenance, Repair and Operations). Klassische MRO-Materialien sind bspw. Büromaterialien, Reinigungsmittel oder Dienstreisen. Derartige Produkte werden in allen Unternehmensteilen bis hin zum Management benötigt. Dabei werden einzelne Beschaffungsprozesse überall im Unternehmen mit relativ kleinen Volumen initiiert (z. B. ein Aktenordner für Abteilung I). Der relative Anteil der Prozesskosten gegenüber den eigentlichen Produktkosten ist somit sehr hoch. Zudem werden MRO-Güter aufgrund mangelnder Koordination zwischen den einzelnen Abteilungen häufig von verschiedenen Lieferanten beschafft, obwohl zum Teil günstige Rahmenverträge auf Unternehmensebene existieren (Maverick Buying). Die zugehörige Produktanalyse im E-Procurement lässt sich vor diesem Hintergrund aufgrund von verschiedenen Verfahren durchführen. Zu diesen zählen die ABC-Analyse, die Kosten/Standard-Matrix, die Wert/Risiko-Matrix und die Strategie/Automatisierungspotenzial-Matrix (*Kollmann* 2019a).

ABC-Analyse

Ausgangspunkt vieler realer Einkaufsentscheidungen ist eine Klassifikation der einzukaufenden Objekte anhand einer **ABC-Analyse** (*Werner* 2017). Sie erlaubt neben einer Tätigkeiten- und Ressourcenpriorisierung eine differenzierte Bearbeitung der einzelnen Bedarfspositionen und bietet sich daher auch im Vorfeld der Einführung von E-Procurement-Systemen für die notwendige Produktanalyse an (*Wannenwetsch* 2002, S. 93). Je nach Beschaffungskomplexität, Beschaffungsvolumen und Beschaffungshäufigkeit unterscheidet man dabei verschiedene **Güterarten** (s. Abb. 18):

▨ Bei **A-Gütern** handelt es sich um Produkte mit einem hohen Wertanteil, die nur in geringen Mengen und relativ selten beschafft werden. Die Wirksamkeit der Einkaufsinstrumente ist hier am höchsten, sodass entsprechende elektronische Lösungen primär

auf eine Erhöhung der Markttransparenz, eine Verbreiterung der Lieferantenbasis sowie auf eine Intensivierung der Lieferantenbeziehungen zielen. Diese Ziele sollen vor
allem ein optimales Sourcing hinsichtlich Einstandspreisen und Qualität ermöglichen.

▨ Bei **B-Gütern** handelt es sich um Produkte mit mittlerem Wertanteil, mittlerer Bestellhäufigkeit und mittlerem Bestellvolumen. Hier empfiehlt sich eine selektive Vorgehensweise in Einkauf und Beschaffung, die sich je nach Wert und Eigenheiten der Produkte an das Management im E-Procurement der A- oder C-Güter anlehnt (*Wannenwetsch* 2002, S. 95).

▨ Bei **C-Gütern** handelt es sich um Produkte mit einem niedrigen Einzelbestellwert,
einer hohen Bestellhäufigkeit und einer hohen (kumulierten) Bestellmenge. Die Anforderungen von C-Teilen an ein E-Procurement-System sind denen der bereits erwähnten MRO-Materialien sehr ähnlich, sodass diese Güter oftmals als Standardbeispiel für
die C-Kategorie genannt werden. Grundsätzlich können C-Güter relativ standardisiert,
jedoch nur mit einem relativ hohen Prozesskostenanteil beschafft werden. Anders als
bei A-Teilen steht bei ihnen daher insbesondere die weitgehende Vereinfachung der
Einkaufs- und Versorgungsprozesse bzw. eine Senkung der Prozesskosten über ein
E-Procurement-System im Vordergrund.

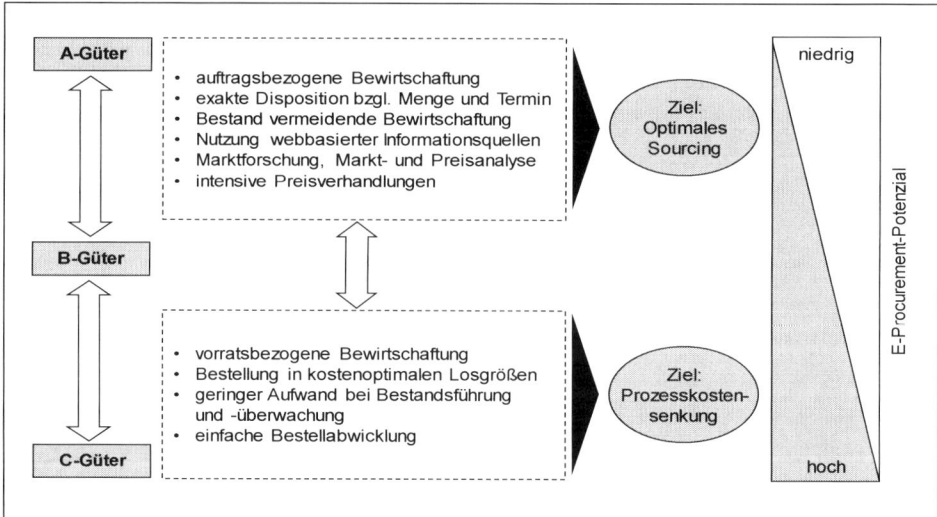

Abb. 18:   Die ABC-Analyse im E-Procurement

Es lässt sich festhalten, dass die internetbasierte Beschaffung ihr Potenzial vor allem im
Bereich der C-Güter voll entfalten kann. Durch eine ABC-Analyse ist allerdings lediglich
eine generelle Priorisierung der Einkaufsaktivitäten möglich (s. Abb. 18). Um letztendlich
Entscheidungen bei der Auswahl der Systemlösung treffen zu können, werden differen-
ziertere Analyseinstrumente benötigt.

Medienhinweis: Die Produktanalyse im E-Procurement (Video-Podcast)
www.netcampus.de/podcasts

Kosten/Standard-Matrix

Ein weiterer Ansatz zur ersten Produktanalyse von Beschaffungsobjekten im E-Procurement ergibt sich aus der Erweiterung der C-Güter-Klassifikation und den Ausführungen zur allgemeinen Eignung von Gütern in der elektronischen Beschaffung. Dabei werden vor diesem Hintergrund insbesondere die Aspekte Prozesskosten, Beschaffungswert und Standardisierbarkeit als **Beurteilungskriterien** hinzugenommen (*Wannenwetsch* 2002, S. 49):

- Die **Prozesskosten** (z. B. Personalkosten) ergeben sich dabei aus den einzelnen Arbeitsschritten und Aufwendungen, die gegenwärtig im Unternehmen anfallen, um ein Produkt bzw. eine Dienstleistung zu beschaffen (s. Kapitel 2.2.1).

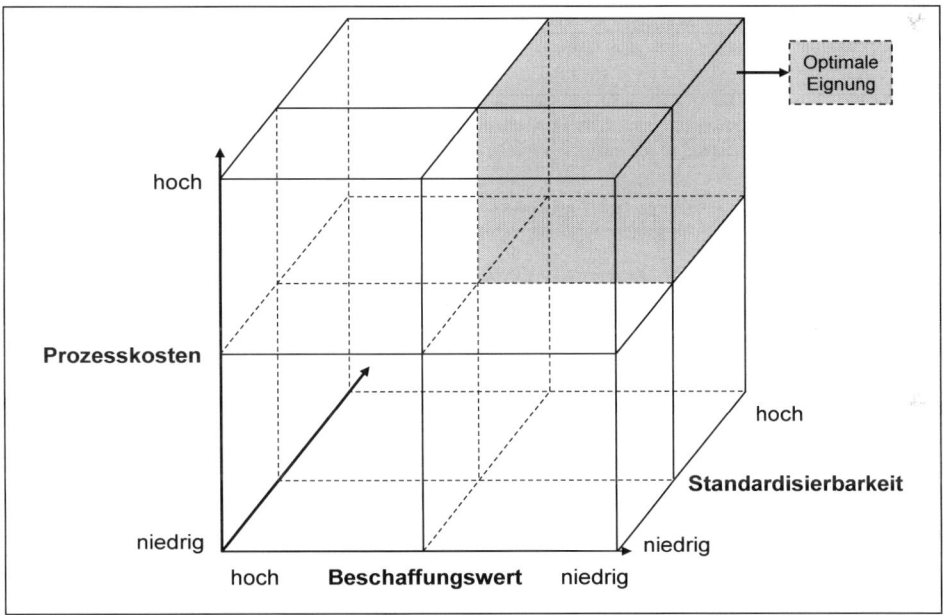

Abb. 19:   Die Kosten/Standard-Matrix im E-Procurement
Quelle: *Wannenwetsch* 2002, S.47.

- Der **Beschaffungswert** ergibt sich aus der Beschaffungshäufigkeit und den Bestellvolumina einer Gruppe von Beschaffungsobjekten. Hier ist also nicht der Wert eines einzelnen Objektes, sondern vielmehr der summierte Wert aller zu beschaffenden Objekte einer Gruppe gemeint.

▨   Die **Standardisierbarkeit** widmet sich den Produktcharakteristika. Vor allem stan-
    dardisierbare und homogene Waren und Dienstleistungen eignen sich aufgrund ihrer
    geringen Erklärungsbedürftigkeit für das E-Procurement. Obwohl dies vor allem für
    C- und MRO-Güter zutrifft, kann auch die Komplexität vieler A- und B-Teile durch
    Festlegen von Funktions- und Qualitätsmerkmalen weitgehend reduziert werden.

Aus der visuellen Zusammenführung der drei Aspekte resultiert nun eine dreidimensionale
Kosten/Standard-Matrix (Abb. 19). Insbesondere der Aspekt der Standardisierbarkeit
erweitert dabei die zugrundeliegende ABC-Analyse, wodurch auch ein differenzierteres
Augenmerk auf die Art der Beschaffung gelegt wird, die somit auch A- und B-Güter für das
E-Procurement interessant macht. Wichtig ist stets, dass für eine internetbasierte Beschaffung das Kriterium der Standardisierbarkeit prinzipiell erfüllt sein muss. Sind zusätzlich die Kostenaspekte hoch ausgeprägt, lassen sich durch ein effektives E-Procurement hohe Effizienzsteigerungspotenziale generieren (*Wannenwetsch* 2002, S. 46). Wie
schon bei der ABC-Analyse ist aber auch bei der Kosten/Standard-Matrix noch keine Aussage über eine konkrete Systemlösung im E-Procurement möglich. Trotzdem wird die Produktanalyse für die elektronische Beschaffung hierdurch erweitert.

Wert/Risiko-Matrix

Ein weiterer Ansatz zur ersten Produktanalyse von Beschaffungsobjekten im E-Procurement ergibt sich aus der Erweiterung der C-Güter-Klassifikation zusammen mit den Ausführungen zum Beschaffungswert. Dabei wird vor diesem Hintergrund mit dem Aspekt
„Risiko" ein weiteres Beurteilungskriterium hinzugenommen. Mit dem Risiko sind dabei
die Konsequenzen aus einer Nicht- bzw. Teillieferung bzw. einer zeitlich verspäteten
Zustellung der zu beschaffenden Güter für die weiteren Unternehmensprozesse gemeint.
Bei einem hohen Risiko würden Unregelmäßigkeiten in der Lieferung zu massiven Schwie-
rigkeiten führen, während bei einem niedrigen Risiko der weitere Unternehmensablauf
nicht gefährdet wäre. Im Resultat ergibt sich eine **Wert/Risiko-Matrix** (s. Abb. 20), die
anzeigt, wie die zu beschaffenden Produkte die Wettbewerbsfähigkeit und die Profitabili-
tät des Unternehmens beeinflussen und welche Konsequenzen bzw. Vorgaben sich für
eine E-Procurement-Lösung daraus ergeben können (*Smeltzer/Carter* 2001, S. 78). Folgende Fälle der **Objektkategorisierung** werden dabei unterschieden (s. Abb. 20):

▨   Bei **taktischen Objekten** handelt es sich um Routine-Teile, die nicht direkt in den
    Mehrwert der fertigen Produkte eingehen (z. B. MRO-Güter). Hier gilt es insbeson-
    dere, den Beschaffungsprozess soweit wie möglich zu automatisieren – z. B. mit Hilfe
    einer Desktop-Purchasing-Lösung (s. Kapitel 2.1.3).

▨   **Hebelobjekte** sind generische, über Rahmenkaufverträge bezogene Güter, die auf-
    grund ihrer Anzahl einen hohen Einkaufswert ausmachen, jedoch lediglich ein gerin-
    ges Risiko mit sich bringen (z. B. Verpackungen und elementare Produktionsgüter).
    Sie sollten z. B. durch ein internetbasiertes Sourcing – z. B. über elektronische Markt-
    plätze (s. Kapitel 4) – möglichst effizient und günstig beschafft werden.

▨ Obwohl **kritische Objekte** einen relativ geringen Wert haben, würde eine Unterbrechung ihrer Versorgung zu Marktschwierigkeiten führen. Beispiele für derartige Produkte sind Ersatzteile oder Spezialchemikalien. Die Anzahl der einzukaufenden kritischen Objekte gilt es daher nach Möglichkeit zu reduzieren bzw. zu eliminieren.

▨ **Strategische Objekte**, bei denen sowohl Wert als auch Risiko hoch sind, geben den Produkten eines Unternehmens ihren unverkennbaren Wert. Dieser ergibt sich aus Kundenzufriedenheit und Kundenmehrwert, der Einkaufspreis spielt nur eine untergeordnete Rolle. Hier gilt es, langfristige strategische Beziehungen mit den entsprechenden Lieferanten (s. Kapitel 2.3.2) einzugehen, die durch ein eSupply Chain Management gepflegt werden können.

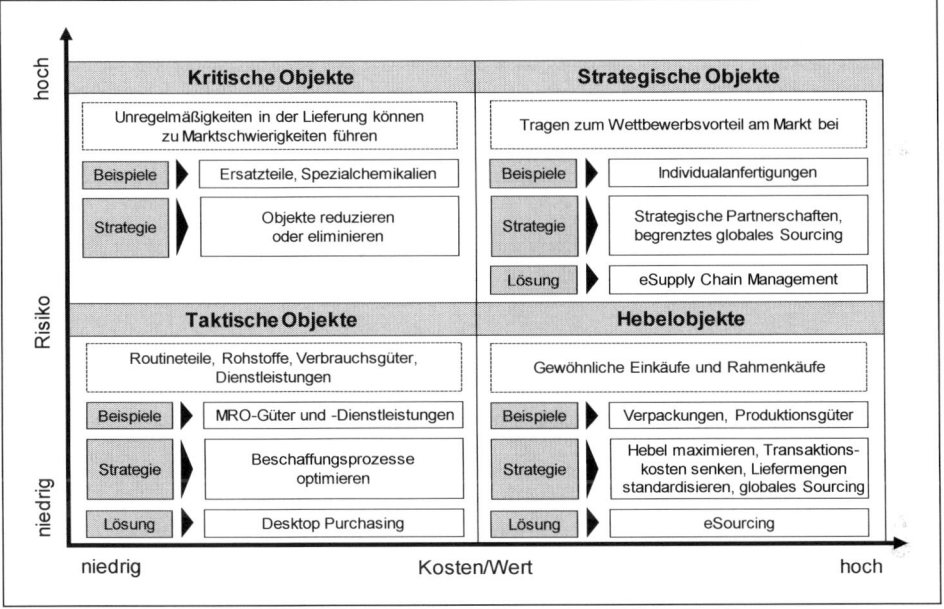

Abb. 20:   Die Wert/Risiko-Matrix im E-Procurement
Quelle: in Anlehnung an *Smeltzer/Carter* 2001, S. 78.

Im Gegensatz zu den ersten beiden Verfahren bietet die Wert/Risiko-Matrix nun auch Hinweise auf die Verwendung eines E-Procurement-Systems (s. Abb. 20). Nutzungs- und Sicherheitsanforderungen an dieses System stehen dabei in Verbindung zu der zugehörigen Risikoausprägung (z. B. Desktop-Lösung für risikoarme taktische Objekte). Obwohl die Produktanalyse für die elektronische Beschaffung hierdurch systemorientiert erweitert wird, lässt der geringe Detaillierungsgrad noch weitere Verbesserungen zu.

Strategie/Automatisierungspotenzial-Matrix

Ein weiterer Ansatz zur ersten Produktanalyse von Beschaffungsobjekten im E-Procurement ergibt sich aus der Erweiterung bzw. Kombination der Wert/Risiko-Matrix mit der hier vorhandenen strategischen Wertdimension und den Ausführungen zu der Kosten/Standard-Matrix mit dem in diesem Unterkapitel vorgestellten Ansatz zur Automatisierung von Beschaffungsprozessen. Im Ergebnis steht die sog. **Strategie/Automatisierungspotenzial-Matrix**, bei der die strategische Bedeutung der Möglichkeit einer automatischen Bestellabwicklung gegenübergestellt und mit konkreten Umsetzungsmöglichkeiten im Rahmen eines E-Procurement-Systems verbunden wird. Im Hinblick auf ihre strategische Bedeutung weisen Beschaffungsobjekte durchaus unterschiedliche Dimensionen auf. So weisen direkte Güter, die den Kerngeschäfts- bzw. Produktionsbedarf eines Unternehmens decken, bspw. eine wesentlich höhere strategische Bedeutung als indirekte Güter, die die primären Wertschöpfungsaktivitäten eines Unternehmens lediglich unterstützen, auf. Da aber auch indirekte Güter durchaus eine hohe strategische Bedeutung aufweisen können (z. B. Gebäude), bietet sich für eine detailliertere Produktanalyse im E-Procurement die Betrachtung aus einem strategischem Blickwinkel eher an, als die reine Unterscheidung in direkte und indirekte Güter. Im Hinblick auf das Automatisierungspotenzial kann ein ähnlicher Zusammenhang beobachtet werden. Zwar geht eine hohe Standardisierung in der Regel auch mit einem hohen Automatisierungsgrad einher, aber auch bei wenig standardisierten Produkten kann nach der erstmaligen Spezifikation, z. B. für Wiederholungsbestellungen, eine Automatisierung über die E-Procurement-Systeme erreicht werden (s. Abb. 21).

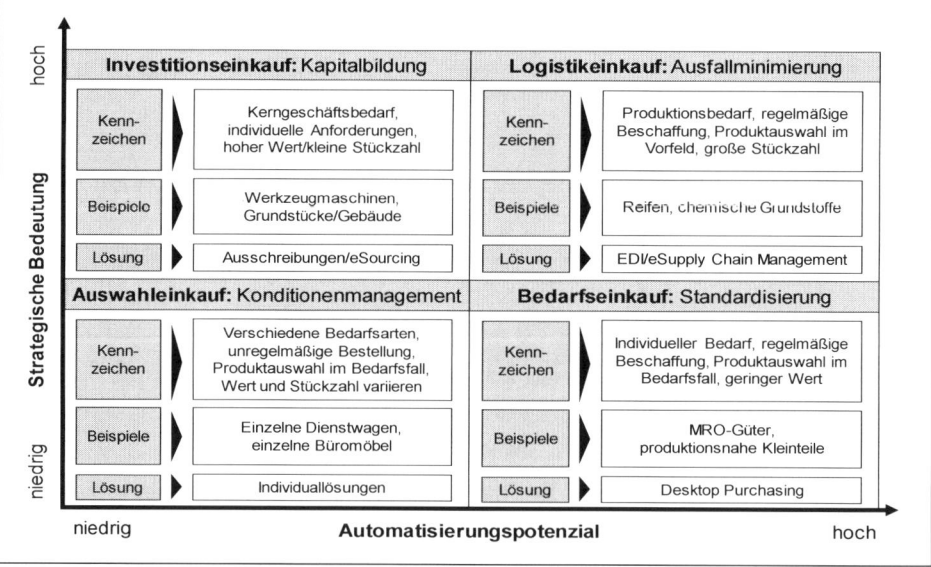

Abb. 21:   Die Strategie/Automatisierungspotenzial-Matrix im E-Procurement
Quelle: *KPMG* 1999, S. 27.

In der Kombination beider Blickrichtungen können typischerweise **vier Einkaufstypen** identifiziert werden, die dann für die Entscheidung über die Nutzung eines bestimmten E-Procurement-Systems genutzt werden können. Aus der Strategie/Automatisierungspotenzial-Matrix ergeben sich der Investitions-, der Logistik-, der Auswahl- und der Bedarfseinkauf (*KPMG* 1999, S. 27; s. Abb. 21). Der Einsatz von E-Procurement-Systemlösungen bietet sich vor allem bei Bedarfs- und Logistikkäufen an, bei denen insbesondere die Standardisierung des Einkaufsprozesses (Desktop-Lösung) bzw. die Ausfallminimierung produktionskritischer Materialien (EDI/eSupply Chain Management, s. Kapitel 2.3.3 im Vordergrund steht. Für Investitions- und Auswahleinkäufe hingegen bietet sich eher der Einsatz von elektronischen Ausschreibungsverfahren und Individuallösungen (z. B. Auktionsportal) an. Der Vorteil der Strategie/Automatisierungspotenzial-Matrix für die Produktanalyse ist vor diesem Hintergrund, dass die Dimensionen „Produktart", „Einkaufssituation" und „E-Procurement-Lösung" miteinander verbunden werden.

 Komplexere Instrumente zur Kategorisierung verschiedener Beschaffungsgüter bieten sog. Beschaffungsmatrizen. Dabei wird oftmals der Beschaffungswert (monetär oder strategisch) in Relation zu verschiedenen Ausprägungen im Beschaffungsprozess (z. B. Kosten, Risiko oder Automatisierung) gesetzt.

Fallbeispiel: Orpheus

Die Orpheus GmbH mit Sitz in Nürnberg ist ein Anbieter von Software für das Beschaffungscontrolling und die Transparenz im elektronischen Einkauf. Das Unternehmen nutzt eigens dafür entwickelte KI-Algorithmen und ein semantisches Datenmanagement, um den Anwender bei Analysen zur Potenzialerkennung von E-Procurement zu unterstützen und insbesondere die A-, B- und C-Güter zu identifizieren. Das Kerngeschäft von Orpheus ist die Entwicklung von Software, die Software-Implementierung sowie die professionelle Unterstützung und Begleitung in der Datenanalyse (Data Science), der Erkennung von Einsparpotentialen auf Warengruppenebene, die Konzepte für Erfolgsmessungen und Ableitung von Maßnahmen sowie Hilfe bei der Optimierung Ihres Category Managements und der Daten-getriebenen Strategie-Definition (Warengruppen-Strategien). Der Import der relevanten Einkaufsdaten kann über Excel-Uploads erfolgen. Es ist keine aufwändige Einrichtung von Datenbank-Verbindungen oder Datenbank-Views notwendig. Eigene zertifizierte Schnittstellen machen es aber auch möglich, alle relevanten Einkaufsdaten aus unterschiedlichen ERP-Systemen (wie z.B. SAP, Microsoft Dynamics, IFS oder Infor) für das Controlling zu nutzen. Um die zu importierenden Einkaufsdaten später im Reporting verarbeiten zu können, ist nur eine einfache Zuordnung notwendig. Das Mapping ist Grundlage für einen korrekten Aufbau des hinterlegten Datenmodells im Reporting. Sobald die Daten erfolgreich importiert und zugeordnet sind, baut das System im Hintergrund eine Visualisierung auf und stellt diese im Browser zur Verfügung. Der Nutzer erhält einen Überblick über den Spend. Ferner sind tiefgehende Analysen zum Auffinden der größten Kostentreiber möglich. Alle Daten, Analysen und Ergebnisse werden unternehmensweit vergleichbar und bilden das Fundament für nachhaltige faktenbasierte Ent-

scheidungen im Einkauf von bestimmten Produkt- und Artikelkategorien, die zu signifi-
kanten Einsparungen führen. Orpheus setzt dazu Analyse-Verfahren ein, die weitgehend
automatisch funktionieren.

2.3.2   Die Lieferantenanalyse

Neben der Analyse der zu beschaffenden Produkte spielt die Analyse und hier insbesondere die Suche und die Auswahl von geeigneten **Online-Lieferanten** eine entscheidende
Rolle für die Managementebene im elektronischen Einkauf. Hintergrund ist die Tatsache,
dass die geforderten Verbesserungen bezüglich der Komponenten Zeit, Qualität und Kosten (s. Kapitel 2.3) nur mit Hilfe der passenden Lieferanten, die über digitale Netzwerke
mit dem Unternehmen verbunden sind, optimal erfüllt werden können. Das im Mittelpunkt
stehende Ziel der Lieferantenanalyse ist es daher, mögliche Online-Lieferanten zu identifizieren, eine Bewertung vorzunehmen, den Online-Kontakt zu suchen und eine stabile
Geschäftsbeziehung auf Online-Basis aufzubauen. Dabei gilt es nicht nur, den möglichen
Online-Lieferanten für die Unternehmung zu identifizieren, sondern auch die eigene Rolle
im Verhältnis zum Online-Lieferanten und die dazu passenden Reaktionsmuster zu bestimmen (*Riemer/Klein* 2002, S. 12). Diese Aktivitäten zählen zu den Aufgaben, die insbesondere in den strategischen Aufgabenbereichen des E-Procurement einzuordnen sind.
Die zugehörige Lieferantenanalyse im E-Procurement umfasst vor diesem Hintergrund
verschiedene Aufgaben aus den Bereichen Online-Lieferantensuche und –Lieferantenportfolio (*Kollmann* 2019a).

Online-Lieferantensuche

Während bei der klassischen Anbindung an einen Standardlieferanten ein Wechsel auf der realen Handelsebene oft mit einem erheblichen Aufwand verbunden ist, wird beim Einsatz einer E-Procurement-Lösung bewusst eine höhere Flexibilität in der Auswahl von möglichen Online-Lieferanten über produktbezogene Einzelfallentscheidungen angestrebt. Dazu ist es wichtig, sich im E-Procurement einen hinreichend großen **Online-Lieferantenstamm** aufzubauen. Neue und alte Lieferanten können dabei gleichermaßen über die neue E-Lösung angebunden werden, sofern sie sich bereit erklären, die neuen Prozesse im elektronischen Einkauf aktiv zu unterstützen. Dazu zählt insbesondere, dass sie die benötigten technologischen Voraussetzungen mit sich bringen bzw. bereit sind, diese zu implementieren. Wählt ein Unternehmen einen Einkaufsdienstleister (z. B. einen virtuellen Marktplatz; s. Kapitel 4; s. Abb. 22), werden die möglichen Online-Lieferanten größtenteils von diesem vorgegeben (*Möhrstädt/Bogner/Paxian* 2001, S. 122).

Online-Lieferantenauswahl

Erst nach einer konkreten Bewertung der Angebote wird entschieden, mit welchen Online-Lieferanten tatsächlich in die darauffolgende Verhandlungsphase eingetreten wird. In dieser kann dann mit Hilfe technischer Kommunikationsplattformen das Ziel verfolgt werden, den geeignetsten Lieferanten auszuwählen. Dabei kann man den Lieferanten die Möglichkeit bieten, sich innerhalb eines festgelegten Zeitraumes noch zu unterbieten (*Roland/Kleeberg* 2002, S. 308). Soll die Lieferantenauswahl in kürzeren Zeiträumen stattfinden, besteht die Möglichkeit, mit Hilfe von Internet-Auktionen (s. Kapitel 2.4.2) synchrone Preisverhandlungen mit mehreren Lieferanten durchzuführen. Auch in diesem Fall werden die Lieferanten zur Teilnahme an einem Bietverfahren eingeladen (**Request for Bid**). Neben der Bewertung neuer Lieferanten, ist es im Hinblick auf Folgeverhandlungen wichtig, die Leistungsfähigkeit aktueller Lieferanten bewerten zu können. Das Beschaffungsmanagement hat allerdings das Problem, die Lieferantenleistungen nur in geringem Maße beurteilen zu können, da die Beschaffung direkt über den Bedarfsträger abgewickelt wird. Aus diesem Grund sind in viele E-Procurement-Lösungen Module zur **Lieferantenbewertung** und Lieferantenleistungsüberwachung integriert. Anhand einer Maske erhält der Bedarfsträger so einen Einblick in die Lieferantenperformance bezüglich Zeit, Qualität und Kosten. Diese Bewertung kann dann eine fundierte Grundlage zu Problemlösungen und Verbesserungen schaffen (*Wannenwetsch* 2002, S. 85). Auf darauf aufbauende Ansätze des eSupplier Relationship Managements (s. Kapitel 2.4.1) wird im Rahmen der Marketingebene der elektronischen Beschaffung (s. Kapitel 2.4) noch detailliert eingegangen.

Online-Lieferantenportfolio

Ein fundiertes Wissen über die eigene Lieferantenstruktur stellt eine unverzichtbare Voraussetzung für die Gestaltung der Lieferantenbeziehungen dar. In Analogie zu den bereits vorgestellten Portfolio- bzw. Matrix-basierten Modellen zur Produktanalyse (s. Kapitel 2.3.1), lässt sich zur Bewältigung der Analyse der Lieferantenstruktur ebenfalls ein **On-**

line-Lieferantenportfolio bilden (s. Abb. 22). Wichtig bei der Verwendung eines derartigen Instruments ist es, die Lieferanten nicht nur undifferenziert über die Gesamtheit aller Beschaffungsobjekte zu bewerten. Vielmehr muss die Analyse nicht nur abgestuft nach Beschaffungsobjekten erfolgen, da die Situation bezüglich der Beschaffungsobjekte teilweise stark differiert, sondern auch nach der Qualität der übermittelten elektronischen Daten zu den Beschaffungsobjekten, damit eine Entscheidung tatsächlich über Online-Medien getroffen werden kann.

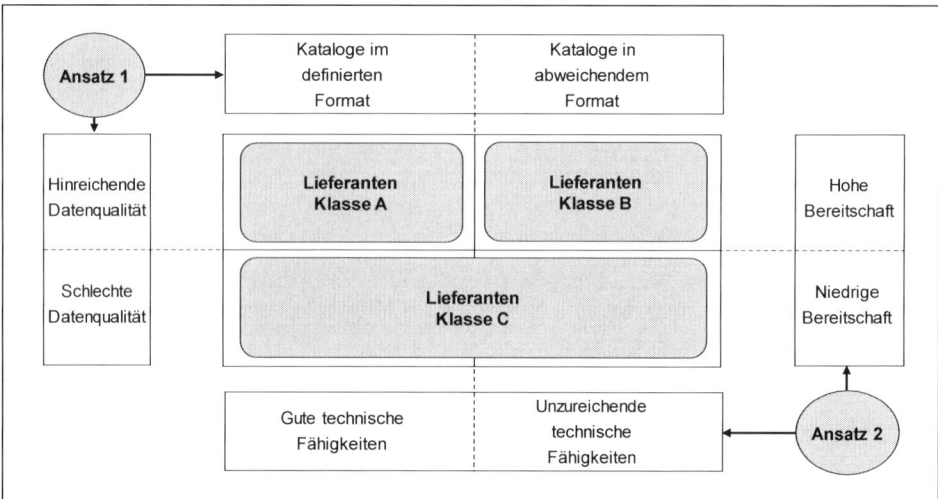

Abb. 22:   Das Online-Lieferantenportfolio auf Basis technischer Kategorisierungen
Quelle: in Anlehnung an *Dolmetsch* 2000, S. 202.

 Die Online-Lieferantenanalyse umfasst insgesamt drei Schritte, welche von der initialen Suche über die Auswahl bis hin zu einem umfassenden Portfolio an Online-Lieferanten reichen. Innerhalb dieses Portfolios können Lieferanten weiterhin anhand verschiedener Qualitätskriterien klassifiziert werden.

Fallbeispiel: TECHNIK+EINKAUF

technikundeinkauf.de ist der Online-Auftritt des Magazins TECHNIK+EINKAUF und ist damit ein Angebot vom verlag moderne industrie mit Sitz in Landsberg. Das Portal bietet eine elektronische Anbietersuche für Lieferanten von Produkten und Dienstleistungen an. Das suchende Unternehmen kann dabei nach verschiedenen Kriterien wie der Art des Anbieters (z. B. Händler, Hersteller oder Unternehmensberater), dessen Profil-Merkmalen (z. B. Premiumprofile, Empfehlungen oder Bilder) sowie der Unternehmensgröße oder dem Standort filtern. Dabei wirbt das Unternehmen damit, dass in über 2.600 Marktüber-

sichten die jeweiligen Marktführer nebst allen wichtigen Kommunikationsdaten zur Ver-
fügung gestellt werden. Auch bietet es die Möglichkeit von Sammelanfragen an, um
schnell eine Anfrage an eine Vielzahl von Anbietern zu richten und so mehrere Angebote
für die Anfrage zwecks Vergleich der einzelnen Anbieter und Preise zu erhalten. Derartige
Suchmaschinen für die Online-Lieferantensuche bieten einkaufenden Unternehmen an-
hand ihrer umfassenden Datenbank mit Lieferanten sowie der standardisierten Erfassung
der jeweiligen Unternehmensdaten eine komfortable Möglichkeit, neue Lieferanten zu fin-
den und entsprechend der Filterkriterien bereits eine erste Vorauswahl zu treffen, bevor
überhaupt der direkte Kontakt hergestellt wird. Hierbei helfen auch ggf. vorhandene Be-
wertungen anderer Kunden für die gelisteten Lieferanten. So können Unternehmen ihre
Online-Lieferantenauswahl effizienter gestalten und ihr Portfolio an zuverlässigen Liefe-
ranten entsprechend erweitern.

2.3.3   Die Strategieanalyse

Lange Zeit folgte die Beschaffung bzw. der Einkauf im Unternehmen lediglich den Anforderungen der Produktion ohne jedoch eine eigene Steuerungsfunktion und somit wirkliche Kompetenzen zu besitzen. Im Vordergrund standen dabei Prozesskosten und Ein-
kaufspreise. Durch die mit Hilfe der elektronischen Vernetzung und Kommunikation vo-
ranschreitenden Möglichkeiten einer arbeitsteiligen Organisation innerhalb des Wertschöpfungsprozesses und den damit einhergehenden Veränderungen der Markt- und Wettbewerbssituation in nahezu allen Branchen, rückt die zwischenbetriebliche Organisation
mit verschiedenen Partnerunternehmen immer stärker in den Vordergrund (*Riemer/Klein*
2002, S. 9 f.). Basierend auf der Produkt- und Lieferantenanalyse befasst sich die **Strate-**
gieanalyse im E-Procurement mit den kritischen Entscheidungen, die im Rahmen der

Einkaufs- bzw. Versorgungsstrategie eines Unternehmens getroffen werden müssen. Dabei kommt der Zusammenarbeit einzelner Organisationseinheiten sowie der Kollaboration zwischen beschaffendem Unternehmen und Lieferanten zentrale Bedeutung zu und ist Voraussetzung für die erfolgreiche Umsetzung der erarbeiteten Strategie. Entsprechend stehen die eCollaboration und die eSupply Chain Management im Mittelpunkt.

eCollaboration

Unter dem Begriff **eCollaboration** wird eine Fülle von Maßnahmen zusammengefasst, die die Zusammenarbeit zeitlich und/oder räumlich getrennter Organisationen bzw. Organisationseinheiten durch neue Informations- und Telekommunikationstechnologien ermöglichen (s. auch Kapitel 6). Klassische Beispiele für den Einsatz derartiger Technologien für die Zusammenarbeit sind Videokonferenzen, Internetanwendungen oder EDI (s. Kapitel 2.1.1). Diese und andere Tools für die eCollaboration sollen im Rahmen der elektronischen Beschaffung die Zusammenarbeit zwischen Abnehmer und Zulieferer unterstützen. Dies schließt bspw. Werkzeuge zur gemeinsamen Entwicklung von Produkten (Collaborative Design), zur gemeinsamen Bedarfsplanung (Collaborative Forecasting and Planning) oder zur gemeinsamen Beschaffung (Collaborative Sourcing) ein. Die Tools bieten dabei u. a. die Möglichkeit, auf einen gemeinsamen Datenbestand dezentral zuzugreifen oder Projekte und/oder Dokumente zentral zu verwalten. Entsprechend der Intensität des Einsatzes solcher Technologien und des Grades der Integration der Partner sind verschiedene **Stufen der eCollaboration** zu unterscheiden, die in Abb. 23 dargestellt sind (*Wirtz/Vogt* 2003):

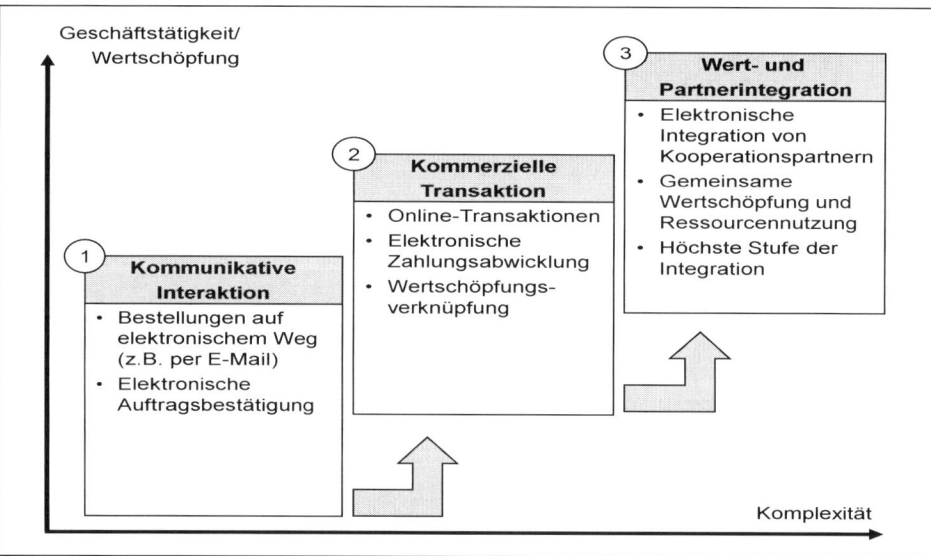

Abb. 23:   Stufen der eCollaboration
Quelle: *Wirtz/Vogt* 2003, S. 272.

▨ Auf der ersten Stufe kommt es zu einer rein **kommunikativen Interaktion**, also einem Austausch von Informationen. Ein Beispiel wäre das Versenden von Bestelldaten über EDI oder eine Auftragsbestätigung per E-Mail, die entweder manuell oder automatisch erfolgen kann.

▨ Auf der zweiten Stufe werden sodann **kommerzielle Transaktionen** vorgenommen. Es kommt zum Abschluss von Kaufverträgen, zu einer elektronischen Zahlungsabwicklung und zu einer Wertschöpfungsverknüpfung zwischen den Transaktionspartnern. Ein Desktop-Purchasing-System bspw. wäre auf dieser Stufe einzuordnen.

▨ Eine dritte Stufe schließlich lässt sich durch die **weitgehende Integration** der beteiligten Partner in die Wertschöpfung des Unternehmens beschreiben, wobei die Partner an gemeinsamen Projekten arbeiten und auf gemeinsame Ressourcen zugreifen können. Ein Beispiel für diese höchste Stufe der Integration sind Systeme zur integrierten Planung der Versorgungskette bis hin zu Endkunden (eSupply Chain Management).

eSupply Chain Management

Aufgrund der Konzentration vieler Unternehmen auf ihre Kernkompetenzen und der damit einhergehenden strategischen Zusammenarbeit von Unternehmen haben die Komplexität und somit auch die Schwierigkeit der Koordination der Lieferkette (sog. Supply Chain) zugenommen. Die Zuverlässigkeit der Lieferanten und Lieferungen hat aus diesem Grunde eine immer weitergehende Bedeutung. **Supply Chain Management** (SCM) bezeichnet vor diesem Hintergrund die „integrierte Planung, Simulation, Optimierung und Steuerung der Waren-, Informations- und Geldflüsse entlang der gesamten Wertschöpfungskette vom Kunden bis hin zum Rohstofflieferanten" (*Nenninger/Hillek* 2000, S. 2 f.). Eine effiziente Supply Chain ist ein wichtiger Wettbewerbsfaktor und die Basis von nachhaltigen Konkurrenzvorteilen. Die Supply Chain umfasst dabei die vollständige Aktivitätenkette von der Rohmaterialgewinnung bis zur Entsorgung. Wird sie optimal gesteuert, verknüpft sie durch strikte Kundenorientierung die Nachfrage- mit der Zuliefererseite und betrifft alle logistischen Unternehmensfunktionen in Beschaffung, Produktion, Distribution und Entsorgung.

Schon binnen eines jeden Unternehmens innerhalb der Supply Chain entstehen durch Aufteilung der primären Wertschöpfungsaktivitäten auf verschiedene Unternehmensfunktionen Schnittstellen in den Bereichen Produkt-, Informations- und Kapitalfluss. Durch die Erweiterung auf die Ebene der Supply Chain ergeben sich neue, unternehmensübergreifende Schnittstellen. Die Folge ist, dass interne Prozessverbesserungen der Unternehmen nicht ausreichen – vielmehr gilt es, sämtliche Ineffizienzen in der gesamten Prozesskette vom Rohstoff bis zum Endverbraucher zu beseitigen (*Wildemann* 2001, S. 2). Die Vorteile einer **schnittstellenübergreifenden, effizienten Zusammenarbeit** hinsichtlich Kosten, Zeit und Qualität innerhalb der Supply Chain ergeben sich laut *Wildemann* (2001) aus:

▨   der Schaffung von Transparenz über die gesamte Wertschöpfungskette,

▨   der daraus resultierenden Vermeidung von Informationsasymmetrien zwischen den be-
      teiligten Unternehmen bzw. Personen,

▨   der Verbesserung der Kosten- und Leistungsstruktur sowie

▨   der Veränderung der Bilanzstruktur der Unternehmen durch die mit einer Bestandssen-
      kung einhergehende Reduzierung des Umlaufvermögens.

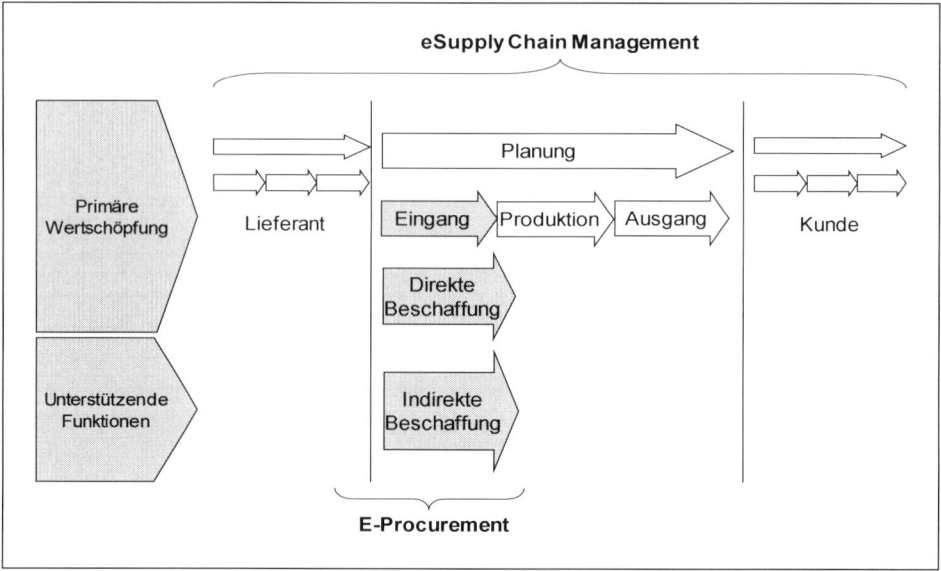

Abb. 24:   eSupply Chain Management versus E-Procurement
Quelle: *Tripp* 2002, S. 131.

Elektronische Systemlösungen im Bereich SCM erweitern die Betrachtungsweise reiner
ERP-Systeme um die in der Wertschöpfungskette wichtigen Partner. Im Resultat steht ein
eSupply Chain Management (eSCM), bei dem die integrierte Planung, Simulation, Optimierung und Steuerung der Waren-, Informations- und Geldflüsse insbesondere über die
miteinander vernetzten elektronischen Systeme der beteiligten Partner erfolgt. Derartige
eSCM-Systeme bieten weitreichende Funktionen und gliedern sich in verschiedene **eSupply Chain Module** (*Wannenwetsch* 2002, S. 181):

▨   **Konfiguration**: Hier steht die strategische Zusammensetzung und Organisation der
      Supply Chain sowie die Definition der Art und Weise der strategischen Zusammen-
      arbeit im Mittelpunkt. Hierbei kommt es häufig zu einer Konzentration auf entschei-
      dende Partner bzw. zu einer Reduktion der Zulieferer und deren direkte elektronische
      Anbindung. Dies schmälert den Aufwand der Koordination vieler Lieferanten.

Planung: Hierunter fallen alle strategischen, taktischen und operativen Aufgaben innerhalb der Supply Chain, die zur Steigerung der Produktivität des Liefernetzwerkes beitragen. Hierbei finden rechnergestützte Planungsmethoden und Simulationen zur Verbesserung der logistischen Abläufe verstärkt Anwendung.

 Ausführung: Bei der eigentlichen Vollziehung der integrierten Planung kommen Visualisierungs- bzw. Informationslösungen sowie Kommunikations- und Transaktionslösungen zur Unterstützung der operativen Aufgaben in Disposition und Auftragsabwicklung innerhalb des Liefernetzwerkes zum Einsatz.

 Wertschöpfung: Im Gegensatz zu einer isolierten E-Procurement-Lösung fokussiert das eSCM den gesamten primären Wertschöpfungsprozess. Dabei bildet die direkte Beschaffung die Schnittmenge des eSCM und des E-Procurement (s. Kapitel 2.3.1, Abb. 21 und Abb. 24). Der zentrale Schwerpunkt des eSCM, die Planung von Produktion und Beschaffung, kommt nur in der primären Wertschöpfungskette zur Anwendung. Die hier zu lösenden Planungsprobleme sind aufgrund der engen Vernetzung von Unternehmen innerhalb der Wertschöpfungskette und den enormen Beschaffungsvolumina für die beteiligten Unternehmen von hoher strategischer Bedeutung (*Tripp* 2002, S. 131). Typische Beispiele dafür finden sich insbesondere in der Zulieferindustrie der Automobilbranche.

▶ *Medienhinweis: Das eSupply Chain Management (Video-Podcast)*
www.netcampus.de/podcasts

Im Gegensatz zu eSCM adressiert das E-Procurement zusätzlich zur direkten Beschaffung auch die Beschaffung indirekter Güter, die nur unterstützend in die primäre Wertschöpfungskette einfließen (s. Kapitel 2.3.1). Der Verbrauch dieser Güter ist vor diesem Hintergrund nicht direkt mit der Kundennachfrage bzw. Produktion verbunden und kann daher auch nur schlecht prognostiziert oder geplant werden. Die hier eingesetzten Desktop-Purchasing-Systeme (s. Kapitel 2.1) haben aus diesem Grund nichts mit der Lieferkette (eSCM) zu tun.

 Das eSupply Chain Management (eSCM) bezeichnet im Rahmen einer eCollaboration die höchste Integration eines Partnerunternehmens in die gesamte eigene Wertschöpfungskette und umfasst somit mehr als den reinen Beschaffungsakt in Form eines E-Procurement.

Fallbeispiel: Jan de Rijk Logistics

Das niederländische Logistikunternehmen Jan de Rijk Logistics gehört mit über 800 eigenen Lastkraftwagen und täglich ca. 1.500 bewegten Lastkraftwagen zu einem der größten Transportdienstleister in Europa. Seit Anfang 2016 integriert das Unternehmen in seine

Planungssysteme auch Lösungen zum elektronischen Supply Chain Management (eSCM) des deutschen Startups Synfioo. Jan de Rijk Logistics setzte das eSCM-System zuerst für die multimodale Verzahnung von Bahn und Lastkraftwagen ein und weitete im August 2016 den Einsatz auch auf den Luftfrachtverkehr aus, sodass ein möglichst großer Teil der Logistikprozesse innerhalb der gesamten Lieferkette abgedeckt wird. Insgesamt sollen einzelne Logistikprozesse effizienter aufeinander abgestimmt werden und Liefer- sowie Lagerzeiten und die damit verbundenen Kosten gesenkt werden. Ebenso dient es aber auch dazu, mittels Echtzeitschätzungen der voraussichtlichen Ankunftszeiten von Waren, Ausfälle zu minimieren. Ein Beispiel dafür bietet im Geschäft der Jan de Rijk Logistics der Ärmelkanal als neuralgischer Punkt bei europäischen Transporten. Hier kann der Logistiker mittels eSCM-Lösung etwa zwei Stunden vor Ankunft die Wahrscheinlichkeit ermitteln, mit welcher ein Lastkraftwagen die Fähre erreichen wird. Zu diesem Zeitpunkt kann der Disponent des Unternehmens den Transport mit der Fähre noch kostenfrei stornieren. Darüber hinaus sollen im Ergebnis durch die frühzeitige Information der Disponenten über aktuelle Ereignisse innerhalb der Transportrouten auch bis zu 20 % an Arbeitszeit eingespart werden können. Ein weiterer Vorteil von ETA-Informationen in Echtzeit liegt in einer erhöhten Transparenz über die gesamte Supply Chain und auch über die Grenzen einzelner Unternehmen innerhalb der Wertschöpfungskette hinweg im Sinne der eCollaboration zwischen der Jan de Rijk Logistics und Lieferanten bzw. Kunden.

2.4   Das Marketing beim elektronischen Einkauf

Nach den Darstellungen bezüglich der System- (s. Kapitel 2.1), der Prozess- (s. Kapitel 2.2) und der Managementebene (s. Kapitel 2.3) gilt es nun auf der **Marketingebene**, die spezifischen Anforderungen an die Gestaltung von Geschäftsbeziehungen im Rahmen des E-Procurement zu beschreiben. Die primär verfolgte Zielsetzungen des diesbezüglichen **Beschaffungsmarketings** sind insbesondere die aktive Erweiterung der Reichweite und

Vollständigkeit potenzieller Anbieter sowie eine Effizienzsteigerung in der Ausschreibungs- und Angebotsphase (*Peukert/Ghazvinian* 2001, S. 195). Auf dieser Marketingebene im elektronischen Einkauf stehen daher Geschäftsbeziehungen zu Lieferanten und Kooperationspartnern, die Informationsbeschaffung über potenzielle Lieferanten und den jeweiligen Markt sowie die gezielte, internetgestützte Ausschreibung im Vordergrund.

 Das Beschaffungsmarketing im Rahmen des E-Procurement hat die Verbesserung der Lieferantenbeziehung zum Ziel, um den Informationsfluss und den zugehörigen Wissensaustausch zu optimieren.

2.4.1 Die Lieferantenbeziehung

Auf die zunehmende Relevanz externer Beziehungen und stabiler Partnerschaften mit Lieferanten wurde bereits eingegangen (s. Kapitel 2.3.2). Die Rolle des Lieferanten, der früher im Rahmen von Preisverhandlungen als Gegner betrachtet wurde, hat sich zu der eines Wertschöpfungspartners hin entwickelt, der in die Beschaffungsprozesse integriert werden kann (*Große-Wilde* 2004, S. 61). Lieferanten werden zunehmend als Quelle weitreichender Vorteile für das Unternehmen erkannt und die Beziehungen zu wichtigen Lieferanten werden so zur Quelle einer strategischen Differenzierung (*Riemer/Klein* 2002, S. 9 f.). Parallel hierzu ist aufgrund der zunehmenden informationstechnischen Einbindung der Unternehmen in globale Netzwerke ein Technologiedruck festzustellen.

Um den daraus resultierenden Chancen und Risiken zu begegnen, gehen Unternehmen auch im E-Procurement zunehmend langfristige **Online-Geschäftsbeziehungen** ein. Um die vielfältigen Vorteile einer langfristigen Geschäftsbeziehung im elektronischen Einkauf jedoch zu erschließen, bedarf es eines sorgfältigen Managements der Lieferantenbeziehungen. Hierzu gehören nicht nur die bereits behandelten strategischen Aspekte der Lieferantenauswahl (s. Kapitel 2.3.2), sondern auch organisatorische Fragestellungen zum Management einzelner Beziehungen sowie technische Fragestellungen zur bestmöglichen EDV-Unterstützung der Geschäftsbeziehung.

In Anlehnung an den Begriff Customer Relationship Management, welcher die strategische Bedeutung der Kundenbeziehungen zum Ausdruck bringt, wird ein strategisches Lieferantenmanagement auch als **Supplier Relationship Management** (SRM) bezeichnet. Dieses Konzept stammt aus dem Bereich der Zulieferer-Abnehmer-Beziehungen in der Industrie, wird zunehmend aber auch für Handelsunternehmen verwendet. *Toporowski/Zielke* (2006, S. 763) fassen die in Literatur gegebenen unterschiedlichen Sichtweisen in einer Definition zusammen: „SRM beinhaltet ein selektives, partnerschaftliches, häufig EDV-unterstütztes Lieferantenmanagement, das sich auf den Aufbau, die Ausgestaltung und die Kontrolle von Lieferantenbeziehungen im Sinne einer langfristigen Geschäftsbeziehung erstreckt, um die Nachfrage der eigenen Kunden besser, schneller und effizienter bedienen zu können". Die veränderte Rolle des Lieferanten spiegelt sich in einem ganzheitlichen Ansatz bei der Planung, Durchführung und Kontrolle der Zusammenarbeit wider. Zur Integration des Partners in die realen und elektronischen Wertschöpfungsprozesse sieht das (e)SRM vor, die einzelnen Lebensphasen einer Lieferantenbeziehung, wie Sondierung, Gewinnung und Einbindung des Lieferanten sowie Verbesserung und planvolle Beendigung der Zusammenarbeit, mithilfe geeigneter Methoden und Instrumente zu beiderseitigem Nutzen zu unterstützen (*Große-Wilde* 2004, S. 61).

Anders als das Supply Chain Management (s. Kapitel 2.3.3), das sich auf die integrierte Ausgestaltung der gesamten Lieferkette bezieht (und somit Logistik, Produktion, Marketing, Verkauf, Finanzen und Information betrifft), erstreckt sich die Zusammenarbeit der Akteure im Rahmen des SCM lediglich auf die dem Beschaffungs- und Logistikbereich zuzurechnenden Funktionen. Allerdings beschreibt der Kooperationsansatz des SRM nicht zwangsläufig ausschließlich die Verbindung zu den unmittelbar in der Wertschöpfungskette vorausgehenden Unternehmen, sondern mag sich auch vereinzelt auf weiter entfernte Stufen, so z. B. den Zulieferer des Lieferanten, erstrecken (*Große-Wilde* 2004, S. 61). SRM bezieht sich auf das Management der dyadischen Beziehungen mit Lieferanten und kann somit als Teil von SCM aufgefasst werden. Als Erweiterung des SCM als auch des SRM gilt nach diesem Verständnis das **Supplier Network Management** (SNM). Dieses hat das ganzheitliche Management des Lieferantennetzwerkes zum Ziel und nimmt auf Interdependenzen und Abhängigkeiten zwischen einzelnen Lieferantenbeziehungen Rücksicht (*Riemer/Klein* 2002, S. 9). Sowohl für das SCM als auch das SNM liefert das Supplier Relationship Management einen notwendigen Grundbeitrag: Nur, wenn die Beziehungen zu den Lieferanten entsprechend gepflegt werden, kann die Idee der unternehmensübergreifenden und zwischenbetrieblichen Informations- und Prozessvernetzung im Rahmen einer dauerhaften Online-Geschäftsbeziehung verwirklicht werden.

Die Lieferantenbeziehung im E-Procurement umfasst vor diesem Hintergrund verschiedene Aufgaben aus den Bereichen Ziele, Strategien, Controlling und Management.

Online-Lieferantenbeziehungsziele

Aus dem primären Ziel der besseren, schnelleren und effizienteren Bedienung der Kundenwünsche im Customer Relationship Management (s. Kapitel 3.4.2) lassen sich auch vier **Ziele** für eine dauerhafte **Online-Lieferantenbeziehung** ableiten (*Toporowski/Zielke* 2006, S. 764; *Koppelmann* 2004, S. 111 ff.):

- **Beschaffungskosten** (Senkung): Kostenorientierte Ziele schlagen sich nicht nur im Unternehmensgewinn nieder, sondern tragen auch zur besseren Bedienung der Kundenwünsche bei, da sie preislich wettbewerbsfähige Produkte sicherstellen und Kosteneinsparungen an die Kunden weitergereicht werden können. Kostenziele im Bereich des Einkaufs können sich sowohl auf die direkten Produktkosten als auch auf Prozess- und Transaktionskosten beziehen (s. Kapitel 2.2.1 und 2.3.1).

- **Beschaffungsqualität** (Steigerung): Qualitätsziele betreffen sowohl die Qualität der zu beschaffenden Produkte als auch Modalitäten der Beschaffung, so z. B. Lieferzeit und Servicegrad (s. Kapitel 2.2.1). Durch eine koordinierte Abstimmung zwischen einkaufendem Unternehmen und Lieferanten kann zum einen die Versorgung innerhalb der Lieferkette verbessert werden, zum anderen lassen sich auch im Marketingbereich Promotions- und Produkteinführungen kundengerechter gestalten.

■ **Beschaffungsrisiko** (Senkung): Das Beschaffungsrisiko beschreibt die Möglichkeit, dass durch ein ungeplantes Ereignis der extreme Fall der Nichterhältlichkeit eines Produktes eintritt (s. Kapitel 2.3.1). Wie bei der Qualitätsbetrachtung erstreckt sich dieses Risiko sowohl auf das Beschaffungsobjekt (z. B. Leistungs- und Mengenrisiko) als auch auf die mit der Beschaffung verbundenen Modalitäten (z. B. Risiken hinsichtlich Lieferzeit, Lieferort und Lieferservice). Risiken können dabei partiell (z. B. verspätete Lieferung) oder total (z. B. keine Lieferung nach Deutschland) wirken.

■ **Beschaffungsflexibilität** (Steigerung): Je weniger zukünftige Ereignisse vorhersehbar sind, desto flexibler muss die Planung sein (s. Kapitel 2.2.1). Während Risikoziele vor dem Eintritt eines Ereignisses ansetzen, sollte eine Geschäftsbeziehung unter Flexibilitätsgesichtspunkten möglichst viele Handlungsmöglichkeiten, auf ein Ereignis zu reagieren, zulassen. Auch die Beschaffungsflexibilität besteht aus einer Objektdimension (z. B. Leistungs- und Mengenflexibilität) und einer Modalitätskomponente (z. B. Zeit- und Serviceflexibilität).

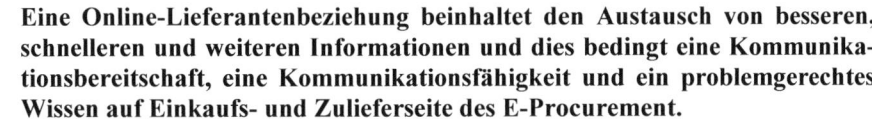

! Eine Online-Lieferantenbeziehung beinhaltet den Austausch von besseren, schnelleren und weiteren Informationen und dies bedingt eine Kommunikationsbereitschaft, eine Kommunikationsfähigkeit und ein problemgerechtes Wissen auf Einkaufs- und Zulieferseite des E-Procurement.

Die Vorteile einer dauerhaften Online-Lieferantenbeziehung ergeben sich darüber hinaus nicht nur für die Beschaffungsfunktion: So lassen sich durch eine engere Abstimmung mit Lieferanten bspw. auch die Produktionskosten senken. Durch ein verbessertes Problemverständnis des Lieferanten für die Prozessabläufe und Produktinterdependenzen zwischen Zulieferprodukt und Produktionsablauf lassen sich zudem Reibungen reduzieren. Analog kann der Lieferant zu Qualitäts- und Serviceverbesserungen beitragen, indem er eigene, neue Ideen in den Leistungserstellungsprozess einbringt. Weitergehende Maßnahmen, wie ein verbesserter zwischenbetrieblicher Informationsfluss, können die Auskunftsfähigkeit des eigenen Unternehmens verbessern (z. B. hinsichtlich Lieferzeiten). Tiefgehende Prozessvernetzungen im Sinne eines **Just-in-Time-Ansatzes** können Lieferzeiten verkürzen. Auch dies wirkt sich positiv auf die Gesamtqualität aus und verbessert den Servicegrad des Unternehmens gegenüber dem Endkunden (*Riemer/Klein* 2002, S. 10).

Online-Lieferantenbeziehungsstrategien

In Bezug auf die Planung und Vorbereitung einer Online-Lieferantenbeziehung ist eine klar strukturierte Vorgehensweise geboten (s. Kapitel 2.3.2). Da die strategische Partnerschaft oft kostenintensiv bezüglich Anbahnung und Koordination ist, erscheint es notwendig, die Lieferanten, die für intensivere, langfristig angelegte Online-Kooperationen geeig-

net scheinen, herauszufiltern (*Große-Wilde* 2004, S. 61). In Anlehnung an die merkmals-
basierte Segmentierung von Abnehmerbeziehungen ist dazu zunächst eine **Lieferantenkategorisierung** vorzunehmen (s. Kapitel 2.3.2), um diejenigen Lieferanten-Gruppen zu
identifizieren, die eine höhere Allokation der knappen Managementressourcen verdienen.
Insbesondere sollte dabei zwischen solchen Lieferanten unterschieden werden, die primär
operativer Kostenreduktion dienen, und anderen, von denen sich das Unternehmen langfristige strategische Wettbewerbsvorteile erhofft (*Riemer/Klein* 2002, S. 12 ff.). Ein Werkzeug
zur Lieferantenkategorisierung ist das bereits vorgestellte Online-Lieferantenportfolio
(s. Kapitel 2.3.2).

Ist die Wichtigkeit der Lieferanten erst einmal evaluiert, ist für jeden einzelnen Lieferanten
eine geeignete **Online-Lieferantenbeziehungsstrategie** auszuwählen. Dabei stellt sich in
erster Linie die Frage, wie die Interaktionen zwischen Unternehmen und Lieferant im Rahmen des E-Procurement bzw. eSCM vertraglich gesteuert werden sollen. Eine Lieferantenbeziehung kann dabei durch einen eher erzwungenen bis hin zu einem kollaborativen Charakter gekennzeichnet sein. Dabei können Online-Lieferantenbeziehungen auf der einen
Seite auf Dauer ausgelegt werden, wobei tendenziell die Unabhängigkeit der beteiligten
Partner zurückgeht. Als E-Procurement-Lösung kommt hier wohl eher eine EDI-Lösung
oder technische Integration im Rahmen des eSCM zum Tragen. Es können aber auf der anderen Seite auch eher unabhängige, kurzfristig ausgelegte Online-Lieferantenbeziehungen
verfolgt werden, wobei hier wohl eher Desktop-Purchasing-Systeme (s. Kapitel 2.2.2) zum
Einsatz kommen (*Wannenwetsch* 2002, S. 196 f.). Das (e)Supplier Relationship Management machte ferner bereits deutlich, dass die Gestaltung einer strategischen Online-Lieferantenbeziehung auch Überlegungen beinhaltet, mit welchen Lieferanten eher eine
transaktionale und mit welchen Lieferanten eher eine partnerschaftliche Beziehung anzu-
streben ist (*Toporowski/Zielke* 2006, S. 764).

 **Der Aufbau langfristiger Online-Lieferantenbeziehungen kann ein entschei-
dender Wettbewerbsfaktor für Unternehmen sein. Sie sollten daher die Ziele
ihrer Online-Lieferantenbeziehungen sowie die damit verbundene Strategie
zum Aufbau von Online-Lieferantenbeziehungen sorgfältig planen.**

Online-Lieferantenbeziehungscontrolling

Insbesondere im Rahmen der täglichen Zusammenarbeit mit strategisch wichtigen Lieferanten kommt auch dem **Online-Lieferantenbeziehungscontrolling** eine entscheidende
Bedeutung zu. Dabei geht es zum einen darum, die Leistungen der Lieferanten zu bewerten, zum anderen muss aber auch die Qualität der Geschäftsbeziehung an sich überwacht
werden (*Toporowski/Zielke* 2006, S. 773). Die Überwachung der Leistungen eines Lieferanten wird in der Literatur auch als **Supplier Performance Management** (SPM) bezeichnet. Durch ständiges Monitoring wird die Performance-Entwicklung verfolgt, um etwa bei
Planabweichungen umgehend korrigierend eingreifen zu können. Für mittel- und langfristige Entscheidungen dienen die Informationen der weiteren Beziehungsentwicklung, z. B.

indem sie objektivierte Anhaltspunkte für eine intensivere oder aber eine schwächere Kooperation geben (*Große-Wilde* 2004, S. 63). SPM umfasst neben der kontinuierlichen Lieferantenbewertung aber auch die Wirkungskontrolle herstellerseitiger Maßnahmen, bspw. im Rahmen von ECR-Aktivitäten. *Zentes/Knörr* (2004) schlagen im Rahmen des SPM in Anlehnung an die Balanced Scorecard eine „Supplier Evaluation Card" vor. Zur Anwendung kommen häufig aber auch Punktbewertungsverfahren, Notensysteme, Kennzahlenverfahren oder Lieferantenprofile. Die Wahl des Bewertungszeitraumes und der Zeitabstände zwischen den einzelnen Beurteilungen orientiert sich wesentlich an der Bedeutung und dem Umfang des Wertschöpfungsbeitrages des jeweiligen Partners (*Präuer* 2004, S. 218). Supplier Performance Management erfasst Kennzahlen zu den Leistungsdimensionen Einkauf (Nettowareneinsatz, Preisbeurteilung, Qualitätssicherung), Absatzmarkt (Marktentwicklung, Nettoumsatz, Umsatzwirkung) und Logistik (Bestellkosten, Bestellabwicklungsqualität, Transport- und Lagerkosten, Lieferqualität). Diese werden im Rahmen einer Online-Lieferantenbeziehung – bspw. durch die E-Procurement-Systemlösung – weitestgehend automatisch erfasst und können daher auch mit Hilfe entsprechender Softwaremodule ausgewertet werden. Lieferantenbewertungen können dabei sowohl vom Beschaffungsmanagement, als auch vom Bedarfsträger eingesehen werden (s. Kapitel 2.3.2).

Neben der Steuerung der Lieferantenleistungen ist auch die Überwachung der **Beziehungsqualität** zum Lieferanten von großer Bedeutung. Hierbei sollten, neben der Beziehungsqualität selbst, aber auch die Treiber, die die Qualität einer Online-Lieferantenbeziehung besonders stark beeinflussen, untersucht werden. Dabei sind insbesondere das jeweilige Engagement für die Aufrechterhaltung einer langfristigen Beziehung und das gegenseitige **Online-Vertrauen** in die Verlässlichkeit und Integrität des jeweiligen Partners zu nennen (*Toporowski/Zielke* 2006, S. 773). Gegenseitiges Vertrauen wird umso wichtiger sein, je höher die spezifischen Investitionen zum Aufbau der Online-Lieferantenbeziehung sind. Ferner spielen die Erwartungen an das Verhalten des Partners in dem durch das E-Procurement repräsentierten Distanzhandel ohne reale Zusammenkunft (*Kollmann* 2003) eine bedeutende Rolle. Neben dem gegenseitigen Vertrauen zwischen Abnehmer und Zulieferer steht innerhalb einer Online-Lieferantenbeziehung somit nicht zuletzt auch das institutionelle Vertrauen der Geschäftspartner in das der Beziehung zugrundeliegende E-Procurement-System im Mittelpunkt (*Arcache* 2003, S. 209). Die letztendliche **Online-Lieferantenbeziehungsintensität** wird vor dem Hintergrund der bisherigen Ausführungen durch eine Reihe von Indikatoren bestimmt. Dazu gehört neben dem Grad an Engagement und an Vertrauen auch der Grad der Vernetzung, der Systemintegration, der gemeinsamen Datennutzung, die Anzahl bereits erfolgreich abgeschlossener Projekte, die Anzahl und Intensität persönlicher Kontakte sowie die klare Absprache von Zielen der Lieferantenbeziehung und den jeweiligen Aufgaben der Online-Partner (*Wannenwetsch* 2002, S. 198).

eSupplier Relationship Management

Es ist bereits deutlich geworden, dass in der Praxis ein SRM durch geeignete Softwarelösungen unterstützt wird. Diese technischen Systeme sollen gerade im Zuge des E-Procu-

rement den Datenaustausch zwischen Abnehmer und Zulieferer unterstützen, der Daten-
konsolidierung/-verwaltung dienen sowie Analyseinstrumente für das strategische Beschaffungsmanagement bereitstellen (*Toporowski/Zielke* 2006, S. 774). Zu denen für ein
eSupplier Relationship Management (eSRM) angebotenen Informationssystemen gehören einfache Systeme zur Informationsbereitstellung genauso wie komplexe eSCM-Sys-
temlösungen zur integrierten Planung, die Funktionen zur Koordination von Lieferanten-
prozesse bieten. Aufgrund der großen Anzahl verschiedener Softwaretools ist es zweckmäßig, Systeme zunächst hinsichtlich ihrer Funktion für das eSRM zu unterscheiden. Vor
diesem Hintergrund ordnen *Riemer/Klein* (2002, S. 19 f.) bekannte **Systeme** aus diesem
eSRM-Umfeld in sechs **Kategorien** ein:

- **Information**: eSRM-Systeme zur Unterstützung der Informationsfunktion umfassen
  vor allem elektronische Produktkataloge, Lieferantenportale und Supplier Self Services, die es Lieferanten ermöglichen, auf wichtige, den Lieferanten betreffende Daten
  in den internen Systemen des Käufers zuzugreifen (s. Kapitel 2.1). Ein Beispiel ist ein
  käuferseitiges Katalogsystem, das dem Einkäufer einen Überblick über die verfügbaren Produkte und dem Lieferanten eine Oberfläche zur Pflege seiner Katalogdaten
  (Upload-Funktion) zur Verfügung stellt (s. Kapitel 2.1). Ebenso gehören in diese
  Klasse Systeme, die der Lieferant seinerseits zur Nutzung durch den Abnehmer anbietet.

- **Kommunikation**: Die Kommunikationsfunktionen beziehen sich zum einen auf den
  standardisierten Datenaustausch zwischen Informationssystemen (z. B. über EDI
  oder Internet-Standards/XML), zum anderen aber auch insbesondere auf die Mensch-
  Mensch-Kommunikation (z. B. über E-Mail oder Videokonferenzen).

- **Transaktion**: Transaktionssysteme decken das Bestellwesen und die reinen Beschaffungsprozesse ab. Hierzu gehören die in Kapitel 2.1 vorgestellten E-Procurement-
  Systemlösungen, E-Payment-Tools, Online-Ausschreibungen und Reverse Auctions
  (s. Kapitel 4.2.2) sowie sog. Demand-Aggregation-Systeme zur Auftragsbündelung
  im Rahmen der kollaborativen Beschaffung (s. Kapitel 2.4.2).

- **Kollaboration**: Kollaborationssysteme dienen der gemeinsamen Entscheidungsfindung und Bearbeitung von Daten. Die Kollaborationsfunktion wird bspw. von CPFR-
  Systemen (Collaborative Planning, Forecasting and Replenishment) abgedeckt. Diese
  haben zum Ziel, die individuell angefertigten Pläne und Prognosen der Partner abzustimmen, um so einen Vorteil für alle Teilnehmer zu erzielen.

- **Koordination**: Koordinationssysteme unterstützen die Koordination von Abläufen sowie den Informationsaustausch entlang von stufenübergreifenden Wertschöpfungsprozesse. Hier finden sich SCM- und ECR-Lösungen sowie Systeme zum Management von Lagern beim Käufer durch den Lieferanten (Vendor Managed Inventories).

▨ **Auswertung**: Analytische Systeme umfassen Software zur Unterstützung des Portfolio-Managements und der Lieferantenauswahl und -bewertung (s. Kapitel 2.3.2). Unterstützt werden solche Systeme durch Data-Warehouse-Lösungen (s. Kapitel 3.4.2) und entsprechende Data-Mining-Werkzeuge (s. Kapitel 3.4.2). Entscheidungsunterstützende Systeme (Decision-Support-Systeme) helfen den Verantwortlichen, die vorliegenden Angebote und Informationen strukturiert aufzubereiten und auszuwerten.

Je nach Komplexität der Beziehung zwischen Käufer und Lieferanten bieten sich unterschiedliche Systeme an. In eher unabhängigen, transaktionalen Beziehungen steht die Nutzung elektronischer Marktplätze (s. Kapitel 4) und marktlicher Mechanismen wie Online-Ausschreibungen und -Auktionen im Vordergrund. In losen, auf **operative Aspekte** konzentrierten Beziehungen bieten sich dagegen E-Procurement-Systemlösungen und Supplier Self Services zur Information, Kommunikation und Transaktion an. In dauerhaften Partnerschaften mit tiefgehender Prozessintegration hingegen werden Kollaborations- und Koordinationssysteme benötigt (*Riemer/Klein* 2002, S. 20). Einen abschließenden Überblick über die einzelnen **Instrumente des eSRM** gibt Abb. 25. Dabei lassen sich diese Instrumente auf die Phasen Sourcing, Procurement und Monitoring aufteilen. Insbesondere in der strategisch entscheidenden Sourcing-Phase spielt der Faktor „Information" eine entscheidende Rolle, sodass das Sourcing als Teil des Wissensmanagements im elektronischen Einkauf betrachtet werden kann.

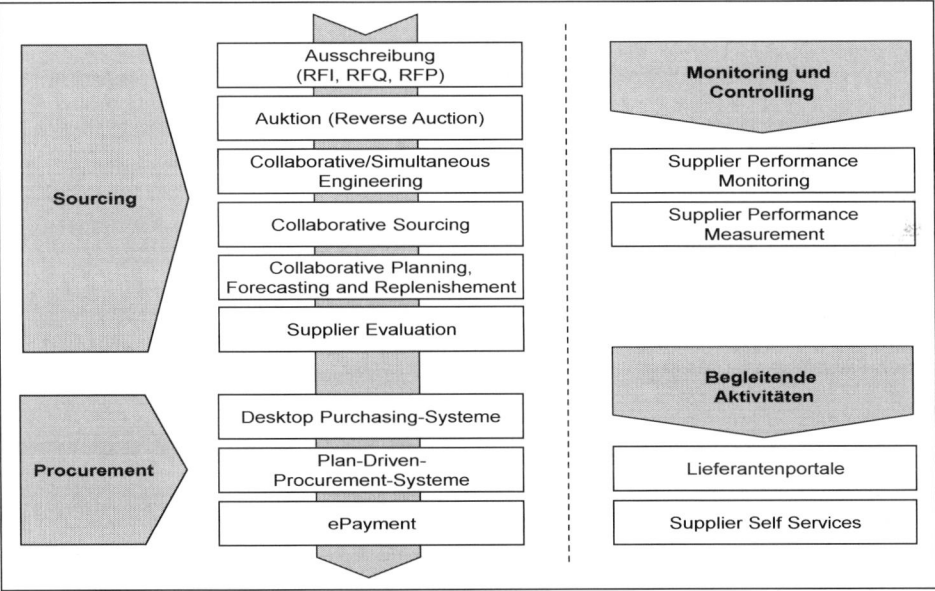

Abb. 25: Die Instrumente des eSupplier Relationship Managements
Quelle: *Große-Wilde* 2004, S. 62.

Neben dem initialen Aufbau der Online-Lieferantenbeziehungen spielt auch die laufende Überwachung und Pflege im Rahmen des Online-Lieferantenbeziehungscontrollings eine wichtige Rolle. Der komplexere Ansatz des eSupplier Relationship Managements (eSRM) vereint dabei diese Aktivitäten für die Bereiche Sourcing und Procurement.

Fallbeispiel: Merck

Die Merck KGaA ist ein deutsches Unternehmen der Chemie- und Pharmaindustrie mit Sitz in Darmstadt. Das Unternehmen steuert sein Lieferantenmanagement laut einem Bericht in der CIO inzwischen über eine zentrale Plattform. Als Lösung für das eSupplier Relationship Management (eSRM) hat der Pharmakonzern die Lösung POOL4TOOL des amerikanischen Anbieters JAGGAER im Einsatz. Die SaaS-Lösung löste mehrere IT-Systeme ab, die vorher in diesem Bereich im Einsatz waren. Projektbeginn war vor zwei Jahren, die Implementierungsphase ist mittlerweile abgeschlossen. Merck-Lieferanten müssen sich über dieses eSRM-Tool anmelden und eine Reihe von Kriterien erfüllen und werden hinsichtlich ihrer Leistung überprüft. Diese Bewertung geschieht ebenfalls innerhalb des eSRM-Systems und dauert – auch dank eines individuellen Merck-Templates und der Abwicklung über Tickets – im Durchschnitt lediglich eine Minute. Das System erzeugt automatisch Kennzahlen für interne Auswertungen und zur Steuerung der Lieferanten. Eine Entlastung für den Anwender stellt sich ein, weil jeder Lieferant seine Daten selbst in das System eingibt und verwaltet. Die Integrated Supplier Application (ISA), wie die Plattform bei Merck heißt, beinhaltet einen automatischen Dublettencheck und ein automatisches Mahnwesen. Die Plattform umfasst alles in allem Vertragsfirmenregistrierung, -verwaltung, -steuerung und -betreuung, Bewertungs- und Stichprobensystem sowie eine Sicherheitsdatenbank.

2.4.2   Das Wissensmanagement

Im Rahmen des Beschaffungsmarketings werden Denk- und Handlungsweisen des Einkaufs primär an den relevanten Beschaffungsmärkten ausgerichtet (*Wannenwetsch* 2002, S. 51 f.). Der sich intensivierende Wettbewerbsdruck stellt – neben dem bereits geforderten effektiven Management von Lieferantenbeziehungen (s. Kapitel 2.4.1) – auch hier vor allem Anforderungen an die permanente Informationsgewinnung und -verarbeitung (s. Kapitel 1.2.3), da dies eine Quelle für den gegenwärtigen Wettbewerbsvorteil in der Digitalen Wirtschaft gegenüber der Konkurrenz sein kann (s. Kapitel 1.2). Wer bessere Informationen zum Markt besitzt, wird sich im derzeitigen Wettbewerb durchsetzen. Während der Informationsvorsprung damit gewissermaßen eine zeitlich gegenwärtige Komponente besitzt, konzentriert sich das **Wissensmanagement** auch auf die bereits vorliegenden Erfahrungen und vergangenheitsorientierten Informationen als Basis zukünftiger Entscheidungen. Diese können sich im E-Procurement bspw. auf die Beschaffungshistorie zu einem bestimmten Lieferanten beziehen.

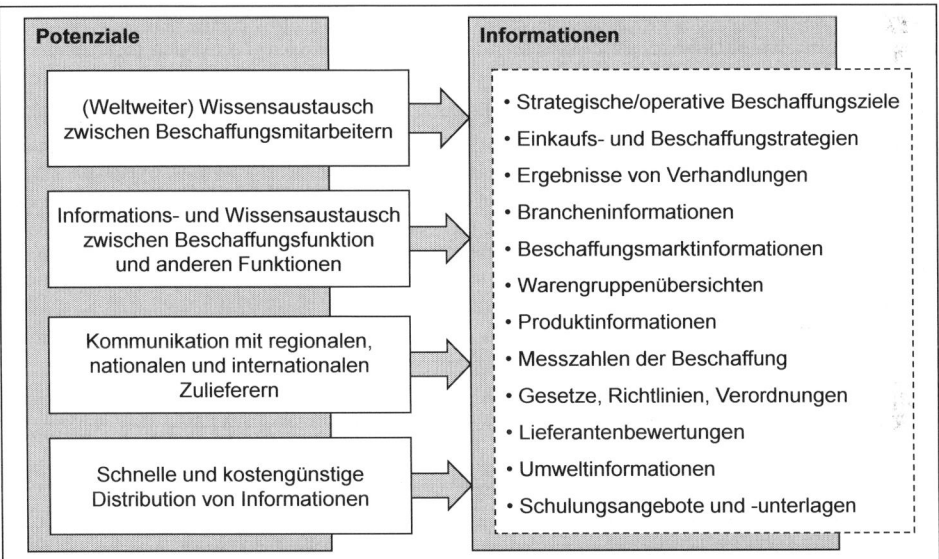

Abb. 26:   Informationen für das Wissensmanagement im Beschaffungsmarketing
Quelle: *Kleinecken* 2004, S. 106.

Abb. 26 gibt einen allgemeinen Überblick über die im Rahmen des Beschaffungsmarketings relevanten Informationen als Basis für das Wissensmanagement und führt Potenziale auf, die sich aus der **Möglichkeit des globalen Datenaustausches** ergeben. Mögliche Informationsquellen stellen in diesem Zusammenhang sowohl die eigenen Datenbanken als auch Internetpräsenzen von Lieferanten und Herstellern, Portale und Suchdienste mit

Produkt- und Lieferantendatenbanken, redaktionell bearbeitete Webseiten sowie Marktforschungsdienstleister dar. Das Wissensmanagement im E-Procurement umfasst vor diesem Hintergrund verschiedene Aufgaben aus den Bereichen Online-Marktkommunikation, -Ausschreibungsverfahren und –Auktionsverfahren (*Kollmann* 2019a).

Online-Marktkommunikation

Im Rahmen des Wissensmanagements im E-Procurement ist es eine wesentliche Aufgabe, mit Hilfe von elektronischen Suchmechanismen (eSourcing) immer wieder neue Bezugsquellen und neue Erkenntnisse über den Lieferantenmarkt zu erlangen. So kann sich ein Unternehmen mit Hilfe des Internets eine verbesserte und nahezu weltweite Markttransparenz hinsichtlich der zu beschaffenden Güter und Dienstleistungen verschaffen. Neben der Standardisierung routinemäßig ablaufender Prozesse bei Wiederholungskäufen kann über das Internet in Neukauf-Situationen ein erster Kontakt zu potenziellen Lieferanten aufgenommen werden – z. B. mit Hilfe des World Wide Web oder E-Mail. Damit ist auch im Rahmen der Beschaffung eine aktive **Online-Marktkommunikation** gewährleistet. E-Procurement ist somit nicht nur ein inaktives Warten auf neue anfragende Lieferanten, sondern auch die gezielte Suche nach neuen Bezugsmöglichkeiten (**aktives eSourcing**). Insbesondere der Erstkontakt zu ausländischen Lieferanten im Rahmen eines globalen Sourcings kann wesentlich ressourceneffizienter stattfinden. Mit Hilfe von Software-Agenten (s. auch Kapitel 3.2) ist es darüber hinaus sogar möglich, das Internet automatisiert nach potenziellen Lieferanten und deren Angeboten zu durchsuchen (*Wirtz* 2018, S. 340 ff.).

Die Kontaktmöglichkeit für Lieferanten auf der Webseite einer einkaufenden Organisation wird dagegen als **passives eSourcing** bezeichnet (*Schubert* 2002, S. 8). Potenzielle Lieferanten können sich über Bedarfs- und Einkaufsstrukturen informieren, sich um eine Berücksichtigung bei zukünftigen Anfragen bewerben oder Angebote für offen auf der Webseite ausgeschriebene Aufträge abgeben. Eine solche Beschaffungs-Homepage hat im Rahmen des Beschaffungsmarketings also die Aufgabe, das Unternehmen als potenziellen und attraktiven Transaktionspartner zu präsentieren. Daher zeichnet sich eine **Beschaffungs-Homepage** u. a. durch folgende Elemente aus (*Kleinecken* 2004, S. 108):

- Darstellung von Einkaufsvolumina, Lieferantenanzahl, Aufbaustruktur und regionaler Verteilung

- Präsentation von Beschaffungsstrategien

- Anforderungen an gegenwärtige und zukünftige Lieferanten

- Multimediale Darstellung der Bedarfsstruktur

- Bereitstellung exakter technischer Spezifikationen der benötigten Produkte

- Kontaktadressen der Beschaffung

Prozesse zur Vorselektion von Lieferanten

Lieferantenbewerbungsformulare oder interaktive Bewerbungsprozesse

Neben der Darstellung der Beschaffungsfunktion für ein breites Spektrum an Lieferanten und Stakeholdern hilft eine Beschaffungs-Homepage bei der Entdeckung von alternativen und attraktiven Lieferquellen und unterstützt durch interaktive Bewerbungsprozesse auch die **Vor- bzw. Ausselektion** von unqualifizierten Lieferanten (*Kleinecken* 2004, S. 108).

> **Digitale Tools bieten einkaufenden Unternehmen heute effiziente und effektive Möglichkeiten zum Wissensmanagement und zur Online-Marktkommunikation im Rahmen ihrer E-Procurement-Strategie. Dabei kann neben rein passivem auch aktives eSourcing oder eine Kombination aus beidem erfolgen.**

Online-Ausschreibungsverfahren

Neben dem zuvor beschriebenen aktiven eSourcing im Rahmen der Suche und Prüfung passender Lieferanten und Angebote sowie dem passiven eSourcing über eine Beschaffungs-Homepage versetzt das Internet das einkaufende Unternehmen auch in die Lage, durch den Einsatz von **Online-Ausschreibungsverfahren** eine dynamische Rolle bei der Gewinnung neuer Bezugsquellen einzunehmen (*Wirtz* 2018, S. 655). Ausschreibungen eignen sich als Methode zur Lieferantenselektion sowohl für Investitionseinkäufe zur Kapitalbildung (s. Kapitel 2.3.1) als auch für das Ausloten des aktuellen Marktpreises. Zuvor selektierte Lieferanten werden aufgefordert, auf einer Internetplattform ein Angebot zu einer Anfrage zu platzieren. Diese Plattform kann dabei sowohl ein Teil der eigenen Beschaffungs-Homepage sein als auch von einem unabhängigen Dienstleister zur Verfügung gestellt werden (*Schubert* 2002, S. 9).

Ein beispielhafter **Prozessablauf für Ausschreibungen** über die eigene Homepage kann folgendermaßen aussehen (*Block* 2001, S. 104 f.): In einem ersten Schritt wird der Bedarf durch die Einkaufsabteilung auf der eigenen Einkaufsseite im Internet veröffentlicht. Hierbei wird der Bedarf zunächst nur grob spezifiziert, sodass nicht jedermann Einblick in das volle Einkaufsspektrum des Unternehmens erhält. Im zweiten Schritt müssen die potenziellen Lieferanten, nachdem sie eine Art Einladung zur Gebotsabgabe erhalten haben, einen Fragebogen ausfüllen um dadurch zu beweisen, dass sie für die Erstellung des Bedarfs qualifiziert sind (**Request for Information**). So wird von vorne herein verhindert, dass unqualifizierte Unternehmen Angebote abgeben und die Einkaufsabteilung unnötig mit Arbeit belasten. Nach dem Prüfen und Bewerten der Fragebogen erhalten die in Frage kommenden Lieferanten in der Regel einen Zugangscode, um Einblick in die Details zu bekommen. Dieser beinhaltet die Aufforderung, ein Angebot (**Request for Quotation**) bzw. einen unverbindlichen Vorschlag (**Request for Proposal**) abzugeben. Nachdem die Lieferanten diese Aufforderung abgerufen haben, können sie dann selbst entscheiden, ob sie technisch in der Lage sind, den gewünschten Bedarf zu liefern. Nach der Abgabe von Angeboten entscheidet die Einkaufsabteilung, welcher Lieferant den Auftrag erhält. Dabei wird nicht immer der günstigste Lieferant gewählt. Vielmehr gibt es eine Reihe von Kriterien, anhand derer ein Lieferant ausgewählt werden kann. Hier können bspw. Qualität, Region des Bedarfsträgers, beste Lieferkonditionen (z. B. Lieferdauer) sowie Branchenerfahrung genannt werden (*Merz* 2002, S. 779).

Online-Auktionsverfahren

Soll im Gegensatz zu einem Online-Ausschreibungsverfahren insbesondere eine dynamische Preisbildung stattfinden, müssen **Online-Auktionsverfahren** zum Einsatz kommen. Eine effektive Lösung für viele aufwändige Beschaffungsaufgaben ist daher die Kombination aus Ausschreibung (Request for Information/Request for Proposal) für die Vorbereitungszeit und Klärungsphase und anschließender Auktion für die endgültige Preisfindung. Im Beschaffungsbereich kommen dabei überwiegend sog. **Reverse Auctions** zur Anwendung. Dabei handelt es sich um umgekehrt verlaufende Auktionen, in denen sich die Anbieter im Zeitverlauf gegenseitig unterbieten (s. Kapitel 4.2.2). Die Auktion wird vom Einkäufer initiiert, die ausgewählten Bieter werden zugelassen und der Einkaufspreis fällt im Verlauf (*Mueller/Windhaus* 2002, S. 131). Im Gegensatz zu reinen Ausschreibungsverfahren ist der Nachfrager im Rahmen einer Reverse Auction meist verpflichtet, dem günstigsten Anbieter den Zuschlag zu erteilen. Viele Anbieter bieten allerdings Auktionsverfahren an, die auch eine Berücksichtigung und Gewichtung von über den Preis hinausgehenden Kriterien zulassen, so z. B. ein Qualitätsrating sowie Liefer- und Zahlungskonditionen (*Schubert* 2002, S. 10).

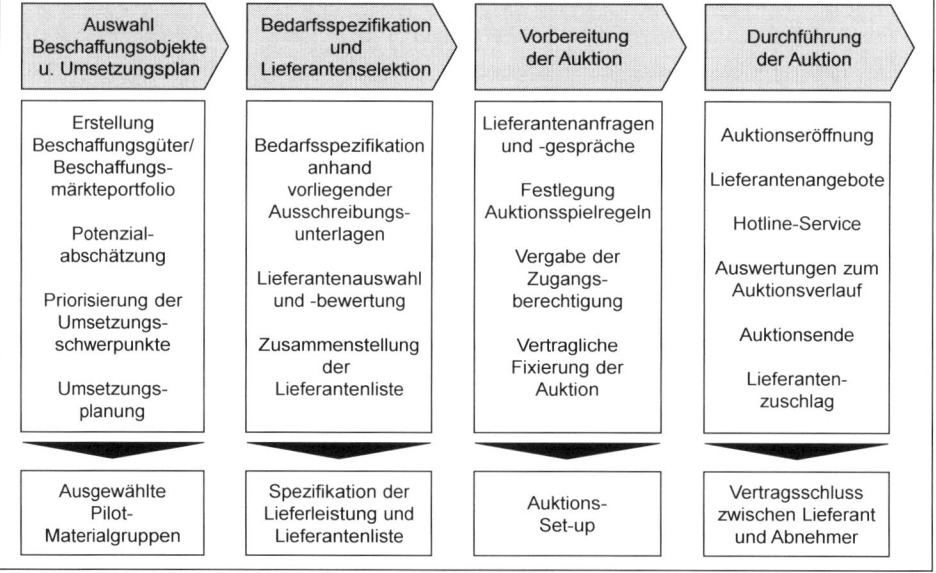

Abb. 27:   Phasen von Online-Auktionsverfahren im Beschaffungsmarketing
Quelle: in Anlehnung an *Kleinecken* 2004, S. 104.

Hauptmerkmal von Online-Auktionsverfahren ist, dass alle Anbieter während des gleichen Zeitraumes ihre **Gebote** abgeben müssen. Die Gebotshöhe ist dabei für alle Mitbewerber sichtbar, die Bieter selbst bleiben aber anonym. Stehen ausreichend viele verkaufswillige Bieter zur Verfügung, entsteht aufgrund der Preistransparenz und der zeitlich begrenzten Bietmöglichkeit ein starker Wettbewerb, aus dem in der Regel niedrigere Preise hervorgehen als aus einer realen manuellen Verhandlungsrunde (*Mueller/Windhaus* 2002, S. 131 f.). Generelle Ziele von Online-Auktionsverfahren sind die Nutzung des Wettbewerbs, die Erhöhung der Markttransparenz sowie die Verkürzung des Verhandlungsprozesses (*Schubert* 2002, S. 10). Oftmals werden Auktionen mit Hilfe eines – häufig branchenspezifischen – elektronischen Marktplatzes initiiert (s. Kapitel 4). Trotz der durch die Verwendung derartiger Plattformen entstehenden Prozesseinsparungen hinsichtlich des traditionellen Beschaffungsmarketingprozesses, erfordert allerdings auch eine Reverse Auction intensive Vorbereitungen. *Kleinecken* (2004, S. 104) unterteilt den auktionsgestützten Beschaffungsmarketingprozess in vier Phasen: Die Auswahl der Beschaffungsobjekte und Umsetzungsplanung, die Bedarfsspezifikation und Lieferantenselektion, die Vorbereitung der Auktion sowie schlussendlich die Durchführung der Auktion. In Abb. 27 werden die einzelnen Phasen von Online-Auktionsverfahren im Beschaffungsmarketing nochmal detailliert dargestellt.

 Neben einer allgemeinen Marktkommunikation gegenüber den Lieferanten über ein E-Procurement können sich einkaufende Unternehmen im Rahmen des Online-Beschaffungsmarketings auch aufmerksamkeitswirksamen Ausschreibungs- und Auktionsmechanismen im Internet bedienen.

Fallbeispiel: Walter Rau

Die Walter Rau Neusser Öl und Fett AG ist europäischer Markt- und Qualitätsführer für kundenindividuelle Lösungen im Bereich pflanzlicher Öle und Fette. Für die laufende Produktion muss das Unternehmen mitunter Rohstoffe beschaffen, die ungewöhnlichen und sehr strengen Qualitätskriterien unterliegen – so wie die Zitronensäure. Das Unternehmen suchte nach einer Möglichkeit, den Einkauf von Produktionsstoffen dauerhaft effizienter zu gestalten. Dabei sollten moderne Tools und Prozesse zum Einsatz kommen, welche sich nicht zwingend an das eigene ERP-System anbinden lassen müssen. Diese Lösung fand das Unternehmen in Form von PROmitea, dem elektronischen e-Procurement-System von e-integration. PROmitea ist eine Cloud-basierte Software für elektronische Ausschreibungen und Auktionen. Sie integriert den Beschaffungsprozess umfassend vom Request for Information (RFI) und Request for Quotation (RFQ) über die Auktion bis zum Order2Pay (O2P). Die Lösung unterstützt Anwender dabei, optimale Einkaufskonditionen zu erzielen. Gleichzeitig kann sie sicherstellen, dass Lieferanten gewünschte qualitative und quantitative Vorgaben erfüllen. Die Walter Rau Neusser Öl und Fett AG steuerte den Einkaufsprozess für die Zitronensäure mithilfe von PROmitea in zwei Phasen. Zunächst definierte Einkaufsleiter Sebastian Althaus mit seinem Team einen RFQ mit zwingend not-

wendigen Bedingungen (z.B. Zertifizierungen, Rohstoffherkunft, logistische Voraussetzungen etc.). Neben dem Preis fragten sie Kriterien für die Produktion sowie für die Lieferkette ab. Nach der Abfrage konnte in Phase zwei die Auktion mit drei qualifizierten Lieferanten durchgeführt werden. Die Auktion erfolgte als English Reverse Auction (ERA). Bereits beim Erstellen der Ausschreibung konnte Althaus festlegen, welche Informationen die Lieferanten im klar strukturierten Gebotsraum von PROmitea einsehen können. Dank der intuitiven Bedienung konnten sie am Bietprozess ohne jegliches Training teilnehmen. Bereits nach ca. 40 Minuten und einem regen Schlagabtausch stand der Sieger der Auktion fest – die Walter Rau Neusser Öl und Fett AG. Denn mithilfe des für alle Beteiligten transparenten Vorgangs konnte der Öl- und Fett-Produzent rund 7 % Preisreduktion erzielen. Durch den Einsatz der Cloud-basierten e-Procurement-Lösung PROmitea konnte die Walter Rau AG die Vorteile der integrierten Beschaffung – von der katalogbasierten Lieferantenauswahl bis zur revisionssicheren Dokumentation, vom elektronischen RFI bis zu den Auktionen und Konditionenverhandlungen – vollständig ausnutzen. Das Unternehmen profitiert von besseren Einkaufskonditionen und schnellem ROI.

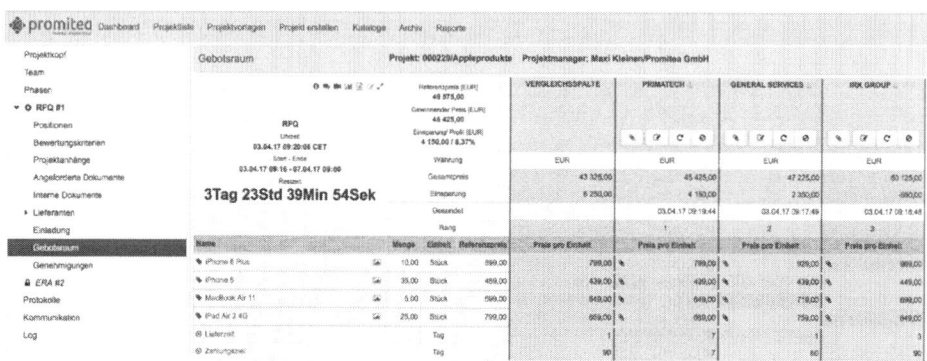

Der automatisch generierte Preisspiegel für den Einkäufer

3.　　Die Grundlagen des E-Shop

Der **E-Shop** steht allgemein als Begriff für den elektronischen Verkauf von Produkten bzw. Dienstleistungen durch ein Unternehmen über digitale Netzwerke. Damit erfolgt eine Integration innovativer Informations- und Kommunikationstechnologien zur Unterstützung bzw. Abwicklung von operativen, taktischen und strategischen Aufgaben im **Absatzbereich**. Die zunehmende Akzeptanz elektronischer Medien bei den Nachfragern geht mit einem wachsenden Angebot an Produkten und Dienstleistungen einher, die entweder teilweise oder sogar ausschließlich über das Internet durch diese „virtuellen Läden" vertrieben werden. Ein E-Shop ist somit ein „eigenständiges System aus Hard- und Software, das einem Händler erlaubt, seine Wirtschaftsgüter über Rechnernetze anzubieten, zu verkaufen und gegebenenfalls zu vertreiben" (*Zwißler* 2002, S. 32). Man kann also vereinfacht sagen, dass ein E-Shop ein virtueller Verkaufsraum eines Unternehmens ist. Die Grundidee des elektronischen Verkaufs ist also darin zu sehen, dass die Beziehung und die verkaufsrelevanten Abläufe zwischen einem Unternehmen (Anbieter) und einem Kunden (Nachfrager) über die mit Hilfe des Internets vernetzten Computer (s. Kapitel 1.1.2) und den damit einhergehenden Rahmenbedingungen des elektronischen Informationsaustausches (s. Kapitel 1.1.4) abgewickelt werden (s. Abb. 28; *Kollmann* 2019a).

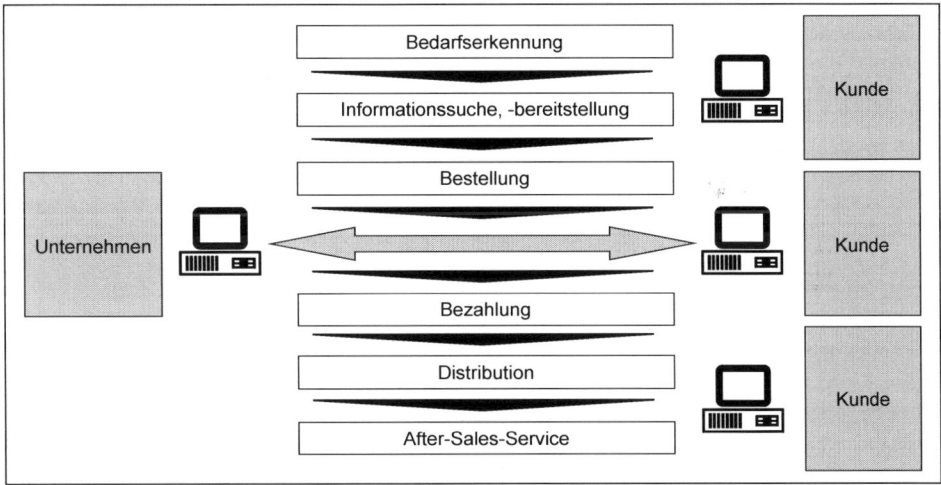

Abb. 28:　　Die Grundidee beim E-Shop

Der elektronische Verkauf (**E-Commerce**) über einen E-Shop unterscheidet sich vom realen Verkauf dabei in drei wesentlichen Faktoren (*Choi/Stahl/Whinston* 1997, S. 16 ff.; s. Abb. 28): Dazu gehört zunächst der **Verkäufer** (Shopanbieter) an sich, welcher Produkte über das Internet absetzen möchte. Im traditionellen Sinne ist der Verkäufer im

© Springer Fachmedien Wiesbaden GmbH, ein Teil von Springer Nature 2019
T. Kollmann, *E-Business kompakt*, https://doi.org/10.1007/978-3-658-26978-4_3

Laden physisch präsent, d. h. er ist „persönlich" oder über Angestellte anwesend. Im elektronischen Handel erfolgt ein Kontakt nur virtuell, d. h. der Shopbetreiber braucht nicht persönlich anwesend zu sein, die Kundenkommunikation und der Verkaufsprozess finden aus Kundensicht über eine Mensch-Maschine-Beziehung im Rahmen der individuellen Webseitennutzung statt. Außerdem kann das **Produkt**, mit dem gehandelt wird, nicht nur physischer (z. B. Computer), sondern teilweise auch digitaler Natur sein (z. B. Software). Dies hat Auswirkungen auf die zugehörigen **Prozesse**, denn im ersten Fall wäre der virtuelle Verkauf auch mit einer realen Distribution als notwendige Unterstützungsleistung verbunden (s. Kapitel 1.2.1), während im zweiten Fall auch die Logistik per Download rein elektronisch erfolgen kann. In Abhängigkeit dieser beiden Fälle können sich E-Shops sehr unterschiedlich gestalten, wobei insbesondere die Digitalisierung des Verkaufsraums immer gegeben sein muss, um vom elektronischen Verkauf sprechen zu können. Im Endeffekt können aber dann sowohl physische Produkte, wie Bücher und Audio-CDs genauso über E-Shops vertrieben werden, wie digitale Produkte (z. B. MP3-kodierte Musikstücke oder Software).

 Lernhinweis: Zertifikatskurs zum E-Business-Manager (Weiterbildung)
www.e-business-manager.de

Hintergrund für die Zunahme des Einsatzes elektronischer Informationstechnologien im Absatzbereich und damit Kerntreiber für den E-Shop waren zahlreiche Probleme im realen Verkauf, die mit Hilfe der elektronischen Informationsverarbeitung gelöst werden sollten. Zu diesen **Problemen** gehören insbesondere die folgenden Aspekte:

▓ **Kapazitätsbegrenzungen**: Im realen Verkauf sind die Verkaufsflächen eines Ladens begrenzt, da die gesamte Ladenfläche durch räumliche Gegebenheiten und Abgrenzungen bestimmt ist. Mit Rücksicht auf die limitierte Verkaufsfläche muss der Verkäufer sich für eine Auswahl an Produkten entscheiden, die er in seinen Regalen zum Verkauf anbieten will und hat u. U. nicht die Möglichkeit, die gesamte Produktpalette seines Sortiments dem Kunden angemessen zu präsentieren.

▓ **Handelsstrukturen**: In den meisten Branchen existiert kein direkter Kontakt zwischen dem Anbieter (Hersteller) einer Ware und dem Endkunden. Mehrstufige Handelsstrukturen (z. B. Großhändler und/oder Einzelhändler) stehen dazwischen und erschweren die ungefilterte Kommunikation in beide Richtungen, sodass die Effizienz und Schnelligkeit der Marktbearbeitung darunter oftmals leidet.

▓ **Marktanonymität**: Auf klassischen Massenmärkten ist der Kommunikationskontakt zwischen Hersteller und Endkunden oftmals anonym und die zugehörigen Werbebotschaften richten sich nicht gezielt an eine einzelne Person, sondern werden über Medien an möglichst viele Endkunden gleichförmig versendet. Individualität und persönliche Ansprache wertvoller Kunden ist dadurch kaum möglich.

▓ **Intransparenz**: Der Nachfrager hat in der realen Wirtschaft keinen Einblick in die Abläufe innerhalb der Handelsstruktur. Sämtliche Prozesse hinter dem reinen Verkaufsakt bleiben für den Kunden intransparent. Gibt es Probleme mit den Produkten, bleibt dem Kunden lediglich der Kontakt zum Händler, um z. B. Beschwerden, Mangelware, Verbesserungsvorschläge etc. zu kommunizieren. Ferner ist es für den Kunden in der realen Wirtschaft schwierig, sich über einen umfassenden Vergleich von Produkten, Preisen und Anbietern einen wirklichen Marktüberblick zu verschaffen.

> **❗ Der E-Shop steht für den elektronisch gestützten Verkauf auf Basis der Internettechnologie, über den ein betriebswirtschaftlich lose gekoppelter Datenaustausch auf der Verkäufer- und Kundenseite erfolgt.**

Die zugehörigen zentralen **Fragen und Lernziele** sind:

▓ **Systeme**: Welche Grundmodelle gibt es als Systemlösung für einen E-Shop, um den elektronischen Verkauf über das Internet zu realisieren?

▓ **Prozesse**: Wie sehen die Anforderungen, die Gestaltung und das Management von elektronischen Verkaufsprozessen im Rahmen des E-Shop aus?

▓ **Management**: Welche Produkte eignen sich für den elektronischen Verkauf und welche diesbezüglichen Überlegungen müssen auf der Kundenseite stattfinden?

▓ **Marketing**: Wie kann die marketingorientierte Beziehung zum Kunden über einen E-Shop gestaltet werden, um diesen für sich zu gewinnen und zu halten?

3.1 Die Systeme beim elektronischen Verkauf

Die technische **Systemebene** beim E-Shop unterstützt jegliche Prozesse, die mit dem elektronischen Verkauf von Produkten und Dienstleistungen zusammenhängen. Die zentrale Herausforderung ist dabei der Aufbau von Produktkatalogen und die multimediale Darstellung von elektronischen Produkt- und Prozessdaten für den Nachfrager, damit dieser die Einkaufsentscheidung im digitalen Verkaufsraum treffen kann. Die technische Basis eines E-Shops ist damit unmittelbar ausschlaggebend für den nachhaltigen Erfolg. Eine Online-Transaktion kann nämlich nur dann stattfinden, wenn der Kunde ein Produkt im Online-Katalog suchen, finden und auswählen sowie dieses unter Angabe seiner Adressdaten an der „virtuellen Kasse" bezahlen kann. Damit der gesamte Einkaufsprozess über das Internet abgewickelt werden kann, muss das E-Shop-System eine Reihe von Funktionen bereitstellen, die in der Regel in verschiedene Komponenten unterteilt sind. Vor diesem Hintergrund gibt es einige Auswahlkriterien, die berücksichtigt werden müssen und bei der Entscheidung zu dem **Shop-System** helfen können:

- Der **Integrationsgrad** zwischen dem E-Shop und dem eventuell schon vorhandenen Warenwirtschaftssystem sowie den möglichen **Schnittstellen** zwischen E-Shop, realem Lager und Logistiklösung

- Die **Administrationsfähigkeit** des Systems zur einfachen und flexiblen Handhabung administrativer Tätigkeiten

- Die **Rentabilität** des Systems hinsichtlich der Total Cost of Ownership (TCO)

Neben diesen Auswahlkriterien gelten auch hier die allgemeinen Qualitätsmerkmale von internetbasierter Software, wie z. B. die Benutzbarkeit, Barrierefreiheit, Skalierbarkeit, Erweiterbarkeit, Internationalisierbarkeit und Sicherheit. Berücksichtigt der Shopbetreiber nun die obigen Faktoren, so muss er sich für eine Methode der Umsetzung entscheiden, die seinen Ansprüchen und Ressourcen entsprechend realisierbar ist. Drei **Grundmodelle** kommen dabei in Frage (*Kollmann* 2019a): Entweder er entwickelt die Lösung selbst (Betreiber-Modell), mietet (Teil-)Komponenten der Lösung (Dienstleister-Modell) oder er gibt den gesamten E-Shop-Betrieb an einen Dritten weiter (Partner-Modell).

3.1.1   Das Betreiber-Modell

Ein wichtiges Kriterium bei der Auswahl des **Betreiber-Modells** sind die Kosten, die nicht nur mit dem Kauf der Hard- und Software verbunden sind, sondern vor allem auch mit personellem Aufwand. Schließlich muss das System nach der aufwendigen Programmierung und Implementierung regelmäßig gewartet und gepflegt werden. Für einen reibungslosen Ablauf müssen deshalb genügend Kapazitäten zur Verfügung stehen, die die Instandhaltung und den Unterhalt des Systems gewährleisten können. Ferner müssen beim Betreiber die Fähigkeiten (E-Kompetenz) zum Aufbau und Betrieb des E-Shops vorhanden sein (*Kollmann* 2019a). Folgende Aufwendungen müssen bei der Auswahl des **Betreiber-Modells** beachtet werden (*Krause* 2000, S. 535):

- **Webserver**: Entscheidet sich der Shopbetreiber für einen eigenen Server, so stellt sich die Frage, ob dieser entweder bei einem Provider untergestellt wird oder über eine eigene Datenfestverbindung zum Internet versorgt wird (Serverhosting vs. In-House Hosting). Entscheidend dabei ist das monatliche Übertragungsvolumen. Steht der Server im eigenen Haus, so können Änderungen beliebig oft durchgeführt werden, steht der Server beim Provider, so zählt jeder Online-Zugriff (auch bei eventuellen Preisänderung und Verkaufsaktionen) zum Übertragungsvolumen, für das letztendlich bezahlt werden muss.

- **Schnittstellen**: Gemeint sind hier nicht nur die Schnittstellen zur Warenwirtschaft, sondern auch Schnittstellen zu eventuell verwendeten Zusatzmodulen, wie Call-Center-Systemen oder CRM-Systemen. Hier zählt die Möglichkeit, Artikel- und Bestelldaten regelmäßig aktualisieren und übertragen zu können. Dafür müssen die Schnittstellen professionell verwaltet werden und idealerweise auf Standards basieren.

▨ **Design**: Erst eine clevere Benutzerführung und ein gutes Design sind ausschlaggebend für einen erfolgreichen E-Shop. Hierfür müssen Spezialisten vorhanden sein, die in der Lage sind, alle gestalterischen Elemente zu bearbeiten und auch eingesetzte Templates zu erstellen.

▨ **Programmierung**: Selbst standardisierte Softwarelösungen müssen oftmals an einigen Stellen an die Bedürfnisse des Shopbetreibers angepasst werden. Deshalb sollten Aufwendungen für anfallende Entwicklungsarbeiten nicht unterschätzt werden. Erst durch Konfiguration kann das Shop-System individuellen Ansprüchen genügen.

▨ **Unterhalt**: Anfallende Kosten für die Internetanbindung, Online-Gebühren, Updates, technischer Support, Pflege, Fehlersuche etc. müssen im Budget mit eingeplant werden. Besonders durch ihren wiederkehrenden Charakter werden diese Kosten zu einem wichtigen Entscheidungskriterium.

! **Das Betreiber-Modell umfasst den kompletten internen Aufbau sowie die Implementierung und Verwaltung einer Systemlösung. Für einen reibungslosen Ablauf müssen deshalb genügend eigene Kapazitäten und Fähigkeiten zur Verfügung stehen, welche den Betrieb des Systems gewährleisten.**

Fallbeispiel: Zalando

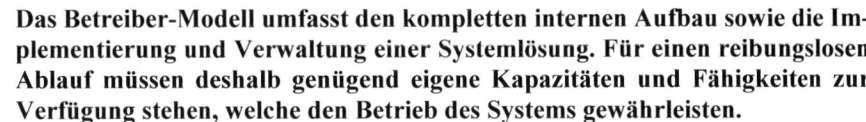

Die Zalando SE ist ein deutscher Online-Versandhändler für Mode und wurde 2008 in Berlin gegründet. Mit inzwischen 5,4 Mrd. Euro Umsatz und über 26 Mio. Kunden in 17 verschiedenen Ländern im Jahr 2018, gehört das Unternehmen mittlerweile zu einer der führenden europäischen Online-Plattformen für Mode und Fashion. Die rasante Entwicklung von einem Startup zu einem der größten E-Commerce Anbieter Europas hatte demnach weitreichende Implikationen auf die Prozessanforderungen beim elektronischen Verkauf. Während Zalando zu Beginn seiner Geschäftstätigkeit noch die Onlineshop-Software Magento für seine E-Commerce-Plattform nutzte, wechselte das Unternehmen im Jahr 2010 auf ein eigenentwickeltes Shopsystem, um der zunehmend wachsenden Anzahl von Kundenbestellungen, Abwicklungen, Lieferungen und Rücksendungen gerecht zu werden. Mit dem langfristigen Ziel unabhängig von anderen Software-Anbietern zu sein und das eigene System auf die Kundenbedürfnisse zu optimieren, entwickelte Zalando unter dem Namen „Zalando E-Commerce Operation System" (abgekürzt ZEOS) ein eigenes Shopsystem, welches eigenhändig entwickelt, implementiert und verwaltet wird. Dem Unternehmen nach ist die „Zalando Technology" die Basis für alle internen Prozesse und bildet den Kern für alle Produkte und Services. Dabei lautet die Mission von Zalando: „Wir wollen die Technologie entwickeln, die die unendlich vielfältigen Interaktionspunkte zwischen Menschen und Fashion vorhersehen und realisieren kann". Durch diese Umstellung konnte sich Zalando im Laufe der Zeit von einem reinen E-Commerce Anbieter zu einem Fashion- und Technology-Unternehmen entwickeln, welches sämtliche Systemlösungen selbst betreibt.

Technologie als Wegbereiter

Zalando Technology bildet den Kern aller Produkte und Services, die wir auf unserer Plattform anbieten und stellt die Basis für nahezu alle unseren internen Prozesse. Unsere Mission: Wir wollen die Technologie entwickeln, die die unendlich vielfältigen Interaktionspunkte zwischen Menschen und Fashion vorhersehen und realisieren kann.

Unsere DNA

Zalando weiß die Möglichkeiten seiner Unternehmensbereiche optimal zu nutzen: Fashion, Technology, Business Operations und Logistik. Neben unserer Vision, allen Teilnehmern in der Fashion-Industrie einen Mehrwert zu bieten, ist es genau das, was unser Unternehmen ausmacht und ein Arbeitserlebnis schafft, das sowohl divers als auch inspirierend ist und grenzenlose Möglichkeiten bietet.

3.1.2   Das Dienstleister-Modell

Während beim Betreiber-Modell (s. Kapitel 3.1) der Aufbau und der Betrieb eines E-Shops quasi „aus eigener Hand" erfolgt, kann im Rahmen des **Dienstleister-Modells** für den physischen Betrieb einer Webseite ebenso die Option des Outsourcings in Frage kommen. Diese Dienstleistung kann unter bestimmten Voraussetzungen für den E-Shop eine sinnvolle Alternative zum „In-House Hosting" des Betreiber-Modells darstellen (*Barreca/O'Neill* 2003, S. 61 ff.). Insbesondere dann, wenn die räumliche Umgebung für ein komplexes Rechensystem nicht vorhanden ist (z. B. unbeschränkter Zugang zu den Rechnerstandorten, Klimaanlage, Notstromversorgung bei Energieausfall etc.) oder der Betrieb nicht umfassend gewährleistet werden kann (z. B. Datensicherung, Bewältigung des Datenaufkommens, Kompetenzen in softwaretechnischer Problemlösung etc.). Das **Outsourcing** umfasst im Allgemeinen die Auslagerung von Informations- und Kommunikationstechnologien an dritte, externe Unternehmen (*Kuhl* 2002, S. 300). Dienstleister können aber auch für sämtliche, mit einem E-Shop-System zusammenhängende Aufgaben eingesetzt werden (z. B. Call Center, Katalogpflege oder Content Management).

Eine spezielle Form des Outsourcings ist die Auslagerung von Software. Diese Auslagerung wird auch **Application Service Providing** (ASP) genannt. Der Application Service Provider bietet dabei bestimmte Software (Application) einem Kunden zur Miete an. Die Software steht in einem Rechenzentrum zur Verfügung, auf das der Kunde über eine Datenfestverbindung zugreifen kann. Oftmals wird die Software mehreren Kunden angeboten, was im Allgemeinen keine Individualisierung des Angebotes auf die Bedürfnisse des Kunden erlaubt. Im Gegensatz zum Outsourcing bleibt die Lizenz für die Software beim

Service Provider. Zusätzliche Leistungen neben dem „Ausleihen" der Software kann z. B. die Bereitstellung der Infrastruktur oder die Bereitstellung von Service und Support sein. So bietet bspw. der Webhoster *strato.de* seinen Kunden mit dem Erwerb einer Domain-Adresse auch direkt die notwendige Software für einen E-Shop an, mit der ein Betreiber auch ohne Programmierkenntnisse schnell und einfach seine Produkte online anbieten kann. Die Software wird in vier verschiedenen Versionen angeboten, sodass der Kunde zwischen Basic, Plus, und Pro wählen kann. Überlegungen bei der Auslagerung bestimmter Anwendungen müssen auch im Hinblick auf den **Datenschutz** und die **Datensicherheit** gemacht werden. Überlässt ein E-Shop-Betreiber bestimmte Anwendungen einem Dienstleister, so muss er sichergehen, dass alle juristischen Anforderungen an Datensicherheit gewährleistet sind. Im Prinzip hat jeder Systemadministrator oder Programmierer des Providers Zugang zu den sensiblen Kundendaten und kann somit das Vertrauen des Kunden missbrauchen (*Kuhl* 2002, S. 300 ff.).

 Das Dienstleister-Modell umfasst die Ausgliederung einer oder mehrerer (Teil-)Komponenten der Systemlösung (Hard- oder Software) an externe Dienstleister. Diese Dienstleistungen können sowohl den physischen Betrieb einer Webseite als auch einzelne Prozesskomponenten umfassen.

Fallbeispiel: Holzshine

Das deutsche Unternehmen Holzshine mit Sitz in Berlin ist eine Manufaktur für hochwertige Leuchten, welche in Handarbeit gefertigt werden und Unikate darstellen. Das Unternehmen bietet Lampen aus hochwertigem Holz- und Farbmaterial über einen eigenen E-Shop an. Weil Holzshine ein sehr kleines Unternehmen ist, welches seine Kernkompetenzen im Bereich der Fertigung und nicht im Online-Handel hat, wurden die Teilkomponenten (Hard- und Software) des E-Shops an den externen Dienstleister Strato ausgegliedert. Strato ist ein deutsches Webhosting-Unternehmen, dessen Produktpalette Domains, Webseiten, Webshops, Online-Speicher und Marketing-Tools umfasst. Die Webshop-Software wird dabei in drei verschiedenen Versionen zu differenzierten Preisen mit unterschiedlichem Funktionsumfang angeboten, sodass zwischen Basic, Plus und Pro gewählt werden kann. In der besten Version kann der E-Shop-Betreiber neben der Erstellung eines Online-Shops auch die dazugehörigen Online-Marketing-Tools sowie die Anbindung an die digitalen Plattformen eBay und Amazon nutzen. Diese Möglichkeiten des Dienstleister-Modells bewirken, dass sich die Firma Holzshine auf die Fertigung der Leuchten fokussieren kann und das System von Strato für den Online-Verkauf nutzt. Durch eine Art Baukastensystem konnte Holzshine somit seinen eigenen Webauftritt designen, seine Angebote gestalten und das Bezahlverfahren (Vorkasse, Nachnahme und PayPal) wählen. Diese Möglichkeiten des Dienstleister-Modells bewertet der Inhaber und Gründer von Holzshine wie folgt: „Ich bin begeistert von den vielen Gestaltungsmöglichkeiten. Endlich steht mein professioneller Unternehmensauftritt".

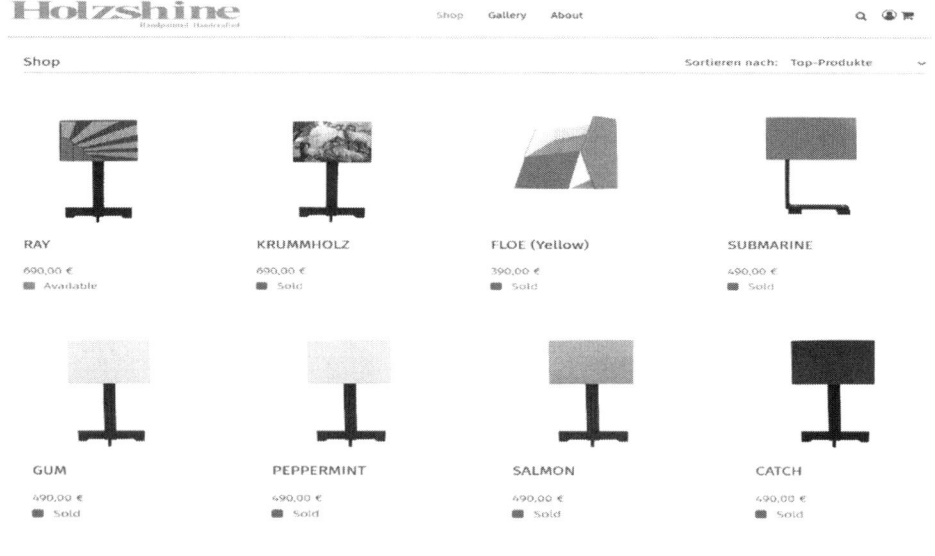

3.1.3   Das Partner-Modell

Im Vergleich zu dem Dienstleister-Modell (s. Kapitel 3.1) wird bei einem **Partner-Mo-dell** nicht nur eine Komponente oder mehrere Teilkomponenten (Hard- oder Software) an einen Dienstleister abgeben, sondern gleich der gesamte E-Shop-Betrieb. Hierzu werden lediglich die Artikeldaten in den E-Shop des Partners eingepflegt. Die nachfolgende Ab-wicklung des Online-Bestell- und Bezahlprozesses obliegt dann alleine dem Partner, der für seine erfolgreiche Durchführung in der Regel eine Provision erhält. Der Fremdbetrieb von kompletten Shopsystemen eignet sich nur, wenn einige der folgenden **Bedingungen** erfüllt sind (*Krause* 2000, S. 534):

▨   die Artikeldaten ändern sich nur selten

▨   die Artikeldaten sind vergleichsweise gering

▨   die Umsatzerwartungen sind gering

▨   der Shop wird als eine Art „Nebengeschäft" betrieben

Sollte der E-Shop in seiner Gesamtheit (also Hard- und Software) von Dritten betrieben werden, so müssen auch hier vor allem die Angebotsverwaltung, die Bestellung und die Logistik der Waren, die Verwaltung der Kunden- und Händlerdaten, die Preisgestaltung, der Einsatz von Zahlungssystemen, Abrechnungen, Kooperationen, die Anbindung an be-stehende Systeme usw. gewährleistet sein (*Zwißler* 2002, S. 280 f.). Somit bleiben quasi nur noch die Produktaktualisierung und die Content-Erstellung in den eigenen Händen, die dann z. B. an eine Service-Agentur weitergegeben werden können. Alle anderen Aufgaben übernimmt der Dienstleister (Technologielieferant oder Service-Agentur).

 Das Partner-Modell umfasst die komplette Ausgliederung der Systemlösung (Hard- und Software) und deren Betrieb an einen externen Dienstleister. Sämtliche Prozesskomponenten sind damit an den Partner ausgelagert.

Fallbeispiel: Fressnapf

Die Fressnapf Holding SE ist ein deutsches Franchise-Unternehmen mit Sitz in Krefeld, welches mit rund 12.000 Mitarbeitern sowie 1.500 Märkten größter Anbieter für Tiernahrung und -zubehör in Europa ist. Gestartet im Jahr 1990 mit dem ersten stationären Fressnapf-Markt wuchs das Unternehmen im Zeitverlauf rasant, sodass es im Jahr 2009, zeitgleich zur 1.000 Markteröffnung, den eigenen E-Shop im Internet eröffnete. Seit dem Launch des Online-Shops hat sich das digitale Geschäft des Unternehmens konstant positiv entwickelt. Mit dem Ziel diese Entwicklung fortzuführen, suchte Fressnapf deshalb einen starken Partner, um die Wachstumspläne unter Beibehaltung der eigenen Qualitätsansprüche umzusetzen. Mit dem Dienstleistungsunternehmen Arvato gelang es Fressnapf somit, sämtliche mit dem E-Shop verbundenen Prozesse auszugliedern und eine Full-Service Lösung entlang der gesamten Wertschöpfungskette zu gewinnen. Thorsten Toeller, Inhaber der Fressnapf-Gruppe beschrieb die Partnerschaft wie folgt: „Für Arvato stehen, ebenso wie für Fressnapf, Service und Kundenorientierung an erster Stelle. Deshalb sind wir sicher, mit der Partnerschaft ein starkes Fundament für weiteres Wachstum im Onlinehandel gelegt zu haben". Entsprechend der Bedürfnisse von Fressnapf baute Arvato somit das Logistiklager um und wickelte von dort mit mehr als 150 Mitarbeitern Online-Bestellungen und Retouren ab. Das 23.000 m2 große Distributionszentrum in Halle-Heideloh liegt direkt an der A9 und somit an der wichtigsten Nord-Süd-Achse im Osten Deutschlands. Darüber hinaus befinden sich die Ost-West-Tangente mit den Autobahnen 4 und 38 sowie alle wesentlichen Carrier HUBs in unmittelbarer Nähe. So konnte bspw. zurückgeschickte Ware auf einwandfreien Zustand geprüft und entweder zurück in das Lager gebracht oder entsorgt werden. Die umfangreiche Erfahrung und Expertise von Arvato hinsichtlich der IT-Systeme, im Retouren-Management und im Bereich der Logistik halfen Fressnapf somit, eine kosteneffiziente und schnelle Lösung anzubieten. Heutzutage zählt der Online-Shop zu einem wesentlichen Vertriebskanal für Fressnapf, sodass mit mehr als 13.000 online angebotenen Artikeln 90 Mio. Euro umgesetzt werden. Täglich werden bis zu 5.000 Pakete verschickt. Insgesamt waren es zuletzt mehr als 1 Mio. Pakete im Jahr. Arvato verfügt über ausgewiesene Erfahrung bei der Bereitstellung von Full-Service E-Commerce Lösungen entlang der gesamten Wertschöpfungskette und bietet somit ein umfangreiches Partner-Modell an: Entwicklung und Betrieb von Online-Shops (inklusive dem Webdesign und der User Experience), Online-Marketing, Logistik und Retouren-Management, integrierte Finanzdienstleistungen, Kundenservice und E-Commerce-Beratung.

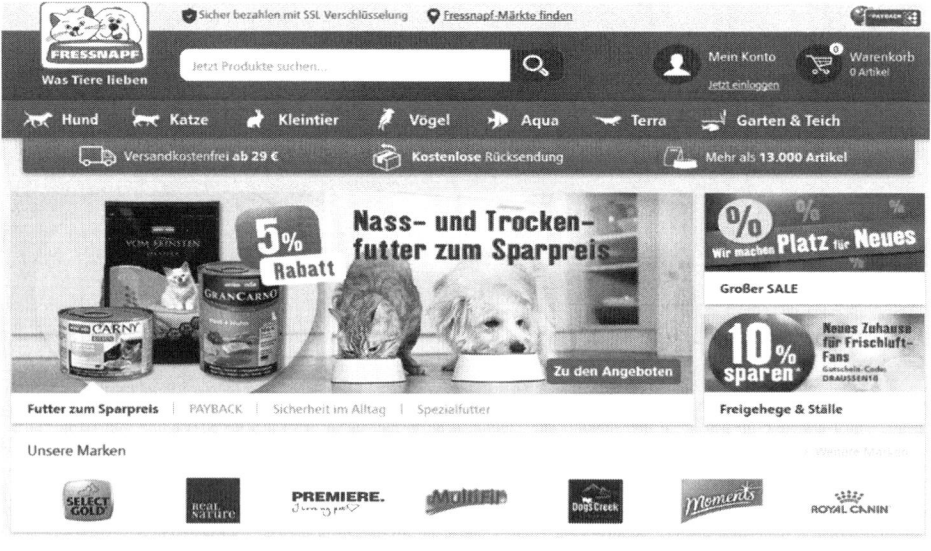

3.2 Die Prozesse beim elektronischen Verkauf

Die **Prozessebene** beschreibt den Ablauf sämtlicher Arbeitsschritte, die in einem E-Shop gewährleistet sein müssen, damit Transaktionen optimal durchgeführt werden können. Jeder Prozess ist eine Art „Baustein" in dem Gesamtkonzept des E-Shops. Je optimaler die Bausteine zusammengesetzt und aufeinander abgestimmt sind, desto schneller, kostengünstiger und gehaltvoller können Daten verarbeitet und damit Transaktionen durchgeführt werden. Multimediale Produktkataloge, benutzerfreundliche Einkaufsprozesse sowie die Verbindung von Informations-, Kommunikations- und Transaktionsmodulen bringen vor diesem Hintergrund zunächst eine ganze Reihe von Anforderungen an E-Shop-Systeme mit sich. Im Rahmen der diesbezüglichen technischen Umsetzung stellt sich dabei zunächst die Frage, welche spezifischen Anforderungen der elektronische Verkauf an das zu implementierende System mit sich bringt. Erste übergreifende Systemanforderungen ergeben sich dabei aus den allgemeinen **Qualitätsmerkmalen** internetbasierter Software (*Kollmann* 2019a):

▪ Die **Benutzbarkeit** (Usability) der Plattform ist die Qualität des Angebots aus Sicht des Kunden und somit entscheidend für dessen Akzeptanz. Die Benutzbarkeit bewertet, wie gut der Kunde die gegebene Funktionalität anwenden kann. Damit eine E-Shop-Plattform benutzbar ist, muss diese unterschiedliche Kriterien erfüllen, u. a. in den Bereichen Fehlertoleranz, Lernförderlichkeit, Aufgabenangemessenheit, Erwartungskonformität, Individualisierbarkeit, Selbstbeschreibungsfähigkeit und Steuerbarkeit (*Heinemann* 2018, S. 188 ff., *Markotten/Kaiser* 2000, S. 532).

▨   Die **Barrierefreiheit** (Accessibility) gibt an, inwiefern ein Internet-Angebot von allen Nutzern unabhängig von ihren körperlichen und/oder technischen Möglichkeiten
uneingeschränkt genutzt werden kann. Dies schließt sowohl Menschen mit Behinde-
rungen als auch Benutzer mit technischen (z. B. Textbrowser) oder altersbedingten
Einschränkungen (z. B. Sehschwächen) sowie Software-Agenten ein. Zudem sollte
ein E-Shop dem Kunden nicht die Pflicht auferlegen, eine spezielle Hard- und Soft-
warekonfiguration zu verwenden. Neben der Zugänglichkeit geht es also beim Thema Accessibility auch um die Plattformunabhängigkeit: Oft soll ein Internetangebot
sowohl auf einem Bildschirm als auch mit einem PDA oder Handy nutzbar bleiben
und unabhängig vom verwendeten Betriebssystem oder Webbrowser funktionieren.

▨   Die **Skalierbarkeit** bezeichnet das Verhalten des Shop-Systems bezüglich seines Res-
sourcenbedarfs bei einer wachsenden Anzahl von Nutzern bzw. gleichzeitigen Verbindungen. Eine Plattform zeichnet sich durch eine gute Skalierbarkeit aus, wenn sie
bspw. bei der zehnfachen Last mit etwa den zehnfachen Ressourcen auskommt und
dementsprechend aufgestockt werden kann. Ein schlecht skalierendes System hingegen würde bspw. bei doppelter Last bereits die zehnfachen Ressourcen benötigen und
bei zehnfacher Last komplett ausfallen.

▨   Die **Erweiterbarkeit** und die **Änderbarkeit** geben an, inwiefern es möglich ist, der
Plattform zusätzliche Funktionen und/oder Bausteine hinzuzufügen bzw. aktuelle
Funktionen und/oder Bausteine an aktuelle Bedürfnisse anzupassen. Die Notwendigkeit der Anpassung kann bspw. aus einer Änderung des Corporate Design oder einer
Erweiterung der Funktionalität des Shop-Systems entstehen. Für E-Shops geeignete,
skalierbare, erweiterbare und änderbare Software-Architekturen werden heute jedoch
vermehrt von spezialisierten Software-Anbietern angeboten.

▨   Die **Internationalisierbarkeit** bezieht sich auf die länderspezifische Erweiterung
und Anpassung der Plattform. Dabei spielt vor allem die Aufbereitung von Transaktionsinformationen eine Rolle, da Sprache, Währung, Steuersätze und Lieferbedingungen von Land zu Land unterschiedlich sind. Das Qualitätsmerkmal der Internationalisierbarkeit ist insbesondere in der Phase der Ideenfortführung von Bedeutung,
wenn ein Unternehmen den elektronischen Verkauf auf den globalen Internet-Markt
ausweiten möchte.

▨   Die **Sicherheit** der Plattform, insbesondere hinsichtlich des Transaktionsprozesses, ist
eine unabdingbare Voraussetzung für das Vertrauen der Kunden und somit für den Erfolg des E-Business (*Markotten/Kaiser* 2000, S. 532). Grundlegende Fragen der Sicherheit spiegeln sich in den Kriterien Datenschutz, Datenintegrität und Verfügbarkeit
wider. Dabei fordert der Datenschutz (Confidentiality) das Sichern privater oder sen-
sibler Daten (z. B. Passwörter oder Kreditkartennummern) vor dem lesenden Zugriff
durch nicht-autorisierte Dritte. Die Sicherstellung der Integrität (Integrity) hingegen
erfordert das Verhindern der Datenmanipulation oder Datenzerstörung auf eine nicht-
autorisierte oder unbeabsichtigte Art und Weise. Das Kriterium der Verfügbarkeit
(Availability) besagt, dass ein lesender bzw. schreibender Zugriff auf die Daten durch

autorisierte Parteien möglich sein muss, wann immer diese es wünschen (*Turban* et al. 2018, S. 413). Die Verfügbarkeit der Plattform ist dabei eng mit den Kriterien der Skalierbarkeit verknüpft, kann aber auch durch Dritte (z. B. Hacker-Attacken) beeinträchtigt werden. Durch die am 25.05.2018 in Kraft getretene neue Datenschutz-Grundverordnung (DSGVO) wurde ein weiterer Schritt unternommen persönliche Daten besser zu schützen, sodass jeder Nutzer einer elektronischen Plattform die Datenhoheit bewahren und seine Privatsphäre schützen kann (*Amtsblatt der Europäischen Union* 2016). Diese Neuerungen im Rahmen der DSGVO haben demnach wesentliche Implikationen auf das Sammeln, Verarbeiten und Übertragen sämtlicher Informationen, welche unter anderem Namen, Adressen, Standortdaten, IP-Adressen, besondere Merkmale, Kennzeichen, Cookies etc. umfassen. Somit müssen im Rahmen der Digitalen Wirtschaft verstärkt die rechtlichen Rahmenbedingungen im Sinne des Datenschutzes beachtet werden.

> **!** **Der E-Shop soll die bestehenden Verkaufsprozesse digitalisieren und wenn möglich vollständig in einen strukturierten Absatz überführen, was von der Art der angebotenen Produkte/Serviceleistungen abhängig ist.**

3.2.1   Die Prozessanforderungen

Die konkreten **Prozessanforderungen** im E-Shop ergeben sich aus der Umsetzung des realen Verkaufsprozesses in einen internetbasierten elektronischen Verkaufsprozess. Dieser muss grundsätzlich so gestaltet sein, dass das Einkaufen im E-Shop im Vergleich zum realen Shop vorteilhafter ist. Hinsichtlich der Prozessanforderungen bedeutet dies insbesondere eine Verbesserung bei Einkaufskosten und -zeit bei gleichzeitig hoher Sicherheit und Qualität für die Einkaufsabwicklung. Diese Kernziele werden aber auch noch von weiteren allgemeinen Aspekten bezüglich des **Einkaufprozesses** begleitet:

▪ **Bedienbarkeit**: Die Nutzung eines E-Shops und die damit zusammenhängenden Prozesse sollten so einfach wie möglich gehalten werden, damit der Nachfrager seine Kaufentscheidung im virtuellen Verkaufsraum nur mit Hilfe der Maussteuerung steuern bzw. treffen kann.

▪ **Zuverlässigkeit**: Der Einkaufsprozess sollte basierend auf der Funktionalität der dahinter stehenden Systemarchitektur technisch zuverlässig und damit stabil ablaufen. Nur so können die richtigen Webinhalte an den richtigen Stellen jederzeit aufgerufen werden.

▪ **Verfügbarkeit**: Der Einkaufsprozess sollte 24 Stunden am Tag, 7 Tage die Woche, 52 Wochen im Jahr und damit ohne technische Unterbrechung angeboten werden können. Dies kann nur durch eine entsprechend hohe Verfügbarkeit des dahinterstehenden Servers geschehen. Nur so können Kundenbestellungen und -wünsche jederzeit entgegengenommen werden.

■ **Schnelligkeit**: Der Aufruf von relevanten Webinhalten im Rahmen des Einkaufsprozesses sollte in einer angemessenen Zeit erfolgen, damit die Nutzung durch den Kunden nicht aufgrund von zu langen Ladezeiten abgebrochen wird. Mit Schnelligkeit ist aber auch gemeint, dass die Zeitabstände zwischen Anfragen von Kunden und deren Beantwortung durch das E-Shop-System bzw. dem E-Shop-Betreiber deutlich gesenkt werden kann.

■ **Individualisierbarkeit**: Im Rahmen des Einkaufsprozesses sollte es die Möglichkeit einer Individualisierung des Informations- und Produktangebots geben. Dadurch hat der Shopbetreiber die Möglichkeit, eine Personalisierung bezüglich der individuellen Wünsche des einzelnen Kunden anzubieten und somit die Absatzwahrscheinlichkeit zu steigern.

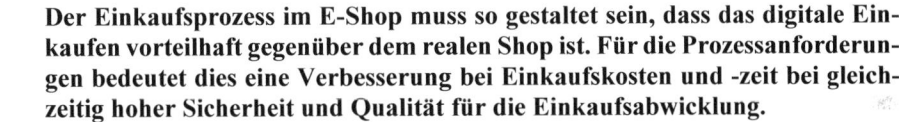

Der Einkaufsprozess im E-Shop muss so gestaltet sein, dass das digitale Einkaufen vorteilhaft gegenüber dem realen Shop ist. Für die Prozessanforderungen bedeutet dies eine Verbesserung bei Einkaufskosten und -zeit bei gleichzeitig hoher Sicherheit und Qualität für die Einkaufsabwicklung.

Die Anforderungen an die Prozesse beim E-Shop adressieren somit im Wesentlichen die **Ziele des elektronischen Verkaufs** und setzen diese um. Hierzu zählen insbesondere die Reduktion von Online-Einkaufskosten und -zeit und die Steigerung von Online-Einkaufssicherheit und -qualität.

Online-Einkaufskosten und -zeit

Vor dem Hintergrund der Ausführungen zu den generellen Prozessanforderungen (s. Kapitel 3.2.1) ist es aber sicherlich das Hauptziel elektronischer Verkaufsprozesse, die Erzielung von Kosten- und Zeitersparnissen sowohl für den E-Shop-Betreiber als auch für den -Nutzer (Kunden) zu gewährleisten. Die Reduzierung von **Online-Einkaufskosten und -zeit** gegenüber dem realen Einkaufsprozess ist also eine der wesentlichen Anforderungen an die Prozessabläufe eines E-Shops. Im Hinblick auf die **Betreiberkosten** können dabei mehrere Bereiche identifiziert werden, bei denen die elektronische Informationsverarbeitung zum Tragen kommt:

■ **Bereitstellungskosten**: Durch den Wegfall der physischen Verkaufsflächen und den daraus resultierenden Mieteinsparungen bei gleichzeitig geringeren Kosten für den Aufbau und Betrieb eines E-Shops (z. B. Hard- und Softwarekosten oder Servermiete), sind die Bereitstellungskosten für ein elektronisches Produktangebot geringer.

■ **Betriebskosten**: Durch den Wegfall der physischen Verkaufsflächen entfallen auch die diesbezüglichen Betriebskosten (z. B. Strom oder Heizung), während die diesbezüglichen Kosten beim E-Shop (z. B. Hosting) deutlich geringer ausfallen.

- **Informationskosten**: Durch den Wegfall einer papierbasierten Informationsübertragung entfallen Kopier- und Vertriebskosten für die Weitergabe an den Kunden. Im elektronischen E-Shop werden die digitalen Informationen nur einmal produziert und können dann ohne weitere Kosten beliebig oft abgerufen werden. Beleg- oder Bestellzettel müssen so nicht mehr per Hand ausgefüllt werden.

- **Personalkosten**: Durch den Einsatz von elektronischen Systemen können viele Prozessaufgaben (z. B. Versendung einer Bestellbestätigung) automatisch ablaufen. Dadurch kommt es zu einem geringeren Personaleinsatz und einer entsprechenden Reduktion der zugehörigen Personalkosten.

- **Bearbeitungskosten**: Elektronische Prozesse verringern aufgrund des Wechsels von einer manuellen zu einer maschinellen Datenerfassung die laufenden Kosten im Zeitablauf. Die laufenden Kosten steigen bei maschineller Erfassung der Daten nämlich nur geringfügig an, während die manuelle Erfassung die laufenden Kosten deutlich schneller in die Höhe treibt.

- **Lagerkosten**: Durch den Wegfall der physischen Verkaufsflächen entfallen auch die Kosten für den Betrieb eines zugehörigen Lagers zur Produktmitnahme, da aufgrund der Online-Bestellung die Ware sowieso geliefert werden muss. So kann entweder das eigene Auslieferungslager zentral und damit kostengünstiger organisiert werden, oder die Bestellung kann direkt an den eigentlichen Produzenten weitergegeben werden.

! **Die Reduzierung von Einkaufskosten und -zeit ist eine der wesentlichen Anforderungen an die Prozessabläufe eines E-Shops. Betreiber von E-Shops können aufgrund niedrigerer Transaktionskosten ihre Produkte somit in der Regel deutlich günstiger anbieten als der stationäre Handel.**

Im Hinblick auf die **Nutzerkosten** auf der Kundenseite eines E-Shops können ebenso mehrere Bereiche identifiziert werden, bei denen die elektronische Informationsverarbeitung zum Tragen kommt:

- **Einkaufskosten**: Durch den Wegfall der physischen Verkaufsflächen entfallen die allgemeinen Anfahrtskosten (z. B. Benzin, Parkgebühren) zu einem realen Verkaufsraum, um sich die Produkte anzusehen.

- **Suchkosten**: Durch den Wegfall der physischen Produktinformationen und der in der Regel im Internet kostenlosen Bereitstellung von elektronischen Produktinformationen (z. B. Kataloge, Testberichte) werden die Suchkosten für den Nachfrager gesenkt. Ferner hat er die Möglichkeit über elektronische Suchmechanismen deutlich mehr Informationen wahrzunehmen und zu nutzen.

- **Transportkosten**: Durch den Wegfall der physischen Verkaufsflächen können auch die Kosten für den Transport der gekauften Ware nach Hause entfallen (z. B. Anmietung eines LKW). Allerdings sind die entsprechenden Versandkosten, die für die Lieferung durch den E-Shop-Betreiber bzw. seine Dienstleister erhoben werden, möglichen Einsparungen gegenüberzustellen.

Eine Reduzierung der Transaktions- und Prozesskosten auf beiden Seiten (Betreiber und Nutzer), insbesondere über eine Optimierung der Prozessabläufe, geht gleichzeitig einher mit einer Verkürzung von Bearbeitungs-, Durchlauf- und Lieferzeiten (*Ganser/Frick/Maucher* 2003, S. 59). Die Bearbeitungszeiten sind dabei die Zeiten, die benötigt werden, um einzelne Aufgaben, die während oder durch den Prozess anfallen, zu verrichten. Die Durchlaufzeiten sind dagegen die Zeiten, die benötigt werden, um einzelne Aufgaben zwischen Aufgabenträgern weiterzuleiten. Die Lieferzeiten sind wiederum Zeiten, die für die Zustellung von Materialien, Produkten und Informationen innerhalb der Leistungsbeziehung anfallen. Die **Zeitersparnisse** können durch die Möglichkeiten der elektronischen Informationsverarbeitung in allen drei Bereichen erzielt werden und dabei bspw. zu einer Verringerung der Anzahl der Arbeitsschritte und der Aufgabenträger führen. Bei standardisierten Vorgängen und Routineprozessen, die durchgängig elektronisch unterstützt werden, können **automatisierte Workflow-Systeme** eingesetzt werden (z. B. Versendung von Auftragsbestätigungen). Je einheitlicher dabei der einzelne Prozessschritt gestaltet wird, desto höher ist das Potenzial der Zeiteinsparung (*Ganser/Frick/Maucher* 2003, S. 55 ff.).

> **Eine Reduzierung der Transaktions- und Prozesskosten auf beiden Seiten (Betreiber und Nutzer) führt dazu, dass sich der elektronische Verkauf oftmals für alle Beteiligten als vorteilhafter gegenüber dem realen Handel darstellt.**

Online-Einkaufssicherheit und -qualität

Die **Online-Einkaufssicherheit** bezüglich aller Prozessabläufe richtet sich beim E-Shop in besonderem Maße an die Transaktionssicherheit des Systems. Kunden kaufen erst in einem E-Shop, wenn sie darauf vertrauen, dass ihre Personen- und Zahlungsdaten nicht missbraucht werden. Es gibt vor diesem Hintergrund gewisse Gefahrenquellen nicht nur innerhalb des E-Shops selber, sondern auch in seiner Umwelt, die die Sicherheit des Systems und den reibungslosen Ablauf der Prozesse beeinträchtigen und im schlimmsten Fall den E-Shop sogar ruinieren können. Zu solchen potenziellen **Gefahren** zählen vor diesem Hintergrund bspw. (*Schwarze/Schwarze* 2002, S. 116):

■ **Schwachstellen in der Informationsinfrastruktur**: Gefahren entstehen hierbei z. B. durch technische Fehler oder Defekte, menschliches Versagen, Programmfehler oder Systemfehler, die das System meist nur vorübergehend unterbrechen.

■ **Schwachstellen in der Umgebung**: Gefahren entstehen hierbei in der Umgebung der Informationsinfrastruktur, wie z. B. Erdbeben, Schadstoffe, Überschwemmungen, Unwetter, Feuer etc., die das System lahmlegen oder sogar ganz zerstören können.

▨ **Schwachstellen durch Delikte**: Gefahren entstehen hierbei durch deliktische Handlungen, wie z. B. Datendiebstahl, Datenmanipulation oder Datenvernichtung durch Dritte, Zerstörung oder Beschädigung der Hardware, Viren.

▨ **Schwachstellen durch Social Engineering**: Beim Social Engineering wird versucht, über den direkten Kontakt zu Mitarbeitern des E-Shops, Zugriff auf vertrauliche Daten wie Passwörter oder Zahlungsdaten zu erhalten (*Günter* 2007).

Bei der Realisierung der Sicherheitsmaßnahmen darf allerdings nicht nur ausschließlich auf die Wirtschaftlichkeit und damit auf die Gesamtkosten geachtet werden. Es gibt einige zusätzliche Anforderungen, die bei der Umsetzung eines **Sicherheitskonzeptes** beachtet werden müssen (*Schwarze/Schwarze* 2002, S.118 f.):

▨ **Integrität**: Die Unterstützung der Prozesse zur Gewährleistung der Transaktionssicherheit muss durch die Integration des Sicherheitskonzeptes in alle Schichten der Unternehmensstruktur gegeben sein.

▨ **Verfügbarkeit**: Jegliche Sicherheitsmaßnahmen müssen ständig und überall verfügbar sein, damit der gesicherte Datenaustausch zu jeder Zeit unterstützt wird und bei Gefahren schnell geschützt werden kann.

▨ **Vertraulichkeit**: Der Austausch persönlicher Daten oder vertraulicher Unternehmensdaten darf nur unter Aufsicht bestimmter, autorisierter und vertrauenswürdiger Personen geschehen. Je mehr Personen auf wichtige Daten zugreifen können, desto schwieriger werden der Schutz der Daten und das Auffinden der Schwachstelle für die Nachprüfbarkeit von Datenmissbrauch.

▨ **Authentizität**: Der Zugang der Daten über bestimmte, autorisierte Personen muss durch Authentifizierung sichergestellt sein, d. h. die Personen müssen bekannt sein und sich ausreichend erkennbar bzw. identifizierbar machen.

▨ **Verbindlichkeit**: Das Sicherheitskonzept muss die Verbindlichkeit des Datenaustausches gewährleisten. Wird z. B. ein Kauf getätigt, so geht der Käufer mit Übermittlung seiner Daten eine Verbindlichkeit ein.

▨ **Wirtschaftlichkeit**: Das Prinzip der Wirtschaftlichkeit unterstellt dem E-Shop die finanzielle Ausgewogenheit zwischen Aufwand und Nutzen des Sicherheitskonzeptes. Die Ausgaben für die Sicherheitsmaßnahmen müssen gegenüber den Schadenskosten angemessen sein.

! **Die Sicherheit der Prozessabläufe richtet sich beim E-Shop besonders an die Transaktionssicherheit des Systems, sodass Kunden diesem bei der Überlassung von Bestell- und Bezahldaten vertrauen können.**

Fallbeispiel: Otto

Die Otto GmbH & Co KG (früher Otto-Versand) ist ein deutsches Versandhandelsunternehmen mit Sitz in Hamburg. Bekannt geworden im analogen Zeitalter durch den traditionsreichen Otto-Katalog, ist es dem Unternehmen gelungen dem digitalen Wandel zu begegnen und das Produktangebot über seine Online-Plattform zu veräußern. Mit über 3 Mio. Artikelpositionen von ca. 6.800 verschiedenen Marken gehört der vom Mutterkonzern betriebene E-Shop otto.de zu einer der größten deutschsprachigen Verkaufsplattformen. Mit dem Haupt-Shop otto.de erreicht das Unternehmen pro Tag durchschnittlich 1,6 Mio. qualifizierte Visits, wovon über 70 % über mobile Endgeräte erfolgen und woraus bis zu 10 Bestellungen pro Sekunde generiert werden. In diesem Zusammenhang versucht otto.de stets die Einkaufszeiten und Prozessabläufe zu reduzieren, so dass die Kunden das digitale Einkaufen vorteilhaft gegenüber dem stationären Handel empfinden. Die gelingt otto.de insbesondere durch die einfache und zuverlässige Kaufabwicklung im E-Shop. In nur vier Schritten ist der Einkauf über otto.de abgeschlossen, wobei auf individuelle Nutzerkonten mit gespeicherten Daten und Zahlungsarten zurückgegriffen werden kann. Darüber hinaus bietet otto.de mit insgesamt 2.000 Mitarbeitern im Service, die 24 Stunden am Tag, 7 Tage die Woche und 365 Tage im Jahr erreichbar sind, seinen Kunden einen umfangreichen Service an und erfüllt so u. a. auch die Anforderungen an Verfügbarkeit und Schnelligkeit im E-Shop. Hinsichtlich der Anforderungen wie Bearbeitungs- und Lagerkosten und damit verbundenen Faktoren wie Versandkosten für Kunden ging der Otto-Konzern bereits früh einen Schritt weiter als andere Unternehmen und gründete mit dem Hermes Versand ein hauseigenes Versandunternehmen exklusiv für den Otto-Versand, welches heute als europaweiter Logistikdienstleister offen am Markt agiert und so Skalenvorteile nutzen kann, um Kunden niedrige Versandkosten bieten zu können. Hinsichtlich der Online-Einkaufssicherheit und -qualität wirbt otto.de außerdem mit Gütesiegeln wie dem BEVH/EHI-Siegel oder dem europäischen EMOTA-Gütesiegel für Online-Händler, um Kunden Transparenz und Sicherheit bei ihrem Einkauf zu signalisieren.

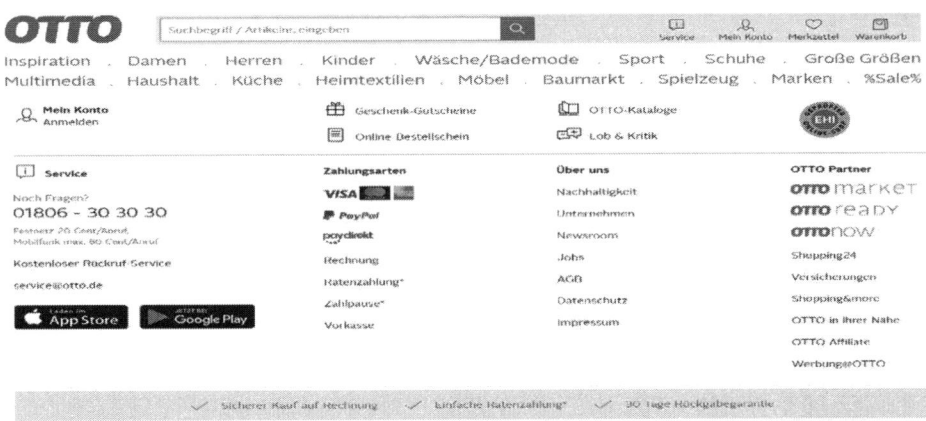

3.2.2   Die Prozessgestaltung

Die Gestaltung der Prozesse bei einem E-Shop adressiert im Wesentlichen die **Abfolge des elektronischen Verkaufs** und setzt diese um. Hierzu zählen insbesondere der Such-, Bestell- und Bezahlprozess.

eSearch-Prozess

Der potenzielle Kunde ist im Rahmen des **eSearch-Prozesses** auf der Online-Suche nach einem bestimmten Produkt oder einer Dienstleistung und betrachtet entweder schon gezielt auf der E-Shop-Seite die bereitgestellten Produktinformationen oder er stellt shopübergreifende Suchanfragen an entsprechende Such- (z. B. *Google Shopping*) oder Preissuchmaschinen (z. B. *guenstiger.de*). Um im letzteren Fall überhaupt erst einmal einen geeigneten Anbieter zu finden, muss der Kunde elementare Informationen zu Art, Spezifikation und Kondition auswerten, damit die vorhandenen Anbieter je nach vorhandenem Angebot in die engere Wahl gezogen werden können oder ausselektiert werden. Zusätzlich benötigt der potenzielle Kunde aber auch weitere Informationen, die er ggf. direkt bei einem bestimmten Anbieter (in diesem Fall dem E-Shop-Betreiber) per E-Mail, Hotline oder Kundenservice anfragen kann, oder aus externen Quellen wie Communities (z. B. *ciao.de*), Newsboards etc. beziehen kann. Um die Informationsaktivitäten in eine Angebotsselektion überzuleiten, sollten E-Shop-Betreiber unabhängig vom Zugangsweg (per direkter URL-Anwahl oder über Suchmaschine) darauf achten, gezielte und ausführliche Informationen über die Produkte auf der Seite bereit zu stellen und zu hinterfragen, welche Informationen einem potenziellen Kunden wichtig sein könnten. Diese Phase des eSearch-Prozesses läuft dabei häufig anonym ab, da Kunden lediglich Informationen suchen und sich somit zunächst durch die Vielzahl der Angebote eines oder mehrerer Online-Anbieter klicken können (*Franke* 2002, S. 12). Um die Einleitung eines Online-Kaufes im Rahmen des eSearch-Prozesses zu unterstützen, sollten folgende **Aspekte** beachtet werden (*Franke* 2002, S. 91 ff.; *Wamser* 2001, S. 115):

- **Bekanntheit**: Bevor Kunden einen E-Shop besuchen können, müssen sie zunächst von der Existenz des Angebots erfahren haben und die Web-Adresse des E-Shops kennen. Entweder gelangen sie dabei durch die direkte Eingabe der URL (Uniform Resource Locator) oder über einen Link auf einer anderen Seite (z. B. über Suchmaschinen) zum E-Shop. Durch Webseiten-Promotion als Teil des Marketings (s. Kapitel 3.4) kann dabei die Bekanntheit des Shops gesteigert werden, damit sich die Web-Adresse bei der Zielgruppe einprägt und bei Bedarf dann sofort eingegeben werden kann (z. B. *amazon.de*). Die Wahl eines adäquaten Domain-Namens und die dazugehörige Reservierung bzw. der Kauf der Domain muss vor dem eigentlichen E-Shop-Auftritt geschehen. Eventuell werden ähnliche Domains dazu gekauft, damit Fehleingaben der Kunden nicht dazu führen, den Shop nicht auffinden zu können (z. B. *amason.de* anstatt *amazon.de*). Eine direkte Weiterleitung über einen Link zur richtigen Domain sollte automatisch erfolgen.

▓ **Produktinformationen**: Umfangreiche Informationen zu den einzelnen Angeboten im E-Shop stehen zweifelsohne im Mittelpunkt. Dabei ist es sinnvoll, das Produktangebot und die zugehörigen Informationen in Gruppen und Kategorien zu unterteilen und die hierarchische Aufstellung im Online-Katalog intuitiv zu gestalten. Damit die Auswahl für den Kunden erleichtert wird, sollten detaillierte Spezifikations- und Funktionsbeschreibungen aufgestellt werden und besonders Produkte, die haptisch nicht prüfbar sind, mit ausführlichen Texten und Multimediaelementen (s. Kapitel 3.3.1) angereichert werden, um den fehlenden persönlichen Kontakt mit dem Produkt auszugleichen.

▓ **Unternehmensinformationen**: Der Kontakt der Online-Kunden mit einem E-Shop wird nicht nur durch die Wahrnehmung des Produktangebotes, sondern auch durch seinen Eindruck vom Unternehmen bestimmt. Daher sollte der E-Shop auch umfangreiche Unternehmensinformationen zur Verfügung stellen, die die Seriosität und die Leistungsfähigkeit des E-Shop-Betreibers unterstreichen, und das Unternehmen als möglichen Transaktionspartner in die engere Auswahl rücken lassen. Angaben zu den AGB, Referenzen, eine Kontaktanschrift sowie Impressum und Ansprechpartner gelten als Mindestmaß für diesen Bereich. Auch ein Hinweis zum sorgfältigen Umgang mit Kundendaten gehört zum Standard. Diese Informationen müssen sofort und durch einfache Navigation auffindbar sein.

▓ **Inhaltsqualität**: Ein weiterer wesentlicher Bestandteil für den eSearch-Prozess ist die Verbindlichkeit und Vollständigkeit der dargestellten Informationen. So müssen Produktinformationen und insbesondere die Preisangaben unbedingt komplett, verbindlich und damit aktuell, richtig und gültig sein. Mögliche Zusatzkosten, wie Porto, Versandkosten, Steuern etc., sollten transparent ausgewiesen werden. Besonders bei Angeboten oder Sonderaktionen ist es empfehlenswert, den Kunden über Gültigkeitsdauer und die gesonderten Bedingungen explizit zu informieren. Eine hohe Inhaltsqualität setzt also ein professionelles Datenmanagement voraus.

▓ **Internationalität**: Für E-Shops, die ihr Angebot auch für Kunden im Ausland bereitstellen wollen, gelten zusätzliche Bedingungen im eSearch-Prozess. Dies bezieht sich sowohl auf die Zugangswege zur und die Bewerbung der Webseite als auch auf die Webseitengestaltung. Hierbei sind sprachliche und kulturelle Unterschiede, technische Ausstattung und Landeswährungen zu beachten. Die Einstellung von E-Shop-Seiten in verschiedenen Sprachen, meistens durch das Anwählen von kleinen Landesflaggen-Symbolen auf der Webseite, wird durch die Nutzung eines Content Management Systems erleichtert, da gestalterische Elemente beibehalten werden können und nur die Textbausteine in verschiedenen Sprachen ausgewechselt werden.

▓ **Zusatzinformationen**: Einen zusätzlichen Nutzen können E-Shops den Online-Kunden durch die Bereitstellung von redaktionell aufbereiteten Zusatzinformationen bieten. Darunter fallen z. B. Ankündigungen neuer Produkte/Versionen, Brancheninformationen, Testberichte, Herstellerinformationen, Events, Jobangebote.

▨   **Personalisierung**: Besuchen Kunden einen E-Shop häufiger, so bietet es sich an, ihnen eine personalisierte Version des E-Shops zur Verfügung zu stellen. Dies bedeutet, dass der Kunde nicht jedes Mal seine Daten erneut eingeben muss, persönlich begrüßt wird und nur für ihn relevante Inhalte und Informationen direkt auf der Homepage oder im weiteren Verlauf dargestellt bekommt.

Die Suche von Produkten findet im Internet aber auch oftmals insbesondere und ausschließlich über den Preis statt. Dementsprechend sind die Preisstrategie und die Preistransparenz ein wichtiges Kriterium, um über den eSearch-Prozess gefunden zu werden. Die **Preisstrategien für Produkte** in einem E-Shop im Rahmen des **ePricing** folgen prinzipiell denselben Regeln wie auf traditionellen Märkten. Auch im Internet findet sich der optimale Preis in Abhängigkeit vom wahrgenommenen Nutzen, Preis-Absatz-Beziehungen, Kostenstrukturen, Wettbewerb und Preiselastizitäten. Trotzdem haben die Besonderheiten des elektronischen Absatzes bestimmte Implikationen für das Pricing im Internet. Dazu zählt vor allem der Aspekt der Dynamik, der eine Preisfindung (variable Preise) im Gegensatz zur Preisfestsetzung (fixe Preise) im Internet erleichtert (*Bliemel/Eggert/ Adolphs* 2000). Trotz der hohen Transparenz im Internet sind die Preise für physisch identische Produkte nicht immer gleich, sondern können sogar bei CDs und Büchern bis zu 50 % variieren (*Pohl/Kluge* 2001, S. 143). Diese Unterschiede in der Preisgestaltung hängen zwar auch von dem Produkt und seinen Eigenschaften selber ab, die Preisbereitschaft der Kunden wird jedoch zu einem zunehmend wichtigeren Faktor (s. Abb. 29). Manche Kunden legen Wert auf intangible Produktmerkmale, wie z. B. die zeitliche und lokale Verfügbarkeit des Produktes, die zusätzlichen Serviceleistungen, Werbung, die öffentliche Wahrnehmung oder die Kauferfahrung und das dadurch entstandene Vertrauen.

Katalogpreise sind in der Regel für jedes verkaufte Produkt gleich hoch, deshalb werden diese Preise auch als uniform oder statisch bezeichnet. Da keine dynamische Anpassung oder Differenzierung vorgesehen ist, werden Katalogpreise oft als Einstiegmethoden im E-Shop benutzt. Somit können auch undifferenzierte Preise anderer Absatzkanäle ins Internet übertragen werden und verhindern dadurch die Kannibalisierung dieser aufgrund unterschiedlicher Preisstrategien. Zudem kann zwischen **Preisfixierung** durch den Anbieter und Preisfixierung durch den Nachfrager unterschieden werden. Üblicherweise werden Preise durch den Anbieter festgelegt, es gibt aber auch die Möglichkeit für Nachfrager den Maximalpreis für eine Leistung vorzugeben. Reisevermittler, wie z. B. *priceline.com*, vermittelt den Nachfrager dann zu einem geeigneten Anbieter, der die Leistung für den vorgegebenen Preis bereit ist zu erbringen. Eine weitere zugehörige Variante ist das **Abo-Pricing**, bei der eine Leistung wiederkehrend zu einem festen Preis geordert wird (z. B. *bloomydays.de* für monatliche Blumenlieferung im Abonnement zum festen Preis).

Bei der **Preisdifferenzierung** steht die Individualisierung des Angebots im Vordergrund. Je nach Individualisierungsgrad des Angebots, kann der E-Shop einzelnen Kunden oder Kundengruppen differenzierte Preise anbieten. Der allgemeinen Preis-Absatz-Funktion zufolge wäre eine Gewinnoptimierung somit möglich, wenn jedem einzelnen Kunden ein auf ihn individuell zugeschnittener Preis offeriert wird und Kunden, die nicht bereit sind, die untere Preisgrenze einzuhalten, nicht bedient werden. Unterschiede bei der Preisdifferenzierung gibt es noch hinsichtlich der Selbstselektion. Bei Preisdifferenzierung **mit Selbstselektion** werden dem Kunden verschiedene Varianten eines Produktes angeboten, die mit zeit- oder mengenbezogenen Preisen versehen werden. Der Kunde kann also selber wählen, welche Variante (z. B. wie viel oder wann) er kauft und kann somit den Preis beeinflussen. Bei der Preisdifferenzierung **ohne Selbstselektion** werden die Kunden in unterschiedliche Gruppen eingeteilt, die unterschiedliche Preise zahlen. Die Unterteilung hängt dabei stark vom Produkt und dem Kundenkreis ab. Zum Beispiel fallen Studentenrabatte unter diese Kategorie. Eine Preisdifferenzierung kann jedoch auch zeit-, kunden-, mengen- oder leistungsbezogen (*Wirtz* 2018, S. 486 ff.) sein.

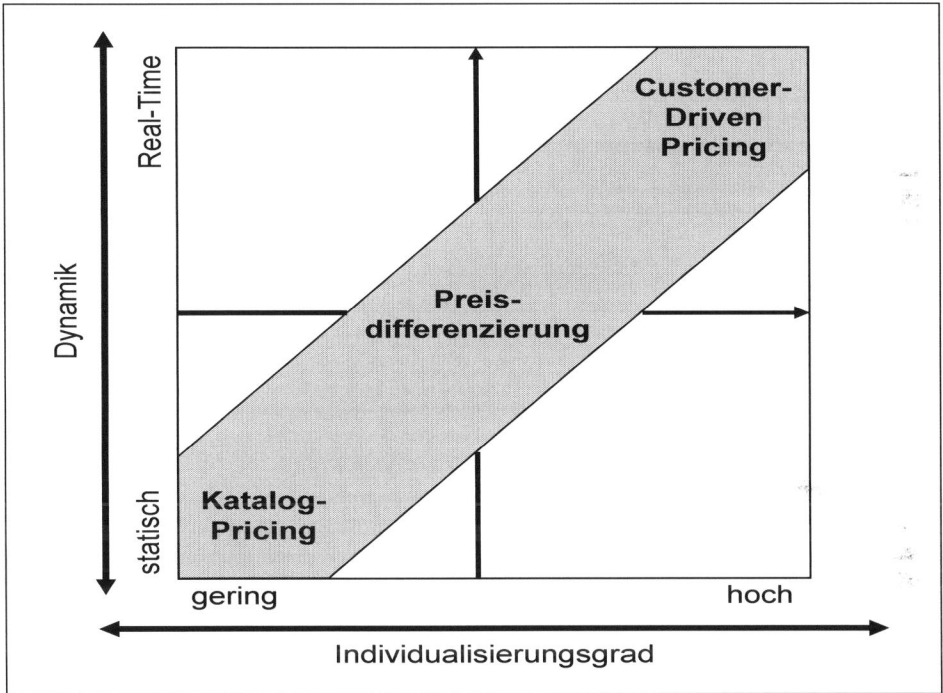

Abb. 29:   Die verschiedenen Modelle des ePricing für E-Shops
Quelle: *Pohl/Kluge* 2001, S. 150.

Unter dem Stichwort „**Dynamic Pricing**" weist *Dörner* (2015) noch einmal explizit darauf hin, dass Preise oft gar nicht so fest sind, wie sie dem Kunden erscheinen, sondern viel eher individuell festgelegt werden. Nach *Brix* (2018) wird dagegen unter dem Begriff „Dynamic Pricing" respektive „dynamische Preissetzung" verstanden, dass sich die Preise variabel und individuell in bestimmten Abständen verändern. Hierbei können die Preise individuell zum einen auf Basis vom Preisverhalten der Wettbewerber oder zum anderen durch Analysen zu Nutzerinformationen und dem Surfverhalten der User angepasst werden (*Genth* et al. 2016). Der Ansatz der **dynamischen Preissetzung** stellt vor diesem Hintergrund insbesondere die preisliche Anpassung an die jeweiligen zeitlichen Marktsituationen dar (*Frohmann* 2018, S. 126). Dabei bedient die individuelle Preisgestaltung Überkapazitäten bestimmter Produkte und Engpässe sowie Angebote. Im Kontext von E-Commerce-Plattformen unterliegen die variierenden Preisschwankungen bestimmten komplexen Algorithmen. Mit in diese **algorithmische Berechnung** werden neben Wettbewerbspreisen auch externe Einflüsse wie bspw. das Wetter, regionale Faktoren oder aber auch bestimmte Zeitaspekte einbezogen (*Frohmann* 2018, S. 126). Die Algorithmen analysieren Datenmengen und nehmen Bezug auf bestimmte genannte Preisbildungsfaktoren (*Gläß* 2018, S. 9). *amazon.com* soll je nach Quelle täglich für jedes Produkt den Preis bis zu 4.500 -mal überprüfen und über 2,5 Mio. Preisänderungen vornehmen. Dabei werden laut *key-values.com* „automatisch Vergleichsangebote, Wettbewerber und Portale im Internet nach dem aktuellen Preis durchforstet. Ein Algorithmus entscheidet ob der Preis bei *Amazon* erhöht oder reduziert wird. Dadurch wird die sog. Konsumentenrente (das, was der Kunde bereit ist für ein Produkt zu zahlen) optimal ausgeschöpft und im Ergebnis die Marge oder das Verkaufsvolumen erhöht."

Neben den Markt- und Wettbewerbseinflüssen werden aber natürlich auch die **Nutzerinformationen** und das **Surfverhalten** bis hin zu **technischen Zugangswegen** (z. B. Handy-Typ) analysiert und diese Daten können ebenfalls zur individuellen Preisfestlegung verwendet werden. Neben derartig komplexen Verfahren sind es jedoch oftmals weit einfachere Mechanismen, die zur Preisdifferenzierung verwendet werden. Dazu zählt bspw., ob der Kunde über eine Suchmaschine auf die Seite E-Shops gelangt oder welche Informationstechnologie er verwendet. Das Startup *eBlocker* hat dazu eine Studie durchgeführt. Demnach bezahlen im Onlinebüroshop *bueromarkt-ag.de* Kunden, die den E-Shop direkt aufrufen etwa 24 % weniger, als Kunden, die über *Google Shopping* auf die Seite geleitet werden. Dies kann als Rabatt für Stammkunden interpretiert werden. Umgekehrt verhält es sich hingegen bei *lensbest.de*, einem E-Shop für Kontaktlinsen. Hier zahlt ein Kunde, der die Seite direkt aufruft, mehr, als ein Kunde, der die Seite über die *Google*-Suche erreicht. Auch das zur Bestellung verwendete Gerät kann einen Einfluss auf den Preis haben. So war bei *expedia.de* die Buchung einer Reise (Flug und Hotel) für einen iPhone-Nutzer günstiger, als bei einer Buchung mittels PC. Auch zwischen verschiedenen Smartphones ist eine Preisdifferenzierung beobachtet worden. Bei *travelocity.com* zahlten Kunden für dasselbe Zimmer mit dem *iPhone* weniger, als Smartphone-Nutzer mit einem *Android*-System. Beim Dynamic Pricing können Preise aber auch noch von weiteren Aspekten, wie Tageszeit oder Verhalten der Wettbewerber, abhängen. Unter Dynamic Pricing fallen auch die in Abhängigkeit der Zeitspanne bis zum Abflug mitunter stark divergierenden Preise von Flugtickets. Letztendlich geht es für E-Shops unter Berücksichtigung der aktuellen Markt- und Nachfragesituation um die Maximierung der Zahlungsbereitschaft der Kunden, um die Gewinnpotenziale optimal auszuschöpfen.

Fallbeispiel: Douglas

Die Parfümerie Douglas GmbH mit Sitz in Düsseldorf ist eine deutsche Parfümeriekette und gehört mit rund 2.500 Stores und wachstumsstarken Online-Shops in 19 europäischen Ländern zu den führenden Beautyhändlern Europas. Um die Kundenbindung zu stärken und im Zuge dessen auch die Onlinepreise und Werbeangebote zu optimieren sowie dynamisch auszurichten, hat Douglas im Herbst 2018 die Softwarelösung von Revionics implementiert. Douglas erklärt die Einführung des Preisoptimierungstools, das eine digitale dynamische Preissetzung gewährleistet, als eine Strategie zur Stärkung und zum Ausbau der Marktposition durch die richtige Preispolitik. Durch die Einführung von Revionics können durch Analyse- und Optimierungsfunktionen entsprechende Preis- und Werbeangebote erstellt werden, die für entsprechende Kundensegmente am wichtigsten sind. Durch Revionics ist es möglich, auf die Kundennachfrage direkt zu reagieren, um die Preisgestaltung möglichst optimal am Kunden auszurichten. Entsprechend sollen die Preise durch den Kunden niemals zu hoch oder zu niedrig bewertet werden und optimal auf die Marke, die Wettbewerbspositionierung und eben auf die Nachfrage ausgerichtet sein. Revionics unterstützt Douglas in der Identifizierung der Preissensibilität der Nachfrager. Die Software beinhaltet dabei wichtige Funktionen wie Geschäftsregeln und -einschränkungen (darunter bspw. Wettbewerbsindizes, Margenziele und Produktbeziehungen), Preisstrategie und Wettbewerbspositionierung (darunter bspw. vordefinierte Standardpreisstrategien und individuell anpassbare Preisstrategien), wissenschaftliche Komponenten (darunter bspw. die Auswirkungen der Preiselastizität auf Kategorieziele und Kannibalisierungseffekte) sowie Analyse und Berichtswesen (darunter bspw. Priorisierung von Preisempfehlungen, Messung der Auswirkung von Preisänderungen und Preisänderungshistorien). Douglas versucht somit durch die Dienstleistungen des SaaS-Anbieters Revionics Wettbewerbsvorteile zu erlangen, indem Preisgestaltung, Werbung und Verkaufsflächen verwaltet und optimiert werden.

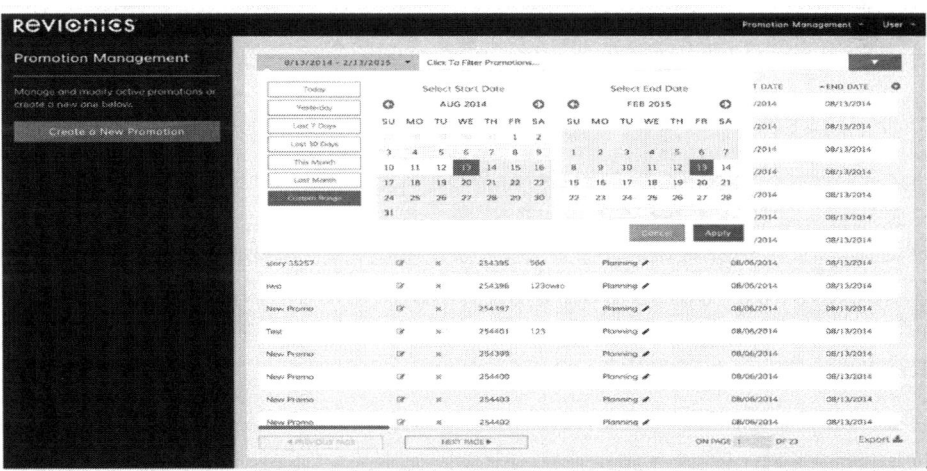

Beim **Customer-Driven Pricing** bestimmt der Kunde den Preis. Er legt offen dar, wie viel er bereit ist, für ein bestimmtes Angebot zu bezahlen. Der Anbieter kann sich daraufhin überlegen, ob er sein Produkt für den angebotenen Preis verkaufen möchte, oder nicht. Dieses Modell ist als Preisfindungsmechanismus z. B. bei elektronischen Marktplätzen (s. Kapitel 4.2.2) zu finden. Bei traditionellen **Auktionen** geben Kunden ihr Preisangebot für das gewünschte Produkt ab und das höchste Gebot erhält den Zuschlag. Zusätzlich gibt es aber auch die Möglichkeit einer **Reverse Auction**, bei der die Preisfindung quasi rückwärts abläuft. Beispiele dafür sind Auktionen, bei denen Aufträge für bestimmte Dienstleistungen von Kunden ausgeschrieben werden, für die Unternehmen dann Gebote abgeben können. Der Startpreis bildet die vorher vom Kunden festgelegte maximale Preisbereitschaft, die es dann im Verlauf der Auktion von Dienstleistern zu unterbieten gilt. Nach Ablauf der Auktion kann sich der Auftraggeber den passenden Auftragnehmer aussuchen. Dies muss nicht unbedingt aufgrund des niedrigsten Preises geschehen, sondern kann auch aufgrund weiterer Faktoren, wie Lieferzeit oder Qualität, geschehen.

eSales-Prozess

Nach einer eingehenden Informationssuche und -bewertung zu einzelnen Online-Angeboten im Rahmen des eSearch-Prozesses hat der Online-Kunde nun eine konkrete Auswahl eines oder mehrerer Produkte(s) getroffen, die er im Online-Warenkorb hinterlegt hat. Mit dem Drücken des graphischen Knopfes „zur Kasse (gehen)" startet sodann der **eSales-Prozess**. Hier müssen alle Rahmenbedingungen für die Durchführung der Transaktion geschaffen werden. Es werden Lieferungs- und Zahlungsbedingungen geklärt und die Partner halten ihre vereinbarten Konditionen der Transaktion in einem sog. „virtuellen Vertrag" fest, der über die Zustimmung der AGB des E-Shop-Betreibers und den entsprechenden Bekundungen zum Kaufwillen durch das Drücken des Bestellbuttons (z. B. „Bestellung absenden" oder „Kauf bestätigen") zustande kommt. Somit ist eine adäquate Rechtsgrundlage für den Online-Handel geschaffen, bei der ein Angebot durch den E-Shop-Betreiber formuliert sowie durch den Online-Kunden angenommen wird (*Franke* 2002, S. 12; *Wamser* 2001). Die folgenden Aspekte sollten bei der Vereinbarung eines Kaufes beachtet und durch entsprechende Informationen in den **eSales-Prozess** eingepflegt werden (*Franke* 2002, S. 94 ff.):

▪ **Verfügbarkeitsinformationen**: Je nach Art des E-Shops sind die bestellten Artikel nicht im Lager vorrätig und müssen erst beim Lieferanten angefordert werden. Somit verlängert sich die Lieferzeit für den Kunden, insbesondere dann, wenn der Lieferant den Artikel nicht im Lager hat. Dies gilt insbesondere für E-Shops, die nicht selbst als Händler der Ware auftreten und Versendungen vornehmen, sondern lediglich virtuell die Nachfrage „einsammeln" und gegen Provision weitergeben. Die Möglichkeit, die Verfügbarkeit des gewünschten Produktes zu prüfen und die konkrete Lieferzeit angegeben zu bekommen, hilft, Missverständnisse zwischen den Partnern vorzubeugen. Diese Informationen sollten u. U. im „virtuellen Vertrag" festgehalten werden.

▪ **Datensicherheit**: Soll eine Transaktion zu Stande kommen, so werden zwangsläufig persönliche Daten des Käufers übermittelt, da diese für die Zahlungsabwicklung und

Anlieferung benötigt werden. Damit diese Daten auf dem Weg zum Verkäufer nicht von Dritten eingesehen oder manipuliert werden können, muss eine verschlüsselte Datenübertragung stattfinden. Dieser Aspekt spielt bei der Vertrauensbildung eine ganz entscheidende Rolle und muss somit sehr sorgfältig behandelt werden. Der Hinweis auf die diskrete und datenschutzrechtliche Behandlung der Kundendaten und die Abfrage von Daten, die ausschließlich für die Durchführung der Transaktion benötigt werden, geben dem Kunden Vertrauen in die Seriosität des Anbieters.

▨ **Konfigurationshilfen**: Je nach Komplexität des Produktes bietet sich die Bereitstellung von Konfigurationshilfen an. Somit wird dem Kunden die Auswahl eines nach seinen Vorstellungen konfigurierten Produktes erleichtert. Er kann durch Online-Hilfen bestimmte Variationen, Typen oder Produktmerkmale selber bestimmen und somit den endgültigen Preis beeinflussen.

▨ **Zahlungsangaben**: Der Zahlungsvorgang muss für den Kunden einfach, transparent und unter den Bedingungen einer höchst möglichen Sicherheit erfolgen, damit Daten vor Manipulation und Betrug geschützt sind. Eine ausführliche Anleitung zur Benutzung der jeweiligen Zahlungsarten hilft dem Kunden, den Zahlungsvorgang besser zu Verstehen und die Seriosität des Anbieters einzuschätzen.

ePayment-Prozess

Die elektronische Bezahlung als **ePayment-Prozess** der Online-Ware steht am Ende der Transaktion und stellt für den E-Shop damit die Realisierung von Einnahmen dar. Dabei werden Internet-Bezahlverfahren als „enabling technology" bezeichnet, da erst dadurch der gesamte Transaktionsprozess virtuell abgebildet werden kann (*Korell/Kiefer* 2001, S. 246 ff.). Insofern ist die Wahl des richtigen Zahlungssystems und die sichere bzw. fehlerfreie Durchführung des Zahlungsaktes von großer Bedeutung, zumal ein Schutz vor Missbrauch gegeben sein muss, der wiederum ausschlaggebend für die Akzeptanz (und das Vertrauen) auf der Kundenseite ist. Das vom E-Shop-Betreiber ausgewählte Bezahlverfahren muss vor diesem Hintergrund die komplette Zahlungsabwicklung gewährleisten. Darunter fallen verschiedene Teilprozesse, die je nach Art des Verfahrens unterschiedlich ausgeprägt sind. Häufig wird der gesamte Zahlungsprozess komplett an Dritte ausgelagert, da der E-Shop bzw. sein Betreiber nicht über die geforderten Kompetenzen verfügt und besonders die Sicherheitsaspekte eine gewisse Professionalität im Umgang mit sensiblen Kundendaten (Zahlungsinformationen) erfordern. Daher sind im Allgemeinen neben den generellen Überlegungen zur Systemauswahl folgende Aspekte für den **Zahlungsprozess** von Bedeutung (*Merz* 2002, S. 451 ff.):

▨ **Adressvalidierung**: Überprüfung der angegebenen Adresse auf ihre Richtigkeit.

▨ **Scoring**: Beim Scoring wird das Zahlungsverhalten des Online-Kunden prognostiziert und damit eine Risikobewertung vorgenommen. Die Bewertung wird anhand verschiedener Beurteilungskriterien ermittelt.

- **Bonitätsprüfung**: Daten des Online-Käufers werden mit Bonitätsinformationen aus Schuldnerverzeichnissen der Amtsgerichte und Inkassoverfahren abgeglichen.

- **Zahlungsabwicklung**: Hier kommen die unterschiedlichen Zahlungsverfahren zum Einsatz (z. B. Kreditkarte), die die eigentliche Zahlung abwickeln.

- **Forderungs- und Debitorenmanagement**: Je nach gewählter Zahlungsabwicklung (z. B. Rechnung) müssen nach erfolgter Lieferung die Zahlungseingänge überwacht und kontrolliert werden, damit ausstehende Forderungen sofort an das Mahnwesen weitergeleitet werden können.

 Medienhinweis: Das E-Payment beim E-Shop (Audio-Podcast)
www.netcampus.de/podcasts

Neben den hinreichend bekannten Offline-Zahlungsverfahren, wie z. B. Überweisung oder Nachnahme, stehen im ePayment-Prozess zahlreiche Möglichkeiten zur Verfügung, den Zahlungsprozess auch online abzuwickeln. Dabei lassen sich zwei **zentrale Methoden** unterscheiden. Entweder es werden herkömmliche Bankinformationen (Kontonummer, Bankleitzahl oder Kreditkartennummer) verschlüsselt übertragen (Kreditkarten-, Konto-basierend) bzw. über Dritte die Authentizität der Zahlungsgeber und Zahlungsempfänger gewährleistet (Trust Center-basierend), oder die finanzielle Transaktion wird über elektronisches Geld abgewickelt (Bargeldäquivalent/eCash). Alternativen werden häufig anhand der folgenden **Unterscheidungskriterien für elektronische Zahlungssysteme** kategorisiert:

- das **technologische Konzept**, das bestimmt, ob ein virtuelles Konto angelegt, das Geld in Form einer virtuellen Währung in Software oder Hardware abgelegt oder eine Kreditkarte wie im stationären Handel verwendet wird,

- der **Zahlungszeitpunkt**, der determiniert, ob der zu bezahlende Geldbetrag vor der Transaktion (Pre-Paid), währenddessen (Pay-Now) oder danach (Post-Paid) bezahlt werden muss sowie

- die **Zahlungshöhe** mit den Varianten Macropayment und Micropayment (*Meier/ Stormer* 2012, S. 182). Von Macropayment wird gesprochen, wenn die Zahlungstransaktionen einen höheren Geldbetrag umfassen (5 bis 500 Euro) und dadurch ein höherer Sicherheitsstandard erfüllt sein muss. Micropayments stehen für Zahlungsbeträge, die im niedrigen Euro- bzw. Centbereich (10 Cent bis 5 Euro) angesiedelt sind.

Zu den **Benutzerkonto-basierten Zahlungssystemen** zählen vor allem *PayPal*, *Alipay*, *Click & Buy* und *Google Wallet*. Bei allen drei Angeboten muss der Benutzer ein **virtuelles Konto** erstellen und dort seine Kontoinformationen hinterlegen, die wiederum geprüft und autorisiert werden. *Google Wallet* akzeptiert dabei, im Gegensatz zu den beiden anderen Anbietern, nur Kreditkarten als Bankkonto-basierte Zahlungsmethode, ermöglicht dafür jedoch bei Verträgen mit bestimmten Anbietern die Bezahlung über die Mobilfunkrechnung. *PayPal* bietet zusätzlich zur Lastschriftabbuchung, die wie bei *Click & Buy* standardmäßig verwendet wird, die Möglichkeit, im Vorhinein Geld auf sein virtuelles Konto zu überweisen. Bei einer Online-Bezahlung über einen der eben genannten Anbieter authentifiziert sich der Nutzer mit den entsprechenden Login-Daten. Der Zahlungssystembetreiber schreibt den Transaktionsbetrag dem Empfänger, der ebenfalls ein entsprechendes Benutzerkonto haben muss, gut und kümmert sich ggf. um die Abbuchung beim Absender des Geldes. Zur Erhöhung der Sicherheit wird dabei jeder Geldtransfer und Kontozugriff über das Secure-Sockets-Layer-Protokoll (SSL-Protokoll) verschlüsselt. Alle drei Anbieter nehmen für die Transaktionen, die sie durchführen, einen prozentualen Geldbetrag vom Transaktionsempfänger; teilweise wird zudem eine Transaktionsgrundgebühr verlangt. Ebenfalls zu den Benutzerkonto-basierten Zahlungssystemen zählt *Amazon Payments*. Bei diesem Verfahren zahlen Kunden auch außerhalb von *amazon.de*, bspw. bei *myluca.de*, einem E-Shop für hochwertige Handytaschen, mit ihrem *amazon.de*-Konto. *amazon.de* übernimmt dann auch die weitere Zahlungsabwicklung. Für Kunden ist dieser Service kostenlos, E-Shop-Betreiber, die diese Zahlungsart anbieten möchten, bezahlen dafür maximal 1,9 % + 0,35 Euro pro Transaktion (*Amazon Pay*).

Bei **Guthaben-basierten Zahlungssystemen** kann im Allgemeinen zwischen Guthabenkarten und SmartCards unterschieden werden. **Guthabenkarten** (z. B. *Paysafecard*) haben in der Regel das Format einer EC-Karte und können in verschiedenen Geschäften gekauft werden. Bei der Bezahlung wird ein Code eingegeben, der auf der Karte vermerkt ist. Der zu bezahlende Betrag wird dann vom entsprechenden Guthabenkonto abgezogen. Sobald das Guthaben verbraucht ist, ist die entsprechende Karte wertlos und der Kunde muss eine neue erwerben. Die SmartCard stellt im Grunde eine Plastikkarte dar, auf der ein Mikrocomputer integriert ist, mit dessen Hilfe umfangreiche Informationen abgespeichert werden können. Dabei handelt es sich, im Vergleich zu einfachen Chipkarten oder Magnetstreifenkarten, um ein in sich geschlossenes System. Die **Geldkarte** (vom *Zentralen Kreditausschuss* entwickelte Karte für Zahlungsvorgänge im Handel) baut auf diesem Systemkonzept auf und ermöglicht die Nutzung der SmartCard als Geldbörse. Vor dem Bezahlvorgang lädt der Kunde seine Karte mit einem Guthaben auf und kann nun damit Rechnungen begleichen. Voraussetzung ist ein fälschungssicheres Kartenlesegerät. Der Vorteil dieser Zahlungsform liegt, wie bei einer Guthabenkarte, in der gewahrten Anonymität des Nutzers. So kommen Guthaben-basierte Zahlungssysteme den Eigenschaften des Bargeldes sehr nahe, da bei Verlust der Karte auch der Geldwert verloren ist bzw. eine gefundene Karte von anderen Personen ohne weitere Autorisierung verwendet werden kann. Hinderlich für den Einsatz im Internet kann bei SmartCards die Notwendigkeit eines kompatiblen Kartenlesegerätes sein, das bei jedem Medium integriert sein müsste, mit dem eine Verbindung zum Internet hergestellt werden kann (z. B. auch in Handys).

Zahlreiche Entwicklungen bauen auf dem System der **Kreditkartenbasierte Zahlungssysteme** auf und schaffen somit Rahmenbedingungen für deren Einsatz im Internet. Grund ist der relativ hohe **Verbreitungsgrad** dieser Zahlungsmethode in der realen Welt. Im

Vordergrund stehen dabei die sichere Übertragung der Kreditkarteninformationen und die Authentizität dieser Daten, also die Sicherheit, dass der Nutzer der Kreditkarte auch der Inhaber des Kontos ist. Generell existieren vor diesem Hintergrund zwei **Arten der Kreditkartenbezahlung**:

■ **Kreditkartenzahlung mit SSL**: Die einfachste und auch derzeit am häufigsten verwendete Variante ist die Verschlüsselung der Informationen mit dem SSL-Protokoll, das durch Verschlüsselungsalgorithmen und digitale Zertifikate Datenschutz, Integrität und Authentizität der Kommunikationspartner sicherstellt. Es ist in allen am Markt verbreiteten Browsern implementiert. Über ein Abfrageformular werden die Kreditkarteninformationen des Kunden erfasst und in verschlüsselter Form an den Rechnungssteller übermittelt. Im Gegensatz zur herkömmlichen Vorgehensweise fehlt jedoch ein vom Kunden unterschriebener Beleg als Beweis für die Rechtmäßigkeit der Zahlungsforderung gegenüber dem Kreditkartenunternehmen. Darin liegt auch die Schwäche dieses Verfahrens. Der Händler hat keine Garantie, dass der Benutzer auch wirklich der Inhaber der Kreditkarte ist. Der Kunde seinerseits muss auf die Abbuchung des korrekten Betrags vertrauen, denn auch er erhält keinen Beleg. Im Betrugsfall hat der Händler das Nachsehen, denn der rechtmäßige Kreditkarteninhaber kann aufgrund der Kreditkartenbedingungen für den Einsatz über Telefon und Internet illegal erwirkte Zahlungen zurückfordern.

■ **Kreditkartenzahlung mit SET**: Der Zahlungsstandard Secure Electronic Transaction (SET) ist von einem Konsortium bestehend aus *Visa*, *Mastercard*, *Microsoft*, *Netscape*, *IBM* und weiteren IT-Firmen entwickelt worden. Wie bei SSL geht es um die sichere Übertragung der Zahlungsinformationen über das Internet. Darüber hinaus garantiert SET nicht nur die Authentizität der beteiligten Transaktionspartner, sondern auch die Bezahlung und die Auslieferung der bestellten Produkte. Dies wird durch eine Zertifizierungsstruktur erreicht, bei der die Kreditkartenbetreiber als Trust Centers auftreten. Die Problematik der fehlenden Rückgriffsmöglichkeit direkt auf den Kunden ist dadurch gelöst. Vorteil dieses Standards ist die globale Verbreitung durch die im Konsortium beteiligten Kreditkartenunternehmen. Nachteilig für die Verbreitung wirken sich die hohen Kosten für Bereitstellung und Betrieb aus.

Eine weitere Bezahlungsmöglichkeit ist **Mobile Payment**, bei dem der Nutzer die Möglichkeit hat, mit seinem Mobiltelefon Rechnungen zu begleichen. Diese Technik wurde in Deutschland erstmals Mitte der 90er Jahre eingeführt. Inzwischen setzen viele Mobile-Payment-Anbieter weltweit auf **Near Field Communication** (NFC). Die NFC-Technologie basiert auf einer Kombination aus **Radio Frequency Identification** (RFID) und drahtloser Verbindungstechnologie (*Weiber/Hörstrup* 2009, S. 286). Insbesondere der rasante Aufstieg des Zahlungsabwicklers Wirecard in den DAX untermauert den nationalen und internationalen Wachstumsprozess und globalen Trend zu digitalen Zahlungsprozessen. Studien zeigen, dass sich inzwischen jeder zweite Deutsche wünscht, mit dem Handy nicht nur zu telefonieren, sondern auch bezahlen zu können (*Scherff* 2018, S. 32). Die Bezahlungen können sowohl für Produktkäufe im Einzelhandel, zur Begleichung von Rechnungen für Online-Shops sowie zur Übertragung von Geldbeträgen zwischen einzelnen Usern erfolgen. Allerdings hat sich diese Form der flexiblen Bezahlung in Deutschland sowohl bei den Käufern als auch bei den Verkäufern noch nicht durchgesetzt. Denn die deutschen Bundesbürger tun sich mit dem mobilen Bezahlen schwer. Laut einer Studie der Unternehmensberatung *Oliver Wyman* (2018) bezahlen erst 7 % der Verbraucher am Point of Sale mit dem Smartphone. Lediglich 33 % der Nicht-Nutzer können es sich vorstellen zukünftig mobil zu bezahlen. Bisher existieren nur verschiedene Einzellösungen für die mobile Bezahlung. Mit technologischen Neuerungen im Smartphone-Segment, steigen auch die Ziele der jeweiligen Smartphone-Hersteller wie *Apple*, *Samsung* und *Google*, um im Bereich der mobile Payment-Plattformen als Marktführer zu dominieren (*Burge* 2016, S. 1523). **Samsung Pay** wurde bereits im September 2015 eingeführt, ist jedoch nur bedingt auf allen *Samsung*-Geräten funktionsfähig. *Google* hat seinen Dienst **Android Pay/ Google Pay** ebenfalls im September 2015 erstmal publiziert, funktioniert jedoch auch nur auf bestimmten Geräten. **Apple Pay** benötigt ebenso ein seit 2014 eingeführtes iPhone 6 oder ein noch neueres Gerät. Alle Geräte basieren dabei auf der NFC-Fähigkeit, die ein kontaktloses **Bezahlen am Point-of-Sale** ermöglicht (*Burge* 2016, S. 1524). Über eine eigens entwickelte App der jeweiligen Plattformen (das sog. App Wallet) können Kreditkartendaten hinterlegt werden. Das Prinzip von *Apple Pay* funktioniert bspw. so, dass die Kreditkartendaten in der App geschützt sind, da sie nicht auf dem Smartphone gespeichert werden und bei der Bezahlung nicht geteilt werden. Wenn etwas bezahlt wird, so benutzt *Apple Pay* eine gerätespezifische Nummer zusammen mit einem einzigartigen Transaktionscode. Bei neueren Modellen von Apple-Endgeräten können Transaktionen über *Apple Pay* via Touch ID oder Face ID verifiziert werden. *Apple Pay* und *Google Pay* wurden zum Jahreswechsel 2018/2019 auch in Deutschland freigeschaltet. Allerdings werden noch nicht alle Konten und deren zugehörigen Bankkarten von den jeweiligen Kreditinstituten in Verbindung mit *Apple Pay* unterstützt. Auch bieten zunächst nur einige Händler die Bezahlung vor Ort mit diesem System an (*www.apple.com/de/apple-pay*).

Digitale Zahlungsmittel, wie bspw. die **Kryptowährungen** *Bitcoin*, *Ethereum* und *Moreno*, stellen eine weitere Bezahlmöglichkeit im elektronischen Verkauf dar. Kryptowährungen machen sich die Blockchain-Technologie zu Nutze, um Zahlungen, ohne einen Intermediären, wie bspw. eine Bank, sicher und schnell abzuwickeln (*Talin* 2018). Darin besteht ein wesentlicher Unterschied zum konventionellen Geld, weil keine zentrale Institution, wie bspw. eine Notenbank, mehr in der Lage ist, die Produktion von Währungseinheiten zu beeinträchtigen. Das bedeutet gleichsam, dass Kryptowährungen keinen eigenen (intrinsischen) Wert besitzen, sondern dieser erst durch die Akzeptanz zwischen Handelspartnern (Zahlern und Empfängern) resultiert. Die dafür notwendige Vertrauensbasis zwischen den Beteiligten soll durch die sich im Peer-to-Peer-Netzwerk gegenseitig kontrollierenden Teilnehmer gesichert werden. Um mit Kryptowährungen bezahlen zu können muss zunächst ein entsprechender Client auf dem Computer installiert werden. Dabei lädt die Software eine gemeinsame Datenbank herunter, die ein Verzeichnis aller Zahlungen im Netzwerk dokumentiert. Diese Datenbank weist jedem Nutzer einen kryptischen Buchstabencode zu, wodurch sich im Netzwerk ausgewiesen wird. Jede Währungseinheit wird dann einem Nutzer zugeteilt und stellt sicher, dass kein Falschgeld überwiesen werden kann. Durch Tausch von Fiatgeld in die entsprechende Kryptowährung kann dann das entsprechende digitale Konto bedient werden. Zahlungen können durch Angabe der Summe und Adresse des Empfängers in der Software getätigt werden und erscheinen nach ungefähr zehn Minuten beim Empfänger.

> **!** **Ein gut ausgestalteter E-Shop sollte den gesamten Verkaufsprozess digital abdecken und umfasst die größeren Prozess-Teilbereiche von eSearch, eSales und ePayment.**

Fallbeispiel: Apple Pay

Apple Pay ist ein Zahlungssystem des US-amerikanischen Unternehmens Apple für die eigens entwickelten mobilen Geräte. Apple Pay ermöglicht dem Kunden Zahlungen in Geschäften, Apps und im Internet vorzunehmen. Das System arbeitet mittels der Near Field Communication-Technologie (NFC) sowie mit der hauseigenen App namens Wallet. Die sensiblen Daten werden nicht auf den Geräten oder den Apple Servern gespeichert und bei der Bezahlung nicht geteilt, sodass sämtliche Transaktionen nicht auf den Nutzer zurückzuführen sind. Wenn etwas bezahlt wird, so benutzt Apple Pay eine gerätespezifische Nummer zusammen mit einem einzigartigen Transaktionscode. Bei neueren Modellen von Apple-Endgeräten können Transaktionen über Apple Pay via Touch ID oder Face ID verifiziert werden. Im Rahmen des Verkaufsprozesses verschafft Apple dem Kunden damit die Vorteile, schnell, einfach und sicher in Apps, im Internet oder in Geschäften mit dem mobilen Endgerät (z. B. Smartphone, Apple Watch) zu bezahlen. Diese Vorteile sind insbesondere in der Kaufphase von enormer Relevanz, um den potenziellen Kunden nicht kurz vor dem Abschluss einer Transaktion zu verlieren. Für E-Shop Betreiber stellt Apple Pay somit eine Möglichkeit der mobilen Bezahlung dar, um eine sichere und schnelle Durchführung der Transaktionen zu gewährleisten, welche ausschlaggebend für die Akzeptanz und das Vertrauen auf Kundenseite sind.

3.2.3　Das Prozessmanagement

Das Management der Prozesse bei einem E-Shop lässt sich aufgrund der **Nutzung der generierten Informationen** im bzw. aus dem elektronischen Verkauf nach operativen, taktischen und strategischen Aufgaben differenzieren (s. Abb. 30; *Kollmann* 2019a).

Operativer Verkauf

Die Informationsverwendung beim **operativen Verkauf** betrifft in der Regel die unmittelbare Verbesserung des eSales-Prozesses (s. Kapitel 3.2.2). Durch die zeitnahe, im besten Fall sogar in „real-time" durchgeführte Analyse der Bedürfnisse der Online-Kunden bei der Nutzung eines E-Shops soll es an möglichst vielen Stellen zu nutzerübergreifenden Automatisierungen kommen. Dies kann sich z. B. auf die Bestellung oder die Bezahlung (z. B. der „1-Click"-Kauf bei *amazon.de*) beziehen. Der Aufwand für wertschöpfungsneutrale, operative Aufgaben soll so minimiert werden. Neben zeitlichem und personellem Aufwand, der durch die Automatisierung der Prozesse reduziert werden kann, sind Qualitätsvorteile durch Fehlerminimierung realisierbar (*Wohlenberg/Krause* 2001, S. 77). Der operative Verkauf soll also die effiziente Abwicklung von Transaktionen (Verkäufen) ermöglichen, um dadurch Absatzzahlen zu erhöhen. Die transaktionsunterstützenden Aufgaben des operativen Verkaufs betreffen die reine Absatzförderung und entlasten damit die Verkaufsabteilung bzw. den E-Shop-Betreiber dahingehend, dass diese(r) sich überwiegend auf die Aufgaben des taktischen und strategischen Verkaufs konzentrieren kann (s. Abb. 30). Somit stehen im **operativen Verkauf** drei Aspekte im Vordergrund:

- **Automatisierung**: Durch die erhöhte Reichweite eines E-Shops im Vergleich zum realen Shop, muss der operative Verkauf bzw. die reine Transaktion so standardisiert wie möglich ablaufen, um Verkäufe unabhängig von ihrer Anzahl professionell handhaben zu können. Durch die Automatisierung von einzelnen Prozessen kann eine große Anzahl an Transaktionen durchgeführt werden, ohne kostenintensiven Mehraufwand an Zeit und Personal erforderlich zu machen (sog. Skalierbarkeit). Stellt man sich einen realen Laden vor, in dem plötzlich hunderte von Kunden gleichzeitig kaufen wollen, so wird der Vorteil elektronischer Shops durch die Automatisierung offensichtlich.

- **Transaktionsabwicklung**: Die Automatisierung von Verkaufsprozessen kommt fast ohne großen Aufwand von Seiten des E-Shop-Betreibers aus. Dieser muss sich ohnehin auf taktische und strategische Aufgaben des Verkaufs konzentrieren und hat wenig Zeit, sich um wertschöpfungsneutrale Aktivitäten zu kümmern. Somit muss die Automatisierung der Transaktionsabwicklung im hohen Grade effizient gestaltet sein. Jeder Verkauf muss schnell und problemlos durchführbar sein, damit Kunden sich auf den elektronischen Verkauf einlassen und die Nachteile der Online-Bestellung (z. B. verzögerte Lieferung, kein touch-and-feel etc.) in Kauf nehmen. Die Effizienz in der Transaktionsabwicklung ist besonders dann wichtig, wenn eine sehr große Anzahl an Verkäufen bzw. Bestellungen gleichzeitig stattfinden.

■ **Absatzförderung**: Ist nun die effiziente Transaktionsabwicklung durch die Automatisierung der Prozesse gegeben und können Informationen (z. B. Hilfestellungen) zeitnah für einzelne Nutzer aufgrund ihres Online-Verhaltens angeboten werden, so kann dadurch der Absatz gefördert werden. Nimmt man wieder den Vergleich mit dem realen Shop, so ist es sehr wahrscheinlich, dass sich viele Kunden vernachlässigt fühlen würden, wenn sie mit hunderten anderen Kunden im Laden stünden, und selbst die Standardfragen dadurch nicht beantwortet werden. Außerdem wären nur wenige bereit, die Wartezeit in Anspruch zu nehmen, die sie zum Bezahlen aufbringen müssten. Dadurch, dass also die Gleichzeitigkeit vieler Verkäufe keinerlei Problem für den E-Shop darstellt, können mehr Verkäufe realisiert werden.

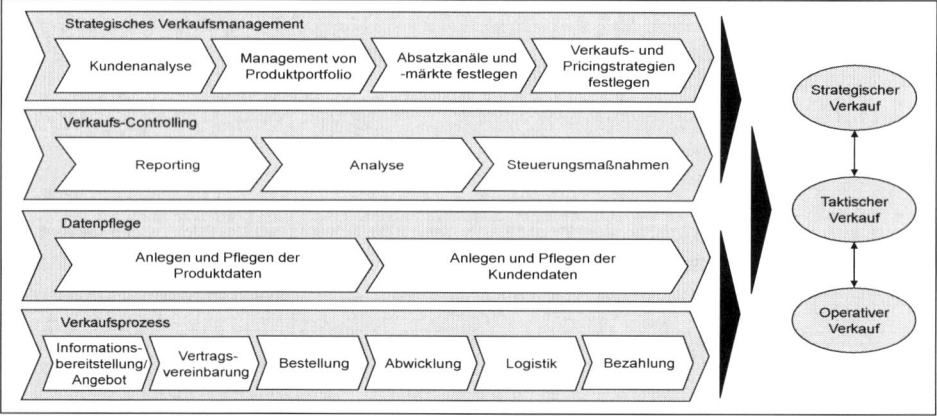

Abb. 30:   Prozessmanagement bei einem E-Shop
Quelle: in Anlehnung an *Braunstetter/Hasenstab* 2001, S. 508.

Taktischer Verkauf

Bei der Informationsverwendung im **taktischen Verkauf** geht es in erster Linie darum, die während der Durchführung einzelner Prozesse gesammelten Daten zu analysieren und die Ergebnisse taktisch einzusetzen. Die Datensammlung erfolgt prozessbegleitend und wird über Schnittstellen für Zugriffe vom E-Shop-Betreiber bereitgestellt. Die Daten betreffen in der Regel Produkt- und Kundendaten, die für den Verkauf wichtig sind. Eine Überprüfung des Ist-Zustandes im Verkaufsprozess ist somit jederzeit möglich und liefert wertvolle Einblicke in die prozessinternen Abläufe. Die Bedeutung des eControlling (s. Kapitel 3.2.2) für den taktischen Verkauf ist besonders für Produktanalysen wichtig, da aus den Analyseergebnissen eventuelle Steuerungsmaßnahmen im Rahmen des zum Verkauf stehenden Produktportfolios abgeleitet werden müssen. Allerdings lassen sich auch Kaufdaten in sog. Kundenprofilen abspeichern und für Optimierungszwecke im Verkauf genutzt werden. Die folgenden Aspekte dienen der **Erfolgsmessung** (*Schwarze/Schwarze* 2002, S. 233 ff.) und **Erfolgssteuerung** und sind Grundlage des taktischen Verkaufs:

- **Produktdatenanalyse**: Aus den Ergebnissen der Produktanalyse wird nicht nur der Bedarf an Produkten ersichtlich, sondern auch eine mögliche Optimierung des Angebotes. Dies geschieht z. B. mittels einer Analyse der Online-Warenkörbe der Kunden oder sogar der Page Impressions bezüglich der Anwahl einzelner Produkte. Werden einige Produkte gar nicht oder nur sehr selten angeklickt und landen so gut wie nie im Warenkorb, so lässt sich daraus ableiten, dass das Produkt aus dem Sortiment genommen werden sollte. Zusätzlich können z. B. dynamische Preisstrategien auf ihre Effizienz hin untersucht und angepasst werden, da Aussagen u. a. darüber gemacht werden können, ob Kunden z. B. bei Mengenrabatten mehr kaufen oder Studentenrabatte wirklich genutzt werden.

- **Kaufdatenanalyse**: Die Kaufanalyse untersucht z. B. die gespeicherten Kundenprofile auf eventuelle Vorlieben beim Produktkauf oder Kombinationen von oft zusammen gekauften Produkten, um daraus abzuleiten, welche Produkte besonders gut bei bestimmten Kundengruppen ankommen, um diese dann gesondert zu promoten. Hierbei kommt dem klassischen One-to-One-Marketing (s. Kapitel 3.4.1) eine große Bedeutung zu, da solche Maßnahmen durch die professionelle Analyse von Kunden- und Kaufdaten erst ermöglicht werden.

- **Abbruchanalyse**: Für den taktischen Verkauf sind neben den Produkt- und Kundendaten auch Bewegungsverläufe und typische Navigationspfade der Kunden wichtig. Die Speicherung bestimmter Daten, wie z. B. Seitenbesuche und Verweildauer, ermöglicht es dem Shopbetreiber, den Weg eines Kunden durch den E-Shop nachzuvollziehen und hinsichtlich eventueller Kaufabbrüche zu untersuchen. Spezielle Abbruchanalysen lassen den E-Shop-Betreiber erkennen, an welchen Stellen die Kunden ihren Einkauf abgebrochen haben, um daraus Optimierungspotenzial abzuleiten. Brechen viele Kunden an derselben Stelle ab, kann es sein, dass nur unzureichende Informationen über ein Produkt oder Hilfestellungen zur Navigation bereitstehen oder der Zahlungsprozess nicht transparent genug gestaltet ist.

Strategischer Verkauf

Die Informationsverwendung im **strategischen Verkauf** hat sortiments- und unternehmensübergreifende Verantwortung, da hier grundlegende Fragen zum Angebot und zur Positionierung des E-Shops geklärt werden, wie z. B. die Frage nach dem zu bearbeitenden Marktsegment oder der anvisierten Zielgruppe. Dieser Bereich dient der langfristigen Festlegung **strategischer Ziele** des E-Shops, da hier die gesamte Ausrichtung aller Verkaufsprozesse definiert wird. Dazu muss aber zunächst geklärt werden, welche Produkte (Produktanalyse; s. Kapitel 3.3.1) an welche Kunden (Nachfrageranalyse; s. Kapitel 3.3.2) mit welcher Strategie (Strategieanalyse; s. Kapitel 3.3.3) verkauft werden sollen:

- **Produktanalyse**: Die Produktanalyse bewertet das zu verkaufende Produktangebot hinsichtlich seiner Eignung für den elektronischen Verkauf. Je nach Art der Gründung, können unterschiedliche Strategien verfolgt werden. Entscheidend bei der Produktanalyse ist, ob der E-Shop aufgrund eines neu entwickelten Produktes entsteht und daher evtl. ein neuer Markt geschaffen werden muss, oder aber durch Imitierung oder Nachahmung bereits bestehender Geschäftsmodelle, wobei es schlichtweg um das Abgreifen von Marktanteilen der Wettbewerber geht. Beide Varianten benötigen komplett unterschiedliche Verkaufsstrategien, wobei anzumerken ist, dass diese Formen als zwei Extreme betrachtet werden können, innerhalb derer sich die meisten E-Shops bewegen (s. Kapitel 3.3.1).

- **Nachfrageranalyse**: Die Nachfrageranalyse bewertet das Angebot hinsichtlich der potenziellen Zielgruppe (s. Kapitel 3.3.2). Je nach Art des Produktes muss die Marktbearbeitung und Zielgruppendefinition mit der gewählten Verkaufsstrategie in Einklang gebracht werden. Bei innovativen Produkten gilt es sicherlich, dieses zunächst auf sein allgemeines Akzeptanzpotenzial bei möglichen Nachfragern hin zu untersuchen. Werden jedoch bloß Geschäftsmodelle anderer E-Shops imitiert, so stellt sich die Frage, wie die Nachfrager auf einen zusätzlichen Anbieter reagieren und welche Anreize vor diesem Hintergrund geschaffen werden können, um Kunden der Konkurrenz „abzuwerben".

- **Strategieanalyse**: Die Strategieanalyse befasst sich mit den Fragen der Wettbewerbsfähigkeit des E-Shops und dem Einfluss der gewählten Verkaufsstrategie auf die Entwicklung des E-Shops sowie auf das zu bearbeitende Marktsegment (s. Kapitel 3.3.3). Dabei geht es hauptsächlich um die langfristige Positionierung am Markt und der Sicherung des eigenen Wettbewerbsvorteils gegenüber der Konkurrenz. Je nach Markteintrittsmodus und Zieldefinierung gilt es eine Strategie zu formulieren, die den Weg zum Unternehmenserfolg unterstützt.

Das Prozessmanagement beim E-Shop erfolgt auf drei Ebenen. Dabei sollte die langfristige strategische Ausrichtung im elektronischen Verkauf auf dem mittelfristigen taktischen Verkauf und dieser wiederum auf dem kurzfristigen operativen Verkauf aufgebaut sein.

Fallbeispiel: Bofrost

Die Bofrost Dienstleistungs-GmbH & Co. KG mit Sitz in Straelen gehört zu den europaweit führenden Unternehmen für den Direktvertrieb von Eis und Tiefkühlkost. Mit über 10.000 Mitarbeitern wickelt das Unternehmen täglich eine Vielzahl an Bestellungen über den eigenen E-Shop ab und erwirtschaftet insgesamt mehr als 1,2 Mrd. Euro Umsatz. Im Rahmen der angebotenen Produkte und Dienstleistungen müssen jährlich um die 100.000 Eingangsrechnungen bearbeitet werden. Um diese Herausforderungen zu bewältigen, führte Bofrost 2011 ein automatisiertes Invoice-Management-System mit Doxis4 der SER Group ein, welches eine tiefe SAP-Integration mit sich brachte. Mit der Umstellung auf eine elektronische Verarbeitung der Rechnungen zielte das Unternehmen somit darauf ab, den Aufwand im gesamten Rechnungsdurchlauf zu reduzieren, das Papieraufkommen sowie die dafür benötigten Archivflächen zu minimieren, revisionssichere Bearbeitungen zu gewährleisten, Prüfungsroutinen zu automatisieren sowie die Datenqualität zu steigern, sodass die Skontofristen besser eingehalten werden konnten. Diese Ziele konnten laut Angaben des Unternehmens mit der Doxis4 Lösung der SER Group erreicht und so ein Mehrwert für das Unternehmen und die Mitarbeiter geschaffen werden. Gundolf Hallmann, Bereichsleiter Finanz- und Rechnungswesen bei Bofrost, kommentierte die erfolgreichen Maßnahmen im Projektmanagement mit folgenden Worten: „Unser Ziel war es, den Rechnungsdurchlauf zu verkürzen, effizienter und revisionssicher zu gestalten. Dies ist uns mithilfe von SER gelungen. Ein Gewinn für das Unternehmen und vor allem für die Mitarbeiter.“

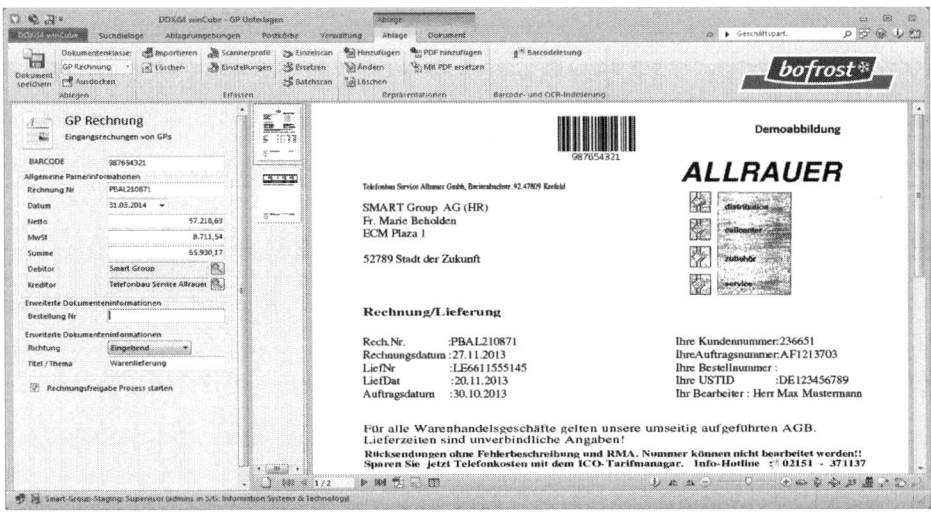

3.3   Das Management beim elektronischen Verkauf

Nach den vorangegangenen Darstellungen der Systemebene (s. Kapitel 3.1) und den Ausführungen zur Prozessebene (s. Kapitel 3.2) gilt es nun auf der **Managementebene**, die spezifischen Entscheidungen im Rahmen des eigentlichen E-Shop-Betriebs zu treffen. Die Grundentscheidungen des Produktverkaufs beziehen sich dabei zum einen auf die optimale Auswahl und Gestaltung von Produktangeboten und deren Darstellung im Rahmen eines E-Shops. Zum anderen gilt es aber auch, dieses Angebot auf die Zielgruppe anzupassen, was eine umfangreiche Kenntnis über die potenziellen Online-Kunden voraussetzt. Da für diese Kunden die Konkurrenz im Sinne eines anderen E-Shops mit ähnlichen oder gleichen Inhalten quasi nur „einen Mausklick entfernt“ ist, müssen ferner die Entscheidungen auch bezüglich einer Wettbewerbspositionierung getroffen werden (*Kollmann* 2019a).

Die drei wesentlichen Kriterien für das Management eines E-Shops sind also die Aspekte **Online-Produkt, -Kunde und -Markt**. So muss das E-Shop-Management vor allem sicherstellen, dass die angebotenen Objekte zur richtigen Zeit im virtuellen Verkaufsraum für die passende Zielgruppe ansprechend präsentiert und bezüglich preislicher und qualitätsorientierter Eigenschaften im Vergleich zu konkurrierenden E-Shops attraktiver angeboten werden. Aufbauend auf diesen Grundanforderungen des Online-Verkaufs befassen sich die folgenden Ausführungen vor diesem Hintergrund mit den managementbezogenen Aspekten eines E-Shops.

> **!** **Der E-Shop muss aus der Perspektive des Managements sicherstellen, dass die richtigen Produkte bzw. Artikel an den bzw. die passenden Kunden zum richtigen Zeitpunkt kostenoptimal an den richtigen Ort geliefert werden.**

3.3.1   Die Produktanalyse

Oft wird von einer allgemeinen Vorteilhaftigkeit des Einkaufs über einen E-Shop gesprochen. Dabei wird der Aspekt vernachlässigt, dass sich der Online-Verkauf keineswegs pauschal für alle Güter und Dienstleistungen eignet. Vielmehr sollte der Einsatz von E-Shop-Systemen natürlich nur für diejenigen Produkte erfolgen, bei denen über den elektronischen Verkauf substantielle Verbesserungen hinsichtlich der Prozesskosten und/oder -zeit bzw. -bequemlichkeit zu erwarten sind. Darüber hinaus gilt auch für den elektronischen Einkauf, dass nur die Produkte als geeignet erscheinen, die sich durch eine geringe Erklärungsbedürftigkeit und eine hohe Standardisierbarkeit auszeichnen. Denn nur bei diesen Produkten erscheint auf den ersten Blick eine Einkaufsentscheidung, die nur auf digitalen Informationen und nicht auf einer realen Prüfung basiert, durchführbar. Der Entscheidung über den Einsatz eines E-Shops im Absatzbereich muss demnach eine umfangreiche **Produktanalyse** vorausgehen. Dabei steht zunächst die Frage nach der grundsätzlichen Eignung der zu verkaufenden Güter im Mittelpunkt. Dazu bieten sich vor diesem Hintergrund insbesondere die folgenden Bewertungskriterien für die Ermittlung des **E-Potenzials** an:

- **Digitale Beschreibbarkeit**: Dieses Kriterium beurteilt die Möglichkeit der digitalen Informationsdarstellung. Dabei geht es um die Frage, inwiefern sich die Eigenschaften des Produktes (Produktsicht) dazu eignen, das Produkt für den Kunden ausreichend zu beschreiben. Beispiele für Produkte, die sich sehr gut digital beschreiben lassen sind z. B. Autos und Hardwarekomponenten.

- **Digitale Beurteilbarkeit**: Dieses Kriterium beurteilt die Prüfungsmöglichkeit eines Produktes durch den Kunden (Kundensicht). In diesem Zusammenhang wird oft auch von dem Selbstbedienungspotenzial eines Produktes gesprochen, da der Kunde allein über das Online-Medium beurteilen muss, ob er das Produkt ohne reale Prüfung kaufen möchte oder nicht. Als Beispiel können hier Lebensmittel genannt werden, die Kunden gerne anfassen und auf ihre Frische hin prüfen möchten, und somit nicht digital umfassend beurteilbar sind.

■ **Digitaler Beratungsaufwand**: Dieses Kriterium beurteilt den Informationsumfang eines Produktes. Einige Produkte können mit nur wenigen Informationen sehr gut beschrieben werden, andere hingegen benötigen umfassendere Informationen, die zum Teil nicht ohne weiteres digitalisierbar sind. Darunter fallen insbesondere Produkte, die erst durch eine Beratungsleistung von Seiten des Anbieters (Anbietersicht) umfassend dargestellt werden können und danach erst vom Kunden adäquat bewertet werden können. Beispiele dafür sind Versicherungen oder auch Industrieanlagen.

Vor diesem Hintergrund haben Lebensmittel ein relativ geringes E-Potenzial, da sie mit Hilfe von digitalen 0/1-Informationen nur eingeschränkt elektronisch beschreibbar und beurteilbar sind (z. B. Frischebeschreibung und -prüfung) und zudem keine hohe Digitalisierungsmöglichkeit aufweisen, da sie Offline geliefert werden müssen (*Fritz* 2004, S. 187). Dagegen hat Musik z. B. ein hohes E-Potenzial, da ein Musikstück klar beschreibbar (z. B. Titel, Interpret, Stilrichtung) und über eine Online-Hörprobe auch beurteilbar ist. Es gibt jedoch auch Produkte, die trotz eines geringeren E-Potenzials doch für den Online-Vertrieb geeignet wären. Dazu zählen bspw. Markenartikel oder sonst schwer erhältliche Güter (*Bliemel/Theobald* 1997, S. 7; *Fantapié Altobelli/Fittkau* 1997, S. 400). In der Zusammensetzung der drei Eignungskriterien, die zusätzlich zur Digitalisierbarkeit herangezogen werden sollten, ergibt sich das **3-B-Modell** zur Eignung von Produkten für den Online-Verkauf (s. Abb. 31).

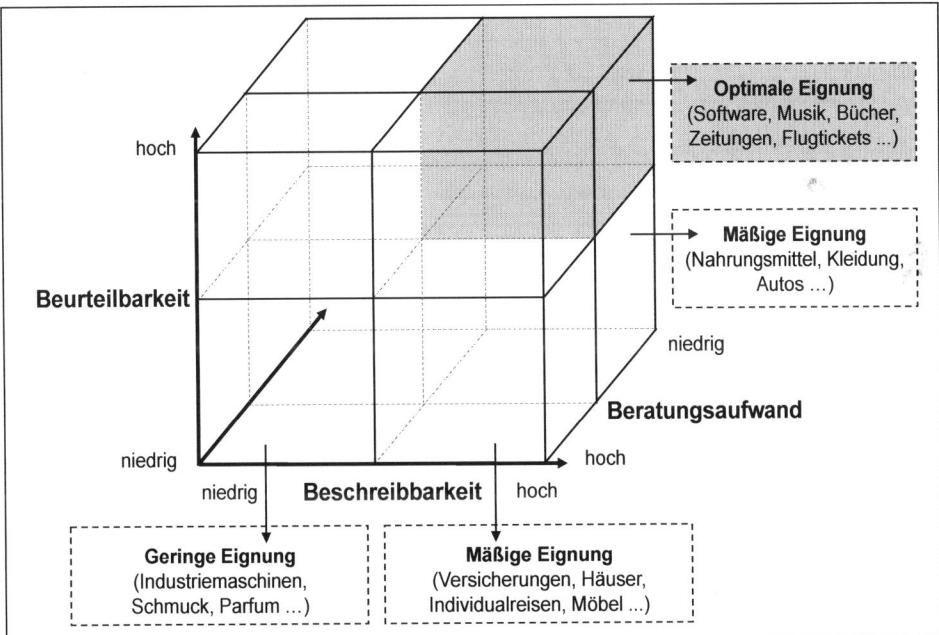

Abb. 31:   Produkteignungsmatrix in der Digitalen Wirtschaft (3-B-Modell)
Quelle: in Anlehnung an *Hausen* 2005.

Entscheidend ist dabei jedoch immer der subjektive Betrachtungswinkel des Konsumenten, der je nach eigener Online-Neigung die Eignung für sich persönlich anders gewichten kann. So sollen finanziell sehr gut ausgestattete Nachfrager auch schon komplette millionenschwere Segelyachten ohne Beratung über das Internet bestellt haben. Die Regel ist das aber sicherlich nicht. Ferner spielen Möglichkeiten der Online-Produktdarstellung, der -Produktbewertung und der -Produktkonfiguration für diese Einschätzung eine Rolle.

 Medienhinweis: Die Online-Produkteignung beim E-Shop (Audio-Podcast)
www.netcampus.de/podcasts

Online-Produktdarstellung

In einem E-Shop ist die Möglichkeit der Angebotspräsentation auf elektronischem Wege und damit die **Online-Produktdarstellung** von großer Bedeutung, da z. B. durch die Vielzahl an heterogenen Angebotssets die Entscheidungskomplexität für den Kunden zunimmt (*Weiber/Mühlhaus/Hörstrup* 2010). Der E-Shop birgt z. B. im Vergleich zu traditionellen, papierbasierten Produktkatalogen viele Vorteile. Darunter fallen verschiedene Aspekte, wie die multimediale Darstellung (s. Kapitel 1.1) von Produkten, das Angebot detaillierter Informationen, Suchhilfen, Konfigurationshilfen, Dialogangebote und die Möglichkeit, interaktive (s. Kapitel 1.1.2) Unterhaltungselemente anzubieten (*Silberer* 2000, S. 568). So kann die Online-Darstellung der Produkte des E-Shops durch die Zusammenstellung verschiedener Multimedia-Komponenten, wie z. B. Text, Bild, Grafik, Ton, Video, Animation, aufbereitet werden. Der Einsatz von Multimedia-Elementen erlaubt eine erlebnisorientierte Präsentation der Produkte, die die Suche und Auswahl für den Nachfrager erleichtern und angenehmer gestalten können (*Silberer* 2002, S. 718). Die einzelnen **Elemente der Produktdarstellung** werden kurz näher erläutert:

- **Texte**: Texte sind bei der Produktdarstellung essentiell, da sie die wichtigsten Informationen zu einem Produkt beinhalten, wie z. B. Preis, Beschreibung, Größe etc. Allerdings sollte darauf geachtet werden, dass die Texte nicht zu überladen sind und den Betrachter überfordern. Vielmehr sollten nur Schlüsselinformationen bereitgestellt werden, die dann nach Bedarf durch weitere Klicks (z. B. auf Links, Bilder, Videos etc.) angereichert werden können. Am Beispiel von *asos.de* zeigt sich, dass zunächst nur Schlüsselinformationen über das Produkt angezeigt werden, die durch entsprechende Links ausgeführt werden. Beispiele sind hier Informationen zur Marke oder Pflegehinweise.

- **Bilder**: Kaum ein E-Shop vertreibt Produkte, ohne dem Käufer entsprechende Bilder oder Fotos der Produkte anzubieten. Da im Distanzhandel z. B. besonders die haptische Prüfung der Produkte nicht möglich ist, wollen viele Kunden zumindest eine ausreichend visuelle Prüfung des Angebots ermöglicht bekommen. Dabei geht es entsprechend nicht nur um das bzw. ein einziges zentrales Produktfoto, sondern in der

Regel direkt um eine ganze Gruppe an zugehörigen Bildern für die Produktdarstellung. Bei rein digitalen Produkten kommt dem Bild-Element allerdings eine eher untergeordnete Rolle zu, vielmehr zählt hier die Bereitstellung von Testversionen (z. B. von Software) oder Proben (z. B. Hörproben von MP3-Files), die das Produkt besser beurteilbar machen.

▓ **Grafiken**: Grafische Elemente werden oft genutzt, dem Kunden Orientierungs- und Navigationshilfe zu geben. Auswahlleisten oder Statusinformationen werden bei vielen Shops grafisch durch Pfaddiagramme dargestellt, um dem Besucher anzuzeigen, wo er sich gerade befindet. Auf der Webseite von *asos.de* sind verschiedene grafische Elemente eingebunden. Unter anderem wird der Kunde durch eine Lupe dazu aufgefordert, das Bild des Produktes heranzuzoomen, damit Einzelheiten besser zu erkennen sind. Ein weiteres Beispiel ist der „Like-Button", mit dem Besucher des Shops ihren Freunden bei *Facebook* mitteilen können, dass ihnen ein betrachtetes Produkt in dem E-Shop besonders gefällt.

▓ **Video**: Videos bieten sich vor allem bei komplexen oder beratungsintensiven Produkten an, da in dieser Form Produkte bei ihrem Einsatz (z. B. Maschinen, Geräte etc.) gezeigt werden, während eine Stimme gleichzeitig das Produkt erklärt. Mit Hilfe von Videos lassen sich Produkte mit hohem Informationsbedarf darstellen, ohne dem Kunden z. B. Unmengen von Texten und Bildern zumuten zu müssen. Wie anhand des Beispiels von *asos.de* ersichtlich, wird die Videofunktion, hier in Form eines Gangs über einen Laufsteg, auch für die Präsentation von Kleidungsstücken genutzt, um durch bewegte Bilder einen noch genaueren Eindruck zu den angebotenen Produkten zu vermitteln. Die Erstellung von Videos zur Produktdarstellung sollte allerdings immer in Relation zu den Erstellungskosten gesetzt werden. Nur professionell wirkende Videos animieren den Kunden zum Kauf.

▓ **Audio**: Viele E-Shop-Betreiber untermalen ihren Webauftritt mit Musik, die den Kunden in eine angenehme Einkaufsatmosphäre versetzen soll und eine Art multisensorische Erlebniswelt schaffen. Bei einigen Produkttypen ist dadurch das Fehlen des physischen Kontaktes nicht mehr so entscheidend. Des Weiteren kann die Produktdarstellung bei bestimmten Produkten durch akustische Elemente unterstützt werden. Dies ist wie schon beschrieben häufig bei Musikdownloads der Fall. Der Kunde hat die Möglichkeit das Produkt (MP3-File) nach einer Hörprobe zu beurteilen und sich für oder gegen den Kauf entscheiden.

▓ **Animationen**: Animationen sind im Prinzip bewegte Bilder, die, anders als Videos, oftmals keine reelle Darstellung eines Gegenstandes beinhalten, sondern sich lediglich grafischer Zeichnungen bedienen. Bewegte Bilder werden eher selten dazu genutzt, Produkte zu präsentieren, da wahrheitsgetreue Bilder eine bessere Beurteilungsgrundlage bilden. Trotzdem wird diese Art von Multimedia-Element von einigen E-Shops genutzt, um z. B. den Unterhaltungswert einer Seite zu erhöhen.

▓ **Interaktive Elemente**: Durch den Einsatz interaktiver Elemente können Kunden dazu animiert werden, sich intensiv mit einem Produkt auseinanderzusetzen. Beispielhaft ist in diesem Zusammenhang die Zoomfunktion beim E-Shop von *asos.de*, die es
erlaubt, die genaue Stoffstruktur eines Produkts zu erkennen. Dazu verwendete Flash-
Elemente können auch für dreidimensionale Bilddarstellungen benutzt werden.

Online-Produktbewertung

Unter den Voraussetzungen der Online-Produkteignung (s. Kapitel 3.3.1) und der diesbezüglich unterstützenden Online-Produktdarstellung (s. Kapitel 3.3.1) steht die Kaufent-
scheidung auch unter der Prämisse der **Online-Produktbewertung**. Bei dieser Bewertung
wird nicht nur das eigentliche E-Potenzial des Produktes betrachtet, sondern das Online-
Angebot wird auch anhand der Begleitumstände für den Online-Produkterwerb betrachtet.
Dabei wird auf der einen Seite mit dem Online-Produktkauf ein Nutzen, auf der anderen
Seite aber auch ein Aufwand verbunden. Diese beiden Seiten werden in einem Netto-
Nutzen-Konzept (s. Abb. 32) zusammengefasst, anhand dessen eine endgültige Online-
Produktbewertung durchgeführt werden kann (*Billen* 2004, S. 343; *Gareis/Korte/Deutsch*
2000, S. 147). Hintergrund ist dabei die Tatsache, dass Angebote im Online-Bereich nicht
nur als eigenständiges Produkt wahrgenommen werden, sondern auch die Art und Weise
des elektronischen Einkaufs damit verbunden wird.

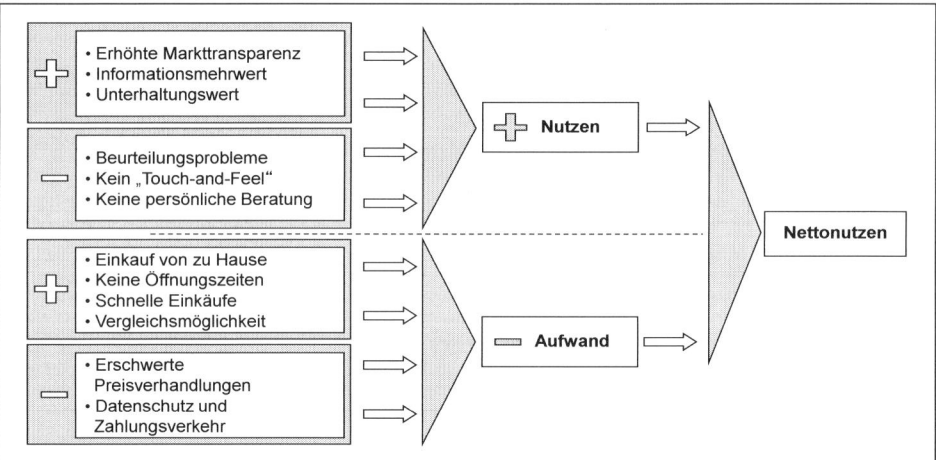

Abb. 32:   Das Netto-Nutzen-Konzept im Rahmen der Online-Produktbewertung
Quelle: in Anlehnung an *Billen* 2004, S. 343.

Das **Netto-Nutzen-Konzept** wurde vor diesem Hintergrund aus dem Uses-and-Gratifica-
tions-Ansatz (*Elliot* 1974, S. 253 ff.) abgeleitet, welches besagt, dass die wahrgenommene Belohnung, die aufgrund der Handlung (Kauf) vom Kunden erwartet wird, aus-
schlaggebendes Motiv für die Kaufentscheidung ist. Das Netto-Nutzen-Konzept versteht
diese Gratifikation nun als (Netto-)Nutzen (*Billen* 2004, S. 339). Der Nettonutzen ist dabei

die Differenz aus Nutzensumme und der Aufwandssumme. Um den Nettonutzen zu steigern, muss sich entweder der Nutzen für den Kunden erhöhen oder der Aufwand verringern. Beeinflusst werden können die Nutzen- und Aufwandssumme durch die Vorteile, die das Online-Produkt mit sich bringt, als auch durch eine Abschwächung gewisser Nachteile. Je positiver die Vorteile (+) und je schwächer die Nachteile (-), desto höher die Nutzensumme bzw. geringer die Aufwandssumme. Je höher dann die Nutzen- (+) bzw. je geringer die Aufwandssumme (-), desto größer ist am Ende der Nettonutzen, der dann darüber entscheidet, ob die Online-Produktbewertung positiv ausfällt und der Online-Kauf durchgeführt wird.

Der E-Shop-Betreiber muss nun aus Sicht des **E-Shop-Managements** im Rahmen seiner beeinflussbaren Möglichkeiten dafür sorgen, dass die Information und Kommunikation zu den Vorteilen den resultierenden Nutzen erhöht bzw. den wahrgenommenen Aufwand reduziert. Dazu gehört bspw. die Auswahl von Produkten mit einem hohen „E-Potenzial" (s. Kapitel 3.3.1), die offene Darstellung von Datenschutzaspekten und Sicherheitsmaßnahmen für den Zahlungsverkehr bzw. die umfangreiche und hilfreiche Online-Produktdarstellung (s. Kapitel 3.3.1). Auch verschiedene prozessuale Automatisierungsmöglichkeiten (s. Kapitel 3.2.3) helfen, die Vorteile bezüglich der Aufwandssumme zu erhöhen und letztere im Ergebnis damit zu reduzieren (s. Abb. 32).

Online-Produktkonfiguration

Die grundsätzlichen Möglichkeiten der Interaktivität (s. Kapitel 1.1.4) und Individualität (s. Kapitel 1.1.4) kommen auch bei E-Shops zunehmend zum Tragen. Im Rahmen der **Online-Produktkonfiguration** wird entsprechend versucht, dem Kunden bestimmte Individualisierungsmöglichkeiten hinsichtlich des Produktes anzubieten. Zu diesem Zweck werden bestimmte Produkteigenschaften oder -zusammensetzungen mit Hilfe von Optionsmenüs durch den Kunden wählbar. Wie im Rahmen der Charakterisierung der **E-Customization-Systeme** bereits beschrieben, werden dem Kunden dabei Wahlmöglichkeiten hinsichtlich eines vorgegebenen Sets an Produktvariationen vorgegeben, auf deren Basis der Kunde vor diesem Hintergrund sein eigenes Individualprodukt zusammenstellen kann.

Vor dem Hintergrund der Netzeffekte (s. Kapitel 1) verfügen E-Shops über **Voraussetzungen für die Selbstselektion**, über die reale Verkaufsstätten in der Regel nicht verfügen. Der Gewinn ergibt sich bei der E-Customization von Produkten aus der Differenz des Preises des individualisierten Produktes und den Kosten für die individuelle Zusammenstellung. Da in der Offline-Welt in der Vergangenheit ein individualisiertes Produkt, durch die geringe Stückzahl und den höheren administrativen Aufwand, im Allgemeinen höhere Kosten verursachte, konnte ein solches Produkt nur über einen höheren Preis angeboten werden, der den Preis eines standardisierten Produktes deutlich überstieg. Die Digitale Wirtschaft bietet verschiedene Möglichkeiten, die Transaktionskosten resp. Gesamtkosten für bestimmte individualisierte Produkte zu senken, um sie somit Produkte annähernd zu dem Preis eines Standarderzeugnisses anbieten zu können (*Rebstock* 2000, S. 9 f.). So kann durch einen E-Shop eine größere Anzahl an potenziellen Kunden angesprochen werden als über einen stationären Einkaufsladen. Hierdurch können höhere Stückzahlen des individualisierten Produktes resp. einzelner Produktkomponenten verkauft und somit auch eingekauft werden, wodurch sich die Einkaufskonditionen verbessern und die entsprechenden Kosten sinken. Zusätzlich bietet das Internet die Möglichkeit durch automatisierte Prozesse Kosten zu sparen. Beispielsweise können Geschäftsprozesse durch Integration des E-Shops und des Warenwirtschaftssystems eines Unternehmens automatisiert verbunden werden, um eine kostengünstigere Bearbeitung von Bestellungen zu ermöglichen.

Vorteile der Selbstselektion im E-Shop sind sowohl auf Kunden- als auch auf Betreiberseite vorhanden. Ein offensichtlicher Vorteil für den Kunden besteht in der vergrößerten Auswahl an Endprodukten auf der Basis verschiedener Kombinationsmöglichkeiten von Produktbestandteilen (*Scheer* et al. 2003, S. 6). Neben diesem quantitativen entsteht für den Kunden auch ein qualitativer Vorteil. So muss er – eine entsprechend große Auswahl an Komponenten im Angebot vorausgesetzt – keine Kompromisslösung erwerben, sondern kann sich ein Produkt zusammenstellen, das seinen individuellen Bedürfnissen entspricht (*Riemer/Klein* 2001, S. 141 ff.). Es ist davon auszugehen, dass der Kunde für dieses individuelle Produkt eine höhere Zahlungsbereitschaft aufweist, als für ein oftmals nicht vollends befriedigendes Standarderzeugnis. In dieser erhöhten Zahlungsbereitschaft besteht der erste Vorteil für die Betreiber, die somit einen höheren Preis für ihr Angebot verlangen können.

Für den Shopbetreiber besteht dabei die Herausforderung, auf der Basis der Komponentenpreise für die Zusammenstellung einen Gesamtpreis zu kalkulieren, der den Mehraufwand für die individuelle Zusammenstellung und ggf. erhöhte Lagerkosten durch selten nachgefragte Komponenten berücksichtigt, aber dennoch nicht die **Zahlungsbereitschaft** des Kunden für die explizite Personalisierung übersteigt. Dabei ist zu berücksichtigen, dass dem Betreiber kaum Beratungs- und Opportunitätskosten hinsichtlich der Selektion der Bestandteile durch den Kunden entstehen, da dieser die Komponentenauswahl auf der Basis einmalig erstellter Menüs selbst durchführt und erst die letztendliche Bestellung eine Aktivität auf der Betreiberseite auslöst (*Stormer* 2007, S. 322 ff.). Neben dem entstehenden Vorteil einer potenziell höheren Gewinnmarge resultiert ein weiterer Vorteil für den anbietenden E-Shop in einer höheren **Kundenbindung**, die auf der erhöhten Interaktivität des Bestellprozesses einerseits und der Individualität des Erzeugnisses andererseits entsteht. Gelingt es dem Betreiber, bspw. durch das Angebot exklusiver Komponenten, dem Kunden ein Angebot fernab der üblichen Standardprodukte zu offerieren, ist davon auszugehen, dass sich der Kunde auch weiterhin an die Plattform wendet.

Je einfacher eine Online-Produktdarstellung und je positiver die Online-Produktbewertung in Verbindung mit der Möglichkeit einer personalisierten Online-Produktkonfiguration gestaltet ist, desto höher ist die Verkaufswahrscheinlichkeit über einen E-Shop.

Fallbeispiel: MyPostcard

MyPostcard ist ein deutsches Digital-Startup mit Sitz in Berlin, welches durch den Kunden individuell gestaltete, gedruckte Postkarten, Grußkarten und Fotoprodukte versendet. Mit Hilfe der MyPostcard-App und der Webseite können Nutzer dabei ihre persönlichen Fotos auf der Plattform hochladen, individualisieren und als echte Postkarte weltweit versenden. Den Druck, die Frankierung und den Versand der Postkarten übernimmt dabei das Unternehmen. MyPostcard macht sich dabei die Vorteile eines E-Shops zu Nutze, welche im Rahmen der Produktanalyse zu beachten sind. Die Produkte verfügen über eine ausgesprochene Online-Produkteignung, weil die erstellten Postkarten digital beurteilbar (z.B. realitätsnahe Darstellung der genutzten Farbelemente) und beschreibbar sind (z.B. Auflösung des Bildes) sowie kaum Beratungsaufwand benötigen. Auch die Online-Produktdarstellung in verschiedenen Varianten ist einfach gestaltet. Ebenfalls positiv schneidet die Online-Produktbewertung ab, denn der Nettonutzen ist gegenüber anderen (realen) Alternativen (z.B. Copy-Shop) vorteilhafter. Als zusätzliches Alleinstellungsmerkmal nutzt MyPostcard die Möglichkeiten der Online-Produktkonfiguration, wodurch der Kunde in den Produkterstellungsprozess eingebunden wird und sich selbst das gewünschte Produkt erstellen und individualisieren kann. Der Kunde hat dabei sowohl die Möglichkeit aus einem vorgegebenen Set an Produktvariationen (z.B. verschiedene Kartendesigns) zu wählen als auch eigene Fotos hochzuladen und zu nutzen. Der gesamte Wertschöpfungsprozess wird dabei von MyPostcard digital abgewickelt bis hin zur Transaktion, sodass der klassische Weg zur Post für den Kunden obsolet wird.

3.3.2   Die Nachfrageranalyse

Neben der Analyse der zu verkaufenden Produkte bzw. des Online-Angebots spielt die Analyse von geeigneten **Online-Käufern** eine ebenso entscheidende Rolle für die Managementebene im elektronischen Verkauf. Die Anbieter von Produkten sollten zwar immer ihre zugehörige Verkaufstätigkeit grundsätzlich am Kunden ausrichten und somit den Nachfrager in den Mittelpunkt aller Überlegungen stellen, dies ist beim E-Shop aber eine besondere Herausforderung, da der Verkauf über elektronische Medien und damit ohne den persönlichen Kontakt zwischen Nachfrager und Anbieter stattfindet. Für den E-Shop-Betreiber ist es daher von besonderer Bedeutung, dass er möglichst schnell Wissen und Erfahrungen mit seiner anvisierten Zielgruppe von Online-Käufern aufbaut. Daher ist eine genaue Analyse der Online-Zielgruppe notwendig, um wertvolle Informationen über angesprochene Zielgruppen und deren Erwartungen an die Produkte und Leistungen des E-Shops zu bekommen. Vor diesem Hintergrund muss sich ein E-Shop-Betreiber insbesondere mit den im Internet vorhandenen Zielgruppen befassen, deren Erwartungen an den Online-Kauf analysieren und die verschiedenen Kriterien für eine Kundenzufriedenheit beim Online-Kauf beachten (*Kollmann* 2019a).

Online-Käufergruppen

Die Aufteilung des Marktes in homogene Käufersegmente ist in elektronischen Märkten ebenso notwendig, wie in traditionellen Märkten, da auch hier die Bearbeitung des gesamten Marktes kaum möglich ist. Die Strukturierung des gesamten Nutzerpotenzials und die Einteilung in Untergruppen, die zu **Online-Käufergruppen** bzw. Online-Zielgruppen zusammengefasst werden, können auf unterschiedliche Art und Weise erfolgen. Für die Bearbeitung der Online-Käufer- bzw. -Zielgruppe werden verschiedene Strategien gewählt, die mit Hilfe unterschiedlicher Zusammensetzung der Marketing-Instrumente (s. Kapitel 3.4) verfolgt werden. Je heterogener die Zielgruppen untereinander sind, desto eher lohnt sich die Verfolgung unterschiedlicher Strategien. Zu viele verschiedene Marktbearbeitungsstrategien können sich jedoch auch nachteilig auf den Unternehmenserfolg in der Digitalen Wirtschaft auswirken, da sie zu erhöhten Ausgaben führen und unter Umständen die Kunden irritieren, sofern sie nicht eindeutig trennbar sind. Daher ist bei der Marktsegmentierung grundsätzlich darauf zu achten, dass die ausgewählten Unterscheidungskriterien für die unterschiedlichen Zielgruppen trennbar, messbar, substantiell und erreichbar sind (*Kotler/Keller* 2016, S. 285). Dies gilt insbesondere vor dem Hintergrund, dass durch die Möglichkeiten der elektronischen Kunden- bzw. Zielgruppenansprache sich die generellen Vorteile des interaktiven und individuellen Informationsaustausches entfalten sollen (s. Kapitel 1.1.4). Die Kriterien zur Einteilung des Online-Marktes können sehr unterschiedlich sein. Insgesamt betrachtet gibt es jedoch zunächst eine Reihe klassischer Segmentierungsansätze, die auch zur Einteilung der Online-Kundengruppen herangezogen werden. Beispielhaft werden hier die meist verwendeten **Segmentierungsansätze** aufgelistet (*Peter/Olson* 2010, S. 368 f.):

▓ **Geografische Segmentierung**: Region, Stadt, Bundesland, Land, Bevölkerungs-dichte, Klima etc.

▓ **Demografische Segmentierung**: Alter, Geschlecht, Familiengröße, Familienstand, Einkommen, Beruf, Ausbildung etc.

▓ **Soziokulturelle Segmentierung**: Kultur, Subkultur, Religion, Rasse, Nationalität, soziale Schicht etc.

▓ **Affektive und kognitive Segmentierung**: Wissen, Involvement, Einstellung, ge-suchter Nutzen, Innovatoren, Adoptoren, Aufmerksamkeit, Risikowahrnehmung etc.

▓ **Verhaltensorientierte Segmentierung**: Mediennutzung, Loyalitätsstatus, Nutzungs-grad, Nutzungssituation etc.

Vor dem Hintergrund der nur eingeschränkten Eignung klassischer Segmentierungsansätze müssen auch andere Verfahren zusätzlich herangezogen werden. Hierzu zählt insbesondere die Bildung von sog. **Typenclustern** für Online-Käufergruppen. Dazu wurden verschie-dene Untersuchungen als direkte Befragungen von E-Shop-Nutzern durchgeführt, um aus deren verhaltensorientierten Merkmalen und generellen Einschätzungen zum Online- und Offline-Shopping gewisse Rückschlüsse auf deren Erwartungen an bzw. deren Potenzial für einen E-Shop zu ziehen. Ein Beispiel für eine derartige Typenclusterung ist die sehr praxisbezogene Zielgruppendefinition von *Loevenich/Lingenfelder* (2004), die in einer Studie über 500 zufällig ausgewählte E-Shopper in entsprechende Gruppen zusammenge-fasst haben. Kriterien zur Einteilung der Cluster/Gruppen waren u. a. Markenorientierung, Convenienceorientierung, Preisorientierung, Erlebnisorientierung, Einkaufsflexibilität und das wahrgenommene Risiko. Diese Kriterien wurden von den Befragten selbst bewertet und führten im Ergebnis zu einer Einteilung von **sechs Online-Käufergruppen**, die sich signifikant voneinander unterschieden haben (*Loevenich/Lingenfelder* 2004, S. 53 ff.):

▓ **„Zeitknappe Conveniencekäufer"**: Diese Käufer sind mit dem stationären Einzel-handel unzufrieden und messen der persönlichen Bedienung wenig Gewicht bei. Sie nehmen beim Online-Shopping ein geringes Kaufrisiko wahr und schätzen besonders den Komfort und die Flexibilität beim Einkaufen.

▓ **„Risikoscheue Markenmuffel"**: Diese Käufer sind mit dem stationären Handel sehr zufrieden. Sie empfinden beim Online-Shopping ein hohes Kaufrisiko und orientieren sich weniger an Marken. Komfort und Flexibilität sind unwichtig.

▓ **„Preisorientierte Conveniencekäufer"**: Bei diesen Käufern stehen Preis und Kom-fort im Vordergrund. Zufriedenheit mit dem stationären Einzelhandel ist genauso ge-ring, wie das empfundene Risiko beim Online-Shopping. Diese Gruppe verzeichnet eine hohe Affinität zum Distanzhandel.

▓ **„Bedienungsorientierte Einkaufsmuffel"**: Diese Käufer haben eine geringe Erleb-nis- und Markenorientierung, aber eine hohe Bedienungsorientierung. Sie schätzen die Einkaufsflexibilität, sind aber eher rationale Versorgungskäufer, die dem Einkaufen und Marken generell distanziert gegenüberstehen.

▣ **„Allesforderer"**: Diese Käufer bewerten alle Merkmale hoch, was sich mit der Beschreibung des multioptionalen Konsumenten (*Zentes/Swoboda/Foscht* 2012, S. 44) deckt. Sie stehen dem Online-Shopping positiv gegenüber, haben die höchste Preisorientierung und nutzen das Internet als Substitution des stationären Handels.

▣ **„Zahlungswillige Erlebniskäufer"**: Diese Käufer weisen eine sehr geringe Preisorientierung auf, dafür aber eine sehr hohe Marken- und Erlebnisorientierung. Sie sind mit dem stationären Handel zufrieden und legen kaum Wert auf Komfort und Einkaufsflexibilität. Sie unterliegen dem geringsten Zeitdruck beim Online-Kauf.

Je nach Untersuchungsdesign können auch andere Typen aus der Analyse resultieren. Wichtig für ein zugehöriges Online-Marketing (*Kollmann* 2013) ist jedoch, dass sich der E-Shop-Betreiber bewusst für oder gegen eine Zielgruppe entschieden wird, damit im Anschluss eine präzise und **zielgerichtete Verkaufsstrategie** erarbeitet werden kann (s. Kapitel 3.2.3). Die Bearbeitung der Online-Zielgruppe(n) erfolgt durch verschiedene Verkaufsstrategien, die mit Hilfe unterschiedlicher Zusammensetzung der Marketing-Instrumente definiert werden. Je heterogener die Zielgruppen untereinander sind, desto eher lohnt sich die Verfolgung unterschiedlicher Strategien zur Bearbeitung der unterschiedlichen Segmente. Zu viele verschiedene Marktbearbeitungsstrategien können sich jedoch auch nachteilig auf den Unternehmenserfolg in der Digitalen Wirtschaft auswirken, da sie zu erhöhten Ausgaben führen und unter Umständen die Kunden irritieren, sofern sie nicht eindeutig trennbar sind. Daher lohnt sich die Konzentration in der Kundenansprache (s. Kapitel 3.4) auf einige wenige, aber eindeutig identifizierbare und trennbare Zielgruppen, die im weiteren Verlauf der Unternehmung bearbeitet werden.

Online-Käuferverhalten

Das **Online-Käuferverhalten** beschreibt das menschliche Verhalten bei der Nutzung des Internets für den Online-Kauf (*Ahlert/Evanschitzky/Hesse* 2004; *Kollmann/Kuckertz/ Kayser* 2012). Je besser der E-Shop-Betreiber über das Verhalten seiner speziell ausgewählten Online-Käufergruppe (s. auch Kapitel 3.4) oder aber auch über das Verhalten von Online-Käufern im Allgemeinen informiert ist, desto besser kann er die Gestaltung der Webseiten, die Auswahl von Online-Produkten (s. Kapitel 3.3.1), die Maßnahmen zur Verkaufsförderung und Kundenbindung (s. Kapitel 3.4.2) usw. an die Bedürfnisse der Kunden anpassen. Durch eine reale aber auch elektronische Analyse des Käuferverhaltens können unter Umständen Rückschlüsse auf die Erwartungen der Online-Kunden (s. auch Kapitel 3.4) gezogen werden, die es dann im Sinne einer Erreichung der Online-Käuferzufriedenheit (s. auch Kapitel 3.4) zu übertreffen oder zumindest zu erfüllen gilt. Bevor jedoch das Kaufverhalten überhaupt analysiert werden kann, sollte die Aufmerksamkeit auf die Faktoren gelenkt werden, die generell über Kauf oder Nicht-Kauf beim Online-Kunden entscheiden. **Kaufabbrüche** werden häufig mit der fehlenden Möglichkeit zur physischen Produktbeurteilung vor dem Kauf, der Angst vor Datenmissbrauch und Unsicherheit über die Abwicklung finanzieller Transaktionen erklärt (*Herrmann/Sulzmeier* 2001; *Pohl/Litfin/Wilger* 2001), was im Ergebnis zu einem negativen Nettonutzen (s. Kapitel 3.3.1) führen kann. Folglich wird der Online-Kauf dann mit vergleichsweise höheren Risiken verbunden als der Kauf im realen Handel (*Bauer/Sauer/Becker* 2003). Somit ist das **wahrgenommene Risiko** eines Online-Kaufs dann als ein kritischer Bestimmungsparameter des Online-Käuferverhaltens zu betrachten. Grundsätzlich wird dabei zwischen drei **Einflussgrößen** unterschieden (*Bauer/Sauer/Becker* 2003, S. 186 ff.):

- **Person**: Hierunter fallen Einzelfaktoren, die zusammen die personenbezogenen Einflussgrößen ergeben. Der erste Faktor dieser Einflussgrößen ist die Kauferfahrung des Käufers im Internet. Hierunter sind insbesondere die Kaufhäufigkeit und die Zufriedenheit mit vorangegangen Käufen zu nennen. Der zweite Faktor ist die Internet-Affinität des Käufers, die sich u. a. in der Nutzungsintensität und Nutzungsdauer des Mediums widerspiegelt. Der dritte Faktor ist das Selbstvertrauen des Käufers, das einerseits auf allgemeiner Ebene (situationsunabhängig) aber auch auf spezifischer Ebene (kontextbezogen) evaluiert werden kann. Als letzter Faktor können soziodemographische Faktoren, wie z. B. Alter, Geschlecht und Einkommen genannt werden.

- **Produkt**: Die produktbezogenen Einflussgrößen lassen sich insbesondere hinsichtlich der Produkteignung für den Internet-Verkauf (s. Kapitel 3.3.1) erfassen. Darunter fallen Digitalisierungs-, Darstellungs- und Beurteilungsmöglichkeiten der angebotenen Produkte, sowie Preis, Komplexität und Neuartigkeit des Angebots.

- **Situation**: Bei den situationsbezogenen Einflussgrößen geht es in der Regel um Rahmenbedingungen, die den Kauf und die Nutzung des Produktes bestimmen. Beispiele hierfür wären der Verwendungszweck (Eigengebrauch, Geschenk etc.), zeitliche Bedingungen (z. B. Notwendigkeit eines Sofortkaufs) oder aber auch lokalitätsbezogene Faktoren (Internetzugang, Umgebung etc.).

Online-Käufererwartungen

Die Einschätzung der **Online-Käufererwartungen** stellt eine anspruchsvolle Aufgabe für den E-Shop-Betreiber dar. Versuche, den Erfüllungsgrad dieser Erwartungen zu messen, wie z. B. mit der Conversion Rate (Verhältnis von getätigten Bestellungen zu Anzahl der Shop-Visits), sind dabei nur Ergebniskontrollen. Sie messen also die Effizienz des Online-Shops, geben aber keinerlei Aufschluss über die Ausprägung der Käufer- bzw. Kundenerwartungen. Bei der Beschreibung der Käufererwartungen einem E-Shop gegenüber können generell zwei Erwartungsfaktoren unterschieden werden. Zum einen gibt es dabei die Erwartungen, die Kunden ganz allgemein an einen E-Shop haben. Hierzu zählen die **Grundanforderungen** bezüglich Online-Einkaufskosten und -zeit (s. Kapitel 3.2.1) bzw. von Online-Einkaufssicherheit und -qualität (s. Kapitel 3.2.1). Zum anderen gibt es aber auch **Spezialanforderungen**, die Online-Kunden gegenüber einem bestimmten E-Shop oder einer E-Shop-Klasse (z. B. Online-Buchhandel) erwarten. Diese speziellen Erwartungen können z. B. mit den bisherigen Kauferfahrungen des Kunden mit einem bestimmten E-Shop zusammenhängen. Wenn z. B. der Online-Käufer bei der Nutzung von *ama* *zon.de* das Feature der Wunschlisten-Erstellung kennen und schätzen gelernt hat, so wird er in Zukunft nicht mehr darauf verzichten wollen und erwartet dieses Feature auch bei anderen Online-Buchshops. Somit sind Online-Erwartungen eng mit Online-Erfahrungen verbunden, die sich bei der täglichen Nutzung des Internets somit quasi permanent ändern können. Die Erwartungen wachsen, je mehr der Kunde über E-Shops und deren Möglichkeiten zur Bedürfnisbefriedigung lernt.

E-Shop-Betreiber sind vor diesem Hintergrund deshalb ständig angehalten, nicht nur von sich aus den eigenen Shop ständig zu verbessern, sondern auch die E-Shops der direkten oder indirekten Konkurrenz (s. Kapitel 3.3.3) zu beobachten, um dort erkennbare und wahrgenommene Verbesserungen schnell auch in den eigenen Shop zu implementieren. Unabhängig davon, ob nun Grund- oder Spezialanforderungen bzw. eigene oder „erlernte Erwartungen" adressiert werden, gibt es basierend auf den bisherigen allgemeinen Erkenntnissen der Internet-Nutzung doch einen umfangreichen **Erwartungskatalog** an den sich E-Shop-Betreiber orientieren können (*Franke* 2002, S. 88 f.; *Spohrer/Blackert* 2001, S. 82):

- **Präsentation**: Das Internet muss als visuelles Medium die Darstellung von Informationen ansprechend und funktional transportieren.

- **Performanz**: Ladezeiten und Übertragungszeiten müssen einen reibungslosen Einkauf ermöglichen.

- **Navigation**: Die Informationsbeschaffung muss mit wenig Zeit- und Suchaufwand und somit benutzerfreundlich möglich sein.

- **Eingabefelder**: Formulare (z. B. zu Zahlungsinformationen) müssen – trotz ausreichender Hilfe zur Eingabe – intuitiv verständlich sein.

- **Kommunikation**: Verschiedene Kommunikationsmöglichkeiten wie E-Mail, Forum, Community, Webseite, Call Center, Hotline, Avatare etc. müssen für An- oder Rückfragen schnell und unkompliziert verfügbar sein. Die Reaktionszeit des E-Shops sollte bezüglich der Dringlichkeit der Fragen angemessen sein.

- **Produktinformationen**: Den fehlenden physischen Kontakt müssen ausführliche und hilfreiche Produktinformationen ersetzen, damit das Leistungsangebot über elektronische Informationen ausreichend beurteilt werden kann.

- **Zeitungebundenheit**: Inzwischen eine Selbstverständlichkeit im Internet, die aber je nach Produkt einen sehr unterschiedlichen Stellenwert bei der Kaufentscheidung einnehmen kann.

- **Angebotsvielfalt**: Durch das Wegfallen zeitlicher und räumlicher Restriktionen, erwartet der Kunde eine Angebotsvielfalt, die die Produktpalette eines lokalen, realen Shops weit übersteigt. Diese Angebotsvielfalt bezieht sich sowohl auf das Internet im Allgemeinen, als auch auf E-Shops im Speziellen.

▦ **Bezahlungssicherheit**: Die Bezahlungssicherheit muss gewährleistet sein, damit der Kunde das Einkaufen über das Internet nicht als ein zu hohes Risiko im Vergleich zum realen Laden einstuft und somit den Online-Kauf verweigert.

▦ **Lieferflexibilität**: Eine zuverlässige Lieferung der über das Internet bestellten Ware muss die Nachteile der zeitlich versetzten Zustellung im Vergleich zur sofortigen Mitnahme bei realen Shops minimieren.

▦ **Preissetzung**: Die Preise in einem E-Shop sollten in der Regel unterhalb der Preise im realen Handel sein. Diese Differenz muss aber nicht unverhältnismäßig groß ausfallen (z. B. 50 %). Ausschlaggebend ist vielmehr die Angemessenheit des Preises im Vergleich zum Leistungsangebot, das auch mehr als nur das Produkt selber (z. B. zusätzliche Dienstleistungen) umfassen kann.

▦ **Reklamation**: Die Bedingungen für Reklamationen oder den Umtausch bestellter Ware wirken sich oftmals nachteilig auf den empfundenen Mehrwert einer Online-Bestellung aus, da der Kunde bei geringem Einkaufswert meistens auf den Versandkosten sitzen bleibt.

Online-Käuferzufriedenheit

In Bezug auf die **Online-Kundenzufriedenheit** kann man zunächst davon ausgehen, dass diese dann erreicht ist, wenn die Online-Käufererwartungen weitestgehend erfüllt sind. Basierend auf dem diesbezüglichen Erwartungskatalog haben *Szymanski/Hirse* (2000) in einer explorativen Studie diejenigen Faktoren determiniert, die die Kundenzufriedenheit mit E-Shops direkt beeinflussen. Dazu zählen vor allem die Benutzerfreundlichkeit, Qualität und Quantität des Produktangebotes, Seitendesign und -funktionalität, sowie die empfundene Sicherheit über finanzielle Transaktionen. Spätere Studien zeigten dann, dass diese Faktoren erster Ordnung zu den Faktoren zweiter Ordnung, nämlich Kundenorientierung (Benutzerfreundlichkeit, Produktangebot und Design/Funktionalität) und Sicherheit verdichtet werden können und durch den Zusatz eines weiteren Faktors (Multikanal-Strategie: Benutzungsmöglichkeit verschiedener Beschaffungskanäle beim Kauf eines Produktes) als gutes Erklärungsmodell zur Online-Käuferzufriedenheit bei einem E-Shop dienen (*Ahlert/Evanschitzky/Hesse* 2004). Folgende Kriterien können die **Kundenzufriedenheit** in einem E-Shop beeinflussen:

▦ **Bequemlichkeit**: Dieser Faktor bezieht sich auf die Möglichkeit zum Convenience-Shopping, d. h. der Online-Kunde kann zu jeder Zeit, schnell ohne großen Aufwand einkaufen ohne Einschränkungen (zeitlich, räumlich) hinnehmen zu müssen.

▦ **Produktangebot**: Dieser Faktor bezieht sich sowohl auf die Sortimentstiefe (Anzahl angebotener Produkte innerhalb einer Warengruppe), als auch die Sortimentsbreite (Anzahl der angebotenen Warengruppen) und den Umfang bzw. Qualität der bereitgestellten Informationen.

Seitendesign/-funktionalität: Da im Distanzhandel das „Touch & Feel" nicht möglich ist, bietet die Gestaltung und Funktionalität der E-Shop-Seite einen der wenigen
Möglichkeiten den Anbieter und seinen Shop zu beurteilen. Dazu zählen z. B. die
Geschwindigkeit des Seitenaufbaus, Such- und Auswahlfunktionen, Verständlichkeit
der Menüführung oder die Komplexität des Bestellvorgangs.

Sicherheit: Dieser Faktor bezieht sich in erster Linie auf die Transaktionssicherheit,
die einerseits von der Vertrautheit im Umgang mit dem Medium und andererseits von
strukturellen Risiken des offenen Mediums Internet beeinflusst wird. Mit zunehmen-
dem Gebrauch des Internets wächst auch die Vertrautheit mit dem Medium. Die Trans-
aktionsunsicherheit allerdings nimmt mit zunehmender Informationssensibilität der
Käufer zu.

Multikanal-Strategie: Dieser Faktor beinhaltet die Bereitstellung verschiedener Beschaffungskanäle, die zur Befriedigung des Kundenwunsches herangezogen werden
können, um damit den Kundennutzen zu erhöhen. Konsumenten entwickeln sich zunehmend zu „Channel-Hoppern", d. h. sie nutzen die kanalübergreifende Verknüpfung des Vertriebs während des Kaufprozesses.

> **!** **Die Online-Nachfrageranalyse umfasst insgesamt vier Schritte, welche von
> der initialen Identifikation der passenden Käufergruppe über die Analyse des
> zugehörigen Käuferverhaltens und der -erwartungen bis hin zur Sicherstel-
> lung einer Käuferzufriedenheit geht.**

Fallbeispiel: Google Analytics

*Google Analytics (GA) ist ein Web-Trackingtool des US-amerikanischen Unternehmens
Google und gehört zu den meistgenutzten Web-Analysetools weltweit. Der Dienst dient
insbesondere der Untersuchung des Datenverkehrs sowie der Webanalyse. GA untersucht
u. a. die Herkunft der Besucher, ihre Verweildauer auf einzelnen Seiten sowie die Nutzung
von Suchmaschinen und erlaubt damit eine bessere Erfolgskontrolle von Werbekampagnen. Google Analytics wird von geschätzt 50 – 80 % aller Webseiten verwendet. Folgende
Daten können mit Google Analytics erhoben werden: Bereiche, in denen der Benutzer am
meisten klickt (Heatmap); Sitzungsdauer – Verweildauer auf einer Webseite, nach 20 Minuten endet sie, da davon ausgegangen wird, dass der Benutzer die Seite nicht geschlossen
hat; Absprungrate – Kommt jemand auf eine Seite und verlässt sie ohne Interaktion, zählt
das als Absprung; Bestellungen, Erstellung von Konten; Ansehen von Kontaktdaten; Ansehen von Bewertungen; Abspielen von Medien; Aktualisierung der Seite; Hinzufügen zu
Favoriten; Teilen von Content (Soziale Medien); Kampagnentracking – Analyse der Herkunft des Benutzers (z. B. E-Mail, Google Suche). Google Analytics verknüpft diese Daten
auch mit Suchanfragen und demografischen Daten, die nicht auf dieser Webseite gesammelt wurden. Für E-Shops bedeutet dies, dass mit Hilfe von Google Analytics sowohl die
Käufersegmente als auch das Online-Käuferverhalten untersucht werden können, welches
durch personenbezogene, produktbezogene und situationsbezogene Größen bestimmt*

wird. Bezüglich der Käufergruppen können mit Hilfe von Google Analytics demografische Daten, wie bspw. Sprache, Standort und Herkunft der Nutzer generiert werden. Mit Blick auf das Online-Käuferverhalten können unter anderem statistische Daten bezüglich der Verweildauer auf der Webseite oder der Nutzung von Suchmaschinen gewonnen werden. Diese Daten können dann aussagekräftige Ergebnisse hinsichtlich der eigenen Stärken und Schwächen der E-Shop-Webseite liefern. Der E-Shop-Betreiber erfährt dadurch einerseits mehr über seine Käuferklientel und kann besser nachvollziehen, welchen Kunden er wirklich mit seinen Produkten und Dienstleistungen adressiert. Ebenso kann durch Google Analytics besser nachvollzogen werden, wie der Kunde primär auf die E-Shop Seite gelangt und wie er sich im Anschluss auf der Webseite verhält. Daraus ableitend kann das Unternehmen dann seine Werbemaßnahmen planen sowie die eigene Webseite verbessern. Diese Maßnahmen sind von enormer Relevanz, um langfristig die Online-Käuferzufriedenheit zu erreichen, welche nur dann wahrgenommen wird, wenn die E-Shop-Leistungen die Online-Erwartungen erfüllen oder übertreffen.

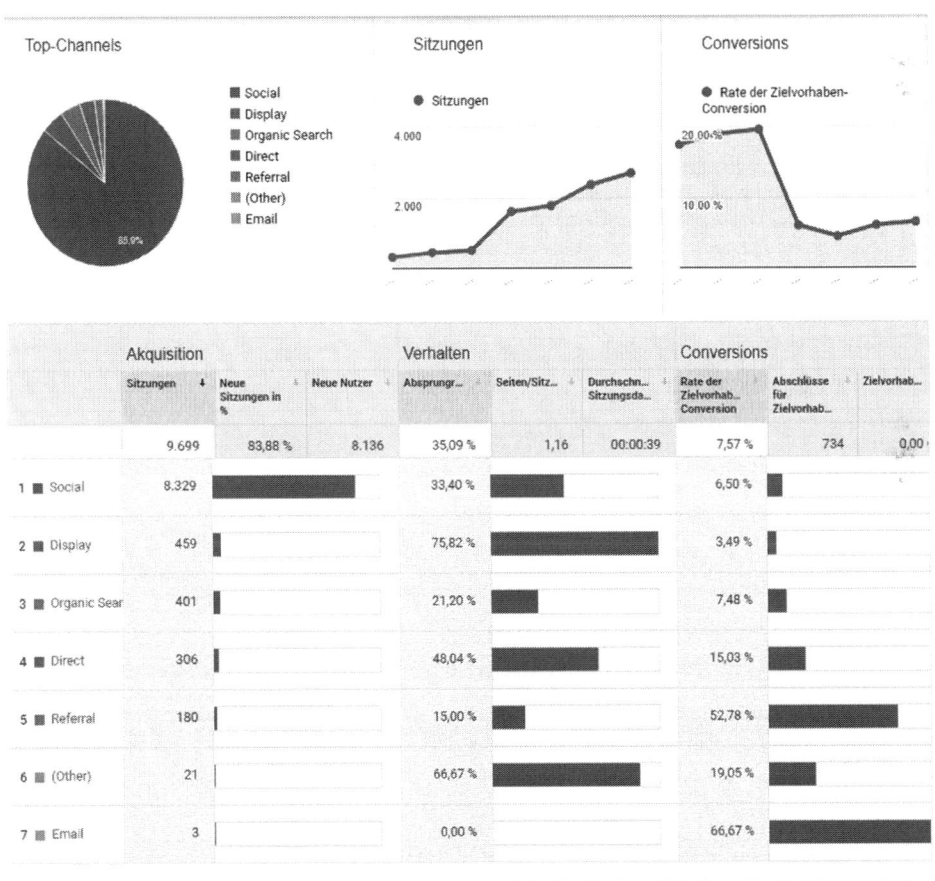

3.3.3   Die Strategieanalyse

In der **Strategieanalyse** geht es in erster Linie um die Positionierung des eigenen Online-Angebots im Vergleich zu konkurrierenden E-Shops. Dafür ist die eingehende Betrachtung aller im Markt beteiligten Akteure eine Grundvoraussetzung für die Entwicklung der eigenen Strategie. Erst wenn sich der E-Shop-Betreiber ein detailliertes Bild über die aktuelle Marktsituation gemacht hat, kann er seine eigene Position im **E-Wettbewerb** definieren und den E-Shop anhand der von ihm gewählten Strategie aufbauen bzw. betreiben. Vor diesem Hintergrund spielt nicht nur die Eintrittsstrategie eine wichtige Rolle, sondern auch die Wachstums- und Etablierungsstrategie. Die beeinflussenden Faktoren dafür müssen aber schon vor dem eigentlichen Online-Start erkannt und antizipiert werden. So kann z. B. das spätere Wachstum durch Kooperationen ermöglicht werden, was aber durchaus eine frühzeitige strategische Positionierung voraussetzt, um dann überhaupt geeignete Kooperationspartner zu finden (*Kollmann* 2019a).

Online-Wettbewerbsvorteile

Allgemein werden vorhandene oder angestrebte **Online-Wettbewerbsvorteile** als Voraussetzung für die Sicherung der eigenen Position am Markt charakterisiert. Darunter versteht man die Vorteile, die die Online-Kunden aufgrund eines überlegeneren Preis-/Leistungs-Verhältnisses (bzw. Kosten-/Nutzen-Verhältnis; s. Abb. 33) im Vergleich zum Angebot anderer E-Shop-Wettbewerber wahrnehmen (*Wamser* 2001, S. 60). Diese Online-Wettbewerbsvorteile können dabei grundsätzlich drei verschiedenen **Gruppen** zugeordnet werden:

- **Produktvorteile**: Das über den E-Shop bereitgestellte Angebot hat für den Kunden direkte Leistungs- und/oder Preisvorteile und steht damit im Vergleich zu anderen E-Shops besser dar. Als Beispiel kann ein MP3-Player angeführt werden, der in einem E-Shop z. B. 10 % günstiger zu erwerben ist als bei der Online-Konkurrenz. In diesem Bereich können insbesondere Innovations- und Reputationspotenziale liegen (s. Abb. 33).

- **Prozessvorteile**: Das über den E-Shop bereitgestellte Angebot kann durch den Kunden schneller und/oder einfacher als im Vergleich zu anderen E-Shops bestellt bzw. durch den E-Shop-Betreiber geliefert werden. Als Beispiel kann der „1-Click"-Kauf bei *amazon.de* genannt werden. In diesem Bereich können insbesondere Schnelligkeits-, Transaktionskosten- und Innovationspotenziale liegen (s. Abb. 33).

- **Präsentationsvorteile**: Das über den E-Shop bereitgestellte Angebot kann durch den Kunden einfacher erfasst, wahrgenommen oder beeinflusst werden als im Vergleich zu anderen E-Shops. Als Beispiel kann der Konfigurationskauf bei *dell.de* genannt werden. In diesem Bereich können insbesondere Individualisierungs-, Innovations- und Reputationspotenziale liegen (s. Abb. 33).

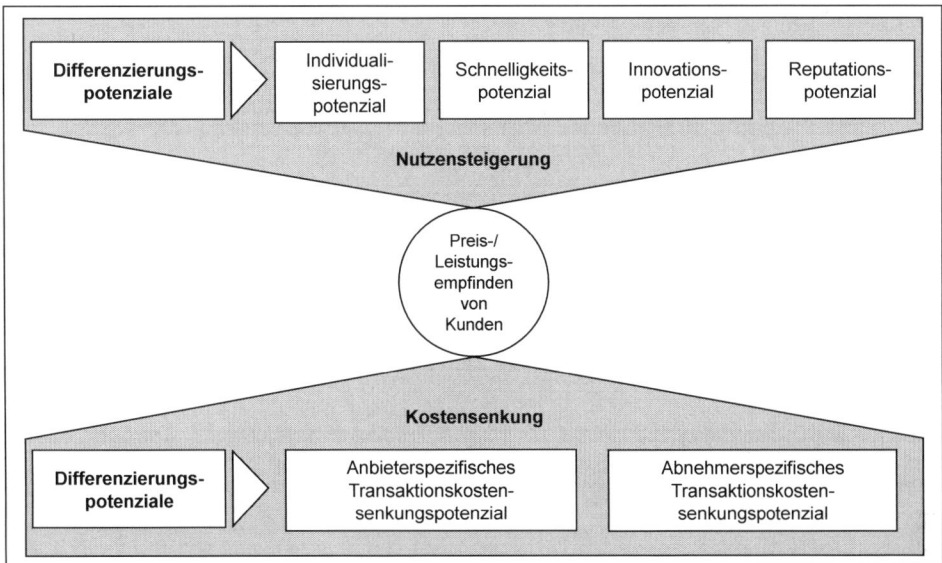

Abb. 33:   Online-Wettbewerbspotenziale und das Preis-/Leistungsempfinden
Quelle: in Anlehnung an *Wamser* 2001, S. 99.

Somit kann der Online-Wettbewerbsvorteil eines E-Shops immer nur in Relation zu anderen E-Shops gesehen werden. Zur Erreichung eines „echten" Online-Wettbewerbsvorteils muss dieser des Weiteren aber auch drei **strategische Kriterien** erfüllen (*Simon* 1988, S. 464; *Wamser* 2001, S. 61):

- **Relevanz**: Das über den E-Shop bereitgestellte Angebot muss für den Kunden relevant sein und kann nur durch eine ausgeprägte Kundenorientierung realisiert werden. Der Online-Wettbewerbsvorteil muss sich also auf die Merkmale beziehen, die bei einer Online-Kaufentscheidung (s. Kapitel 3.1.1) für den Kunden wichtig und tatsächlich relevant sind.

- **Wahrnehmbarkeit**: Die den Online-Wettbewerbsvorteil begründenden Leistungsmerkmale müssen für den Kunden nicht nur relevant, sondern auch wahrnehmbar sein. Dabei geht es weniger um die objektiven Eigenschaften, als um die subjektiv vom Kunden wahrgenommene Leistungsfähigkeit des Online-Angebotes.

- **Dauerhaftigkeit**: Für den langfristigen Erfolg des E-Shops sollte der strategische Online-Wettbewerbsvorteil eine gewisse Dauerhaftigkeit aufweisen, damit er bei der strategischen Unternehmensführung eingeplant werden kann und alle folgenden Handlungen zur Realisierung des Online-Wettbewerbsvorteils gesteuert werden können.

Online-Wettbewerbspositionierung

Aufbauend auf den Online-Wettbewerbsvorteilen im Produkt-, Prozess- und Präsentationsbereich (*Kollmann* 2019b) können nun im Rahmen der **Online-Wettbewerbspositionierung** vier grundsätzliche Richtungen identifiziert werden. Zwei stammen dabei aus den klassischen Überlegungen zur realen Wirtschaft, während die anderen beiden auf neuere Überlegungen zur Digitalen Wirtschaft zurückgehen (*Porter* 2013; *Weiber/Kollmann 2000*; *Kollmann* 2019a) und sich sowohl auf die angebotenen Online-Produkte als auch auf die angebotenen Informationen zu den Online-Produkten beziehen können. Folgende **Richtungen** zu der Online-Wettbewerbspositionierung können unterschieden werden:

▪ **Cost-Leader**: Der E-Shop-Betreiber versucht bei dieser Positionierung seine Online-Produkte günstiger anzubieten als die Online-Konkurrenz. Ziel ist es, über günstige Preise einen hohen (relativen) Marktanteil zu generieren und über den Mengeneffekt die Shopgewinne zu realisieren (s. Abb. 34). Dies kann sich zum einen direkt aus dem Produktpreis (z. B. bessere Einkaufskonditionen), zum anderen aus den niedrigeren Transaktionskosten ergeben (z. B. Prozessautomatisierung), die dann im Resultat zu niedrigeren Endpreisen für die Online-Produkte führen. Dies kann sich aber auch auf niedrigere Lieferkosten beziehen. E-Shop-Betreiber mit dieser Online-Wettbewerbspositionierung setzen sehr stark auf den Vertriebsweg durch Preissuchmaschinen und Online-Marketing (s. Kapitel 3.4).

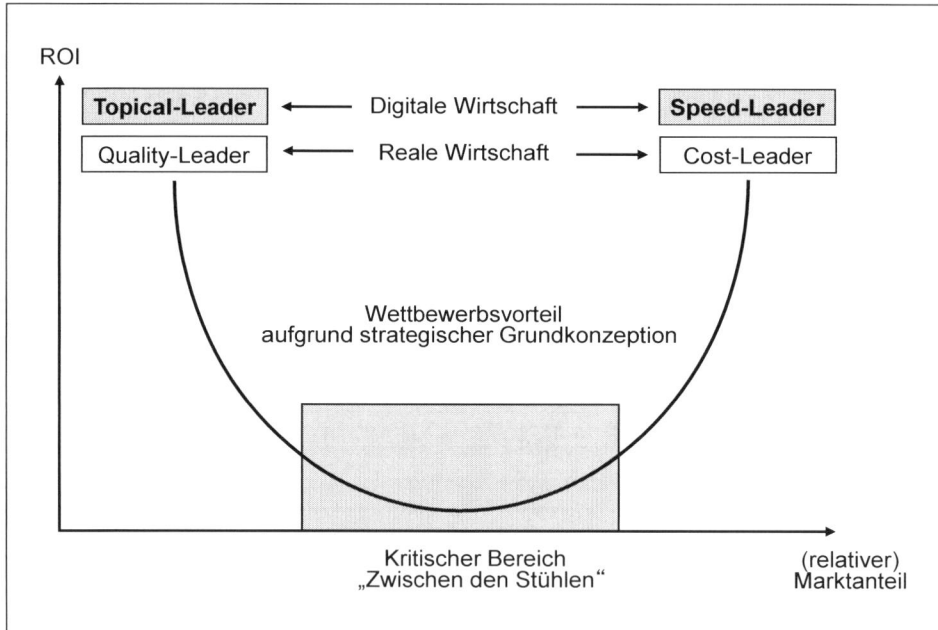

Abb. 34:   Die Online-Wettbewerbspositionierung für E-Shops
Quelle: *Kollmann* 2019a.

▨ **Quality-Leader**: Der E-Shop-Betreiber versucht bei dieser Positionierung qualitativ höherwertigere Online-Produkte anzubieten als die Online-Konkurrenz. Ziel ist es, diese höherwertigen Angebote auch mit höheren Preisen versehen zu können, um über Margeneffekte einen hohen (relativen) Marktanteil und damit Shopgewinne zu realisieren (s. Abb. 34). E-Shop-Betreiber mit dieser Online-Wettbewerbspositionierung setzen sehr stark auf den Vertriebsweg durch Suchmaschinen, eBranding und One-to-One-Marketing (s. Kapitel 3.4.2).

▨ **Topical-Leader**: Der E-Shop-Betreiber versucht bei dieser Positionierung die Informationen zu seinen Online-Produkten auf einem höheren qualitativen Niveau anzubieten als die Online-Konkurrenz. Ziel ist es, über die hochwertigen Informationen eine geringere Preissensibilität bei den Online-Kunden zu erreichen, sodass diese bereit sind, die Informationsqualität über etwas höhere Produktpreise quasi mitzubezahlen und damit erneut über Margeneffekte einen hohen (relativen) Marktanteil und damit Shopgewinne zu realisieren (s. Abb. 34). Neben der schnellen Verfügbarkeit von Produktinformation spielt nämlich auch der Informationsgehalt im Rahmen der Online-Produktdarstellung (s. Kapitel 3.3.1) eine bedeutende Rolle. E-Shop-Betreiber mit dieser Online-Wettbewerbspositionierung setzen sehr stark auf den Vertriebsweg des Viral-Marketings und einer hohen Reputation, z. B. in Verbraucher- oder Meinungsportalen (s. Kapitel 3.4.1).

▨ **Speed-Leader**: Der E-Shop-Betreiber versucht bei dieser Positionierung die Informationen zu seinen Online-Produkten schneller anzubieten als die Online-Konkurrenz. Ziel ist es, über schnellere Informationen mehr Online-Kunden zu erreichen und damit einen hohen (relativen) Marktanteil zu generieren und über den Mengeneffekt die Shopgewinne zu realisieren (s. Abb. 34). Diese Geschwindigkeit kann sich zum einen „technisch" auf die Informationssuche und/oder den -aufruf beziehen (z. B. Ladezeiten), zum anderen „operativ" auf die Produktverfügbarkeit (z. B. zeitliche Exklusivität) oder die Informationsübermittlung zum Online-Kunden (z. B. E-Mail) beziehen. E-Shop-Betreiber mit dieser Online-Wettbewerbspositionierung setzen sehr stark auf den Vertriebsweg einer schnellen und gezielten Informationsübermittlung z. B. über eCustomer Relationship Management (s. Kapitel 3.4.2) und Newsletter- bzw. E-Mail-Marketing (s. Kapitel 3.4.1).

Online-Kooperationen

Unabhängig von der eigenen Stärke und Ausstattung eines E-Shops kann es vorteilhaft sein, **Online-Kooperationen** einzugehen, um bspw. die technische Umsetzung eines E-Shops durch einen technologisch starken Partner durchführen zu lassen (Dienstleister-Modell; s. Kapitel 3.1.2) oder aber die Internetseiten eines Online-Partners für den Vertrieb der eigenen Produkte mit zu nutzen (*Richard* 2003, S. 469 ff.). Die Grundlage dieser rein **operativen Kooperation** (Zieltyp I) ist ein für beide Seiten klar erkennbarer Nutzen im Tagesgeschäft. Dieser kann in der Erweiterung des eigenen E-Shop-Angebotes liegen, wobei mit Hilfe des Partners den eigenen Kunden ein erweiterter Service bzw. ein größeres Produktspektrum angeboten werden kann. Es kann aber auch darum gehen,

über die komplette Zusammenführung von Produkten einen höheren Marktpreis zu realisieren (Produkterweiterung, s. Kapitel 3.3.1). Eine andere Intension hat die **strategische
Kooperation** (Zieltyp II), bei der versucht wird, bestimmte Signale (z. B. Renommee,
Vertrauen, Glaubwürdigkeit) den Marktteilnehmern (z. B. Kunden, Wettbewerber oder Investoren) zu senden (z. B. über Logopartnerschaft). Beide Zieltypen der Online-Kooperation wirken sich vorteilig auf die Online-Wettbewerbsstrategien (*Kollmann* 2019b) aus.
Erfahrungen und Kompetenzen lassen sich komplementär ersetzen, wodurch die Schwächen des E-Shops ausgeglichen werden. Dies wirkt sich über Kostenreduktion bzw. Ein-
nahmensteigerung positiv auf die Stabilität des E-Shops aus. In Bezug auf die Ausgestaltung der Kooperationshandlung und damit die Spezifikation des **Online-Kooperations-
inhaltes**, geht es um das Erreichen eines bestimmten Online-Wettbewerbsvorteils (*Kollmann* 2019b). Hierbei kann zwischen vier grundlegenden theoretischen Denkmustern unterschieden werden, wobei diese nicht in Reinform umgesetzt werden müssen, sondern in
einer individuellen Ausgestaltung der Partnerschaft auch als Mischform verfolgt werden
können. Zu den vier **Varianten** zählen vor diesem Hintergrund der ressourcenorientierte,
der nachfrageorientierte, der wettbewerbsorientierte und der vertriebsorientierte Ansatz
(*Kollmann/Herr* 2003; *Kollmann* 2019a).

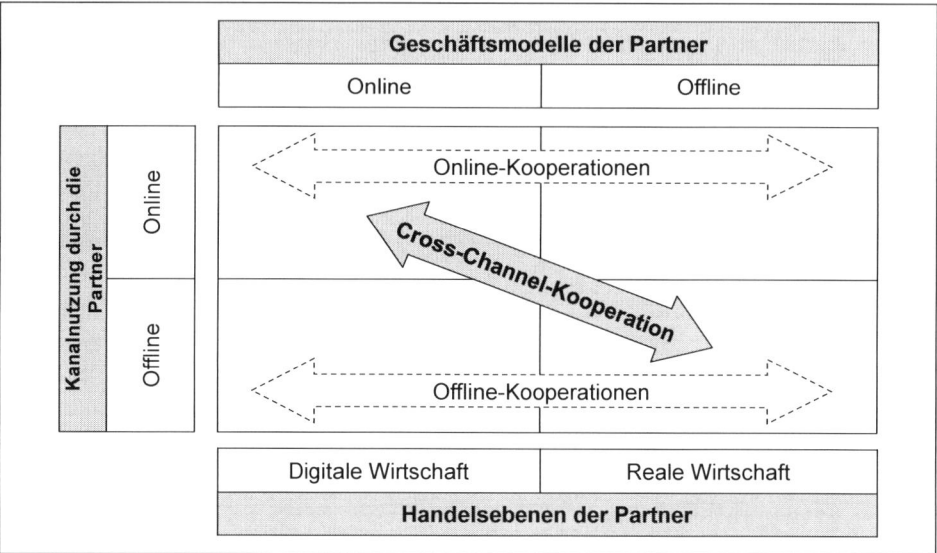

Abb. 35:   Möglichkeiten der Cross-Channel-Kooperation für E-Shop-Betreiber
Quelle: *Kollmann/Häsel* 2006, S. 3.

Kanäle unterscheiden sich hinsichtlich ihrer Stärken in den einzelnen Phasen des Kundenlebenszyklus bzw. ihrer funktionellen Eignung für die Bereiche Kommunikation, Distribution und Kundendienst. **Online-Kanäle** wie das Internet sind stets medial, während
Offline-Kanäle sowohl medial (wie Prospekte oder Zeitschriften) oder institutionell (wie
Warenhäuser oder Verkaufsaußendienste) sein können. Online- und Offline-Kanäle wer-

den zunehmend komplementär genutzt. Sowohl auf Unternehmens- als auch Konsumentenseite verschmelzen Online- mit Offline-Aktivitäten. Die Integration von digitalen und physikalischen Geschäftsprozessen wird in vielen Märkten zu einer treibenden Kraft. Änderungen im Kundenverhalten, insbesondere bezüglich Erwartungen und Bedürfnissen, führen auf Kundenseite zunehmend zu einer **komplementären** Nutzung von Internet und realer Welt: Zum einen werden verschiedene Produkte über verschiedene Kanäle erworben, zum anderen erwarten die Kunden, dass sie frei wählen können, über welchen Kanal sie sich über ein Produkt informieren, den Händler kontaktieren, das Produkt kaufen sowie es ggf. wieder umtauschen (Online-Käuferzufriedenheit; s. Kapitel 3.3.2).

Solche **hybriden** Kunden stellen sich für jede Kaufentscheidung einen individuellen Kanalmix zusammen (*Bachem* 2002, S. 264). Um ihren Kunden genau dies zu ermöglichen, müssen sich Unternehmen aus realen und digitalen Wirtschaft unweigerlich einander annähern. Bei begrenzten Ressourcen rückt diese strategische Zusammenarbeit zunehmend in den Fokus. Gleichzeitig spielen diese strategischen Überlegungen auch bei Geschäftsmodellen eine Rolle, wenn z. B. Startups aus der digitalen Welt mit großen Corporates aus der realen Welt kooperieren wollen (*Kollmann* 2018; *Kollmann/Schmidt* 2016, S. 137 f.). Traditionelle Unternehmen können durch die Zusammenarbeit mit E-Shop-Betreibern neue Marktsegmente erreichen, ohne sich dabei abseits ihrer Kernkompetenzen zu bewegen (Partner-Modell; s. Kapitel 3.1.3). Dem E-Shop-Betreiber wiederum ermöglicht eine derartige Kooperation den Zugang zur realen Welt. Das so entstehende Phänomen der **Cross-Channel-Kooperation** (s. Abb. 35) basiert auf der kollaborativen Integration von Online- und Offline-Geschäftsmodellen mit dem Ziel, durch ein Komplement von Kompetenzen positive synergetische Effekte für die beteiligten Partner zu erzielen (*Kollmann/Häsel* 2006, S. 3; *Kollmann/Häsel* 2008; *Kollmann/Häsel* 2009). Die Cross-Channel-Kooperation von *amazon.de* und *Wal-Mart* bspw. ermöglichte *amazon.de* eine Offline-Präsenz in den Warenhäusern von *Wal-Mart*, während die Webseite der Warenhaus-Kette von der Kundenakzeptanz des Online-Buchhändlers profitierte.

 Die Online-Strategieanalyse geht von der Kernfrage nach den Online-Wettbewerbsvorteilen aus, um diese dann im Online-Markt richtig zu positionieren und über Online- und/oder Offline-Kooperationen abzusichern bzw. weiterzuentwickeln.

Fallbeispiel: Ankerkraut

Ankerkraut ist ein deutsches Startup mit Sitz in Hamburg und bekannt aus der Gründershow „Die Höhle der Löwen". Das Unternehmen ist spezialisiert auf hochwertige Gewürze zum Kochen, Grillen, Backen und Trinken. Dabei beachtet Ankerkraut die höchsten Qualitätsstandards und nutzt keine Geschmacksverstärker, Konservierungsstoffe und Rieselhilfen. Um als junges Unternehmen auf einem doch sehr etablierten Gewürzmarkt erfolgreich zu sein, hat sich Ankerkraut intensiv mit der eigenen Strategie befasst und ein Alleinstellungsmerkmal gefunden, über welches sich das Startup am Markt differenziert.

Ankerkraut vertreibt seine hochwertigen Gewürze in kleinen Gläsern direkt aus dem Hamburger Hafen über einen eigenen E-Shop. Durch die am Hafen gelegene Manufaktur erhält das Unternehmen somit besten Zugriff auf frische Rohwaren und handverlesene Händler. Der E-Shop ermöglicht dabei zentral aus Hamburg eine möglichst große Zielgruppe anzusprechen und die Produkte online zu verkaufen. Um die Produkte nicht nur im Online-Handel veräußern zu können, ist Ankerkraut außerdem eine Cross-Channel-Kooperation mit dem stationären Lebensmittel-Einzelhandel, darunter REWE und auch EDEKA, eingegangen, welche die Gewürze an spezifischen Stellen auf Aufstellern unter der Marke Ankerkraut im Markt platzieren. Somit versucht das Startup nicht nur die Nutzungspotenziale des eigenen Online-Angebots, sondern auch die Möglichkeiten der verschiedenen Handelsebenen (reale und virtuelle Handelsebene) maximal auszunutzen. Bis heute ist das Startup in rund 4.000 Geschäften vom Supermarkt, Feinkostladen und Schlachter bis zum Weindepot deutschlandweit vertreten. Angefangen hatte die Gewürzmanufaktur als reiner Online-Shop. Nun will das Startup neben den Kooperationen für die reale Handelsebene auch eigene Gewürzläden in ganz Deutschland betreiben. Im April 2019 wurde auf 160 Quadratmetern der erste Flagship-Store in der Hamburger Innenstadt eröffnet. Neben dem Probieren kann man über eine Smartphone-App dort weitere Informationen zu den Produkten abrufen. Weitere Stores in München, Frankfurt und Düsseldorf sollen folgen.

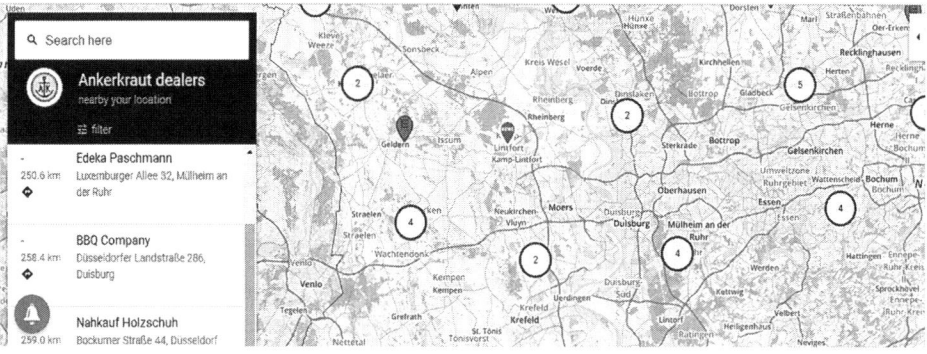

3.4 Das Marketing beim elektronischen Verkauf

Die **Marketingebene** eines E-Shops befasst sich generell mit den Methoden der Kundengewinnung, Kundenbewertung und Kundenbindung. Oberstes Ziel dabei ist die Erreichung und Zuführung der Online-Käufergruppe (s. Kapitel 3.3.2) für den E-Shop, sowie die Ausschöpfung aller Umsatzpotenziale durch die Steigerung des Online-Absatzes der Produkte oder Leistungen eines E-Shops. Gerade das Internet bietet vor diesem Hintergrund unzählige Möglichkeiten, potenzielle Online-Kunden mit „neuartigen" Marketing-Maßnahmen für ein (Online-)Produkt zu begeistern und deren Verkauf über einen E-Shop zu fördern (*Pohl/Weiber* 2014). Allerdings steht das gesamte Online- aber auch traditionelle Offline-Marketing für E-Shops anderen Rahmenbedingungen gegenüber (*Billen/Weiber* 2007). Dazu zählen insbesondere die Möglichkeiten der Interaktivität und Individualität (s. Kapitel 1.1.4), die auf dem elektronischen Informationsaustausch bzw. der digitalen Datenübermittlung beruhen (s. Kapitel 1.1 und 1.2). Es müssen daher nicht nur neue Instrumente und Methoden für das Online-Marketing analysiert werden, sondern auch deren vorteilhafter Einsatz für die elektronische Handelsebene in Bezug zu den veränderten Umgebungsfaktoren. Der Begriff **Online-Marketing** wird in der Regel für viele Bereiche netzbasierter Marketingaktivitäten, meist aber weitgehend unreflektiert verwendet. Zur Erreichung eines angemessenen Grundverständnisses ist es jedoch notwendig, den Begriff differenziert zu betrachten und die unterschiedlichen Definitionen zu erläutern. Dieses Vorgehen ermöglicht die Betrachtung der Thematik aus unterschiedlichen Perspektiven. Als Ausgangspunkt soll die in *Kollmann* (2013, S. 62) hergeleitete **Definition** herangezogen werden:

> **Unter Online-Marketing wird die absatzpolitische Verwendung elektronisch vernetzter Informationstechnologien verstanden, um unter deren technischen Rahmenbedingungen die Produkt-, Preis-, Vertriebs- und Kommunikationspolitik mit Hilfe der innovativen Möglichkeiten der Online-Kommunikation marktgerecht zu gestalten.**

Der Begriff „Online-Marketing" beinhaltet dabei kein neues Marketingverständnis im Vergleich zur traditionellen Definition von Marketing, da auch hier das Marketing „als Führung des Unternehmens vom Markt her" verstanden wird (*Tiedke* 2000, S. 80). Daher steht auch hier die Befriedigung der Bedürfnisse und Wünsche der **Konsumenten** im Vordergrund (*Kotler* 1995, S. 7). Ziel ist es, die Kunden so anzusprechen, dass sie einen komparativen Vorteil für sich erkennen und eine Kaufhandlung vollziehen, die es möglichst oft zu wiederholen gilt. Dadurch kann der sog. **Customer-Lifetime-Value** (CLV) abgeschöpft werden. Der Unterschied zum traditionellen Marketing besteht jedoch im Hinblick auf die eingesetzten Technologien und deren Rahmenbedingungen. Die **Marketinginstrumente** nutzen hier die neuen Möglichkeiten der Online-Kommunikation über elektronisch vernetzte Informationstechnologien. Im Mittelpunkt steht die Kundengewinnung und die Kundenbindung (*Kollmann* 2019a).

Medienhinweis: Das Online-Marketing beim E-Shop (Audio-Podcast)
www.netcampus.de/podcasts

3.4.1   Die Kundengewinnung

Bei der **Kundengewinnung** drehen sich alle Maßnahmen um die Akquise von neuen Käufern, die noch keinerlei oder nur wenig Kontakt und Informationen zu den angebotenen
Produkten und/oder zum Anbieter haben. Hierfür stehen eine ganze Reihe an Instrumenten
zur Verfügung, die im umgangssprachigen Gebrauch in der Regel mit dem Begriff „Online-Marketing" gleichgesetzt werden, auch wenn sie sich eigentlich nur auf den Bereich
der Kommunikationspolitik beziehen. Grob lassen sich diese **Instrumente** in vier **Bereiche** kategorisieren (*Kollmann* 2013, S. 183):

▓ Search-Engine-Marketing

▓ Display-Marketing

▓ Social-Media-Marketing

▓ Direct-Marketing

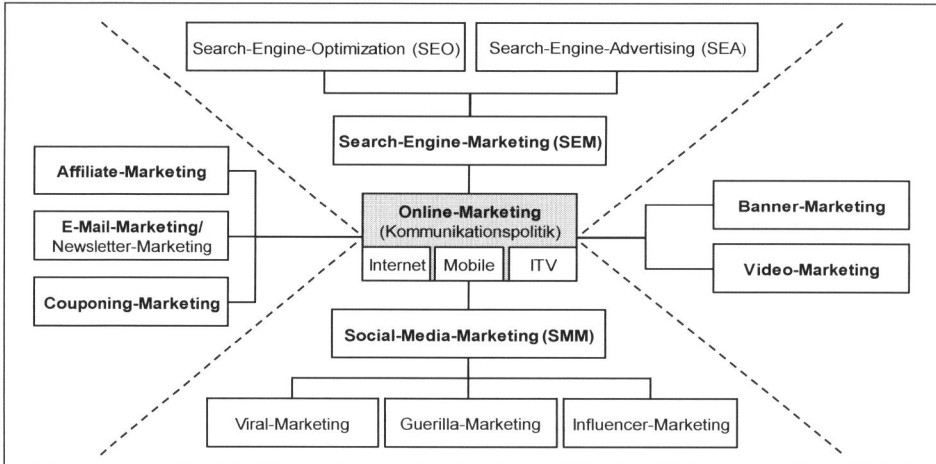

Abb. 36:   Instrumente der Kommunikationspolitik im Online-Marketing
Quelle: in Anlehnung an *Kollmann* 2013, S. 184.

Leider sind diese Bereiche jedoch nicht immer trennscharf (z. B. das Platzieren eines Banners in einem sozialen Netzwerk), sodass im Folgenden besser direkt auf die einzelnen Instrumente gesondert eingegangen wird. Ferner können die einzelnen Instrumente bzw. Formen auch über die verschiedenen Plattformen der Digitalen Wirtschaft, also Internet, Mobilfunk und Interaktives Fernsehen (ITV) angeboten werden, so dass sich die nachfolgende Darstellung (*Kollmann* 2013, S. 184) auf die grundsätzlichen Möglichkeiten konzentrieren werden. Einen Überblick zu den einzelnen Instrumenten bietet Abb. 36.

Search-Engine-Marketing

Unter **Search-Engine-Marketing (SEM)** oder auch Search-Engine-Optimization (SEO) versteht man in der Regel alle Maßnahmen, die für eine bessere Platzierung auf Ergebnisseiten der Suchmaschinen hilfreich sind (*Lammenett* 2017, S. 481). Hierzu zählen im Einzelnen die Aufgaben einer Planung, Optimierung und Analyse des webseitenbezogenen Contents für dessen verbesserte Erfassung durch die jeweilige Suchmaschine (*Alpar/Wojcik* 2012, S. 389 ff.). Dabei stehen zwei **Verbesserungsbereiche im Suchmaschinen-Marketing** zur Auswahl:

▨ **Organischer Bereich**: In diesem Ergebnisbereich einer Suchmaschinenabfrage werden die Webseiten gelistet, die aufgrund der durch die Suchmaschine automatisch erfolgten Indizierung einen besonders hohen Zusammenhang zwischen Suchbegriff und dem angebotenen Content aufweisen (**unbezahlte Ergebnisse**).

▨ **Nicht-Organischer Bereich** (Paid Listings): In diesem Ergebnisbereich einer Suchmaschinenabfrage werden die Webseiten gelistet, die dafür bezahlt haben, bei bestimmten Suchbegriffen in diesen Bereichen bevorzugt angezeigt zu werden (**bezahlte Ergebnisse**).

Wichtigstes Entscheidungskriterium bei den Kunden ist die **Platzierung in der Ergebnisliste**. In der Regel wird den ersten drei Ergebnissen volle Aufmerksamkeit geschenkt, weiter unten platzierte Ergebnisse verlieren hingegen an Bedeutung und werden oftmals nicht angeklickt. Um das Potenzial des Suchmaschinen-Marketings effizient zu nutzen, sollten sämtliche Bemühungen darauf verwendet werden, den Link zur eigenen Webseite so weit wie möglich oben zu platzieren und z. B. bei der Suche nach bestimmten **Keywords** als erstes aufzutauchen. Dies ist die Aufgabe der **Search-Engine-Optimization** (SEO). Die SEO dient dazu, dass Werbetreibende ihren Internetauftritt hinsichtlich relevanter Suchbegriffe für Suchmaschinen so optimieren, dass ihre Platzierung in der organischen Ergebnisliste verbessert wird. Dabei ist das Zusammenspiel zwischen kundenrelevanten Suchbegriffen und dem darauf abgestimmten Content der eigenen Webseite ebenso von entscheidender Bedeutung, wie die externe Verlinkung von anderen Webseiten auf den entsprechenden Content als Qualitätsmerkmal für die Relevanzerkennung durch Dritte. Beides wird durch *google.de* gemessen und bestimmt das Ranking im organischen Bereich. Im Hinblick auf die mögliche Optimierung unterscheidet man entsprechend auch in **On-Page-Optimierung** (Gestaltung des eigenen Contents) und **Off-Page-Optimierung** (Suchbegriff-relevante Links auf den eigenen Content).

Neben dem organischen Bereich können aber auch Maßnahmen im nicht-organischen und damit bezahltem Ergebnisbereich durchgeführt werden, um die eigene Sichtbarkeit zu erhöhen. In diesem Fall spricht man vom sog. **Search-Engine-Advertising (SEA)** oder auch Keyword Advertising. SEA ermöglicht es dem Werbetreibenden, durch bezahltes Keyword Advertising sich so weit wie möglich oben innerhalb der bezahlten Suchergebnisse zu platzieren. Zu den Vorteilen dieser Variante zählen laut *Keßler/Rabsch/Mandić* (2015, S. 346 ff.) u. a. der günstige Preis im Vergleich zu klassischen Medien, die Reichweite insbesondere von *google.de* bei der Produktsuche durch die Internetnutzer, die Schnelligkeit der Buchung von Werbeplätzen, die Flexibilität im Hinblick auf die Anpassung der Keywords sowie die Messbarkeit durch die Registrierung von Klicks auf das Werbemittel. Zu den Nachteilen zählen die gleichen Autoren insbesondere die Auswahl der passenden Keywords und die notwendige Kenntnis über die genauen Suchmechanismen bei der ausgewählten Zielgruppe.

 Das Search-Engine-Marketing (SEM) beinhaltet alle Maßnahmen für eine bessere Ergebnislistung bei Suchmaschinenanfragen. Dabei wird im Wesentlichen zwischen Search-Engine-Optimization (On-/Off-Page-Optimierung) und Search-Engine Advertising (Keyword Advertising) unterschieden.

Display-Marketing

Das **Display-Marketing** beschreibt eine Werbeform im Online-Marketing, die gezielte Werbebotschaften auf unternehmensfremden Seiten platziert, um darüber Kunden auf die eigene Seite zu lenken. Die **Werbebotschaften** sind hierbei immer in Form von sog. Bannern erstellt. Oberstes Kriterium für die Wahl dieser Werbeform ist die Frage nach dem richtigen Werbepartner, also der Seite, auf der das Banner geschaltet werden soll. Erst wenn Partner mit z. B. themenrelevanten Seiten oder anderweitig passenden Seiten ausgewählt werden, steigt die Effizienz dieser Werbeform. Beispielsweise wäre die Schaltung eines Banners für einen E-Shop, das Babykleidung verkauft, auf der Webseite der Zeitschrift „Eltern" wesentlich erfolgversprechender als wenn das Banner auf einer Community-Plattform für Heavy-Metall Fans platziert wird. Der **Bezug** zum beworbenen Produkt oder dem angebotenen Service sollte in der Regel klar erkenntlich sein oder zumindest für den Besucher nachvollziehbar und nicht absurd erscheinen. Die Kosten für eine **Bannerschaltung** hängen meistens von der Click-Through-Rate des Banners oder dem Tausender-Kontaktpreis (TKP) ab. Bezahlt wird also pro Anklicken des Banners oder respektive pro tausend Besucher der Webseite auf der das Banner geschaltet ist (egal ob diese das Banner anklicken oder nicht). Ein weiteres Kriterium beim Banner-Marketing ist die Frage nach der Funktionalität, dem Erscheinungsbild und der Größe des Banners (*Lammenett* 2017, S. 72 und S. 295). Die Größe des Banners ist oftmals individuell auswählbar und je nach Partner unterschiedlich platzierbar. Es gibt jedoch sechs Bannergrößen, die von der *European Interactive Advertising Association* (*EIAA*) als gängige Formate festgelegt wurden, um die anfallenden Kosten für die Medienerstellung, Verwaltung und Buchung von Werbeplätzen vergleichbarer und transparenter zu machen. Diese Standardisierung erleichtert die Einbettung der Banner in das Seitenlayout der Werbepartner und ermöglicht somit die seitenübergreifende Gestaltung von Werbemitteln für Werbetreibende. Die gängigsten Formate sind: Fullsize-Banner (468 x 60 Pixel), Rectangle (180 x 150 Pixel), Medium Rectangle (300 x 250 Pixel), Skyscraper (120 x 600 Pixel), Wide Skyscraper (160 x 600 Pixel).

Video-Marketing setzt insbesondere am **Baustein „Multimedia"** an und repräsentiert die Darstellung von Videobotschaften auf der eigenen Webseite oder anderen Internetpräsenzen (*Keßler/Rabsch/Mandić* 2015, S. 812). Das Präsentationsformat wurde in den letzten Jahren vorrangig durch den Anstieg von Breitbandverbindungen begünstigt (*Alpar/Wojcik* 2012, S. 298). Erst dadurch wurden die Ladezeiten so weit reduziert, dass eine komfortable Nutzung dieses Marketingformates erst möglich wurde. Im Hinblick auf die verschiedenen Nutzungsformen kann neben der Grundeinteilung in **Produktvideos (PV)** und **Unternehmensvideos (UV)** auch noch zwischen folgenden **(Teil-)Formaten** unterschieden werden (*Keßler/Rabsch/Mandić* 2015, S. 817 f.):

- **Produktvideo (PV)**: Im Mittelpunkt stehen das Produkt und seine übergeordnete Funktionsweise. Ausgangsbasis kann ein typischer TV-Spot sein, der auch im Internet verwendet wird oder aber eine Eigenproduktion, die mehr die konkrete Handhabung in den Mittelpunkt rückt.

- **PV-Screencasts**: In dieser besonderen Form eines PVs geht es um die Darstellung von konkreten Gebrauchsanweisungen, Abläufen und Anwendungen. Ein typisches Beispiel ist die Erläuterung der Softwareinstallation.

- **PV-Webisodes**: Hier werden die einzelnen Abschnitte eines Produktvideos in Teil- oder Einzelfolgen zerlegt, die einen Gesamtzusammenhang repräsentieren. Durch die Unterbrechungen besteht die Möglichkeit, interaktive Handlungen seitens des Nutzers zuzulassen.

- **PV/UV-Explainer**: Diese Videoform erklärt oftmals in animierter Form das grundsätzliche Geschäftsmodell, welches hinter einem Produktangebot liegt). Damit wird dem Nachfrager in der Regel zwischen zwei und drei Minuten ein komplexer Zusammenhang mit Fokus auf das Wesentliche erklärt, um was es bei einer Webseite/einem Angebot überhaupt geht. Diese Form stellt oftmals den Übergang zum klassischen Unternehmensvideo dar.

- **Unternehmensvideo (UV)**: Hierbei handelt es sich um Imagefilme, die ein Unternehmen und/oder dessen E-Shop auf der emotionalen Ebene präsentieren und den Gesamtumfang der angebotenen Leistungen widerspiegelt.

- **UV-Newschannel**: In diesem meist regelmäßigen Format werden die News zu einem Unternehmen und/oder seiner Branche bzw. seinen E-Shop-Produkten in einem Video präsentiert. Dabei kommen in der Regel reale aber auch virtuelle Moderatoren (sog. Avatare) zum Einsatz, die durch die Sendung führen.

Das Display-Marketing beschreibt jegliche Werbung, die grafisch auf einem Bildschirm dargestellt wird. Banner-Marketing platziert gezielte Werbebotschaften auf unternehmensfremden Webseiten. Video-Marketing repräsentiert die Darstellung von Videobotschaften auf Webseiten.

Social-Media-Marketing

Ein **soziales Netzwerk (E-Community)** oder auch **Social Media Network** genannt, steht allgemein als Begriff für die organisierte Kommunikation innerhalb eines elektronischen Kontaktnetzwerkes und damit für die Bereitstellung einer technischen Plattform für die Zusammenkunft einer Gruppe von Individuen, die in einer bestimmten Beziehung zueinander stehen bzw. zueinander stehen wollen (s. Kapitel 5). Diese Beziehung kann thematisch durch die Kommunikationsinhalte, aber auch über den sozialen oder beruflichen Status der Community-Teilnehmer bestimmt werden. Im Mittelpunkt stehen dabei jedoch immer die soziale Interaktion und damit der Austausch selbst geschaffener entweder inhaltlich oder personenbezogener Informationen (sog. **User-generated Content**). Entsprechend weisen die Individuen gemeinsame Bindungen im Hinblick auf Interessen, Ziele oder Aktivitäten auf und besuchen zumindest zeitweise einen gemeinsamen Ort (*Mühlenbeck/Skibicki* 2008, S. 17).

Durch die Nutzung von Angeboten aus dem Social-Media-Marketing, wie z. B. soziale Netzwerke, Videoportale oder Communities für Marketingzwecke, ist es möglich, eine große Zielgruppe anzusprechen. Die dabei stattfindende Interaktion namhafter Marken sowohl mit ihren Fans als auch mit ihren Kritikern in sozialen Medien wird mitunter auch als **Netzwerk- oder Mitmach-Marketing** bezeichnet (*Kilian* 2011, S. 62). Der Energy-Drink-Hersteller *RedBull* bringt es bei *Facebook* schon auf 48,9 Mio. Fans und gehört neben *Coca-Cola* (108 Mio.), *Dell* (11,6 Mio.), *Adidas* (34,4 Mio.), *BMW* (20,2 Mio.) oder *Lufthansa* (3,6 Mio.) zu den Unternehmen, die sehr intensiv auf diese Form des Online-Marketings setzen (Stand 07/2018). Sie zeigen damit dort Präsenz, wo sie Kunden besonders leicht an sich binden und kontinuierlich erreichen können, denn Internetnutzer verbringen bereits einen signifikanten Anteil ihrer gesamten Online-Zeit in sozialen Netzwerken (*Zarrella* 2012, S. 5). So wird hier fleißig über das Produkt, die Firma, eventuell auch einzelnen Mitarbeiter, den Service und Kampagnen diskutiert. Die „Freunde und Fans" werden somit Teil der Unternehmenskommunikation mit einem direkten Feedback und einer direkten Einbindung (*Kollmann/Tanasic* 2012). Im Hinblick auf die verschiedenen Möglichkeiten eines Einsatzes von **Maßnahmen im Social-Media-Marketing** werden in der Literatur eine ganze Reihe an Instrumenten, Formen und Arten beschrieben (*Bernecker/Beilharz* 2012, S. 225 ff.; *Keßler/Rabsch/Mandić* 2015, S. 723 ff.; *Alpar/Wojcik* 2012, S. 314 ff.; *Kreutzer* 2018, S. 374 ff.):

- **Social-Media-Buttons**: Hierbei werden auf der eigenen Webseite community-bezogene Icons mit den Symbolen der jeweiligen sozialen Netzwerke eingebaut, mit deren Hilfe (= einfacher Click auf Icon) der zugehörige Content vom Webseitennutzer direkt in die sozialen Netzwerke übertragen werden kann. Dadurch, dass diese Weitergabe durch den Webseitennutzer und damit einer unternehmensexternen Person erfolgt und als persönliche Referenz im sozialen Netzwerk auftaucht, wird dort eine höhere Glaubwürdigkeit erzeugt als über standardisierte (Online-)Werbemaßnahmen des Unternehmens selbst.

- **Social-Media-Profile**: Hierbei bauen die Unternehmen bzw. E-Shops eigene Präsenzen in den sozialen Netzwerken auf, über die sie sich mit Kunden und interessierten Marktteilnehmern vernetzen. Dies kann dann über eine Fanpage bei *facebook.com* ebenso umgesetzt werden wie mit einem Videochannel bei *youtube.com* oder einem *twitter.com*-Kanal im Rahmen des Microblogging. Damit verbunden ist die Hoffnung, dass die am Profil angeschlossenen User die eingestellten Inhalte direkt und unmittelbar innerhalb des sozialen Netzwerkes weitergeben und somit weitere Reichweite für das Unternehmen bzw. den E-Shop erzeugen. Dazu werden meist systemimmanente Funktionen wie der „Like-Button" oder die „Teilen-Funktion" im Beispiel bei *facebook.com* genutzt.

- **Social-Media-Ads**: Hierbei werden spezielle Werbeanzeigen oder speziell zugeschnittene Kampagnen (*Hilker* 2010, S. 164) in sozialen Netzwerken gebucht bzw. platziert, die wie bei *facebook.com* direkt neben der sog. Timeline oder wie bei *youtube.com* als „Einspieler" vor dem eigentlichen Video platziert werden. Die Ads rufen dabei die Mitglieder auf, sich mit dem dahinterstehenden Profil zu vernetzen und damit den Newsstream zu abonnieren oder direkt eine Webseite aufzurufen. Die Besonderheit im Gegensatz zu der normalen Display-Werbung mit Hilfe von Bannern im offenen Web liegt in der Tatsache, dass die Einblendung unmittelbar mit den Interessen der Netzwerkmitglieder über deren Angaben im eigenen Profil oder über deren Nutzungsverhalten innerhalb der sozialen Gemeinschaft verbunden werden. Dadurch wird der Streuverlust einer Werbemaßnahme reduziert und die Einblendungen können zudem vom Werbetreibenden zielgruppengenau durch Vorgaben von Interessen bei den Nutzern gesteuert werden.

- **Social-Media-Content**: Hierbei handelt es sich um die sog. Postings eines Unternehmens bzw. eines E-Shops innerhalb seines Social-Media-Profils (analog sind es sog. Tweets bei *twitter.com* oder Videouploads bei *youtube.com* usw.). Diese Inhalte werden entweder durch die Überspielung von News mit Hilfe von RSS-Feeds von Webseiten oder Blogs automatisch erzeugt oder aber eigenständig eingestellt. Die Inhalte können sich dabei auf textliche Informationen, Links oder aber auch Bilder, Videos oder spezielle Tools beziehen. Entscheidend ist die Aufbereitung der Inhalte und je persönlicher und eigenständiger diese sind, umso mehr werden sie von den angeschlossenen Nutzern weitergegeben oder kommentiert.

- **Social-Media-Interaktion**: Hierbei handelt es sich um den Dialog mit den angeschlossenen Nutzern über den oder mit Hilfe des eingestellten Contents. Hierfür werden entweder spezielle Tools angeboten oder der Dialog erfolgt über die Kommentar-Funktion (*Ahlers* 2008, S. 96), die in der Regel mit jedem Posting verbunden ist. Dabei kann der Unternehmensvertreter bzw. E-Shop-Betreiber als Admin der Seite in den persönlichen Kontakt mit dem kommentierenden Nutzer treten und entweder direkt über die offene Kommentar-Funktion (für alle sichtbar) oder aber eine geschlossene PM (Private Message; nur für Adressaten sichtbar) antworten.

▪ **Social-Media-Monitoring**: Hierbei handelt es sich um Maßnahmen um den Erfolg und die Reichweite der eigenen sozialen Aktivitäten zu messen. Dabei werden spezifische KPIs (Key Performance Indicators) definiert, die einmal quantitativer (z. B. Anzahl der *Facebook*-Fans oder *Twitter*-Follower sowie Anzahl von Likes/Shares bzw. Retweets/@-Erwähnungen) oder aber auch qualitativer Natur (z. B. Inhalt von positiven Kommentaren) sein können.

Da das SMM den Einsatz von Marketingaktivitäten in bzw. über soziale Netzwerke unter besonderer Berücksichtigung der interaktiven Kommunikation und Weitergabe von Inhalten zwischen den einzelnen Mitgliedern einer E-Community wie beispielsweise *Instagram, Facebook* etc. beschreibt, wird auch das sog. „**Influencer Marketing**" dem Social-Media-Marketing beigeordnet. Hierbei beauftragt das Unternehmen individuelle Personen, sog. **Influencer**, die über ihre Social-Media-Kanäle (bspw. *Instagram, Pinterest, Twitter, YouTube, Facebook*) Werbung schalten mit dem Ziel, die Bekanntheit für einen E-Shop, eine Marke, ein bestimmtes Produkt oder einen Service zu steigern. Nach *Jahnke* (2018, S. 4) wird ein Influencer darüber definiert, dass er als Multiplikator fungiert, der andere Menschen durch sein Tun und Handeln auf Basis von bestimmten Werbebotschaften mittels verschiedener Kanäle beeinflussen kann. Dieser Zustand der „Strahlkraft der Meinungsführer" (*Hedemann* 2014) wird mitunter durch eine Studie des *Bundesverbands Digitale Wirtschaft (BVDW)* und der *INFLURY GmbH* (2017) belegt. Indessen bestätigen 38 % der Online-User ab 14 Jahren, dass sie ein Produkt oder einen Service, online gesehen haben, indem es von einer Person online präsentiert wurde. Laut *BVDW/INFLURY* (2017) liegt das Influencer Marketing somit in unmittelbarer Reichweite zur etablierten Werbevideo-/Bannerwerbung (s. Kapitel 3.4.1). Ferner bestätigt die Studie, dass jeder sechste 14- bis 29-Jährige aller Online-User später ein Produkt kauft, das durch einen Influencer präsentiert wurde. Zudem werden Influencer mit 29 % nach Kundenbewertungen (48 %) und Freunden (63 %) als glaubwürdigste Quelle für Produktempfehlungen bezeichnet (*BVDW/INFLURY* 2017). Unter Einsatz von Influencer Marketing verfolgt ein Unternehmen diverse **Ziele** (*Lommatzsch* 2018, S. 25):

▪ (Direkte) Absatzsteigerung

▪ Reichweitenerhöhung

▪ Verbesserung der Conversionrate

▪ Aufmerksamkeitssteigerung

▪ Markenpflege, und -entwicklung

▪ Evaluation der Interaktionen

Das **Influencer Marketing** basiert auf einem besonderen Vertrauensprinzip und führt aufgrund dessen oftmals zur Erreichung der zuvor genannten Ziele. Influencer stehen in einem besonderen Vertrauensverhältnis zu ihren **Followern**. Über die jeweilige Plattform stehen sie in einem täglichen Austausch mit ihrer Fangemeinde, besprechen tagesaktuelle oder bestimmte Trendthemen, regen zum Meinungsaustausch und Meinungsfreiheit an, bitten um Rat und Entscheidungshilfe und teilen ihre persönliche Einstellung mit der Allgemeinheit (*Hedemann* 2014). Durch die Interaktion mit ihrer Zielgruppe bauen Influencer ein gezieltes Vertrauensverhältnis auf (*Hedemann* 2014). Dieses Verhältnis zu der jeweiligen Followerschaft steht oftmals in Abhängigkeit zur allgemeinen Reichweite. Nach *Hedemann* (2014) werden hierbei fünf verschiedene **Influencer-Typen** unterschieden, die gemeinsam den **Influencer-Mix** bilden:

▨ Der **Netzwerker** (Social Butterfly): Dieser Influencer-Typ ist auf allen Plattformen vernetzt, allseits bekannt und kennt ebenfalls jeden.

▨ Der **Entdecker** (Trendsetter): Ist durch die stetige Suche nach neuen Trends und als Early Adopter neuer Plattformen als Influencer-Typ gekennzeichnet.

▨ Der **Linkverteiler** (Reporter): Dieser Typ ist unter Bloggern und Journalisten sehr beliebt, da er sich vor allem mit der Verbreitung von Neuigkeiten beschäftigt.

▨ Der **Nutzer** (Power User): Der Influencer-Typ ist auf allen Plattformen aktiv, hat jedoch eine geringere Reichweite. Allerdings weiß er die Funktionen der jeweiligen Plattformen gezielt einzusetzen.

▨ Der **Meinungsführer** (Thought Leader): Als klassischer meinungsführender Influencer-Typ vertrauen ihm seine Follower. Er regt zu Diskussionen an und vertritt seine Meinung.

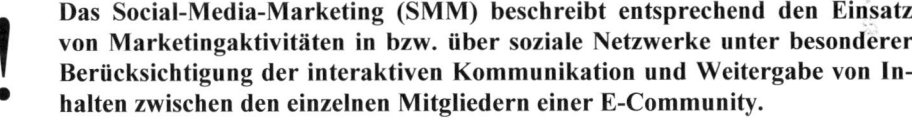

> **!** Das **Social-Media-Marketing (SMM)** beschreibt entsprechend den Einsatz von Marketingaktivitäten in bzw. über soziale Netzwerke unter besonderer Berücksichtigung der interaktiven Kommunikation und Weitergabe von Inhalten zwischen den einzelnen Mitgliedern einer E-Community.

Direct-Marketing

Beim **Direct-Marketing** geht es um die direkte Ansprache von potenziellen Kunden durch den Werbetreibenden ggf. in Kombination mit diesbezüglichen Werbepartnern. Das **Affiliate-Marketing** basiert zum Beispiel auf dem Prinzip der **Kommunikations- und Vertriebspartnerschaft** zwischen einzelnen Unternehmen. Dabei wird vereinbart, dass der Partner (Affiliate) bestimmte Produkte oder Dienstleistung des Kooperationspartners (Merchant) auf seiner Seite bewirbt und im Gegenzug für jede Transaktion, die durch seine Werbemaßnahmen erfolgreich generiert wird, eine vorher festgelegte Provision erhält (*Lammenett* 2017, S. 43). Das primäre Ziel des Affiliate-Marketings für den Merchant liegt in der Ausweitung seiner Online-Reichweite und der Online-Verkäufe und für den Affiliate in der zusätzlichen Erzielung von Werbe- oder Provisionserlösen (*Kreutzer* 2018, S. 250 f.). Die Vergütung des Affiliate ist dabei individuell zu entscheiden und muss nicht unbedingt an der Durchführung einer erfolgreichen Transaktion gemessen werden. Das Hauptvergütungsmodell bei dieser Art von strategischen Partnerschaften ist das Pay-for-Sale (s. Abb. 37). Dieses Modell beinhaltet die erfolgsabhängige **Vergütung** der erbrachten Leistung. Bei einigen Partnerschaften wird auch ein Teil als Fixed Fee ausgehandelt, der sozusagen als monatlicher Grundbetrag gesehen werden kann. Die endgültige Vergütung innerhalb dieses Modells kann jedoch verschiedene Ausprägungen enthalten (*Albers/Jochims* 2003, S. 26).

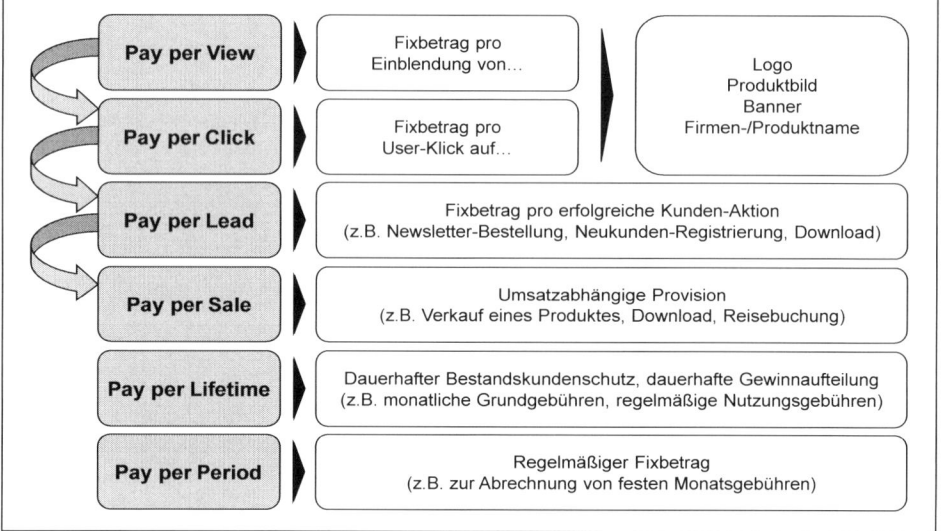

Abb. 37:   Vergütungsmodelle im Affiliate-Marketing
Quelle: in Anlehnung an *Heßler* 2003, S. 331 f.

Wichtig ist auch die Einbindung des Angebots auf der Seite des Partners. Hier bieten sich integrative oder linkbasierte Lösungen an. Z. B. können die Produkte des E-Shops direkt in den Online-Warenkorb des Partners integriert werden, ohne dass der Nutzer der Partnerseite die Webseite wechseln muss. Bei linkbasierten Lösungen geht es vor allem um **Contenteinbindung**. Hier bringt der E-Shop-Betreiber Inhalte zu seinem Angebot auf der Seite des Kooperationspartners ein und verlinkt darüber auf sein eigenes Angebot. Das Hauptvergütungsmodell bei strategischen Partnerschaften ist das **Pay-for-Sale** (s. Abb. 37). Dieses Modell beinhaltet die erfolgsabhängige Vergütung der erbrachten Leistung. Bei einigen Partnerschaften wird auch ein Teil als Fixed Fee ausgehandelt, der sozusagen als monatlicher Grundbetrag gesehen werden kann. Die endgültige Vergütung innerhalb dieses Modells kann jedoch verschiedene Ausprägungen enthalten (*Albers/Jochims* 2003).

Der letzte Aspekt im Affiliate-Marketing ist die technische Umsetzung, die die Identifizierung und Zuordnung der Besucher und deren Transaktion zu einem bestimmten Partner ermöglicht. Dieses „Tracking" ist insbesondere dann wichtig, wenn ein E-Shop mit mehreren Affiliates kooperiert und unter Umständen sogar in einem Netzwerk tätig ist und daher nicht unbedingt unterscheiden kann, von welchen Seiten die Besucher auf die eigene Seite weitergeleitet worden sind. Es lassen sich verschiedene **Tracking-Tools** einsetzen, die mit unterschiedlichen Methoden an das Besuchertracking herangehen (*Lammenett* 2017, S. 59 ff.; *Woitke* 2003, S. 310):

- **URL-Tracking**: Beim URL-Tracking wird die Partner-ID direkt in den HTML-Code einer Seite integriert, sobald ein Besucher die Seite öffnet. Somit wird die Partner-ID zum Teil der URL und ermöglicht dadurch einen durchgängigen Tracking-Prozess, der unabhängig von den Browsereinstellungen des Users ist. Nachteil dabei ist allerdings das zwingende Aufeinanderfolgen beider Webseiten. Besucht ein User zwischenzeitlich eine andere Seite, geht die ID und damit die Möglichkeit der Zuordnung verloren.

- **Cookie-Tracking**: Cookies sind Teilinformationen, die beim Besuch einer Webseite im Browser des Besuchers gespeichert werden. Dadurch wird z. B. ermöglicht, dass ein bestimmter Besucher beim nächsten Besuch der Seite sofort erkannt wird. Die im Browser gesammelten Informationen können also auch die ID des Affiliates speichern, die beim Kauf auf der eigenen Seite abgerufen werden können und somit identifizieren, welche Partnerseite der Besucher vorher aufgerufen hat. Sofern der User die Speicherung von Cookies nicht ausgeschaltet hat, kann durch diese Methode auch eine zeitlich verschobene Transaktion nachverfolgt werden.

- **Datenbank-Tracking**: Das Datenbank-Tracking geht noch einen Schritt weiter und verbindet quasi die ID in der URL oder dem Cookie mit der Kunden-ID in der Datenbank und speichert sie dort gemeinsam ab. Dies ermöglicht das Tracking nicht nur einer einzelnen Transaktion, sondern auch die der Folgetransaktionen. Die Daten können auch im Rahmen der Analyse des Kaufverhaltens (s. Kapitel 3.3.2) Verwendung finden, da so bspw. bestimmte Interessen und Bedürfnisse im Laufe der Zeit erkennbar werden.

- **Webbugs**: Neben Cookies können auch HTML-Wanzen für das Tracking eingesetzt werden. Webbugs sind 1x1-Pixel große transparente Bildchen, die in den HTML-Code einer Webseite eingebettet werden. Für den Nutzer sind sie unsichtbar und werden beim Betrachten einer Webseite oder Öffnen der E-Mail vom externen Server geladen. Sie hinterlassen in den Logs des Servers Spuren für eine Verfolgung des Surfverhaltens.

Beim **E-Mail-Marketing** geht es dagegen darum, durch das Verschicken von E-Mails, z. B. in Form von Newslettern oder ähnlichen Werbeformen an eine ausgewählte Zielgruppe, eine direkte Form der Kundenansprache zu ermöglichen. Der Einsatz von E-Mail-Marketing kann daher nicht nur für das erfolgreiche Anbahnen von Geschäftsbeziehungen eingesetzt werden, sondern dient gleichzeitig auch der besonderen Pflege des bestehenden Kundenstamms. Für E-Shops ist dieses Marketinginstrument interessant, da es im Wesentlichen auf dem Grundprinzip des **Dialogmarketings** aufbaut. Das heißt, dass die angesprochene Zielgruppe direkt und persönlich angesprochen wird und zu einer Reaktion aufgefordert wird. Dies passiert meistens mittels Anklicken eines Links in der E-Mail oder dem Newsletter, der dann auf die Homepage des Werbetreibenden führt um dort z. B. ein spezielles Angebot oder besondere Leistungen anzupreisen. Vor diesem Hintergrund können folgende vier **Ausprägungen im E-Mail-Marketing** beobachtet werden (*Kreutzer* 2018, S. 318 f.):

- **Trigger-E-Mails**: Beim Einsatz dieser Mailing-Form geht es darum, einen allgemeinen oder speziellen Auslöser (= engl. „trigger") für eine Aktion beim Kunden zu adressieren. Dies kann beispielsweise im Ergebnis der Besuch einer Webseite oder die Aufforderung sein, sich an einer Gewinnspielaktion zu beteiligen. Typische Aufhänger für den Auslöser können aber auch Rabatte, Jahreszeiten, Feiertage oder der Geburtstag des Kunden sein. Im Kern geht es also immer darum, ein bestimmtes Verhalten bei der Zielperson anzustoßen.

- **Transaction-E-Mails**: Beim Einsatz dieser Mailing-Form wird der allgemeine Geschäftsvorgang zwischen E-Shop und Kunde begleitet. Zusendungen von elektronischen Nachrichten können sich dabei auf eine Anfrage, eine Bestellung, die Lieferung oder die Rechnung beziehen. Hiermit soll eine aktive Begleitung auch im Distanzhandel simuliert werden, die Vertrauen und Involvement erzeugen soll.

- **After-Sales-E-Mails**: Beim Einsatz dieser Mailing-Form geht es zum einen um die Zufriedenheitsmessung nach dem abgeschlossenen Online-Geschäft und der Lieferung des Produktes sowie zum anderen um den Impuls für weitere Online-Käufe seitens des Kunden. Ziel ist es, den Kontakt zum Kunden nicht abbrechen zu lassen, sondern ihn bestenfalls direkt zum nächsten Kauf zu begleiten. Die After-Sales-E-Mail liegt damit in der Schnittstelle zwischen Transaction- und Trigger-E-Mail.

- **Newsletter-E-Mails**: Beim Einsatz dieser Mailing-Form können die E-Shops ihren Kunden und Interessenten regelmäßig aktuelle Informationen in einer Übersicht zusammenstellen und elektronisch verschicken. Die News verfügen dabei normalerweise über Links, die entweder zum Weiterlesen anregen sollen und die Kunden auf die Homepage führen oder sogar direkt zum Kauf oder zur Bestellen animieren sollen. Ziel ist die Bindung zu und die regelmäßige Kommunikation mit dem Kunden.

Das **Couponing-Marketing** setzt an der konkreten Maßnahme der Gewährung eines Rabattes an. **Rabatte** sind preisliche (z. B. 20 % auf Basispreis) oder produktorientierte (z. B. kostenlose Beigabe eines weiteren Produktes; „Buy one, get one free") Nachlässe bzw. Zugaben zur Steigerung der Attraktivität eines Transaktionsangebotes. Im Hinblick auf das Online-Marketing wird der Coupon in der Regel entweder direkt über eine E-Mail- bzw. Newsletter-Versendung oder den Download über die eigene Webseite bzw. indirekt über einzelne Affiliates oder Coupon-Netzwerke weitergegeben bzw. gewährt. Im Ergebnis kommen hierbei zu meist kommunizierte elektronische **Gutscheincodes** zum Einsatz, die nach entsprechender Eingabe während des Online-Transaktions- bzw. Bezahlprozesses den Rabatt vom Verkaufspreis abziehen bzw. die Zugabe von Produkten ermöglichen. Neben einer web-basierten Verbreitung wird das Couponing-Marketing insbesondere im mobilen Bereich eingesetzt (Mobile Couponing, s. Kapitel 3.2.1), wobei dem Nutzer von mobilen Endgeräten bspw. digitale Coupons direkt auf sein Mobilfunkgerät gesendet werden (*Seifert* 2013, S. 227 f.).

 Das Direct-Marketing beschreibt Werbemaßnahmen, die eine direkte Ansprache des Kunden implizieren. Im Wesentlichen lassen sich dabei die Maßnahmen Affiliate-, E-Mail- und Couponing-Marketing unterscheiden.

Fallbeispiel: Dior

Die Christian Dior S.A. ist ein 1946 von Christian Dior gegründeter und seit 1991 an der Pariser Börse notierter französischer Luxusgüterhersteller mit Sitz in Paris. Die Marke Christian Dior gehört weltweit zu den bekanntesten französischen Modemarken. Das Sortiment umfasst hochpreisige Bekleidung, Lederwaren, Brillen, Schuhe, Schmuck, Accessoires und Kosmetika. Dior veräußert seine Produkte selbst oder über Zwischenhändler sowohl über den stationären als auch über den Online-Handel. Als Hersteller von Luxusartikeln ist es demnach für Dior von besonderer Bedeutung nicht nur die Produkte, sondern auch den damit verbundenen Lifestyle zu verkörpern und zu vermarkten. Damit dies gelingt, nutzt das Unternehmen unterschiedliche Marketinginstrumente, um das Markenbild von Dior beim Kunden zu kreieren und zu festigen. So nutzte Dior die Möglichkeiten des Social-Media Marketings, um die Tasche „Dior Saddle Bag" wiederzubeleben, deren Produktion eigentlich schon eingestellt worden war. Am 19. Juli 2018 zeigten sich dabei gleichzeitig sehr viele Blogger, Influencer und Stilikonen auf Instagram mit der Handtasche und promoteten das Kultobjekt. Innerhalb von 48 Stunden explodierten die Suchanfragen nach der Tasche um 957 %. Dieser Hype entwickelte sich soweit, dass die „Dior Saddle Bag" als GIF in eine Instagram-Story geladen werden konnte. Die klassische Form einer Satteltasche mit der großen Messingschnalle in Form eines Ds, welches dem Markenlogo entspricht, erlangte somit einen hohen Wiedererkennungswert mit enormer Reichweite. Durch diese Social-Media Kampagne ist es Dior gelungen die Werbebotschaften gezielt zu verbreiten und einen Handtaschen-Klassiker in die aktuelle Zeit zu überführen. Nicht mehr zu leugnen ist daher, dass Instagram für kleine, aber auch zunehmend für große Brands eine wichtige Plattform ist, um Kollektionen zu bewerben, Reichweite zu generieren und Verkäufe anzukurbeln. Die Zusammenarbeit mit Influencern mit Millionen von Followern ist daher oft lukrativer als eine traditionelle Werbekampagne. Zudem ist für die Instagram-Generation das Label-Posing fester Teil des Selbstverständnisses. Den völlig anderen Kommunikationsgewohnheiten begegnet man hier mit einer Sub-Brand, die glaubwürdig auf dem Laufsteg-Know-how aufgebaut wurde und als "Dior-

Backstage" mit dem Mega-Testimonial Bella Hadid und bereits für das Insta-Foto opti-
mierter Farbtextur gerade die Trendsetter unter den Millennials in Begeisterung versetzt.
Eine große Herausforderung für den Luxusmarkt sind die aggressiven Preiskämpfe im
Handel und E-Commerce. Gerade in der hart umkämpften Modeszene, wo die Schauen
mittlerweile in Echtzeit via Smartphone in die Welt hinausgetragen werden, sind auch
große Brands auf diese Art von Publicity angewiesen.

 Medienhinweis: Das E-Branding beim E-Shop (Audio-Podcast)
www.netcampus.de/podcasts

3.4.2   Die Kundenbindung

Bei der **Kundenbindung** geht es um die Pflege des bestehenden Kundenstamms. Kunden, die einmal im E-Shop gekauft haben, sollen wiederkommen. Da aber gerade das Internet den Kunden die Möglichkeit bietet, mit nur einem Klick zu einem anderen Anbieter zu wechseln, erwarten die Kunden gezielte und personalisierte Bedürfnisbefriedigung. Dies bedeutet, dass Produkte nicht einfach nur verkauft werden, sondern dass Bedürfnisse befriedigt werden müssen. Nur wenn der E-Shop-Betreiber die Bedürfnisse seiner Kunden kennt (s. Kapitel 3.3.2), kann er seine Produkte vermarkten. Je mehr Informationen über die Kunden vorhanden sind, desto mehr Wissen über Verhalten, Bedürfnisse und Eigenschaften kann generiert werden, dass dann wiederum für Marketingmaßnahmen hinsichtlich einer höheren Kundenbindungsrate verwendet werden kann. Ziel aller Kundenbindungsmaßnahmen ist die Steigerung der Kundenzufriedenheit und die daraus resultierende Erhöhung des Ertragswerts über den gesamten Kundenlebenszyklus (Customer-Lifetime-Value). Um dem Kunden nicht nur während des Erstkaufs, sondern auch für zusätzliche Kaufimpulse eine gezielte und personalisierte Bedürfnisbefriedigung zu bieten und damit im Rahmen der After-eSales-Phase (s. Kapitel 3.2.2) die Kundenbindung zu unterstützen, gilt es die Informationen zum Erstkontakt intensiv zu nutzen. Dabei kommt wiederum der Informationsdreisprung (s. Kapitel 1.2.3) zum Tragen, der in diesem Fall sogar zu einem **Informationskreisel** erweitert werden kann (*Kollmann* 2019a):

- **Informationsgewinnung**: In diesem ersten Schritt geht es um die Sammlung relevanter Daten für die weitere Kundenansprache. Diese Daten können zum einen aus bereits vorhandenen Datenquellen (z. B. eControlling; s. Kapitel 3.2.2) im E-Shop kommen (Database Research), zum anderen aus der (Online-)Marktforschung (Online/Offline Research; *Kollmann* 2019a). Im Ergebnis steht der Aufbau eines nutzbaren Datenbestandes.

- **Informationsspeicherung**: In diesem zweiten Schritt geht es um eine systematische Zusammenführung, Strukturierung und Ablage der gesammelten Daten in einer übergreifenden Datenbank (Data Warehouse; *Kollmann* 2019a). Im Ergebnis steht der einfache Zugriff auf und der Umgang mit den Daten für die weitere Verarbeitung, damit es nicht zu ständigen Wiederholungen bezüglich der Informationsgewinnung kommt.

- **Informationsverarbeitung**: In diesem dritten Schritt geht es um die Suche nach Zusammenhängen innerhalb der gesammelten und gespeicherten Daten (Data Mining; *Kollmann* 2019a). Im Fokus stehen hier strukturerkennende Verfahren, die relevante Verknüpfungen zwischen Einzelinformationen aufdecken sollen. Hier wird erstmals neues Wissen oder eine Bestätigung des vorhandenen Know-hows erzeugt.

- **Informationsauswertung**: In diesem vierten Schritt geht es um Treffen von markt-bzw. kundenrelevanten Entscheidungen aufgrund der Analyse von erkannten Zusammenhängen zwischen den gesammelten, gespeicherten und verarbeiteten Daten (Database-Marketing; *Kollmann* 2019a). Ziel ist es darüber hinaus, ein umfassendes Kundenprofil (eCustomer-Profiling; *Kollmann* 2019a) aufzubauen, um spezielle Vorstellungen, Wünsche, Erwartungen und Kaufinteressen besser prognostizieren zu können. Im Ergebnis stehen dann konkrete Vorgaben für die Kundenansprache währen, aber auch nach dem Erstkauf.

▪ **Informationsübertragung**: In diesem fünften Schritt geht es um die Umsetzung des neu erlangten oder bestätigten Wissens über die gesammelten, gespeicherten, verarbeiteten und ausgewerteten Daten. Dabei steht die darauf aufbauende Kommunikation mit dem Kunden im Mittelpunkt, die dann basierend auf den Erfahrungen und Datenergebnissen individuell und personalisiert erfolgen kann bzw. sollte (One-to-One-Marketing; *Kollmann* 2019a).

One-to-One-Marketing

Schon der Wortlaut des „One-to-One"-Marketings signalisiert die Erreichung einer „Eins-zu-Eins"-Beziehung zum Kunden. Dabei geht es um eine möglichst individuelle und interaktive Auseinandersetzung mit den Wünschen und Bedürfnissen der Kunden seitens des E-Shop-Betreibers, um ihnen mit Hilfe der im Laufe der Beziehung gewonnenen Erkenntnisse, **personalisierte Angebote** zu unterbreiten. Im Gegensatz zum Massenmarketing werden hier die Kundenbedürfnisse hoch differenziert betrachtet, wodurch der Einsatz von standardisierten Marketing-Methoden unbrauchbar wird. Die angestrebte, hohe Interaktivität zeichnet sich beim One-to-One-Marketing durch einen bidirektionalen Dialog aus, bei dem der Kunde nicht mehr nur Empfänger, sondern auch Sender von Informationen sein kann (*Kollmann* 1998a, S. 36). Erst durch das Internet und die dadurch entstandenen Möglichkeiten Kundendaten nahezu automatisch und zeitnah zu generieren, gewann das One-to-One-Marketing an Bedeutung. Die zusätzliche Verschiebung von Anbietermärkten zu Nachfragermärkten im Laufe der Zeit und die zunehmende Transparenz innerhalb der Digitalen Wirtschaft machen den Einsatz von kundenspezifischen Marketing-Instrumenten unumgänglich, um sich von der Konkurrenz zu differenzieren und Wettbewerbsvorteile durch die effiziente Abwicklung von Transaktionen mit einem **hohen Grad der Individualisierung** zu realisieren. Die Effizienz des One-to-One-Marketings steigt mit zunehmender Fokussierung auf die profitabelsten Kunden, die für den langfristigen Erfolg des E-Shops wertvoll sind (*Peppers/Rogers* 1997).

Das Konzept des One-to-One-Marketings baut darauf auf, umfassende Informationen über die Präferenzen und dass Verhalten der Kunden zu gewinnen. Benötigte Informationen werden durch die kundenbezogene Datensammlung und -auswertung im Rahmen des Profilings (s. Kapitel 3.4.2.5) sowie aus den Ergebnissen von Data-Mining- und Database-Marketing-Prozessen (s. Kapitel 3.4.2.3 und 3.4.2.4) gewonnen. Erst durch das so entstandene Kundenwissen können individualisierte Marketing-Maßnahmen angewendet werden. Durch die ständige Interaktion mit dem Kunden kann das gewonnene Wissen dabei erweitert und vertieft werden, wodurch der **Individualisierungsgrad im Zeitverlauf** ansteigt (dynamische Kundenprofile). Das Konzept der Individualisierung der Marketing-Maßnahmen ist dabei nicht neu: Die Unterteilung des Marktes in homogene Untergruppen war stets ein erster Schritt in die Richtung der Individualisierung und bot die Möglichkeit, zumindest zielgruppenspezifische Marketing-Maßnahmen umzusetzen. Allerdings musste hierbei der Grad der Individualisierung den zusätzlich anfallenden Kosten angepasst werden, die durch unterschiedliche Maßnahmen für unterschiedliche Kundengruppen entstanden. Da aber gerade bei digitalen Daten sehr kostengünstig und zeitnah erhoben werden kann, verliert das Argument der steigenden Kosten weiter an Bedeutung. Allerdings ist der Einsatz einer speziellen Technologie für den Aufbau und die Verwaltung der Kundendaten ein Kostenfaktor. Die Investition in eine qualitativ hochwertige Technologie vereinfacht die **Automatisierung von Prozessen** und reduziert Streuverluste.

eCustomer Relationship Management

Bevor langfristige Kundenbeziehungen aufgebaut werden können, muss ein Online-Unternehmen bzw. ein E-Shop zunächst seinen Kunden identifizieren, um im Anschluss daran gezielte Aktionen auf individueller Kundenebene vornehmen zu können. Um diesen Identifizierungsvorgang zu vereinfachen, sollten sämtliche Möglichkeiten in der Nutzung elektronischer Daten verwendet werden (*Kollmann* 2019a). Der Nutzen dauerhafter Beziehungen zu den Kunden wird durch die hohen Kosten der Neukundenakquise unterstrichen. Durchschnittlich werden diese Kosten auf das Fünffache der **Pflege bestehender Kundenbeziehungen** geschätzt (*Wirtz/Werner* 1999, S. 25). Somit ist es wichtig, den gewonnenen Kunden an den E-Shop zu binden und über den Erstkauf weitere Umsätze zu generieren und den sog. **Customer-Lifetime-Value** des Kunden auszuschöpfen. Die Kundenbindung vollzieht sich aber nicht erst nach dem Verkauf der Leistung, sondern beginnt bereits beim ersten Kundenkontakt und kann beim Kunden als Wirkungskette interpretiert werden, die sowohl von internen und externen Faktoren beeinflusst wird. Das Hauptziel von zugehörigen **eCRM-Systemen**, die zur technischen Umsetzung eines CRM herangezogen werden, ist die effiziente Zusammenführung aller Komponenten im Verkaufs- und Marketingprozess. Dazu werden alle gesammelten Daten (z. B. aus dem Customer-Profiling) wie schon beschrieben in einem zentralen Datenpool gespeichert (Data Warehouse) und anschließend mit Hilfe von Analysetools (Data Mining und OLAP) aufbereitet und für Verkaufs- und Marketing-Aktivitäten zur Verfügung gestellt. Dieser Kreislauf lässt sich am besten mit der **Closed-Loop-Architektur** eines eCRM-Systems beschreiben und besteht aus drei **Hauptkomponenten** (*Wannenwetsch/Nicolai* 2004, S. 192):

- **Analytisches CRM**: Das analytische CRM ist die Komponente des eCRM-Systems, die hauptsächlich der Datensammlung (Data Warehouse) und Datenaufbereitung (Data Mining und OLAP) dient. Die gewonnenen Daten werden dann zur Ableitung von Handlungsempfehlungen für das operative (z. B. Database-Marketing, One-to-One-Marketing) und kollaborative CRM herangezogen. Sie dienen somit als Grundstein für alle weiteren Aktionen im Rahmen des Kundenbindungsmanagements.

- **Operatives CRM**: Das operative CRM ist die Komponente, die sämtliche Prozesse, die im Zusammenhang mit der Abwicklung einer Transaktion stehen, soweit wie möglich automatisieren und standardisieren soll. Somit können die Mitarbeiter z. B.

Kundentermine einheitlich verwalten oder Kundenanfragen sofort bearbeiten. Dadurch gewinnt das Kundenbindungsmanagement an Effektivität und ermöglicht den reibungslosen Ablauf aller Interaktionen mit dem Kunden.

▪ **Kollaboratives CRM**: Das kollaborative CRM ist die Komponente, die sämtliche Kommunikationskanäle reguliert, unterstützt und synchronisiert. Die Integration aller Kanäle erfolgt dabei in einem sog. Customer Interaction Center. Hier werden die Customer Touch-Points aufeinander abgestimmt und das Handling der Kundeninformationen erleichtert.

Online-Markenführung

Wenn für einen E-Shop die technologische Plattform des Internets gewählt wird, so ist der **Marktauftritt im Web** zunächst mit einem Shop- bzw. Markennamen verbunden, der oftmals auch unmittelbar den **Domainnamen** und damit die **Webadresse** widerspiegelt (z. B. *expedia.de*, *ebay.de*, *xing.de*). Die eindeutige Identifizierung des Webauftritts über den Domainnamen ist zwingend für Unternehmen im E-Business, da für den Datentransfer der Name der Zieladresse bekannt sein muss. Ursprünglich erfolgt die Identifikation eines Rechners, auf dem eine Webseite abgelegt ist, über eine numerische Internet Protocol (IP)-Adresse. Diese ist etwa vergleichbar mit der postalischen Adresse eines realen Geschäftes. Sowohl im herkömmlichen Geschäftsleben als auch im Internet ist die Identifikation der Unternehmung über solche Adressen jedoch kaum praktikabel und wenig kommunikativ; Unternehmensnamen sind einprägsamer als deren Adressen.

Aus gerade diesem Umstand entwickelte *Sun Microsystems* in den frühen 1980er-Jahren das **Domain Name System (DNS)**, mittels dessen eine eindeutige Zuordnung von Namen zu bestimmten IP-Adressen möglich ist (z. B. entspricht IP-Adresse 178.236.7.219 dem Domainnamen *www.amazon.de*). Sämtliche Kommunikationsmaßnahmen, die im Rahmen eines Markteintritts und damit beim erstmaligen Marktauftritt eingesetzt werden, dienen zunächst der eindeutigen Identifizierung und Bekanntmachung der Seite. Entspricht der Domainname dem Shop- oder Unternehmensnamen, so wird die Suche für den Kunden vereinfacht und die Effektivität der Kommunikationspolitik gesteigert. Insofern ist die **Domain als Markenname** des E-Shops zu begreifen (**eBrand**), woraus sich entsprechend spezifische Anforderungen an die Domain ableiten lassen (*Kollmann/Suckow/Peschl* 2015). Neben der Berücksichtigung markennamentechnischer Aspekte, sind dabei folgende generelle **Aspekte der Domainnamenwahl** einzubeziehen (*Kollmann* 2019b):

▪ **Länge des Domainnamens**: Den Namen gilt es so kurz wie möglich, jedoch so lang wie nötig zu gestalten. Die richtige Balance zwischen Originalität und Einfachheit führt meist zu einer einprägsamen Internetadresse, die mit einem vertretbaren Aufwand einzugeben ist. So ist z. B. *ebay.de* ein relativ kurzer Name, der jedoch sehr originell ist und daher das Potenzial für eine kreative Vermarktung hat. Domainnamen, wie *hyz.de* oder *ktu.de* hingegen, sind zwar auch kurz aber bedeutungslos und daher nicht besonders einprägsam.

■ **Shop-, Produkt- oder Unternehmensname**: Die Bezeichnung des E-Shops, Produktes oder der Leistung als Domainname ist nur dann sinnvoll, wenn erstens gerade diese Domain noch verfügbar ist und zweitens eine intuitive Wahl dieser Domain seitens der Kunden zu erwarten ist. Andererseits könnte durch die Wahl eines zu originären Namens (wie z. B. *buecher.de* oder *blumen.de*) die Einzigartigkeit verloren gehen, wodurch sich das Unternehmen nur noch schwer von der Konkurrenz abheben kann. Einprägsamer sind daher Domainnamen wie *immobilienscout24.de*, die einerseits das Leistungsangebot umschreiben, andererseits aber nicht unbedingt Gefahr laufen, in der Masse der Wettbewerber unterzugehen.

■ **Bezug zur Region**: Das Aufnehmen geographischer Angaben in die Internetadresse ist zweckmäßig, wenn ein regionaler Bezug des E-Shop-Angebotes vorhanden ist. Zwar ist dies über die länderspezifische Top-Level-Domain schon in Ansätzen gegeben (.fr, .de oder .ch), jedoch kann darüber hinaus noch weiter spezifiziert werden (z. B. *koeln-souvenirs.com* oder *bavariashop.com*). In der Regel handelt es sich dabei meistens um Souvenir-Shops, Seiten mit regionalem Sportbezug oder einfach Webseiten von lokalen Einzelhändlern (z. B. *buecherwurm-nuernberg.de*) etc.

■ **Kreationen**: Wortkreationen können zum einen auf kreative Art Hinweise zum Geschäftsinhalt des Unternehmens oder dem Leistungsangebot der Webseite geben, zum anderen können so aber auch völlig neu erfundene Wortkompositionen oder Wortschöpfungen entstehen, die durch aktive und z. T. aggressive Werbemaßnahmen im Markt etabliert werden müssen. Der E-Shop *lieferando.de*, abgeleitet vom Wort „liefern", steht beispielsweise für einfache mobile Essensbestellungen, die direkt zum Endkunden ausgeliefert werden. Hierbei ist es jedoch wichtig, auf die Einfachheit der Ableitung und die Bedeutung der gewünschten Assoziationen zu achten. So ist nicht unmittelbar klar, was man unter *bioplan.de* erwarten kann (z. B. Bioprodukte oder Arzneimittel). Kreationen, denen intuitiv keinerlei Sinn entnommen werden kann, müssen von ihren Unternehmen mit Bedeutung aufgeladen werden, um somit das Wort bekannt zu machen und im Laufe der Zeit evtl. zum Synonym einer Leistung oder eines Angebotes werden zu lassen (wie z. B. bei *ebay.de* oder *amazon.de*). Je weniger Assoziationen also eine Wortkreation hervorruft, desto mehr Raum für kreative Bedeutungsfüllung bleibt, aber die Aufwendungen und Anstrengungen, die damit in Zusammenhang stehen, können schnell das geplante Werbebudget überschreiten.

■ **Wortlaut**: Im Rahmen der Kommunikation kommt es oftmals vor, dass die Marken- bzw. Domainnamen mündlich weitergetragen werden (z. B. Radiospot oder Unterhaltung). Somit müssen auch alle sprachverwandten Domainnamen reserviert werden (z. B. *lieferanto.de* und *lieferando.de*). Möglichkeiten der Verwechslung mit bereits existierenden Domainnamen müssen dabei insbesondere im Vorfeld geprüft werden (z. B. *squeez.de*, *squeeze.de*, *sqeez.de*).

E-Shop-Betreiber unterschätzen die Bedeutung des Markenaufbaus für die erfolgreiche Umsetzung ihrer Idee und für das Wachstum ihres E-Shops (*Mattmüller/Tunder* 2002, S. 336). Dies liegt besonders an der stark divergierenden **Wahrnehmung der eBrand** beim potenziellen Online-Kunden, wenn dieser beispielsweise nur aufgrund eines besonderen Produktangebotes in einer Preissuchmaschine zur Seite findet und ihm die Marke relativ egal ist. In solchen Fällen werden dem E-Shop-Betreiber die mit dem Aufbau der Marke verbundenen Investitionen überflüssig erscheinen. Der nicht bezifferbare Gegenwert einer Marke kann dann nicht bilanziert werden und somit geraten die Investitionen für den Aufbau und die Pflege der Marke in Vergessenheit. Dies geschieht vor allem gerade dann, wenn junge E-Shops sich am Periodenergebnis als Erfolgsmaßstab orientieren (*Cravens/Guilding* 1999, S. 56) und so die langfristige Notwendigkeit des Markenaufbaus unterschätzen. Insbesondere die anfangs versäumten Investitionen in den Markenaufbau können aber häufig zu einem späteren Zeitpunkt nicht nachgeholt werden. In der Literatur sind einige Ansätze zur Messung des monetären und nicht-monetären **Wertes eines (e)Brand** vorhanden. Diese können gleichzeitig auch als Planungs- und Controlling-Instrument für die Effektivität der Kommunikationsstrategie angesehen werden. Hierbei unterscheidet man zwischen dem aus der Anbieterperspektive bezeichneten „Brand Equity" und dem aus der Nachfragerperspektive bezeichneten „Brand Value":

▪ **Brand Equity:** Unter Brand-Equity verstand man lange Zeit „die durch Markierung ausgelösten gegenwärtigen und zukünftigen Wertsteigerungen von Leistungen auf Konsumenten- und Unternehmensseite, die ökonomisch nutzbar und in monetären Maßeinheiten zu bewerten sind" (*Bekmeier-Feuerhahn* 1998, S. 46). Diese unternehmensseitige Betrachtung wird jedoch zunehmend von der kundenseitigen Betrachtung abgelöst, da insbesondere der finanzielle Wert der Marke und auch der Wert der zukünftig, allein aufgrund der Marke gemachten Kaufentscheidung, kaum realistische einzuschätzen sind. *Keller* (2008) entwickelte daher ein Konzept zur Erklärung des Brand Equity, das sich explizit mit der Betrachtung aus Kundensicht auseinandersetzt. Das Ziel des Markenwertaufbaus wird hier in dem Aufbau langfristiger Kundenbeziehungen gesehen, die basierend auf einer kontinuierlich geförderten emotionalen Verbundenheit mit der Marke, den Kunden markentreu und loyal machen soll.

▪ **Brand Value:** Im Gegensatz zum Brand Equity geht man bei dem Brand Value von der Quantifizierung des Nachfrageverhaltens in Bezug auf die Marke aus. Nach dem Prinzip „value for money" geht der Kunde nach dem Kriterium seiner eigenen Kosten-Nutzen-Betrachtung vor und entscheidet sich für die für ihn optimale Produktvariante (*Cornelsen* 2000, S. 33). Der Nutzen kann in diesem Zusammenhang durch die Markenstärke erhöht werden. So kann durch die zielgruppenorientierte Wertevermittlung – wie „Abenteuerlust", „Lebensfreude" oder „Exotik" – das Angebot des Reise-E-Shops von *opodo.de* zusätzlich attraktiver gemacht werden. Infolgedessen kann „Brand Value" als Wert verstanden werden, der „das Ausmaß abbildet, in dem eine Marke zur Steigerung des Transaktionswertes für den Nachfrager beiträgt" (*Mattmüller/Tunder* 2002, S. 346).

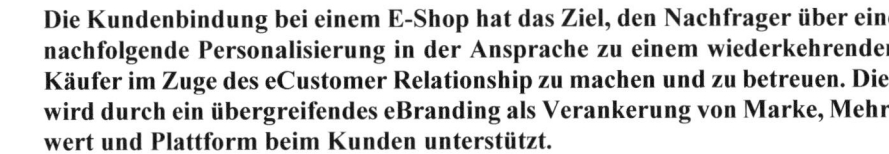

Die Kundenbindung bei einem E-Shop hat das Ziel, den Nachfrager über eine nachfolgende Personalisierung in der Ansprache zu einem wiederkehrenden Käufer im Zuge des eCustomer Relationship zu machen und zu betreuen. Dies wird durch ein übergreifendes eBranding als Verankerung von Marke, Mehrwert und Plattform beim Kunden unterstützt.

Fallbeispiel: adidas/Salesforce

Das deutsche Unternehmen adidas beschäftigt ca. 60.000 Mitarbeiter und ist einer der weltweit führenden Sportartikelhersteller mit einem Jahresumsatz in 2018 von 21,2 Mrd. Euro. Es wurde jüngst von der Boston Consulting Group in ihrer Studie „The Most Innovative Companies 2019" auf dem 10. Platz der innovativsten Unternehmen der Welt aufgeführt. Damit verbesserte es sich im Vergleich zum vorherigen Ranking um ganze 25 Plätze. Im Rahmen der Kundenbindung im Bereich E-Shop kooperiert adidas bereits seit 2011 mit dem US-amerikanischen Unternehmen Salesforce. Dieses bietet Softwarelösungen für Vertrieb, Service und Marketing an, z. B. Customer Relationship Management (CRM) Software, in der Regel als cloudbasierte Lösungen. Salesforce mit Sitz in San Francisco beschäftigt mittlerweile ca. 29.000 Mitarbeiter und wurde 1999 gegründet. Im Geschäftsjahr 2018 erwirtschaftete das Unternehmen einen Gesamtumsatz von 10,5 Mrd. US-Dollar. Adidas nutzt die Cloud-Services von Salesforce insbesondere in den Bereichen Marketing, Commerce und Service, aber auch für den AppExchange. Beispielhaft soll im Folgenden das elektronische Customer Relationship Management (eCRM) von adidas beleuchtet werden, welches der langfristigen Kundenbetreuung und Kundenbindung dient. Durch die Nutzung einer cloudbasierten Softwarelösung für diese Bereiche möchte das Unternehmen seinen Kunden eine differenzierte und persönliche Kauferfahrung bieten. Damit folgt es dem klaren Trend, dass die Customer Journey oftmals gar nicht mehr im stationären Handel beginnt, sondern oftmals digital und die Webseite sowie Apps von adidas somit ein wichtiger Teil sind, über welche die Marke hochwertige, vernetzte und persönliche Erfahrungen anbietet, sodass schließlich von einem One-to-One-Marketing gesprochen werden kann. So sagt Joseph Godsey, Head of Digital Brand Commerce bei adidas: „Durch Sport haben wir die Möglichkeit, das Leben der Menschen zu verändern. Wir haben erkannt, dass dies am besten digital gelingt, durch die Beziehung, die wir zu den Verbrauchern aufbauen." Der Vice President Digital Experience Design, Jacqueline Smith-Dubendorfer, fügt außerdem hinzu, wie wichtig das datenbasierte Lernen über Kunden für adidas ist. Laut Smith-Dubendorfer gibt das eCRM-System adidas die Möglichkeit, die Verbraucher als Individuen zu behandeln und bei jeder Interaktion die wichtigsten Fragen zu den Kunden zu beantworten, ohne diese ggf. noch explizit stellen zu müssen: „Kennen wir diese Person? Wo kommt sie her? Woran ist sie interessiert?" Die Möglichkeit zur Beantwortung dieser Fragen konstituiert sich durch den grundlegenden Informationskreisel der Online-Kundenbindung in Form von Informationsgewinnung, -speicherung, -verarbeitung, -auswertung und -übertragung. All diese Funktionen integriert die von adidas eingesetzte cloudbasierte CRM-Lösung. Die Nutzung einer integrierten CRM-Plattform für alle Kanäle, auf die alle 1.100 adidas-Servicemitarbeiter bei Bedarf Zugriff haben, ermöglicht es diesen, schneller und smarter auf Kundenanfragen zu reagieren und zwar im bevorzugen Format des Verbrauchers (Telefon, E-Mail, Internet oder soziale Medien) – das Ganze über eine einzige Anwendung und auf Basis einer gemeinsamen Datengrundlage. Somit können die drei wichtigsten Komponenten eines eCRM, nämlich im analytischen (z. B. Data Warehouse), operativen (z. B. Transaktionsunterstützung) und kollaborativen (z. B. Kundeninteraktion) Bereich zu unterstützen bei adidas erfüllt werden. Durch die o. g. Maßnahmen und Möglichkeiten wird deutlich, wie wichtig heutzutage die langfristige Pflege der Kundenbeziehung und -bindung ist, um den sog. Customer Lifetime Value über die gesamte Dauer eines Kundenlebenszyklus zu maximieren.

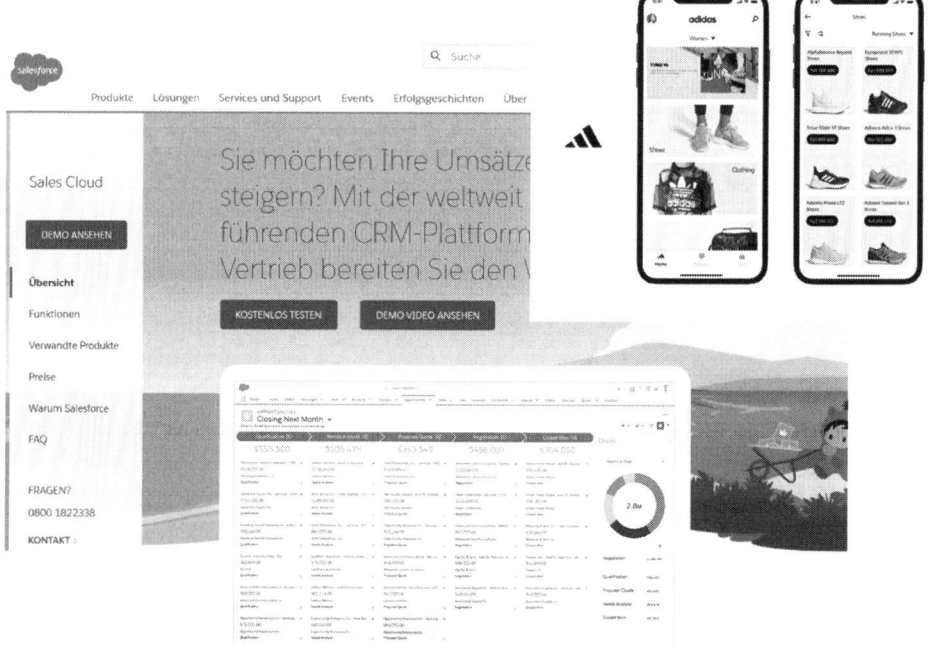

4.   Die Grundlagen des E-Marketplace

Der **E-Marketplace** steht allgemein als Begriff für die marktliche Organisation des elektronischen Handels von Produkten bzw. Dienstleistungen durch einen Marktplatzbetreiber über digitale Netzwerke (*Kollmann* 2001b). Damit erfolgt eine Integration innovativer Informations- und Kommunikationstechnologien zur Unterstützung bzw. Abwicklung von operativen, taktischen und strategischen Aufgaben im **Handels- bzw. Marktbereich**. Während reale Marktplätze durch örtliche Gegebenheiten (z. B. Messe oder Wochenmarkt) gekennzeichnet sind, setzen elektronische Marktplätze als virtuelle Plattformen auf die digitale Vernetzung der Marktteilnehmer (s. Kapitel 1.1.3). Jeder dieser Teilnehmer kann auf elektronischem Wege von jedem beliebigen Punkt im Datennetz einen beliebigen E-Marketplace „betreten" (z. B. per Mausklick am heimischen Computer), ohne sich real zu einem bestimmten Ort begeben zu müssen. Dieser nicht-reale Zutritt kann dabei zu jedem Zeitpunkt erfolgen (7 Tage die Woche/24 Stunden am Tag/365 Tage im Jahr), da elektronische Marktplätze eine permanent vorhandene und durchgehend geöffnete Einrichtung darstellen (s. Kapitel 1.3.1). Anbieter und Nachfrager treffen sich somit nicht mehr persönlich zur Abwicklung einer Transaktion, sondern treten über digitale Datenwege im Internet unter einer spezifischen Adresse (*marktplatz-name.de*) in Kontakt (*Dorfer* 2016, S. 342). Unter dem Begriff des E-Marketplace wird somit „ein konkreter aber nicht-realer Ort der Zusammenkunft von nur über vernetzte elektronische Datenleitungen miteinander verbundenen Anbietern und Nachfragern zum Zwecke der Durchführung von wirtschaftlichen Transaktionen verstanden, wobei diese von realen Restriktionen losgelöste Durchführung indirekt und unter Hinzunahme einer übergeordneten marktlichen Instanz (Marktplatzbetreiber) vollzogen wird, die die Transaktionsanfragen aktiv koordiniert" (*Kollmann* 2001a, S. 39).

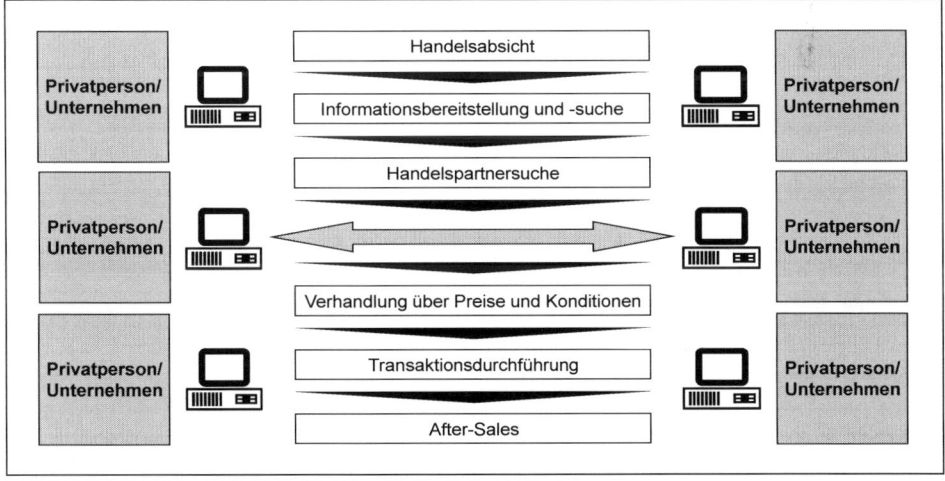

Abb. 38:   Die Grundidee des E-Marketplace

© Springer Fachmedien Wiesbaden GmbH, ein Teil von Springer Nature 2019
T. Kollmann, *E-Business kompakt*, https://doi.org/10.1007/978-3-658-26978-4_4

Lernhinweis: Zertifikatskurs zum E-Business-Manager (Weiterbildung)
www.e-business-manager.de

Hintergrund für die Zunahme des Einsatzes elektronischer Informationstechnologien im Handelsbereich und damit Kerntreiber für den E-Marketplace waren zahlreiche Probleme im realen Handel, die mit Hilfe der elektronischen Informationsverarbeitung gelöst werden sollten. Zu diesen **Problemen** gehören insbesondere die folgenden Aspekte:

- **Kapazitätsbegrenzungen**: Im realen Handel sind die Handelsflächen eines Marktplatzes begrenzt, da die zur Verfügung stehende Handelsfläche durch räumliche Gegebenheiten und Abgrenzungen bestimmt ist. Mit Rücksicht auf die limitierte Handelsfläche muss der Marktplatzbetreiber sich für eine Auswahl an Objekten entscheiden, die er auf seinem Marktplatz (z. B. Messehallen) zum Handel zulässt und hat u. U. nicht die Möglichkeit, jedem Anbieter zu ermöglichen, die gesamte Objektpalette seines Sortiments den Nachfragern angemessen zu präsentieren.

- **Vermittlungsrestriktionen**: In der Regel stellen Marktplatzbetreiber lediglich den Handelsraum zur Verfügung. Die Vermittlungsaufgabe im realen Handel konzentriert sich somit darauf, den Kunden einen Überblick über Handelspartner und -objekte zu verschaffen, ohne dass jedoch auf den individuellen Transaktionswunsch eingegangen wird. Eine konkrete Vermittlungsleistung für das einzelne Transaktionsobjekt wird dabei nicht geboten.

- **Marktintransparenz**: Aufgrund der vielen Akteure auf der Anbieter- und Nachfragerseite und dem daraus resultierenden unübersichtlichen Gesamtmarkt ist es für den Einzelnen nicht oder nur unter sehr hohen (Opportunitäts-)Kosten möglich, sich eine Marktübersicht zu verschaffen. Dies unterminiert einen effektiven Preiswettbewerb unter konkurrierenden Anbietern, was die Nachfrager dazu zwingt, Transaktionen auf einem hohen Preisniveau zu tätigen.

- **Koordinationsineffizienzen**: Einem Anbieter ist es in der Regel nicht möglich zu allen potenziellen Nachfragern direkte Beziehungen zu unterhalten. Im umgekehrten Fall ist es für den Nachfrager ebenso schwierig, alle Anbieter zu identifizieren und zu kontaktieren. Darüber hinaus kann der Nachfrager nicht von jedem Anbieter selbst einzeln ein Angebot einholen und prüfen. Dies müsste er allerdings, um sicherzustellen, dass er den bestmöglichen Preis erhält. Im Ergebnis kann kein idealer Transaktionspartner gefunden werden und es kommt entweder zu gar keinem Leistungsaustausch oder es müssen weniger bedarfsgerechte Objekte gekauft werden.

Bezüglich dieser Problemfelder soll ein E-Marketplace eine deutliche Verbesserung darstellen. Die genannten Problemlösungsattribute eines E-Marketplace, haben in den letzten Jahren dazu geführt, dass Online-Marktplätze wie *Amazon*, *Alibaba* & Co. ein starkes Marktwachstum erreicht haben. Nach *Altmeyer* (2018, S.256) gelten diese Marktplätze heute als „globale Pioniere im digitalen Zeitalter". Zu ihren **Erfolgsfaktoren** zählt *Altmeyer* (2018, S. 256) eine überdurchschnittliche Kundenorientierung, eine enorme globale Skalierbarkeit, Vielseitigkeit, Dynamik und Risikobereitschaft.

> **!** **Der E-Marketplace steht für den elektronisch gestützten Handel auf Basis der Internet-Technologie, über den ein betriebswirtschaftlich lose oder fest gekoppelter Datenaustausch zwischen der Anbieter- und Nachfragerseite erfolgt.**

Die zugehörigen zentralen **Fragen und Lernziele** sind:

▦ **Systeme**: Welche Grundmodelle gibt es als Systemlösung für einen E-Marketplace, um den elektronischen Handel über das Internet zu realisieren?

▦ **Prozesse**: Wie sehen die Anforderungen, die Gestaltung und das Management von elektronischen Handelsprozessen im Rahmen des E-Marketplace aus?

▦ **Management**: Wie werden Produkte über einen E-Marketplace gehandelt und welche diesbezüglichen Überlegungen muss der Marktplatzbetreiber gegenüber der Anbieter- und der Nachfragerseite anstellen?

▦ **Marketing**: Wie kann die marketingorientierte Beziehung zu den beiden Marktseiten (Anbieter und Nachfrager) bei einem E-Marketplace gestaltet werden, um diese jeweils für sich zu gewinnen und zu halten?

4.1   Die Systeme beim elektronischen Handel

Im Hinblick auf mögliche **Systemlösungen** können in Abhängigkeit von der Ausgestaltung der elektronischen Vermittlungs- bzw. Koordinationsleistung grundsätzlich zwei Arten von E-Marketplaces unterschieden werden: vertikale und horizontale Marktplätze (s. Abb. 39). Diese Bezeichnungen haben sich – ohne einen historischen Definitionshintergrund – in der Praxis allgemein durchgesetzt (s. hierzu auch *Kober* 2018, S.102).

 Medienhinweis: Der elektronische Marktplatz (Audio-Podcast)
  www.netcampus.de/podcasts

Vertikale Marktplätze fokussieren dabei eine ganz bestimmte geschlossene Nutzergruppe (z. B. Mitglieder einer Branche oder Industrie). Sämtliche Funktionen des E-Marketplace sind voll auf diese Nutzergruppe zugeschnitten, sodass eine spezifische, meistens nach bekannten Regeln (z. B. Lieferkonditionen) ablaufende Zusammenführung von Angebot und Nachfrage branchenintern erfolgt (*Kollmann* 2000c, S. 816). Im Zentrum der vertikalen Marktplätze steht deshalb die Identifikation und Lösung gruppen- oder branchenspezifischer Probleme, wozu eine spezifische Kenntnis der Sachprobleme unabdingbar ist (*Simon* 2000, S. 26). Vertikale Marktplätze sollen dabei alle Stufen der Wertschöpfungskette dieser Nutzergruppe mit elektronischen Serviceleistungen abdecken und somit entsprechend in die Tiefe gehen (s. Abb. 39). Vertikale Marktplätze entstehen in der Regel nur in stark fragmentierten Branchen, auf denen Anbieter und Nachfrager sonst nur unter Inkaufnahme sehr hoher Transaktionskosten in Verbindung treten können. Das Entstehen von vertikalen B2B-Marktplätzen ist zusätzlich darauf zurückzuführen, dass die Unternehmen mit starken Schwankungen in ihrer Kapazitätsauslastung konfrontiert sind, sodass durch die Vermarktung der überschüssigen Kapazitäten eine deutliche Verbesserung der Gewinnsituation herbeigeführt werden kann (*Kollmann* 2001a, S. 83). Die Dienste der vertikalen Marktplatzbetreiber sind auf die Lösung dieser speziellen Unternehmensprobleme ausgerichtet.

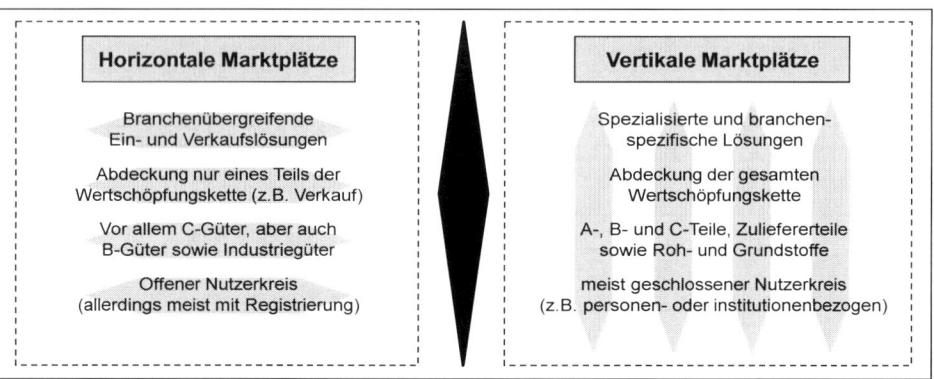

Abb. 39:   Die Unterschiede zwischen einem vertikalen und horizontalen E-Marketplace
Quelle: in Anlehnung an *Simon* 2000, S. 29.

Horizontale Marktplätze konzentrieren sich dagegen nicht auf die Bedürfnisse einer bestimmten Nutzergruppe bzw. Branche, sondern auf bestimmte Produktgruppen (z. B. Büromaterial oder Computerhardware) oder bestimmte Funktionen und Prozesse, denen in bestimmten Branchen ein hoher Stellenwert zukommt (z. B. Beschaffungswesen). Alle Funktionen auf dem horizontalen E-Marketplace sind hier voll auf die Vermittlung dieser Objekte bzw. auf den spezifischen Prozess zugeschnitten, sodass eine eher branchenübergreifende Zusammenführung von Angebot und Nachfrage erfolgt. Horizontale Marktplätze richten sich dabei auf eine bestimmte Stufe in der Wertschöpfungskette (Kaufakt) aus, an der aber möglichst viele Mitglieder aus unterschiedlichen Branchen teilnehmen sollen (*Kollmann* 2000c, S. 818). Damit geht die elektronische Serviceleistung eher in die Breite. Folglich handelt es sich bei den Teilnehmern auf horizontalen Marktplätzen um einen offenen Nutzerkreis, wenngleich für die Anbieter und Nachfrager zumeist aber eine Registrierung obligatorisch ist (*Simon* 2000, S. 26).

In Abhängigkeit von der Partei, welche die Marktplatzlösung in ihrem System hält bzw. maßgeblichen Einfluss auf das Marktplatzgeschehen ausübt, können sowohl für vertikale als auch horizontale Marktplätze insgesamt drei **Grundmodelle** bzw. Ausprägungen von internetbasierten E-Marketplace-Lösungen unterschieden werden, auf die im Folgenden jeweils detailliert eingegangen werden soll (*Kollmann* 2019a).

4.1.1   Das Anbieter-Modell

Bei einem **Anbieter-Modell** versucht ein bzw. versuchen wenige Anbieter einen E-Marketplace zu betreiben. Hintergrund ist die Tatsache, dass der Abbau von Informationsasymmetrien und die Verringerung der Suchkosten zwei zentrale Motive für die Partizipation von Nachfragern an einem E-Marketplace sind. Die daraus resultierende Anbieter- und Produktpreistransparenz vergrößert den Kostendruck auf die Anbieter und ist somit unvorteilhaft für die Anbieterseite. Die Anbieter werden folglich tendenziell versuchen, die Form und Ausrichtung des E-Marketplace zu ihren Gunsten zu beeinflussen und anstelle von E-Marketplaces mit überwiegender Preisvergleichsfunktion **informationsorientierte E-Marketplaces** zu gestalten (*Bakos* 1991, S. 302). Dabei soll insbesondere die Produktdifferenzierung in den Mittelpunkt gestellt werden. Durch die Etablierung eigener E-Marketplaces, die diesem Anbieter-Modell folgen, soll letztendlich auch die Entstehung neutraler oder nachfragerseitiger Marketplaces verhindert, resp. ein Gegengewicht zu bereits bestehenden E-Marketplaces geschaffen werden. Über die passive, strategieinduzierte Argumentation hinaus, werden die Anbieter darauf zielen, einen Teil des messbaren Mehrwerts als Betreiberrendite abzuschöpfen (*Bakos* 1997, S. 1686 f.). Zu diesem Zwecke schließen sich Anbieter zusammen und betreiben gemeinsam einen Marktplatz. Der Betreibergewinn für die einzelnen Anbieter ist dabei abhängig von der Gruppengröße. Je mehr Anbieter sich zusammenschließen, desto geringer fällt der Individualgewinn aus. So entstehen Anreize zur Gestaltung eines individuellen E-Marketplace. Dieses Extremum eines geschlossenen, individuellen E-Marketplaces kann ebenfalls als E-Shop-Lösung (s. Kapitel 3) bezeichnet werden.

Es ist evident, dass angebotsseitige Marktplätze insbesondere in Märkten mit hoher relativer **Marktmacht und -konzentration der Anbieter** entstehen. Kann ein einzelner Anbieter keinen E-Marketplace mit ausreichender Reichweite etablieren, sind Zusammenschlüsse von Anbietern noch immer vorteilhafter als die Zwischenschaltung eines unabhängigen Intermediärs mit eigenem Gewinnziel. Da ein neutraler, herstellerunabhängiger Intermediär auf aktuelle Informationen über Produkte, Preise und Konditionen angewiesen ist, haben die Anbieter einen Informationsvorsprung. Aufbauend auf diesem Informationsvorsprung haben kooperierende Anbieter das Potenzial, einen höherwertigeren E-Marketplace gestalten zu können als ein unabhängiger Intermediär.

 Das Anbieter-Modell als E-Marketplace bezeichnet eine Systemlösung, bei der sowohl die Handelsplattform als auch der zugehörige Matching-Mechanismus in der Hand eines anbieterseitigen Marktplatzbetreibers liegen.

Fallbeispiel: Opodo

Opodo (opportunity to do) ist ein Online-Reiseservice mit Sitz in London, der 2001 von neun europäischen Fluggesellschaften (Aer Lingus, Air France, Alitalia, Austrian Airlines, British Airways, Finnair, Iberia, KLM und Lufthansa) gegründet wurde. Das Unternehmen stellt im Internet ein breites Spektrum an Reiseleistungen zur Verfügung und steht aufgrund der Gründungsgesellschafter für das Anbieter-Modell eines E-Marketplace. Heute bietet opodo.de laut eigenen Angaben Zugriff auf über 610 Fluggesellschaften, 1.700.000 Hotels in über 200 Ländern und mehr als 7.000 Autovermietungen auf der ganzen Welt. Das Ziel des Unternehmens ist es, eine große Auswahl an Flügen, Hotels und Urlaubspaketen zu besonders attraktiven und wettbewerbsfähigen Preisen anbieten zu können. Opodo bietet über die reine Buchung hinaus noch zahlreiche weitere informationsbasierte Leistungen z. B. über einzelne Reiseziele und damit verbundene Reisetipps für Orte und Aktivitäten an. Damit hebt sich das Unternehmen gegenüber klassischen Meta-Suchmaschinen oder reinen Vermittlungsportalen im Reisebereich, welche zumeist nur einen Preisvergleich anbieten, mit seinem stärker informationsbasierten E-Marketplace ab. Dies erklärt auch, warum opodo.de seine Haupttätigkeitsbereiche selber eher im Bereich Reiseagentur, Marketing und Werbung angibt.

4.1.2   Das Nachfrager-Modell

Bei einem **Nachfrager-Modell** versucht ein bzw. versuchen wenige Nachfrager einen E-Marketplace zu betreiben. Nachfragerseitige Marktplätze entstehen in der Regel aus ähnlichen Motiven wie anbieterseitige Marktplätze. Die Marktplatzpartei versucht durch die größtmögliche Einflussnahme auf das Handelsgeschehen einen in der Regel geldlichen Vorteil zu erzielen. Die Nachfrager werden folglich tendenziell versuchen, die Form und Ausrichtung des E-Marketplace zu ihren Gunsten zu beeinflussen und tendenziell **preisorientierte E-Marketplaces** zu konstruieren. Die Nachfrager verfolgen durch die Etablierung eigener Marktplatzlösungen nach dem Nachfrager-Modell das Ziel, den Nutzen zu maximieren und parallel die Kosten zu senken (*Bakos* 1997, S. 1684). Dabei adressieren sie im Wesentlichen **zwei Problembereiche**:

- **Fehlender Marktpartner**: Wird der ideale Transaktionspartner bspw. aufgrund zu hoher Suchkosten nicht gefunden, kommt entweder gar kein Leistungsaustausch zustande oder es müssen weniger bedarfsgerechte Objekte gekauft werden, was zu erhöhten Qualitäts- und Produktionskosten führen kann. Die forcierte Wahl eines ungeeigneten Transaktionspartners resultiert in einem suboptimalen Nutzen für den Nachfrager.

- **Fehlender Wettbewerb**: Informationsasymmetrien bzw. fehlende Markttransparenz unterminieren einen effektiven Preiswettbewerb unter konkurrierenden Anbietern, was die Nachfrager dazu zwingt, Transaktionen auf einem hohen Preisniveau zu tätigen. Der Kauf eines Objektes unter diesen Bedingungen resultiert in einem suboptimalen Preis für den Nachfrager.

In der Regel ist es für die Nachfrager schwieriger, geeignete Anbieter auf sich und ihren Transaktionswunsch aufmerksam zu machen als umgekehrt. Jedoch hat sich in vielen Bereichen ein Wandel von Verkäufer- zu Käufermärkten vollzogen, sodass die Nachfrager stark konzentriert sind oder über eine hohe Marktmacht verfügen (*Weller* 2000, S. 8 f.). Ein mögliches Beispiel für nachfragerseitige Marktsysteme ist die **Nachfragebündelung**, bei der sehr viele Nachfrager das gleiche Objekt erwerben möchten und über ein gemeinsam abgegebenes Gesuch aufgrund der dem Anbieter in Aussicht gestellten hohen Absatzmenge einen reduzierten Preis erhalten. Die Extremform nachfragerseitiger Marktplatzlösungen ist der private, geschlossene Nachfragermarktplatz, bei dem in der Regel ein einzelnes Unternehmen seinen Einkauf mit mehreren (potenziellen) Lieferanten elektronisch und ggf. automatisiert durchführt. Diese Lösungen werden ebenfalls als E-Procurement-Systeme bezeichnet.

 Das Nachfrager-Modell als E-Marketplace bezeichnet eine Systemlösung, bei der sowohl die Handelsplattform als auch der zugehörige Matching-Mechanismus in der Hand eines nachfragerseitigen Marktplatzbetreibers liegen.

Fallbeispiel: Pharmaplace

Die Pharmaplace AG mit Sitz in Heilbronn wurde 2000 als Reaktion auf die steigenden Kosten und immer komplexeren Versorgungsketten im Pharmabereich von neun Pharmaunternehmen unter Beteiligung des Bundesverbands der Pharmazeutischen Industrie als nachfragerseitiger Marktplatz in Form einer nutzenorientierten Einkaufsplattform „aus der Branche für die Branche" gegründet. Die Kombination eines B2B-Kooperations- und Marktplatzbereiches ermöglicht vor diesem Hintergrund den Kunden klare Preisvorteile, eine Entlastung des Einkaufs und damit auch einen Know-how-Ausbau. pharmaplace.de ist somit aus Nachfragersicht aufgebaut, um die Nachfrage der Unternehmen zu bündeln und somit einen effizienteren und günstigeren Einkauf pharmazeutischer Güter zu ermöglichen. Damit hat dieser E-Marketplace den Charakter eines Nachfrager-Modells. Den klaren Fokus auf Preisvorteile für teilnehmende Unternehmen zeigt auch das Angebot weiterer Vorteilskonditionen durch über den Marktplatz gebündelt erfasste Nachfrage, z. B. im Bereich Energie. Der Vorteil der Abwicklung über einen Marktplatz liegt somit insbesondere in der Effizienzsteigerung und Kostensenkung für die nachfragenden Unternehmen und einem hohen Absatzvolumen mit relativ niedrigem Abwicklungsaufwand (im Vergleich zur Einzelansprache und -abwicklung mit jedem Unternehmen außerhalb eines elektronischen Marktplatzes) für anbietende Unternehmen.

4.1.3   Das Makler-Modell

Bei einem **Makler-Modell** versucht ein unabhängiger Handelsvermittler den E-Marketplace zu betreiben. Maklerseitige Marktplätze entstehen in der Regel aus polypolistischen Situationen heraus, bei denen sich viele Anbieter und viele Nachfrager ohne eine ausgeprägte Machtstruktur auf einer der beiden Marktseiten gegenüberstehen. Der Makler versucht dabei aus der unabhängigen Vermittlungsleistung die größtmögliche Einflussnahme auf das Handelsgeschehen auszuüben und dadurch einen geldlichen Vorteil zu erzielen. Der Makler wird folglich tendenziell versuchen, die Form und Ausrichtung des E-Marketplace zu seinen Gunsten zu beeinflussen und tendenziell **handelsorientierte E-Marketplaces** zu konstruieren. Die eigentliche Besonderheit von E-Marketplaces besteht vor diesem Hintergrund in der Rolle des Maklers als zentrale Marktplatzinstanz. Nach *Bailey/Bakos* (1997) können vereinfacht zwei **Arten von Marktplatzbetreibern** im Internet unterschieden werden. Marktplätze ohne und mit einem aktiven zentralen Makler bzw. Betreiber für die Abstimmung der wirtschaftlichen Transaktionen:

▨ Marktplätze **ohne aktiven zentralen Betreiber** stellen lediglich den elektronischen Handelsraum zur Verfügung. Es wird nur eine thematische Aufstellung (Links) von potenziellen Handelspartnern und -objekten angeboten, ohne dass jedoch auf den konkreten Transaktionswunsch eingegangen wird. Als Beispiele für Marktplätze ohne einen aktiven Betreiber können die sog. Shopping-Malls oder Markt-Communities (*Hagel/Armstrong* 1998) angeführt werden, bei denen einem Nachfrager ein Anbieterüberblick zu einem bestimmten Themenfeld gegeben wird. Die Vermittlungsaufgabe des Marktplatzes konzentriert sich darauf, den Marktplatzteilnehmern einen Überblick zu verschaffen. Eine konkrete Vermittlungsleistung für das einzelne Transaktionsobjekt wird hier jedoch nicht geboten (z. B. *shopping24.de*).

▨ Bei Marktplätzen **mit einem aktiven zentralen Betreiber** greift ein Organisator oder Broker aktiv in das Marktgeschehen ein. Er sammelt Angebote und Gesuche in seiner Datenbank und ordnet diese nach einem bestimmten Koordinationsmechanismus (sog. Matching) zu (*Kollmann* 2005). Diese aktive Vermittlungsleistung zwischen Angebot und Nachfrage wird als unternehmerisches Produkt offeriert. Als Beispiele für Marktplätze mit einem aktiven zentralen Betreiber können Online-Auktionen (z. B. *my-hammer.de*) oder auch digitale Objektbörsen (z. B. *immobilienscout 24.de*) angeführt werden, bei denen Vermittlungsleistungen in Hinblick auf einen ganz bestimmten Gegenstand angeboten werden. Die Vermittlungsaufgabe des Marktplatzbetreibers besteht hier in der konkreten Koordination von Angebot und Nachfrage (*Choi/Stahl/Whinston* 1997).

Um den Marktteilnehmern also mehr als nur einen Überblick bieten zu können, muss ein aktiver Marktplatzbetreiber im Makler-Modell eine **Neutralität** und **Unabhängigkeit** für die konkrete Vermittlung von Angebot und Nachfrage signalisieren. Dabei offeriert der wirtschaftlich selbständige aktive Marktplatzbetreiber ein Angebot für die Koordination von wirtschaftlichen Transaktionen der Anbieter- und Nachfragerseite an einem bestimmten Ort im Datennetz (Vorgabe einer Daten- bzw. Domainadresse). In Analogie zu einem realen Marktplatz steht der neutrale E-Marketplace-Betreiber nicht in einer eigentumsrechtlichen Beziehung mit den gehandelten Gütern. Die Möglichkeiten der Informationstechnik erlauben es dem Betreiber des E-Marketplace über die Bereitstellung von Handelsraum hinaus, die Rolle einer **aktiven Marktleitung** zu übernehmen. Während Betreiber realer Marktplätze nur einen anonymen Handelsraum für ein Treffen von Anbieter und Nachfrager zur Verfügung stellen konnten, kann der Betreiber eines E-Marketplace darüber hinaus eine Unterstützung für jede einzelne Transaktion offerieren. Die elektronisch vorhandenen Transaktionsinformationen machen den gesamten Marktplatz für den Betreiber übergreifend transparent und vor allem steuerbar.

Das Makler-Modell ist im B2B-Bereich hauptsächlich in stark fragmentierten Märkten zu beobachten, da in diesem Umfeld die Marktmacht nicht auf wenige große Anbieter oder Nachfrager konzentriert ist, die zusätzlich möglicherweise sogar selbst über genug Ressourcen zum Aufbau eines E-Marketplace verfügen (*Weller* 2000, S. 9). Im B2C-Handel kommt dem Makler-Modell eine entscheidende Rolle zu, da dort in der Regel große **Informationsasymmetrien** zwischen Herstellern bzw. Anbietern und den Endkunden herrschen (*Clement/Schreiber* 2016, S. 94 ff.). In diesem Bereich werden elektronische Marktplätze nahezu ausschließlich von Intermediären induziert, da einerseits die Anbieterseite kein Interesse daran hat, eine größere Markttransparenz zu schaffen, da sie damit einen höheren Wettbewerb fördern würde und andererseits die Endkunden nicht über die benötigten Ressourcen verfügen und zu stark fragmentiert sind, um eigene Marktplätze zu etablieren. Diesem Gedanken weiter folgend ist der C2C-Handel auf neutrale Vermittler sogar grundsätzlich angewiesen.

 Das Makler-Modell als E-Marketplace bezeichnet eine Systemlösung, bei der sowohl die Handelsplattform als auch der zugehörige Matching-Mechanismus in der Hand eines neutralen und meist aktiven Marktplatzbetreibers liegen.

Fallbeispiel: ImmobilienScout24

Die Immobilien Scout GmbH mit Sitz in Berlin ist das führende Immobilienportal im deutschsprachigen Internet und beschäftigt rund 550 Mitarbeiter, die durchschnittlich rund 500.000 verschiedene Immobilienangebote von Anbietern mit ca. 12. Mio. Nachfragern nach Wohnraum auf dem zugehörigen E-Marketplace immobilienscout24.de matchen. Damit positioniert sich das Unternehmen als aktiver Marktplatzbetreiber mit dem zugehörigen Makler-Modell. Der klare Fokus auf diese Rolle als neutraler Intermediär wird auch dadurch unterstrichen, dass das Unternehmen über keine eigenen Immobilienangebote verfügt und seine Kernleistung die reine unabhängige Vermittlung von Angebot und Nachfrage im Immobilienbereich ist. Die Einnahmen werden dabei über Anzeigengebühren bzw. die Aufnahme von Immobilienangeboten in die Datenbank (Kernleistung) sowie u.a. Werbung (Nebenleistung) generiert. Dadurch dass sich das Unternehmen auf die Intermediationsfunktion fokussiert, kann es diese auch technologisch immer stärker ausbauen, um die Immobilienangebote und -gesuche möglichst effektiv und effizient miteinander zu matchen. Die daraus gewonnenen digitalen Daten können dann neben klassischen Werbeanzeigen auch für weitere Nebenleistungen wie z. B. Nutzerstatistiken oder im Besonderen auch Immobilienindizes zu aktuellen Marktpreisen als Nebenleistung des E-Marketplace monetarisiert werden. Hierzu gehören auch die Vermittlung einer Finanzierung sowie Services rund um die Umzugsplanung, Einrichtung und zum Einleben in der neuen Umgebung. Somit hat sich ImmobilienScout24 vom ursprünglichen Anzeigenmarktplatz auch zu einem allgemeinen Informationsportal mit hohem Mehrwert sowohl für Suchende als auch für Anbieter entwickelt.

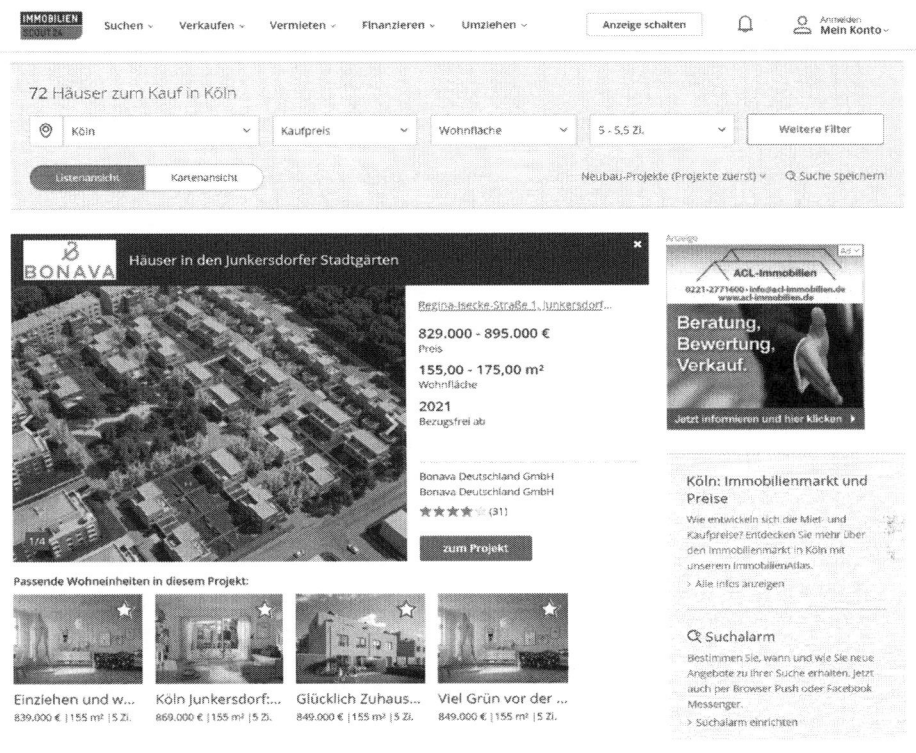

Im Zuge der neu entwickelten **Blockchain-Technologie** (*Kollmann* 2019a) wird das Makler-Modell ohne einen aktiven zentralen Marktplatzbetreiber neu diskutiert und weiterentwickelt bzw. das Makler-Modell mit einem aktiven zentralen Marktplatzbetreiber kritisch hinterfragt (*Scholz* 2017, S.187 f.). Im Mittelpunkt steht die Frage, ob es Marktplatzbetreiber in beiden Fällen in heutiger Form auch noch in Zukunft geben wird, wenn die Blockchain-Technologie zu einer **Dezentralisierung der Marktplatzaktivitäten** und damit zur erneuten **Desintermediation des elektronischen Marktplatzbetreibers** führt. Zwei kritische Faktoren bestehender E-Marketplaces ohne aktiven Marktplatzbetreiber waren zuvor der zeitliche Faktor und das Vertrauen zwischen Anbieter und Nachfrager bezüglich der Transaktionsleistung, da der Marktplatzbetreiber hier keine tragende respektive unterstützende Rolle eingenommen hat. Und da wo ein zentraler aktiver Marktplatzbetreiber eine vermittelnde Rolle übernommen hat, stellt sich die Frage, ob diese nicht auch durch die Blockchain-Technologie selbst übernommen werden kann.

Im Hinblick auf den **ersten Fall (ohne aktiven Marktplatzbetreiber)** können durch Einbindung der technologischen Attribute der Blockchain-Technologie nun die Aspekte Zeit und Vertrauen optimiert werden. Der elektronische Marktplatz wird aufgrund der Blockchain zu einer **dezentralen autonomen Organisation** (*Scholz* 2017, S. 187 f.). Das bislang bestehende Vertrauen von Anbieter und Nachfrager in die zentrale Rolle des Marktplatzbetreibers wird in die technologische Architektur der Blockchain-Technologie überführt (*Scholz* 2017, S.188). Der Marktplatzbetreiber hat indessen keine Kontrolle mehr über die Transaktionen oder Daten der Marktplatzteilnehmer (*Yli-Huumo* et al. 2016). Dies wird mittels der technologischen Aspekte der Blockchain abgebildet (beispielsweise über den Konsensus-Mechanismus, *Appelfeller/Feldmann* 2018, S. 160 ff.). Alle Transaktionen und Daten werden unwiderruflich in der Blockchain gespeichert (*Crosby* et al. 2016). Darüber hinaus partizipieren alle Marktplatzteilnehmer auf gleiche Weise am Marktplatzgeschehen. Dieser Zustand führt zum Aufleben des traditionellen genossenschaftlichen Grundgedankens (*Scholz* 2017, S. 188), indem Werte der Gleichberechtigung Einzug in das Makler-Modell eines elektronischen Marktplatzes finden. *Kollmann/Hensellek/de Cruppe/Sirges* (2019) sprechen in diesem Zusammenhang auch von einem kooperativen **Blockchain-enabled Electronic Marketplace** (BEEM).

Fallbeispiel: D.Tube

Die Webvideo-Plattform D.Tube wurde 2017 online geschaltet und basiert auf der Blockchain-Technologie (STEEM Blockchain). Sie bezeichnet sich selbst als „[...] the first crypto-decentralized video platform, built on top of the STEEM Blockchain and the IPFS peer-to-peer network." D.Tube kann als Beispiel für das Makler-Modell eines Blockchain-enabled Electronic Marketplace (BEEM) genannt werden, da das Geschäftsmodell ohne einen aktiven zentralen Marktplatzbetreiber funktioniert. Analog zur Videoplattform YouTube ist D.Tube ebenfalls eine digitale Plattform, auf der User sowohl Videos hochladen als auch anschauen können. Das Design von D.Tube ist dabei stark an das Design von YouTube angelehnt. Im Gegensatz zur traditionellen Plattform, können nicht nur Anbieter von Videos ihre Inhalte durch Werbung monetarisieren, sondern auf D.Tube verdienen sowohl Anbieter als auch Nachfrager der Videos. Hierbei ist es möglich über die eigentlichen Videoinhalte sowie über Likes oder das Schreiben von Kommentaren Geld zu verdienen. Dabei ist D.Tube jedoch werbefrei. Jedes Video auf D.Tube wird automatisch zu einem STEEM-Inhalt, der sieben Tage lang von den Usern bewertet und somit entlohnt werden kann. Die Belohnung erfolgt durch die Kryptowährung STEEM, die auf Basis der STEEM-Blockchain täglich neu produziert wird. Die Belohnung für die Videos verläuft dabei transparent: „On D.Tube, there are no hidden algorithms controlling the visibility or monetization of certain videos over others. All of D.Tube's data is public, and can be analyzed by anyone with an internet connection". Jedem User ist es so möglich zu jeder Zeit die Belohnungssumme des jeweiligen Users einzusehen. D.Tube verdient dabei 10 % der Belohnungen für alle hochgeladenen Videos, um die Plattform weiterhin erfolgreich zu betreiben. Darüber hinaus gibt es bei D.Tube keine Zensur der Inhalte: „Only the users can censor it, through the power of their upvotes and downvotes". Die User können somit frei entscheiden, welche Inhalte sie online schalten. Die D.Tube Plattform unterliegt einem kontinuierlichen Verbesserungsprozess.

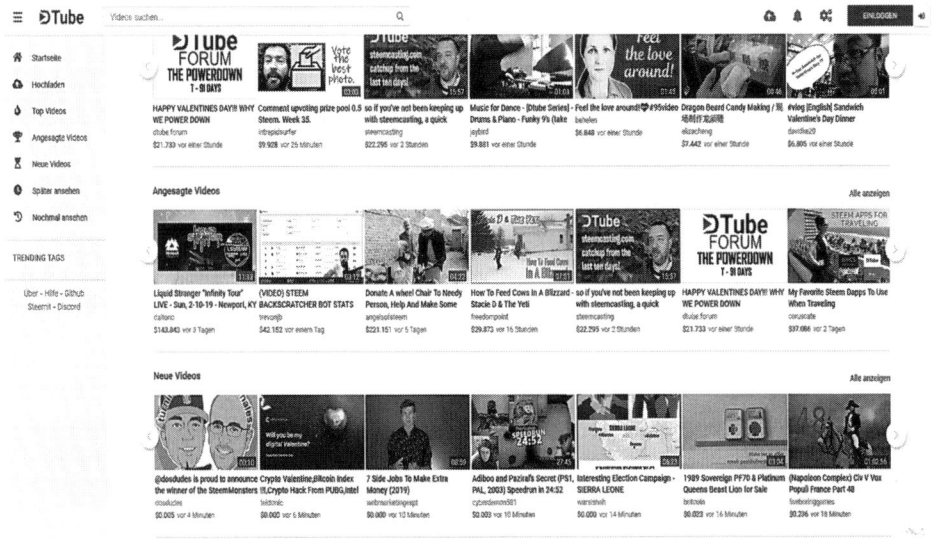

Im Hinblick auf den **zweiten Fall (mit aktiven Marktplatzbetreiber)** besteht die Möglichkeit, dass die Blockchain-Technologie diesen nun überflüssig machen könnte. Es wird weithin postuliert, dass Makler, Notare, Banken, Plattform-Betreiber und andere Vermittler von Leistungen nicht mehr benötigt werden, wenn die zugehörigen Handelsgeschäfte über die Blockchain direkt zwischen den Marktbeteiligten ohne eine zentrale Aktivität des Marktplatzbetreibers abgewickelt werden können (*Rohde* 2017). Hier werden die beiden Aspekte Zeit und Vertrauen durch die Blockchain als substituierendes Merkmal gegenüber der zentralen Instanz optimiert. Was hierbei vergessen wird ist die Tatsache, dass der Einsatz der Blockchain von den vorhandenen Marktplätzen mit einem aktiven Betreiber eine bewusste Einsatzentscheidung ist und das nicht, um sich selbst überflüssig zu machen, sondern die Matching-Prozesse noch schneller und effektiver ablaufen zu lassen.

Im Hinblick auf diesen Matching-Prozess muss unterschieden werden, ob sich die vermittelten Handelspartner schon kennen oder nicht. Kennen sie sich, dann kann die reine Abwicklung auch über eine Blockchain ohne aktiven zentralen Marktplatzbetreiber funktionieren. Kennen sie sich aber noch nicht, dann wäre die aktive Zusammenführung von Angebot und Nachfrage immer noch eine Leistung, die über die betreffende Plattform nur vom aktiven Marktplatzbetreiber als elektronischer Mehrwert durchgeführt werden kann. In beiden Fällen bleibt die Rechtfertigung zur Nutzung einer solchen Plattform bestehen, entweder in der Anbahnung oder in der Abwicklung der Transaktion über einen elektronischen Marktplatz – auch mit Blockchain-Technologie. Der elektronische Marktplatz wird hier aufgrund der Blockchain zu einer **dezentralen heteronomen Organisation**.

Aus Sicht des **strategischen Plattform- bzw. Marktplatz-Wettbewerbs** geht es daher nicht um die Frage „Blockchain contra Marktplätze", sondern vielmehr um die Frage, ob dezentrale autonome Organisationen mit Hilfe der Blockchain (Abwicklung) die derzeitige Vormachtstellung von dezentralen heteronomen Organisationen unter deren Verwendung der Blockchain (Anbahnung und Abwicklung) nochmals durchbrechen können. *METRO* und *TUI* sind derzeit dieser Meinung und arbeiten laut Presseberichten an Blockchain-Plattformen im Gastro- bzw. Tourismus-Bereich, um „die unguten Strukturen von Internet-Plattformen wie *Booking.com*, *Airbnb* oder *Uber* mit der Blockchain aufbrechen" (*Müller* 2017). Nach *Metzner* (2016) könnten in diesem Zusammenhang langfristig gerade Blockchain-Unternehmen zu den Gewinnern gehören, da „nicht mehr die Plattformen das Vertrauen erzeugen, sondern die technische Infrastruktur diesen Teil der Wertschöpfung übernimmt." Nicht ohne Grund wurden in jüngerer Zeit zahlreiche Blockchain-Pendants zu bestehenden elektronischen Marktplätzen entwickelt (z. B. *dsound.audio*, *beetoken* *.com* oder *lazooz.org*). Die dagegenstehende Meinung wird von Autoren vertreten, die *Amazon & Co.* durch die Blockchain-Technologie noch stärker werden sehen, da sie zusätzlich zum Handel nun auch noch eine eigene begleitende Kryptowährung aufbauen können, um auch diese Funktion im Rahmen des Transaktionsprozesses vollständig zu integrieren. Es sei daher nicht verwunderlich, dass gerade *Amazon* zu den größten Investoren in diese Technologie zählt und sie aktiv als Web-Service zur Verfügung stellt.

 Die Nutzung innovativer Blockchain-Technologien kann sowohl zur Transformation bestehender E-Marketplaces als auch zur Entstehung gänzlich neuer, liberalisierter und dezentralisierter E-Marketplace-Modelle, sog. Blockchain-enabled E-Marketplaces (BEEMs), führen.

4.2   Die Prozesse beim elektronischen Handel

Nach den technischen Darstellungen der Systemebene (s. Kapitel 4.1) gilt es nun auf der **Prozessebene**, die spezifischen Anforderungen an und die besondere Gestaltung von elektronischen Handelsprozessen zu beschreiben. Die Prozessebene beschreibt somit den Ablauf sämtlicher Arbeitsschritte, die von einem E-Marketplace gewährleistet sein müssen, damit marktliche Transaktionen optimal durchgeführt werden können. Jeder Prozess ist eine Art „Baustein" in dem Gesamtkonzept des E-Marketplace. Je optimaler die Bausteine zusammengesetzt und aufeinander abgestimmt sind, desto schneller, kostengünstiger und gehaltvoller können Daten verarbeitet und damit Transaktionen durchgeführt werden.

Problematisch für die realen Interaktionen auf Märkten (Informations-, Güter-, Geldströme) waren und sind die geografisch-kalendarischen Raum-Zeit-Restriktionen. Für die elektronischen marktlichen Interaktionen (Informationen, Verfügungsrechte, Cybercash) werden – wie oben gezeigt – die organisationellen Restriktionen zum Problem. Beide Problembereiche führen auf den jeweiligen Handelsebenen zu sog. Koordinationslücken (s. Abb. 40). Unter dem Begriff der **Koordinationslücke** kann die Ineffizienz marktlicher

Abstimmungsprozesse verstanden werden, die aufgrund kommunikativer Reibungsver-
luste zwischen Anbieter- und Nachfragerseite entsteht (*Kollmann* 2001a, S. 30). Auch in
einem realen Marktsystem mit eingeübten, d. h. standardisierten Transformations-, Trans-
aktions- und Konsumptionshandlungen, treten permanent Koordinationslücken auf (*Von
Lingen* 1993, S. 207). Diese sind zum einen bedingt durch die Struktur der räumlichen
(Arbeits-)Verteilung der Wirtschaftssubjekte (Raumüberbrückung zwischen den Marktteilnehmern). In wesentlich stärkerem Ausmaß jedoch sind Koordinationslücken zum anderen bedingt durch die Verteilung des Wissens und der Dezentralisation des Wissens, das
die Mitglieder einer Marktgesellschaft vor diesem Hintergrund durchgehend und insgesamt erworben haben.

Vor diesem Hintergrund hat *Kollmann* (2001a) ein **3-Sektoren-Modell** entwickelt, um anhand von entstehenden Koordinationslücken sowohl für reale als auch elektronische Han-
delslösungen die Grundberechtigung für virtuelle Marktplätze nachzuweisen und gleichzeitig die Grundanforderungen für Marktplatzprozesse zu definieren. Die individuelle reale
Informationsverarbeitungskapazität endet dabei relativ schnell bei einem Anstieg der
Anzahl an Marktteilnehmern, sodass ab einem gewissen Punkt eine reale Marktlösung
vorzuziehen wäre (Sektor 1 in Abb. 40). Grund ist der **reale „Information Overload"**,
bei dem das Individuum die steigende Informationsmenge ohne übergreifende Selektion
nicht mehr bewältigen kann. Aufgrund physischer Restriktionen wird die Begutachtung
von Informationseinheiten zu potenziellen Handelspartnern auf ein Minimum beschränkt.
In der Folge besteht eine reale Koordinationslücke aufgrund der ineffizienten Abstimmung
von Angebot und Nachfrage. Ist eine darüber hinausgehende Informationsbegutachtung
erwünscht, so muss auf eine Koordination über einen organisierten Markt zurückgegriffen
werden (Sektor 2 in Abb. 40).

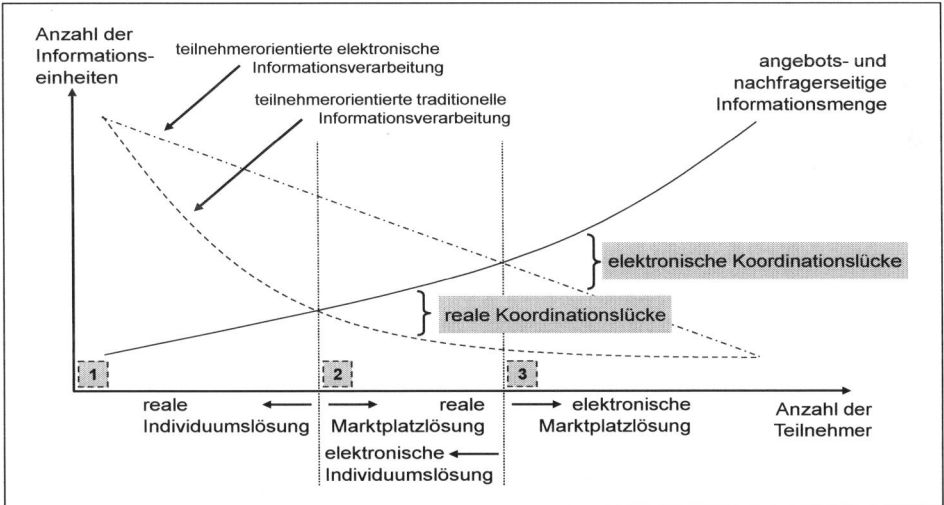

Abb. 40:   Die Koordinationslücke der realen und elektronischen Handelsebene
Quelle: *Kollmann* 2001a, S. 31.

Aufgrund der höheren Verarbeitungskapazität des Individuums auf der elektronischen Handelsebene mit Hilfe der Computertechnik kann dieser Wechsel verschoben werden, sodass je nach Marktkonstellation die reale Marktplatzlösung noch durch eine individuelle elektronische Informationsverarbeitungslösung substituiert werden kann (Sektor 2 in Abb. 40). Hierzu kann sich das Individuum den elektronischen Selektionsmöglichkeiten des Internets bedienen (z. B. Suchmaschinen), um die relevanten Information zu filtern. Der fortlaufende Ansturm auf das Internet als Handelsmedium führt aber nun wiederum zu einem exponentiellen Anstieg an elektronischen Informationseinheiten. Diese Masse an digitalen Handelsinformationen macht es erneut schwierig, den geeigneten Transaktionspartner zu finden (**elektronischer „Information Overload"**).

Sucht ein Nachfrager bspw. nach einem gebrauchten Automobil, hier beispielhaft einen gebrauchten Audi A3, so erhält er je nach Landessprache bei diversen Suchmaschinen (z. B. *google.de* oder *bing.com*) bis zu 574.000 Adressen mit entsprechenden Angeboten. Um sicher zu sein, dass er tatsächlich das günstigste Angebot findet, müsste er theoretisch alle einzelnen Webseiten besuchen – praktisch ein sinnloses Unterfangen. Zusätzlich sind die heutigen Suchmaschinen nicht in der Lage, das gesamte Internet zu erfassen. Es entsteht somit zunehmend auch hier die Notwendigkeit, elektronische Marktlösungen einzuschalten, um die nun vorhandene, **elektronische Koordinationslücke** zu schließen (Sektor 3 in Abb. 40). Spätestens ab einer gewissen Anzahl an Markt- oder inzwischen Netzteilnehmern bietet sich jedoch nur noch eine Selektion über eine elektronische Marktlösung für die effiziente Informationsverarbeitung unter allen Teilnehmern an (Sektor 3 in Abb. 40).

Anhand dieses 3-Sektoren-Modells für eine Informationsverarbeitung auf der realen und elektronischen Handelsebene können somit zusammenfassend die Koordinationslücken nochmals lokalisiert werden: Eine **„reale" Koordinationslücke** auf der realen Handelsebene ergibt sich ab Sektor 2, da hier die angebots- und nachfrageseitige Informationsmenge die teilnehmerorientierte traditionelle Informationsverarbeitung übersteigt. Eine **„elektronische" Koordinationslücke** auf der elektronischen Handelsebene zeigt sich ab Sektor 3, da hier die angebots- und nachfrageseitige Informationsmenge die teilnehmerorientierte elektronische Informationsverarbeitung übersteigt. Ab diesem Punkt empfiehlt sich ein finaler Wechsel von einer Individuallösung hin zur Inanspruchnahme einer marktlichen Organisation im Internet. Die Wahrscheinlichkeit des Auftretens von Koordinationslücken ist dabei auf beiden betrachteten Handelsebenen relativ groß: „Zu jeder Zeit sind die Marktteilnehmer mit einer Reihe von Aktivitäten befasst, die wahrscheinlich nicht im Gleichgewicht sind" (*Kirzner* 1974).

 Der E-Marketplace soll die bestehenden Handelsprozesse digitalisieren und wenn möglich vollständig in eine strukturierte Zusammenführung von Angebot und Nachfrage im Internet zum Schließen der elektronischen Koordinationslücke führen.

4.2.1 Die Prozessanforderungen

Das Vorhandensein von Koordinationslücken bei kommerziellen interaktiven Markthandlungen zwischen den Beteiligten ist ein Strukturmerkmal jedes Marktsystems. Daher gilt für die reale und insbesondere für die elektronische Handelsebene die Devise „**Konzentration und Reduktion**". Konzentration der Informationsströme auf spezifische Themenfelder und Reduktion auf relevante Inhalte. Dies kann nur durch die Informationsverarbeitung einer intelligenten, übergeordneten und unabhängigen Zentralinstanz am Markt geschehen, die hierfür Auswahlkriterien festlegt. Vor diesem Hintergrund sind die **Prozessanforderungen** im elektronischen Handel hinsichtlich der Prozesskosten und -zeit bei gleichzeitig hoher Sicherheit und Qualität der Handelsabwicklung zu formulieren, deren Erfüllung zur Entwicklung eines klaren Mehrwerts des E-Marketplace not

 Der Handelsprozess über einen E-Marketplace muss so gestaltet sein, dass die elektronische Koordination vorteilhaft gegenüber einer realen Handelslösung ist. Für die Prozessanforderungen bedeutet dies eine Reduktion von Handelskosten und -zeit mit hoher Sicherheit und Qualität der Handelsabwicklung.

Die Anforderungen an die Prozesse beim E-Shop adressieren somit im Wesentlichen die **Ziele des elektronischen Verkaufs** und setzen diese um. Hierzu zählen insbesondere die Reduktion von Online-Matchingkosten und -zeit und die Steigerung von Online-Handelsquantität und -qualität (*Kollmann* 2019a).

Online-Matchingkosten und -zeit

Vor dem Hintergrund der Ausführungen zu den generellen Prozessanforderungen (s. Kapitel 3.2.1) ist es aber sicherlich das Hauptziel elektronischer Koordinationsprozesse, die Erzielung von Kosten- und Zeitersparnissen sowohl für die Anbieter- als auch für Nachfragerseite zu gewährleisten. Die Reduzierung von **Online-Matchingkosten und -zeit** gegenüber dem realen Marktprozess ist also eine der wesentlichen Anforderungen an die Prozessabläufe eines E-Marketplace. Die Bereitschaft der Anbieter und Nachfrager ihre Geschäftstransaktionen über den E-Marketplace abzuwickeln, hängt somit entscheidend von den Kosten und der Zeit des Online-Matching ab. Der Marktplatzbetreiber muss darauf zielen, kostengünstiger und schneller ein hochqualitatives Matching anzubieten, als es den Marktteilnehmern im Online- oder Offline-Eigenvertrieb oder mit der Hilfe realer Handelsvermittler möglich ist. Für eine solche Bewertung muss die Kostenbeziehung zwischen den drei beteiligten Akteuren (Anbieter, Marktplatzbetreiber und Nachfrager) an einer Markttransaktion analysiert werden (*Kollmann* 2001a, S. 60 f.; s. Abb. 41).

Ohne informationstechnologische Unterstützung gilt in den überwiegenden Fällen die Formel T1 > T2 + T3, weshalb sich die meisten Anbieter für die Auslagerung der Vertriebsfunktion an Handelsvermittler entschieden haben. Sinken mit der flächendeckenden Ausweitung der Datennetze bis zu den Nachfragern die Transaktionskosten auf einen Wert größer als Null (T*), wird aber gleichzeitig angenommen, dass T* unabhängig von den involvierten Akteuren jeweils gleich groß ist (T1 = T2 = T3), so ist das Direktvertriebsmodell wirtschaftlicher, sodass vor diesem Hintergrund eine **Disintermediation** stattfindet:

$$T1 = T^*, T2 + T3 = 2T^* \Rightarrow T1 < T2 + T3$$

Diese Annahme ist realistisch, wenn die Einführung neuer Informationstechnologien bei allen Akteuren dieselbe Wirkung entfaltet. Geht man aber davon aus, dass im Verlauf der Transaktion Handlungen anfallen, die von der Technik nicht beeinflusst sind, lässt sie sich nicht mehr halten. Lässt man bspw. die mikroökonomische Annahme der Preisnehmerschaft (also des atomistischen Wettbewerbs) fallen und unterstellt eine oligopolistische Situation, so entsteht beim Nachfrager z. B. die Notwendigkeit eines Preisvergleichs zwischen den Angeboten, wenn er sicherstellen will, dass er auch das preislich günstigste Marktplatzangebot annimmt (*Bakos* 1991, S. 295). Mit der Vernetzung zu allen Anbietern ist jeder Nachfrager in der Lage, die Preisvergleiche zu **geringeren Kosten** durchzuführen als in der Vergangenheit. Diese Aufgabe und die damit verbundenen Kosten fallen aber im Szenario T1 bei jedem Nachfrager einzeln an. Im Szenario T3 profitiert der Nachfrager jedoch davon, dass der Marktplatzbetreiber diese Kosten auf viele Nachfrager verteilen kann. Ceteribus paribus wird somit wieder die Situation T1 > T2 + T3 wahrscheinlich (*Kollmann* 2001a, S. 60 ff.).

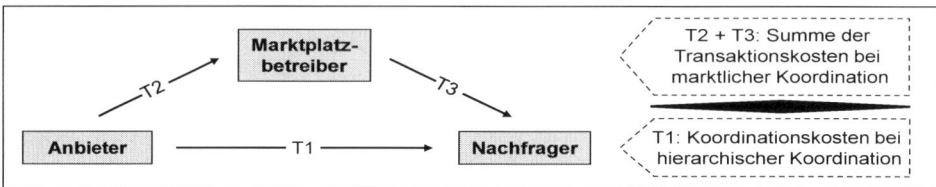

Abb. 41:   Kostenbeziehung zwischen Anbieter, Nachfrager und Marktplatzbetreiber
Quelle: *Sarkar/Butler/Steinfield* 1995.

Neben den soeben beschriebenen rein monetären Kostenersparnissen versetzt die innovative Informationstechnologie den Marktplatzbetreiber in die Lage, **Zeitersparnisse**, die wiederum Opportunitätskosteneinsparungen darstellen, für die Marktplatzteilnehmer zu realisieren. Der für das Matching notwendige Datenbankabgleich über alle Offerten eines jeden Anbieters hinweg, lässt sich bei den heutzutage üblichen Rechnerleistungen und Vernetzungsgraden (s. Kapitel 1.1.1 und 1.1.3) auch bei großen Datenmengen direkt und nahezu ohne zeitliche Verzögerung durchführen. Ohne den E-Marketplace müssten die Angebote von dem Nachfrager selbst einzeln eingeholt und geprüft werden, was mit hoher zeitlicher Ressourcenbindung verbunden ist. Der durch den Marktplatzbetreiber generierte Zeitvorteil steigt in Analogie zu den Kosten in Abhängigkeit der Marktteilnehmerzahl. Somit ist zu konstatieren, dass Marktplatzbetreiber dann sinnvoll agieren können, wenn ein unübersichtlicher Gesamtmarkt vorliegt bzw. sowohl auf der Anbieter- wie Nachfragerseite hinreichend viele Akteure vorhanden sind, sodass es dem Einzelnen unmöglich oder nur unter sehr hohen (Opportunitäts-)Kosten möglich ist, sich eine **Marktübersicht** zu verschaffen.

Online-Matchingquantität und -qualität

Wie bereits dargestellt, liegt die zentrale Aufgabe eines E-Marketplace in der Zusammenführung von Angebot und Nachfrage (s. Kapitel 4.1). Diese Vermittlungsleistung äußert sich bezüglich der **Online-Matchingquantität und -qualität** im Grad der mengenmäßigen und inhaltlichen Übereinstimmung der einzelnen Koordinationsziele der Angebots- und Nachfrageseite. Der Leistungsfaktor ist neben dem Kostenfaktor (s. Kapitel 4.2.1) somit ein weiterer Gestaltungspunkt für das Management bei einem E-Marketplace. In der Relation von Kosten- und Leistungsfaktor ergeben sich zwei „kritische Erfolgspunkte" für Prozesse auf einem E-Marketplace (*Kollmann* 1998c, S. 36 ff.).

Für den **ersten Erfolgspunkt „Kosten"** kann festgestellt werden, dass die Aufwendungen für ein Matching auf einem E-Marketplace von der Anzahl der Marktplatzteilnehmer unabhängig sind und aufgrund der elektronischen Informationsverarbeitung konstant verlaufen (*Kollmann* 1998c, S. 38; s. Abb. 42). Der Grund liegt darin, dass auf alle Daten (Angebote und Gesuche) gleichzeitig zurückgegriffen werden und ein übergeordneter Abgleich daher problemlos erfolgen kann. Dabei spielt es aufgrund der Verarbeitungsfähigkeit moderner Informationstechnologien (s. Kapitel 1) keine Rolle, ob dieser Abgleich über 100 oder 1.000 Datensätze erfolgt. Dagegen steigen die Kosten für die Vermittlung auf der realen Handelsebene mit der Menge der potenziellen Transaktionspartner an. Dies ist darin begründet, dass man so lange neue Kosten für die Suche nach einem Transaktionspartner addieren kann, bis der Passende gefunden wurde. Die abnehmende Steigung der realen Kostenkurve basiert dabei auf Segmentierungsmöglichkeiten bzw. Erfahrungs- bzw. Effektivitätseffekten. Hinsichtlich des **zweiten Erfolgspunktes „Vermittlungsleistung"** kann man feststellen, dass die elektronische Vermittlungsleistung des Marktplatzes zunächst u-förmig ansteigt, da das Koordinationspotenzial und damit die Koordinationswahrscheinlichkeit mit der Menge der Marktplatzteilnehmer gerade am Anfang stark steigt. Die Kurve hat einen abnehmenden Grenzwert, da ab einem gewissen Punkt ein zusätzliches Angebots- und Gesuchspaar (bilateraler Aspekt) einen verminderten Mehrwert für das Gesamtergebnis verspricht.

Aus den Schnittpunkten ergeben sich nun die kritischen Erfolgspunkte für die Online-Matchingquantität und -qualität: Der erste Schnittpunkt ist der **kritische Kostenpunkt** (*Kollmann* 1998c; s. Abb. 42), bei dem die Kosten über eine reale Vermittlung (KrV) gleich den Kosten einer elektronischen Vermittlung sind (KeV). Bis zu diesem Punkt dominieren meistens langfristige reale Geschäftsbeziehungen, welche die Suche nach anderen Transaktionspartnern unnötig macht. Ab einer gewissen Situation wird aber der Wunsch nach einer Auswahlmenge immer größer und entsprechend müssen mehrere potenzielle Transaktionspartner analysiert werden. Hier kommt dann zunehmend die Vorteilhaftigkeit des E-Marketplace gegenüber realen Intermediären zum Tragen, da die Vermittlung über den E-Marketplace kostengünstiger wird als die reale Einzelabstimmung mit den vorhandenen Marktplatzteilnehmern. Für das Management des E-Marketplace bedeutet dies, dass es der Marktplatzbetreiber schaffen muss, grundsätzlich günstiger als alternative Vermittlungsmöglichkeiten auf der realen Handelsebene zu sein. Daher werden erst ab dem kritischen Kostenpunkt (KrV = KeV) die Teilnehmer ein Interesse haben, auf die elektronische Plattform zu kommen (Mengeneffekt). Wenn die Teilnehmer dann auf dem Marktplatz erscheinen, muss sich der Marktplatzbetreiber in einem ersten Schritt insbesondere auf die mengenmäßige Ausgeglichenheit von Angebot und Nachfrage konzentrieren (**quantitatives Problemfeld** bzw. Online-Matchingquantität). Die Teilnehmer werden die Nutzung zunächst davon abhängig machen, ob sich entsprechend ausreichend Gegenspieler auf der anderen Marktseite des Marktplatzes befinden. Daher ergibt sich für das Management vor diesem Hintergrund zunächst ein Schwerpunkt auf der Realisierung der **doppelten kritischen Masse** (*Kollmann* 1998c; s. Kapitel 4.3.1; s. Abb. 42).

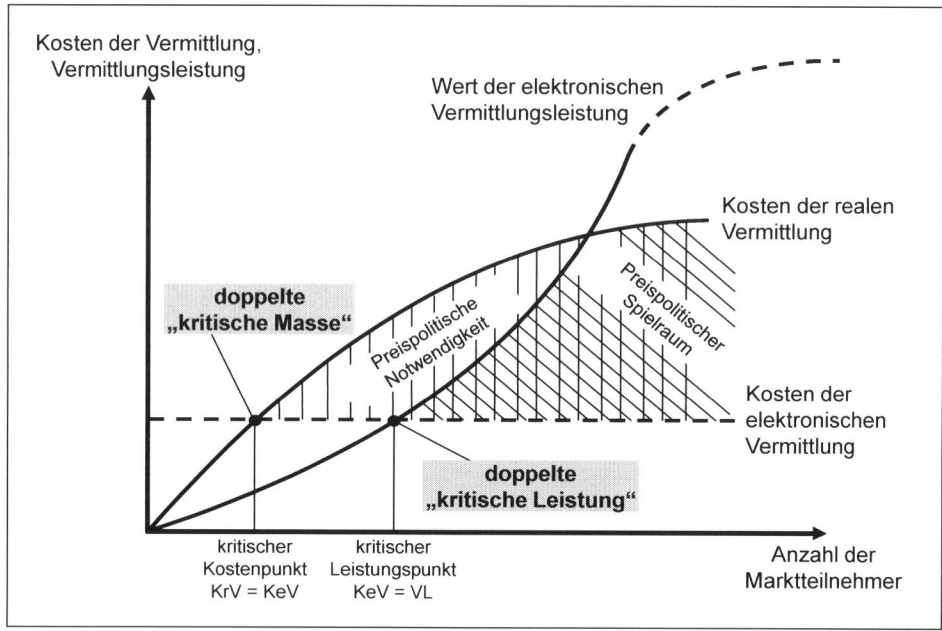

Abb. 42:   Die Online-Matchingquantität und -qualität bei einem E-Marketplace
Quelle: *Kollmann* 2001a, S. 116.

Der zweite Schnittpunkt ist der **kritische Leistungspunkt** (*Kollmann* 1998c; s. Abb. 42), bei dem die Teilnehmer für die Kosten der elektronischen Vermittlung (KeV) einen entsprechenden Wert an Vermittlungsleistung (VL) bekommen. Dieser Schnittpunkt liegt deshalb bei der graphischen Betrachtung rechts vom kritischen Kostenpunkt, da die Wahrscheinlichkeit der Vermittlung in Relation zu den günstigeren Kosten eines E-Marketplace umso höher ausfällt, je mehr Marktplatzteilnehmer vorhanden sind. Dies bedeutet, auch wenn es der Marktplatzbetreiber über den kritischen Kostenpunkt geschafft hat, eine gewisse Menge an Teilnehmern für die elektronische Vermittlung zu gewinnen, sagt dies noch nichts über das dortige Verhältnis von Vermittlungskosten und Zuordnungsqualität aus. Entsprechend muss der Marktplatzbetreiber in einem zweiten Schritt in einer Ausweitung des Teilnehmerportfolios auch auf die inhaltliche Ausgeglichenheit von Angebot und Nachfrage achten (**qualitatives Problemfeld** bzw. Online-Matchingqualität), da sonst

Vermittlungsanfragen unbefriedigt bleiben. Verfügt er auch über eine gewisse Menge an qualitativ zuzuordnenden Teilnehmern und kann er dadurch einen Großteil der Koordinationsanfragen tatsächlich befriedigen, dann rechtfertigen sich die Kosten der Inanspruchnahme (KeV = VL). Ab diesem Punkt wirkt sich die Vorteilhaftigkeit des E-Marketplace auch voll gegenüber konkurrierenden elektronischen Intermediären aus, da die elektronische Vermittlung auf diesem Marktplatz zuverlässiger und qualitativ besser erfolgt als bei vergleichbaren Marktplätzen. Für das Management des E-Marketplace bedeutet dies, dass erst ab dem kritischen Leistungspunkt die Teilnehmer ein Interesse haben werden auf der Plattform zu bleiben. Die Teilnehmer werden die Bindung an den Marktplatz davon abhängig machen, ob die Kosten auch eine entsprechende Vermittlungsleistung rechtfertigen. Daher ergibt sich für das Management in einem zweiten Schritt ein Schwerpunkt auf der Realisierung der **doppelten kritischen Leistung** (Anbieter- und Nachfragerseite; s. Abb. 42; *Kollmann* 1998c).

Die **gesamte Koordinationsleistung** wird zusammenfassend also durch den Grad der Übereinstimmung von Quantität und Qualität im Verhältnis zu den Kosten bestimmt (*Kollmann* 1998c). Bei einer optimalen Ausgestaltung des Koordinationsmechanismus (*Zelewski* 1997, S. 231 ff.) werden alle Marktteilnehmer hinsichtlich ihrer Transaktionsvorstellungen vollkommen befriedigt. In diesem Falle eines hochqualitativen Matchings würden alle Koordinationsanfragen mit der Zuordnung eines passenden Transaktionspartners beantwortet. Deshalb ist die Wahrscheinlichkeit, dass ebenfalls die entsprechenden realen Geschäftstransaktionen (s. Kapitel 4.3.1) zustande kommen, relativ hoch. Im Falle suboptimaler Matchings bleiben hingegen zumindest einige Koordinationsanfragen unbeantwortet, d. h. entweder es findet keine Zuordnung eines Transaktionspartners durch den Vermittler statt oder der nachfolgende reale Güteraustausch scheitert aufgrund unterschiedlicher Vorstellungen hinsichtlich der Qualität des Objektes. Die Vorgaben der elektronischen Verhandlung und Vereinbarung innerhalb der **Online-Marktprozesse** müssen somit so gut sein, dass auch tatsächlich eine reale Transaktion zustande kommt (s. Kapitel 4.3.1). Welchen Nutzen hat bspw. ein Nachfrager, wenn das Objekt in der Realität nicht den elektronischen Informationen entspricht, bereits anderweitig verkauft wurde oder vielleicht sogar überhaupt nicht existiert? Es ist die Aufgabe des Marktplatzbetreibers sicherzustellen, dass die auf dem E-Marketplace aktiven Anbieter nur Objekte offerieren, die sie – genauso wie elektronisch spezifiziert – veräußern möchten, und dass von den Nachfragern nur ernst gemeinte Transaktionswünsche dargestellt werden, und die elektronisch abgeschlossenen Verträge somit zu einem beide Marktparteien zufrieden stellenden Leistungsaustausch in der Realität führen.

   Die Koordination von Angebot und Nachfrage auf einem E-Marketplace muss für beide Marktseiten zu einer Reduktion der Transaktionskosten und -zeit führen und einen quantitativ bzw. qualitativ besseren Handel als über alternative reale und/oder elektronische Plattformen ermöglichen.

Fallbeispiel: eBay

eBay Inc. ist ein US-amerikanisches Unternehmen, das den weltweit größten Online-Marktplatz betreibt. Auch in Europa, etwa in Deutschland, der Schweiz und Österreich, bietet das Unternehmen seine Dienstleistungen an. Mit über 14.000 Mitarbeitern betreibt das Unternehmen seinen E-Marketplace darüber hinaus mit länderspezifischem Auftritt (z. B. eBay.de oder eBay.co.uk) in 38 Ländern. Im April 2019 waren laut unternehmenseigenen Angaben 180 Mio. aktive Käufer aus 190 internationalen Märkten sowie 1,2 Mrd. aktive Angebote auf der eBay-Plattform und die mobile eBay-App wurde bereits 459 Mio. mal heruntergeladen. Diese Zahlen sind ein Indiz dafür, dass eBay mit seinem Marktplatz einer Online-Matchingquantität gerecht wird, da sowohl genügend Anbieter bzw. Angebote als auch genügend Nachfrager auf dem E-Marketplace vorhanden sind. Hinsichtlich der Online-Matchingqualität müsste man die Gesamtzufriedenheit beider Marktseiten messen, was sich schwierig darstellt. Hier kann man lediglich die Umsatzzahlen als Hinweis nehmen und die sind nach einem starken Rückgang 2015 wieder steigend. Das kann mit der Wandlung des Matching-Mechanismus zusammenhängen. Begonnen als reine Auktionsplattform im C2C-Bereich mit vorwiegend privaten Angeboten hat sich die Plattform heute zu einer großen Handelsplattform im B2C-Bereich mit einem hohen Anteil an Neuware zu Festpreisangeboten entwickelt. Dies geschah vor dem Hintergrund, dass in den frühen Jahren viele Händler auf der Plattform über reine Auktionen nicht mehr die gewünschten Preise erzielen konnten, da viele Bieter ein besonders günstiges Schnäppchen machen wollten. Der Wandel hin zu höheren Anteilen an Festpreisangeboten konnte eBay unteranderem deswegen erfolgreich gelingen, weil es die kundenseitigen Prozessanforderungen im Sinne besserer Online-Matchingzeit und -kosten erfüllen und die Koordinationslücke zwischen den Marktteilnehmern wieder schließen konnte. Eine entsprechende Zufriedenheit mit der Matching-Qualität kann unterstellt werden.

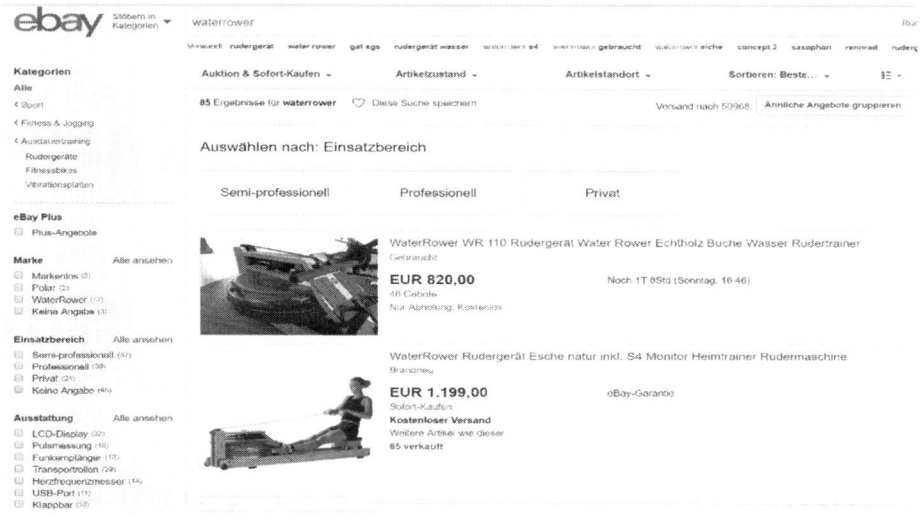

4.2.2 Die Prozessgestaltung

Die Gestaltung der Prozesse bei einem E-Marketplace adressiert im Wesentlichen die **Abfolge des elektronischen Handels** und setzt diese um. Hierzu zählen insbesondere der Angebots- bzw. Such-, der Matching- und der Transaktionsprozess (*Kollmann* 2019a).

eOffer- und eSearch-Prozess

Das Ziel der Online-Informationsphase (auch Wissens- oder Anbahnungsphase) auf dem E-Marketplace ist die Begründung von Kontakten zwischen den beiden Marktparteien Anbieter und Nachfrager (*Picot/Reichwald/Wigand* 2003). Bevor es allerdings zu einem Kontakt zwischen den verschiedenen Marktsubjekten kommen kann (*Voigt/Landwehr/Zech* 2003), müssen zwei Bedingungen erfüllt sein: In einem ersten Schritt müssen die Anbieter im Rahmen des eOffer-Prozesses ein **Angebot formulieren** und auf dem E-Marketplace einstellen. In einem zweiten Schritt müssen die Nachfrager im Rahmen des eSearch-Prozesses ihre **Suchanfrage formulieren** und ebenfalls auf dem E-Marketplace einstellen. Von den Anbietern müssen folglich ausreichend Informationen zu ihren Produkten und Leistungen sowie den begleitenden Konditionen bereitgestellt werden, während Nachfrager ihre Wünsche und Gesuche sowie die maßgeblichen Kriterien an den Marktplatzbetreiber weiterleiten.

Der potenzielle Anbieter muss innerhalb des **eOffer-Prozesses** multimediale Objektdaten sowie relevante Anbieterdaten unter Verwendung der diversen Marktplatz-Komponenten an den Marktplatzbetreiber zur Weiterverarbeitung übermitteln (*Kollmann* 2019a). Damit sein Angebot gefunden und entsprechend präsentiert werden kann, sollte der Anbieter die Anforderungen zur Online-Produktklassifikation und zum Online-Katalogaustausch berücksichtigen und die Unterstützungsleistung des Marktplatzbetreibers nutzen. Der potenzielle Nachfrager muss innerhalb des **eSearch-Prozesses** auf die Online-Suche nach einer bestimmten Dienstleistung oder Produkt gehen (*Kollmann* 2019a). Dazu überspielt er seine Nachfragedaten (z. B. gewünschte Quantitäten oder Objekteigenschaften) an den Marktplatzbetreiber, der aktiv das Matching übernimmt. Dem Nachfrager stehen dazu verschiedene Marktplatz-Komponenten zur Unterstützung zur Verfügung. Die direkte Interaktion zwischen Nachfrager und Marktplatzsystem findet unter Verwendung der Datenbank- und Formularfelder (z. B. Auswahlmenüs, freie Eingabefelder, Konfigurationsmenüs) statt, die von dem Marktplatzbetreiber bereitgestellt werden. Eine wesentliche Erfolgsgrundlage für die Bereitstellung einer passenden Auswahlmenge durch den Marktplatzbetreiber ist vor diesem Hintergrund die genaue und zugleich umfangreiche Spezifikation der Eigenschaften der angebotenen Objekte sowie die eindeutige Artikulation der Gesuche durch die Nachfrager. Die Aktualität der Offerten und Gesuche und folglich die kontinuierliche Informationsaktualisierung der Marktparteien kann somit als kritischer Erfolgsfaktor in der Informationsphase betrachtet werden. Der Marktplatzbetreiber unterstützt den Informationsaustausch durch marktplatzspezifische Informations- und Kommunikationssysteme (z. B. progressive Suchdienste, gezielte Kundenansprache per E-Mail), die die Offerten der Anbieter mit den Gesuchen der Nachfrager zusammenführen.

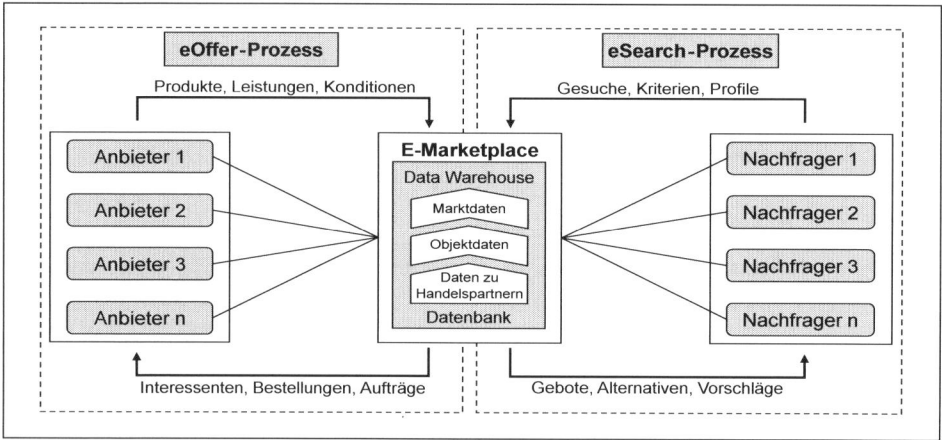

Abb. 43:   eOffer- und eSearch-Prozesse auf einem E-Marketplaces
Quelle: in Anlehnung an *Kollmann* 2001a, S. 69.

Die von den einzelnen Marktsubjekten bereitgestellten Informationen werden von dem Marktplatzbetreiber gesammelt und entsprechend der Markterfordernisse aufbereitet. Im Rahmen der Aufbereitung werden die Daten auf Richtigkeit und Vollständigkeit geprüft, fehlende Angaben können ergänzt und falsche Daten verbessert werden. Erst danach werden die Daten endgültig in der Datenbank abgelegt und stehen für die operative Nutzung im Handelsgeschehen zur Verfügung. Die weitere **Datennutzung** ist durch die bilaterale Ausrichtung des E-Marketplace auf zwei Kundengruppen mit divergierenden Informations- und Kommunikationsbedürfnissen gekennzeichnet (s. Abb. 43). Folglich werden die verfügbaren Daten von den beiden Marktparteien zu unterschiedlichen Zwecken verwendet. Für Nachfrager besteht die Möglichkeit, Informationen über angebotene Produkte und Leistungen zu ermitteln, während Anbieter Informationen über Bedarfsstrukturen und Marktpreise erheben können. Im Rahmen geschäftlicher Transaktionen komplementieren prozessbezogene Informationen (z. B. Vorschläge für Transaktionen, Konditionen) das Data Warehouse auf dem E-Marketplace.

eMatching-Prozess

Auf der Basis der eingestellten und abgerufenen Informationen im eOffer- und eSearch-Prozess, werden in dem darauffolgenden **eMatching-Prozess** konkrete Tauschabsichten geäußert und es werden Gebote in Form von spezifischen und objektbezogenen Angeboten bzw. Nachfragen unterbreitet (*Kollmann* 2019a). Dazu treten die Nachfrager mit den vorselektierten potenziellen Transaktionspartnern in Kontakt, um das Leistungsspektrum des Produkts sowie die Konditionen der Transaktion zu klären, ggf. zu verhandeln und letztendlich den rechtlich bindenden Vertrag abzuschließen (*Voigt/Landwehr/Zech* 2003). Die Spezifikation des Transaktionsprodukts adressiert gewünschte Ausprägungen variabler Produktattribute, z. B. die Farbauswahl. Verhandelt werden kann in diesem Kontext über eine einzelne Dimension (einattributiv), die in der Regel der Preis ist, oder auch über mehrere Dimensionen (multiattributiv), wie bspw. Preis, Qualität und Lieferkonditionen (*Bichler* 2001, S. 83; *Pippow* 2004, S. 7; *Ströbel* 2002, S. 33). Neben den Vereinbarungen, die das Transaktionsobjekt direkt betreffen, spielen somit auch Vereinbarungen über Zahlungs- und Lieferbedingungen sowie ggf. Garantie- und Serviceleistungen eine bedeutsame Rolle.

Die Kernleistungen des E-Marketplace bestehen in dieser Phase durch den Abgleich von Angebot und Nachfrage vorrangig in der Unterstützung des Produkt- und Preisfindungsprozesses durch eine marktgerechte Prozessgestaltung sowie mit dem Vorschlag bzw. der Festlegung des Transaktionspartners in dem Matchingprozess. Dabei ist die Frage zu adressieren, auf welche Weise ein Marktplatzbetreiber den eMatching-Prozess institutionalisieren kann. Tatsächlich sind dazu inzwischen zahlreiche **Matching-Modelle** entwickelt worden (*Kollmann* 2001a). Die Prozesse, auf denen diese Matching-Modelle aufbauen, unterscheiden sich im Wesentlichen durch die angebotene Funktionalität. Diese Prozesse und da- mit die resultierenden Matching-Modelle können schematisiert und zu Kategorien zusammengefasst werden. Verzichtet wird auf die in diesem Zusammenhang häufig genannten „Schwarzen Bretter", weil dieses Matching-Modell aufgrund der nur rudimentär vorhandenen Transaktionsfunktionalität streng genommen nicht zu den transaktionsorientierten elektronischen Marktplätzen gezählt werden sollten (*Berlecon* 2000, S. 11). Im Folgenden werden daher nun die auf Online-Catalog-Prozessen, Online-Request-Prozessen, und Online-Auction-Prozessen basierenden Matching-Modelle in ihren Grundzügen zusammengefasst dargestellt (*Kollmann* 2001a, S. 85 ff.):

Den Ausgangspunkt des auf **Online-Catalog-Prozessen** basierenden Matching-Modells bildet ein **aggregierter Produktkatalog**, der sich aus den Katalogen verschiedener Produktanbieter zusammensetzt. Die Rollenverteilung von Anbietern und Nachfragern ist bei Katalog-Prozessen eindeutig definiert: Die Anbieter offerieren über den Marktplatzbetreiber ihre Produkte zu den jeweiligen Preisen und begleitenden Konditionen zusammen mit identischen, ähnlichen oder ergänzenden Produkten anderer Anbieter in einem gemeinsamen elektronischen Katalog. Der Nachfrager sucht nach dem von ihm gewünschten Produkt und erhält als Antwort auf seine Suchanfrage vom Marktplatzbetreiber eine Auswahlmenge passender Angebote. In Abhängigkeit der gewählten Strategie des Marktplatzbetreibers (s. Kapitel 4.3.3) bekommt der Nachfrager entweder ausschließlich die Angebote angezeigt, die genau mit seinem Gesuch übereinstimmen, oder eine möglichst breite Auswahlmenge prinzipiell in Frage kommender Objekte. Dadurch wird der Nachfrager in die Lage versetzt, Preise, aber auch Qualitäten und Konditionen zu vergleichen und das ausgewählte Produkt direkt beim Anbieter zu bestellen.

Charakteristisch für Online-Kataloge ist die **statische Produkt- und Preisbildung**. Sind die Objekte einmal in den Katalog eingestellt, finden in der Regel keine Verhandlungen über Produktbeschaffenheiten, Preise oder weitere Konditionen zwischen Anbietern und Nachfragern statt. Der Nachfrager kann das Objekt zu den im Katalog angegebenen Konditionen kaufen oder nicht und erwirbt damit unverzüglich und unabhängig von anderen Geboten das Recht an dem Transaktionsobjekt. Somit sind Online-Kataloge besonders für solche Produkte vorteilhaft, die einen relativ geringen Beratungsaufwand (s. Kapitel

3.3.1) und stabile Preise aufweisen, deren Beschaffung zeitkritisch sowie mit hohen Such-kosten verbunden ist. Ferner ist klar, dass der **Anbieter als Ausgangspunkt** dieses Mat-ching-Modells angesehen werden kann (Einstellung eines Angebotes auf dem Marktplatz). Als Beispiel für einen auf dem Online-Catalog-Prozess basierenden E-Marketplace kann *autoscout24.de* genannt werden, bei dem die Anbieter ihre Angebote von Gebrauchtwagen in eine Datenbank einstellen können, die dann über den Marktplatzbetreiber mit Hilfe von Suchmechanismen für potenzielle Nachfrager durchsuchbar wird.

Den Ausgangspunkt des auf **Online-Request-Prozessen** basierenden Matching-Modells bildet eine **aggregierte Nachfrageerfassung**, die sich aus den Anfragen verschiedener Produktnachfrager zusammensetzt. Die Rollenverteilung von Anbietern und Nachfragern ist bei Request-Prozessen ebenfalls eindeutig definiert: Die Nachfrager zeigen gegenüber dem Marktplatzbetreiber an, ein Objekt kaufen zu wollen, wobei die Kaufwünsche mit Mindestvorstellungen über den Preis und Angaben über die Produktmerkmale versehen werden. Der potenzielle Nachfrager setzt sich jedoch nicht direkt mit der jeweils anderen Marktpartei in Verbindung, sondern richtet sich mit seiner Nachfrage an den Marktplatz-betreiber, der anschließend die Angaben prüft und sie in anonymisierter Form an geeignete Transaktionspartner auf der Anbieterseite weiterleitet (sog. **Request for Proposal**). Diese entscheiden dann, eventuell nach Rückfragen bezüglich bestimmter Konditionen, ob er ein auf die Nachfrage passendes Angebot formuliert. Dadurch wird der Nachfrager in die Lage versetzt, sowohl Preise, als auch Qualitäten und Konditionen zu seiner individuellen Suchanfrage zu vergleichen und mit dem möglichen Anbieter in Verbindung zu treten.

Kennzeichnend für Online-Request-Prozesse ist eine **zweiseitig dynamische Produkt-und Preisbildung**. In den Requests for Proposal sind lediglich Mindestvorstellungen über Produktbeschaffenheiten und Preise und weitere Konditionen enthalten. Werden diese von der anderen Marktpartei so jedoch nicht angeboten bzw. akzeptiert, können Anpassungen bzw. Nachverhandlungen zu einem beide Seiten befriedigenden Abschluss führen. Requ-est-Prozesse sind somit für Güter geeignet, die volatile Preise aufweisen bzw. bei denen ein höherer Beratungsaufwand zu vermuten ist (s. Kapitel 3.3.1). Ebenso charakteristisch ist der Handel von Objekten, deren Beschaffung zeitunkritisch ist und die eine geringe Trans-aktionshäufigkeit erfordern. Ferner ist klar, dass der **Nachfrager als Ausgangspunkt** dieses Matching-Modells angesehen werden kann (Einstellung eines Gesuches auf dem Marktplatz). Als Beispiel für einen auf dem Online-Request-Prozess basierenden E-Mar-ketplace kann *bewertet.de* genannt werden, bei dem Nachfrager ihre individuellen Gesu-che nach verschiedenen Dienstleistungen (z. B. Steuerberatung oder Schädlingsbekämp-fung) einstellen können, die dann durch den Marktplatzbetreiber an die passenden Dienst-leister als potenzielle Anbieter weitergeleitet werden.

Den Ausgangspunkt des auf **Online-Auction-Prozessen** basierenden Matching-Modells bildet wie schon beim Online-Catalog-Prozess ein **aggregierter Produktkatalog**, der sich aus Angeboten verschiedener Produktanbieter zusammensetzt. Die Rollenverteilung von Anbietern und Nachfragern ist analog zu den Katalog-Prozessen eindeutig definiert: Die Anbieter offerieren über den Marktplatzbetreiber ihre Produkte in einem gemeinsamen elektronischen Katalog. Der Nachfrager sucht nach dem von ihm gewünschten Produkt und erhält als Antwort auf seine Suchanfrage vom Marktplatzbetreiber eine Auswahlmenge passender Angebote. Anders als bei dem Online-Catalog-Prozess kommt jetzt jedoch bei Online-Auction-Prozessen ein offener Preismechanismus zum Tragen, d. h. der Kaufpreis eines Produktes entwickelt sich nach der Angabe eines Startpreises seitens des Anbieters durch immer höhere Gebote verschiedener Nachfrager auf dasselbe angebotene Gut.

Kennzeichnend für Online-Auction-Prozesse ist damit eine **einseitig dynamische Preisbildung** und die Auktion wird mittels eines definierten und verbindlichen Preismechanismus durchgeführt, d. h. die abgegebenen verbindlichen Kaufgebote können von den Marktteilnehmern gegenseitig überboten werden, wobei das höchste Gebot anschließend vom Anbieter akzeptiert werden muss. Die Laufzeit einer Auktion ist in der Regel zeitlich begrenzt. Aufgrund der aber mitunter mehrere Tage laufenden Auktionen sind diese Matching-Modelle vorrangig für Güter geeignet, deren Beschaffung weniger zeitkritisch und der Beratungsaufwand (s. Kapitel 3.3.1) überschaubar ist. Dies impliziert, dass das Produktangebot und die Konditionen im Vorfeld genau festgelegt sind und nach Angebotseinstellung nicht mehr verändert werden können, sodass nur noch der Preis als alleiniges Entscheidungskriterium ausreichend ist. Auktionen eignen sich insbesondere für den Handel von Objekten, deren Marktpreis im Vorfeld schwer zu bestimmen ist, da lediglich ein relativ niedriger Preis als Startpreis angegeben wird, der sich dann mit jedem abgegebenen Gebot erhöht, bis die maximale Zahlungsbereitschaft der Bieter erreicht, und somit ein marktorientierter Preis gefunden ist. Damit ist klar, dass einmal mehr der **Anbieter als Ausgangspunkt** dieses Matching-Modells angesehen werden kann (Einstellung eines Angebotes bzw. einer „Auktion" auf dem Marktplatz). Als Beispiel für einen auf dem Online-Auction-Prozess basierenden E-Marketplace kann *ebay.de* genannt werden, bei dem die Anbieter ihre Verkaufsangebote in Form von Auktionen in eine Datenbank einstellen können, die dann über den Marktplatzbetreiber mit Hilfe von Suchmechanismen für potenzielle Nachfrager durchsuchbar werden und bei denen dann Gebote abgegeben werden können.

eTransaction-Prozess

Der **eTransaction-Prozess** dient der Umsetzung der Kauf- bzw. Verkaufsverpflichtungen, die aus dem im eMatching-Prozess geschlossenen Kaufvertrag resultieren (*Schmid* 1993, S. 467; *Voigt/Landwehr/Zech* 2003, S. 73 ff.). Durch die vertragliche Festlegung des Leistungsaustauschs erfolgt die **Übertragung der Eigentumsrechte** (property rights) am Transaktionsobjekt von dem Anbieter auf den Nachfrager. Folglich überführen die Anbieter in der Abwicklungsphase die Güter in die Einflusssphäre der Nachfrager. Im Gegenzug transferiert der Nachfrager das ausgehandelte Geldäquivalent an den Anbieter. Im Zentrum dieser Phase steht somit die Integration von Waren- und Finanzlogistik. In einer differenzierteren Sichtweise existiert eine Reihe von **Teilprozessen** in dem eTransaction-Prozess, die in jedem Geschäft gleichartig ablaufen und die von dem Marktplatzbetreiber elektronisch unterstützt werden:

- In einem ersten Schritt werden die Bestellungen erstellt und dokumentiert.

- Anschließend erfolgt ein Dokumentenaustausch, bei dem u. a. die Bestellbestätigung, Lieferscheine, Zolldokumente etc. übermittelt werden.

Dann folgt eine Reihe von Aktivitäten, die sich auf die eigentliche Lieferung der Ware beziehen (z. B. Lieferüberwachung, Qualitätskontrollen).

  Abschließend erfolgen die Rechnungsstellung, der Zahlungsausgleich sowie die betriebliche Buchung auf beiden Marktseiten.

Insbesondere im B2B-Handel werden dazu häufig die internen Warenwirtschaftssysteme der Marktplatzparteien an den E-Marketplace angebunden. Für den Marktplatzbetreiber bietet sich in der Online-Abwicklungsphase die Chance, die Transaktionsflüsse mit sog. eFulfillment-Prozessen ganzheitlich integriert zu unterstützen und damit die Attraktivität des E-Marketplace zu erhöhen. Darüber hinaus werden mit Fulfillment-Services weitere Einnahmequellen generiert. Auf vielen Marktplätzen werden in **Kooperationen mit Spezialdienstleistern** diverse Transport-, Finanz- und Versicherungsdienstleistungen angeboten. Im C2C-Handel, bei dem in der Regel Transaktionen zwischen unbekannten Marktsubjekten vollzogen werden, bieten E-Marketplaces bspw. **Online-Zahlungsservices** an, bei denen die Warenversendung und die Zahlung durch den Marktplatzbetreiber zentral gesteuert wird, um den Verkäufer vor Zahlungsausfällen zu schützen und gleichzeitig dem Käufer die Zusendung der häufig im Voraus bezahlten Waren zu garantieren. In einer weiteren Perspektive lassen sich eFulfillment-Services ebenfalls als handelbare Güter betrachten, deren Austausch sich wiederum über einen E-Marketplace koordinieren lässt (*Picot/Reichwald/Wigand* 2003; *Voigt/Landwehr/Zech* 2003).

! **Ein gut ausgestalteter E-Marketplace sollte den gesamten Handelsprozess digital abdecken. Dies umfasst insbesondere die größeren Prozess-Teilbereiche von eOffer und eSearch, eMatching und eTransaction.**

Fallbeispiel: Restposten

restposten.de ist ein Projekt der GKS Handelssysteme GmbH mit Sitz in Solingen. Der Großhandels-Marktplatz bietet eine B2B-Plattform für Palettenware, Retouren & Aktionsware sowie Überhänge und B-Ware an. Mit über 30.000 Mitgliedern aus 97 Nationen und ca. 280.000 Artikeln gehört restposten.de zu den größten Marktplätzen in diesem Bereich im Internet. Das Geschäftsmodell orientiert sich an dem Grundgebühr-Modell, denn Verkäufer zahlen derzeit 29,80 Euro pro Monat für die Möglichkeit, ihre Angebote auf dem Marktplatz einzustellen. Der eOffer-Prozess beinhaltet sodann die Möglichkeit bis zu 10.000 eigene Angebote mit 5 Bildern pro Produkt einzustellen. Der Upload erfolgt neben der Möglichkeit einer direkten Eingabe auch mit einem CSV-Datei-Upload & Feed Engine, so dass Angebote per CSV-Datei hochgeladen, aktualisiert und Produktbilder per Webadresse übergeben werden können. Der eSearch-Prozess erfolgt entweder über die aktive Suche nach Produkten und zugehörigen Kategorien auf der Webseite oder neben der eigenen Recherche über automatische Infoservices als Angebotsalarm oder Deal-Streams. Die Basisrecherche ist dabei kostenlos, während der direkte Einkauf in Form eines eTransaction-Prozesses über verschiedene Zahlungsmöglichkeiten ebenfalls über ein Grundgebührmodell mit derzeit z.B. 8,25 Euro pro Monat angeboten wird. Der eMatching-Prozess erfolgt nach dem Katalogprinzip, bei dem die Angebote in eine gemeinsame Datenbank zusammen mit den Informationen zu den Verkäufern eingepflegt und über eine Abfrage (Suchbegriff) oder kategoriale Filterfunktionen mit den Nachfragen abgeglichen und in eine Ergebnisliste überführt werden. Mitglieder erhalten dann die Kontaktdaten jedes Lieferanten direkt zum Angebot angezeigt. Warenbesichtigung, direkte Kontaktaufnahme mit dem richtigen Ansprechpartner und eine Vertragsabwicklung erfolgen außerhalb der Plattform. Damit wird der eTransaction-Prozess neben einer direkten Kaufmöglichkeit auch mit einer indirekten Kontaktvermittlung ergänzt.

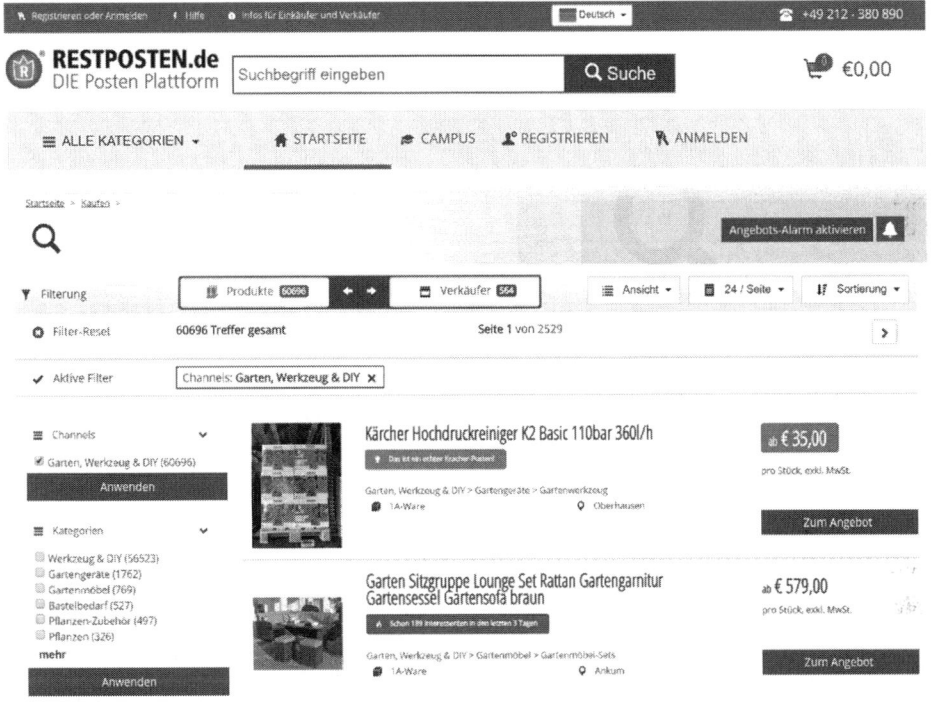

4.2.3 Das Prozessmanagement

Das Management der Prozesse bei einem E-Marketplace lässt sich aufgrund der **Nutzung der generierten Informationen** im bzw. aus dem elektronischen Handel nach operativen, taktischen und strategischen Aufgaben differenzieren (s. Abb. 44; *Kollmann* 2019a).

Operativer Handel

Das Ziel des **operativen Handels** ist es, dem Marktplatzbetreiber die Möglichkeit zu geben, kontinuierlich die Aktivitäten auf seinem E-Marketplace überwachen und steuern zu können. Der Ausgangspunkt ist dabei die Kausalbeziehung zwischen den einzelnen Einflussgrößen des Gesamtsystems „E-Marketplace". Die Aktivitäten im operativen Handel sind dabei ganz allgemein auf die Wahrnehmung des Ganzen gerichtet, ohne allerdings die Wechselbeziehungen zwischen den einzelnen Teilbereichen zu vernachlässigen. Hierfür müssen zunächst die Einflussgrößen bestimmt und die Beziehungen zwischen diesen Größen aufgezeigt werden.

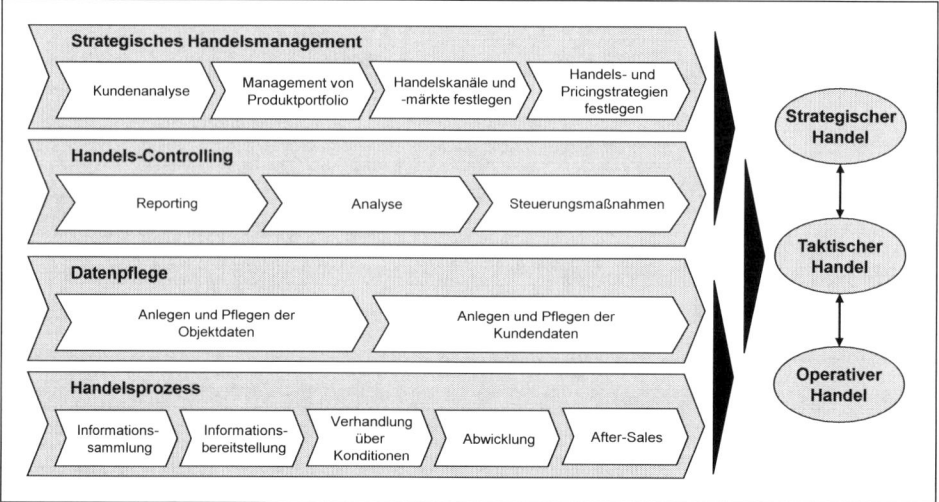

Abb. 44:   Prozessmanagement bei einem E-Marketplace

Den **Ausgangspunkt** bilden die allgemeinen Überlegungen zu elektronischen Marktplätzen, d. h. der Anbieter muss z. B. für die Eingabe/Vermittlung seiner Handelsobjekte in die Datenbank des Marktplatzbetreibers eine Gebühr entrichten. Für die Nachfrager ist die Nutzung der Datenbankinformationen aus Akzeptanzgründen jedoch in der Regel kostenlos. Ferner wird davon ausgegangen, dass der E-Marketplace und folglich die Vermittlungsleistung sowohl per Internet als auch als zusätzlicher Service per Telefon (Call-Center) zu erreichen ist. Bei den Handelsobjekten handelt es sich um reale Produkte (z. B. Autos, Immobilien, Boote), wobei das Matching entweder durch den Marktplatzbetreiber (Online-Request-Prozess; s. Kapitel 4.2.2) oder durch eine eigenständige Datenbankabfrage (Online-Katalog-Prozess; s. Kapitel 4.2.2) seitens der Nachfrager erfolgt (Informationsebene mit virtueller Vermittlungsleistung; s. Kapitel 4.3.3). Ziel der Vermittlungsbemühungen ist die reale Transaktion der Handelsobjekte vom Anbieter zum Nachfrager (Transaktionsebene mit Realtransformation; s. Kapitel 4.3.3). Daher ist auch die Menge an Angeboten und Nachfragen und nicht die personifizierten Anbieter und Nachfrager als quantitatives Merkmal für die Größe des elektronischen Marktplatzes zu werten. Der

Marktplatzbetreiber wird als selbstständiger Makler angesehen, der seine Vermittlungsleistung unternehmerisch als Produkt vermarktet. Auf der Basis dieser Annahmen funktionieren mehr oder weniger alle elektronischen Marktplätze wie bspw. *autoscout24.de.*

Taktischer Handel

Als zentrale erfolgskritische Einflussgrößen für das tägliche Geschäft wurden im operativen Handel „Content" und „Vertrieb/Marketing" identifiziert (s. auch Kapitel 1.3.2). Im taktischen Handel steht nun die Frage im Vordergrund, wie diese Größen konkret ausgestaltet werden müssen, um eine positive Marktplatzentwicklung im Sinne des virtuous circle in Gang zu setzen. Das Grundproblem lässt sich auf die Frage reduzieren, wie – unter der Prämisse eines in der Regel geringen Budgets (*Rätz* 2003) – die Größe zur Funktionsfähigkeit (kritische Marktplatzgröße) in Form der kritischen Masse (s. Kapitel 4.3.1) erreicht werden kann. Der Ansatz besteht in einer kompromisslosen Ausrichtung des Marketings auf den sog. „**Dominokunden**". Der Dominokunde ist bei einem E-Marketplace die Marktpartei, die zuerst eingeworben werden sollte, damit die andere Partei den Marktplatz nutzt und somit bildlich automatisch als Dominostein mitfällt. In der Regel ist es die Marktseite, die Angebote einstellt – unabhängig davon, ob es sich dabei um Angebote oder Nachfragen handelt. Im Vordergrund steht dabei der Aspekt der **direkten Sichtbarkeit**, d. h. die Frage, ob ein Marktplatzbesucher, wenn er die Plattform betritt, attraktive Angebote vorfindet, die ihn dazu veranlassen, den E-Marketplace nutzen zu wollen. Ebenfalls eine Rolle spielt die Frage, wer von dem Plattformangebot mehr profitiert bzw. wer stärker darauf angewiesen ist. Während diese Marktseite in der Regel leicht eingeworben kann, ist es auf der entgegengesetzten Seite ungleich schwieriger. Abb. 45 verdeutlicht die Identifikation des Dominokunden anhand des Beispiels eines E-Marketplace für Handwerks- und Dienstleistungsauktionen. Dort stellen Privatpersonen oder Unternehmen Aufträge ein, im Anschluss daran bieten Handwerksunternehmen nach dem Motto „Wer bietet weniger" darum, den Auftrag ausführen zu dürfen.

In der Konsequenz der **taktischen Handelsanalyse** werden sämtliche Marketingaktivitäten zuerst auf den Dominokunden „Auftraggeber" ausgerichtet. Hintergrund ist die Tatsache, dass auf der Marktplatzplattform dessen eingestellte Aufträge sofort sichtbar sind und damit für erste Attraktivitätseinschätzung herangezogen werden können. Die Gebote der Handwerker sind dagegen nicht direkt sichtbar. Gleichzeitig verdient der Handwerker an dem Auftrag (Einnahme), sodass er bei einem schwierigen polypolistischen Markt auf Aufträge angewiesen ist und daher bei einem machbaren Auktionspreis der Chance auf einen Auftrag folgt. Zu den Marketingmaßnahmen auf der Auftraggeberseite zählen insbesondere die Aktionsfelder (Marktplatz-) Produkt, Preis, Kommunikation, Distribution. Um sich von anderen Marktplatzangeboten zu differenzieren und gleichzeitig einen attraktiven Mehrwert zu bieten, kann ebenfalls der Faktor „Qualität" gestärkt werden. Im Beispielsfall könnte z. B. ein Online-Bewertungssystem (s. Kapitel 4.4.2) für die Auftragnehmer eingeführt werden, um Transparenz über die Auftragsausführung für alle Marktteilnehmer zu bieten. Ebenfalls für Transparenz und Vertrauen sorgen ausführliche Dienstleisterprofile. Darüber hinaus besteht eine Möglichkeit der Qualitätssicherung darin, nur offiziell

gemeldete Betriebe zuzulassen. Ebenfalls kann den Auftraggebern die Möglichkeit einge-
räumt werden, nicht den günstigsten Betrieb nehmen zu müssen, sondern sich für einen
z. B. marginal teureren aber besser bewerteten Betrieb entscheiden zu können. Hinsichtlich
der Preisgestaltung sollte der primäre Kunde darüber hinaus von den Marktplatzkosten be-
freit werden. Der Erfolg der Akquise und der Konsequenzen für den E-Marketplace wird
anhand des Marketing-Controllings bewertet. Darauf basierend erfolgt eine quantitative
und qualitative Anpassung der Kampagne, um das Ziel möglichst vieler Anmeldungen
und vieler erfolgreicher Transaktionen zu erreichen.

Handels-analyse	Perspektive	Auftraggeber	Auftragnehmer
	Kundenverhältnis	Mitglied bei dem Marktplatz	Mitglied bei dem Marktplatz
Engpass	Marktplatzprozess	Stellt Auftrag ein	Bietet auf Aufträge
	Gesamtprozess	Realer Leistungsempfänger (Kunde des Auftragnehmers)	Realer Leistungserbringer
	Frequenz	Unregelmäßiger und seltener Bedarf für Marktplatz-Nutzung	Regelmäßiger und wiederkehrender Bedarf für Marktplatz-Nutzung
Engpass	Transparenz	Direkt sichtbar	Nur indirekt sichtbar
	Umsatzsicht	Nutzt den Marktplatz kostenlos	Zahlt für erfolgreiche Transaktionen
Ergebnis	Domino-kunde		

Abb. 45:   Beispiel einer Identifikation der Dominokunden bei einem E-Marketplace

Strategischer Handel

Im Rahmen des **strategischen Handels** finden die vollständige langfristige Ausrichtung
des E-Marketplace sowie die Festlegung strategischer Ziele statt. Die Ausrichtung des Geschäftsmodells vollzieht sich dabei in mehreren Phasen. Am Anfang steht die Planung,
gefolgt von der Implementierung und dem anschließenden Geschäftsbetrieb des Marktplatzes. Basierend auf den Erfahrungen im laufenden Betrieb wird mit dem Ziel, das Geschäftsmodell auszubauen und die Wettbewerbsposition zu verbessern, ein neuer Entwicklungs-
lauf induziert. Daraus resultiert idealtypisch eine sich beständig erneuernde Abfolge der
vier Strategiephasen „Enable", „Build", „Run" und „Net Improvement" (*Lawrenz/Nen-
ninger* 2002, S. 21 ff.; s. Abb. 46). Im Idealfall können immer wieder neue Geschäfts-
potenziale generiert werden, sodass sich der Zyklus erneuert und in der „Enabling"-Phase
eine mehrwertsteigernde Neuausrichtung des Geschäftsmodells erfolgen kann. Innerhalb
der Phasen existieren spezifische **Einflussfaktoren**, die den Erfolg des Entwicklungs-
schrittes bestimmen.

In der **Enable-Phase** wird dabei das Geschäft initiiert und das Geschäftsmodell geplant.
Im Mittelpunkt der Betrachtung steht dabei die Finanzierbarkeit und Machbarkeit. Im Einzelnen setzt sich dieser Schritt wie folgt zusammen:

■ **Marktstellung und Industrie Expertise**: Obligatorisch ist ein umfassendes Know-how der Branche, der Teilnehmer und der spezifischen Prozesse. Um eine marktrelevante oder gar -beherrschende Stellung erreichen zu können, wird neben Markterfahrung und -beziehungen auch Zugang zu Anbietern und Nachfragern vorausgesetzt.

■ **Business Model**: Für den E-Marketplace müssen eine neuartige Organisation, dedizierte Revenuemodelle, Service Levels, Billingsysteme, Contentservices etc. aufgebaut und gemanagt werden.

■ **Liquidität**: Aufgrund des späten Return on Investment (ROI) (erst muss die kritische Masse erreicht werden) ist die Finanzierungsplanung mit ausreichender Liquidität von wesentlicher Bedeutung für elektronische Marktplätze.

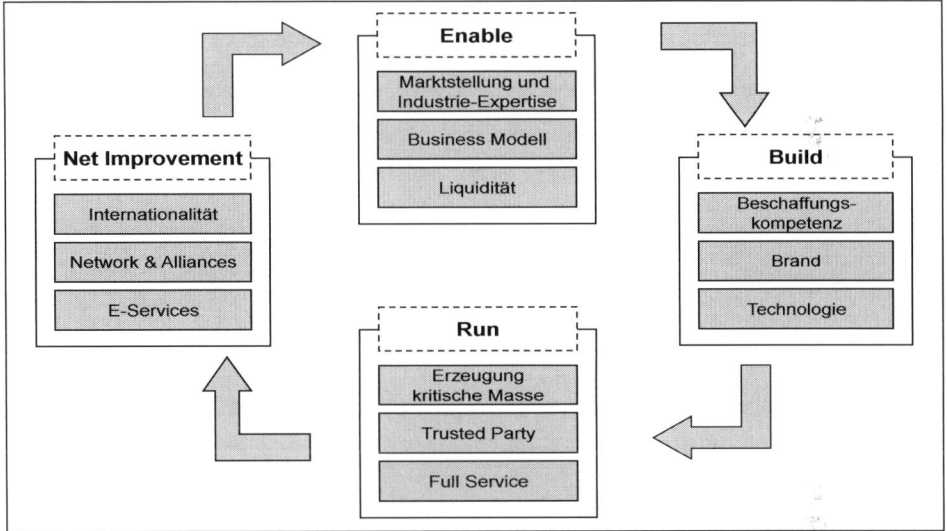

Abb. 46:   Strategische Entwicklungen für einen E-Marketplace
Quelle: in Anlehnung an *Lawrenz/Nenninger* 2002, S. 22.

In der **Build-Phase** erfolgt die Umsetzung der Planung. In dieser Phase werden die Geschäftsprozesse, die Marke, die IT-Architektur sowie die Technologie-Infrastruktur aufgesetzt bzw. aufgebaut und implementiert. Dabei sind folgende **Aspekte** zu beachten:

■ **Beschaffungskompetenz**: Die Kenntnis der Beschaffungsprozesse ist eine wesentliche Grundlage, an der viele Marketplace-Startups an der bestehenden Konkurrenz der Old Economy scheitern. Neue Services und Produkte können Anbieter und Nachfrager umfassender und automatisiert unterstützen.

■ **Brand**: Ein E-Marketplace ist ein neues Dienstleistungsunternehmen am Markt. Es muss sich entsprechend seiner Leistungsstärke, Ausrichtung und seines Service-Portfolios neu positionieren. Der Aufbau einer eigenen Marke ist in Kombination mit der Kommunikation der Leistungen und Werte ein erfolgskritischer Faktor.

▪ **Technologie**: Die technologische Plattform eines E-Marketplace stellt keine isolierte Insel dar, sondern muss schon in der ersten Aufbaustufe mit einer Vielzahl von anderen Applikationen kommunizieren. Hierzu gehört auch die technische Integration von E-Fulfillment-Kooperationspartnern des Marktplatzes.

In der **Run-Phase** steht der Betrieb des Geschäftsmodells im Mittelpunkt der Betrachtung. Die Akquirierung von Anbietern und Nachfragern und schließlich das Erreichen der kritischen Masse sind die Ziele, die der Marktplatzbetreiber in diesem Stadium verfolgt. Neben dem technologischen Betrieb der Plattform und des Handlings der angebotenen Services rund um das Matching gehören auch **Marketingmaßnahmen** zu den Aufgaben in dieser Phase:

▪ **Erzeugung kritische Masse**: Für das Überleben und Wachsen eines E-Marketplace ist eine ausreichende Teilnehmerzahl essenziell. Vielfach ist den Anbietern und Nachfragern jedoch das Leistungsvermögen des Marktplatzes nicht transparent. Es sind hier große Anstrengungen notwendig, um die Akzeptanz und den Nutzen der Plattform zu verbreiten.

▪ **Trusted Party**: Marktplatztransaktionen beinhalten häufig vertrauliche Informationen, wie Konditionen und Vertragsbedingungen. Die Gewährleistung der Vertraulichkeit ist eine der Hauptaufgaben des Marktplatzbetreibers.

▪ **Full Service**: Von einem E-Marketplace wird heute ein Vollsortiment (E-Fulfillment) erwartet, das neben dem bloßen Matching den aktuellen Stand von E-Services anbietet. Darüber hinaus muss die Darstellung und Handhabung aller Dienste so einfach wie möglich gehalten werden.

Der Ausbau des Geschäftsmodells steht in der **Net Improvement-Phase** im Vordergrund. Elektronische Marktplätze sind extrem dynamische Gebilde in hochkomplexen Netzwerkstrukturen. Sie unterliegen einem hohen technologischen, preisstrategischen und funktionalen Wandel. Hierfür bedarf es einer stetigen Weiterentwicklung des Geschäfts- und Servicemodells. Die folgenden **Bereiche** sind in diesem Kontext betroffen:

▪ **Internationalität**: Ein Weg die kritische Masse zu erreichen, kann Internationalisierung sein. Zum Erfolg notwendig sind hierbei ein einheitlicher Zugang und die Berücksichtigung nationaler Besonderheiten.

▪ **Network & Alliances**: Eng in Verbindung mit dem Thema Expansion und internationaler Rollout steht das Thema Alliances und Partner Network. Es gilt, die richtigen Enabler-Partner zu finden und das gesamte Netzwerk zu einem erfolgreich funktionierenden Organismus auszubauen. Klare Make-or-Buy-Strategien stellen eine erfolgreiche Grundlage dar.

E-Services: Die nächste Generation von E-Services wird neben der reinen Abwicklung der Bestellung daher vielfältige weitere Transaktionen und Services liefern müssen, um sich im intensiver werdenden Wettbewerb durchsetzen zu können. Der für die
Teilnehmer deutliche Mehrwert und die Steigerung der Effektivität stehen dabei im
Vordergrund. Eine Möglichkeit von E-Services besteht in Anwendung von Chatbots,
welche definiert werden als Computerprogramme, die eine direkte Interaktion zwischen Unternehmen und Kunden ermöglichen (*Decker* 2019, S. 448).

> **!** **Das Prozessmanagement beim E-Marketplace erfolgt auf drei Ebenen. Dabei
> sollte die langfristige strategische Ausrichtung im elektronischen Handel auf
> dem mittelfristigen taktischen Handel und dieser wiederum auf dem kurzfris-
> tigen operativen Handel aufgebaut sein.**

Fallbeispiel: Kleiderkreisel

*Das in 2008 entstandene Startup Kleiderkreisel ist ein E-Marketplace für Secondhand-
Mode mit der Vision Secondhand zur ersten Wahl zu machen und so den Lebenszyklus
hochwertiger Kleidung zu verlängern. Das Geschäftsmodell des Unternehmens basiert auf
einer Online-Plattform, auf der Nutzer Secondhand-Mode kaufen, verkaufen, aber auch
tauschen oder verschenken können. Dabei hat sich das Produktportfolio in den letzten
Jahren von Kleidung strategisch auch auf Accessories und Kosmetik ausgeweitet. Ebenso
verfügt das Unternehmen, um seine Nutzerbasis international zu vergrößern, mittlerweile
über vier Hauptstadtbüros in Berlin, Prag, Wilna und Warschau, von wo aus nunmehr
neun internationale Märkte adressiert werden. Als strategisches Handelsziel hat das Unternehmen festgelegt, dass die Verkäufe über die Plattform kleiderkreisel.de für Nutzer
stets kostenlos sein sollen. Für Käufer fällt lediglich eine Gebühr an, wenn diese den Klei-
derkreisel-Käuferschutz nutzen. Dies basierte auf den Erkenntnissen des taktischen Handels, bei dem festgestellt wurde, dass die Einführung eines allgemeinen Bezahlmodells in
den USA und England ganz gut, aber in Deutschland überhaupt nicht angenommen wurde.
Mittelfristig kam es so wieder zu einer Abschaffung der Gebühren. Um den operativen
Handelsprozess zu unterstützen, hat Kleiderkreisel mit verschiedenen Partnern spezielle
Konditionen für seine Mitglieder für eine möglichst bequeme und günstige Abwicklung
verhandelt. So bietet das Unternehmen z. B. seinen Mitgliedern vergünstigte DPD-Ver-
sandleistungen an. Ein weiteres Augenmerk legt Kleiderkreisel auch auf die Ebene der
Datenpflege, welche oft kritisch für offene E-Marketplaces ist, da die Angebote inkl. Inse-
ratstexten und Fotos von Nutzern erstellt und hochgeladen werden. Hier stellt das Unternehmen die Qualität durch klare Richtlinien zum Einstellen von Artikeln sicher und behält
sich auch das Recht auf Löschung z. B. bei schlechter Fotoqualität oder vermeintlichen
Markenverletzungen vor. Durch die konsequente Umsetzung der verschiedenen Maßnahmen auf operativer, taktischer und strategischer Handelsebene konnte Kleiderkreisel –
trotz einiger Rückschläge – über die letzten zehn Jahre auf mehr als 150 Mitarbeiter wachsen und verzeichnet weltweit 21 Mio. Mitglieder.*

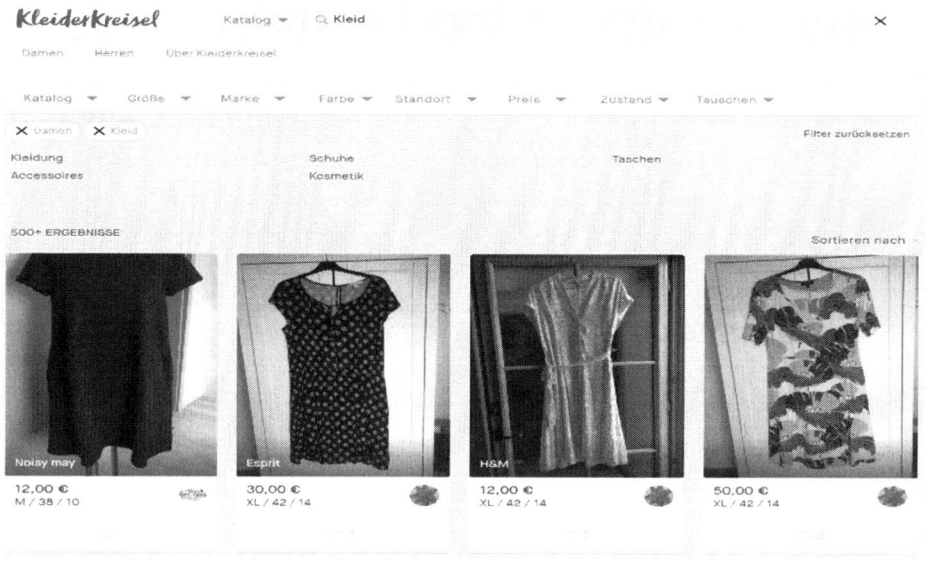

4.3   Das Management beim elektronischen Handel

Nach den Darstellungen der Systeme (s. Kapitel 4.1) und den Ausführungen zu den Prozessen beim elektronischen Handel (s. Kapitel 4.2) gilt es nun auf der **Managementebene**, die spezifischen Entscheidungen im Rahmen des eigentlichen E-Marketplace-Betriebs zu treffen. Die Grundentscheidungen des Marktplatzbetreibers beziehen sich dabei zum einen auf die optimale Gestaltung seines Koordinationsangebotes im Hinblick auf die quantitative und qualitative Zusammenführung von Angebot und Nachfrage. Zum anderen gilt es aber auch, dieses Koordinationsangebot auf die Zielgruppe und damit sowohl auf die Anbieter- als auch Nachfragerseite anzupassen, was eine umfangreiche Kenntnis über die potenziellen Online-Marktteilnehmer voraussetzt. Da für diese Marktplatzteilnehmer die Konkurrenz, im Sinne eines anderen E-Marketplace mit ähnlichen oder gleichen Inhalten, quasi nur „einen Mausklick entfernt" ist, müssen ferner die Entscheidungen auch bezüglich einer Wettbewerbspositionierung getroffen werden. Die drei wesentlichen Kriterien für das Management eines E-Marketplace sind also insbesondere die Aspekte **Online-Marktplatzkoordination**, **-Marktplatzteilnehmer** und **-Marktplatzkonkurrenz**. Folglich muss das E-Marktplace-Management vor allem sicherstellen, dass die Koordination von Angebot und Nachfrage auf dem virtuellen Marktplatz die passenden Anbieter und Nachfrager zusammenführt, sodass eine Transaktion stattfinden kann. Dies muss dabei besser erfolgen, als auf vergleichbaren und damit konkurrierenden E-Marketplaces. Aufbauend auf diesen Grundanforderungen des Online-Handels befassen sich die folgenden Ausführungen mit den managementbezogenen Aspekten des E-Marketplace (*Kollmann* 2019a).

Der E-Marketplace muss aus der Perspektive des Managements sicherstellen, dass die richtigen Anbieter/Angebote mit den passenden Nachfragern/Nachfragen koordiniert werden und sich aus diesem Matching tatsächlich auch Transaktionen ergeben.

4.3.1 Die Produktanalyse

Das „**Produkt**" eines E-Marketplace ist die Koordination und damit die Vermittlungsleistung, welche es somit in einem ersten Schritt zu analysieren gilt. Der Marktplatzbetreiber verfolgt das unternehmerische Ziel, die bezahlte Vermittlungsleistung zwischen Anbietern und Nachfragern durchzuführen (*Kollmann* 2001a). Damit der Marktplatzbetreiber seine Vermittlungsleistung gegenüber Anbietern und Nachfragern ausüben kann, ist er auf digitale Informationen von beiden Seiten angewiesen. Diese Informationen kann er nicht selbst generieren, sie müssen ihm von den Marktplatzteilnehmern zur Verfügung gestellt werden und stellen folglich Inputfaktoren für den Leistungserstellungsprozess dar, während die Koordination von Angebot und Nachfrage den Output bilden.

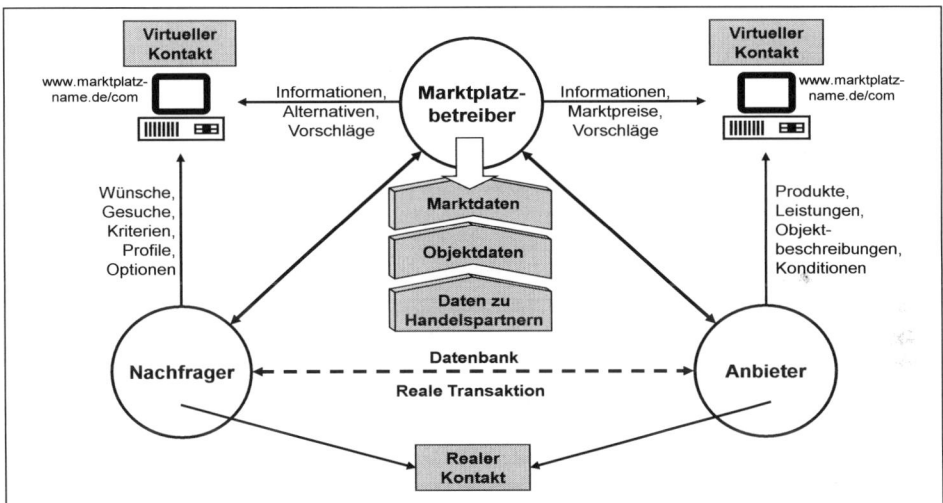

Abb. 47: Tripolare Struktur eines E-Marketplace
Quelle: in Anlehnung an *Kollmann* 1999b, S. 277.

Demzufolge ist es erforderlich, dass auf der **Inputseite** zunächst ein Anbieter existiert, der sein zum Verkauf stehendes Objekt über elektronische Eingabemodule mehr oder weniger detailliert spezifiziert. Der Marktplatzbetreiber speichert diese Anbieterinformationen in seiner Datenbank. Die Anfrage eines Nachfragers nach einem bestimmten Objekt ist ebenfalls auf der Inputseite angesiedelt. Diese Anfrage beinhaltet Suchinformationen, die nur auf den Preis oder aber auch auf bestimmte qualitative Merkmale des Objektes gerichtet sein können. Anhand dieses Inputs von beiden Marktplatzparteien gleicht der Betreiber des E-Marketplace nun in Form eines Produktionsprozesses ab, ob sich in seiner (oder möglicherweise auch in einer anderen) Datenbank zu der Nachfrage passende Angebote befinden. Der **Output** des Marktplatzbetreibers besteht nun in der Information, dass sich in seiner Datenbank zu der Anfrage entweder kein passendes, ein mehr oder minder gut passendes oder ein vollständig identisches Angebot befindet. Ganz entscheidend ist in diesem Zusammenhang, dass der virtuelle Marktplatzbetreiber keine Transformation an dem Handelsobjekt selbst durchführt. Er erwirbt ferner auch keinen rechtlichen Besitz an den Objekten in seiner Datenbank, sondern stellt „nur" eine Informationsleistung zur Verfügung, die aber für das Zustandekommen der Transaktion entscheidend ist. Dieser Prozess wird in der Abb. 47 grafisch verdeutlicht, wobei sich die Inputseite in der oberen Hälfte der Grafik befindet (Hinweise zu Produkten, Leistungen und Konditionen von Seiten der Anbieter, Wünsche, Gesuche, Kriterien und Profile von Seiten der Nachfrager). Der Output des als Kreislauf angedeuteten Prozesses befindet sich hingegen in der unteren Hälfte der Grafik (Weitergabe von Informationen zu Interessenten, Kaufabsichten, Bestellungen und Aufträgen an die Anbieter, Weitergabe von Informationen zu Objektprofilen, Alternativen, Vorschläge oder Verkaufsangebote an die Nachfrager).

Das **Basisprodukt** eines E-Marketplace basiert somit auf dem Input der Anbieter (Produkthinweise, Leistungen und Konditionen) und Nachfrager (Wünsche, Gesuche, Kriterien und Profile), die Informationen zu ihren Transaktionsabsichten in die Datenbank einstellen (s. Abb. 47). Im Ergebnis steht der Output des Marktplatzbetreibers, der eine effektive und effiziente Zuordnung der passenden Transaktionspartner ermöglichen soll (Markttransparenz, Senkung der Transaktionskosten, Marktausdehnung). Im Hinblick auf die zugehörige **Produktanalyse** sieht sich der Marktplatzbetreiber nun zwei spezifischen Besonderheiten gegenüber (*Kollmann* 2001a, S. 95 f.):

▦   Die **tripolare Beteiligungsstruktur** (s. Abb. 47) beschreibt die Situation, in der ein Marktplatzbetreiber aktiv die konkrete Vermittlung von Angebot und Nachfrage übernimmt. Bezüglich seiner Vermittlungsleistung ist der E-Marketplace somit von zwei Kundengruppen mit entgegengesetzten Zielen abhängig: Anbieter- und Nachfragerseite (**bilateraler Akzeptanzaspekt**). Daher müssen sich die Management-Maßnahmen immer auf zwei Seiten konzentrieren. Ferner müssen die Aktionen für beide Marktseiten aufeinander abgestimmt werden.

▦   Der **derivative Leistungsaspekt** beschreibt die Situation, in der ein Gut (hier die Vermittlungsleistung des Marktplatzbetreibers) keinen direkten, sondern nur einen indirekten Nutzen stiftet, der sich aus der Inanspruchnahme einer Interaktionsbeziehung innerhalb eines Kommunikationssystems ergibt (*Farrell/Saloner* 1985; *Katz/Shapiro* 1985; *Wiese* 1990). Der Derivativnutzen aus der Inanspruchnahme eines derartigen Gutes steigt dann mit der Anzahl und der Nutzungsintensität der anderen Teilnehmer (*Weiber* 1992), sodass hier ein Netzeffekt wirksam wird. Der Nutzen eines Marktplatzes hängt folglich nicht nur von der Leistungsbereitschaft und der Leistungsfähigkeit des Betreibers ab, sondern ebenfalls von der Leistungsbereitschaft und Leistungsfähigkeit der Kunden, also von den Anbietern und Nachfragern. Nur wenn Transaktionsanfragen gestellt werden, kann der Marktplatzbetreiber vermitteln und je mehr Anfragen kommen, desto mehr Spielraum hat er für diese Vermittlung. Das Unternehmen „E-Marketplace" ist von der Teilnahmebereitschaft (Akzeptanz) anderer abhängig und erbringt unabhängig hiervon keine originäre Eigenleistung (**sklavischer Akzeptanzaspekt**).

Ausgehend von dieser tripolaren Beteiligungsstruktur und dem derivativen Leistungsaspekt resultiert ein vielschichtiges „Produktproblem", welches es im Management eines E-Marketplace zu berücksichtigen gilt. Damit wird der E-Marketplace in der Komplexität des zugehörigen Managements zur Königsdisziplin im E-Business (*Kollmann* 2019a).

Online-Quantitätseffekte

Liegt ein Koordinationsbedarf von Angebot und Nachfrage vor, so bedeutet dies nicht zwangsläufig, dass das vorliegende Koordinationsproblem (Abstimmung von Angebot und Gesuch) auch tatsächlich durch den Marktplatzbetreiber gelöst wird, zumal zusätzlich zu den Besonderheiten eines E-Marketplace in jedem Entwicklungsstadium der Plattform weitere spezifische Charakteristika zum Tragen kommen. Dabei entstehen im Kern zunächst folgende **quantitative Problemaspekte** (*Kollmann* 2001a, S. 97 ff.):

- **Chicken-and-Egg-Problem**: Eine Ursache der Koordinationsproblematik auf einem E-Marketplace besteht in dem sog. Chicken-and-Egg-Problem (*Earston* 1980, S. 220 ff.), das auch als ein „Circulus Vitiosus" bezeichnet werden kann. Das Chicken-and-Egg-Problem lässt sich anhand von zwei Aussagen verdeutlichen: Ist die Anzahl der Anbieter zu gering bzw. ist die Menge der angebotenen Objekte nicht groß genug, so kommen keine Nachfrager auf den Marktplatz. Ist die Anzahl der Nachfrager bzw. die der abgegebenen Gesuche zu gering, so kommen keine Anbieter auf den Marktplatz. Die sich daraus ergebende Dilemmasituation, welche Kundenseite zuerst auf dem Marktplatz vertreten sein muss, stellt ein Hemmnis für die Entwicklung der Institution „E-Marketplace" dar.

- **Kritische-Masse-Problem**: Die installierte Basis – d. h. die bereits auf dem Marktplatz vorhandene Nutzerzahl – bestimmt den Nutzen, der für einen Neukunden entsteht, da sich mit steigender Nutzerzahl auch die Anzahl der möglichen Transaktionsbeziehungen erhöht (*Farrell/Saloner* 1986, S. 940 ff.). Je größer die installierte Basis ist, umso größer ist der Derivativnutzen für die einzelnen Marktplatzteilnehmer. Wenn eine bestimmte Anwenderzahl überschritten ist und der Derivativnutzen damit ein bestimmtes Niveau überschritten hat, ist zu erwarten, dass die Nutzer den Marktplatz auch in Zukunft akzeptieren werden und dass die Anzahl der Neukunden, die zusätzlich auf den Marktplatz kommen, stärker zunehmen wird. Die Mindestzahl an Anwendern, die erforderlich ist, damit Marktplätze „[...] einen ausreichenden Nutzen für eine langfristige Verwendung bei einem Anwenderkreis entwickeln können, wird als kritische Masse bezeichnet." (*Weiber* 1992).

■ **Gleichgewichts-Problem**: Aus dem bilateralen Koordinationsansatz resultiert ebenfalls ein gegenseitiges Abhängigkeitsverhältnis der Anzahl von Anbietern und Nachfragern bzw. deren Angeboten und Nachfragen. Der Marktplatzbetreiber muss in der Konsequenz ständig darauf achten, dass sich die quantitative Anzahl der auf dem Marktplatz vorhandenen Angebote und Gesuche in etwa ausgleichen (z. B. durch einen bilateralen Marketingansatz; *Kollmann* 2000a). Nur hierdurch partizipiert er an der grundsätzlichen Chance, möglichst alle Koordinationsanfragen zu befriedigen (ein Angebot für ein Gesuch).

Als Beispiel können folgende Probleme bei einem E-Marketplace für Immobilien angeführt werden: Erstens, es gibt 250 Wohnungsangebote im Stadtteil X, aber keine 250 Nachfragen nach Wohnungen im Stadtteil X, denn die Wohnungssuchenden mieten lieber eine Wohnung im Stadtteil A. Folge: Es kommt keine quantitative Vermittlungsleistung zustande und die Anbieter sind vom Marktplatz enttäuscht (Anbieterfokus). Zweitens, es gibt 250 Wohnungssuchende im Stadtteil Y, aber keine 250 Wohnungsangebote im Stadtteil Y, sondern nur welche im Stadtteil C. Folge: Es kommt keine quantitative Vermittlungsleistung zustande und die Nachfrager sind vom Marktplatz enttäuscht (Nachfragerfokus).

Auf einem E-Marketplace entsteht somit aus Sicht des Marktplatzbetreibers aufgrund des bilateralen Koordinationsansatzes eine **doppelte kritische Masse** (*Kollmann* 1998c, S. 36 ff.), die sich zusätzlich in einem gegenseitigen Abhängigkeitsverhältnis befindet: Für die Anbieterseite muss eine bestimmte Menge an Nachfragern/Gesuchen vorhanden sein, damit sie den Marktplatz nutzen. Gleichzeitig muss eine bestimmte Menge an Anbietern/Angeboten gegeben sein, damit Nachfrager den Marktplatz nutzen. Dieses Problem wird dann gelöst, wenn auf beiden Kundenseiten die installierte Basis groß genug ist, damit der Derivativnutzen eine gewisse Schwelle überschritten hat. Ein Generalwert für diese Schwelle kann nicht angegeben werden, da dieser für jede Branche bzw. jedes Geschäftsmodell des Marktplatzes anders ausfallen dürfte. Der Marktplatzbetreiber muss bei seinen bilateralen Marketingmaßnahmen (s. Kapitel 4.4.1; *Kollmann* 2000a) ständig darauf achten, dass sich die quantitative Anzahl der auf dem Marktplatz vorhandenen Besucher von Angebots- und Nachfragerseite in etwa ausgleichen. Nur hierdurch antizipiert er an der grundsätzlichen Chance, möglichst alle Koordinationsanfragen zu befriedigen (eine Anfrage für ein Gesuch). Abb. 48 stellt schematisch die Bedingungen der Schaffung von quantitativen Gleichgewichten innerhalb eines zeitbeschreibenden Korridors dar. Während hier zum Zeitpunkt t1 ein Gleichgewicht erreicht wird, erfordert t2 den aktiven Eingriff des Marktplatzbetreibers. Hierbei könnte durch Werbung und Kommunikation auf der Nachfragerseite in t3 wieder ein Gleichgewicht erreicht werden.

Vor dem Hintergrund der **Bedeutung des Online-Quantitätseffektes** versuchen die Betreiber eines E-Marketplace die skizzierte doppelte kritische Masse möglichst schnell zu erreichen (*Kollmann* 2019a). Wer diese schnell erreicht, kann darauf hoffen, kleinere Anbieter mit alternativen Marktplätzen oder Nachahmer aus dem Markt zu drängen. Das schnelle Wachstum der Teilnehmergröße avanciert somit zum kritischen Erfolgsfaktor, um die Konkurrenzzone als Gewinner zu verlassen. Gewinner können, basierend auf den Größenvorteilen der Netzwerke, sogar monopolartige Marktpositionen erreichen (*Zerdick* et al. 2001, S. 161). Denn wenn jeder andere an dem Netzwerk teilnimmt, ist dies aus Kundensicht umso mehr ein Grund, sich auch anzuschließen.

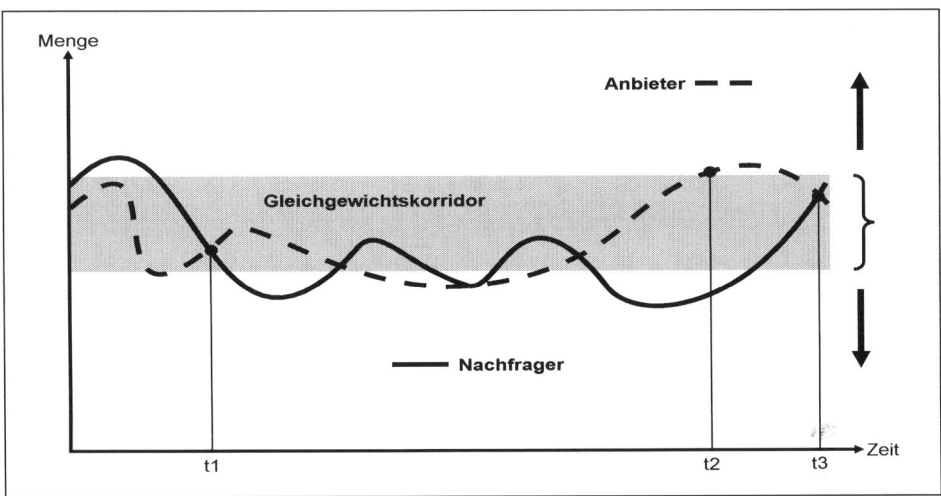

Abb. 48:   Das Konzept des Gleichgewichtskorridors für einen E-Marketplace
Quelle: *Kollmann* 1999a, S. 34.

Online-Qualitätseffekte

Damit die Anbieter und Nachfrager einen E-Marketplace überhaupt zu nutzen beginnen, müssen also zunächst einmal die quantitativen Voraussetzungen erfüllt sein. Im weiteren Verlauf erweist es sich allerdings als genauso wichtig, die qualitativen Anforderungen der Anbieter und Nachfrager zu erfüllen (*Kollmann* 2001a). Nur wenn die Anbieter und Nachfrager erkennen, dass ihnen der E-Marketplace gute Aussichten auf die tatsächliche Erfüllung ihrer Transaktionswünsche bietet, werden sie die angebotenen Leistungen auch in Anspruch nehmen. Im Kern geht es deshalb auch um die Lösung der folgenden **qualitativen Probleme** (*Kollmann* 2001a, S. 98 ff.):

- **Problem der Koordinationsleistung** (Informationsebene): Die reine Anzahl der Marktplatzteilnehmer auf der Angebots- und Nachfrageseite sagt noch nichts über die Qualität der zugeordneten Transaktionspartner und einer Erfüllung deren Wünsche hinsichtlich des Transaktionsobjektes aus. Es bleibt daher zu klären, inwieweit die Anspruchsniveaus auf beiden Seiten befriedigt werden können. Daher spielt auch der Übereinstimmungsgrad, mit dem die Transaktionswünsche erfüllt werden eine bedeutende Rolle.

- **Problem der Realtransformation** (Transaktionsebene): Aufgrund der Gegebenheiten auf E-Marketplaces kann keine reale Begutachtung des Objektes vorgenommen werden (*Kollmann* 2000b). Im Anschluss an die Informationsvermittlung des Marktplatzbetreibers und der hiermit verbundenen Vorselektion der in Frage kommenden Objekte, steht bei vielen Konsumgütern also immer noch die reale Objektbesichtigung vor Ort. Für den Fall, dass die Erwartungen aus der elektronischen Objektbeschreibung nicht durch die realen Gegebenheiten bestätigt werden können, fällt ein negativer Aspekt aus diesem Realitäts-Gap auf den E-Marketplace zurück und die Ware wird zurückgeschickt oder nicht mitgenommen.

Als Beispiel kann wiederum ein **Problem** bei einem E-Marketplace für Immobilien angeführt werden: Es existieren 250 Wohnungsangebote im Stadtteil X und auch 250 Wohnungsnachfragen nach Wohnungen im Stadtteil X, aber diese passen nicht zusammen, da alle Nachfrager einen Balkon wünschen, keines der Objekte aber einen aufweist. Folge: Es kommt keine qualitative Vermittlungsleistung zustande und Anbieter und Nachfrager sind gleichermaßen vom Marktplatz enttäuscht (Vermittlungsfokus). Neben der quantitativen Ausgeglichenheit spielt somit ferner auch ein Gleichgewicht hinsichtlich der qualitativen Bedürfnisse auf beiden Marktseiten eine Rolle. Zum einen können die Transaktionsvorstellungen bspw. bei dem Kauf/Verkauf einer Immobilie auf Anbieter und Nachfragerseite höchst unterschiedlich sein (Verfügbarkeitszeitpunkt oder die Art der Kautionsstellung), zum anderen wird auch die generelle Attraktivität der gehandelten Objekte auf beiden Marktseiten unterschiedlich bewertet (**Online-Qualitätseffekt**). Dies bedeutet, dass es der Marktplatzbetreiber ebenso schaffen muss, die Anspruchniveaus der Teilnehmer auf beiden Marktseiten in etwa gleich zu halten (qualitative Ausgeglichenheit). Schafft er dies nicht, so könnte er zwar mengenmäßig eine Anfrage und ein Gesuch zuordnen, aber die fehlende Übereinstimmung des Inhalts der Anfrage verhindert ein tatsächlich erfolgreiches Matching. Konsequenz ist, dass die Besucher eines E-Marketplace diesen dann wieder verlassen, wenn nicht ausreichend Gegenspieler vorhanden sind, die zu dem eigenen Gesuch passen (*Kollmann* 1999a, S. 27 ff.).

Die Koordinationsleistung wird zusammenfassend durch die **Übereinstimmung von Quantität und Qualität** der einzelnen Koordinationsziele auf der Angebots- und Nachfrageseite bestimmt. Bei einer optimalen Ausgestaltung des Koordinationsmechanismus (*Zelewski* 1997, S. 231 ff.) werden alle Marktteilnehmer hinsichtlich ihrer Transaktionsvorstellungen vollkommen befriedigt. In diesem Fall würden alle Koordinationsanfragen mit der Zuordnung eines passenden Transaktionspartners beantwortet. Deshalb ist die Wahrscheinlichkeit, dass die entsprechenden realen Geschäftstransaktionen auch zustande kommen, relativ hoch. Im Falle einer suboptimalen Ausgestaltung des Koordinationsmechanismus bleiben hingegen zumindest einige Koordinationsanfragen unbeantwortet, d. h. weder die Zuordnung eines Transaktionspartners durch den Vermittler noch der nachfolgende reale Güteraustausch finden statt.

Der Marktplatzbetreiber muss sowohl auf Anbieter- als auch Nachfragerseite für eine entsprechend große installierte Basis (doppelte kritische Masse) mit ausreichender Qualität in Bezug auf Angebote und Nachfragen (doppelte Koordinationsleistung) sorgen, damit der Marktplatz für beide Kundengruppen attraktiv ist.

Fallbeispiel: Etsy

Das Unternehmen Etsy wurde 2005 mit Hauptsitz in New York gegründet und verfügt seit 2010 auch über eine Niederlassung in Berlin. Über die digitale Plattform wird der Handel mit individuellen und handgemachten Produkten sowie Künstlerbedarf ermöglicht. Die Produktkategorien der gehandelten Güter sind dabei mannigfaltig und umfassen sowohl Kunst, aber auch Mode und Spielzeug. Dabei verlangt das Unternehmen, ähnlich wie andere E-Marketplaces, von Verkäufern eine Verkaufsprovision in Höhe von 3,5 %. Als Online-Marktplatz für Handgemachtes musste Etsy damit starten, dass potenzielle Käufer aufgrund eines interessanten Angebots auf die Plattform kommen. Insofern wurden zu Beginn insbesondere Anbieter als Dominokunden eingeworben, um das Chicken-and-Egg-Problem zu lösen und eine kritische Masse aufbauen zu können. Da Kunst und Handgemachtes oftmals sehr individuell sind, muss das Unternehmen außerdem einen besonderen Fokus auf die Online-Qualitätseffekte legen, damit Kunden auch tatsächlich das von Ihnen gewünschte individualisierte oder entsprechend hochwertige Kunstobjekt erhalten, welches sie sich bei ihrem Online-Einkauf vorgestellt haben. Besonders anspruchsvoll erscheint es bei derartigen Produkten jedoch auch bereits in der Matchingphase, die individuellen Geschmäcker und Vorstellungen der Nachfrager mit den Angeboten möglichst optimal im Sinne der Koordinationsleistung zu matchen. Dies gelingt Etsy mittels zahlreicher Möglichkeiten der multimedialen Präsentation der Artikel und Kontaktmöglichkeiten zu den Händlern zwecks Individualisierung oder Spezialanfertigungsanfragen. Nur so kann langfristig die Zahl der Anbieter und Nachfrager im Gleichgewicht zueinander gehalten werden. Dies scheint der Plattform aktuell mit ca. 2 Mio. aktiven Verkäufern mit rund 50 Mio. Artikeln, denen 37,1 Mio. aktive Käufer und ein Bruttojahresumsatz von 3,25 Mrd. US-Dollar gegenüber stehen gut zu gelingen.

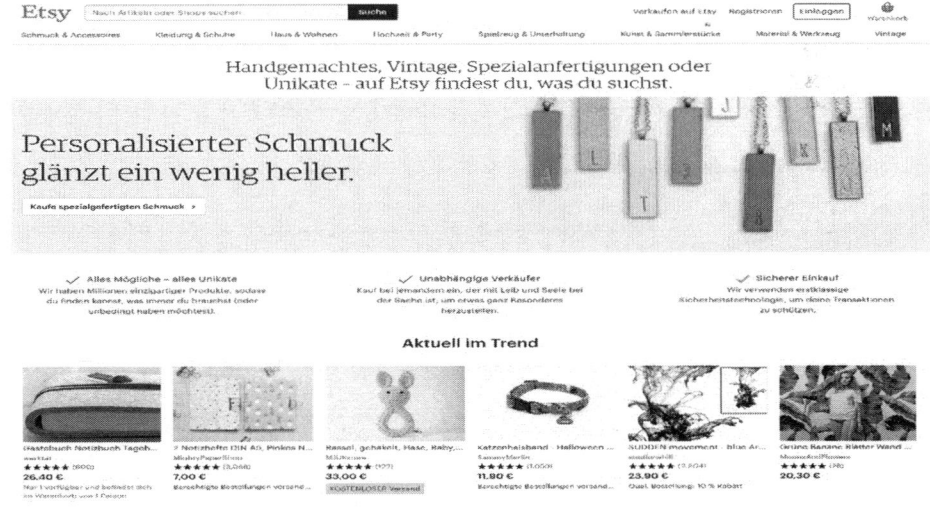

4.3.2   Die Kundenanalyse

Neben der Analyse der Online-Marktplatzkoordination als „Produkt" des E-Marketplace (s. Kapitel 4.3.1) spielt die Betrachtung der Online-Marktplatzteilnehmer im Rahmen der **Kundenanalyse** eine ebenso entscheidende Rolle wie für die Managementebene im elektronischen Handel. Der Erfolg eines E-Marketplace ist elementar davon abhängig, wie die Erwartungen der Kunden als Koordinationsnachfrager (Verkäufer und Käufer) hinsichtlich quantitativer und qualitativer Koordinationsleistung erfüllt werden (*Kollmann* 2019a).

Online-Nachfragererwartungen

Für den Betreiber eines E-Marketplace gestalten sich die **Erwartungen aus Nachfragersicht** im Hinblick auf die Teilnahme wie folgt (s. Abb. 49):

▥ Die **Nutzungsbedingungen**, unter denen die Eingabe von Suchkriterien bzw. der Abruf der Objektmerkmale aus der Datenbank erfolgen, stellen einen kritischen Akzeptanzfaktor auf der Nachfragerseite dar. Für den Nachfrager muss eine hohe „Nutzungswirksamkeit" in Form einer leichten Bedienbarkeit der Module der Plattform sichergestellt werden (einfache Kommunikation), damit ein möglichst günstiges Verhältnis zwischen dem Aufwand zum Erlernen des Systems (Steuerungsmechanismus) und dem Ergebnis einer Nutzung (z. B. Informationsübertragung) erreicht wird. Eine klare Benutzerführung und konkrete Hilfestellungen wie bspw. durch kleine graphische Beispielanimationen unterstützen die Nutzungsbereitschaft der Nachfrager.

▥ Die **Datenbankattraktivität** bewertet der Nachfrager weniger auf der Grundlage der Vollständigkeit aller am Markt verfügbaren Transaktionsobjekte, vielmehr zählt die hinreichend reduzierte Auswahl mit einer hohen Qualität der Informationen über die verfügbaren Objekte. Für den Nachfrager ist folglich wichtig, auf attraktive Objekte in der Datenbank zu stoßen. Maßgeblich sind in diesem Fall die Qualität der eingestellten Objekte und die angebotene Menge an relevanten Informationen zu den Objekten, sowie Aktualität des Datenbestandes. Dies impliziert eine kontinuierliche Aktualisierung der Angebote resp. Informationen in der Datenbank.

▥ Die **Kosten** für den Informationsabruf und die Koordinationsleistung spielen ebenfalls eine bedeutende Rolle. Die empirische Untersuchung bestätigt die allgemeine Praxis im Internet: Während Anbieter grundsätzlich bereit sind, für die Handelsvermittlung zu bezahlen, trifft dies auf die Nachfragerseite in der Regel nicht zu. Ihnen dürften diesem Gedanken folgend bei der Nutzung keine Kosten entstehen.

▥ Der **elektronischen Koordinationsleistung**, d. h. der Zuordnung von passenden Angeboten für den eigenen Suchwunsch auf der Informationsebene, kommt ebenfalls eine wichtige Bedeutung zu. Eine hohe Qualität der Übereinstimmung von Suchwunsch und Objekt erhöht wiederum die Wahrscheinlichkeit einer späteren, tatsächlichen Transaktion. In diesem Zusammenhang ist für die Nachfrager die geographische Nähe zum Anbieter resp. die direkte Kontaktmöglichkeit zu diesem wichtig. Die

Nachfrager profitieren von der Geschwindigkeit der Informationsverarbeitung sowie von den umfassenden Informationen über die Objekte, was jedoch die Vollständigkeit der Datensätze voraussetzt.

Die **reale Koordinationsleistung** fokussiert die Überführung der vermittelten Informationen zu einer realen Transaktion resp. einem tatsächlichen Güteraustausch. Die grundlegende Bedeutung der Verknüpfung von elektronischer Vermittlung und realer Transaktion ist in dieser Deutlichkeit als zweite Überraschung zu werten. Es zwingt die Betreiber eines E-Marketplace, anders als in der Praxis derzeit zu beobachten, sich nicht nur über die Welt der Digitalen Wirtschaft Gedanken zu machen. Schließlich wird die Plattform vom Nachfrager auch hinsichtlich alternativer, realer und elektronischer Vermittlungsangebote bewertet ("Konkurrenz"). Besonders hingewiesen werden muss in diesem Zusammenhang auch auf die Wichtigkeit richtiger Objektangaben für die Nachfragerseite. Dieser Aspekt betrifft insbesondere das Vertrauensverhältnis zum Marktplatzbetreiber. Es ist nicht so sehr die technologische Innovation einer Internet-basierten Vermittlung die zählt, sondern das Vertrauen in die Richtigkeit der dort vom Marktplatzbetreiber abstrahierten Informationen.

Aspekt	Erwartungen der Anbieter	Erwartungen der Nachfrager
Nutzungs-bedingungen	• Übersichtliche Seitengestaltung • Einfache Benutzerführung • Einfache Eingabe von Objektdaten • Download von Einstellformularen • Intelligente Online-Schnittstellen	• Übersichtliche Seitengestaltung • Einfache Benutzerführung • Einfache Eingabe von Suchkriterien • Konkrete Hilfestellungen
Datenbank	• Quantität der vorhandenen Nachfrager • Absolute Zahl an „echten" Kaufabsichten	• Qualität der eingestellten Objekte • Aktualität der Angebote • Menge an Informationen zu den Objekten
Kosten	• Provision für Vermittlung • Gebühr für Objekteinstellung	• Keine Kosten
elektronische Koordinations-leistung	• Vermittlung von Nachfragern mit hoher Übereinstimmung von Suchwunsch und Objekt und einem echten Kaufinteresse	• Vermittlung von Angeboten mit hoher Übereinstimmung von Suchwunsch und Objekt • Vollständige Datensätze • Direkte Kontaktmöglichkeit
reale Koordinations-leistung	• Einen tatsächlichen Besuch vor Ort • Informierte Nachfrager • Interessierte Nachfrager	• Bestätigung der Angaben/Objektbeschreibung vor Ort • Bestätigung der Erwartungen • Bestätigung der Kaufkonditionen
Konkurrenz-aspekte	• Flexibilität • Qualität der Vermittlung	• Flexibilität • Ortsungebundenheit • Elektronische Selektionskriterien • Keine Kosten für Vermittlung

Abb. 49:   Anforderungen der Online-Marktplatzteilnehmer an einen E-Marketplace
Quelle: in Anlehnung an *Kollmann* 2001b, S. 51.

Online-Anbietererwartungen

Die **Erwartungen aus Anbietersicht** an den E-Marketplace im Hinblick auf eine Teilnahme können dagegen wie folgt charakterisiert werden (s. Abb. 49):

▨   Die **Nutzungsbedingungen** aus Anbietersicht sind zunächst an der Eingabe der Objektmerkmale in die Datenbank des Marktplatzes zu manifestieren. Wie die Nachfrager legen auch die Anbieter hohen Wert auf eine intuitive und übersichtliche Darstellung am Bildschirm, wobei das funktionale Design im Gegensatz zum grafischen Design im Vordergrund steht. Benutzerführung und einfach nutzbare Eingabeformulare sollten die schnelle Informationsverarbeitung möglichst ohne großen Lernbedarf erfüllen. In diesem Kontext werden auf der Anbieterseite ebenfalls intelligente Online-Schnittstellen zur Kopplung mit den eigenen Systemen gewünscht.

▨   Die **Attraktivität der Datenbank** wird auf der Anbieterseite an der möglichst großen absoluten Zahl der Nachfrager gemessen (Schaffung neuer Absatzkanäle; Marktausweitung). Die Attraktivität der Nachfrager ist dabei an die absolute Anzahl an „echten" Kaufabsichten gebunden. Die Anbieter erwarten also Quantität, die Nachfrager dagegen Qualität.

▨   **Kosten** für die Inanspruchnahme der Koordinations- bzw. Vermittlungsleistung werden von der Anbieterseite entsprechend der allgemeinen Praxis akzeptiert. Dem Marktplatzbetreiber obliegt es, effektive Gebührenmodelle zu entwickeln. Als Ausgangspunkt der Überlegungen zur Preisgestaltung können Provisionen für erfolgreiche Vermittlungen oder auch Gebühren, die für die Einstellung von Objekten erhoben werden dienen.

▨   Die **elektronische Koordinationsleistung**, d. h. die Zuordnung von passenden Nachfragern für das eigene Angebot auf der Informationsebene, ist von besonderem Interesse für die Anbieterseite. Somit sind die Erwartungen von Anbietern und Nachfragern in diesem Punkt nahezu identisch: Beide erwarten eine hohe Übereinstimmung von Suchanfrage und angebotenem Objekt. Während für die Nachfrager jedoch die Geschwindigkeit der Informationsverarbeitung im Vordergrund steht, profitieren die Anbieter von dem „echten" Kaufinteresse. Die Zuordnung von Angebot und Gesuch oder das sog. „Matching" intendiert dabei, dass es auch in der Realität zu einer tatsächlichen Transaktion kommt.

▨   Die **reale Koordinationsleistung** wird folglich ebenfalls dem E-Marketplace zugerechnet. Die Anbieter erwarten bezüglich der realen Koordinationsleistung (Realtransformation), dass die elektronisch vermittelten Nachfrager bestens über das Handelsobjekt informiert wurden und – je nach Objekttyp (z. B. Immobilie, Auto, Kunstwerk, Industriemaschine) – auch zu einem realen Begutachtungsprozess erscheinen. Vor dem Hintergrund alternativer realer und elektronischer Plattformen wird in diesem Zusammenhang das gesamte Verfahren damit abschließend bewertet („Konkurrenz").

Der E-Marketplace bzw. die Plattformökonomie wird nicht zuletzt als Königs-disziplin des E-Business bezeichnet, weil der Marktplatzbetreiber gleich zwei Kundengruppen (Anbieter und Nachfrager) mit zum Teil divergierenden Interessen zufriedenstellen muss.

Fallbeispiel: Amazon Marketplace

Amazon.com, Inc. mit Sitz in Seattle ist ein börsennotierter US-amerikanischer Online-Versandhändler mit einer breit gefächerten Produktpalette. Nach eigenen Angaben hat Amazon als Marktführer des Handels im Internet über seinen E-Shop die weltweit größte Auswahl an Büchern, CDs und Videos. Über die integrierte Verkaufsplattform Amazon Marketplace (E-Marketplace) können auch Privatpersonen oder andere Unternehmen im Rahmen des Onlinehandels neue und gebrauchte Produkte anbieten. Die Besonderheit der Plattform amazon.com liegt somit darin, dass Amazon hier sowohl als Plattformbetreiber als auch selbst als Verkäufer auftritt. Die Drittverkäufe von Amazon machen rund 31 % des Jahresumsatzes von Amazon aus. Im Jahr 2016 unterstützte Amazon.com mehr als 10.000 Verkäufer dabei, einen Jahresumsatz von mehr als 1 Mrd. US-Dollar zu erzielen. Die unglaubliche Einfachheit der Erstellung eines Amazon-Kontos hat zu einem massiven Anstieg der Zahl der Drittanbieter geführt, die der Plattform beitreten, wobei allein im Jahr 2017 über 1. Mrd. Verkäufer hinzukamen. Neben der bereits komplexen tripolaren Struktur jedes E-Marketplace kommen hier auch noch die Interessen Amazons als klassischer Verkäufer, z. B. in Form von günstigen Produktangeboten für Endkunden hinzu. Aus Sicht der Nachfrager genießt Amazon ein gutes Image, da es die Online-Nachfragererwartungen in hohem Maße erfüllt. So sind die Nutzungsbedingungen vorteilhaft für Nachfrager, die Datenbank sehr umfangreich und Beschreibungen in der Regel detailliert. Darüber hinaus bietet Amazon oft günstige Preise und kostenlosen Versand (z. B. mit Amazon Prime). Darüber hinaus gelingt die elektronische und reale Koordinationsleistung bei Amazon aufgrund der hohen Marktplatzstandards oftmals besonders gut. Aus Sicht der Online-Anbietererwartungen sind die Nutzungsbedingungen des Amazon Marketplace durchaus anspruchsvoll und z. T. gegenüber einem eigenen E-Shop sogar nachteilig für Händler, jedoch erscheint vielen die Datenbank und damit verbundene Koordinationsleistung der Amazon-Plattform so attraktiv, dass die Anbieter diesen E-Marketplace nutzen. Insofern kann Amazon über seinen Marketplace von den Anbietern entsprechend hohe Gebühren einfordern und Nachfrager gehen oftmals Prime-Abonnements ein, da sie häufig auf amazon.com bestellen und somit Versandkosten sparen können. Die doppelte Rolle Amazons als Verkäufer und Plattformbetreiber wurde in der Öffentlichkeit zuletzt teilweise kritisiert, da der Verdacht besteht, dass Amazon systematisch erfolgreiche Produkte anderer Händler selbst kopiert oder Werbung auf seiner Plattform zu einseitig für eigene Produkte platziert. Ähnliche „Hybrid-Modelle" von kombinierten E-Shops und E-Marketplaces erscheinen heute immer öfter auf dem Markt mit dem Ziel, Kunden ein noch größeres Produktportfolio zu bieten und so die Attraktivität der Plattform insgesamt weiter steigern zu können. Als weiteres Beispiel kann hier u. a. Zalando genannt werden.

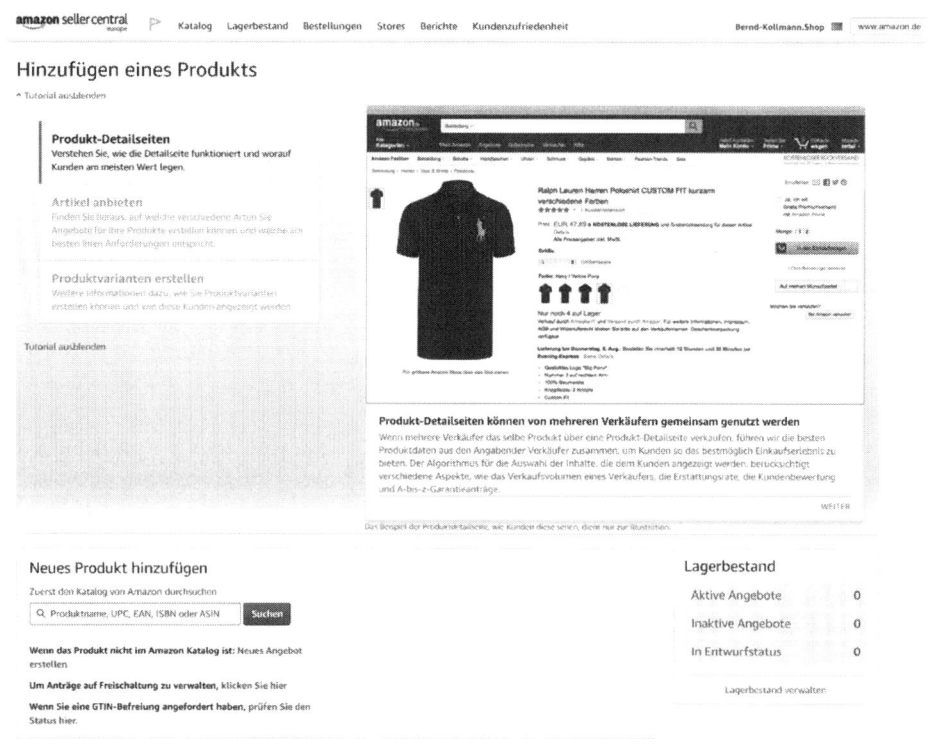

4.3.3   Die Strategieanalyse

Neben der Analyse der Online-Marktplatzkoordination als „Produkt" des E-Marketplace (s. Kapitel 4.3.1) und der Betrachtung der Erwartungen der Online-Marktplatzteilnehmer im Rahmen der Kundenanalyse (s. Kapitel 4.3.2) spielt auch die **Strategieanalyse** eine wichtige Rolle für die Managementebene im elektronischen Handel. In der Strategieanalyse geht es in erster Linie um die Positionierung des eigenen Online-Marktplatzes im Vergleich zu konkurrierenden E-Marketplaces. Dafür ist die eingehende Betrachtung der Online-Marktplatzkonkurrenz eine Grundvoraussetzung für die Entwicklung der eigenen Strategie. Erst wenn sich der Marktplatzbetreiber ein detailliertes Bild über die aktuelle Marktsituation gemacht hat, kann er seine eigene Position im **E-Wettbewerb** definieren und den E-Marketplace anhand der von ihm gewählten Strategie aufbauen bzw. betreiben. Die Wettbewerbsstrategie soll vor diesem Hintergrund dabei als Unterscheidungsmerkmal und damit als Abgrenzung gegenüber konkurrierenden Marktplatzangeboten zum Tragen kommen.

Im Hinblick auf die Analyse möglicher Wettbewerbsstrategien kann die Vermittlungsleistung auf einem E-Marketplace in zwei relevante Ebenen aufgeteilt werden. Zum einen spielt die „**Informationsebene**" (*Kollmann* 2000b) eine Rolle, auf der ein elektronisches Matching zwischen digitalen Daten zu Angeboten und Gesuchen stattfindet (elektronische Koordinationsleistung; *Kollmann* 2019a). Dies spielt sich ausschließlich im Bereich der digitalen Informationen ab, die ein reales Transaktionsobjekt lediglich beschreiben. Das Ziel besteht darin, anhand von qualitativ hochwertigen Daten und einem gut ausgestalteten Matching, eine tatsächliche Transaktion zu ermöglichen. Die elektronische Informationsebene ist somit eine Vorbereitung für die reale Produkt- bzw. Objekttransaktion. Entsprechend kommt eine zweite Ebene der Vermittlungsleistung zum Tragen: die „**Transaktionsebene**" (*Kollmann* 2000b). Hier zeigt es sich, ob die Vorgaben der Informationsebene so gut sind, dass auch tatsächlich eine reale Transaktion zustande kommt (Realtransformation; *Kollmann* 2019a). Welchen Nutzen hat z. B. ein Nachfrager, wenn das Objekt in der Realität nicht den elektronischen Informationen entspricht, bereits anderweitig verkauft wurde oder vielleicht sogar gar überhaupt nicht existiert? Spätestens hier findet demnach eine Verknüpfung der Informationen mit dem realen Objekt statt. Der Wettbewerbserfolg eines E-Marketplace hängt sowohl von der Informations- als auch von der Transaktionsebene ab. Diese zwei Ebenen sind in der Gestaltung der entsprechenden Wettbewerbsstrategien zu berücksichtigen (s. Abb. 50; *Kollmann* 2019a).

Online-Informationsebene

Die strategischen Optionen auf der **Online-Informationsebene** werden durch das elektronische Matching determiniert, d. h. der Art und Weise eines Abgleichs der Daten zu Angebot und Nachfrage. Es gibt hierfür zwei grundsätzliche Verarbeitungsmöglichkeiten für den Suchwunsch in der Datenbank: Zum einen wird bei der statischen Variante nur nach Angebotsobjekten gesucht, deren Daten den Suchkriterien exakt entsprechen (z. B. PKW: *Audi*, A6, 2.5 TDI, schwarz, 20.000 km). Bei der dynamischen Variante hingegen werden auch annähernd gleiche oder vergleichbare Angebotsobjekte berücksichtigt (z. B. eine 80 m^2 Wohnung bei einer Abfrage von 90 m^2). Der Betreiber eines E-Marketplace kann seine Koordinations- bzw. Vermittlungsleistung entsprechend auf eine der beiden folgenden **Strategieoptionen** ausrichten (*Kollmann* 2001a, S. 130 f.):

▨ **Selection-Leader**: Eine Strategieoption ist die Schaffung einer breiten Auswahlmenge für die Informationsvermittlung (dynamische Variante): Hier versucht der Betreiber, eine möglichst weite Zuordnung von Angebot und Nachfrage zu gewährleisten. Dabei ist zu beachten, dass die Zuordnungskriterien nicht immer 100%ig übereinstimmen. Der Betreiber will aber die Marktplatzbesucher hinsichtlich ihrer Anfragen nicht enttäuschen und daher sofort ein mehr oder weniger zutreffendes Vermittlungsergebnis offerieren. Er geht davon aus, dass er mehr Teilnehmer verlieren wird, wenn er überhaupt keine Übereinstimmung unterbreiten kann und die Meldung „no objects found" herausgeben muss. Daher zieht er die Angabe von nur annähernd passenden Objekten vor, um überhaupt einen Sucherfolg anzeigen zu können. Dies gilt auch dann, wenn das gesuchte Objekt grundsätzlich zwar vorhanden, aber nur in geringer Menge anzutreffen ist. Der Betreiber konzentriert sich auf die Zuordnungsbreite des Matching auf der Informationsebene und versucht hier besser als die Wettbewerber zu sein.

▓ **Assignment-Leader**: Eine Strategieoption kann aber auch in der Schaffung einer exakten Auswahlmenge für die Informationsvermittlung bestehen (statische Variante): Hier versucht der Marktplatzbetreiber, einen sehr hohen Übereinstimmungsgrad von Angebot und Gesuch zu erreichen. Die Zuordnungskriterien müssen 100%ig übereinstimmen, auch wenn er hierdurch die Anfragen nicht direkt befriedigen kann. Vielleicht muss er die Gesuche erst über einen gewissen Zeitraum sammeln, um die passenden Transaktionspartner zu finden. Er geht hierbei davon aus, dass es der Marktplatzteilnehmer präferiert, auf das passende Objekt zu warten, als sich mit Alternativen auseinander zu setzen. Er glaubt, dass er mehr Teilnehmer verlieren wird, wenn er ein Vermittlungsergebnis offeriert, bei dem die Zuordnungskriterien nur annähernd übereinstimmen. Er setzt vor diesem Hintergrund auf die Genauigkeit des Matchings auf der Informationsebene und versucht hier besser zu sein als die Wettbewerber.

Online-Transaktionsebene

Die strategischen Optionen für die **Online-Transaktionsebene** werden durch die Auswirkungen der elektronischen Vermittlung auf das Zustandekommen eines realen Objekttaustausches determiniert. Da die Marktplatzbetreiber von den Marktplatzteilnehmern für das reale Transaktionsergebnis verantwortlich gemacht werden (s. Kapitel 4.3.2), müssen sich die Aktivitäten des Marktplatzbetreibers auch auf die Art und Weise des realen Kontaktes zwischen Anbietern und Nachfragern konzentrieren. Die Wahrscheinlichkeit für eine tatsächliche und erfolgreiche Produktbesichtigung und anschließende Übertragung des realen Objekts kann hierbei von ihm beeinflusst werden. Für die Vorbereitung der realen Produkt- bzw. Objekttransaktion stehen dem Marktplatzbetreiber wiederum zwei **Strategieoptionen** zur Verfügung (*Kollmann* 2001a, S. 131 ff.):

▓ **Content-Leader**: Eine Strategieoption kann die qualitative Betonung der Transaktionsvermittlung sein: Hierbei versucht der Betreiber, den Zugang zu seinem Marktplatz zu regulieren und die Teilnehmer bzw. deren Inhalte zu filtern. Für die Angebotsseite bedeutet dies, dass die Angaben zu den Objekten vorab real oder über Indikatoren geprüft werden, bevor diese den Nachfragern offeriert werden (z. B. *TÜV*-Berichte für Gebrauchtwagen oder Gutachten für Immobilien). Für die Nachfragerseite ist die Konsequenz, dass nur registrierte Marktplatzteilnehmer auf die Angebote gelenkt werden. Den Hintergrund bildet die Annahme, dass registrierte Nachfrager ein signifikant höheres Interesse an einer Transaktion aufweisen als unregistrierte „Surfer". Der Marktplatzbetreiber kann durch diese Maßnahme sicherstellen, dass nur Nachfrager mit einem echten Interesse auf ein geprüftes Angebot gelenkt werden. Zwar werden dadurch tendenziell weniger reale Kontakte realisiert, die Wahrscheinlichkeit für einen tatsächlichen Geschäftsabschluss vor Ort wird jedoch erhöht. Der Marktplatzbetreiber konzentriert sich damit nicht auf die Kontaktmenge zwischen Nachfrage und Angebot, sondern legt den Schwerpunkt auf die Qualität der Informationsinhalte.

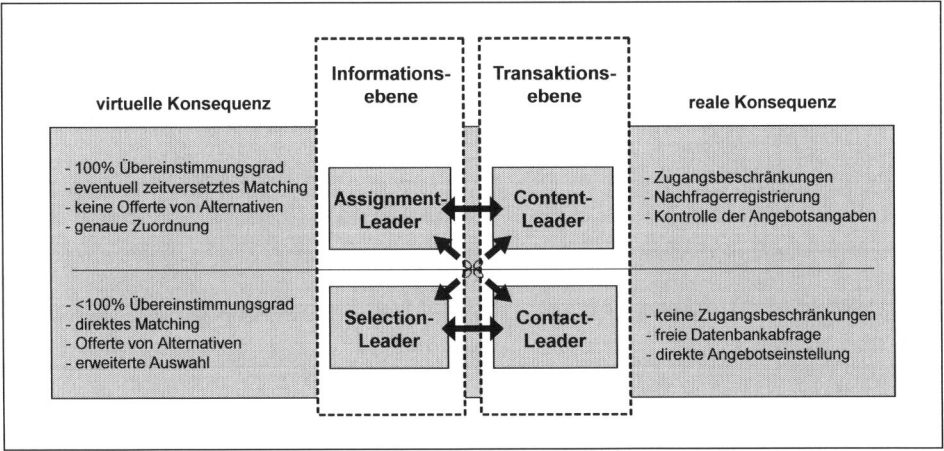

Abb. 50:   Strategieoptionen für die Betreiber der E-Marketplace
Quelle: *Kollmann* 2001a, S. 131.

▓ **Contact-Leader**: Eine weitere Strategieoption kann aber auch die quantitative Betonung der Transaktionsvermittlungen darstellen: Der Marktplatzbetreiber verzichtet auf Überprüfungen, sodass der Zutritt zum Marktplatz offen ist und möglichst viele Nachfragen und Angebote von ihm gesammelt werden können. Die Anbieter stellen ihre Objekte ohne Reglementierungen und das Filtern der Angaben ein. Dies kann jedoch „schön gefärbte" Angaben privater Anbieter oder Lockangebote von professionellen Händlern zur Folge haben. Andererseits erhält der Marktplatzbetreiber aber ein umfangreiches Angebotsportfolio, dessen quantitatives Ausmaß er gegenüber der Nachfragerseite für werbliche Zwecke nutzen kann. Der Nachfrager kann seinerseits – unabhängig davon, ob ein echtes Kaufinteresse vorliegt – die Datenbank mit den Angeboten ohne Einschränkungen durchsuchen. Damit stellt der Betreiber sicher, dass es zu möglichst vielen Suchabfragen kommt, die in der Mehrheit aber eigentlich nur als Testversuche gewertet werden können. Auch das quantitative Ausmaß der Suchabfragen kann er aber gegenüber der Angebotsseite zu werblichen Zwecken einsetzen. Im Resultat hofft der Betreiber, dass durch die hohe Zahl der elektronischen Kontakte auch die Wahrscheinlichkeit für das Zustandekommen eines Besichtigungstermins und damit für einen Geschäftsabschluss vor Ort steigt. Er konzentriert sich somit auf die quantitative Kontaktmenge zwischen Nachfrage und Angebot.

Eine eindeutige Ausrichtung ist – wie auf der Informationsebene – auch hier ratsam. Im Zusammenschluss von Informations- und Transaktionsebene kann davon ausgegangen werden, dass die Strategien Assignment-Leader und Content-Leader auf der einen bzw. Selection-Leader und Contact-Leader auf der anderen Seite eher miteinander korrespondieren als die umgekehrten Optionen. Das Ergebnis kann jedoch je nach Handelsobjekt auch unterschiedlich sein (s. Abb. 50).

Online-Wettbewerbspositionierung

Um die **Online-Wettbewerbspositionierung** von virtuellen Marktplätzen zu veranschau-
lichen, ist es oftmals hilfreich, eine sog. Wettbewerbsmatrix anzufertigen, in der dann
eine Positionierung der Marktplätze vorgenommen werden kann. Das erste Merkmal zur
Beschreibung der Wettbewerbsstrategien kann aus den Online-Optionen auf der Informationsebene abgeleitet werden. Es ist festzustellen, dass die hier dargestellten Varianten auf
einem gemeinsamen Nenner basieren: der elektronischen Vermittlungsquote. Diese Quote
gibt entsprechend der strategischen Ausrichtung des Betreibers an, wie viele Angebote
und Nachfragen er auf der Informationsebene vermitteln konnte. Die **elektronische Vermittlungsquote** misst folglich das prozentuale Verhältnis von erfolgreichen zu unerfüllten
Koordinationsakten.

Das zweite Merkmal kann aus den Online-Optionen auf der Transaktionsebene abgeleitet
werden. In ähnlicher Weise spiegeln sich auch hier die dargestellten Strategievarianten
der Transaktionsebene in einem gemeinsamen Ergebnis wider: der realen Transaktionsquote. Diese Quote gibt entsprechend der strategischen Ausrichtung des Marktplatzbetreibers an, bei wie vielen Vermittlungsversuchen eine reale Transaktion zustande gekommen ist. Die **reale Transaktionsquote** misst somit das prozentuale Verhältnis von erfolgreichen zu unerfüllten realen Tauschakten. Anhand dieser beiden Dimensionen kann nun
eine **Wettbewerbsmatrix** für E-Marketplace angefertigt werden (s. Abb. 51). Die Vier-
Felder-Matrix verfolgt das Ziel, die konkurrierenden Marktplätze gegeneinander abzugren-
zen und die jeweilige **Marktpositionierung** zu beschreiben (*Kollmann* 2000b):

▓   **???-Marktplätze**: Marktplätze mit einer niedrigen Vermittlungsquote und einer nied-
    rigen Transaktionsquote (Sektor 1 in Abb. 51) verfügen weder über eine ausreichende
    Anzahl an Teilnehmern noch über qualitativ hochwertige Handelsobjekte in der Daten-
    bank. Es kommt unabhängig von der Auswahl des Übereinstimmungsgrades auf der
    Informationsebene kaum zu einem brauchbaren Matching-Ergebnis. Zusätzlich führen
    die eher geringwertigen Handelsobjekte und Gesuche selten zu einem realen Geschäfts-
    abschluss. Folglich muss das Ziel des Betreibers zunächst darin bestehen, auf der
    Informationsebene eine Verbesserung der Ausgangslage zu erreichen. Es empfiehlt
    sich dabei, die grundsätzliche Teilnehmer- bzw. Objektmenge z. B. durch Werbemaß-
    nahmen zu erhöhen, um hierdurch mehr Spielraum für das Matching zu gewinnen.

▓   **Matchingorientierte Marktplätze**: Marktplätze mit einer hohen Vermittlungsquote
    aber einer niedrigen Transaktionsquote (Sektor 2 in Abb. 51) verfügen über ausrei-
    chend Teilnehmer bzw. Handelsobjekte in der Datenbank. Der Betreiber erreicht auf
    der Informationsebene ein ausreichendes Resultat in der Zuordnung. Dagegen mangelt
    es jedoch an der Umsetzung dieser guten elektronischen Vermittlungsquote in einen
    tatsächlichen Geschäftsabschluss. Dafür kann es mehrere Gründe geben: Entweder ent-
    sprechen die Angaben auf der Angebotsseite nicht der Wahrheit, sodass vor Ort kein
    Abschluss stattfindet, oder es mangelt bei den Nachfragern an Ernsthaftigkeit hinsicht-
    lich einer tatsächlichen Transaktion (Testkontakte).

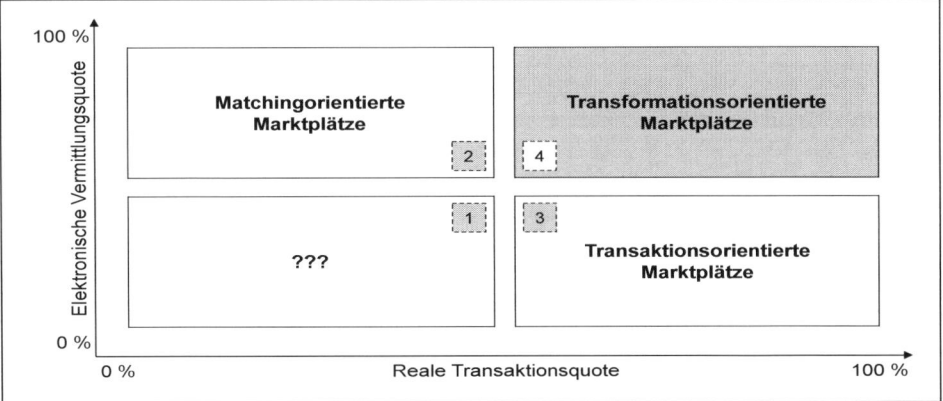

Abb. 51:   Die Wettbewerbsmatrix für einen E-Marketplace
Quelle: *Kollmann* 2001a, S. 134.

▦ **Transaktionsorientierte Marktplätze**: Marktplätze mit einer geringen Vermittlungsquote aber einer hohen Transaktionsquote (Sektor 3 in Abb. 51) haben die Fähigkeit, die wenigen Vermittlungen auf der Informationsebene in einen realen Kontakt bzw. einen Geschäftsabschluss umzusetzen. Der Betreiber erreicht trotz schwacher Ausgangsbasis ein gutes Resultat auf der Transaktionsebene. Folglich muss hier das Ziel des Betreibers darin bestehen, die Ausgangsbasis auf der Informationsebene zu verbreitern.

▦ **Transformationsorientierte Marktplätze**: Marktplätze mit einer hohen Vermittlungsquote und einer gleichzeitig hohen Transaktionsquote (Sektor 4 in Abb. 51) sind in der Lage, eine überdurchschnittlich hohe Anzahl an Vermittlungen auf der Informationsebene in einen realen Kontakt bzw. einen tatsächlichen Geschäftsabschluss umzusetzen. Es ist anzunehmen, dass es sich diese Marktplätze leisten können, eine klare Wettbewerbsstrategie zu verfolgen: Sie realisieren die Idealverknüpfung von Selection- und Contact-Leader oder Assignment- und Content-Leader (s. Abb. 50). Diese Marktplatzbetreiber werden dann – insbesondere für Wettbewerber in Sektor 1 – vor diesem Hintergrund nur noch schwer angreifbar oder gar im Wettbewerb zu überholen sein.

Mit dem Konstrukt der Wettbewerbsmatrix ist ein erstes betriebswirtschaftliches Bewertungsinstrument für E-Marketplace identifiziert. In der Praxis sollte die Vier-Felder-Matrix hinsichtlich der grafischen Trennung in die einzelnen Bereiche als Kontinuum mit fließenden Übergängen angesehen werden.

Über eine klare Wettbewerbsstrategie in Bezug auf die Informations- und Transaktionsebene kann sich ein E-Marketplace in Bezug auf das Ergebnis einer elektronischen Vermittlungs- und realen Transaktionsquote von anderen Plattformen differenzieren.

Fallbeispiel: Uber/Taxi.eu

Uber ist ein US-amerikanisches Dienstleistungsunternehmen mit Sitz in San Francisco. Es bietet in vielen Städten der Welt Online-Vermittlungsdienste zur Personenbeförderung an. Die Dienste UberX und UberBlack vermitteln Fahrgäste an Mietwagen mit Fahrer, UberPop vermittelt sie an private Fahrer mit eigenem Auto. Laut eigener Angaben ist das Unternehmen in 65 Ländern weltweit aktiv und vermittelt dort 15 Mio. Fahrten pro Tag zwischen 3 Mio. Fahrern und 75 Mio. Fahrgästen. Durch seine zahlreichen Services in verschiedenen Preisklassen (z. B. Mittelklasse oder Premiumklasse), welche von Uber über eine App in Echtzeit an seine Kunden übermittelt wird, hat sich Uber hinsichtlich der Informationsebene als Selection-Leader (direktes Matching in Echtzeit auch von nicht direkt passenden Fahrtrouten) positioniert. Mit Blick auf die Strategieoptionen der Online-Transaktionsebene hat sich Uber durch die Vielzahl an aktiven Fahrern und die damit verbundene schnelle Verfügbarkeit von Fahrten, welche direkt gebucht werden können, als Content-Leader (Registrierung von Fahrern und Fahrgast) positioniert. Insofern erreicht das Unternehmen eine sehr gute Verknüpfung der beiden Strategieebenen, sodass es einen transformationsorientierten Marktplatz mit hoher elektronischer Vermittlungsquote und realer Transaktionsquote darstellt. Demgegenüber versucht taxi.eu eine Fahrtenvermittlung nur an offizielle Taxis zu gewährleisten. Damit verfolgt man über die Assignment-Leader-Strategie (Matching in Verfügbarkeit von freien Taxis für konkrete Wegstrecke) in Kombination mit der Content-Leader-Strategie (Registrierung von Taxis) das Ziel, sich als transaktionsorientierter Marktplatz und Vertriebskanal für angeschlossene Taxi-Unternehmen zu positionieren.

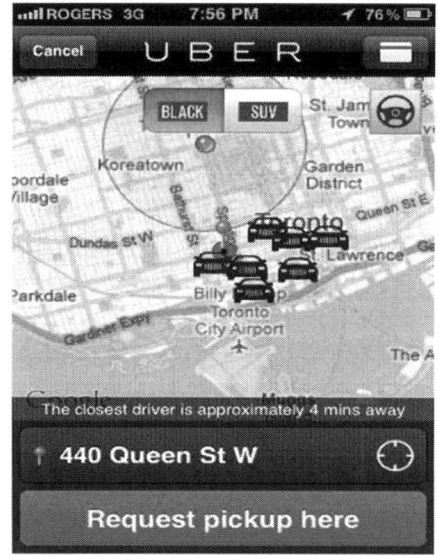

See the closest cars around you, and check out the ETA on the nearest car.

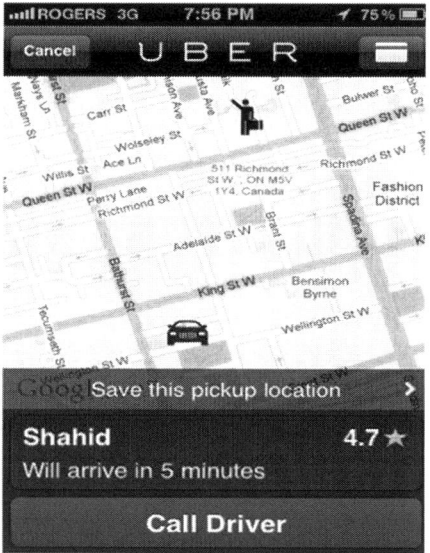

Track your Uber and get in touch with your driver all via the app.

4.4 Das Marketing beim elektronischen Handel

Die **Marketingebene** eines E-Marketplace befasst sich generell mit den Methoden der bilateralen Kundengewinnung und Kundenbindung auf der Anbieter- und Nachfragerseite. Oberstes Ziel dabei ist die Erreichung und Zuführung der Online-Marktplatzteilnehmer für den E-Marketplace, sowie die Ausschöpfung aller Umsatzpotenziale durch die Steigerung der elektronischen bzw. realen Transaktionsquote (s. Kapitel 4.3.3). Gerade das Internet bietet vor diesem Hintergrund unzählige Möglichkeiten, potenzielle Online-Marktplatzteilnehmer mit „neuartigen" Marketing-Maßnahmen für eine Online-Koordination zu begeistern. Diese orientieren sich prinzipiell aber weitgehend an den bereits erfolgten Darstellungen zur Einwerbung von Online-Kunden bei einem E-Shop (s. Kapitel 3.4). Und so kommen auch bei einem E-Marketplace bspw. die Instrumente von Online- und Viral-Marketing oder ein One-to-One-Marketing in Frage. Die Besonderheit bei einem E-Marketplace ist dagegen die Abstimmung der Kommunikation auf die beiden Marktseiten mit Anbietern und Nachfragern, die über ein divergierendes Anforderungsprofil verfügen (s. Kapitel 4.3.2). Die Entwicklung eines bilateralen Marketingkonzepts, mit dem der Marktplatzbetreiber seinen beiden Kundengruppen gegenübertreten kann, avanciert vor diesem Hintergrund zu einem kritischen Erfolgsfaktor für den Aufbau, das Wachstum und die Erhaltung von elektronischen Marktplätzen. Folgende Ausführungen befassen sich mit der Gestaltung des Marketingkonzepts für einen E-Marketplace (*Kollmann* 2019a).

 Das Handelsmarketing im Rahmen eines E-Marketplace hat die bilaterale Teilnehmergewinnung (Anbieter und Nachfrager) zum Ziel, um diese über ein optimales Matching auf Dauer an sich zu binden.

4.4.1 Die Teilnehmergewinnung

Im Rahmen der **Teilnehmergewinnung** verfolgen die Betreiber von E-Marketplaces das unternehmerische Ziel, Anbieter und Nachfrager auf die eigene Plattform zu ziehen und zwischen diesen beiden Marktseiten eine bezahlte Vermittlungsleistung durchzuführen (*Kollmann* 2001a). Am Anfang steht folglich die alleinige Frage, wie der Marktplatzbetreiber Teilnehmer für seine digitale Plattform gewinnen kann, damit ein Grundpotenzial an Objekten für das Matching vorhanden ist. Im Rahmen der allgemeinen **Akquisition von Marktplatzteilnehmern** wird zunächst versucht, für einen regen Besuch des E-Marketplace zu sorgen, indem anvisierte Zielgruppen animiert werden, die Internetadresse aufzusuchen. Dies gelingt zum einen durch eine gezielte Kommunikationsstrategie für die Bekanntmachung des elektronischen Angebotes und zum anderen durch die Gestaltung eines einfachen Zugangs zu der Datenbank des Marktplatzes (Design, Ergonomie). Da der Werbeaspekt und vor allem die Überwindung des kritischen Kostenpunktes (s. Kapitel 4.2.1) verbunden mit dem Erreichen der kritischen Masse (s. Kapitel 4.3.1) im Vordergrund steht, sollte gerade in der Gründungsphase auf die Erhebung einer Zugangs- bzw. Transaktionsgebühr verzichtet werden. Im Mittelpunkt der anfänglichen Bemühungen steht der Abbau von Marktwiderständen, um so insgesamt für viele Marktplatzbesucher/

-teilnehmer einen einfachen Einstieg in das elektronische Marktplatzgeschehen zu erreichen (*Kollmann* 2019a).

Hinsichtlich der **Kommunikationsstrategie** gilt eine zweigleisige Vorgehensweise: Um das Angebot eines E-Marketplace bekannt zu machen, sollten sämtliche Werbemöglichkeiten in der Online-Welt und in der realen Welt ausgeschöpft werden. Klassische Parallelmedien zum elektronischen Angebot, z. B. eine Autozeitschrift für einen elektronischen Automarkt, erzielen einen hohen Kommunikationswert, da mit diesem Medium die gleiche Zielgruppe angesprochen werden kann (*Kollmann* 1999a, S. 32). Folglich sollte der Marktplatzbetreiber in den traditionellen Medien reale Wegweiser/Zugangsverweise (Werbung mit Internetadresse) platzieren. Neben den klassischen Medien spielen in der elektronischen Welt aber auch gezielte „Online-Wegweiser" (Links von anderen Angeboten im Datennetz auf die eigenen Seiten) und indessen gezielte Targetingmaßnahmen oder Werbebanner eine herausragende Rolle, da auf diese Weise analog zum E-Shop-Marketing potenzielle Teilnehmer zu der Marktplatz-Plattform quasi per „Mausklick" geleitet werden können (s. Kapitel 3.4; *Kollmann* 2019a).

Online-Anbieteraktivierung

Im Rahmen der **Online-Anbieteraktivierung** geht es nicht nur um die Neugewinnung von Anbietern, die ihr Angebot auf den Marktplatz einstellen, sondern auch um die Wiedergewinnung dieser Anbieter für erneute Angebotseinstellungen. Einen weiteren Aspekt spielt in diesem Zusammenhang die Menge der eingestellten Objekte bzw. Angebote, wobei die Anbieteraktivierung erreichen soll, dass möglichst viele Datensätze dem Marktplatz zugeführt werden. Dies ist insbesondere auch deshalb wichtig, da der erste Eindruck des Datenbankwertes (Anzahl der eingestellten Objekte) neben den Kosten der Inanspruchnahme maßgeblich die Attraktivität des E-Marketplace aus Nachfragersicht bestimmt (s. Kapitel 4.3.2; *Kollmann* 2001a, S. 109 ff.). Dabei bewertet der Nachfrager die Attraktivität nicht nur auf der Basis der Anzahl an partizipierenden Anbietern und Angeboten, vielmehr zählt die Qualität und Aktualität der Daten über die offerierten Objekte. Zur Stimulierung von Marktplatzaktivitäten genügt es daher nicht, nur möglichst viele Anbieter für die Plattform zu gewinnen, der Marktplatzbetreiber muss ebenfalls sicherstellen, dass die auf dem Marktplatz aktiven Anbieter ihre Offerten qualitativ hochwertig beschreiben und ihr Angebot auf einem aktuellen Stand halten. Daher spielt neben der Akquisition von Anbietern ebenfalls die Stimulation der Nutzung eine bedeutende Rolle im Marketing elektronischer Marktplätze. Von großer Relevanz ist vor diesem Hintergrund die Aktivierung von sog. Key-Account-Anbietern, also von Schlüsselanbietern, die für den E-Marktplatz von großem Wert sind (Key-Account-Management; *Kollmann* 2019a). Der **Prozess der Anbieteraktivierung** auf dem E-Marketplace gliedert sich in fünf Phasen (*Gerst* 2002, S. 64):

- **Planung**: Die Planung ist der erste Schritt der Anbieteraktivierung. Dabei legt der Marktplatzbetreiber bspw. die mit der Aktivierung verbundenen Ziele sowie die Strategien und Vorgehensweisen für die Realisierung dieser Ziele fest. In dieser Phase verschafft er sich ebenfalls einen Überblick über potenzielle Anbieter.

▨ **Auswahl**: In einem zweiten Prozessschritt muss der Marktplatzbetreiber aus den identifizierten Anbietern diejenigen auswählen, die für ihn von besonderem Interesse sind. Zu den Kriterien, die die Auswahl bestimmen, zählen insbesondere die Wichtigkeit sowie die sog. „E-Commerce-Readiness" (*Gerst* 2002, S. 65) des Anbieters für den E-Marketplace. Die Wichtigkeit wird u. a. determiniert durch transaktionsorientierte Kennzahlen (Anzahl der Transaktionen, die Höhe des Umsatzes, Prozesskosten etc.) aber ebenso durch die prognostizierte zukünftige Entwicklung des Anbieters. Als Determinanten der E-Commerce-Readiness sind insbesondere die technische Infrastruktur des Anbieters, dessen E-Commerce-Erfahrungen sowie die Update-Häufigkeit des Datenbestandes zu nennen. Auch die Auswahl von Anbietern, die noch nicht „e-ready" sind, kann sinnvoll sein, falls sie über ein großes Commitment als Marktplatzteilnehmer den elektronischen Handel mitzugestalten verfügen.

▨ **Strategie**: Für die ausgewählten Anbieter gilt es nun eine individuelle Aktivierungsstrategie zu entwickeln. Im Rahmen dieser Strategie stehen die Etablierung von Prozessen zur einfachen Teilnahme am Marktgeschehen, das Design effizienter Kommunikationsstrukturen zwischen Marktplatzbetreiber und Anbieter, sowie die Formulierung einer „e-message" an. Diese „e-message" soll den Anbieter auf die Initiative des Marktplatzbetreibers einschwören und dabei die Vorteile und Mehrwerte für alle Beteiligten hervorheben. Eine kontinuierliche Kommunikation zwischen Anbieter und Betreiber ist notwendig, um das Commitment zur Partizipation aufrecht zu erhalten. In diesem Kontext steht der E-Marketplace vor der Herausforderung ein elektronisches Key-Account-Management zu realisieren, das den Zielsetzungen der individuellen Kundenbetreuung entspricht (*Kollmann* 2019a).

▨ **Technik**: Die auf der strategischen Ebene definierten Prozesse zur Teilnahme des Anbieters an dem Marktplatzgeschehen gilt es in dem vierten Prozessschnitt technisch umzusetzen. Dazu stehen dem Marktplatzbetreiber diverse Möglichkeiten zur Verfügung, die sich hinsichtlich der Kosten und des Aufwands für die Anbindung deutlich unterscheiden. Jedoch sind diese Implementierungskosten in Bezug zu setzen einerseits zu den Einsparungen, die z. B. durch Prozessautomatisierungen erreicht und andererseits zu den Vorteilen, die bspw. durch die dauerhafte Bindung eines Anbieters an den E-Marketplace generiert werden können (s. Kapitel 4.4.2).

▨ **Content**: Der fünfte Prozessschritt fokussiert die Datenbereitstellung in den Datenbanken des Marktplatzbetreibers. Dabei sollten Anbieter und Marktplatzbetreiber eng zusammenarbeiten, um eine möglichst hohe Qualität und Aktualität des Contents zu gewährleisten (Katalogmanagement).

Online-Nachfrageraktivierung

Zu den zentralen Anforderungen der Anbieterseite an digitale Marktplätze zählt die Quantität der vorhandenen Nachfrager sowie die absolute Zahl an „echten" Kaufabsichten (s. Kapitel 4.3.2; *Kollmann* 2001a, S. 111). Im Rahmen der **Online-Nachfrageraktivierung** steht neben der Akquisition von Nachfragern in einer rein quantitativen Ausrichtung auch die Aktivierung von Nachfragern zur Steigerung des Anteils der Besucher mit einem echten Kaufinteresse. Diese Aktivierung basiert dabei auf den folgenden drei **Aspekten** (*Kollmann* 2001a, S. 109 f.):

- **Zugangsakt** (Vermittlungskosten, Datenbankwert): Der Marktplatzbetreiber sollte einen möglichst einfachen Zugang für den Nachfrager zu seinem Angebot sicherstellen. Ob ein Teilnehmer tatsächlich auf den Marktplatz kommt und über eine Nutzung nachdenkt, ist abhängig von den Kosten der Inanspruchnahme und dem ersten Eindruck vom Datenbankwert, den er hier vorfindet.

- **Nutzungsakt** (Nutzungsbereitschaft, Vermittlungsleistung): Der Marktplatzbetreiber sollte eine einfache Nutzung seines Angebotes sicherstellen, d. h. die interaktiven Kommunikationsmodule so gestalten, dass die Nachfrager immer wieder die Möglichkeiten des virtuellen Angebots in Anspruch nehmen. Die Mitglieder müssen die Interaktionsmodule nutzen, um Objektdaten abzurufen. Erst hierdurch wird das Potenzial für die virtuelle Vermittlungsleistung geschaffen, an dem der Marktplatzbetreiber auf dieser Stufe gemessen wird. Eng verbunden mit dem Nutzungsakt sind die zugehörigen Fragen der Nutzungsakzeptanz, wie sie in Kapitel 1.1.2 und 1.1.4 beschrieben und diskutiert werden.

- **Bindungsakt** (Realtransformation): Der Marktplatzbetreiber muss erreichen, dass er von den potenziellen Nachfragern automatisch mit bestimmten Themengebieten in Verbindung gebracht wird und diese sich dann immer wieder an ihn wenden (z. B. Auktion = *ebay.de*). Diese Wahrnehmung ist letztendlich abhängig vom dauerhaften Vermittlungserfolg für reale Transaktionen.

Bei seinen Aktivitäten im Rahmen der Aktivierung von Nachfragern und Anbietern darf der Marktplatzbetreiber nicht die Tatsache außer Acht lassen, dass er beide Kundengruppen gleichermaßen zu einer kontinuierlichen Nutzung aktivieren muss, um kein Ungleichgewicht bezüglich der Koordinationsleistung (s. Kapitel 4.3.1) zu forcieren. Dementsprechend sind die Maßnahmen immer auf zwei Seiten zu konzentrieren, sodass grundsätzlich ein bilaterales Marktplatzmarketing gewählt werden muss, bei dem die Aktionen für beide Marktseiten aufeinander abgestimmt werden müssen (s. Kapitel 4.4; *Kollmann* 2000a).

Online-Marktplatzmarketing

Die Schaffung eines quantitativen und qualitativen Gleichgewichts zwischen den beiden Marktparteien gehört zu den zentralen Aufgaben des Betreibers eines E-Marketplace (s. Kapitel 4.3.1; *Kollmann* 1999a, S. 33 f.). Marktplatzbesucher werden den Marktplatz schnell wieder verlassen, wenn es dort nicht ausreichend viele oder keine passenden Gegenspieler gibt (*Kollmann* 1998c). Sämtliche Maßnahmen sind somit immer vor dem Hintergrund dieser tripolaren Beteiligungsstruktur (s. Kapitel 4.3.1) und damit einer für den Betreiber bilateralen **Online-Marktplatzmarketing** durchzuführen. Dies bedeutet im Ergebnis ein grundsätzliches Umdenken gegenüber traditionellen Marketingüberlegungen: Es geht nicht mehr um eine Maximierung des Marketingerfolges auf der Kundenseite (wie

z. B. beim Produktverkauf), sondern vielmehr um eine zeitlich parallele Minimierung der Differenz des Marketingeinsatzes im Hinblick auf das Ergebnis auf Anbieter- und Nachfragerseite. Um die Marketingeffizienz des bilateralen Marketings zu erhöhen, können verschiedene Instrumente zur Unterstützung herangezogen werden. Auf Seiten der **anbietenden Teilnehmer** kann man prinzipiell zwischen Instrumenten der vier Teilpolitiken des Marketings unterscheiden, mit deren Hilfe der Marktplatzbetreiber das Beziehungsmarketing seiner Anbieter unterstützt (*Bauer/Hammerschmidt* 2003, S. 23 ff.):

- **Produktpolitik**: Zur Unterstützung des bilateralen Marketings können z. B. dynamische Produktkataloge eingesetzt werden, die einerseits die aktuellsten Artikeldaten in Echtzeit vom Anbieter zum Nachfrager übertragen, andererseits kann hierunter aber auch die komfortable Navigation und Klassifizierung des gesamten Produktangebotes verstanden werden, damit die Anbieter ihr Angebot an der richtigen Stelle auf dem Marktplatz einsortieren können. Zusätzlich kann der Betreiber auch eine multimediale Verkaufsunterstützung anbieten, wodurch Angebote umfassender und übersichtlicher auf der Marktseite präsentiert werden können.

- **Preispolitik**: Je nach Art des Marktplatzes müssen die Preisverhandlungen nicht nur elektronisch unterstützt werden, sondern auch so gestaltet sein, dass die Anbieter ihr Angebot möglichst effizient und übersichtlich verwalten können.

- **Kommunikationspolitik**: Bei der Kommunikationspolitik kann der Marktplatzbetreiber durch die Bereitstellung von Foren, schwarzen Brettern oder Communities virtuelle Kommunikationsräume zur Verfügung stellen, die es dem Anbieter erlauben, sich mit anderen Anbietern oder auch Kunden interaktiv auszutauschen. Gleichzeitig erlauben einige Marktplätze wie u.a. *Amazon* bereits interne Marketingleistungen. Im Fall von *Amazon* können Händler über die „*Amazon Marketing Services*" bestimmte Platzierungen auf der Seite kaufen (bspw. Sponsored Products, Headline Search Ads, Product Display etc.; *Kamps/Schetter* 2018, S. 230).

- **Distributionspolitik**: Der Marktplatzbetreiber kann den Anbieter dahingehend unterstützen, dass er Leistungen des Fulfillments teilweise oder ganz übernimmt. Ein Beispiel wäre hier die Möglichkeit der Anbieter auf den Logistikpartner des Marktplatzbetreibers zurückgreifen zu können oder einen marktplatzübergreifenden After-Sales Service zur Vereinfachung der Betreuung der Kunden in Anspruch nehmen zu können.

Auf Seiten der **nachfragenden Teilnehmer** kann der Marktplatzbetreiber ebenfalls Unterstützungsinstrumente bereitstellen, die z. B. die Auswahl von Lieferanten bestimmter Produkte erleichtern soll (*Bauer/Hammerschidt* 2003, S. 23 ff.). Der Marktplatzbetreiber sollte den Nachfragern sämtliche **Informationen** über seine Anbieter zur Verfügung stellen und bspw. einen direkten Link auf die Unternehmensseite des Lieferanten einfügen. Weiterhin könnte der Nachfrager dahingehend unterstützt werden, dass er seine Suche nach bestimmten Lieferanten zielgerichtet gestalten kann und z. B. eine Übersichtsseite sämtlicher Anbieter abrufen kann. Die Bereitstellung von **Verfügbarkeits- und Lieferinformationen** kann dabei helfen, dass der potenzielle Käufer seine Kaufentscheidung auf möglichst aktuellen und wahrheitsgetreuen Informationen treffen kann. Die Bewertung der Lieferanten/Anbieter eines Marktplatzes ist ein weiteres Beispiel der Kommunikatonspolitik. Der Marktplatzbetreiber ermöglicht durch verschiedene **Bewertungsverfahren** (z. B. Punkteverteilung etc.), dass Kunden den Anbieter nach Beendigung einer Transaktion subjektiv bewerten können. Somit dient der mögliche Vergleich der unterschiedlichen Anbieter unter Umständen dazu, die Urteilsbildung über die Qualität des Anbieters und die von ihm gebotenen Leistungen zu vereinfachen.

Dies bedeutet, dass der Marktplatzbetreiber hinsichtlich seiner Marketingüberlegungen auf ein bilaterales Zielgruppenverständnis zurückgreifen muss (*Kollmann* 2000a, S. 141 f.). Entsprechend muss er seine elektronischen Wertschöpfungsaktivitäten auf beide Marktseiten anpassen, d. h. die Informationsgewinnung, Informationsverarbeitung und Informationsübertragung (s. Kapitel 1.2; *Kollmann* 2019a) auf die Teilnehmer von Angebots- und Nachfrageseite beziehen. Gerade im Hinblick auf die Informationsverarbeitung steht die bilaterale Ausrichtung im Mittelpunkt, da das zentrale Konstrukt der Koordinationsleistung gerade ein Differenzelement aus einer zweiseitigen Analyse der Koordinationsanforderungen darstellt. Die **Koordinationsleistung** eines E-Marketplace ist umso höher, je besser es dem Marktplatzbetreiber gelingt, eine einzelfallspezifische Abstimmung der Anspruchsniveaus (Koordinationsanforderung) der Anbieter- und Nachfragerseite zu erreichen. Die einzelfallspezifische Abstimmung wird durch den Einsatz der digitalen Informationstechnik unterstützt bzw. ermöglicht. Hierdurch hat der Marktplatzbetreiber die Möglichkeit, mit jedem einzelnen Marktplatzteilnehmer in Kontakt zu treten.

  Die Akquirierung von Marktplatzteilnehmern muss sowohl über ein bilaterales Marketing zur Aktivierung von Anbietern und Nachfragern als auch über ein übergeordnetes Marketing für den E-Marketplace als solches erfolgen.

Fallbeispiel: Zalando

Zalando ist ein deutscher Online-Versandhändler für Schuhe und Mode mit Sitz in Berlin, welcher 2008 gegründet wurde und in Deutschland und Europa aktiv ist. Im Mai 2018 wurden bei Zalando über 1.500 Marken angeboten, darunter 16 Eigenmarken der Zalando-Tochter zLabels. Zalando steigerte im zweiten Quartal 2018 seinen Umsatz um 20,9 % auf 1,33 Mrd. Euro. Der operative Gewinn betrug 94 Mio. Euro. Angefangen als E-Shop verfolgt Zalando inzwischen auch die Plattform-Strategie eines E-Marketplace, indem man sich für Partner öffnet, die ihre Marken über Zalando verkaufen können. Entsprechend sieht das Marketing unterschiedlich für die beiden Marktseiten von Anbieter und Nachfrager aus. Zum einen geht Zalando gezielt auf geeignete Markenpartner zu und versucht über seinen Vertrieb diese für den Zalando-Marketplace zu gewinnen. Die zugehörige Kommunikation orientiert sich an Stichworten wie Kundenreichweite, Infrastrukturleistungen und Logistik sowie der Aussage „Wir bieten unseren Partnern auf unsere 17 europäischen Märkte lokal zugeschnittene Lösungen an und ermöglichen Modemarken und -händlern damit Zugang zum europäischen Modemarkt." Planung, Strategie und

Technik sind hier im Zuge der Anbieteraktivierung klar erkennbar. Auf der Nachfrager-seite emotionalisiert das Unternehmen seine enorme Auswahlmöglichkeit an Mode mit einer Kampagne: „Zu schick, zu denim, zu gelb, zu glitzernd? Gibt's nicht. Wenn es dir gefällt, trag es einfach. So lautet die Botschaft des schrill-bunten Videos, mit dem Zalando seine Frühjahr-Sommer-Mode bewirbt. Der Spot ist das Herzstück der internationalen Kampagne mit dem Hashtag #StandByYourStyle – eine lautstarke Eigeninterpretation des Spieleklassikers Stille Post". Verlängert wird das Bewegtbild in TV und Digital von Print-anzeigen, Out-of-Home, Display, Social Media (paid und owned), Radio, Kino, Events und lokalen Aktivierungen. Damit rückt Zalando den Nutzungsakt in den Mittelpunkt sei-ner nachfragerseitigen Kommunikationsstrategie. Egal was man wann und wie sucht, bei Zalando findet man es. Für das übergreifende Marktplatzmarketing lassen sich für beide Marktseiten die Aspekte Produkt- („Für Kunden das größtmögliche Sortiment und für Partner die Kundenreichweite") und Distributionspolitik („Unsere Investitionen in Infra-struktur bilden den Grundstein für unser Leistungsangebot für Kunden und Partner gleichermaßen.") identifizieren. Zalando ist davon überzeugt, dass die eigenen Wachs-tumsziele am besten mithilfe eines plattformbasierten Geschäftsmodells zu erreichen sind. Dafür sind drei Bereiche von entscheidender Bedeutung, in die konsequent investiert wird: Kunden, Infrastruktur und Partner. Auch hier spiegelt sich der bilaterale Marketingansatz unter einer tripolaren Beteiligungsstruktur bei einem E-Marketplace wider.

🪁 zalando   UNTERNEHMEN   INNOVATION   VERANTWORTUNG   INVESTOR RELATIONS   NEWSROOM   Q

Für **Kunden** wollen wir das größtmögliche und saisonal aktuellste Sortiment mit maximaler Verfügbarkeit anbieten. Gleichzeitig schaffen wir durch starke Personalisierung Inspiration und eine relevante Auswahl für unsere Kunden. Auf der letzten Maile investieren wir in den Liefer-, Zahlungs-, Kundenservice- und Rückgabeprozess, um unseren Kunden einen möglichst einfachen und reibungslosen Transaktionsverlauf zu ermöglichen.

Zalando setzt auf bequeme Lieferservices für ein optimales Einkaufserlebnis.

Für **Markenpartner** ist die Möglichkeit, auf unsere Kundenreichweite zurückzugreifen, eine große Geschäftschance, die sie durch Nutzung unserer Plattformstruktur für sich wahrnehmen können. Durch unser Partnerprogramm können Marken ihre Bestände direkt auf der Zalando-Plattform anbieten. Das erweiterte Sortiment und die bessere Verfügbarkeit vergrößert Zalandos Kundenreichweite – die wiederum mehr Marken auf die Plattform zieht. Über die Plattform bietet Zalando digitale und Infrastrukturleistungen, z.B. in den Bereichen Analytik, Werbung und Logistik. Wir gehen davon aus, dass diese Leistungen eine selbstverstärkende Wachstumsdynamik auslösen und das Potenzial von Zalando weiter entfalten werden.

#StandByYourStyle | Spring-Summer 2019 | Zalando

4.4.2   Die Teilnehmerbindung

Bei den Vermarktungsbemühungen auf elektronischen Marktplätzen ist es entscheidend, dass die Teilnehmer nicht nur zum Marktplatzangebot geleitet werden, sondern dass sie das Vermittlungsangebot auch nutzen (*Kollmann* 2001a). Darüber hinaus sollte die Entscheidung für den E-Marketplace dabei nicht nur einmalig, sondern wiederkehrend sein. Im Rahmen des Marketings auf elektronischen Marktplätzen werden Marketing-Maßnahmen daher nicht nur auf die Mitgliederakquirierung, sondern ebenfalls auf die Stimulation von Nutzungsaktivitäten und die dauerhafte Bindung an den E-Marketplace ausgerichtet. Im Mittelpunkt der **Kundenbindung** stehen dabei aus Betreibersicht Anreiz-Beitrags-Strategien zur Förderung der Geschäftsaktivitäten auf dem E-Marketplace, die Schaffung einer Marktplatzloyalität bei den Kunden sowie die Generierung von Vertrauen in die Handelspartner und ihre Angebote und Gesuche durch ausgefeilte Bewertungssysteme.

Generell kann beim Marktplatzmarketing davon ausgegangen werden, dass zwar einerseits die Kundengewinnung im Vordergrund steht, diese allerdings an Bedeutung verliert, sobald ausreichend Anbieter und Nachfrager auf der Plattform agieren (kritische Masse). Deshalb gewinnt die dauerhafte Kundenbindung in diesem Zusammenhang an Bedeutung, da die einmal erreichte kritische Masse langfristig an den Marktplatz gebunden werden soll. Zum Aufbau von Kundenbeziehungen (**Relationship Marketing**) und somit der **Pflege und Stabilisierung des Kundenstammes** sind bei Marktplätzen vier Prinzipien ausschlaggebend (*Bauer/Hammerschmidt* 2004, S. 94 ff.). Diese stehen in einer zeitlichen und logischen Beziehung zueinander, d. h. bevor ein Prinzip höherer Ordnung angegangen werden kann, sollte der Marktplatzbetreiber sicherstellen, das niedrige Prinzip umgesetzt zu haben. Ebenfalls steigt der Bindungsgrad mit dem Erreichen des nächsthöheren Prinzips deutlich. Erst wenn alle vier Prinzipien auf dem Marktplatz umgesetzt sind, kann von einer dauerhaften Bindung der Kunden an den E-Marketplace ausgegangen werden. Im Einzelnen stehen dem Marktplatzbetreiber die nachfolgenden vier **Prinzipien zur Kundenbindung** zur Verfügung (*Bauer/Hammerschmidt* 2004, S. 94 ff.):

▪ **Integrieren**: Durch die Bereitstellung interaktiver Elemente, wie z. B. E-Mails, Chatrooms, Foren oder Feedback-Formulare ist es möglich, den Kunden in das Geschehen am Marktplatz zu integrieren. Durch die Kommunikation mit dem Betreiber hinsichtlich der Artikulation von Bedürfnissen und Verbesserungsvorschlägen oder durch Formulierung von Rezensionen und Empfehlungen wird der Kunde in den Wertschöpfungsprozess miteinbezogen und erfährt somit die Wertschätzung seiner persönlichen Einbringung in das Marktplatzgeschehen.

▪ **Interagieren**: Zur Förderung der interaktiven Beziehung zwischen Kunde und Marktplatzbetreiber können unterschiedliche Instrumente zum Einsatz kommen. Dazu zählen bspw. Call-Back-Buttons, Online-Beratung, Live Chat-Funktion oder aktive Hilfestellung bei Angebotssuche oder Angebotseinstellung. Andere Instrumente eignen sich wiederum eher für die Kommunikation zwischen den Kunden selbst, um z. B. die Entwicklung einer Community zu fördern. Hierbei können die Marktplatzbetreiber ohne aktives Eingreifen Diskussionsforen, Newsgroups oder Weiterempfehlungssysteme einrichten, die das Austauschen von Informationen und Meinungen ermöglicht. Zwar kann diese Art der Interaktion dazu genutzt werden, um z. B. Auskunft über Kundenzufriedenheit oder -wünsche zu erlangen, allerdings sollte der Marktplatzbetreiber damit rechnen, dass aufgrund der Nähe zu seiner Plattform, kein absolut realistisches Bild der Kundenmeinung erkennbar wird. Kunden, die unzufrieden sind, bevorzugen in der Regel die Äußerung ihrer Kritik auf marktplatzunabhängigen Seiten.

- **Individualisieren**: Erst durch die Individualisierung des Angebots kann der Marktplatzbetreiber erreichen, dass seine Plattform für jeden Kunden (sowohl Anbieter als auch Nachfrager) an Relevanz und Bedeutung gewinnt, da der einzelne Kunde nicht mehr Teil der Masse ist, sondern individuell als Person wahrgenommen wird. Dies erhöht auf Dauer die Wechselbarrieren und ermöglicht die langfristige Kundenbindung. Voraussetzung für die Ausschöpfung der Individualisierungsmöglichkeiten ist die Schaffung von Kundenprofilen. Profile lassen sich relativ einfach durch einmalige Registrierung der Kunden auf der Plattform einrichten und durch Sammlung sämtlicher Informationen und Spuren, die die Besucher auf der Seite hinterlassen, anreichern. Dadurch entsteht im Laufe der Zeit ein umfassendes Bild des Kunden, das z. B. durch Data Mining zur weiteren Kundenbindung sinnvoll eingesetzt werden kann. Das durch den Aufbau einer professionellen Kundendatenbank gewonnene Wissen wird für zielgerichtete Marketing-Maßnahmen verwendet, die im Zuge der Unterbreitung von individuellen Angeboten die Personalisierung erhöhen und dadurch Wettbewerbsvorteile für den Marktplatzbetreiber innerhalb des Marktes begründen können.

- **Exklusivieren**: Berücksichtigt man die Tatsache, dass unter Umständen nicht alle Kunden gleichermaßen wertvoll für den Marktplatzbetreiber sind, so sollte der Pflege von besonders wichtigen Kunden ein hohes Maß an Sorgfalt beigemessen werden. Durch exklusive Leistungen für diese Kunden (z. B. zusätzliche Serviceleistungen oder Kundenclubs mit beschränktem Zugang) kann ein kundenwertgesteuertes Marketing realisiert werden. Abstufungen hinsichtlich der Intensität der Kundenbetreuung sind hier in der Praxis durchaus vorzufinden, da die Ressourcenverteilung und das Marketingbudget möglichst effektiv eingesetzt werden müssen. Somit ist der Marktplatz in der Lage durch Exklusivität die Fürsorge der umsatzstarken Kunden zu erhöhen. Nichtsdestotrotz sollte der gesamte Kundenstamm als wertvoll betrachtet werden und z. B. durch Mengenrabatte oder Bonuspunkteprogramme zumindest teilweise ein gewisses Maß an Exklusivität erfahren.

Online-Anreizstrategien

Sind die neuen Marktplatzteilnehmer erst einmal zum E-Marketplace geleitet worden, zielen die weiteren Marketingaktivitäten des Marktplatzbetreibers auf die Stimulation der Nutzung des Plattformangebots. Die Nutzung bezieht sich hierbei auf die Inanspruchnahme der interaktiven Kommunikationsmodule mit deren Hilfe Informationen in die Datenbank eingegeben oder abgerufen werden können. Der Erfolg von elektronischen

Marktplätzen wird somit nicht allein durch den Zugang neuer Mitglieder determiniert, sondern vielmehr durch die tatsächliche Teilnahme am Matching-Prozess. Der Marktplatzbetreiber sollte dabei die elektronischen Nutzerspuren der Teilnehmer verfolgen, um sich so ein Bild davon machen zu können, welche Angebote besonders und welche kaum in Anspruch genommen werden. Die Analyse der Nutzerspuren kann hierbei aggregiert über alle Teilnehmer des E-Marketplace oder aber individuell erfolgen. Im Rahmen einer empirischen Studie wurde nachweisen, dass eine Nichtbeachtung der Nutzungsebene zu erheblichen Fehleinschätzungen bei Multimedia-gestützten Innovationen bezüglich ihrer Erfolgsmessung und damit auch ihrer Erfolgsprognose führt (*Kollmann* 1998a, S. 269 ff.). Um die Nutzung anzuregen, sollten mehrere **Online-Anreizstrategien** verfolgt werden (*Kollmann* 2001a):

▪ Die Kommunikation auf dem E-Marketplace ist hierbei fundamental abhängig von der Gestaltung der **interaktiven Kommunikationsmodule**, die einfach strukturiert und zu bedienen sein müssen (z. B. mit Hilfe von Button-down-Menüs).

▪ Zur Steigerung der Marktplatzaktivität ist der Marktplatzbetreiber dazu angehalten, eine hochwertige und mit den auf dem E-Marketplace gehandelten Objekten in Verbindung stehende Informationsbasis zu schaffen. Diese **Zusatzinformationen** können über elektronische Kommunikationstools in Form von FAQs, Newslettern oder Userforen auf den Internetseiten angeboten werden.

▪ In den Userforen sollte der Marktplatzbetreiber eigene **Beiträge der Mitglieder** anregen. Dazu animiert er die Mitglieder, eigene Vorschläge zu unterbreiten oder Diskussionsbeiträge zu formulieren Dabei kann vermutet werden, dass die Effektivität der Kommunikation umso höher ausfällt, je persönlicher sich die Themenfelder für die Marktplatzteilnehmer darstellen.

Online-Loyalitätsstrategien

Im Rahmen von **Online-Loyalitätsstrategien** für elektronische Marktplätze muss die Rückkehr der Anwender zu der Plattform sichergestellt werden. Die Attraktivität des E-Marketplace hängt von der ständigen Inanspruchnahme durch die Mitglieder ab, damit immer wieder ein Matching stattfinden kann. Daher muss der Marktplatzbetreiber dafür Sorge tragen, dass dem Marktplatzbesucher nach dem Verlassen der elektronischen Gemeinschaft die Vorteile seines Besuches in Erinnerung bleiben, sodass der Besucher bei Bedarf zuerst wieder diesen Marktplatz kontaktiert. Diese Bindung ist in erster Linie davon abhängig, wie erfolgreich die elektronische Vermittlungsleistung in eine reale Transaktion umgesetzt werden konnte. Dieser Aspekt betrifft insbesondere die Vertrauensbildung in den Marktplatzbetreiber. Es ist nicht so sehr die technologische Innovation einer Internet-basierten Vermittlung die zählt, sondern das Vertrauen in die Richtigkeit der dort vom Vermittler abstrahierten Informationen (sachlicher Bindungscharakter; *Kollmann* 2001a, S. 113). Zusätzlich kann der Marktplatzbetreiber gezielte **Bindungsmaßnahmen** einsetzen, die auf den dauerhaften Anschluss der Teilnehmer an den Marktplatz zielen (*Kollmann* 2001a, S. 109 ff.):

▦ Eine sachliche Bindungsmöglichkeit ist die Einführung von **Bonusprogrammen**, bei denen für bestimmte Aktionen eines Marktplatzteilnehmers entsprechende Punkte auf ein Konto gutgeschrieben werden (z. B. 100 Punkte für eine durchgeführte bzw. gemeldete reale Transaktion). Diese Punkte können dann meistens für reale Sachleistungen (z. B. „Produktgeschenke") eingetauscht werden.

▦ Daneben kann aber auch ein **persönlicher Bindungscharakter** aufgebaut werden, indem die einzelnen Mitglieder personifiziert angesprochen werden und die Informationsinhalte individuell zugeschnitten werden.

▦ Ferner sollte zusätzlich die **Kommunikation zwischen den Mitgliedern** vom Marktplatzbetreiber unterstützt werden (z. B. Chats, Foren), damit es über den Transaktionsfokus hinaus einen Anreiz gibt, den Marktplatz zu besuchen.

▦ Eine weitere Möglichkeit ist die Einführung von **Partnerprogrammen**, bei denen Marktplatzteilnehmer neue Mitglieder werben können. Für die erfolgreiche Einwerbung können dann Vergünstigungen für die Inanspruchnahme der Leistungen eines Marktplatzes gewährt werden.

Die Bindung der Teilnehmer an den E-Marketplace kann zusammenfassend betrachtet im Wesentlichen somit durch zweierlei Vorgehensweisen erreicht werden: Der Betreiber kann versuchen, die Teilnehmer direkt an sich zu binden oder er kann versuchen, über seine Plattform eine starke Verflechtung der Teilnehmer untereinander herbei zu führen. Beide Vorgehensweisen führen zu einem längerfristigen Loyalitätsaufbau zwischen den Teilnehmern und dem E-Marketplace. Dieser **Loyalitätsaufbau** wird bestimmt durch drei zentrale **Bedürfnisbereiche** der Teilnehmer (*Hagel/Armstrong* 1998, S. 32 ff.):

▦ **Informationsbereich**: Jedes Individuum hat ein Interessengebiet zu dem es Informationen wünscht. Die Integrität des Marktplatzes und damit der Bindungscharakter fallen umso höher aus, je spezifischer diese Interessengebiete angesprochen werden und je höher der Informationswert für dieses Themengebiet ist. Dies bedeutet auch, dass homogene Themenbereiche geschaffen werden müssen, die in einem inhaltslogischen Zusammenhang stehen.

▦ **Geschäftsbereich**: An den Austausch von Informationen auf elektronischen Marktplätzen wird sich in Zukunft verstärkt der Handel von realen Produkten oder Dienstleistungen anschließen. Der Marktplatzbetreiber sollte die rechtlichen Rahmenbedingungen für den Handel über den virtuellen Marktraum prüfen und die Tausch- und Zahlungsbedingungen festlegen. Darüber hinaus kann er auch Mehrwertdienste in Verbindung mit realen Anbietern offerieren (z. B. Reiseversicherung für die auf einem speziellen Marktplatz angebotenen Reisen).

▦ **Beziehungsbereich**: Jedes Individuum hat das Bedürfnis mit anderen „Gleichgesinnten" in Kontakt zu treten, um z. B. sich selbst in seinen Ansichten zu bestätigen. Dieses Bedürfnis wird durch die virtuelle Kommunikationswelt verstärkt. Der Betreiber eines Marktplatzes sollte daher neben dem Matching-Prozess auch Gelegenheiten für die Online-Kommunikation schaffen (z. B. durch die Einrichtung eines Chat-Rooms oder Foren).

 Aufgrund der möglichen ständig schwankenden Dynamik innerhalb der doppelten kritischen Masse muss der Marktplatzbetreiber ein besonderes Augenmerk auf die Kundenbindung legen, um zugehörige Schwankungen zu stabilisieren.

Fallbeispiel: Amazon Prime

Als eines der wohl prägnantesten und erfolgreichsten Programme zur Online-Kundenbindung kann Amazon Prime angeführt werden, das aktuell in Deutschland wahlweise 7,99 Euro monatlich oder 69,00 Euro im Jahr kostet. Hiermit hat der amerikanische Amazon-Konzern ein Treueprogramm für seine Kunden geschaffen, welches eine Vielzahl an unterschiedlichen Vorteilen für Mitglieder beinhaltet. Prime-Mitglieder zahlen eine Abonnement-Gebühr und erhalten dadurch zum einen kostenlosen Premiumversand auf sämtliche durch Amazon versandte Produkte (einschließlich Marketplace-Produkte mit Versand durch Amazon) und zum anderen kostenlosen Zugang zu Amazon Prime Video, einem Streamingdienst für Filme und Serien sowie Amazon Prime Music, einem Streamingdienst für Musik. Darüber hinaus erhalten Prime-Mitglieder weitere exklusive Vorteile, z. B. in Form eines früheren Zugangs zu ausgewählten Produkten oder nur für Prime-Mitglieder verfügbaren Angeboten. So kann Amazon seine Kunden im Vergleich zur Konkurrenz eng und langfristig an sich binden. Den Erfolg dieses Programms zeigen die laut eigenen Angaben mittlerweile über 100 Mio. Prime-Kunden weltweit und die zuletzt um 49 % angestiegenen Erlöse aus diesem Service. Durch die Integration von Marketplace-Anbietern (also externen Händlern) in das Prime-Programm können auch diese direkt von der Attraktivität des Programms für Endkunden profitieren und ihre Produkte via Premiumversand über den E-Marketplace anbieten.

5. Die Grundlagen der E-Community

Die **E-Community** steht allgemein als Begriff für die organisierte Kommunikation innerhalb eines elektronischen Kontaktnetzwerkes und damit für die Bereitstellung einer technischen Plattform für die Zusammenkunft einer Gruppe von Individuen, die in einer bestimmten Beziehung zueinanderstehen bzw. zueinanderstehen wollen. Diese Beziehung kann thematisch durch die Kommunikationsinhalte, aber auch über den sozialen oder beruflichen Status der Community-Teilnehmer bestimmt werden. Im Mittelpunkt steht dabei jedoch immer die soziale Interaktion und damit der Austausch selbst geschaffener entweder inhaltlich oder personenbezogener Informationen (sog. **User-generated Content**). Entsprechend weisen die Individuen gemeinsame Bindungen im Hinblick auf Interessen, Ziele oder Aktivitäten auf und besuchen zumindest zeitweise einen gemeinsamen Ort (*Mühlenbeck/Skibicki* 2008, S. 17). Im Fall der E-Community stellt dieser gemeinsame Ort eine elektronische Plattform, insbesondere im Internet, aber verstärkt auch im Mobilfunk-Bereich dar, über die die Individuen über einen längeren Zeitraum und wechselseitig miteinander kommunizieren (*Tietz* 2007, S. 20). Diese Kommunikation ist dabei insbesondere geprägt von dem asynchronen und ortsunabhängigen Charakter des elektronischen Informationsaustausches (*Mühlenbeck/Skibicki* 2008, S. 18). Die Möglichkeiten hinsichtlich der Form und des Inhalts der Kommunikation sind dabei mehr oder weniger grenzenlos (*Markus* 2002, S. 26).

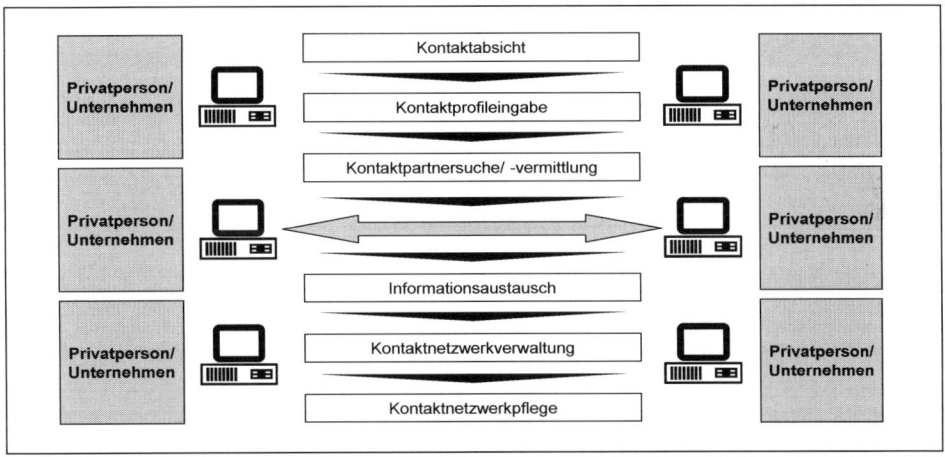

Abb. 52:   Die Grundidee der E-Community

 **Medienhinweis: Die ePlattform als E-Community (Audio-Podcast)**
www.netcampus.de/podcasts

© Springer Fachmedien Wiesbaden GmbH, ein Teil von Springer Nature 2019
T. Kollmann, *E-Business kompakt*, https://doi.org/10.1007/978-3-658-26978-4_5

Als **elektronisches Kontaktnetzwerk** dient die E-Community ihren Mitgliedern insbesondere in zweierlei Richtung: Zum einen soll der Informations- und Kommunikationsaustausch zwischen bereits einander bekannten aber auch unbekannten Teilnehmern unterstützt werden, zum anderen soll das entstehende Beziehungsgeflecht zwischen den Teilnehmern mit Hilfe elektronischer Funktionen verwaltet und gepflegt werden können (s. Abb. 52). Die Unterstützung dieser beiden Aspekte durch die Plattform und dessen Betreiber(n), erfolgt dabei im Normalfall auf der Grundlage gemeinsamer Regeln, Werte und Normen (*Tietz* 2007, S. 20), die in den Teilnahmebedingungen bestimmt werden.

> **!**   **Die E-Community steht für die elektronisch gestützte Kommunikation auf Basis der Internet-Technologie, über die ein loser gekoppelter Daten- bzw. Informationsaustausch zwischen Mitgliedern des sozialen Netzwerkes erfolgt.**

Die zugehörigen zentralen **Fragen und Lernziele** sind:

▦ **Systeme**: Welche Grundmodelle gibt es als Systemlösung für eine E-Community, um die elektronische Kommunikation über das Internet zu realisieren?

▦ **Prozesse**: Wie sehen die Anforderungen, die Gestaltung und das Management von elektronischen Kommunikationsprozessen im Rahmen der E-Community aus?

▦ **Management**: Wie kann die elektronische Kommunikation über eine E-Community gestaltet werden und welche diesbezüglichen Überlegungen muss der Betreiber einer E-Community gegenüber den Mitgliedern anstellen?

▦ **Marketing**: Wie kann die marketingorientierte Beziehung zu den Mitgliedern einer E-Community gestaltet werden, um diese für sich zu gewinnen und zu halten?

5.1   Die Systeme beim elektronischen Kontaktnetzwerk

Die **Systemebene** bei elektronischen Kontaktnetzwerken unterstützt jegliche Prozesse, die mit der elektronischen Kommunikation im Sinne eines Austausches von Informationen zwischen den Mitgliedern einer E-Community zusammenhängen. Es geht also allgemein um Softwarelösungen und deren Funktionen, die insbesondere auf Internettechnologien basieren und das Ziel haben, die zwischenmenschliche Kommunikation, Interaktion und Kollaboration zu unterstützen. Die entsprechenden Systeme fallen daher in den Bereich der **Social Software**. Der Begriff etablierte sich in Zusammenhang mit neuartigen Anwendungen, die dem Umfeld des Web 2.0 zugeordnet werden können. Die E-Community kann in diesem Zusammenhang als der zentrale Plattformtyp des Web 2.0 betrachtet werden, da sie Elemente typisch erachteter **Web 2.0**-Konzepte wie z. B. Weblogs oder Wikis integriert und/oder kombiniert (*Mühlenbeck/Skibicki* 2008, S. 23; *Kollmann* 2019a).

5.1.1   Das Board-Modell

Den ältesten Ansatz zur Realisierung eines Informationsaustausches zwischen Community-Mitgliedern spiegelt das **Board-Modell** wider. Das Board-Modell erlaubt die technische Umsetzung eines einfachen Diskussionsforums. Innerhalb des Forums können die Mitglieder bzw. Nutzer sog. **Postings** veröffentlichen, die von anderen Nutzern gelesen und beantwortet werden. Mehrere Beiträge zum selben Thema werden zusammenfassend als **Thread** (Faden) oder **Topic** (Thema) bezeichnet (*Bächle* 2006, S. 122). Abonniert ein Mitglied einen solchen Thread, kann es sich bspw. per E-Mail benachrichtigen lassen, wenn neue Beiträge vorliegen. Nach der Strukturierung der Beiträge lassen sich zwei **Foren-Typen** unterscheiden (*Koch/Richter* 2009, S. 33):

- Beim **Web-Forum** werden die Beziehungen zwischen den Beiträgen eines Themas in Form einer hierarchischen Baumstruktur dargestellt, damit der Nutzer erkennen kann, welche Beiträge als Antwort auf einen anderen Beitrag erstellt wurden.

- Beim **Bulletin Board** werden alle Postings auf einer Seite vereint. Das Thema wird auf eine Folgeseite umgebrochen, wenn die Anzahl der Beiträge eine festgelegte Anzahl überschreitet.

 Das Board-Modell gilt als älteste und einfachste Möglichkeit des Informationsaustausches zwischen Mitgliedern einer E-Community und erlaubt die einfache technische Umsetzung in Form eines Diskussionsforums.

Fallbeispiel: Audi TT Forum UK

Das britische Audi TT Forum (www.ttforum.co.uk) ermöglicht seinen Mitgliedern seit dem Jahr 2000 eine Forenmöglichkeit, um sich rund um den Autotyp „Audi TT" auszutauschen. Nach eigenen Angaben wurde das Forum im Juni 2000 durch Jason Tayler von iCandi, München, als Reaktion auf die mangelnde Präsenz einer Audi TT-Webseite in Großbritannien gestartet. Über 56.000 Mitglieder weist das Forum derzeit auf und wird durch Mitglieder, die ansässig in Großbritannien sind, maßgeblich gepflegt (darunter sind freiwillige Administratoren, Moderatoren und Mitgliedshelfer). Täglich melden sich über 40 neue Mitglieder an und über 580 neue Beiträge werden innerhalb des Forums veröffentlicht. Das Audi TT Forum stellt ein Beispiel für ein Board-Modell dar. Dabei wird es durch die Foren-Lösung von phpBB.com betrieben. PhpBB dient als eine freie und kostenlose Forensoftware, die unter anderem mySQL und PostgreSQL unterstützt. Über phpbb.com wird eine entsprechende Back End-Oberfläche ermöglicht, die dazu dient im Audi TT Forum neue Themen anzulegen sowie Gruppen und Berechtigungen zu verwalten. Neue Themen können sowohl als offen oder geschlossen definiert werden. Die aktuellste Version, die es zum jetzigen Zeitpunkt gibt, ist die Version phpBB 3.2.5. Aus Entwicklersicht gilt es dabei zu beachten, dass sämtliche Community-Komponenten – so z. B. die Nutzerverwaltung – fest in die Lösung integriert sind.

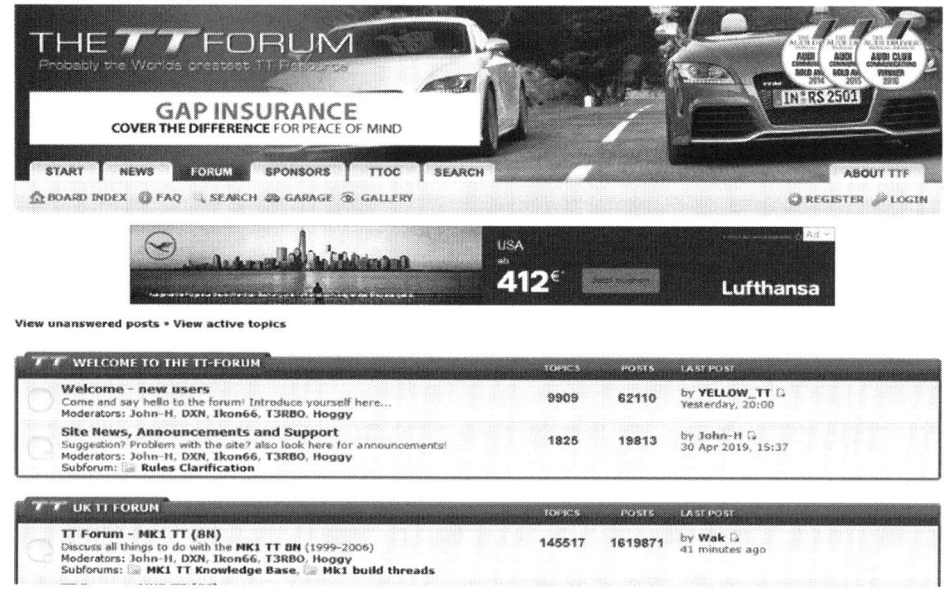

5.1.2   Das Weblog-Modell

Der Begriff Weblog ist allgemein als eine Abkürzung für die Wortschöpfung aus „Web" (Netz) und „Log" (Tagebuch) zu verstehen. Das zugehörige **Weblog-Modell** bezeichnet eine Webseite, die von einem Autor regelmäßig mit Beiträgen zu unterschiedlichen Themen gespeist wird, wobei der aktuellste Beitrag zumeist an erster Stelle steht (*Mikloweit* 2007, S. 57). Weblogs sind relativ häufige und chronologisch angeordnete Veröffentlichungen persönlicher Gedanken, die mit Links zu anderen Webseiten angereichert sind (*Lovink* 2006, S. 95). Nach Ansicht vieler Autoren wurde der Begriff des Weblogs erstmals 1997 für Webseiten verwendet, die genau diese Charakteristika aufwiesen (*Möller* 2006). Nachfolgend sprach sich ein Weblog-Autor dafür aus, Weblog kurz **Blog** auszusprechen. Ein Blog ist eine Art öffentliches Notizbuch, mit dem der die Blog-Einträge verfassende **Blogger** je nach Interessenlage und Zielsetzung informieren, externe Informationen sammeln, verlinken, selektieren und kritisch kommentieren kann (*Diemand/Mangold/Weibel* 2006, S. 8). Neue Anwendungen ermöglichen zudem auch dem Leser, die bereitgestellten Beiträge zu kommentieren und so **Diskussionen** zwischen Autor und anderen Kommentatoren zu initiieren. Die Leser werden auf diese Weise aktive Mitproduzenten von Inhalten und werden in den Diskussionsprozess miteinbezogen (*Stauss* 2008, S. 254). Aus soziologischer Sicht unterstützen Blogs daher den Aufbau und die Pflege von sozialen Netzwerken. Dabei verstärken sie den allgemeinen Trend des relativen Bedeutungsverlustes räumlich begrenzter und eng verbundener Gemeinschaften zugunsten von eher locker verbundenen und geographisch zerstreuten Netzwerken (*Schmidt* 2006).

Aus technischer Perspektive sind Weblogs dynamische Webseiten, die einfache Content-Management-Systeme verwenden (*Stauss* 2008, S. 254). Das Weblog-Modell kann für viele Communities sehr einfach E-Mail, Mailinglisten oder Nachrichtendienste ablösen und zudem einen größeren Gestaltungsspielraum schaffen (*Koch/Richter* 2009, S. 26). Dies begründet sich darin, dass Weblogs nicht immer auf Textinhalte beschränkt sind, sondern primär auch Fotos, Video- oder Audioinhalte enthalten können. Allgemein ist der Unterschied zwischen dem Board-Modell und dem Weblog-Modell häufig fließend, wobei jedoch die Philosophien dieser Modelle grundlegend verschieden sind. Während ein Forum eher dem Austausch und der Diskussion dient, steht beim Blog die Möglichkeit zur **Meinungsäußerung** und **Selbstdarstellung** im Vordergrund (*Mühlenbeck/Skibicki* 2008, S. 159 f.). Ähnlich wie beim Board-Modell existieren auch für Weblogs verschiedene Systemlösungen, die zum Teil kostenlos einsetzbar sind. Ein Beispiel für eine derartige Lösung stellt das auf *PHP* und *MySQL* basierende *wordpress.org* dar.

 Im Rahmen des Weblog-Modells steht die Darstellung persönlicher Beiträge und Meinungen meist in Kombination mit einer Webseite oder einem Blog auf Basis eines Content-Management-Systems im Vordergrund.

Fallbeispiel: Weddingbee

Als Bloggerin begann Bee Kim ursprünglich mit der Webseite weddingbee.com als persönlichem Blog und plante ihre eigene Hochzeit. Die Popularität ihres Blogs veranlasste sie, Weddingbee im Februar 2006 als eigenständige Webseite mit Forum weiterzuführen. Seitdem hat sich das Forum im Laufe der Jahre zu einer Gemeinschaft für Millionen von Bräuten und Hochzeitsfans entwickelt. Das Forum bietet hilfreiche Artikel, aktive Foren, Kleinanzeigen und echte Hochzeitsinspiration mit einem Schwerpunkt auf Ratschlägen, Tipps und Tricks für Paare in den USA (und sogar auf der ganzen Welt). Dazu gehören z.B. Artikel rund um das Hochzeitsfest, die passenden Locations, konkrete Planungstools für die Hochzeit aber auch Style- und Beauty-Tipps. Innerhalb des Forums berichten die Teilnehmer von ihrer Hochzeit oder posten ihre Hochzeitringe und diskutieren, was man bei diesem Fest tragen kann, muss oder eben nicht anziehen sollte. Die Umsetzung des Forums erfolgte mit dem Weblog-Modell von bbPress, einer Forumssoftware, die als Plugin für Wordpress konzipiert wurde. bbPress ist ein GPL-lizenziertes Open-Source-Projekt, das von Tausenden von Mitwirkenden und Entwicklern auf der ganzen Welt ermöglicht wird. Die Software konzentriert sich auf einfache Integration, Benutzerfreundlichkeit, Webstandards und Geschwindigkeit. Als Projekt wurde bbPress ursprünglich 2004 ins Leben gerufen, um als Lösung für die WordPress-Support-Foren zu fungieren. Der Anstoß für das bbPress-Projekt waren die Einschränkungen von Code und Funktionen, die in einem Großteil anderer Forensoftware vorhanden waren. Daher legt bbPress Wert darauf, eine einfache Lösung zu sein, die eine Webseite nicht mit unnötigen Funktionen belastet. bbPress ist damit eine einfache, kostenlose Lösung, mit der man bei WordPress ein Forum mit vielen nativen Funktionen hinzufügen kann.

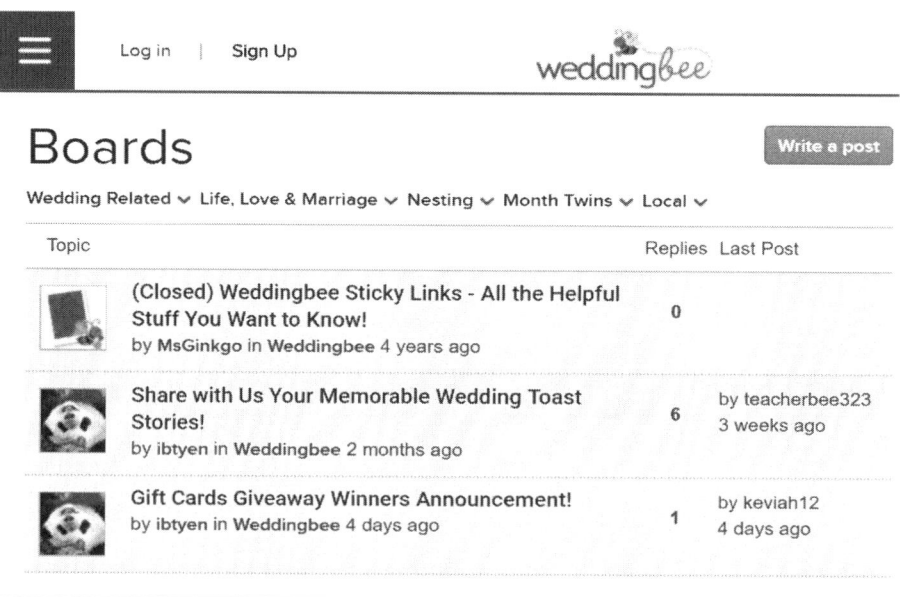

5.1.3   Das Wiki-Modell

Anders als beim Weblog-Modell, welches der subjektiven Meinungsäußerung einzelner Nutzer dienen soll, hat das **Wiki-Modell** das Ziel, das Wissen mehrerer Nutzer zu bestimmten Themen zu konsolidieren (*Koch/Richter* 2009, S. 37). Dazu erstellen und bearbeiten die Nutzer gemeinsam eine Menge von Webseiten. Wikis verkörpern somit das, was der ursprüngliche Gedanke des WWW-Begründers *Berners-Lee* (1999) war, nämlich Informationen online zur Verfügung zu stellen und für jedermann bearbeitbar zu machen. Wikis bezeichnen allgemein im Internet verfügbare, auf **Hypertexten** basierende Datensammlungen zu verschiedensten Themen, die von Webnutzern nicht nur gelesen, sondern auch online verändert werden können (*Mikloweit* 2007, S. 57).

Die dokumentierte Geschichte der Wikis begann 1995, als ein Software-Entwickler seine Datenbank um eben jene genannten Funktionen erweiterte, um mit Entwicklern aus aller Welt an bestimmten Projekten besser zusammenarbeiten zu können (*Möller* 2006, S. 170). Die Grundlage für den Erfolg und die rasende Verbreitung von Wikis ist danach aber insbesondere die Entwicklung von Systemlösungen gewesen, welche dem Benutzer in einer Art „**Bearbeitungsmodus**" ermöglicht, Artikel auch ohne HTML- oder Programmierkenntnisse zu erstellen und zu editieren. Systemlösungen, die dem Wiki-Modell zuzuordnen sind, beinhalten eine vereinfachte **Syntax**, welche unformatiert vom Webnutzer eingegebene Texte in HTML umwandelt (*Mikloweit* 2007, S. 57). Zudem ermöglichen kleine Buttons über dem Texteingabefeld ein wenig Designspielraum für den Autor (z. B. hinsichtlich Kursiv- oder Fettschrift).

Heute existieren über 100 verschiedene Programme zum Betrieb eines Wikis (*Mikloweit* 2007, S. 57). Während viele Groupware- und Content-Management-Lösungen die Funktionalität zum Einrichten eines Wikis mit sich bringen (*Koch/Richter* 2009, S. 41), existiert auch spezielle Software, die die **Wiki-Funktionalität** unterstützt. Neben kommerziellen Systemlösungen existiert mit *mediawiki.org* eine frei erhältliche Lösung. Neben dem Standard der Volltext- bzw. Titelsuche und der bereits zuvor erwähnten Bearbeitungsfunktion weisen die meisten Wikis weitere spezifische Merkmale auf. So gibt gerade die **Recent-Changes-Funktion** einen aktuellen Überblick über alle zuletzt gemachten Änderungen im Wiki, mitsamt Uhrzeit und Autor. Dieser Überblick wird automatisch aktualisiert und kann nicht von den Nutzern beeinflusst werden. Zudem kann sich der Webnutzer die Historie von Änderungen einer Seite oder eines Artikels (je nach Speicherplatz des Wikibetreibers) oft bis zur ersten Version anzeigen lassen. Eine Erweiterung dieses Prinzips stellt die **Diff-Funktion** dar, welche die Veränderung zwischen zwei ausgewählten Revisionen wiedergibt. Durch diese Funktionen lassen sich Manipulationen oder Beschädigungen an Seiten schnell durch die Gemeinschaft des jeweiligen Wikis aufdecken bzw. reparieren (*Mikloweit* 2007, S. 59 f.). Ein wichtiger Bestandteil eines Wikis ist in diesem Sinne die **Rollback-Funktion**, welche mit Hilfe der Versionshistorie Änderungen an einer Seite rückgängig machen kann (*Alpar/Blaschke/Keßler* 2007, S. 73).

! **Das primäre Ziel des Wiki-Modells liegt darin, das Wissen verschiedener Personen in einer E-Community zusammenzutragen und für ein breites Publikum zugänglich zu machen.**

Fallbeispiel: Wikipedia

Wikipedia stellt eine im März 2001 gegründete, freiwillige und ehrenamtliche Enzyklopädie dar und repräsentiert somit schon rein namentlich das Wiki-Modell. Betreiberin ist die Wikimedia Foundation (WMF), eine Non-Profit-Organisation mit Sitz in San Francisco in den USA. Die Online-Enzyklopädie bietet freie, also kostenlose und zur Weiterverbreitung gedachte, unter lexikalischen Einträgen (Lemmata) zu findende Artikel sowie auch Portale nach Themengebieten. Über den Browser hat jeder Benutzer den freien Zugriff auf die Inhalte und kann diese entsprechend anpassen. Bis Januar 2019 wurden über 49,3 Mio. Artikel der Wikipedia in annähernd 300 Sprachen in Mehrautorenschaft verfasst. Darüber hinaus werden die Artikel nach dem Prinzip des kollaborativen Schreibens fortwährend bearbeitet und diskutiert. Wikipedia basiert dabei auf der frei erhältlichen, PHP-MySQL-Lösung von Mediawiki (mediawiki.de). Diese Software ist vor allem leistungsfähig und skalierbar und verwendet wie die meisten Modelle PHP zur Verarbeitung von Daten sowie deren Anzeigen, die in einer MySQL-Datenbank gespeichert werden. Da jeder Benutzer einen freien Zugang zur Bearbeitung von Seiten hat werden die vorherigen Versionen nie gelöscht, sodass es immer möglich ist auf die vorherige Version zugreifen zu können, um diese dann zu verwenden. Neben dem Erstellen von Inhalten ist auf Wikipedia auch die Verwaltung von Multimedia- und Bild-Dateien möglich.

5.1.4 Das Mashup-Modell

Ein Typ, welcher der besonderen Anforderung der Online-Contentschnittstellen gerecht wird, ist das sog. **Mashup-Modell**. Der Begriff Mashup kommt ursprünglich aus der Musik und bezeichnet dort Remixe, die aus zwei oder mehreren Titeln zusammen gemischt werden. Im Rahmen des E-Community-Ansatzes im Web 2.0 wird dieser Begriff übernommen und verwendet, um einen neuen Trend zu beschreiben und mit einem Schlagwort zu versehen. Das Ziel von Mashups ist es, durch die Verwendung bestehender Inhalte und Anwendungen den Aufwand für die Erstellung neuer Angebote zu mindern.

Im allgemeinen Verständnis sind Mashups Anwendungen, die über offene Online-Contentschnittstellen zugängliche Inhalte oder Dienste miteinander verknüpfen und als neues Angebot bereitstellen (*Hommen* 2007, S. 104). Durch die Wiederverwendung bestehender Funktionalitäten können kostengünstig und schnell neue Anwendungen geschaffen werden. Dabei fällt zum einen kein Entwicklungsaufwand zum Erstellen der Funktionen an. Zum anderen geht auch die eigentliche Implementierung des Mashups aufgrund oftmals sehr gut dokumentierter Schnittstellen schnell vonstatten, sodass die Implementierungskosten in der Regel gering ausfallen. Alle übrigen Kosten können im Voraus mit Hilfe eventueller **Lizensierungsmodelle** der Schnittstellenanbieter bestimmt und somit besser gesteuert werden (*Hommen* 2007, S. 118).

> **!** **Mashup-Modelle erlauben die Nutzung bestehender Inhalte und Anwendungen für den Aufbau einer E-Community mit dem Ziel, den Aufwand für die Erstellung neuer Angebote zu reduzieren.**

Fallbeispiel: Yelp

Yelp ist ein Internetunternehmen mit Sitz in San Francisco. Über yelp.de werden die besten Restaurants, Bars, Einkaufszentren oder auch Sehenswürdigkeiten in ausgewählten Gegenden nach Suche des Nutzers angezeigt. Die am häufigsten bewerteten Geschäfte sind nach Kategorien Restaurants (19 %), Shopping (17 %), Handwerk und lokale Dienstleistungen (16 %), Beauty & Fitness (11 %), Gesundheit (8 %) u.v.m. Der Community-Gedanke wird dabei über den Service von Empfehlungen anderer Nutzer im Netzwerk gebildet. Für das zugehörige Kartenmaterial greift yelp.de auf Google Maps als Mashup zurück, um den Nutzern auch graphisch anzuzeigen, wo sich die Lokalität befindet. Insgesamt wurden bereits über 100 Mio. Beiträge zu sämtlichen Lokalitäten geschrieben (Stand Dezember 2018). Yelp wird primär mobil genutzt. So kommen 80 % der Suchanfragen auf yelp über Mobilgeräte und 69 % der neuen Beiträge auf yelp wurden im letzten Quartal auf Mobilgeräten erstellt. Die App ist bereits international verfügbar.

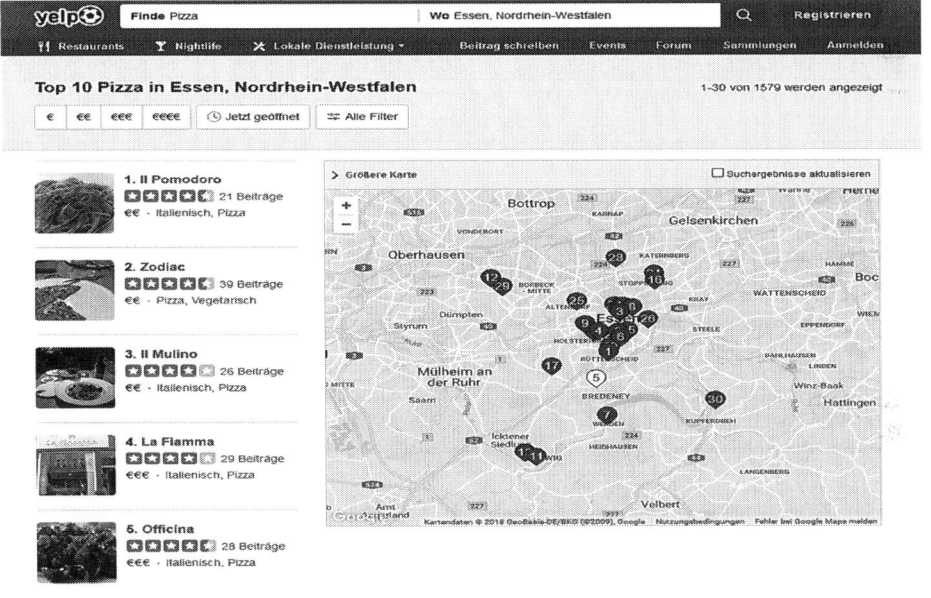

5.1.5   Das Social-Networking-Modell

Der Aufbau und die Pflege von zwischenmenschlichen Beziehungen bezeichnet man allgemein als **Social-Networking-Modell**. Systemlösungen, die diesem Social-Networking folgen, haben daher das Ziel, die Gesamtmenge aller Nutzer einer E-Community zu betrachten und zwischen diesen softwaregestützt ein möglichst enges Netz von Beziehungen zu knüpfen. Dabei soll aufbauend auf einer größtmöglichen Menge an Nutzern und Beziehungen ein möglichst breiter Austausch der Community-Mitglieder erzielt werden (*Koch/Richter* 2009, S. 54). Social-Networking-Plattformen verfügen in der Regel über die drei folgenden **Grundfunktionen** (*Koch/Richter/Schlosser* 2007, S. 450):

▨ **Identitätsmanagement**: Das zentrale Element des Social-Networking-Modells stellt das Teilnehmerprofil dar, welches in der Regel vom Nutzer selbst erstellt und gepflegt wird. Es enthält Aspekte wie persönliche Kontaktdaten, Fotos, Lebenslauf sowie Interessens- und Fachgebiete. Dabei entscheidet in der Regel der Nutzer, welche Informationen über sich selbst er welchem anderen Nutzer zur Verfügung stellen möchte (*Koch/Richter* 2009, S. 55 f.).

▨ **Beziehungsmanagement**: Jeder Nutzer pflegt seine persönlichen Kontakte. Gefundene Personen können, falls gewünscht, in die eigene Kontaktliste aufgenommen werden; die Beziehung wird in der Regel allerdings erst dann hergestellt, wenn beide Seiten diesem zustimmen (*Alpar/Blaschke/Keßler* 2007, S. 51).

▨ **Visualisierung**: Das persönliche Netzwerk sowie die darin enthaltenen Kontakte werden mit Hilfe von Graphen, Verbindungen und Profilen angezeigt. Optional möglich ist eine Funktionalität, die die Kontakte der Kontakte anzeigt. Auf diese Weise lässt sich feststellen, über wie viele Zwischenkontakte ein Mitglied mit einem anderen Mitglied vernetzt ist.

> **!** **Das Social-Networking-Modell verfolgt vorrangig das Ziel auf Basis von Software ein möglichst enges Beziehungsnetz zwischen den einzelnen Teilnehmern der E-Community zum Austausch von Informationen zu etablieren.**

Fallbeispiel: LinkedIn

LinkedIn mit Sitz in Mountain View, USA, ist ein webbasiertes soziales Netzwerk zur Pflege bestehender Geschäftskontakte und zum Knüpfen von neuen geschäftlichen Verbindungen. Mit über 500 Mio. registrierten Nutzern in mehr als 200 Ländern gehört LinkedIn zu den 50 meistaufgerufenen Webseiten. Im deutschsprachigen Raum zählt das Unternehmen laut eigenen Angaben über 11 Mio. Mitglieder. LinkedIn möchte mit der Weiterentwicklung seines Karrierenetzwerks (Economic Graph) ökonomische Chancen für alle Mitglieder des globalen Arbeitsmarktes schaffen. Ähnlich wie andere soziale Netzwerke im Internet bietet LinkedIn folgende Funktionen: Ein Profil mit Lebenslauf kann in mehreren Sprachen erstellt werden; Verlinkung auf eine eigene Webseite; Neue Kontakte können geknüpft werden; Möglichkeit, andere Mitglieder zu empfehlen; Unternehmensprofile erstellen; Mitgliedschaft und Gründung von Themengruppen. Außerdem lassen sich Produkte auf dem Unternehmensprofil bewerben und empfehlen. Insgesamt wird damit das Social-Networking-Modell repräsentiert, bei dem es um die berufsorientierte Vernetzung der Mitglieder geht.

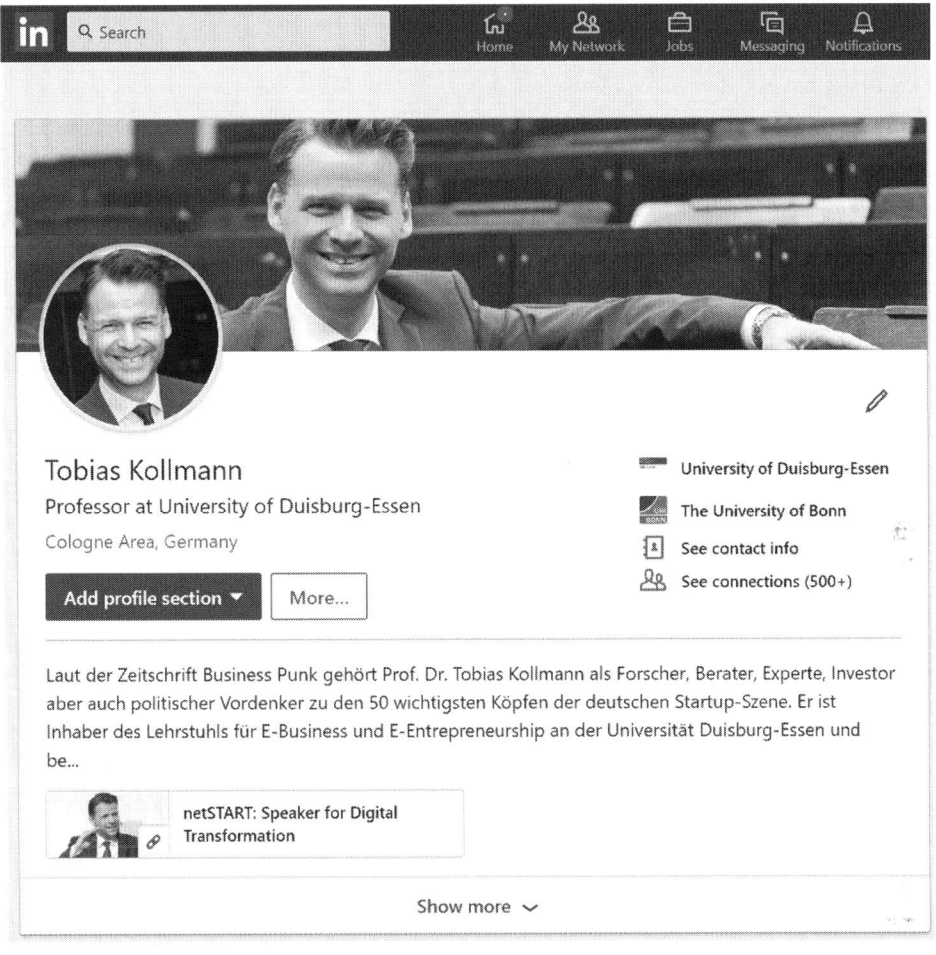

5.1.6   Das Geotagging-Modell

Ein weiterer Ansatz zur Realisierung des Informationsaustausches zwischen Nutzern elektronischer Kontaktnetzwerke ist das **Geotagging-Modell**. Beim Geotagging werden Subjekte oder Objekte, also z. B. Personen, Fotos oder Videos mit geographischen Standortinformationen, also Längen- und Breitengraden versehen (*Krylov/Kenny/Dahyot* 2018; *Ebersbach/Glaser/Heigl* 2011, S. 148 f.). Der eigentliche Mehrwert dieses Modells entsteht aber erst, wenn diese geographischen Informationen auf einer Landkarte angezeigt werden oder mit den Koordinaten bekannter Standorte in Verbindung gebracht werden (*Ebersbach/Glaser/Heigl* 2011, S. 148 f.). *Google Maps* stellt bspw. eine Schnittstelle zur

Verfügung, mittels derer andere Dienste auf *Google Maps* zugreifen können, um geografische Standortdaten zu visualisieren. Ein Beispiel für diese Form des Mashups, nämlich basierend auf dem Geotagging, ist z. B. die mobile E-Community und Applikation *foursquare.com.*

 Das Geotagging-Modell erlaubt die genaue Ortsbestimmung von Subjekten oder Objektes anhand ihrer geografischen Standortinformationen im Kontext eines elektronischen Kontaktnetzwerkes.

Fallbeispiel: Foursquare

Foursquare Labs Inc. mit Sitz in New York betreibt seit 2009 eine standortbasierte E-Community mit einem Empfehlungsdienst für Restaurants und andere Lokalitäten. Die mobile Community und Applikation stellt eine Form eines Mashup-Modells dar, das zusätzlich auf dem Geotagging basiert. Foursquare bietet den Nutzern in diesem Zuge standortbasierte Empfehlungen für Cafés, Restaurants und weitere Orte als mobiles Wesensmerkmal dieser E-Community. Der praktische Nutzen des Geotagging-Modells ist dabei vielfältig. So wird Nutzern von Foursquare bspw. ermöglicht, sich über den Standort anderer Nutzer zu informieren. Zudem können Nutzer die besuchten Orte indirekt über einen Score (1 bis 10) bewerten. Über die entsprechenden Check-Ins und Zustimmungen der Standorte und der Anwendung eines bestimmten Algorithmus errechnet foursquare die Beliebtheit eines Standortes. Dabei wird in den Foursquare City Guide und die Check-In-Community Foursquare Swarm unterschieden. Mit der Foursquare City Guide-App kann man neue Orte entdecken – mit Empfehlungen von einer Community, der man vertraut. Swarm ist dagegen eher ein digitales Tagebuch, mit dem sich besuchte Orte dokumentieren lassen. Foursquare beinhaltet über beide Anwendungen inzwischen mehr als 95 Mio. Tipps und 13 Mrd. Check-Ins.

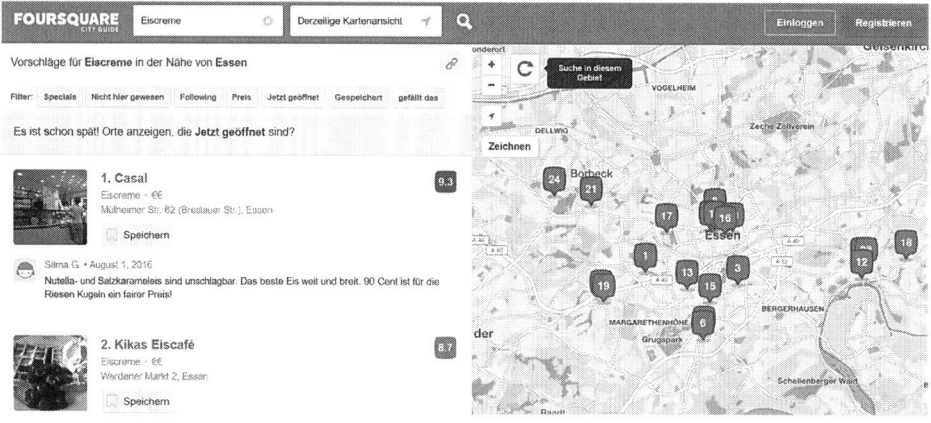

5.2   Die Prozesse beim elektronischen Kontaktnetzwerk

Nach den technischen Darstellungen der Systemebene (s. Kapitel 5.1) gilt es nun, die spezifischen Anforderungen an und die Gestaltung von elektronischen Vernetzungsprozessen zu diskutieren. Die **Prozessebene** im elektronischen Netzwerk beschreibt somit die Arbeitsschritte, die der Betreiber einer E-Community gewährleisten muss, damit es zu einer dynamischen Interaktion der Community-Mitglieder kommt. Im Vordergrund stehen dabei stets **Generierung**, **Tausch** und **Verknüpfung** von Inhalten durch die Nutzer selbst (*Bächle* 2008, S. 129; *Kollmann* 2019a).

> **!** **Die E-Community soll die bestehenden Kommunikationsprozesse digitalisieren und wenn möglich vollständig eine strukturierte Zusammenführung von Mitgliedern innerhalb von Kontaktnetzwerken im Internet gewährleisten.**

5.2.1   Die Prozessanforderungen

E-Communities basieren auf der Online-Vernetzung echter Akteure. Der Prozess ist hierbei zunächst unabhängig davon, ob diese Akteure sich in der Realität kennen oder nicht. Internettechnologien machen es möglich, reale **soziale Netzwerke** elektronisch abzubilden, und vereinfachen dabei den Informationsaustausch zwischen den beteiligten Akteuren ungemein. Elektronische Netzwerke bauen hierbei in der Regel auf dem Grundgedanken auf, dass mehr und mehr Webnutzer mit ihrer wahren Identität auftreten. Die Abbildung eines sozialen Netzwerks mit Hilfe von Community-Plattformen bzw. Social Software (s. Kapitel 5.1) bringt spezifische Anforderungen an den Prozess der Online-Vernetzung mit sich, wobei insbesondere Kosten- und Zeitaspekte sowie Flexibilitäts- und Qualitätsaspekte im Vordergrund stehen. Im Folgenden soll auf diese Aspekte jeweils eingegangen werden.

> **!** **Der Kommunikationsprozess bei einer E-Community muss so gestaltet sein, dass der elektronische Informationsaustausch vorteilhaft gegenüber den realen Alternativen ist. Für die Prozessanforderungen bedeutet dies eine Verbesserung bei Vernetzungskosten und -zeit bei gleichzeitig hoher Flexibilität und Qualität für die Kommunikationsabwicklung.**

Die Anforderungen an die Prozesse beim E-Shop adressieren somit im Wesentlichen die **Ziele des elektronischen Verkaufs** und setzen diese um. Hierzu zählen insbesondere die Reduktion von Online-Vernetzungskosten und -zeit und die Steigerung von Online-Vernetzungsflexibilität und -qualität (*Kollmann* 2019a).

Online-Vernetzungskosten und -zeit

Mit Hilfe von Social Software können neue Kontakte, welche relevanten Nutzen stiften, wesentlich schneller und kostengünstiger lokalisiert werden als mit traditionellen Maßnahmen des Managements von persönlichen Beziehungen (*Teten/Allen* 2005, S. 18 ff.). Theoretisch lässt sich dies wie folgt begründen: Ein soziales Netzwerk kann allgemein als eine Menge von **Knoten** und einer Menge von **Kanten** zwischen diesen Knoten beschrieben werden. Die Knoten beschreiben Akteure oder Akteursgruppen; die Kanten beschreiben soziale Interaktionen oder Beziehungen zwischen den Akteuren. Auf diese Weise kann abgebildet werden, wer mit wem kommuniziert, wer wen kennt oder wer wem vertraut (*Koch/Richter/Schlosser* 2007, S. 449). Aus Perspektive des Nutzers ist der zentrale Punkt der Online-Vernetzung, frühzeitige Kontakte mit anderen Nutzern aufzubauen und zu dokumentieren, um bei einer späteren Expertensuche **Vernetzungskosten und -zeit** für diese Suche und den Aufbau eines gemeinsamen Kontextes mit dem Experten zu minimieren (*Koch/Richter* 2009, S. 56).

Das Prinzip der Online-Vernetzung machen sich bspw. Plattformen zunutze, die dem **Social-Networking-Modell** folgen. Beispiele für derartige Plattformen sind *facebook.de* oder *xing.de*. Dem Nutzer wird hier die Möglichkeit geboten, kostenlos ein Profil anzulegen, welches mehr oder weniger detailliert sein kann. Zwar könnte man ein Profil einer imaginären Person einstellen, dies würde dem Nutzer jedoch den elektronischen Mehrwert (s. Kapitel 1.2.1) der Online-Vernetzung verwehren. Der Anreiz, seinen echten Namen bzw. seine korrekten Daten einzustellen, liegt für den individuellen Nutzer darin, Menschen mit ähnlichen Interessen über einfache Suchfunktionen innerhalb der Community zu identifizieren, häufig aber auch darin, alte Freunde oder Bekannte zu finden (*Mikloweit* 2007, S. 64). Diese Bündelung gemeinsamer Interessen kann wiederum zu Wertschöpfungszwecken weiterentwickelt werden (*Schubert* 2018, S. 52). Aus wirtschaftswissenschaftlicher Perspektive wiederum werden die durch Social Software bereitgestellten Ressourcen in Form von externen Humankapital kostenfrei zur Verfügung gestellt, wobei der Zugang zum kollektiven Wissen einer E-Community zu einer Kompetenzsteigerung des Einzelnen führen kann (*Teten/Allen* 2005).

Ein anderer Zugang zu dem Aspekt der Vernetzungskosten und -zeit besteht in der Zusammenführung der Aspekte Produktion und Distribution von digitalen Inhalten über E-Communities. Dabei ist anzumerken, dass die gemeinsame **Produktion von Inhalten** in Form des User-generated Content aus Betreibersicht mit keinen oder nur marginalen Kosten verbunden ist. Andere Abstimmungs- und Koordinationswege in der Zusammenführung verschiedener Autoren zur Generierung von Inhalten sind ungleich kostenintensiver. Ein weiterer Aspekt sind die geringen Kosten und die hohe Geschwindigkeit bei der **Distribution der Inhalte** über E-Communities. So erreichte bspw. ein Werbevideo des Unternehmens *Quiksilver* über die Video-Community *youtube.com* in kürzester Zeit über 3.000.000 potenzielle Kunden. Da die Einstellung des Videos bei *youtube.com* ohne Entgelt erfolgte, sind dem Unternehmen dadurch keine Kosten für die Distribution entstanden. Zugleich wurde schnell über die Kommentar-Felder zu dem Video bei *you tube.com* und die Vernetzung mit anderen Surfvideos eine kleine Sub-Community mit den möglichen Kunden von Surfbedarf geschaffen. Der Versuch eine vergleichbare Reichweite, z. B. über die Schaltung eines Werbespots im Fernsehen, wäre dagegen mit enormen Kosten verbunden gewesen.

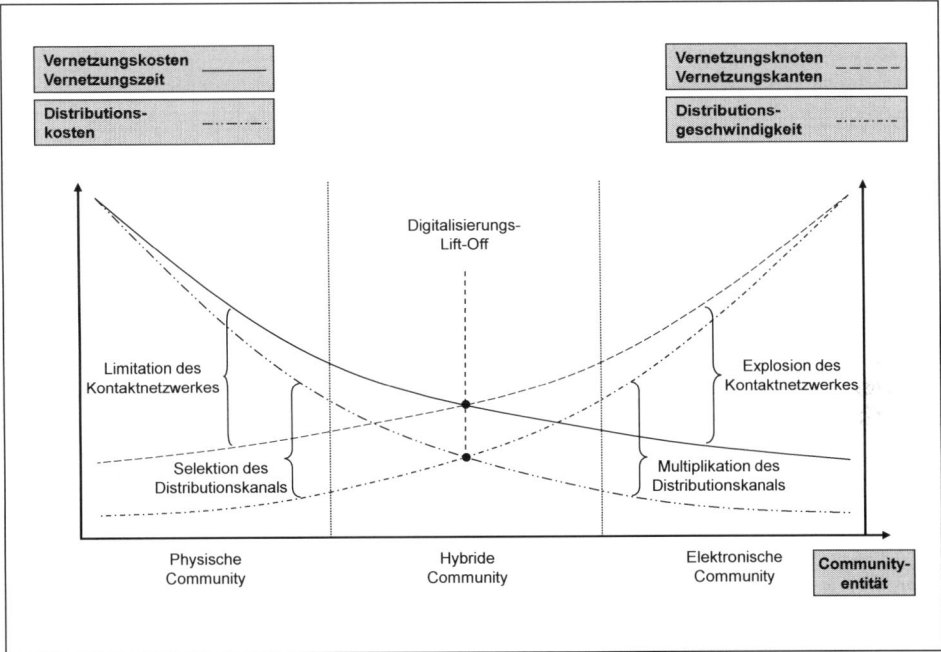

Abb. 53:   Kosten- und zeitbezogene Vernetzungseffekte bei E-Communities

Die Zusammenhänge hinsichtlich der kosten- und zeitbezogenen **Vernetzungseffekte einer E-Community** können Abb. 53 entnommen werden. Dabei wird deutlich, dass mit der Entwicklung der Community in eine elektronische Entität die Vernetzungskosten und die -zeit (i. S. des zeitlichen Aufwandes zur Vernetzung) deutlich abnehmen, während die Zahl der tatsächlichen und potenziellen Vernetzungsknoten und -kanten deutlich zunimmt.

Online-Vernetzungsflexibilität und -qualität

Die Vernetzung von Individuen über Social Software unterliegt – eine Internetverbindung vorausgesetzt – weder geografischen oder zeitlichen noch kulturellen oder sprachlichen Restriktionen. Im Vergleich zu einem realen sozialen Netzwerk erhöht dies die **Vernetzungsflexibilität**. Selbst wenn Beziehungen weit entfernt sind oder allein online zustande gekommen sind bzw. gepflegt werden, kann eine Online-Vernetzung signifikant dazu beitragen, eine Beziehung durch den Faktor Vertrauen zu stärken und zu authentisieren. So kann ein Kontakt bspw. durch gegenseitige Empfehlungen oder Garantien weiter ausgebaut werden (*Teten/Allen* 2005, S. 18 ff.; *Koch/Richter* 2009, S. 55). Der Glaube an Authentizität, d. h. der Glaube daran, hinter vielen Profilen reale Personen vorzufinden, entwickelt einen auf Vertrauen basierenden Austausch mit anderen. Dies führt wiederum dazu, Anregungen, Informationen oder Kontakte beizusteuern und so schließlich ein dynamisches Geflecht von sozialen Beziehungen entstehen zu lassen (*Döring* 2003). Viele E-Communities befriedigen den Wunsch nach Gemeinschaft und das Bedürfnis vieler Webnutzer nach authentischen, sozialen Kontakten, die auch in der Offline-Welt weiterexistieren können (*Mikloweit* 2007, S. 65). So ist zu erkennen, dass E-Communities häufig auch in der realen Welt Aktivitäten durchführen. Persönliche Gespräche und physische Treffen bieten häufig wichtige Ergänzungen zur elektronischen Kommunikation (*Tietz* 2007, S. 21).

Obwohl es sich bei den innerhalb einer E-Community entstehenden Beziehungen zunächst nur um „schwache" Beziehungen handelt, steigt mit einer höheren Anzahl von Beziehungen die Wahrscheinlichkeit, dass die jeweiligen Personen (ggf. auch wieder über ihre eigenen Beziehungen) Zugriff auf Informationen haben, die für einen selbst relevant sind. Theoretisch begründen lässt sich dies insbesondere damit, dass gerade entfernte Kontakte in anderen sozialen Kreisen verkehren als enge Kontakte (*Granovetter* 1967). Die **Qualität der Beziehungen** ist in dieser Hinsicht tendenziell höher als in einem realen sozialen Netzwerk. Darüber hinaus kann man davon ausgehen, dass die nicht-persönliche Online-Kommunikation die Hemmschwelle zur Kommunikation allgemein senkt. Dadurch sind schneller ins Detail gehende Konversationen möglich, sodass durch die Online-Vernetzung allgemein mehr relevante Informationen zur Verfügung gestellt werden können (*Teten/Allen* 2005, S. 18 ff.; *Koch/Richter* 2009, S. 57 f.).

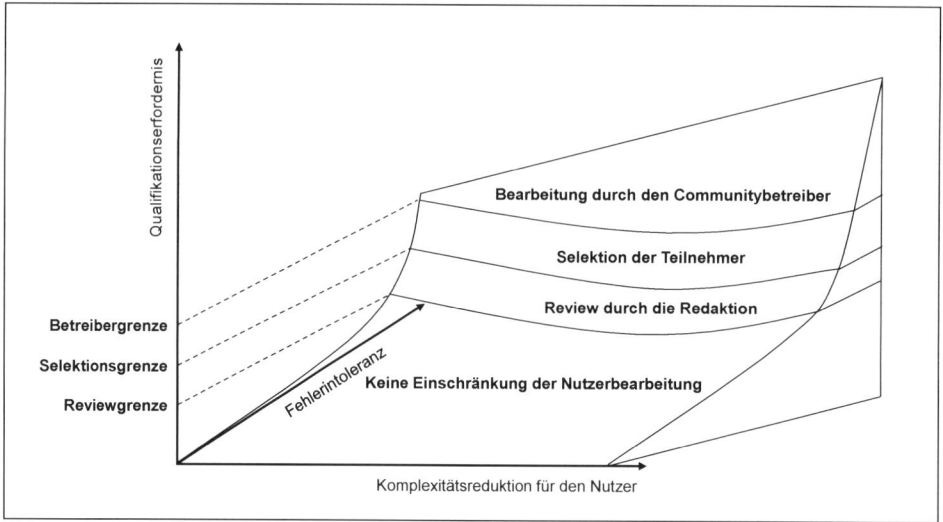

Abb. 54:   Anforderungen und Grenzen der Vernetzungsqualität
Quelle: in Anlehnung an *Rogge* 2007, S. 110.

Dabei stellt sich die Frage, inwieweit der einzelne Nutzer mit diesem Zuwachs an Information umgehen kann und wie der Community-Betreiber ihn bei der Handhabung der Informationsmenge unterstützen kann. Die Vernetzungsqualität kann daher nicht nur anhand der Masse verfügbarer relevanter Information bzw. der Anzahl der Kontakte, die potenziell in der Lage sind, wichtige Informationen bereitzustellen, gemessen werden. Vielmehr ist zur Sicherung der **Vernetzungsqualität** eine Steuerung des User-generated Contents durch den Community-Betreiber in der Hinsicht erforderlich, dass dieser festlegt, ob eine Kontakt- bzw. Informationsanfrage eines Nutzers durch ungefilterten Content anderer User beantwortet werden kann und darf, ob ein Review des Contents durch eine Community-Redaktion vor der Frei- und Weitergabe der Information erforderlich ist, ob es notwendig ist, nur selektierte Nutzer zur Interaktion zuzulassen, die sich z. B. in der Vergangenheit als Experten auf einem Wissensgebiet herausgestellt haben, oder, als letzte und aufwändigste Variante, ob die Information durch die Plattformredaktion selbst erstellt werden muss. In diesem Zusammenhang ist auch das Phänomen der sog. „**Fake News**" zu nennen, bei denen soziale Netzwerk im Hinblick auf die ursprüngliche Annahme eines Wahrheitsgehalts oder Zuverlässigkeitsgehalts seitens des User-Generated-Content *ad absurdum* geführt wird (*Bellinger/Krieger* 2018, S. 330, siehe hierzu auch Kollmann 2019a).

 Elektronische Kommunikationsprozesse sollen neben Kosten- und Zeitersparnissen auch die Flexibilität und Qualität der Vernetzung von Mitgliedern innerhalb einer E-Community erhöhen. Dies kann durch die Gestaltung der Prozessanforderungen im Rahmen der Digitalisierung geschehen.

Fallbeispiel: Instagram

Das soziale Netzwerk Instagram ist ein Beispiel für ein Social-Networking-Modell und ist ein Unternehmen der Facebook Inc. Seit dem Einführungsdatum im Oktober 2010 stellt es eine weltweit beliebte und kostenlose Online-Community mit über 1 Mrd. Mitgliedern zum Teilen von Bildern und Videos dar. Mitglieder können dabei frei entscheiden, welchen Profilen (bspw. Familie, Freuden, bekannten Persönlichkeiten) sie innerhalb der E-Community folgen möchten. Sie können zu jeder Zeit ihre Inhalte posten egal, wo sie sich gerade auf der Welt befinden, sodass eine Vernetzungsflexibilität gewährleistet ist. Die, in der Community, geteilten Inhalte können dabei von kurzer oder langfristiger Dauer sein. Entsprechend können Fotos oder Videos mit Filtern und kreativen Tools innerhalb der Instagram App bearbeitet, mit passenden Hashtags versehen und dann im eigenen Mitglieder-Profil gepostet und verewigt werden. Da jedes Mitglied innerhalb der E-Community beliebig Inhalte posten und teilen kann, hat Instagram bestimmte Community-Richtlinien und Prozesse etabliert, die einen Missbrauch melden können. Die Mitglieder haben die Möglichkeit ein bestimmtes Instagram-Konto oder den Beitrag eines Mitglieds zu melden sobald diese/r bspw. private Daten von Dritten oder Fotos und Videos betrifft, die das eigene Recht auf Privatsphäre verletzen. Ferner können Mitglieder die Kommentare (bspw. Belästigung, Hass-Kommentare oder Cyberbullying), die gegen die Community-Richtlinien verstoßen, melden. Über die Meldungen der einzelnen Community-Mitglieder wird eine entsprechende Vernetzungsqualität durch die Steuerung des User-generated-

contents durch den Community-Betreiber möglich. Darüber hinaus können Mitglieder be-
stimmte Kontakte über Instagram blockieren und auch festlegen, wer die eigenen Inhalte
sehen darf. Vor allem bekannte Persönlichkeiten zeigen ihr „Leben" auf Instagram und
teilen dieses mit ihren Followern. Sie präsentieren sich offen und persönlich, sodass Ver-
trauen aufgebaut wird, vor allem wenn es um Produkte/Marken geht. Durch die Live-
Story-Funktion, die nahezu ein physisches Treffen darstellt, können die Mitglieder direkt
die Fragen der Community beantworten. Instagram ermöglicht so die entsprechende Ver-
netzungsflexibilität. Darüber hinaus bietet Instagram auch an, mit den bekannten Persön-
lichkeiten über die Nachrichten-Funktion in Kontakt zu treten und verringert somit die
Hemmschwelle zur Kommunikation.

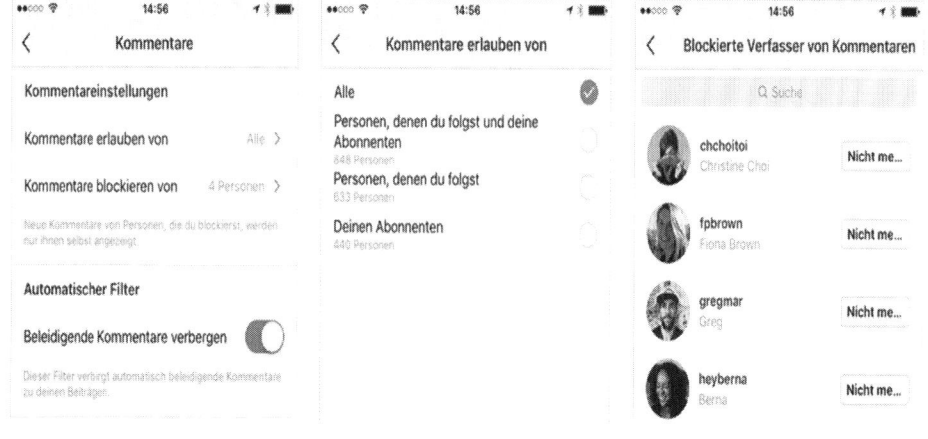

5.2.2   Die Prozessgestaltung

Die Gestaltung der Prozesse bei einer E-Community adressiert im Wesentlichen die **Abfolge der elektronischen Vernetzung und der zugehörigen Kommunikation** und setzt
diese um. Hierzu zählen insbesondere der Registrierung- und Kontoerstellungsprozess,
der Inhaltseingabe- und -bewertungsprozess sowie der Empfehlungsprozess (*Kollmann*
2019a).

eRegistration- und eProfile-Prozess

Bevor überhaupt irgendeine Art von Aktivitäten in Kontaktnetzwerken vollzogen werden
kann, muss sich der potenzielle Teilnehmer bei der jeweiligen Community im Rahmen des
eRegistration- und eProfile-Prozess anmelden. Dies ist besonders deshalb wichtig, weil
der Teilnehmer selbst erst durch die Registrierung Zugang zum Netzwerk bekommt und
sich erst nach erfolgreicher Registrierung in der Community umschauen bzw. bewegen
kann. Gleichzeitig werden alle zukünftigen Eingaben und eingestellten Inhalte mit dem

Mitgliedsprofil verbunden und damit in der Quelle bzw. Autorenschaft identifizierbar. Dies bedeutet also, dass für Außenstehende nur bedingt Inhalte der Community angesehen werden können, wodurch es vielen potenziellen Teilnehmern erschwert wird, den Nutzen der Community für seine Bedürfnisse einzuschätzen. Auf der anderen Seite ist es allerdings besonders wichtig, dass Daten nur für Mitglieder einsehbar sind, da sonst das Grundprinzip des gegenseitigen Austausches und der gegenseitigen Vernetzung verletzt werden würde. Außerdem kann es sein, dass es für einige Teilnehmer unangenehm ist, wenn externe, nicht der Community angehörige User Einsicht in sensible Daten bzw. Informationen über die bloße Teilnahme an einer bestimmten Community haben. Aus dieser Sicht müssen Community-Betreiber daher sicherstellen, dass nur über die Registrierung von eindeutig identifizierbaren Personen Informationen aus der Community eingesehen werden können.

 Medienhinweis: Der eRegistration- und eProfile-Prozess (Audio-Podcast)
www.netcampus.de/podcasts

Für die Identifizierung der Teilnehmer ist in der Regel ein Minimum an notwendigen Angaben erforderlich, damit die **Registrierung** erfolgreich ist und eine Zuweisung der angelegten Profile zu Personen erfolgen kann. Daten, die im eRegistration-Prozess häufig abgefragt werden, sind Name, Vorname, eine gültige E-Mail-Adresse und ein selbstgewähltes Passwort (*O'Murchu/Breslin/Decker* 2004, S. 7). Nach Angabe einer E-Mail-Adresse wird dann ein sog. personalisierter Bestätigungslinks versendet, um die Basisdaten zu validieren. Damit soll verhindert werden, dass automatisierte Zugriffe durch Software-Programme zum Auslesen von Daten aus dem Kontaktnetzwerk erfolgen. Somit kann der Community-Betreiber schon einmal zu einem gewissen Maß sicherstellen, dass hinter der Anmeldung/Registrierung eine echte Person steckt. Somit ist der eRegistration-Prozess in der Regel ziemlich kurz und stellt keine größere Zugangsbarriere für interessierte User dar.

Hat sich der User in der E-Community registriert, so kann er sofort damit beginnen, sein **Profil** als Community-Mitglied zu erstellen. Die Möglichkeiten der Profilerstellung, die von der Community angeboten werden, bestimmen die Art und Weise, wie die Teilnehmer sich selbst innerhalb der Community präsentieren können. Aus diesem Grund gelten der Umfang und die Art der im Profil hinterlegbaren Informationen als wichtiges Unterscheidungskriterium von elektronischen Kontaktnetzwerken (*O'Murchu/Breslin/Decker* 2004, S. 7). Im Regelfall beinhalten die **Profilangaben** Informationen zur Person (Alter, Geschlecht, Wohnort, Kontaktdaten usw.), zur beruflichen Stellung (Arbeitgeber, Arbeitsort usw.), zum Ausbildungsweg (Schule, Universität, Abschlüsse usw.), zu vernetzten Personen (Freunden, Geschäftspartnern usw.) und persönlichen Interessen (Sport, Freizeit, Hobbys usw.). Gleichzeitig kann in der Regel ein Foto zur eigenen Person hochgeladen werden. Die Einstellung der Informationen erfolgt meist mit Hilfe von Textfeldern, die im Hinblick auf die Eingabe mit Pull-Down-Menüs unterstützt werden. Über diese **Pull-Down-Menüs** werden nicht nur die Texteingaben automatisch vervollständigt, sondern auch einheitlich gestaltet, was der späteren eindeutigen Vernetzung zu Gute kommt. So kann die Bezeichnung einer besuchten Schule mit „*KFG*" für das „*Kardinal-Frings-Gymnasium*" in Bonn oder das „*Karl-Friedrich-Gymnasium*" in Mannheim höchst unterschiedlich sein. Über die Spezifikation mit Hilfe der Pull-Down-Menüs kann eine Eindeutigkeit sichergestellt werden, um die richtigen Mitglieder über dieses Kriterium zu vernetzen.

eUpload- und eBlogging-Prozess

Die „direkte" Eingabe des eigenen Content im Rahmen des **eUpload- oder eBlogging-Prozesses** stellt einen der zentralsten Aspekte der E-Community dar. Durch das sog. Uploaden, also das Hochladen bestimmter Inhalte wird eine Informationsbasis als User-generated Content geschaffen, die für eine erfolgreiche Vernetzung notwendig ist. Aus prozessualer Sicht stellt sich jedoch zunächst die Frage, mit welchen Mitteln die Teilnehmer einer Community Informationen hochladen und damit Content erstellen können. Dafür müssen integrierte Schnittstellen entwickelt werden, die den Upload von selbst produzierten Inhalten (Text, Fotos, Videos, Dokumente usw.) so schnell und einfach wie möglich erlauben. So kann z. B. die Bereitstellung einfacher Java-basierter Applikationen dabei helfen, individuelle Fotos oder eigene Dokumente hochzuladen. In diesem Zusammenhang müssen jedoch auch die technischen Voraussetzungen des **Uploadvorgangs** berücksichtigt werden, da z. B. die Bandbreite die Übertragung von Daten zum Server der Community extrem beeinflussen kann. War es vor einigen Jahren allein aus technischer Sicht noch undenkbar eine Plattform wie *youtube.com* zu etablieren, so ist dies heute ohne weiteres möglich. Betrachtet man also die technischen Entwicklungen, die sich in diesem Bereich in den letzten Jahren vollzogen haben, so kann man davon ausgehen, dass immer größere Datenbestände ins Netz gestellt werden können und damit tendenziell auch der Informationsumfang innerhalb der Kontaktnetzwerke stetig steigt.

Medienhinweis: Der eUpload-Prozess bei der E-Community (Audio-Podcast)
www.netcampus.de/podcasts

Neben den Foren in E-Communities existiert mit dem Weblog auch noch eine andere Form für die „direkte" Eingabe von eigenem Content. Diese Weblogs ähneln in gewisser Weise einem Tagebuch oder einem Journal, das im Web veröffentlicht wird. Im Web existieren verschiedenste Themenblogs, die von Firmen über Medien bis hin zu Fotos reichen. Hierzu zählen bspw. Blogs, welche Medien oder Unternehmen kritisch beobachten oder „Blawgs", welche sich um juristische Themen drehen. Neben vielen weiteren Blogarten sollten die Corporate Blogs nicht unerwähnt bleiben, die zeigen, dass viele Unternehmen Blogs als Instrument der Unternehmenskommunikation erkannt haben (*Alby* 2008, S. 41 ff.). Die Gesamtheit aller Weblogs wird allgemein als Blogosphäre bezeichnet (*Bächle* 2006, S. 123; *Diemand/Mangold/Weibel* 2006, S. 8). Maßgeblich zur Entstehung der Blogosphäre tragen innerhalb des eBlogging-Prozesses die folgenden drei **Grundfunktionen** bei, durch die sowohl Blogger als auch Leser auf eine einfache Art und Weise auf Hintergrundinformationen und Meinungen hingewiesen werden können (*Alpar/Blaschke/Keßler* 2007, S. 16 f.):

- **Kommentare**: Mit Hilfe von Formulareingaben können die Leser die einzelnen Blogbeiträge kommentieren. Die verfassten Kommentare werden an den Beitrag angehängt und sind für alle anderen Leser sichtbar. Sinnvoll ist hierbei, dass Kommentare vor ihrer Veröffentlichung zunächst in eine Warteschlange gestellt werden, um sie später manuell freizugeben.

- **Trackbacks**: Durch einen Trackback (Rückverfolgung) kann sich ein Blogger auf Beiträge in einem anderen Blog beziehen. In der Regel werden sie wie Kommentare an einen Beitrag angehängt, wobei sie den Namen und die Adresse des verlinkenden Weblogs und eine kurze Zusammenfassung des bezugnehmenden Beitrags enthalten.

- **Blogrolls**: Zuletzt hat der Autor die Möglichkeit, seinen Lesern zu zeigen, welche Online-Quellen er selbst liest. Die entsprechende Liste nennt sich Blogroll. Durch Verwendung von Permalinks sind Beiträge einer genau definierten Internetadresse zugeordnet, sodass auf bereits archivierte Beiträge immer wieder zurückgegriffen werden kann (*Stauss* 2008, S. 254).

> **Medienhinweis: User Generated Content (Audio-Podcast)**
> *www.netcampus.de/podcasts*

eVoting- und eRanking-Prozess

Aufbauend auf der Produktionsphase, in der durch die Teilprozesse eUpload, eTagging und eBlogging zunächst einmal grundsätzlich Inhalte zu der E-Community beigesteuert wurden, findet in der Bewertungsphase die quanti- und qualifizierende Einschätzung des Contents durch die Mitglieder statt. Dabei unterscheidet man zunächst grundsätzlich zwischen dem **eVoting- und eRanking-Prozess**. Während sich der eVoting-Prozess zunächst auf die einzelne Bewertung von Inhalten bezieht, ist der eRanking-Prozess für die kumulierte Bewertung der Inhalte und Teilnehmer vorgesehen.

Die einfachste Beurteilungsmethode beim **eVoting** stellen Zähler dar, die festhalten, wie oft ein Beitrag, eine Nachricht, ein Bild oder ein Video angesehen wurde (*Lampe/Johnston* 2005, S. 13). Daneben können aber auch Bewertungen auf vorgegebenen Skalen (z. B. von 1 Stern = schlecht bis 5 Sterne = sehr gut oder von 1 = geringer Wert bis 10 = hoher Wert) für den einzelnen Beitrag bzw. Inhalt erfolgen. Dabei muss vom Prozess her zunächst entschieden werden, wer über die Wertigkeit der Inhalte abstimmen darf. In den meisten Fällen dürfen nur Mitglieder einer E-Community über die Inhalte abstimmen, was eine vorangestellte Registrierung voraussetzt. Das eVoting unterstützt dabei den Vergemeinschaftungsprozess der Community, da es den Teilnehmern hilft, die in der Community üblichen Methoden und Abläufe für die Erstellung und Formulierung der Inhalte über die eVoting-Ergebnisse zu erlernen. Aus den eVotings kann entsprechend abgelesen werden, was für Inhalte von den anderen Mitgliedern erwünscht sind und welche Art von Kommunikation (Tonalität) akzeptiert wird. Anders als im eRanking-Prozess wird im eVoting-

Prozess jedoch nicht das Verhalten bzw. die Aktivitäten der Teilnehmer insgesamt bewertet, sondern lediglich ihre einzelnen Inhalte. Dies ist darauf zurückzuführen, dass Beiträge der Teilnehmer für die gesamte Community sowohl sehr förderlich aber auch sehr schädlich sein können und daher Mechanismen gefunden werden müssen, die eine gewisse **Qualifizierung der Beiträge** erlaubt.

Eine eher verhaltensorientierte Perspektive nimmt das **eRanking** ein. Dabei kann eine quantifizierende oder qualifizierende Richtung eingeschlagen werden. Bei der **quantifizierenden Reihung** spielt bspw. die Nutzungshäufigkeit (z. B. Aktivitäts-Index bei *xing.de*) oder der Vernetzungsgrad (z. B. bestätigte Kontakte bei *xing.de*) oder aber auch die Anzahl von eingestellten Inhalten (z. B. Rangwertung bei *chip.de*) eine Rolle. Der Prozess der Bewertung wird dabei rein technisch durch das Erreichen bestimmter Zahlenwerte vorgegeben. Eine inhaltliche und damit qualifizierende Aussage ist darüber eher selten möglich. Das sieht bei der **qualifizierenden Reihung** anders aus. Hier wird, trotz des höheren Aufwandes beim Ranking-Prozess, konkret auf die Qualität des eingestellten Contents Bezug genommen. Diese Beurteilung zielt daher insbesondere auf das Verhalten und die Wertigkeit der Inhalte der einzelnen Mitglieder in der Community ab. Der angemessene Umgang mit anderen Teilnehmern bildet die Grundlage für das Funktionieren jeglichen sozialen Austausches innerhalb von Gruppen und ist daher ein wichtiger Bestandteil der Bewertungsphase von Communities. Damit Teilnehmer miteinander in Kontakt treten und sich austauschen, muss zunächst eine gemeinsame Vertrauensbasis aufgebaut werden. Dazu hilft bspw. das gegenseitige Bewerten der Teilnehmer bezüglich der eingestellten Inhalte nach einer gemeinsamen Interaktion oder dem einseitigen Abruf. Der Einsatz eines solchen eRanking-Prozesses soll dazu führen, dass Teilnehmern öffentliche Bewertungen über ihre Interaktionspartner erstellen und diese dann anderen Teilnehmern zugänglich gemacht werden.

eRecommendation-Prozess

Im Rahmen der Bewertungsphase muss zum Abschluss auch der **eRecommendation-Prozess** betrachtet werden. Dabei werden durch die Mitglieder bestimmte Empfehlungen bezüglich einzelner Inhalte gegenüber anderen Community-Mitgliedern oder externen Nutzern ausgesprochen. Anhand dieser Empfehlungen kann somit auch die Bedeutung und/oder die Wichtigkeit einzelner Inhalte abgelesen werden. Gerade bei einer E-Community bietet sich der Einsatz dieser individualisierenden Empfehlungssysteme an, die Ergebnisse ausgeben, die auf die Präferenzen des individuellen Nutzers abgestimmt sind (*Müller* 2005, S. 25). Durch eine derartige Personalisierung von Inhalten wird die Zeit für die Suche und die Auswahl der relevanten Informationen reduziert, indem auf bevorzugte Inhalte des Nutzers geschlossen wird, ohne dass dieser dazu aktiv beiträgt. Man spricht daher auch von einer **Push-Personalisierung** (*Schackmann/Schüh* 2001). Soziale Netzwerke spielen hierbei eine zunehmend wichtigere Rolle, da Informationen, die für eine personalisierte Empfehlung relevant sind, häufig durch die Interaktion mit anderen Nutzern oder die Navigation in großen Informationsräumen gesammelt werden. So lassen sich Empfehlungen bspw. aus den Aktivitäten anderer Mitglieder einer E-Community ableiten (*Koch/Richter* 2009, S. 64 f.). Dem eRecommendation-Prozess liegen **zwei Konzepte** zugrunde:

▨ **Social Navigation** basiert auf der Auswahl von Objekten basierend auf Informationen, die andere Benutzer zu Objekten hinterlassen haben, oder basierend auf Verbindungen zwischen anderen Benutzern und den in Frage stehenden Objekten (*Koch/Richter* 2009, S. 64 f.). Die zur Empfehlung herangezogenen Informationen können dabei bewusst (z. B. Kommentare zu Produkten oder Tags) oder unbewusst (z. B. Kauf- oder Nutzungshäufigkeiten) von anderen Nutzern hinterlassen worden sein.

▨ **Social Filtering** hingegen basiert auf automatischen Verfahren der Ähnlichkeitsbestimmung zwischen den Interessensprofilen einzelner Nutzer. Das Social Filtering-Konzept ermöglicht Plattformen, auf denen es ausschließlich darum geht, dass Nutzer Produkte einstellen, welche sie interessieren, und diese anschließend kommentieren. Im Sinne des Prinzips der Online-Intelligenz werden auf diese Weise die Kompetenz und das Wissen der Nutzer nutzbar gemacht.

Grundsätzlich haben alle Empfehlungssysteme die gleiche Ausgangssituation: Es gibt eine Menge von Nutzern und eine Menge möglicher Inhalte bzw. Informationsprodukte. Beide Mengen können je nach Anwendungsfall groß sein. Anschließend wird über eine Nutzenfunktion die Brauchbarkeit der Informationen für den Nutzer berechnet. Kern der Empfehlungssysteme ist die Identifikation der Menge an Nutzen stiftenden, also empfehlenswerten Informationen (*Schenk* 2007, S. 41). Bezüglich der Form von Empfehlungssystemen kann basierend auf den zuvor beschriebenen Konzepten zwischen **zwei Verfahren** unterschieden werden:

▨ Die **Content-based Recommendation** erfasst bestimmte Kombinationen an Eigenschaftsausprägungen bisher betrachteter und ausgelassener Inhalte (*Dörner* 2003, S. 20). Da der Nutzer zu seiner Profilierung nicht aktiv beiträgt, sondern vielmehr Informationen aus dem Verhalten geschlossen werden, spricht man hier von einem impliziten Benutzerprofil (*Schackmann/Schüh* 2001, S. 62). Die Personalisierung bezieht sich folglich auf die Vergangenheit und empfiehlt Inhalte, die der Nutzer als nächstes wählen würde, wenn er eine komplette Übersicht hätte. Denkbar ist aber auch ein explizites Benutzerprofil, d. h. eine formularbasierte Angabe der Vorlieben durch den Nutzer selbst als Ergänzung oder Ersatz zu den Bewertungen, die dann verglichen werden. Die vergleichende Bewertung von Inhalten lässt sich besonders gut auf textliche Informationen anwenden. Ein Vergleich anderer Darstellungsformen, bspw. von Bildern oder Videos als Information, bedarf allerdings einer manuellen Vertextung, die aufgrund beschränkter Ressourcen bei einer großen Anzahl an zu verarbeitenden Bildern nicht praktikabel wäre (*Schenk* 2007, S. 42).

▨ Die **Collaborative Recommendation** versucht, den Nutzen von Produkten auf Basis von Bewertungen anderer Nutzer vorauszusagen, die ähnliche Präferenzen haben, um daraus abgeleitet Nutzen stiftende Inhalte zu empfehlen. Umsetzung findet dieses Verfahren bspw. in der Empfehlung „Kunden, die diesen Artikel gekauft haben, kauften auch ..." Anders als im Falle der Content-based-Recommendation ist hier auch die Repräsentation von Bildern oder Videos möglich (*Adomavicius/Tuzhilin* 2005,

S. 740). Ein Problem stellen hier jedoch neue Inhalte dar, da sie nicht empfohlen werden können, wenn sie noch nicht von genügend anderen Nutzern bewertet wurden. Es bedarf ferner einer kritischen Masse an Nutzern, da ansonsten nicht genug Bewertungen vorliegen und diese dann unter Umständen Vorlieben vertreten, die eher ungewöhnlich sind und folglich zu ebenfalls ungewöhnlichen Empfehlungen führen (*Adomavicius/Tuzhilin* 2005, S. 740). Die zusätzliche Beachtung von demografischen Daten (z. B. Alter, Geschlecht, Wohnort, Bildungsgrad) kann dem entgegenwirken, da hierdurch Ähnlichkeiten der Nutzer erkannt werden können.

 Eine gut ausgestaltete E-Community sollte den gesamten Kommunikationsprozess digital abdecken. Dieser umfasst insbesondere die größeren Prozess-Teilbereiche von eRegistration und eProfile, eUpload und eBlogging, eVoting und eRanking sowie eRecommendation.

Fallbeispiel: SPOX

SPOX ist eine deutschsprachige Webseite zum Thema Sport mit Hauptsitz in München und Wien. Der Schwerpunkt der journalistischen Berichterstattung liegt auf Fußball, Tennis und den US-Sportarten Basketball, American Football und Baseball. SPOX wird von einer sehr professionellen Redaktion erstellt und von opta, omnisports und DAZN mit qualitativ hochwertigen Daten und Videos versorgt. Das Portal definiert sich vor allem über eine enge Beziehung zur Community, die immer im Zentrum steht. Unter mySPOX werden entsprechend eine umfangreiche E-Community rund um alle Sportthemen sowie spezielle Blogs angeboten, in der sich die Mitglieder austauschen können. Im Rahmen von mySPOX können sich Nutzer als Mitglieder für die E-Community registrieren (eRegistration) und entsprechende Beiträge verfassen (eBlogging/User-generated Content) oder die Blogs/Einträge anderer Mitglieder bewerten oder weiterempfehlen (eRecommendation). Daneben gibt es eine umfassende Möglichkeit, sich ein eigenes Profil anzulegen (eProfile) mit einem Profil-Status und einer -Übersicht. Zudem kann hier abgelesen werden, wann der User das letzte Mal aktiv war und wann er zeitlich meistens in der E-Community online ist. Erkennen kann man auch, über wie viele Vernetzungen der User verfügt (Anzahl Freunde) und wie viele Kommentare er schon gepostet hat. Auch ist der User-generated Content schnell erkennbar über eine Button-Menue-Funktion zu hochgeladenen Videos, Fotos usw. Über verschiedene Tags (eTagging) können die Beiträge auch bestimmten Themen zugeordnet werden, so dass Mitglieder der E-Community bestimmte Beiträge schneller finden können. Über eine übergreifende Suchfunktion können Mitglieder innerhalb der E-Community gesucht und gefunden werden. Ferner kann eingesehen werden, mit welchen anderen Mitgliedern ein User bereits vernetzt ist. Die innerhalb der E-Community eingebetteten Blogs werden entweder von SPOX-Redakteuren oder Community-Mitgliedern selbst betrieben. Daneben gibt es auch noch zahlreiche Foren, in denen die Community-Mitglieder mitdiskutieren können.

5.2.3 Das Prozessmanagement

Das Management der Prozesse bei einer E-Community lässt sich aufgrund der **Nutzung der generierten Informationen** aus der elektronischen Kommunikation bzw. dem übergeordneten Mitglieder-Netzwerk nach operativen, taktischen und strategischen Aufgaben differenzieren (s. Abb. 55; *Kollmann* 2019a).

Operative Vernetzung

Dass sich eine möglichst große Anzahl von Individuen zur Teilnahme anmeldet, ist für eine E-Community zwar notwendig, aber keinesfalls hinreichend. Für den langfristigen Erfolg entscheidend ist vielmehr die operative Vernetzung und die aktive Beteiligung der Mitglieder innerhalb der E-Community (*Panten* 2005, S. 484 ff.). Ziel der **operativen Vernetzung** ist es daher, zum einen viele Mitglieder an die Community anzuschließen, zum anderen aber auch aus dem registrierten Mitglied einen aktiven Nutzer zu machen. Im Kern muss der Betreiber im Rahmen des übergeordneten **Vernetzungsprozesses** dafür sorgen, dass alle Teilprozesse miteinander verwoben und die Mitglieder bzw. deren Inhalte untereinander in Beziehung gestellt werden können, um so wertvollen Content zu produzieren (*Mühlenbeck/Skibicki* 2008, S. 33 ff.). Um dies zu gewährleisten muss der Community-Betreiber nicht nur die technische Infrastruktur und das Angebot der Community-Features definieren, sondern es müssen auch spezifische **Anreize für die Nutzung** der Plattform gesetzt werden, um den Vernetzungsprozess anzustoßen bzw. zu intensivieren. Somit stehen bei der operativen Vernetzung die folgenden **vier Aspekte** im Vordergrund:

▨ **Anmeldeanreize**: Bevor der Community-Betreiber Anreize für die aktive Nutzung des Community-Angebots setzen kann, muss er zunächst dafür sorgen, dass er eine ausreichende Anzahl an Teilnehmern für die Plattform gewinnen kann. Die Anreize, die er in diesem Zusammenhang für die Anmeldung bzw. Registrierung in der Community setzen kann, können sowohl monetärer als auch nicht monetärer Natur sein. In der Regel ist es hilfreich, wenn solche Anreize Themenrelevanz bzw. in irgendeiner Form Bezug zu der inhaltlichen Ausrichtung der Community haben, damit von vornherein die richtige Zielgruppe angesprochen wird.

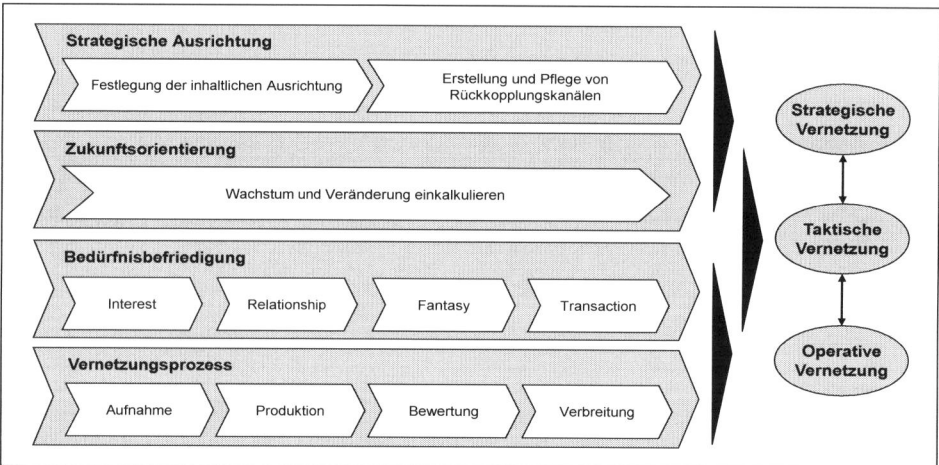

Abb. 55:   Prozessmanagement bei einer E-Community
Quelle: in Anlehnung an *Braunstetter/Hasenstab* 2001, S. 508.

▨ **Beitragsanreize**: Eine Community lebt von der Aktivität ihrer Mitglieder. Damit eine rege Beteiligung der Mitglieder an den Geschehnissen in der Community stattfindet, sollte der Community-Betreiber verschiedene Anreize setzen, die den Aktivitätsgrad der Mitglieder steigern. Dies kann bspw. über eine einfache Anzeige des Aktivitätsgrades oder über komplexere Vergütungsmodelle für bestimmte Aktivitäten geschehen. Insbesondere zu Beginn einer Community können solche Anreize den notwendigen Anschub geben, die Aktivität der Mitglieder in Gang zu bringen.

▧ **Vernetzungsanreize**: Ein weiterer Aspekt im Rahmen der operativen Vernetzung ist die Vernetzung der Mitglieder. Zwar ist es förderlich, wenn sich die einzelnen Mitglieder rege an der Community durch Einstellen von Beiträgen beteiligen, allerdings leben viele Themenbereiche gerade von dem Austausch der Mitglieder und ihrer Vernetzung. Auf diese Weise werden Diskussionen angeregt und Themen vertieft, die erst durch die Beteiligung mehrerer Mitglieder an Qualität gewinnen. Damit dieser Austausch stattfindet, kann der Community-Betreiber Anreize setzen, die die Mitglieder dazu bewegen, sich mit anderen Mitgliedern zu vernetzen und Kontakte zu knüpfen.

▧ **Empfehlungsanreize**: Als letzten Aspekt sollte der Community-Betreiber die Anreizsetzung im Rahmen von Weiterempfehlungen berücksichtigen. Die Weiterempfehlung der Community durch bereits registrierte Teilnehmer ist ein wichtiger Treiber für das Wachstum der Plattform. Hier können insbesondere solche Anreize empfehlenswert sein, die sich den Mechanismus der Mund-zu-Mund-Propaganda zu Nutze machen, um so nicht nur Kosten- sondern vor allem auch Reichweitenvorteile zu realisieren.

Taktische Vernetzung

Über operative Maßnahmen hinaus, sollte sich der Community-Betreiber bei der **taktischen Vernetzung** darüber Gedanken machen, welche grundlegenden Bedürfnisse der Teilnehmer mit seiner Plattform befriedigen kann und will. Communities dienen in erster Linie dazu, Menschen mit ähnlichen Interessen und Bedürfnissen zusammenzuführen. Teilnehmer werden angezogen, wenn sie mit Gleichgesinnten in Kontakt treten können. Im Idealfall entsteht eine vertrauensvolle Atmosphäre, in der allen Beteiligten neue Eindrücke vermittelt werden. Communities unterscheiden sich dadurch, dass sie verschiedene Bedürfnisse befriedigen und darin, wie viele Bedürfnisse sie gleichzeitig adressieren. Ein erfolgreicher Community-Betreiber muss daher die Interessen und Bedürfnisse „seiner" Community-Mitglieder von Anfang an auch taktisch analysieren und steuern, um ein lebensfähiges, hinreichend großes Netzwerk aufzubauen. Vier **Grundbedürfnisse** der Community-Teilnehmer können unterschieden werden (*Hagel/Armstrong* 1998 S. 32 ff.):

▧ **Interest**: Nahezu jeder Mensch hat eine Leidenschaft. Unabhängig davon, ob es sich dabei um Sport, Reisen oder auch das Sammeln von Briefmarken handelt, besteht ein menschliches Grundbedürfnis darin, sich mit anderen über diese Leidenschaft auszutauschen. Dem Community-Betreiber kommt also die Aufgabe zu, Gleichgesinnte zusammenzuführen und in ihren Interaktionen zur **Pflege des Interesses** zu unterstützen. Insbesondere bei weniger verbreiteten Interessen ist es erst das Internet und die damit verbundene Auflösung zeitlicher und räumlicher Restriktionen, die es Interessensträgern ermöglicht, zusammenzufinden. Communities, die sich auf Interessen spezialisieren, können dabei auch eine Anziehungskraft auf Menschen ausüben, die sich ansonsten nicht vor einen Computer setzen würden. Exemplarisch können hier Briefmarkensammler angeführt werden, bei denen davon auszugehen ist, dass sie Briefe der E-Mail grundsätzlich vorziehen, sich aber dennoch vor den Computer setzen, um sich über ihre Sammlungen auszutauschen oder Informationen über ihre Sammelobjekte (Sondereditionen etc.) einzuholen.

▦ **Fantasy**: In digitalen Netzen haben Menschen ebenfalls die Möglichkeit, zusammen-zukommen und gemeinsam Phantasiewelten zu erkunden. Derartige Communities be-friedigen das Grundbedürfnis nach **Spiel, Unterhaltung und der Auslebung der Phantasie**. In der Regel treffen sich die Mitglieder in Phantasiewelten, die häufig dreidimensional dargestellt sind und in denen die Mitglieder als virtuelle Figuren auf-treten. Ein bekanntes Beispiel einer Community, die auf diesem Bedürfnis aufbaut, ist *World of Warcraft*. In der dort geschaffenen Spielewelt sind aktuell rund 5,2 Mio. Teilnehmer aktiv (*Statista* 2018). Wie das V-Entrepreneurship (s. Kapitel 1.3.3) zeigt, hat in derartigen Fantasy-Welten bereits auch ein ökonomisches Zusammenleben Ein-zug gehalten.

▦ **Relationship**: Menschen machen in ihrem Leben oft sehr intensive Erfahrungen, die sie auf andere mit ähnlichen Erfahrungen zugehen lassen. Dazu gehören sehr positive Erfahrungen wie die Geburt eines Kindes oder auch negative Erfahrungen wie die Diagnose einer schweren Krankheit. In jedem Fall besteht das Bedürfnis, sich mit Leuten, die die Situation kennen, auszutauschen und mit ihnen **zwischenmenschliche Beziehungen** einzugehen. So können sich Teilnehmer bspw. über den Umgang mit einer Krankheit im täglichen Leben, über medizinische Forschungsergebnisse, Krankheitsverläufe oder Therapiemöglichkeiten austauschen. Communities, die der-artig auf soziale Bedürfnisse fokussieren, sind von starken sozialen und emotionalen Beziehungen der Mitglieder gekennzeichnet. Wenig überraschend erscheint es da, dass jüngere Communities zwischenmenschliche Beziehungen und Gefühle wie Freundschaft und Liebe fokussieren. Beispiele sind Flirt-Communities wie *neu.de* oder *friendscout24.de*.

▦ **Transaction**: Auch die **Abwicklung von Geschäften** stellt ein menschliches Bedürf-nis dar. Communities, die auf diesem Bedürfnis beruhen, spiegeln das Interesse der Teilnehmer an gemeinsamen Transaktionen zur wirtschaftlichen Leistungserstellung wider. Wenngleich das Bedürfnis in der Regel zu Plattformen führt, die genau ge-nommen eher E-Procurement (s. Kapitel 2), E-Shops (s. Kapitel 3) oder E-Market-places (s. Kapitel 4) zuzuordnen sind, entstehen auch Communities in einem engeren Verständnis mit dem Ziel, Transaktionen zu beeinflussen oder abzuwickeln, so z. B. bei der Bewertungs-Community *golocal.de* oder der Einkaufs-Community *amazon buyvip.com*. Im Sinne der **Sharing Economy** (s. Kapitel 1.3.2) bilden sich auch zu-nehmend spezielle Plattformen, auf denen die Nutzer Dinge untereinander teilen, ge-meinsam nutzen, tauschen oder verleihen. Ein Beispiel hierfür ist die Community *streetbank.com*, eine Plattform, über die Nutzer gebrauchte Gegenstände aus ihrem persönlichen Bestand katalogisieren und mit ihren Nachbarn tauschen oder die Ge-genstände an ihre Nachbarn verleihen oder sogar verschenken können.

Neben dem Ziel der Erfüllung dieser Grundbedürfnisse machen sich die Betreiber von E-Communities die Vernetzung zwischen den Mitgliedern auch immer häufiger zu Nutze, um einen geschäftlich-monetären Gewinn daraus zu ziehen. Hierbei sind drei **zentrale Trends** zu erkennen:

▩ **Social Shopping**: Hierbei werden Elemente der E-Community und die Möglichkeit, Transaktionsaspekte und Kaufempfehlungen einzubinden, mit Shopping-Aspekten wie Produktbewertungen oder der Schnäppchenjagt kombiniert. Ein Beispiel für Social Shopping ist *groupon.de*. Dabei können Mitglieder der E-Community *groupon.de* mit einem Klick verbundene Nutzer in die Kaufentscheidung einbeziehen. Sobald die Anwendung auf *Groupon* genutzt wird, können die Nutzer von der Detailseite des Produktes aus eine Anfrage an ihre E-Mail-Kontakte stellen und somit die Kaufentscheidung diskutieren. Ein Community-getriebener Shopping-Club ist bspw. auch *vente-privee.com*. *Vente-privee.com* bietet zeitlich begrenzte Verkaufsaktionen im Internet an, welche ausschließlich registrierten Nutzern der Plattform, also den Mitgliedern der entsprechenden E-Community, zugänglich sind.

▩ **Social Media Commerce**: E-Communities werden auch zunehmend dazu genutzt, Internetuser für die Beteiligung am Social Media Commerce zu gewinnen. Durch die intensive Einbindung des individuellen Kunden in die Produktentwicklung kann Social Media Commerce auch als eine Form von **Customer Integration** gesehen werden (*Kreutzer/Land* 2017, S. 144 ff.). Aufgrund der Nutzung der „Schwarmintelligenz" vieler User in den sozialen Netzwerken kommen häufig innovativere Lösungen zustande als bei der klassischen Produktgestaltung durch eigene Mitarbeiter (*Wenzlaff/Pelzer/Eisfeld-Reschke* 2012), wovon Unternehmen profitieren. Anschließend kann die Einbeziehung von Kunden aus sozialen Netzwerken auch als eine Form von **Digitalem Prototyping** gesehen werden. Hierbei können Unternehmen soziale Kontaktnetzwerke nutzen, um Prototypen ihrer zukünftigen Produkte am Markt zu testen. Hierbei kann bspw. geprüft werden, wie hoch die Kaufbereitschaft der Kunden ist oder aber ob eine IT-Lösung technisch machbar ist (*Golovatchev/Schepurek/Redeker* 2015).

▩ **Social Games**: Social Games wie z. B. die Applikationen *Candy Crush Saga* oder *Farmville 2* erfreuen sich großer Beliebtheit auf *facebook.de*. Spieler, also potenziell alle Mitglieder der E-Community *facebook.de*, können ihre Ausgangsposition direkt durch Zahlung eines gewissen Betrages an den Applikationsbetreiber steigern; indirekt können durch die Verbindung mit Partnern für den Betreiber Erlöse durch Werbung und Kooperationen generiert werden.

Strategische Vernetzung

Während es im Rahmen der taktischen Vernetzung vor allem um die Befriedigung und Steuerung der Bedürfnisse der Teilnehmer ging, um von diesen wiederkehrend besucht zu werden, setzt die **strategische Vernetzung** auf die Etablierung übergeordneter Prozesse, die die Community langfristig am Laufen halten, ihre Position im Markt festigen und ihr zu dauerhaftem Erfolg verhelfen. Dabei kann der Community-Betreiber mit Hilfe der üblichen Instrumente der Kunden-/Mitglieder- und Wettbewerbsanalyse selbst den Input für die weitere Community-Entwicklung ermitteln. Er kann aber auch die Community und damit ihre Mitglieder selbst die Entwicklung beeinflussen, ja sogar bestimmen lassen.

Die strategischen Prozesse, die von dem Betreiber zugelassen bzw. initiiert werden müssen, können vor diesem Hintergrund in drei „**elementare Entwurfsprinzipien für Online-Gemeinschaften**" unterteilt werden (*Kim* 2000):

▨ **Wachstum und Veränderung einkalkulieren**: Die meisten Communities beginnen zielfokussiert, klein und einfach. Ihr Wachstum kann als organisch bezeichnet werden. Breite, Tiefe und Komplexität gewachsener Netzwerke entstehen einerseits aus den Bedürfnissen der Teilnehmer (z. B. Sub-Foren für Spezialthemen) und andererseits aus den sich stetig ändernden Umgebungsbedingungen (z. B. neue Technologien). Dabei sind nicht alle Auswüchse durch den Betreiber vorhersehbar und er sollte auch nicht versuchen, jede Änderung im Detail zu steuern, um durch Teilnehmer initiierte Änderungsprozesse nicht zu unterdrücken. Dies sollte der Betreiber bereits bei der erstmaligen Konzeption der Plattform berücksichtigen und diese möglichst variabel gestalten, denn Fehlannahmen im Entwurfsparadigma oder in der Technologieplattform (s. Kapitel 5.1) können später nur noch mit großem Aufwand korrigiert werden.

▨ **Erstellung und Pflege von Rückmeldungskanälen**: Bereits in dem ersten Prinzip ist deutlich geworden, dass eine Community maßgeblich durch die Teilnehmer beeinflusst wird. In dem zweiten Prinzip steht nun die Institutionalisierung von Austauschprozessen zwischen Plattformmanagement (in der Regel Community-Betreiber) und den Teilnehmern an. Das Management einer Community ist eine stetige Gradwanderung zwischen Planung, Organisation und Betrieb einerseits, und Bedürfnissen, Ideen und Vorschlägen der Teilnehmer andererseits. Um diese besser koordinieren zu können, sollte der Community-Betreiber daher Rückmeldungskanäle zwischen Teilnehmern und dem Plattformmanagement etablieren.

▨ **Übertragung von Kompetenzen auf die Mitglieder**: Der konsequente dritte Schritt in der Zusammenarbeit mit den Teilnehmern besteht darin, ihnen – in einem festgelegten Rahmen – die eigenständige Steuerung der Community oder zumindest einzelner Teilbereiche zu erlauben. So erhalten bspw. Moderatoren das Recht, Sub-Foren zu eröffnen, Threads zu verschieben oder auch Mitglieder zu sperren. Diesen Schritt sollte der Betreiber nicht nur dann vollziehen, wenn der Aufwand für ihn aufgrund der Größe und Komplexität der Plattform zu groß wird, sondern vielmehr kann dieser Schritt der Aufwands- und ggf. auch Kostenreduktion (falls bisher Mitarbeiter mit der Überwachung der Community beauftragt waren), auch dann vollzogen werden, sobald Community-Teilnehmer identifiziert wurden, die geeignet erscheinen, Verantwortung zu tragen und die Plattform im Sinne des Betreibers zu entwickeln. Die Erfahrung hat gezeigt, dass die Übertragung von Kompetenzen an die Teilnehmer mit einem gesteigerten, mitgliederseitigen Aktivitätsgrad einhergeht und sich positiv auf die Community-Kultur auswirkt.

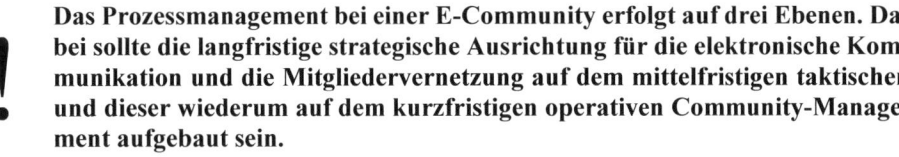

Das Prozessmanagement bei einer E-Community erfolgt auf drei Ebenen. Dabei sollte die langfristige strategische Ausrichtung für die elektronische Kommunikation und die Mitgliedervernetzung auf dem mittelfristigen taktischen und dieser wiederum auf dem kurzfristigen operativen Community-Management aufgebaut sein.

Fallbeispiel: Pinterest

Pinterest ist ein US-amerikanisches soziales Netzwerk, das erstmalig im Jahr 2010 online gegangen ist. Seit Einführung ist die soziale Community kostenlos für die Mitglieder nutzbar. Der Name des sozialen Netzwerkes mit integrierter visueller Suchmaschine leitet sich aus den beiden englischen Begriffen „Pin" (anheften) und „Interest" (Interesse) ab. Im Jahr 2018 konnte Pinterest 250 Mio. Nutzer weltweit verzeichnen. Die Mitglieder innerhalb des sozialen Netzwerkes können Bilder hochladen und teilen (repinnen). Ferner können sie ebenso die Inhalte an andere Mitglieder innerhalb der Community senden oder über andere soziale Netzwerke posten und entsprechend verbreiten. Diese Aktivitäten sollen zum einen dazu dienen, aus den registrierten Nutzern möglichst aktive Nutzer zu machen (operative Vernetzung) und stellen zum anderen im Rahmen der E-Community sog. Beitragsanreize, Vernetzungsanreize und Empfehlungsanreize für die Mitglieder dar. Diese Anreize dienen ebenso zum kontinuierlichen Wachstum der E-Community, da hier durch bspw. Mechanismen der Mund-zu-Mund-Propaganda ausgenutzt werden können. Die Idee von Pinterest basiert auf den sog. virtuellen Pinnwänden, die zum Austausch der Mitglieder über entsprechende Interessen und Hobbys oder Erfahrungswerte mit Gleichgesinnten dienen sollen (taktische Vernetzung). Dabei folgt Pinterest dem Grundbedürfnis „Interest" der Community-Teilnehmer, um die Interaktion und Pflege von Interessen zu unterstützen. Die jeweiligen Pinnwände können von den Mitgliedern zu diversen, eigens kreierten Themen angelegt werden. Zudem werden den Mitgliedern auf der Startseite immer wieder neue Pins vorgeschlagen, die zu vorher gesuchten Schlagworten passen, umso auch ein möglichst hohes Interaktivitätslevel der Mitglieder beizubehalten (strategische Vernetzung). Insgesamt bildet die visuelle Suchmaschine innerhalb von Pinterest rund 175 Mrd. mit Daten hinterlegten Bildern ab. Ferner ist es möglich, einen direkten Kaufimpuls durch Pinterest zu setzen und den eigenen Webshop mit einem Bild zu verlinken. Ein Klick auf den Namen eines Pins leitet das Community-Mitglied direkt auf die entsprechende Plattform, um das Produkt zu kaufen. Sobald jedoch ein bestimmter Pin, ein bestimmter Kommentar oder eine Nachricht eines Mitglieds gegen die Community-Richtlinien verstößt, kann dieser durch die Community selbst gemeldet werden. Anschließend kann das Profil des jeweiligen Nutzers, der gegen die Richtlinien verstoßen hat, blockiert werden. So wird zudem verhindert, dass keine weiteren Pins des Nutzers in dem Feed des Mitglieds auftauchen. Hierbei bedient Pinterest auch die strategische Vernetzung, indem die Pflege von Rückmeldungskanälen durch die Community gegeben ist.

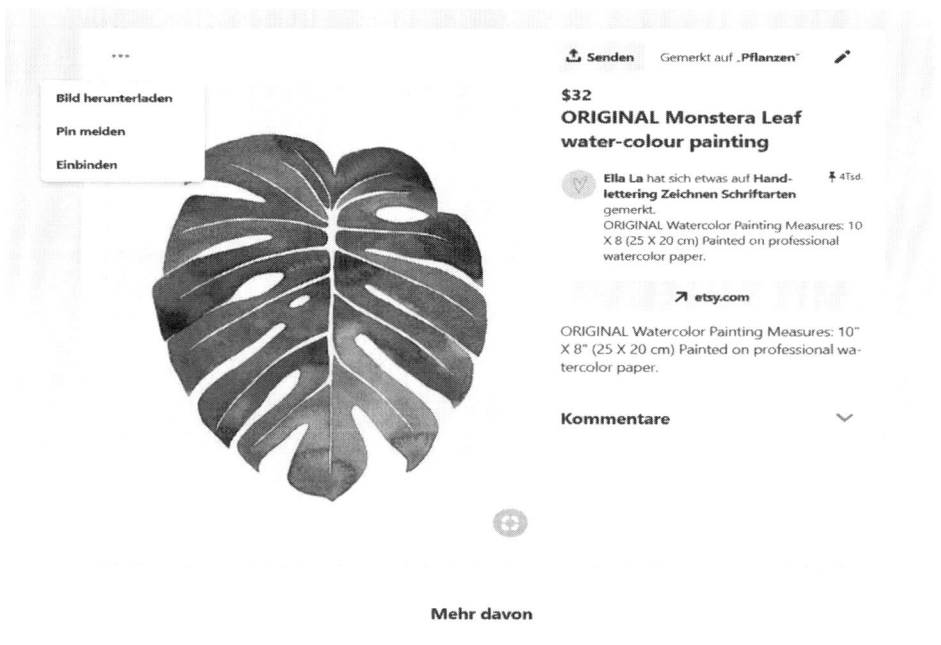

Mehr davon

5.3   Das Management beim elektronischen Kontaktnetzwerk

Nach den Darstellungen der Systeme (s. Kapitel 5.1) und den Ausführungen zu den Prozessen (s. Kapitel 5.2) zielt das folgende Kapitel auf die Erläuterung der Aktivitäten zur
Führung einer E-Community. Die **Managementebene** im elektronischen Netzwerk diskutiert somit die grundlegenden und zum Teil immer wiederkehrenden notwendigen Entscheidungen zur Positionierung der Community im Bezug zum Markt und zum Wettbewerb. Die Grundentscheidungen des Community-Betreibers beziehen sich dabei zum einen
auf die Analyse und optimale Gestaltung seines Produktangebotes im Hinblick auf die Zusammenführung von Informationsangebot und -nachfrage. Zum anderen gilt es aber auch,
dieses Produktangebot auf die intendierte Teilnehmergruppe auszurichten, was mit einem
detaillierten Verständnis der Wünsche, Ziele und Eigenarten potenzieller Community-
Teilnehmer einhergeht. Aufgrund der bereits existierenden und offenkundig wachsenden
Zahl an sozialen Netzwerken in der Offline- und Online-Welt müssen ferner Entscheidungen auch bezüglich einer Wettbewerbspositionierung getroffen werden. Die drei wesentlichen Kriterien für das Management einer E-Community sind folglich die Aspekte **Online-
Community-Produkt, -Teilnehmer** und **-Strategie**. Aufbauend auf diesen Grundanforderungen der Online-Interaktion befassen sich die folgenden Ausführungen mit den managementbezogenen Aspekten der E-Community (*Kollmann* 2019a).

Die E-Community muss aus der Perspektive des Managements sicherstellen, dass die richtigen Kommunikationspartner mit den passenden Kommunikationsinhalten vernetzt werden und sich aus dieser Vernetzung eine intensive und dauerhafte Kommunikation ergibt.

5.3.1 Die Produktanalyse

Wie schon bei einem elektronischen Marktplatz (s. Kapitel 4) besteht das „Produkt" einer E-Community in der Koordination und damit in der Vermittlungsleistung von Community-Teilnehmern und deren Kommunikation untereinander. Anders als bei einem Marktplatz steht jedoch nicht der Austausch eines in der Regel physischen Gutes im Vordergrund, bei dem der Informationsaustausch lediglich der Vorbereitung der Gütertransaktion dient, vielmehr ist es der Informationsaustausch an sich, der von den Community-Teilnehmern gewünscht wird und folglich von dem Betreiber koordiniert werden muss. Wenngleich grundsätzlich jeder Teilnehmer Informationsnachfragen und Informationsangebote einstellen kann, erscheint es aufgrund der unterschiedlichen Ziele und Motive zwischen dem Geben und dem Suchen nach einer Information sinnvoll, z. B. im Hinblick auf Marketingmaßnahmen (s. Kapitel 5.4) zwischen Informationsanbietern und -nachfragern bei den Teilnehmern (s. Kapitel 5.3.2) zu unterscheiden.

Es entsteht somit analog zu den elektronischen Marktplätzen eine **tripolare Beteiligungsstruktur** (s. Kapitel 4.3.1), bei der der Community-Betreiber nur einen indirekten Nutzen stiftet, der sich aus der Inanspruchnahme einer Interaktionsbeziehung innerhalb eines Kommunikationssystems durch die einzelnen Teilnehmer ergibt (derivativer Leistungsaspekt; *Farrell/Saloner* 1985; *Katz/Shapiro* 1985; *Wiese* 1990). Nur wenn Informationsanfragen gestellt werden, kann der Community-Betreiber vermitteln und je mehr Angebote bzw. Nachfragen eingestellt werden, desto mehr Spielraum hat er für diese Vermittlung. Das Unternehmen „E-Community" ist von der Teilnahmebereitschaft (Akzeptanz) anderer abhängig und erbringt unabhängig hiervon keine originäre Leistung (sklavischer Akzeptanzaspekt; s. Kapitel 4.3.1). Vor diesem Hintergrund entsteht ein vielschichtiges „Produktproblem", welches es im Management einer E-Community zu berücksichtigen gilt.

Online-Produktausrichtung

Die wohl grundlegendste Entscheidung des Community-Betreibers im Hinblick auf das Vernetzungs- und Kommunikationsangebot besteht in der langfristigen inhaltlichen **Online-Produktausrichtung**. Zur Systematisierung des inhaltlichen Schwerpunktes schlagen *Hagel/Armstrong* (1998) eine Systematisierung vor, die in der betriebswirtschaftlichen Literatur auf große Resonanz gestoßen ist. Diese systematische Unterteilung von Gemeinschaften impliziert die Etablierung von Nutzergruppen mit homogenen Bedürfnissen, was eine gezielte Ansprache von sich selbst selektierenden Nutzergruppen ermöglicht (*Panten* 2005, S. 30). E-Communities lassen sich hinsichtlich ihrer inhaltlichen und damit strategischen Ausrichtung im Allgemeinen einer der folgenden **Kategorien** zuordnen, wobei eine trennscharfe Einordnung jedoch nicht immer möglich ist (*Hagel/Armstrong* 1998, S. 134 ff.):

■ **Geografische Communities** sprechen die geografische Zugehörigkeit ihrer Mitglieder an. Sie konzentrieren sich auf Themen mit einem starken regionalen oder lokalen Bezug. Manche Städte gehen dazu über, mit Hilfe einer E-Community die Bindung ihrer Bürger zu stärken. Ein Beispiel liefert die Plattform *coolibri.de* für die Rhein-Ruhr-Region, auf der Jobangebote, Flohmärkte oder Konzerte in der jeweiligen Region vorgestellt und diskutiert werden.

■ **Demografische Communities** definieren ihren Inhalt über die soziale Gruppenzugehörigkeit (z. B. Geschlecht, ethnische Herkunft, Lebensabschnitt) ihrer Mitglieder in der Gesellschaft. Diese Plattformen umfassen in der Regel ein sehr breites Angebot an Themen rund um das alltägliche Leben der Teilnehmer. Beispiele sind Frauen-Communities wie z. B. *erdbeerlounge.de*, altersbezogene Senioren-Communities wie *feierabend.de*, Kinder-Communities wie *mein-kika.de* oder Business-Communities wie *xing.de*.

■ **Thematische Communities** widmen sich einem speziellen Thema und führen Menschen zusammen, die sich für dieses Thema interessieren. Der Nutzen dieser Communities liegt vorrangig in der Ermöglichung des Zugangs zu spezifischen Informationen. Derartige Communities können sich auf Hobbys und Freizeitbeschäftigungen aber auch auf das Arbeitsumfeld erstrecken. Beispiele sind Reise-Communities wie *explore2gether.de* oder Koch-Communities wie *chefkoch.de*.

■ **Aktivitätsbezogene Communities** sind in der klassischen Systematisierung zwar nicht enthalten, allerdings basiert ihre Existenz, wie die anderen drei Kategorien, ebenfalls auf den von *Hagel/Armstrong* diskutierten Grundbedürfnissen. Zu den Aktivitäten, die derartige Communities fördern, zählen insbesondere Computerspiele und Online-Käufe. In diese Kategorie fallen z. B. Einkaufs-Communities wie *amazonbuyvip.com* ebenso wie Spiele-Communities, deren Mitglieder online zusammenkommen, gemeinsam spielen und Informationen über das jeweilige Online-Spiel austauschen. Ein Beispiel für eine solche E-Community ist die *FIFA 15 Community* des Spieleanbieters *EA Sports*.

■ **Unternehmensinterne Communities** dienen einem hierarchieübergreifenden Austausch der Mitarbeiter zu verschiedenen Themenbereichen. Hierbei dient diese Community einem Wissensaustausch, der Standort unabhängig und über die verschiedenen Ebenen der Unternehmung durchgeführt werden kann. Die Nutzer können in diesem Rahmen Projektteams und Gruppen oder virtuelle Arbeitsräume gründen (*Chaudhuri* 2018). Ein Beispiel für eine solche unternehmensinterne Community ist „XChange", die Community der Wirtschaftsprüfungsgesellschaft *Pricewaterhouse-Coopers GmbH (PwC)* unter *community.pwc.de*. Auf dieser Plattform können sich ehemalige Mitarbeiter mit *PwC*-Alumni sowie aktiven Mitarbeitern austauschen.

Online-Produktzugang

Unmittelbar mit der Online-Produktausrichtung ist die Frage nach dem **Online-Produkt-zugang** zu stellen. Dabei geht es um den Aspekt, wie der Zugang für (potenzielle) Community-Mitglieder zur Plattform generell geregelt wird. Die mögliche Beschränkung des Zugangs ist ein wichtiges Merkmal einer Community. In der Praxis weist der Zugang eine Spannweite von ganz offen bis stark eingeschränkt auf. Der Sinn eines stark einge-schränkten Zugangs besteht in der Regel nicht ausschließlich in der Vermeidung von uner-wünschtem Content. Immer häufiger ist es Teil des Geschäftsmodells, durch Beschrän-kung des Zugangs die **Exklusivität** und damit die **Attraktivität** der Community zu erhöhen, auch wenn dadurch das Wachstum der Plattform zunächst eingeschränkt ist. So forderte die Social-Network-Plattform *Google+* in ihrer Beta-Phase eine Einladung durch einen bereits registrierten Teilnehmer. In anderen Fällen ist eine Aufnahmegebühr zu ent-richten, bevor ein neuer Teilnehmer zugelassen wird. Andere Communities sind nur auf Benutzer bestimmter Produkte ausgerichtet und fordern daher die Eingabe einer Produkts-eriennummer bei der Anmeldung. Eine Systematisierung von Zugangsmodellen zu E-Com-munities kann anhand der Kriterien Nutzeridentifikation und Exklusivität erfolgen (*Keding* 2007, S. 19): Exklusivität liegt dann vor, wenn der Zugang nur einem bestimmten Nut-zerkreis zugänglich gemacht wird, und die **Nutzeridentifikation** weist den Zugang ein-deutig dem jeweiligen Mitglied zu (s. Abb. 56).

		Exklusivität	
		exklusiv	nicht-exklusiv
Nutzeridentifikation	nutzerindividuelle Identifikation	**geschlossene Community**	**halbgeschlossene Community**
	keine Nutzeridentifikation	**halboffene Community**	**offene Community**

Abb. 56:   Systematik der E-Community-Zugangsmodelle
Quelle: in Anlehnung an *Keding* 2007, S. 19.

Anhand dieser beiden Dimensionen entstehen vier idealtypische **Arten von Zugangs-modellen** für E-Communities (s. Abb. 56; *Keding* 2007, S. 19):

▓ **Offene Communities**: Als offen sind E-Communities anzusehen, die keine nutzer-individuelle Identifikation voraussetzen und sich nicht auf einen bestimmten Personenkreis beschränken. Ein wesentliches Charakteristikum dieser Communities ist die Nichtberücksichtigung historischen Verhaltens für den zukünftigen Besuch. Ebenfalls ist es in derartigen Gemeinschaften nicht möglich, Profile oder Rollenkonzepte zu implementieren.

▓ **Halboffene Communities**: Bei halboffenen Communities findet ebenfalls keine nutzerindividuelle Identifikation statt, was mit den im ersten Punkt genannten Implikationen einhergeht. Jedoch ist der Zugang bei halb-offenen E-Communities auf einen bestimmten Nutzerkreis eingeschränkt. Der Zugang lässt sich bspw. realisieren, indem alle Mitglieder dieselben Login-Daten verwenden.

▓ **Halbgeschlossene Communities**: Diese sind prinzipiell für jeden Interessenten zugänglich, wenngleich sie die eindeutige Identifikation des Nutzers erfordern, was in der Regel durch ein personifiziertes Login geschieht. In der Regel ist der Zugang in Communities so geregelt, dass eine Anmeldung erst zum Verfassen von Beiträgen notwendig ist, während das reine Lesen eines Beitrags auch ohne vorherige Anmeldung möglich ist.

▓ **Geschlossene Communities**: Hier werden nur Mitglieder aufgenommen, die vom Betreiber als gewinnbringend für die Community angesehen werden. Eine nutzerindividuelle Anmeldung erscheint hier obligatorisch. In der Regel bekommen nichtregistrierte Internetuser in solchen Communities nicht mehr als die Startseite zu sehen. Da die Mitglieder unter sich bleiben möchten, wird Außenstehenden auch nicht das passive Mitlesen von Threads erlaubt.

Online-Produktregeln

Die E-Community lebt in erster Linie von dem, was von den Mitgliedern entweder im Rahmen des Online-Mitgliederprofils oder dem Online-Mitgliedercontent auf die Plattform eingestellt wird. Die zugehörige Verwertung und Koordination dieser Inhalte unterliegen allgemeinen Rechtsnormen, die von zusätzlichen spezifischen Regeln für die einzelne E-Community durch dessen Betreiber ergänzt werden können. Über dieses Set an Teilnahmebedingungen für ein Community-Mitglied werden aus übergeordnetem Blickwinkel die **Online-Produktregeln** definiert, die sich in der Regel in den Allgemeinen Geschäftsbedingungen für die Nutzung der E-Community niederschlagen. Diese Produktregeln können dabei in **fünf Klassen** unterteilt und anhand der AGB von *xing.de* erläutert werden:

▓ **Produkt-Zugangsregeln** beziehen sich auf die Art und Weise, wie die Registrierung und die dort benötigten Informationen zu handhaben sind. Hier kann bspw. festgelegt werden, dass keine irreführenden Angaben in dem Mitgliederprofil hinterlegt und nur eigene, rechtefreie Fotos zur entsprechenden Person für das Mitgliedsprofil hochgeladen werden dürfen wie bspw. bei *xing.de*.

- **Produkt-Verwertungsregeln** legen die Rechte an den eingestellten Inhalten fest. Dabei räumen die Community-Mitglieder dem Community-Betreiber meist mit dem Einstellen eines Beitrags ein unbeschränktes, unwiderrufliches und übertragbares Nutzungs- und Bestimmungsrecht zur Weiterverwertung ein. Im Beispiel von *xing.com* behält sich der Community-Betreiber das Recht vor, jeglicher Nutzung der Dienste und Inhalte der Community mit Ausnahme der von *xing.com* bereitgestellten Möglichkeiten vor der Weiterverwertung durch Dritte schriftlich zuzustimmen.

- **Produkt-Inhaltsregeln** beziehen sich auf die Inhalte der eingestellten Beiträge und deren kommunikativer Wirkung auf die rechtliche bzw. ethische Wahrnehmung von Formulierungen. So ist es den Community-Mitgliedern in der Regel untersagt, beleidigende oder verleumderische Inhalte zu verwenden oder pornografische bzw. gegen Jugendschutzgesetze verstoßende Inhalte zu verwenden, zu bewerben, anzubieten oder zu vertreiben. Ferner können weitere themenbezogene Einschränkungen formuliert werden, die wie bei der Business-Community *xing.de* „gesetzlich (z. B. durch das Urheber-, Marken-, Patent-, Geschmacksmuster- oder Gebrauchsmusterrecht) geschützte Inhalte" oder „wettbewerbswidrige Handlungen [...], einschließlich bestimmter progressiver Kundenwerbung (Ketten-, Schneeball- oder Pyramidensysteme)" betreffen.

- **Produkt-Nutzungsregeln** beziehen sich auf die Community-Tools bzw. -Features und deren Verwendung im Rahmen der Vernetzungsaktivitäten einer E-Community. Dazu gehört z. B. der Missbrauch von internen Mail-Systemen in Form von Kettenbriefen.

- **Produkt-Freistellungsregeln** beziehen sich auf die rechtliche Freistellung des Community-Betreibers im Hinblick auf mögliche Folgewirkungen aus den von seinen Community-Mitgliedern eingestellten Inhalten. So stellen Nutzer von *xing.de* dessen Betreiber „von sämtlichen Ansprüchen, einschließlich Schadensersatzansprüchen, frei, die andere Nutzer oder sonstige Dritte gegen *xing.de* wegen einer Verletzung ihrer Rechte durch die vom Nutzer auf den *xing.de*-Webseiten eingestellten Inhalte geltend machen."

Diese Online-Produktregeln reagieren bei E-Communities auf viele spezifische Problemfelder, die sich gerade aufgrund der Fremdeinstellung von Content durch die Mitglieder heraus in den letzten Jahren ergeben haben und die in erster Linie ethischer und rechtlicher Natur sind. So waren und sind z. B. bei der Betrachtung von Foreneinträgen nicht nur Informationen zu finden, die einen sachlichen Beitrag zur Diskussion enthalten, sondern vermehrt auch obszöne, beleidigende und diffamierende Äußerungen, die zumindest ethisch, wenn nicht auch rechtlich problematisch sind. Ebenfalls werden auf elektronischen Communities immer wieder Informationsinhalte eingestellt, die **Markenrechten** unterliegen (z. B. Mitschnitte von Fußballspielen der *1. Bundesliga* bei *youtube.com*). Trotz Novellierungen der relevanten Gesetze (z. B. Telemediengesetz) scheinen Fragen, inwieweit der Community-Betreiber für den auf seiner Plattform hinterlegten und verlinkten Content verantwortlich ist, wie er mit Rechtsverletzungen seitens der User umzugehen hat und welche weiteren Sorgfaltspflichten ihm obliegen, nicht endgültig geklärt. Fest steht jedoch, dass diese Fragestellungen die Ausbreitung von elektronischen Communities und deren zukünftige Entwicklung maßgeblich beeinflussen werden, weshalb an dieser Stelle **ethisch-rechtliche Probleme** vorgestellt werden, mit denen sich der Community-Betreiber auseinander setzen muss (*Kollmann/Stöckmann* 2007; *Kollmann/Stöckmann/ Schröer* 2009):

- **Probleme der Meinungsäußerung**: Auch wenn grundsätzlich jeder Mensch und damit jeder Teilnehmer das Recht auf eine freie Meinungsäußerung genießt, existieren gesetzliche und ethische Grenzen. Auf anonymen Kommunikations- und Handelsplattformen im Internet werden diese Grenzen jedoch mitunter überschritten. Beleidigende, extremistische und sexistische Äußerungen in Chats, Foren und ähnlichen Kommunikationsbereichen dürfen von dem Betreiber nicht geduldet werden. Darüber hinaus hat der Betreiber die Möglichkeit, weitere Kommunikationsinhalte als unerwünscht zu klassifizieren (z. B. Werbung für fremde Angebote).

- **Probleme durch die Übernahme fremder Inhalte**: Auf Informations- und Kommunikationsplattformen werden von Usern immer wieder – unwissentlich oder vorsätzlich – rechtlich geschützte Inhalte anderer Webseiten oder realer Quellen eingestellt. Rechteinhaber setzen mittlerweile Agenturen ein, die ihre geschützten Inhalte im Web aufspüren. Dem Plattformbetreiber obliegt es, diese Verstöße seiner User zu ahnden und die geschützten Inhalte zu entfernen. Verhindern kann der Betreiber das Einstellen geschützter Inhalte in der Regel nicht, da der Verstoß gegen das Urheberrecht erst bekannt wird, wenn sich der geschützte Inhalt bereits auf der Plattform befindet. Diese reaktive Vorgehensweise hat neben dem Umstand, dass sie Sisyphos' Strafe gleicht, den rechtlichen Makel, dass trotz zeitnaher Löschung ein Rechtsbruch stattgefunden hat. Da es derzeit kein geeignetes proaktives Verfahren zur Verhinderung der Einstellung geschützter Inhalte gibt, streben große Plattformen breit angelegte Lizenzierungsvereinbarungen mit den Rechteinhabern an, die es ihnen erlauben, sowohl die Inhalte auf den Plattformen zu belassen als auch Klagen vorzubeugen und somit negative Einflüsse auf die Plattformdurchsetzung zu verhindern.

Der Betreiber einer E-Community muss im Hinblick auf seine Kommunikationsplattform die inhaltliche Ausrichtung vorgeben und festlegen, wer einen Zugang zu dem Netzwerk haben darf und unter welchen Regeln der Kommunikationsaustausch stattfinden soll.

Fallbeispiel: YouTube

Das soziale Netzwerk und Videoportal YouTube wurde 2005 in Amerika gegründet und ist seit 2006 ein Tochterunternehmen von Google LLC. YouTube ist weltweit verfügbar und verzeichnet derzeit 1,9 Mrd. Nutzer (Stand: Januar 2019). Die Community lebt von den Inhalten, die von den Usern generiert werden und dass ein optimaler Informationsaustausch unter den Mitgliedern stattfindet. Die Nutzer der thematischen Community YouTube können Inhalte teilen oder anschauen und mit der Plattform via Kommentarfunktion interagieren. Bestimmte Kanäle können abonniert, entsprechende Playlist gestaltet oder Videos durch die Nutzer bearbeitet und hochgeladen werden. Um sich die Videos anzuschauen, ist eine vorherige Anmeldung nicht notwendig. In der Vergangenheit wurde YouTube oftmals dazu missbraucht, um Videos mit Inhalten hochzuladen und zu verbreiten, die gegen die Richtlinien verstoßen. Vor diesem Hintergrund hat YouTube seine Community-Richtlinien verstärkt und weist über verschiedene Zugangsregeln darauf hin, welche Inhalte keinen Einzug in das soziale Netzwerk halten dürfen. Darunter befinden sich bspw. das Verbot von Nacktheit oder sexuellen Inhalten, schädlichen oder gefährlichen Inhalten, hasserfüllten Inhalten, gewalttätigen oder grausamen Inhalten, Belästigung und Cybermobbing oder Videos, die gegen das Urheberrecht von Dritten verstoßen. Zusätzlich werden irreführende Metadaten (bspw. Beschreibungen, Tags oder Thumbnails, die dazu genutzt werden, um die Seitenaufrufe zu steigern) verboten. Entsprechende Inhalte, die zu ethisch-rechtlichen Problemen führen und indessen Probleme der Meinungsäußerung beinhalten, können durch die Community-Mitglieder jederzeit gemeldet werden. Zudem unterliegt das hochgeladene Video zunächst einer Prüfung seitens YouTube um auch Problemen entgegenzuwirken, die durch die Übernahme fremder Inhalte entstehen können. Um jedoch bei der Masse an Inhalten zu gewährleisten, dass der hochgeladene Inhalt nicht gegen die genannten Richtlinien verstößt, wird zusätzlich ein Algorithmus (künstliche Intelligenz) eingesetzt, der die entsprechenden Inhalte in den Videos aufdeckt und anschließend löscht.

5.3.2 Die Mitgliederanalyse

Die Aussage „The members of a virtual community are its real creators" von *Hagel* und *Armstrong* (1998) verdeutlicht, welche besondere Bedeutung die Mitglieder für die erfolgreiche Entwicklung einer Community haben. Innerhalb der zugehörigen **Mitgliederanalyse** wird entsprechend versucht, alle relevanten Fragestellungen rund um dieses zentrale Asset einer E-Community zu klären. Bevor allerdings auf die verschiedenen Community-Mitglieder und deren Ziele und Bedürfnisse eingegangen wird, ist zunächst festzuhalten, dass genauso wie auf den anderen Plattformen auch auf Community-Plattformen grundsätzlich öffentliche Institutionen (**Government**), Unternehmen (**Business**) und private Konsumenten (**Consumer**) anzutreffen sind, auch wenn der Großteil der Literatur zu sozialen Netzwerken auf den Geschäftsbereich (s. Kapitel 1.3.2) C2C fokussiert. So führen im B2C-Bereich diverse Unternehmen mittlerweile ebenfalls Weblogs ein, um Kunden über aktuelle Themen rund um das Unternehmen zu informieren und um sich Kundenmeinungen einzuholen (z. B. *docmorris-blog.de*). *innocentive.com* andererseits ist eine C2B-Community, in der Privatleute kreativ und innovativ von Unternehmen eingestellte F&E-Probleme lösen (sog. Crowdsourcing). Im B2B-Bereich existiert bspw. *stackoverflow.com*. Dabei handelt es sich um ein Programmierforum, in dem sich Entwickler gegenseitig Hilfestellung zu bestimmten Programmen oder Programmiersprachen geben. Sogar die öffentliche Hand nutzt auf Themenportalen wie *bremen.de* oder *strassen.nrw.de*, wenn auch in der Regel noch rudimentär, die Möglichkeit, mit Bürgern in Kontakt zu treten. Vor diesem Hintergrund sind die folgenden Ausführungen zu den Teilnehmern elektronischer Communities nicht nur auf den Menschen in seiner Freizeit beschränkt, sondern betrachten Interaktionen in allen Geschäftsbereichen (*Kollmann* 2019a).

Online-Mitgliedertypen

Zunächst muss sich der Betreiber einer Community darüber klarwerden, dass Mitglieder mit unterschiedlichen Charakteren, Hintergründen und vor allem verschiedenen Intentionen am Plattformgeschehen teilnehmen. Diese **Online-Mitgliedertypen** und der Umgang mit ihnen beeinflusst maßgeblich die Dynamik der Gemeinschaftsbildung. Basierend auf den „Social Player Types" sind folgende **vier Typen** von Mitgliedern einer Community zu unterscheiden (*Seufert/Moisseeva/Steinbeck* 2002, S. 5; *Kim* 2000):

- ▦ **Achievers (Performers)**: Dieser Typ ist geprägt durch zielfokussiertes Verhalten. Er möchte die Community auf inhaltlicher Ebene voranbringen und bringt sich und sein Wissen daher gerne in die Community ein. Er initiiert und organisiert Events und koordiniert Kontakte zwischen Subcommunities.

- ▦ **Explorers (Gurus)**: Explorer greifen gerne aktuelle Trends und neue Themen auf und erweitern und erneuern die Community dabei mit neuen Ideen. Sie bringen die Community auf einer innovativen inhaltlichen Ebene voran. Ihre Aktionen sind geprägt durch Neugierde sowie das Verknüpfen von bestehendem und das Generieren von neuem Wissen.

- **Socializers (Greeters, Caretakers)**: Sie machen sich in besonderem Maße um den Aufbau und die Pflege des Netzwerkes unter sozialen Gesichtspunkten verdient. Ihr eigenes Verhalten ist geprägt durch Vertrauen, Einfühlungsvermögen und Hilfsbereitschaft gegenüber anderen Mitgliedern. Sie sind bestrebt, diese Werte in der E-Community auch bei anderen Teilnehmern zu etablieren.

- **Killers (Brats)**: Hierbei handelt es sich um die Unruhestifter in einer E-Community, die z. B. durch provozierende Beiträge auffallen. Wenngleich dieser Typus mit negativen Assoziationen besetzt ist, können von dem provokativen Verhalten auch neue Impulse ausgehen, die Diskussionen positiv beeinflussen. Insbesondere aus Äußerungen, die irritieren, Paradoxien aufwerfen oder auf Widersprüche hinweisen, kann ein Gewinn für die Community entstehen.

Online-Mitgliederkopplung

Allgemein ist Kopplung definiert als die Beziehung zwischen Elementen. Im Rahmen der Mitgliederanalyse spielt der Grad der Kopplung zwischen den Community-Teilnehmern eine bedeutende Rolle. Das Beziehungsspektrum bei der **Online-Mitgliederkopplung** reicht von losen, schwachen bis hin zu engen bzw. beständigen Verbindungen (*Panten* 2005, S. 35 f.), wobei die Intensität der Beziehung einen großen Einfluss auf die Dynamik in der Gemeinschaft ausübt. Bereits bei der erstmaligen Konzeption der E-Community sollte sich der Betreiber bewusst machen, welcher **Kopplungsgrad** auf seiner Plattform vorteilhaft ist und wie er diesen erreicht:

- **Lose Kopplung**: Eine lose Kopplung liegt vor, wenn die Teilnehmer der E-Community nur wenige Gemeinsamkeiten aufweisen und diese Übereinstimmungen im Vergleich zu anderen Faktoren, die Einfluss auf die Communitydynamik ausüben, schwach ausgeprägt sind. Resultierende Beziehungen sind durch eher gelegentliche anstatt konstante, plötzliche anstatt kontinuierliche und erhebliche anstatt bedeutsame Zusammenkünfte gekennzeichnet. Diese Charakteristika beschreiben den Großteil der Kontakte in Communities, da es dort meist zu einem n-seitigen Informationsaustausch im Hinblick auf eine spezifische Thematik bzw. Problematik zwischen einer bestimmten Zahl von interessierten Teilnehmern kommt. Der Austausch erfolgt temporär für die Dauer der Themenbehandlung. Mitunter bilden sich verschiedene, voneinander unabhängige Subgruppen zu verschiedenen Themen über eine längere Zeit, die dann einen gewissen Grad an Unabhängigkeit von der übergeordneten Communitystruktur etablieren. Etwaige „lokale" Anpassungen in einer dieser Untergruppen beeinflussen die Community als Ganzes kaum. Die Kombination von Reaktionsfähigkeit des gesamten Systems auf der einen Seite und die Unabhängigkeit seiner Bestandteile (z. B. Mitglieder, Subgruppen) auf der anderen Seite charakterisieren das Geschäftsmodell E-Community nach *Orton/Weick* (1990) zunächst per se als lose gekoppeltes System.

- **Enge Kopplungen**: In einer Community können jedoch auch engere Beziehungen zwischen einer kleinen oder auch größeren Gruppe von Mitgliedern bestehen. Diese engen Kopplungen können Dimensionen familiärer Bindungen erreichen, sodass diese

Gruppe nach außen hin als Einheit auftritt, gemeinsame Entscheidungen trifft und in hohem Maße füreinander eintritt. Derartige Bindungen können einerseits darauf basieren, dass diese Mitglieder bereits eine Beziehungshistorie aufweisen, die z. B. aus Beziehungen in der realen Welt resultiert. In diesem Fall dient die E-Community als effiziente Form, mit räumlich getrennten Freunden oder Familienmitgliedern zu kommunizieren. Allerdings können auch enge Bindungen zwischen Mitgliedern entstehen, die sich nicht vorher persönlich kannten. Enge Kopplungen entstehen seltener in großen Communities, auch wenn dort potenziell mehr Auswahl an Kontakten besteht, sondern eher in kleineren, fokussierteren Communities bzw. Subgruppen von großen Communities, in denen Teilnehmer zueinanderfinden, die ähnliche Interessen bzw. Hintergründe aufweisen. *Kim* (2000, S. 316 f.) weist darauf hin, dass insbesondere in Subcommunities, die von Mitgliedern selbst erstellt bzw. auf ihre Initiative basierend gegründet wurden, starke interne Bindungen auftreten, da sich die Teilnehmer eher ihrer Subgruppe als dem Gesamtgebilde verpflichtet sehen. Enge Kopplungen sind z. B. in der E-Community *secondlife.com* zu beobachten, in der Teilnehmer ein virtuelles, zweites Leben mit Teilnehmern aus aller Welt führen können. Über Freund- und Liebschaften hinaus sind bereits ganze Familien entstanden, in denen Teilnehmer die verschiedenen Rollen von Vater, Mutter oder Kind übernehmen und wie Familien im Real Life miteinander leben.

Online-Mitgliederentwicklung

Zwar lassen sich Teilnehmer bereits sehr gut durch die in Kapitel 5.3.2 beschriebene Typisierung beschreiben, jedoch existiert darüber hinaus mit dem Erfahrungshintergrund eine weitere Variable, die das konkrete Teilnehmerverhalten und damit die **Online-Mitgliederentwicklung** beeinflusst. Mit der Dauer der Zugehörigkeit bzw. mit der Anzahl der Postings ändern sich Aspekte wie Status und Ansehen in der Gemeinschaft, Selbstbewusstsein des Teilnehmers oder auch community-spezifisches Wissen, was sich dann auf die Aktivitäten des Mitglieds und deren Wahrnehmung durch die anderen Teilnehmer auswirkt. Nach dem Lebenszyklus der Mitgliedschaft lassen sich die folgenden **Stufen der Entwicklung** von E-Community-Teilnehmern unterscheiden (*Seufert/Moisseeva/Steinbeck* 2002, S. 5; *Kim* 2000):

- **Visitor**: Er gehört noch nicht offiziell zur Gemeinschaft, sondern ist ein Besucher und Beobachter der „Szene". In der Regel ist er noch nicht registriertes Mitglied, was seine Zugriffsmöglichkeit einschränkt. Üblicherweise kann er alle oder zumindest einen Großteil der existierenden Foreneinträge lesen, was den „Gästen" oftmals schon reicht. So finden sie z. B. Lösungen zu ihren Problemen in Fachforen, wenn es sich dabei um ein Problem handelt, das Mitglieder schon vor ihnen hatten. Verwehrt bleiben ihnen hingegen in der Regel der Zugriff auf Nutzerdaten und damit die direkte Kontaktaufnahme zu anderen Teilnehmern.

- **Newcomer**: Ein Newcomer ist ein neues Mitglied in einer Community. „Neu" kann sich dabei einerseits auf die geringe Dauer seiner Mitgliedschaft oder auf die geringe Anzahl seiner bisherigen Aktivitäten (z. B. Foreneinträge) beziehen. Newcomer sind zunächst meist relativ zurückhaltend mit ihren Äußerungen und orientieren sich in ihrem Verhalten an den etablierten Mitgliedern. Nicht immer wird Neulingen der Einstieg in eine Community leichtgemacht. So wird bspw. ihren Äußerungen oftmals weniger Beachtung geschenkt, als den Beiträgen etablierter Mitglieder, da sie sich insbesondere aus der Sicht langjähriger Mitglieder ihr Ansehen „erst verdienen müssen". Neulinge, die sich ignorant oder nicht lernwillig zeigen, werden abwertend als „Noob" bezeichnet und erreichen oftmals gar nicht erst die Stufe eines Regulars.

- **Regular**: Hierbei handelt es sich um Mitglieder, die der Gemeinschaft bereits seit längerer Zeit angehören oder sich in Einzelfällen durch eine enorme Präsenz über eine kurze Zeit in der Community etabliert haben. Sie zeichnen sich durch regelmäßige Partizipation und ein dauerhaftes Commitment mit den Gemeinschaftszielen aus.

- **Experts**: Diesen Status müssen sich Teilnehmer verdienen. Erst wer sich über einen längeren Zeitraum regelmäßig um die Community verdient gemacht, ein besonderes Commitment an den Tag gelegt und sein community-spezifisches Wissen immer wieder unter Beweis gestellt hat, wird von den anderen als Experte anerkannt und geschätzt. Häufig sind sie „Leaders", also offizielle oder inoffizielle Wortanführer in der Community, z. B. in der Kommunikation mit dem Betreiber. Experten sind für die Community sehr wichtig, da sie die Community am Laufen und Teilnehmer zusammenhalten. Aus dieser Gruppe werden in der Regel die Moderatoren rekrutiert.

Die Online-Mitgliederanalyse umfasst im Kern drei Schritte, welche von der initialen Identifikation der passenden Teilnehmertypen, über die Analyse der zugehörigen Teilnehmervernetzung bis hin zur Sicherstellung einer positiven quantitativen und qualitativen Teilnehmerentwicklung gehen.

Fallbeispiel: CHIP Forum

Die CHIP Communications GmbH mit Sitz in München betreibt seit 1978 eine der ältesten PC-Zeitschriften in Deutschland und bedient damit die Zielgruppen (bspw. Einsteiger, Fortgeschrittene, IT-Spezialisten) durch redaktionelle Beiträge rund um die Themen Trend, Test und Technik in Bezug auf Computer und Technik im Allgemeinen. Neben der Zeitung betreibt das Unternehmen auch das bekannte Internetportal CHIP Online mit eigener Online-Community, das sog. CHIP Forum. Anhand von E-Mail-Adresse und gewünschten Benutzernamen können sich Mitglieder kostenlos im CHIP Forum registrieren. Unter dem Reiter „Profil" kann das jeweilige Mitglied seine Aktivität innerhalb der Community nachverfolgen (bspw. sein Beitrittsdatum einsehen, den Zeitpunkt seiner letzten Aktivität, die Anzahl seiner Beiträge oder seine entsprechende Rolle). Im CHIP Forum wird das Mitglied für seine Aktivität belohnt. Das bedeutet, das Mitglied kann sog. Abzeichen und bestimmte Punkte sammeln. Dies kommt zustande, sobald andere Nutzer positiv auf den eigenen Kommentar reagieren. Für die positive Reaktion „hilfreich" können drei

Punkte, und für die Angabe „Gefällt mir" kann ein Punkt verdient werden. Ein Abzeichen kann dadurch verdient werden, je mehr Kommentare das Mitglied schreibt. Das Abzeichen führt ebenso zur Sammlung sog. Reputationspunkte. Anhand der Punkte werden Mitglieder-Rollen innerhalb der Community verteilt. So wird man bspw. ein sog. „Experte", wenn man entsprechend 2.000 Punkte gesammelt hat. Zusätzlich können Mitglieder von den Administratoren zu sog. Moderatoren berufen werden. Um jedoch überhaupt als Moderator in Frage zu kommen, muss das Mitglied bereits länger in der Community aktiv sein, positiv aufgefallen und kompetent sein. Zudem benötigt der Moderator eine möglichst neutrale Einstellung gegenüber anderen Community Mitgliedern. Als Moderator hat man zwar ein paar mehr „Rechte" als andere User, muss seine Aufgaben allerdings ehrenamtlich erledigen. Das Bild über die entsprechenden Rollen und deren Entwicklung bildet gleichzeitig die Online-Mitgliederentwicklung ab. Zudem findet im CHIP Forum zumeist nur eine lose Kopplung zwischen den Mitgliedern statt, da es oftmals zu einem temporären Austausch zu spezifischen Technikthemen gibt. Die entsprechenden Beziehungen zwischen den Community-Mitgliedern sind durch eher gelegentliche anstatt durch kontinuierliche und erhebliche Zusammenkünfte im CHIP Forum gekennzeichnet. Ferner gibt es im CHIP Forum bereits verschiedene, voneinander unabhängige Subgruppen zu verschiedenen Themen, die bereits seit einem längeren Zeitraum bestehen.

5.3.3   Die Strategieanalyse

Neben der Produktanalyse bei einer E-Community (s. Kapitel 5.3.1) und der Betrachtung der Charakteristika der Teilnehmer einer E-Community im Rahmen der Mitgliederanalyse (s. Kapitel 5.3.2) spielt auch die **Strategieanalyse** eine bedeutsame Rolle für die Managementebene bei elektronischen Kontaktnetzwerken. Diese Strategieanalyse bezieht sich im Kern auf drei Ebenen: Zielsetzungs-, Positionierungs- und Channelebene. Dabei wird sich im Folgenden mit den strategischen Zielen der E-Community und Möglichkeiten der strategischen Positionierung im Wettbewerb zu ihrer Erreichung auseinandergesetzt (*Kollmann* 2019a).

Online-Zielsetzungsebene

Der Community-Betreiber kann bezüglich der **Online-Zielsetzungsebene** mit der Gründung bzw. dem Betrieb einer E-Community unterschiedliche strategische Richtungen verfolgen, die für die weitere Entwicklung der Community maßgeblich sind. Für den dauerhaften Erfolg der E-Community ist es dabei elementar, dass der Betreiber sich über diese Richtungen und die damit verbundenen konkreten Ziele, die er verfolgen möchte, klar ist und diese den relevanten Stakeholdern kommuniziert bzw. sein Handeln konsequent auf die Zielerreichung ausrichtet. Dabei muss er analysieren, welche Ziele seine Mitglieder mit der Plattform verbinden, um sich diese zu eigen zu machen und die Zielerreichung zu fördern. Die zu verfolgenden Ziele lassen sich in sechs Kategorien zusammenfassen (*Tietz* 2007, S. 38 ff.). Mitunter lassen sich Ziele kombinieren oder beinhalten sogar Synergiepotenziale. Die **primären Ziele** der Strategieanalyse sind dabei:

▨ **Kommunikationsziele**: Für die Teilnehmer ist eine E-Community ein zusätzlicher Kommunikationskanal mit direkter Kontaktmöglichkeit zu Kunden (Business) oder Gleichgesinnten (Consumer). Vorteilhaft dabei ist, dass durch das gemeinsame Interessengebiet der Mitglieder eine weitgehend homogene Zielgruppe existiert. Der Betreiber muss aber entsprechend entscheiden, ob er dem Ansatz einer sog. Lead-Generation für Unternehmen entsprechend folgt und seine Community darauf ausrichtet bzw. mit Business-Elementen gestalten will oder ob er den nicht-kommerziellen privaten Kontakt zwischen den Mitgliedern ermöglichen will.

▨ **Finanzziele**: Der Betreiber einer E-Community muss sich entscheiden, wie kommerziell er seine Plattform betreiben will. Direkte Umsätze lassen sich über Teilnahmegebühren generieren. Dies bedeutet, dass der Teilnehmer eine Gebühr entrichtet, wenn er Community-Funktionen nutzen möchte, die im Rahmen einer sog. Premium-Mitgliedschaft über eine vorhandene Grundfunktionalität hinausgehen. Indirekte Umsätze lassen sich über Werbeeinblendungen erzielen.

Neben den primären Zielen kann der Community-Betreiber weitere Ziele verfolgen, die die primären Ziele ergänzen und an dieser Stelle daher als **sekundäre Ziele** der Strategieanalyse bezeichnet werden sollen:

▨ **Marktforschung**: Obwohl die Repräsentativität einer E-Community mit Vorsicht zu betrachten ist, kann die Marktforschung über eine vorhandene Plattform große Kosten- und Zeitvorteile bieten. Nicht zuletzt bietet eine E-Community die Chance, den Nutzer durch den direkten Kontakt besser kennenzulernen und zu verstehen. Der Betreiber muss entscheiden, ob er Marktforschung auf seiner Plattform betreiben will, um die Ergebnisse anschließend zu vermarkten. Diese Marktforschungsfunktion über seine Community kann er aber auch externen Unternehmen anbieten.

▨ **Produktpräsentation**: Durch die Abhebung von Wettbewerbern und die Darstellung eigener Produkte können über eine E-Community neue Kunden gewonnen werden. Ferner kann über die Plattform die Beziehung zu bestehenden Kunden gepflegt und deren

Marken- bzw. Produktloyalität gesteigert werden. Der Betreiber muss entsprechend entscheiden, ob und in welcher Form und Intensität er Marken-, Unternehmen- und Produktpräsentationen auf seiner Plattform zulassen will.

- **Prestige**: Durch das Angebot einer exklusiven E-Community kann sich der Betreiber von der Konkurrenz abheben. Ebenso kann Exklusivität dazu führen, dass das in der Community entstandene Gemeinschaftsgefühl auf die Mitglieder und den Betreiber übergeht. Entsprechend muss der Betreiber entscheiden, wie offen er seine Plattform gestaltet und ob er das Ziel der Exklusivität verfolgt.

- **Produktentwicklung**: Über den direkten Kontakt zu den Mitgliedern lässt sich einerseits Feedback zu bestehenden Produkten einholen. Anderseits lassen sich über die E-Community neue Produktideen generieren. Der Betreiber entscheidet, inwieweit er den Mitgliedern und externen Unternehmen den Platz gewährt, um solche Customer-Integration-Modelle zuzulassen und/oder sich selbst aktiv daran beteiligt.

- **Unterstützung**: Hat ein Nutzer Probleme bei der Anwendung eines Produktes, kann er in einer zugehörigen E-Community Fragen platzieren bzw. Antworten finden. Die gegenseitige Unterstützung der Nutzer verringert dabei den Bedarf an Support durch das Unternehmen; der Informations- und Wissensaustausch der Nutzer wird angeregt. Der Betreiber muss entscheiden, inwieweit er seine Community zum verlängerten Support-Arm von Unternehmen und Dienstleistern werden lässt.

Online-Positionierungsebene

Aufbauend auf dem Konzept der heterogenitätsabhängigen Bindungswirkung lassen sich aus strategischer Betreibersicht im Hinblick auf die **Online-Positionierungsebene** zum Zeitpunkt der Community-Gründung zwei grundsätzliche Richtungen unterscheiden, die mit unterschiedlichen Taktiken die Teilnehmer für die E-Community gewinnen und langfristig an die Plattform binden möchten. Die beiden möglichen Einstiegs- und Entwicklungspunkte können im **2-H-Modell** zur Positionierung einer E-Community zusammengefasst werden (s. Abb. 57):

- **Homogenitätspositionierung (Qualitätsvorsprung)**: In einer homogenen Community wird ein eher kleines Spektrum an Inhalten behandelt. Dafür können die Inhalte sehr detailliert diskutiert werden. Der Community-Betreiber ist zunächst nicht daran interessiert, möglichst viele Mitglieder mit verschiedenen Interessen zu gewinnen, vielmehr möchte er diejenigen Menschen, die am Austausch an einem spezifischen Thema interessiert sind und idealerweise bereits über ein ausgeprägtes Wissen in diesem Bereich verfügen, auf seiner Plattform zusammenbringen. Auf diese Weise wird es möglich, auf der Plattform Interaktionen auf einem hohen Niveau zu vermitteln. Für bestehende wie auch potenzielle Teilnehmer besteht der Mehrwert darin, dass sie auf Menschen mit ähnlichen Interessen und/oder Hintergründen treffen, sodass schnell eine Vertrautheit entsteht, was als Basis für ein positives und offenes Community-Klima gilt. Enge Kopplungen können in diesen Communities leichter entstehen. In diesen Communities kann jede noch so spezielle Frage rund um das übergeordnete Thema mit einer guten Chance auf eine Antwort gestellt werden, da idealerweise die Experten zu diesem Thema auf der Plattform zu finden sind. So entsteht ein Qualitätsvorsprung, der für die Gemeinschaft wertvoll ist, da in dieser Atmosphäre Wissen generiert werden kann. Dieses Wissen ist wiederum für potenzielle Teilnehmer interessant, sodass sie zu einem Einstieg motiviert werden, was sich positiv auf das Wachstum der Community auswirkt, insbesondere da es eher unwahrscheinlich ist, dass bestehende Mitglieder die eingeschworene Gemeinschaft verlassen. Beispiele für homogene E-Communities sind Fan-Communities von Fußballvereinen.

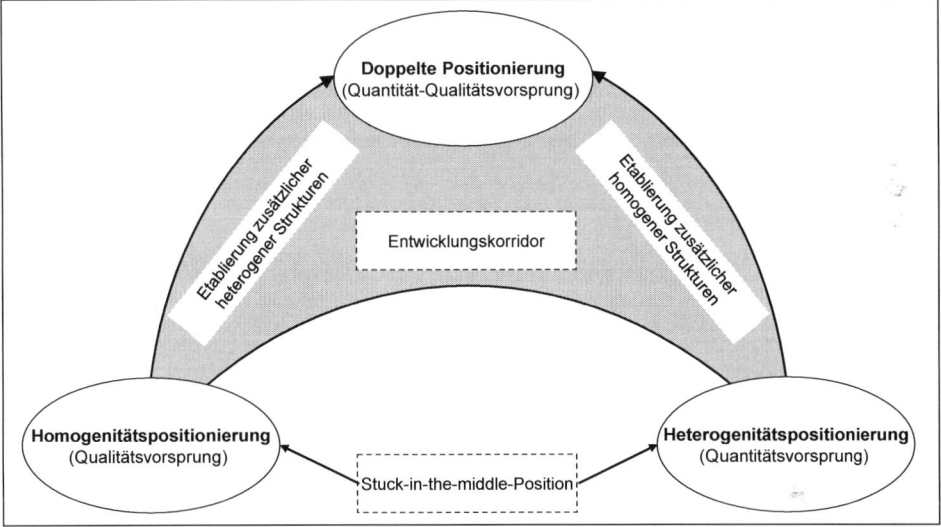

Abb. 57:   Positionierungsmodell für E-Communities (2-H-Modell)

▪ **Heterogenitätspositionierung (Quantitätsvorsprung)**: In einer heterogenen Community werden viele verschiedene, breitgefächerte Inhalte behandelt. Mit der Breite der Themen steigt die Wahrscheinlichkeit, dass ein potenzieller Teilnehmer eine ihn interessierende Information zu finden glaubt und sich deshalb der E-Community anschließt. Dabei steigt die Wahrscheinlichkeit, dass eine spezifische Information tatsächlich verfügbar ist mit zunehmender Anzahl der Teilnehmer. Von einer steigenden Anzahl an Teilnehmern lassen sich dann wiederum noch mehr Teilnehmer anziehen. Insbesondere am Anfang ist ein schnelles Wachstum für heterogene E-Communities wichtig, damit sie die kritische Masse an Teilnehmern erreichen, ab der sich der selbstverstärkende Prozess in Gang setzt. Daher sollte der Community-Betreiber zunächst bemüht sein, möglichst viele Teilnehmer für seine Plattform zu gewinnen. Über die hohe Quantität der Teilnehmer kann dann erreicht werden, dass auch qualitativ hochwertige Interaktionen zustande kommen, wenn vorausgesetzt wird, dass sich die Teilnehmer, die keinen sinnvollen Beitrag zu einem Thema leisten können, zurückhalten. Diese Art der Selbstselektion ist ein wichtiger Prozess auf heterogenen E-Communities. Auch wenn häufiger Themen diskutiert werden, die einen bestimmten, individuellen Teilnehmer nicht ansprechen, ist die Wahrscheinlichkeit hoch, dass er trotzdem immer wieder zu der Plattform zurückkehrt, da es immer die Möglichkeit gibt, den eigenen Horizont zu erweitern und Interessen zu entdecken, von denen man vorher gar nicht wusste, dass man sie hat. Ein Beispiel ist die Freizeit-Community *spontacts.de*, die mit dem Slogan „Hier findest du Mitmacher" wirbt, wovon sich einerseits viele Menschen angesprochen fühlen werden, andererseits kein einengender Fokus vorgegeben ist.

Im Zuge des Community-Wachstums wird noch eine dritte Möglichkeit der Community-Positionierung möglich. In einer übergeordneten heterogenen Community werden mehrere an sich homogene Communities zusammengefasst. Diese **doppelte Positionierung** als Kombination aus Heterogenität und Homogenität darf dabei nicht als „Stuck-in-the-Middle" missverstanden werden. Vielmehr kombiniert diese Positionierung die Vorteile der in sich relativ geschlossenen, homogenen Communities, wie z. B. in Form von Vertrautheit durch gemeinsame Interessen und Hintergründe mit den Vorteilen von offenen, heterogenen Communities, wie z. B. der breitere Informationspool. In dieser Positionierung bleibt das Individuum Mitglied seiner homogenen Community, über Schnittstellen kann er aber mit Individuen in anderen homogenen Communities interagieren.

Über eine klare Wettbewerbsstrategie in Bezug auf die Online-Kommunikationsziele und die Online-Positionierung im Hinblick auf die qualitative oder quantitative Themenausrichtung kann sich eine E-Community von anderen sozialen Netzwerken differenzieren.

Fallbeispiel: Fotoforum

Unter dem Namen „Fotoforum" hat sich seit 1993 zunächst die Zeitschrift für Fotografie und Präsentation etabliert. Wenngleich auch die Anfänge der Zeitschrift in der Dia-Fotografie und Projektion lagen, so hat sich der Themenbereich über die Jahre auf allgemeine Themen der Fotografie ausgeweitet. Dieser Themenbereich wird ebenso seit Ende 2011 im Rahmen der eigenen „Fotoforum Community" aufgegriffen und gestärkt. Hierbei hat der Community Gründer Martin Breutmann über die Online-Zielsetzungsebene bewusst die strategische Richtung verfolgt, dass sich eine homogene Masse an Fotografie-Interessierten online trifft, um eigene Bilder hochzuladen, die Bilder anderer Nutzer zu betrachten oder zu kommentieren und über bestimmte Themen im Bereich der Fotografie zu diskutieren. Das E-Community Fotoforum zielt dabei auf die Homogenitätspositionierung ab, da hier primär die Qualität der Expertise einzelner Mitglieder im Vordergrund steht, die sämtliche Fragen rund um das Thema Fotografie beantworten können. Es geht fern darum ein entspanntes Community-Klima aufrecht zu erhalten und Wissen zu generieren, dass weitere Fotografie-Interessierte anzieht. Die in der Community hochgeladenen

Bilder können unterschiedlichen Kategorien und bestimmten Rubriken zugeordnet werden. Ebenso sind die Klicks auf das Bild durch die Community ersichtlich. Des Weiteren können Angaben zu Kamera, Objektiv, Blende, Brennweite, Belichtung oder ISO-Werten des Bildes gemacht werden. Im Rahmen des Forums können spezifische Fragen, die sich bspw. mit einer bestimmten Kameraeinstellung oder bestimmten Objektiven befassen, durch Fotografie-Experten, die als Mitglieder auf der Plattform fungieren, beantwortet werden. Durch den Austausch von Fotografie-Anfängern und Mitgliedern, die bereits seit einigen Jahren in der Community interagieren, kann so ein breiter Erfahrungs- und Wissensaustausch rund um das Thema Fotografie stattfinden.

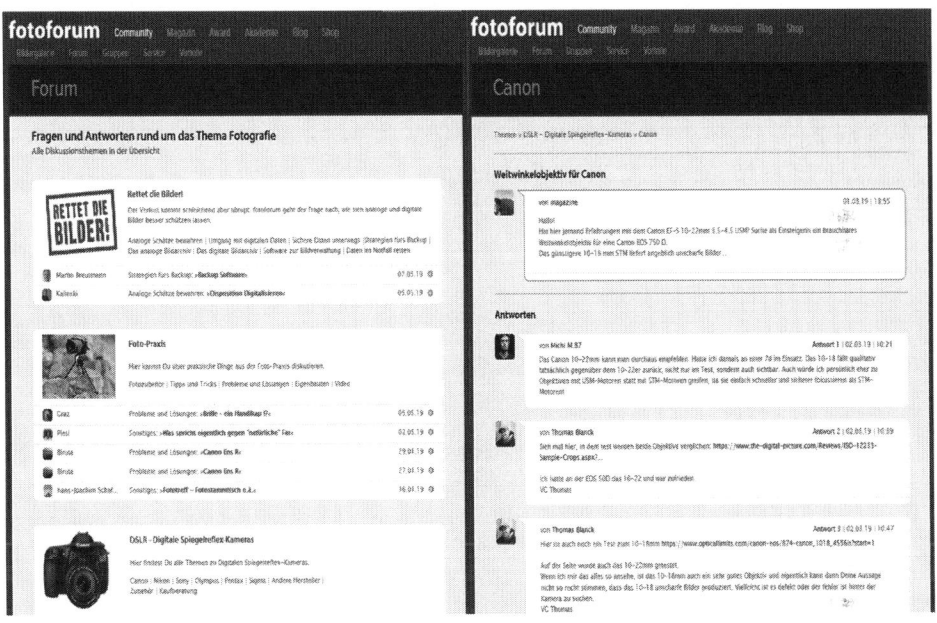

5.4 Das Marketing beim elektronischen Kontaktnetzwerk

Die **Marketingebene** der E-Community befasst sich generell mit den Methoden der Teilnehmergewinnung und der Teilnehmerbindung. Oberstes Ziel dabei ist es, wie schon beim E-Marketplace, die Erreichung der **kritischen Masse** sicherzustellen, wobei hier das Problem von einer getrennten Betrachtung von Anbieter und Nachfrager wieder auf eine Marktseite, nämlich allgemein den Community-Teilnehmer in der Komplexität reduziert wird (s. Kapitel 4.2.1 und 4.3.1). Die Attraktivität der Teilnahme an einer E-Community kann mit Hilfe verschiedener Marketing-Instrumente unterstützt und vorangetrieben werden. Dazu bieten sich neben den bereits behandelten Instrumenten des klassischen **Online-**

Marketings (s. Kapitel 3.4.1) insbesondere neue Marketingmethoden an, die gerade im Zuge des Web 2.0 entstanden sind und insbesondere die Effekte einer vernetzten Community adressieren. Daher besteht die Notwendigkeit, systematische Klarheit darüber zu erhalten, wie die Entwicklungen des Web 2.0 effektiv zum E-Community-Aufbau genutzt werden können (*Mödinger* 2008, S. 83 ff). Die Unternehmen sind nicht mehr nur „Broadcaster", die ihre Werbebotschaften in verschiedenen Kanälen verbreiten, sondern „Aggregatoren", die Kommunikation anregen und zum Dialog einladen. Insbesondere in E-Communities stehen die Kommunikation und der Austausch der Mitglieder untereinander im Vordergrund. Dieser Aspekt steht auch in vielen Web-2.0-Marketing-Methoden im Vordergrund, da das Vertrauen in andere Nutzer bzw. Teilnehmer größer ist als in den Betreiber selbst und sich daher gut als Werbemechanismus einsetzen lässt.

> **!** **Das Kommunikationsmarketing im Rahmen einer E-Community hat die themenorientierte Teilnehmergewinnung zum Ziel, um diese über ein optimales Community-Management auf Dauer an sich zu binden.**

5.4.1   Die Mitgliedergewinnung

Bei E-Communities werden kostspielige Werbekampagnen in klassischen Medien (Offline-Marketing) wie schon bei anderen Plattformen eher selten eingesetzt. Vielmehr werden auch hier für die **Mitgliedergewinnung** zunächst einmal die bereits aus den anderen Bereichen (z. B. E-Shop) bekannten Vermarktungsmethoden des Online-Marketings (s. Kapitel 3.4.1) verwendet. Einen noch wesentlich höheren Stellenwert als bei anderen Plattformen nimmt aber das personenbezogene Marketing durch die bereits vorhandenen Mitglieder einer E-Community ein. In Anlehnung an die Ausführungen zum **Viral-Marketing** werden dabei die vorhandenen Mitglieder genutzt, um durch sie – quasi kostenlos – die weitere Zuführung von neuen Mitgliedern gestalten zu lassen. Dabei werden die bereits vorgestellten Instrumente des Viral-Marketings durch neue Community-Tools erweitert bzw. verfeinert. Hierzu gehören z. B. Recommendation- oder Incentive-Marketing-Modelle. Die nachfolgenden Ausführungen konzentrieren sich vor diesem Hintergrund also insbesondere auf diese Erweiterungen im Rahmen eines **Community-Marketings** (*Weiber/Meyer* 2005).

Das Community-Marketing hat allgemein mehrere Ziele, die insbesondere an den einzelnen Phasen der Mitgliedergewinnung bzw. -aktivierung ausgerichtet sein sollten, da sich einige Instrumente eher für die Generierung von Traffic, andere zur Mitgliederanmeldung und wieder andere zur Mitgliederbindung eignen. In diesem Sinne lohnt es sich, einen kurzen Blick auf die möglichen **Ziele des Community-Marketings** zu werfen, bevor die einzelnen Instrumente vorgestellt werden (*Hagel/Armstrong* 1998, S. 77):

▪ **Mitgliederanlockung**: Hier soll durch den Einsatz von Marketing-Instrumenten insbesondere Aufmerksamkeit erregt werden, sodass potenzielle Mitglieder die Seite der Community aufsuchen und sich anmelden.

▓ **Beteiligungsförderung**: Einmal registrierte User sollen durch den Einsatz von Marketing-Instrumenten dazu angeregt werden, sich selber aktiv in die Community einzubringen und Beiträge zu leisten.

▓ **Loyalitätsaufbau**: Die Förderung der Beteiligung führt dazu, dass die Mitglieder untereinander Beziehungen aufbauen und sich der Community dadurch verstärkt verbunden fühlen. Zur Unterstützung der sozialen Interaktion können verschiedene Marketing-Instrumente eingesetzt werden.

▓ **Profitgenerierung**: Hier werden entweder die Mitglieder dazu gebracht, in irgendeiner Form für die Community-Dienste zu zahlen (Mitgliedschaft, Premiuminhalte) oder die Community generiert durch indirekte Erlösmodelle Profit und sichert dadurch den wirtschaftlichen Erfolg. Marketing-Instrumente sollten hier dafür sorgen, dass Mitglieder in den bezahlten Bereich transformiert werden.

Die Mitgliederbeziehung bei einer E-Community umfasst vor diesem Hintergrund verschiedene Aufgaben aus den Bereichen Teilnahme-Empfehlung, Teilnahme-Anreize und Beitragsaktivierung (*Kollmann* 2019a).

eRecommendation-Marketing

Als **eRecommendation-Marketing** wird jegliche Art einer persönlichen Weiterempfehlung verstanden, die Teilnehmer oder Nutzer einer Community an andere, potenzielle Teilnehmer aussprechen. Diese Art des Empfehlungsmarketing wird in der Literatur häufig als das effektivste und kostengünstigste Marketing-Instrument bezeichnet (*Wilson* 1994, S. 13), da die Bereitstellung von elektronischen Netzwerken die Empfehlungsaussprache vereinfacht und damit weniger kosten- bzw. zeitintensiv ist als der Einsatz anderer Marketing-Instrumente (*Riemer/Totz* 2002, S. 419 f.). Durch die hohe Werbedichte des Internets, die sinkende Aufnahmebereitschaft der Kunden und die Möglichkeit, für die Community durch Empfehlungen innerhalb kürzester Zeit einen hohen Bekanntheitsgrad zu erreichen (*Bauer/Martin/Albrecht* 2008, S. 58), gewinnt das Recommendation-Marketing immer mehr an Bedeutung (*Dye* 2000, S.140 ff.).

Helm (2000, S. 21) unterscheidet verschiedene Ausprägungsformen von Weiterempfehlungen. Betreiberinduzierte Referenzen stellen dabei lediglich Auskünfte von aktuellen oder ehemaligen Kunden über die Erfahrungen mit dem Unternehmen dar, wobei nachfragerinduzierte Mundwerbung anbieterunabhängige Kundenempfehlungen sind, die im Rahmen von Person-zu-Person-Kommunikation stattfinden und daher auch als **Mund-zu-Mund-Propaganda** (Word-Of-Mouth; WOM) oder eben auch Viral-Marketing bezeichnet werden (*Kroeber-Riel/Gröppel-Klein* 2013, S. 710). Der Einsatz dieser Mundwerbung als Marketinginstrument einer E-Community liegt darin begründet, dass über die Mund-zu-Mund-Weitergabe eine exponentielle Diffusion der Werbebotschaft erreicht werden kann, die in relativ kurzer Zeit eine Vielzahl potenzieller neuer Teilnehmer gewinnen kann (*Weiber/Wolf* 2013).

Des Weiteren gibt es verschiedene **Ausprägungsformen** des eRecommendation-Marke-tings, die sich am Ausmaß der Teilnehmerintegration in den Weitergabeprozess orientie-ren. Demzufolge lassen sich geringintegrative, friktionslose und hochintegrative Ansätze unterscheiden (*Riemer/Totz* 2002, S. 424). Bei einer geringen Integration der Teilnehmer wird diesen eine eher passive Rolle im Weitergabeprozess zugesprochen, wobei eine Zu-nahme der Integration in der Regel auch eine Zunahme der geforderten Aktivität der Teil-nehmer bedeutet. Über einen Link auf der Community-Seite von *groupon.de* kann jedes Mitglied weitere Mitglieder werben. Da in diesem Fall die Teilnehmer aktiv in den Weiter-gabeprozess einɡebunden werden, zählt diese Form des Recommendation-Marketings zu den integrativen Ansätzen. Um die Aktivität der Teilnehmer zu belohnen, werden hier in der Regel Belohnungssysteme bereitgestellt. Im Beispiel von *groupon.de* wird der Anreiz durch die Vergabe von Einkaufsgutscheinen gesetzt, die Teilnehmer für jede erfolgreiche Werbung eines neuen Mitglieds erhalten. Da Empfehlungen bekannter Personen glaub-würdiger sind als Werbeanzeigen (*Berge/Buesching* 2008, S. 34) und der Mechanismus des Weiterempfehlens bereits in vielen Fällen erfolgreich eingesetzt worden ist, haben sich in der letzten Zeit sogar eigene Geschäftsmodelle im Zuge des Web 2.0 entwickelt, die genau auf diesen Mechanismus setzen.

Unter dem Sammelbegriff **Social Commerce** werden zwar alle Ausprägungen des E-Commerce subsumiert, bei denen die Nutzer in irgendeiner Art an der Gestaltung des Geschäftsmodells (bspw. an der Gestaltung des Marketing-Mix oder an den Erlösen selbst) beteiligt werden (*Richter/Koch/Krisch* 2007), ganz konkret aber haben sich auch Geschäftsmodelle entwickelt, die im Rahmen des Community-Shoppings einzig und al-lein auf den Erfolg des Empfehlens setzen. Diese **Social Shopping Communities** (z. B. *etsy.com*) helfen den Nutzern, sich in der Vielfalt der Angebote im Netz zurechtzufinden (**Social Navigation**, *Dourish/Chalmers* 1998, S. 1). So können User vor diesem Hinter-grund z. B. auf der eigenen Profilseite Produktempfehlungen einstellen und mit anderen Usern teilen. Dadurch können nicht nur wertvolle Produktinformationen gesammelt wer-den, sondern auch bewertet und empfohlen werden. Im Vordergrund dieser Empfehlungs-dienste steht „**the wisdom of crowds**" (die kollektive Intelligenz), also die Tatsache, dass durch die gemeinschaftlichen Bewertungen die Qualität der Produkte noch besser einge-schätzt werden kann und damit die Empfehlungen an Glaubwürdigkeit gewinnen.

Die Mitgliedergewinnung für eine E-Community erfolgt zum einen durch ein übergeordnetes Plattform-Marketing, zum anderen insbesondere durch die gezielte oder allgemeine Weiterempfehlung von Mitgliedern.

eIncentive-Marketing

Die Abgabe positiver Weiterempfehlungen von aktuellen Teilnehmern einer E-Community kann aufgrund der digitalen Vernetzung nur teilweise vom Community-Betreiber gesteuert werden. Außerdem werden Empfehlungen in der Regel aus intrinsischen Motiven der Teil-nehmer herausgegeben und können daher nur bedingt forciert bzw. erzwungen werden.

Die resultierende Glaubwürdigkeit führt bei positiven Empfehlungen jedoch zu einer verstärkten Wirkung beim Rezipienten. Da dies allerdings gleichermaßen für die Weitergabe negativer Kommunikation gilt, muss der Community-Betreiber einen Trade-Off zwischen dem Risiko der Verbreitung von negativen „Empfehlungen" und der Chance einer schnellen und kostengünstigen Erreichung vieler Teilnehmer finden. Der implizierte Wirkungsmechanismus, auf dem das **eIncentive-Marketing** beruht, geht auf das Viral-Marketing zurück. Dort werden Kaufempfehlungen mittels qualifizierter Vertrauenspersonen (sog. Bailsmen) ausgesprochen, weshalb das eIncentive-Marketing als spezielle Form des Viral-Marketings gesehen werden kann. Allerdings ist beim eIncentive-Marketing ein geldwerter Vorteil auf Seiten des Empfehlungsgebers vorgesehen. Die Bereitstellung verschiedener Anreizsysteme, wie z. B. die Vergabe von **Gratifikationen** oder der Einsatz von **Reward-Systemen**, fördert die extrinsische Motivation der Teilnehmer, Empfehlungen auszusprechen und positive Erfahrungen weiterzugeben (*Bauer/Martin/Albrecht* 2008, S. 67).

Solche **Anreize** können sowohl monetärer als auch nicht-monetärer Natur sein (*Tietz* 2007, S. 44). Anreize wären bspw. Belohnungen durch Geldbeträge oder Gutscheine sowie die kostenlose Bereitstellung sonst kostenpflichtiger Leistungen oder kostenlose Mitgliedschaften für einen bestimmten Zeitraum (*Figallo/Rhine* 2002, S. 216 f.). So warb *xing.com* mit der regelmäßig stattfindenden Happy-Hour, in der eine Mitgliedsanmeldung zu einem festgelegten Zeitpunkt dazu führte, dass das Mitglied für einen Monat eine kostenlose Premiummitgliedschaft bekam. Gleichzeitig wurde gerade zu Beginn der Community diese einmonatige kostenlose Premiummitgliedschaft auch an die Mitglieder vergeben, die auch zehn weitere neue Mitglieder eingeworben hatten. Ebenfalls mit einem kostenlosen Premiummonat wird das Mitglied belohnt, das ein anderes Mitglied eingeladen hat, welches dann vom kostenlosen in den Premiumstatus wechselte.

Üblicherweise spricht man insbesondere im Rahmen der Teilnehmergewinnung in frühen Entwicklungsphasen einer E-Community von der Notwendigkeit, **Zugangsbarrieren** abzubauen, um den potenziellen Teilnehmern den Zugang zur Community so weit wie möglich zu erleichtern. Eine weitere Möglichkeit, vor allem in späteren Entwicklungsphasen einer E-Community, Anreize für die Teilnahme an der E-Community zu schaffen, kann in der proaktiven Schaffung von Zugangsbarrieren sein. Ein Beispiel für diese Art von Anreizsystem sind **geschlossene Communities**, in denen es nur aktiven Mitgliedern erlaubt ist, z. B. an zeit- und mengenlimitierten Verkaufsaktionen wie im Beispiel von *amazonbuyvip.com* oder *brands4friends.de* teilzunehmen. Die Exklusivität der Community bedingt, dass z. B. bereits aktive Mitglieder andere Mitglieder einladen müssen, bevor diese der Community beitreten können und ebenfalls an den Verkaufsaktionen teilnehmen können. Ein solcher **Exklusivitäts-Mechanismus** weckt Neugier bei Außenstehenden und steigert den Wunsch, selbst Teil der Community zu werden. In der Marketing-Psychologie wurde dieser Effekt insbesondere von *Cialdini* (1987) beschrieben. So werden Dinge (hier die Mitgliedschaft) als wertvoller empfunden, je knapper sie sind. Durch den Einsatz dieses Effekts lassen sich die notwendigen Marketingaufwendungen des Community-Betreibers reduzieren, da sich auch die Werbebotschaft durch Mund-zu-Mund Propaganda von selbst verbreitet. Allerdings birgt dieses Vorgehen die Gefahr, dass Teilnehmer, die nicht eingeladen werden oder unsicher sind, ob sie der Community beitreten möchten, zunächst ausgeschlossen bzw. abgeschreckt werden. Somit kann die Öffnung der Community einerseits eine Reduzierung von Zugangsbarrieren bedeuten, andererseits wird dadurch aber auch der „Neugier-Effekt" eliminiert, der insbesondere in der Phase der Teilnehmergewinnung erheblichen Einfluss haben kann.

 Monetäre oder auch nicht-monetäre Anreize haben einen wirksamen Effekt auf die Teilnahme- und Beitragsbereitschaft einzelner Mitglieder in einer E-Community.

eActivity-Based-Marketing

Der Begriff **eActivity-Based-Marketing** wird ganz allgemein für solche Maßnahmen verwendet, die auf die Aktivierung bestehender und vor allem potenzieller Mitglieder einer Community abzielen. Die Notwendigkeit für solche Maßnahmen resultiert aus der Tatsache, dass das Internet zunehmend zu einem Pull-Medium wird und die User sich selbst aussuchen, wie und wo sie sich im Internet bewegen bzw. welche Seiten sie aufrufen. Daher muss der Community-Betreiber Anreize schaffen, die dazu führen, dass die eigene Community-Seite möglichst oft und von vielen Personen aufgesucht wird. Dazu lassen sich insbesondere Maßnahmen ergreifen, die den direkten Kontakt zu den Teilnehmern herstellen und damit die Möglichkeit geben, diese zu irgendeiner Form der Aktivität zu bewegen.

Ein Bereich des eActivity-Based-Marketing ist das sog. **Transfer-Marketing**. Dieses Instrument beschreibt Maßnahmen eines Community-Betreibers, mittels gezielter Aktionen außerhalb des Mediums Internet, Menschen in der Offline-Welt zu erreichen, um diese in die Online-Welt zu überführen bzw. sie dazu zu bewegen, das Angebot der Community im Internet aufzusuchen. So kann zum Beispiel eine Marketing-Aktion im Rahmen eines Bundesligaspiels dazu genutzt werden, um neue Nutzer für eine Online-Fußball-Community zu gewinnen. Zum Anstoß des Transfers können aber auch spezielle Events ausgerichtet werden, die in der Regel zu festen Terminen und an einem genau definierten Ort stattfinden (s. Abb. 58). Als **Community-Event** wird im Allgemeinen das Zusammenkommen bestehender und potenzieller Community-Teilnehmer in einer virtuellen oder realen Umgebung verstanden (*Brunold/Merz/Wagner* 2000, S. 141 f.). Der Ort kann zwar ebenso online wie offline gewählt werden, im Rahmen des Transfer-Marketings werden darunter aber in erster Linie reale Orte verstanden, da hier andere Mechanismen zum Tragen kommen als bei der Ansprache potenzieller Teilnehmer in Onlineumgebungen. Ob die Events von dem Community-Betreiber moderiert werden oder nicht, hängt insbesondere von Zweck und Inhalt der Veranstaltung ab.

Generell kann bei einem Community-Event entweder die Versammlung der Community-Mitglieder im Vordergrund stehen (real, virtuell) oder aber die Gewinnung von neuen Mitgliedern (real, virtuell). Insgesamt dienen Events dazu, das Community-Gefühl unter den bestehenden Mitgliedern zu verstärken oder die neuen bzw. potenziellen Mitglieder zu integrieren. Regelmäßige Events für bestehende Mitglieder beschleunigen den **Verge-meinschaftungsprozess** und tragen dazu bei, dass die Community zu einer dauerhaften Gemeinschaft zusammenwächst (*Keding* 2007, S. 38). Gemeinsame Erlebnisse helfen den Mitgliedern dabei, neue Kontakte zu knüpfen und Beziehungen aufzubauen bzw. zu intensivieren (*Keding* 2007, S. 39). So bietet zum Beispiel *chefkoch.de* regelmäßig „Food-camps" an, bei denen sich die Nutzer der Community treffen, um gemeinsam zu kochen sowie „Face-to-Face" über Essen und Kochen zu diskutieren und Ideen auszutauschen. Ein weiteres Beispiel stellen die zahlreichen Community-Events dar, die die Plattform *xing.de* regelmäßig ausrichtet, z. B. themenspezifische Workshops, Networking-Veranstaltungen oder After-Work-Partys.

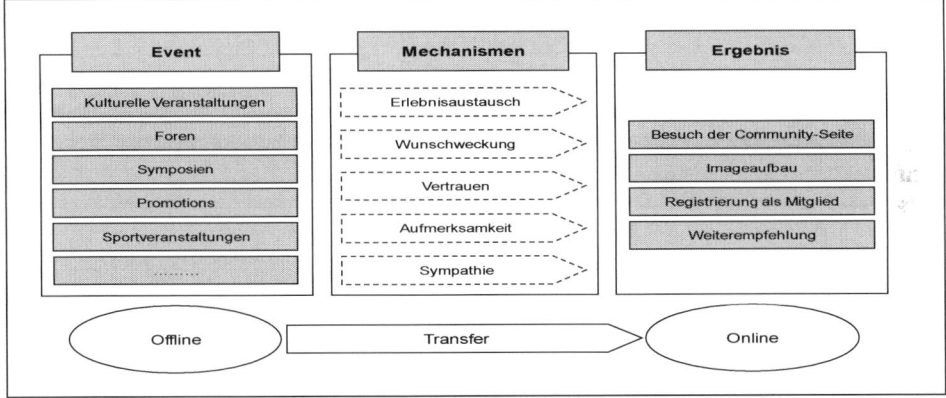

Abb. 58:   Möglichkeiten des Transfer-Marketings für E-Communities

Für außenstehende, neue Mitglieder kann der erstmalige Kontakt zur Community auf einem Event Auslöser für eine Mitgliedschaft sein. Dazu ist es jedoch notwendig, dass der Community-Betreiber in der Lage ist, gezielt diejenigen Wirkungsmechanismen in Gang zu setzen, die letztendlich für eine erfolgreiche Mitgliederwerbung verantwortlich sind. So kann der Wunsch, sich über das **Event/Erlebnis** mit anderen auszutauschen, dazu führen, dass die Teilnehmer sich in der Community registrieren und z. B. Fotos oder Berichte einsehen und kommentieren oder aber die Profilseiten der neu gewonnenen Kontakte aufsuchen. Außerdem können Hemmschwellen, wie z. B. die psychologische Distanz zum Internet oder die fehlende Greifbarkeit der Community bei Außenstehenden durch eine reale, physische Präsenz der Community verringert werden. Durch einen Vertrauens- und Sympathieaufbau im Rahmen des Events sind die Teilnehmer dann eventuell eher bereit, sich in die Onlinewelt überführen zu lassen und sich bei der Community anzumelden. Häufig steht aber auch schlichtweg die **Bekanntmachung** einer Community im Vordergrund. Deutlich wird in diesem Zusammenhang die Notwendigkeit, dass das Event in thematischem Einklang mit den Community-Inhalten steht, da es schwer wird, die richtige Zielgruppe zu erreichen, wenn die Aktionen wenig glaubwürdig erscheinen bzw. wenig Wirkung haben, z. B. da der **thematische Zusammenhang** nicht erkennbar ist und damit kein Transfer stattfinden kann.

Abhängig von der Ausprägung und thematischen Richtung der E-Community kann es unter Umständen Sinn machen, Personen durch sog. **Community-Contests** (Preisausschreiben, Wettbewerbe) zur Teilnahme zu gewinnen. Der Einsatz von Wettbewerben, Promotionsaktionen oder zeitsensitiven Events kann dem Community-Betreiber dabei helfen, das Engagement und die Aufmerksamkeit der (potenziellen) Teilnehmer zu erhöhen. Für den Community-Betreiber ist es wichtig, darauf zu achten, dass die Höhe des zu gewinnenden Preises an der zu erwartenden bzw. geplanten Teilnahmegröße ausgerichtet ist, damit sich die Durchführung eines Contests finanziell lohnt. Allerdings sollte der Community-Betreiber darauf achten, dass solche Contests – zumindest nach außen hin – keinen zu starken, kommerziellen Eindruck erwecken und das Spielerische der Aktion im Vordergrund steht. Sonst kann es passieren, dass die Glaubwürdigkeit und Authentizität des Initiators in Frage gestellt wird und der Erfolg der Aktion damit gefährdet wäre.

 eActivity-Based-Marketing Ansätze dienen der allgemeinen Bekanntmachung einer E-Community über alle Kanäle hinweg und können im entsprechenden Ausmaß zu einer positiven Reputation führen.

Fallbeispiel: Chefkoch

Das deutsche Webportal Chefkoch (chefkoch.de) wurde 1998 gegründet und stellt eine E-Community rund um das Thema „Kochen" dar. Dabei können Nutzer entsprechend Rezepte in die Rezeptdatenbank eintragen oder die über 300.000 vorhandenen Rezepte bewerten. Immer wieder lädt die E-Community ihre rund 4,1 Mio. registrierten Nutzer (Stand 2019) dazu ein, an den sog. Community-Contests mitzumachen. Darunter sind unter anderem Rezeptwettbewerbe, bestimmte Themenwochen oder auch reale Foodcamps. Als Beispiel für das von chefkoch.de betriebene eActivity-Based-Marketing können hier exemplarisch die regelmäßig durchgeführten Foodcamps der Chefkoch E-Community genannt werden. Hierbei können Mitglieder der E-Community alleine oder auch mit Partner, Familie oder Freunden an realen Kochevents, welche von dem Unternehmen, teilweise in Kooperation mit lokalen Partnern aus der Gastronomie, zu bestimmten Themen organisiert werden. Das Chefkoch Foodcamp 2018 wurde so z.B. in den Hallen der Schokoladenmanufaktur Coppeneur in Bad Honnef durchgeführt und stand unter dem Motto „The Sweet Edition", womit es sich rund um Schokolade und andere süße Speisen drehte. Eine Neuheit dieses bereits sechsten Chefkoch Foodcamps bestand darin, dass Community-Mitglieder diesmal die Chance hatten, aktiv an dem Programm des Events mitwirken und mit einer eigenen Session (45 Minuten) teil dieses Programms werden zu können. Durch derartige reale Events/Erlebnisse der Chefkoch-Community kann gut verdeutlich werden, wie die damit verbundenen Mechanismen wie z.B. Sympathie (persönliches Kennenlernen), Wunschweckung (eigene Session) oder Erlebnisaustausch (Face-to-Face Kommunikation mit Gleichgesinnten) zu einer Image-steigerung, einem stärkeren Engagement innerhalb der E-Community oder aber auch der Weiterempfehlung der E-Community an Freunde und Familie führen können.

Aktuelles   Rückblick   Rezeptwettbewerbe & Co.   Foodblogger & Kooperationen

AKTUELLES

Das Chefkoch Foodcamp 2018 - The sweet edition

5.4.2   Die Mitgliederbindung

Zum besseren Verständnis der potenziellen Zielgruppe und deren Verhalten in der Gemeinschaft muss der Community-Betreiber diejenigen Faktoren identifizieren, die maßgeblich zur **Mitgliederbindung** beitragen. Dazu sollte der Community-Betreiber ein besonderes Augenmerk auf solche **verhaltensbezogenen Einflussfaktoren** legen, die die Nutzungsintensität, die Wechselbarrieren, die Nutzung von Konkurrenzangeboten und die Mitgliederzufriedenheit bestimmen (*Panten* 2005, S. 368 ff.; *Kollmann* 2019a):

▪ **Nutzung von Konkurrenzangeboten**: Mit zunehmender Präsenz von Konkurrenz-Anbietern im Web steigt die Wettbewerbsintensität für den Community-Betreiber. Generell kann davon gesprochen werden, dass die Höhe der Wettbewerbsintensität in direktem Zusammenhang mit dem Wechselverhalten bzw. Zuwanderungsverhalten der Mitglieder steht (*Hirschmann* 1974). Im Internet ist das Abwanderungsrisiko per se größer als in traditionellen Communities, da die Abrufbarkeit von Alternativangeboten nur einen Mausklick entfernt ist. Daher können schon kleine Unterschiede bzw. Veränderungen in der Qualität des Angebotes dazu führen, dass die Mitglieder mit einem Wechsel reagieren. Ferner ist die Bindung von solchen Mitgliedern besonders schwierig, die das Internet intensiv nutzen und zur Informationsgewinnung sowieso stets unterschiedliche Anbieter aufsuchen (*Lee/Zufryden/Drèze* 2003).

- **Mitgliederzufriedenheit**: Die Mitgliederzufriedenheit ergibt sich nach dem Konfirmations-/Diskonfirmations-Paradigma aus den Erfahrungen, die ein Mitglied in der Community macht und dem Grad, wie stark diese Erfahrungen den allgemeinen Erwartungen an diese Community entsprechen (*McKinney/Kanghyun/Zahedi* 2002, S. 296 ff.). Die Zufriedenheit leitet sich allerdings nicht aus den Erfahrungen aus einem einzelnen Nutzungsvorgang der Community ab, sondern ist Ausdruck sämtlicher kumulierter Erfahrungen. In Communities steigt die Zufriedenheit besonders durch die Qualität der Interaktionen mit anderen Mitgliedern (*Langerak* et al. 2003).

- **Wechselbarrieren**: Als Wechselbarrieren werden Hemmnisse verstanden, die die Substituierbarkeit des Community-Angebotes vermindern (*Peter* 1999). Unterschieden wird dabei hauptsächlich in ökonomische, psychische und soziale Barrieren. Ökonomische Barrieren sind im Wesentlichen die Kosten, die ein Mitglied für einen Anbieterwechsel aufbringen muss. Allerdings sind solche Kosten insbesondere in Online-Communities meist sehr gering, da das Nutzerverhalten eher von einer niedrigen Zahlungsbereitschaft gegenüber standardisierten Community-Leistungen gekennzeichnet ist. Psychologische Barrieren bestehen meist aus einer positiven, emotionalen Affinität gegenüber dem Anbieter, die durch das wachsende Vertrauensverhältnis und den gemeinsamen Werten im Laufe der Zeit zunimmt. Sozialen Barrieren beruhen meist auf der emotionalen Bindung zur Community, die v. a. durch Interaktion mit anderen Mitgliedern entsteht. Diese Form der Bindung wird also insbesondere vom Grad der sozialen Integration des Mitglieds in der Community bestimmt.

- **Nutzungsintensität**: Die Nutzungsintensität wird von *Panten* (2005) als indirekter Einflussfaktor auf die Mitgliederbindung aufgefasst, die über die bereits genannten Faktoren (Zufriedenheit, Wechselbarrieren und Nutzung von Konkurrenzangeboten) hinaus wirkt. Der Zusammenhang zwischen der Zufriedenheit der Mitglieder und der Nutzungsintensität geht auf die Vermutung zurück, dass die Mitglieder durch ihre eigenen Beiträge Einfluss auf die Ausgestaltung der Community nehmen können und daher die Nutzungsintensität in den meisten Fällen direkt auf die Zufriedenheit wirkt. Des Weiteren resultiert die intensive Nutzung der Community in einer tiefergehenden sozialen Bindung (z. B. Aufbau des Freundeskreises), die dann als Wechselbarriere wahrgenommen wird. Außerdem wird davon ausgegangen, dass die erhöhte Nutzung einer Community ebenfalls zur Bindung beiträgt, da alternative Konkurrenzangebote dadurch weniger genutzt werden.

Bewertungs- und Rewardsysteme

Grundsätzlich verfolgt jeder Community-Betreiber das Ziel, einen hohen Aktivitätsgrad bei den Teilnehmern seiner Community zu erreichen. Ein hohes Engagement, zumindest von einigen Teilnehmern, ist die Voraussetzung für das Funktionieren der Community. Hierfür spielen **Bewertungs- und Rewardsysteme** eine zentrale Rolle, die auf der einen Seite reine Aktivitätsniveaus und auf der anderen Seite die Wertigkeit von Beiträgen transparent machen und ein Anerkennungssignal kommunizieren sollen. In vielen Communities gibt es nämlich neben den „Experten" (*Seufert/Moisseeva/Steinbeck* 2002, S. 30) bzw. Hochaktiven auch viele Teilnehmer, die nur konsumieren, selbst aber keinen Beitrag zur Community leisten (*Tietz* 2007, S. 44). Diese sog. Free-Rider-Problematik wird in der Literatur auch als **Lurking** bezeichnet (*Blanchard/Markus* 2004, S. 72 f.; *Butler* 2001, S. 349 f.) und lässt sich wohl in den wenigsten Communities vermeiden. Zur Förderung der Beteiligungsrate kann der Community-Betreiber jedoch ebenfalls Anreize schaffen, die die Teilnehmer dazu bewegen, sich mehr in die Community einzubringen. Das einfachste Beispiel stellt hier eine **Aktivitätsanzeige** innerhalb des Teilnehmerprofils dar, die abhängig vom jeweiligen Aktivitätsniveau des Teilnehmers angezeigt wird (z. B. bei *xing.com*). Innerhalb der Anreizsysteme zur Aktivitätssteigerung können auch **negative Anreize** eingeführt werden, die z. B. den Ausschluss von Teilnehmern vorsieht, sofern diese z. B. innerhalb eines bestimmten Zeitraumes nicht genügend Beiträge leisten oder sich nicht mehr in ihrem Profil eingeloggt haben (*Schubert* 2000, S. 67). Allerdings ist diese Form der Aktivitätssteigerung kritisch zu hinterfragen, da solche Methoden oftmals als störend für das Gemeinschaftsgefühl empfunden werden und nur dann Sinn machen, wenn das Allgemeinwohl der Community stark durch die Inaktivität mancher Mitglieder beeinträchtigt wird.

Des Weiteren kann auch die Einrichtung von **Reputationsmechanismen** hilfreich bei der Steigerung der Mitgliederaktivitäten sein, da die Mitglieder durch besonders aktives bzw. positives Verhalten ihre Reputation innerhalb der Community aufbauen und so einen gewissen sozialen Status in der Gemeinschaft erlangen können. Dies kann bspw. über die Bewertung von Beiträgen geschehen, wobei jede neue positive Bewertung eines anderen Teilnehmers dazu beiträgt, dass das Reputationsniveau steigt. Entscheidet sich der Community-Betreiber dazu, ein **Bewertungssystem** auf seiner Plattform einzurichten, so müssen im Vorfeld insbesondere Fragen zur Nutzung dieses Systems geklärt werden. Zuerst sollte beantwortet werden, welche Personen bewerten dürfen und was sie eigentlich genau bewerten sollen. Erst dann muss der Community-Betreiber über den Bewertungsmechanismus nachdenken, um dann zu bestimmen, wer Zugriffs- bzw. Änderungsautorität bekommen soll. Auch die unterschiedliche Gewichtung von Bewertungen oder die Ausdifferenzierung einzelner Bewertungsaspekte kann in manchen Communities hilfreich sein. Zuletzt stellen sich noch Fragen zur Darstellung des Bewertungssystems und ob eine Bewertung irgendwelche Folgen für den Bewerteten haben soll oder nicht. Der Einsatz von Bewertungssystemen macht insbesondere dann Sinn, wenn die Schaffung von Vertrauen wesentlich dazu beiträgt, dass sich die Mitglieder entweder mehr engagieren und sich Mühe geben, sich positiv in der Community zu verhalten, oder wenn die Mitglieder die Bewertungen vergangener Handlungen anderer Mitglieder als Orientierungspunkt für die

Bewertung zukünftiger Handlungen nehmen und damit z. B. in ihrer Kaufentscheidung bestärkt werden.

Zusätzlich zu der Nutzung von Bewertungssystemen kann auch der Einsatz bzw. die Vergabe von sog. **Rewards** (Treueprämien) als Instrument der Teilnehmerbindung berücksichtigt werden. Ähnlich wie bei elektronischen Bonuspunkteprogrammen kann in der Community ein **Belohnungssystem** für besonders treue, aktive oder kompetente Mitglieder implementiert werden. Es können dabei sowohl monetäre als auch nicht-monetäre Rewards für Mitglieder verteilt werden, die sich z. B. besonders oft in der Community anmelden, die besonders viele Beiträge schreiben, die besonders viele Kontakte knüpfen oder deren Beitrag besonders qualifiziert ist. Die genaue Höhe bzw. die Kriterien zur Vergabe von Rewards hängen jedoch von dem Zweck, der Größe und den finanziellen Mitteln der Community ab. Die Entscheidung für oder gegen den Einsatz von Belohnungssystemen sollte nicht getroffen werden, ohne die möglichen **Folgen** zu berücksichtigen. Belohnungen für andere Mitglieder können Neid oder Missgunst bei Mitgliedern hervorrufen, die selber nichts oder weniger bekommen. Außerdem läuft der Betreiber Gefahr, dass Mitglieder sich nur aufgrund der Belohnung in der Community engagieren (z. B. viele Beiträge einstellen, die aber wenig qualifiziert sind) und dadurch der Aufbau von echtem Commitment unter den Mitgliedern erschwert wird. In manchen Communities ist die Vergabe von Treue- oder Bonuspunkten daher eng an das Bewertungssystem gekoppelt. Auf diese Weise kann der Community-Betreiber den Anreiz für Mitglieder erhöhen, möglichst viele positive Bewertungen von anderen Mitgliedern zu bekommen bzw. sich intensiv in der Community zu engagieren, ohne dabei Gefahr zu laufen, dass die Mitglieder lediglich der Belohnung wegen aktiv werden.

Behavioral Targeting

Immer bedeutender werden im E-Business und insbesondere in E-Communities Fragen der **Personalisierungsmöglichkeiten** für die Teilnehmer. Die individuelle Gestaltung der Community bezüglich der jeweiligen Bedürfnisse und Interessen des Teilnehmers fördert nicht nur die Zufriedenheit, sondern trägt zu einem wesentlichen Teil dazu bei, dass der Teilnehmer der Community treu bleibt. Eine relativ neue Form des Personalisierungs-Marketings, deren Vorteile im Rahmen der Mitgliederbindung insbesondere bei E-Communities ausgeschöpft werden können, ist das sog. **Behavioral Targeting**. Bei dieser eher passiv ausgerichteten Personalisierungsform werden in erster Linie die Bewegungsmuster und Interessenprofile der Mitglieder ausgewertet und durch verhaltensbezogene, sozio- und psychografische Daten ergänzt (*Bender* 2008, S. 177). Durch die Verwendung von Cookies ist es heutzutage recht einfach, die Bewegungsdaten der Communitymitglieder zu speichern, um damit die Gewohnheiten und Interessen der Mitglieder herauszufiltern. Die resultierenden Datenprofile helfen dem Community-Betreiber nicht nur dabei, personalisierte Werbung zu schalten sondern auch Inhalte so an die Bedürfnisse des Users anzupassen, dass dieser nicht mit irrelevanten Inhalten und Werbeanzeigen geplagt wird (*Gilmore/Erdem* 2008, S. 24). Zu einem der wesentlichen Nachteile dieser Marketing-Form gehört die Ungenauigkeit der Werbung, die aufgrund der Tatsache, dass Cookies den PC identifizieren können nicht aber einzelne Personen, auftreten kann. In E-Communities ist jedoch in der Regel die Registrierung bzw. Anmeldung erforderlich, bevor die Plattform von den Mitgliedern genutzt werden kann. Dies erlaubt die eindeutige Identifizierbarkeit der User und macht Communities zu einem beliebten Anwendungsbereich des Behavioral Targeting.

Open-Source-Marketing

Viele Community-Betreiber stehen vor dem Problem, dass traditionelle Marketingansätze in ihrer gewohnten Form nicht für die Vermarktung von Communities geeignet sind. Generell ist die Aufmerksamkeit der User im Netz schon zu einem wesentlichen Engpassfaktor geworden (*Güller/Huck/Mast* 2005), hinzu kommt die Machtverlagerung zum Kunden, die gerade in Communities einen besonderen Stellenwert einnimmt und dazu führt, dass traditionelle Kommunikationsmodelle zu kurz greifen. Das latente Misstrauen der Kunden gegenüber betreiberinduzierten Werbebotschaften war der Grund dafür, dass neue Marketingansätze gefunden werden mussten, die die Effizienz des Marketings wieder erhöhen sollten. In Zuge dieser Entwicklung entstanden Ansätze, die insbesondere die Integration der Kunden bzw. Community-Teilnehmers vorsehen und damit eine Neuausrichtung des Marketings erreichen. Insbesondere das sog. **Open-Source-Marketing** (OSM; *Wiedmann* et al. 2011, S. 203 ff.) sieht den Teilnehmer als aktiven Mitwirkende der Marketingaktivitäten einer Community und lässt ihn vom simplen Stimulusempfänger selbst zum Stimulussender werden (*Schwerdt* 2005). In der Literatur werden für dieses Konzept auch Begriffe wie **Customer-Integrated-Marketing** oder **Collaborated-Marketing** verwendet (*Finne/Grönroos* 2017). Das kooperativ-konstruktive Entwickeln und Umsetzen gemeinsamer Ideen setzt die freiwillige Teilnahme der Community-Mitglieder voraus, die in der Regel durch nicht-monetäre Entlohnung dazu angeregt werden, mitzumachen. Damit fällt das Open-Source-Marketing, also die selbstkreierte Werbung der Community-Teilnehmer, in den Bereich des User-generated Content. Hinsichtlich des Erfolgs solcher Methoden lässt sich festhalten, dass die Teilnehmer „diese semiprofessionelle Werbung den perfekten Marketingkampagnen mit Blick auf ihre Authentizität und Glaubwürdigkeit häufig vorziehen, weil z. B. keine ökonomischen Motive dahinter vermutet werden" (*Wiedmann* et al. 2011, S. 204; *Schwerdt* 2005). Außerdem kann der Community-Betreiber auf diese Weise das Involvement der Teilnehmer mit der Community enorm erhöhen und die Wechselwahrscheinlichkeit drastisch verringern.

Die Integration der Mitglieder in den Marketingprozess kann dabei anhand verschiedener Dimensionen definiert werden (*Engelhardt/Freiling* 1994, S. 61). Dazu gehört als erstes die **Integrationstiefe**, die beschreibt, an welcher Stelle der Wertschöpfungskette (Entwicklung, Planung, Umsetzung) die Mitglieder in den Prozess eingebunden werden. Die **Integrationsintensität** hingegen beschreibt den Intensitätsgrad, mit dem die Teilnehmer eingebunden werden und das Ausmaß der kreativen Freiheit innerhalb des Prozesses. Als dritte Dimension kann die **Integrationsdauer** herangezogen werden, die die zeitliche Einbindung der Mitglieder beschreibt (einmalig, mehrmalig, andauernd). Je nach Ausprägung dieser Dimensionen kann die Teilnehmerintegration von einfachen Online-Votings bezüglich der einzusetzenden Anzeigen (niedrige Integrationstiefe, niedrige Integrationsintensität, niedrige Integrationsdauer) bis hin zum echten Open-Source-Marketing (hohe Integrationstiefe, hohe Integrationsintensität, hohe Integrationsdauer) reichen.

Fallbeispiel: Firefox Friends

Eines der bekanntesten Beispiele des Open-Source-Marketings ist die Mozilla-Community Firefox Friends (friends.mozilla.org, ehemals Spread Firefox), die zur Unterstützung der Verbreitung des Firefox Webbrowsers der Non-Profit-Initiative Mozilla Foundation ins Leben gerufen wurde, deren Ziel ein offenes und freies Internet ist. Bei der Vermarktung und Weiterentwicklung des Browsers werden die Mitglieder nicht nur kooperativ-konstruktiv in operative Entscheidungen miteinbezogen, sondern sie bestimmen auch die marketingstrategische Stoßrichtung mit. Als Mitglieder der Mozilla-Community und in ihrer Rolle als „Firefox Friends", sollen nicht nur die Produkte durch die Community gestärkt, sondern auch die entsprechende Mission als gemeinsame Idee von der Mozilla-Community weitergetragen werden. Dabei erfolgt die Teilnahme und das Engagement der Mitglieder auf rein freiwilliger Basis und wird nur durch nicht-monetäre Anreize entlohnt. Die entsprechenden Auswirkungen können im Rahmen der Community über ein persönliches Dashboard verfolgt werden. Mitglieder haben zudem einen Zugang zu exklusiven Inhalten. Die mit dem Einbezug der Friends verbundene Integrationstiefe und -intensität kann mithin als relativ hoch bezeichnet werden, da diese bereits in die Entwicklung und Planung einbezogen werden und auch ihre Ideen auch durchaus offen und kreativ einbringen können, sodass diese bei Akzeptanz durch die Community auch umgesetzt werden. Aufgrund dieser Faktoren erreicht die Firefox Friends Community auch oftmals eine vergleichsweise lange Integrationsdauer im Vergleich zu ansonsten teilweise schnelllebigen E-Communities, da die Mitglieder die Umsetzung ihrer eigenen Ideen mitverfolgen und oftmals auch weiterhin beeinflussen möchten.

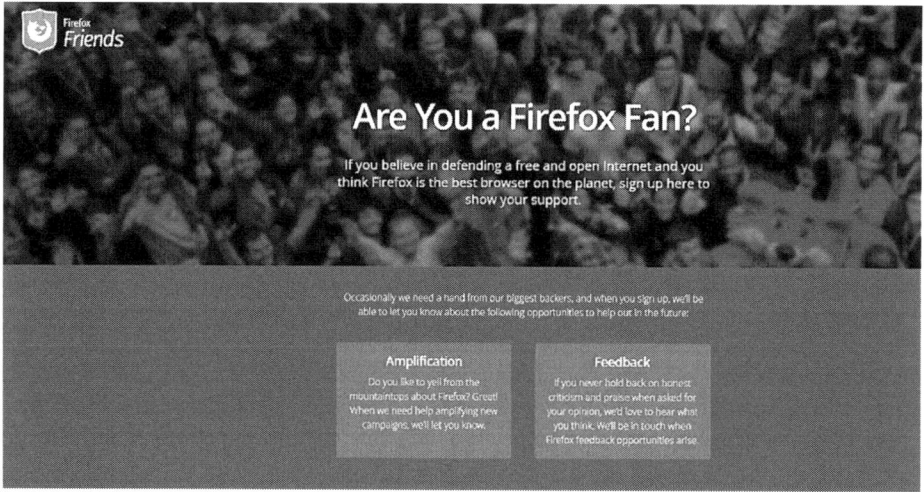

6.   Die Grundlagen der E-Company

Die **E-Company** steht allgemein als Begriff für die elektronische Kooperation zwischen Unternehmen über digitale Netzwerke. Oftmals wird in diesem Zusammenhang auch von einer gemeinschaftlichen „**virtuellen Unternehmung**" bzw. von einem zusammenhängenden „virtuellen Unternehmen" gesprochen. Damit erfolgt eine Integration von innovativen Informations- und Kommunikationstechnologien zur Verknüpfung von einzelnen Unternehmensleistungen im Hinblick auf die Bildung eines virtuellen Unternehmensverbundes mit einem zusammengesetzten Transaktionsangebot in Form einer **elektronischen Kooperation**. Diese Form der mehr oder weniger lose gekoppelten elektronischen Kooperation ermöglicht es rechtlich unabhängigen Unternehmen, eine Leistung auf einer Basis eines gemeinsamen Geschäftsverständnisses zu erbringen und gegenüber Dritten quasi als ein einheitliches Unternehmen aufzutreten.

Dabei stehen der Verzicht der „Institutionalisierung zentraler Managementfunktionen zur Gestaltung, Lenkung und Weiterentwicklung" des virtuellen Unternehmens und der Ersatz des „**notwendigen Koordinations- und Abstimmungsbedarfs** durch geeignete Informations- und Kommunikationssysteme" im Mittelpunkt (*Mertens/Griese/Ehrenberg* 1998, S. 3). Die Grundidee der elektronischen Kooperation ist also darin zu sehen, dass die Beziehung und die kooperationsrelevanten Abläufe zwischen den teilnehmenden Unternehmen über die mit Hilfe elektronischer Datennetzwerke verbundenen Computer (z. B. Internet) und den damit einhergehenden Rahmenbedingungen des elektronischen Informationsaustausches abgewickelt werden (s. Abb. 59; *Kollmann* 2019a).

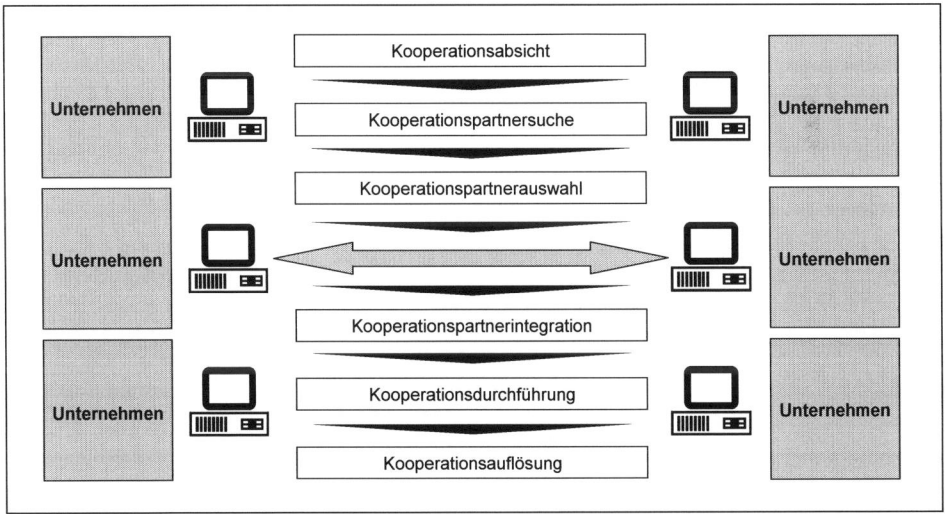

Abb. 59:   Die Grundidee der E-Company

© Springer Fachmedien Wiesbaden GmbH, ein Teil von Springer Nature 2019
T. Kollmann, *E-Business kompakt*, https://doi.org/10.1007/978-3-658-26978-4_6

Hintergrund für die Zunahme des Einsatzes elektronischer Informationstechnologien im Kooperationsbereich und damit bedeutende Kerntreiber für die E-Company waren zahlreiche **Herausforderungen** in der realen Kooperationsbildung, die mit Hilfe der elektronischen Informationsverarbeitung bewältigt werden sollten. Zu diesen wesentlichen Herausforderungen gehören insbesondere folgende Aspekte (*Fleisch* 2001, S. 17 ff.):

░ **Käufermarkt**: Der Wandel des Marktes von einem Verkäufermarkt zu einem Käufermarkt zwingt viele Unternehmen, mehr auf die Kunden einzugehen, z. B. durch eine hohe Serviceorientierung oder durch eine hohe Preis-Qualität-Relation ihrer Produkte. Auslöser für diesen Wandel sind Produktivitätssteigerungen, neue Technologien und die Möglichkeit, Ressourcen weltweit austauschen zu können.

░ **Globalisierung**: Die Globalisierung beschreibt eine Ausbreitung betrieblicher Koordinationsformen (z. B. Hierarchien oder Netzwerke) in umfassender geographischer Reichweite, sodass sich die ganze Welt zu einem einzigen großen Wirtschaftsraum entwickelt. Ausgangspunkt sind dabei vor diesem Hintergrund alle Technologien, die eine Reduktion der Transportkosten von Gütern und Informationen ermöglichen.

░ **Organisationsstrukturen**: Wirtschaftliche Organisationen unterliegen einem stetigen Wandel im Hinblick auf ihre Strukturen. Dies erfordert Organisationsstrukturen, die sowohl flexibel sind als auch kompetitive Kostenstrukturen zulassen und nicht durch die Organisationseinheit selbst begrenzt werden. Als Ergebnis entsteht die Fähigkeit zur Vernetzung mit internen und externen Organisationseinheiten.

!   **Die E-Company steht für die elektronisch gestützte Kooperation auf Basis der Internet-Technologie, über die ein gekoppelter Daten- bzw. Informationsaustausch zwischen den beteiligten Partnern erfolgt.**

Die zugehörigen zentralen **Fragen und Lernziele** sind:

░ **Systeme**: Welche Grundmodelle gibt es als Systemlösung für eine E-Company, um die elektronische Kooperation über das Internet zu realisieren?

░ **Prozesse**: Wie sehen die Anforderungen, die Gestaltung und das Management von elektronischen Kooperationsprozessen im Rahmen der E-Company aus?

░ **Management**: Wie kann die elektronische Kooperation über eine E-Company gestaltet werden und welche diesbezüglichen Überlegungen müssen die beteiligten Partner anstellen?

░ **Marketing**: Wie kann die marketingorientierte Beziehung unter den beteiligten Partnern bei einer E-Company gestaltet werden, um diese für sich im Hinblick auf ein gemeinsames Markt- und Wissensmanagement zu gestalten?

6.1 Die Systeme bei der elektronischen Kooperation

Die technische **Systemebene** in der E-Company unterstützt jegliche Prozesse, die mit der elektronischen Kooperation von Unternehmen zusammenhängen. Die zentrale Herausforderung auf der Systemebene in der elektronischen Kooperation ist dabei, die Anforderungen an die teilnehmenden Unternehmen selbst, an die Mitarbeiter und an die Systeme zu identifizieren, um eine virtuelle Zusammenarbeit so effektiv und effizient wie möglich zu gestalten. Diese zeigen sich in Form von **virtuellen Arbeitsplätzen**, die von **virtuellen Teams** in **virtuellen Unternehmen** verwendet werden, damit eine umfassende Virtualität für die E-Company ermöglicht wird. Nicht zuletzt müssen Architekturen, Protokolle und Formate definiert werden, um einen Einsatz verschiedenartiger Systemlösungen unternehmensübergreifend zu ermöglichen. Auf der Systemebene der elektronischen Kooperation gilt es also, Systemlösungen zu gestalten, elektronische Standards zu definieren und diese adäquat im Kontext der jeweiligen Beziehungen zwischen den virtuellen Kooperationspartnern einzusetzen (*Kollmann* 2019a).

6.1.1 Das Groupware Tools-Modell

Eine **Groupware** beinhaltet keine bestimmte Anwendung, sondern beschreibt eine umfassende „Sammlung von Softwarewerkzeugen, die die Erfüllung unstrukturierter Aufgaben durch räumlich verteilte Arbeitsgruppen unterstützt" (*Müller* 2003, S. 108). Speziell den virtuellen Unternehmen helfen Groupware-Systeme, sich zeitlich und räumlich mit verteilten Arbeitsgruppen abzustimmen und zu kommunizieren. Aus den beiden Dimensionen Zeit und Raum ergeben sich vier Möglichkeiten der Zusammenarbeit: Am selben Ort und zur selben Zeit, an unterschiedlichen Orten und zur selben Zeit, an unterschiedlichen Zeiten und am selben Ort sowie an unterschiedlichen Zeiten und an unterschiedlichen Orten. Passend zu der jeweiligen Situation der Zusammenarbeit, eignen sich nur bestimmte Groupware-Systeme zum Einsatz, sodass es umso ausschlaggebender ist, bei der Zusammenstellung der Groupware-Systemkomponenten auf die optimalen Unterstützungsmöglichkeiten der aktuellen Form der Arbeitsgruppe zu achten.

Eine Auswahl der **Werkzeuge (Tools)**, die neben der Überbrückung von zeitlichen und örtlichen Gegebenheiten auch spezifische Funktionen erfüllen, wird nachstehend beschrieben (*Müller* 2003, S. 110 f.):

- **Arbeitsplatz-Videokonferenzen**: Die Videokonferenz am Arbeitsplatz erlaubt eine Zusammenarbeit von bestimmten Personen, die sich interaktiv gestalten lässt, weil durch die Übertragung von Bild- und Toninhalten ein Face-to-Face-Arbeiten unterstützt wird. Durch die stetige Weiterentwicklung von Kommunikationstechnologien können darüber hinaus Unterhaltungen auch auf inhaltlicher Ebene verbessert oder sogar erst ermöglicht werden. Als prominentes Beispiel ist die maschinelle Übersetzung anzuführen, die eine Übersetzung einer Unterhaltung in Echtzeit ermöglichen kann (sog. **Real-Time Translation**). Kooperationspartner, die in unterschiedlichen

Sprachen kommunizieren, können sich mit Hilfe dieser Technologie trotz sprachlicher Unterschiede barrierefrei unterhalten. Insbesondere bei der Zusammenarbeit von interkulturellen Teams kann dies somit von Vorteil sein und neue Kooperationsmöglichkeiten eröffnen (*Wang/Fussell/Cosley* 2013, S. 936).

- **Chat-Systeme**: Die Chat-Systeme erlauben mehreren Nutzern gleichzeitig Nachrichten in einem Chat-Room zu übertragen. Die Chat-Rooms können dabei öffentlich oder zugangsbeschränkt sein.

- **Entscheidungsunterstützende Systeme**: Die entscheidungsunterstützenden Systeme helfen mit computerbasierten Lösungen bei unstrukturierten Problemen Entscheidungshilfen zu geben. Dies kann sich bei Gruppenarbeit z. B. durch ein Konzept mit Aufgabenverteilungen, Priorisierungen, Abstimmungen oder einem Brainstorming zeigen. Die Basis für ein entscheidungsunterstützendes System bildet eine intelligente Datenbank, auf die alle Kooperationspartner Zugriff haben und wodurch stets alle für das Projekt benötigten Informationen und Dokumente aktuell und verfügbar sein können.

- **Bildschirm- und anwendungsgekoppelte Systeme**: Die Bildschirm- und anwendungsgekoppelten Systeme beschreiben einen Remote-Zugriff, durch den es möglich wird, beliebige Bildschirmarbeitsplätze von der Ferne aus anzuschauen und zu steuern. Häufig werden solche Werkzeuge beim Arbeiten an visualisierbaren Problemen eingesetzt, um eine Demonstration in Bild und zuschaltbarem Ton zu ermöglichen.

- **E-Mail**: Die E-Mail-Systeme werden hinter dem Telefon am häufigsten als Groupware-Werkzeug ausgewählt. Erweiterte E-Mail-Systeme ergänzen die nativen Funktionen der E-Mail um weitere und nützliche Gruppenfunktionen.

- **Kalender-Systeme**: Die Kalender-Systeme können die Arbeitsgruppen bei Terminabsprachen und im Zeitmanagement unterstützen. Oft ist auch eine Integration von Kalendersystemen anderer Unternehmen möglich. Zudem sind Kalender-Systeme oft in E-Mail-Systemen integriert.

- **Co-Autoren-Systeme**: Die Co-Autoren-Systeme unterstützen alle Anforderungen, um gemeinsam an Dokumenten arbeiten zu können, z. B. beim Layout oder bei Korrekturen an einem Dokument.

- **Blackboards**: Die Blackboards nutzen eine strukturierte Variante der E-Mail. Nutzer können Nachrichten an ein schwarzes Brett senden und dort für andere Nutzer mit entsprechenden Leserechten veröffentlichen.

! **Das Groupware-Modell für eine E-Company bezeichnet eine Systemlösung, bei der die Partner und ihre Arbeitsgruppen trotz zeitlicher und räumlicher Trennung miteinander kommunizieren und sich abstimmen können.**

Fallbeispiel: Carl Knauber Holding

Die bereits im Jahr 1880 gegründete Unternehmensgruppe Knauber GmbH & Co. KG ist ein familiengeführtes Mittelstandsunternehmen mit Hauptsitz in Bonn, das aus insgesamt sieben eigenständigen Tochtergesellschaften (Knauber Freizeit GmbH & Co. KG, Knauber Mineralöl GmbH & Co. KG, Knauber Gas GmbH & Co. KG, Knauber Erdgas GmbH, Knauber Contracting GmbH sowie die GerLub Schmierstoff GmbH) mit eigenen Geschäftsfeldern besteht, die u. a. im Einzelhandel sowie im Energiehandel aktiv sind. Die Unternehmen verteilen sich räumlich auf den Raum Köln/Bonn sowie den nördlichen Teil von Rheinland-Pfalz. Zentraleinheiten innerhalb der Carl Knauber Holding unterstützen die operativen Bereiche dabei im Tagesgeschäft. Die Unternehmensgruppe beschäftigt über alle Geschäftsfelder hinweg rund 1.000 Mitarbeiter. Um dem steigenden Informations- und Organisationbedarf innerhalb des diversifizierten Unternehmens gerecht zu werden und eine zeit- und ortsunabhängige Kommunikation sowie Koordination von Aufgaben und Personal zu gewährleisten, wurde die Groupware-Software „EGroupware" im gesamten Unternehmen implementiert. Der Einsatz der Groupware-Software ermöglicht eine entsprechende Zeitersparnis sowie Flexibilität und Transparenz hinsichtlich der unternehmerischen Prozesse auf Basis eines Zusammenspiels unterschiedlicher Module. Die Kernfelder der „EGroupware" in der Knauber Holding sind der zentrale Einsatz von digitalen Groupware-Tools mit Funktionen wie E-Mail, Kalender, Adressbuch, Ticketsystem inkl. entsprechender Priorisierung, Stundenzettelerfassung, Gruppenkalenderfunktionen zur Vermeidung von Terminüberschneidungen, Überwachen von Vorgängen, Einhaltung von Fristen, strukturierte Archivierung von Vorgängen sowie ein Mitarbeiter-Informationsportal. Hervorzuheben sind in diesem Zusammenhang auch die Möglichkeiten der Kollaborationsmöglichkeiten unter Mitarbeitern, aber auch mit Externen (z. B. Dienstleister und Kunden) über Desktop-Sharing-Systeme oder Arbeitsplatz-Videokonferenzen. So kann auch trotz der geographischen Distanz zwischen den Tochterunternehmen ein gemeinsamer Workflow geschaffen sowie die Informationsbasis für zentrale Managemententscheidung der Holding verbessert werden.

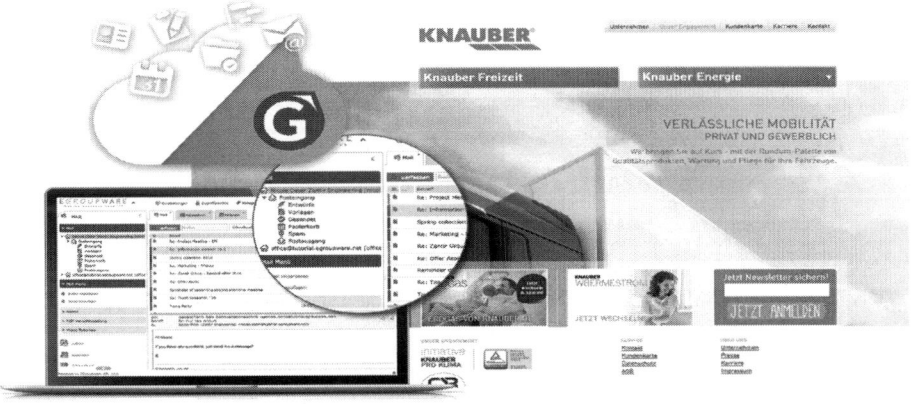

6.1.2 Das Workflow Process-Modell

Im Gegensatz zu Groupware-Systemen werden **Workflow-Systeme** eingesetzt, wenn sich die zu bearbeitende Aufgabe in (teil)formalisierte **Arbeitsprozesse** aufteilen lässt. Zudem können die einzelnen Arbeitsprozesse eindeutig festgelegt und den beteiligten Prozessmitarbeitern in der Funktion, der Rolle und der Kompetenz zugewiesen werden. Dies ermöglicht die Automatisierung von Geschäftsprozessen durch prozedural geregelte Informationssysteme, die einen Austausch von Dokumenten, Informationen und Aufgaben zwischen den Teilnehmern sicherstellen. Insbesondere **Workflow-Managementsysteme** bieten sich an, um Strukturen von Daten, Funktionen, Organisationen und Prozessen zu erfassen, abzubilden und zu verknüpfen. So können die Prozesse über die eigenen Unternehmensgrenzen hinweg weiter optimiert und dabei die Kundenanforderungen erfüllt werden. Durch die Verknüpfung von unternehmensübergreifenden Geschäftsprozessen, lassen sich virtuelle Geschäftsprozesse abbilden und leichter steuern, sodass sich der Vorteil der Flexibilität aus der virtuellen Unternehmung und der korrespondierenden IT-Struktur gewinnbringend einsetzen lässt. Zur Realisierung einer unternehmensübergreifenden Workflow-Unterstützung benötigt es bereits in den kooperierenden Unternehmen eingesetzte Workflow-Managementsysteme und standardisierte Schnittstellen, damit die jeweils verschiedenen Workflow-Management-Systeme und ihre jeweiligen Systemkomponenten in ein umfassendes Workflow-Management-System integriert werden können. Einen passenden Standard bietet hierfür die **Workflow Management Coalition** (WfMC) in Form eines **Architekturreferenzmodells** (s. Abb. 60) mit fünf wesentlichen Schnittstellen an (*Müller* 2003, S. 114 ff.). Ferner können Workflow-Systeme in Groupware-Systemen integrativ genutzt werden.

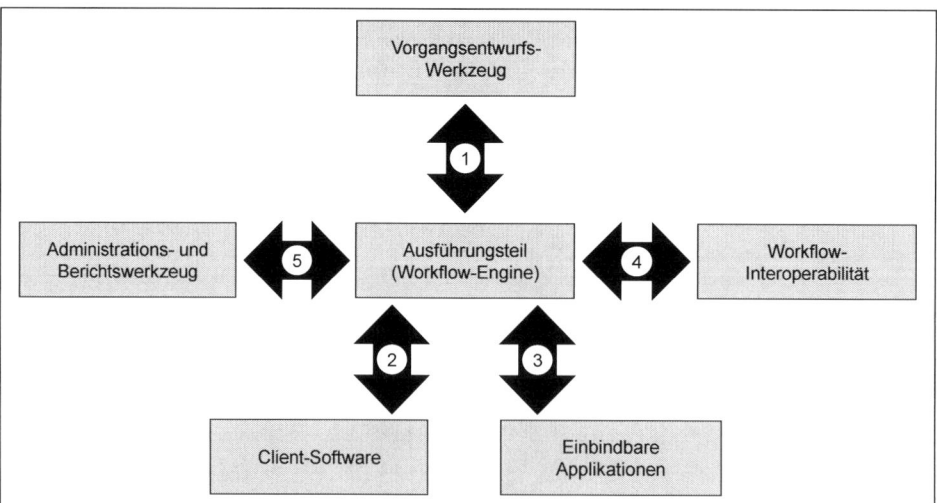

Abb. 60:   Workflow-Referenzmodell der WfMC
Quelle: in Anlehnung an *Müller* 2003, S. 116.

Der Einsatz eines integrativen oder neuen **Workflow-Managementsystems** ist aus der Ressourcenperspektive nicht zu unterschätzen. Speziell die Kosten und die Zeit für die Einrichtung der Systeme und die Einbindung der Mitarbeiter aus den beteiligten Kooperationsunternehmen stellen ein kritisches Entscheidungskriterium dar, wenn es darum geht, ob sich solch ein Einsatz für die elektronische Kooperation lohnt oder nicht. Aus diesem Grund bieten sich Workflow-Managementsysteme mehr für virtuelle Unternehmen an, die „für eine längere Zeit ein bestimmtes Produkt in hoher Stückzahl produzieren und vermarkten, eine gleichbleibende Dienstleistung anbieten oder standardisierte Produkte und Dienstleistungen nach speziellen Kundenanforderungen anhand vordefinierter Komponenten erstellen wollen" (*Müller* 2003, S. 116 f.).

 Das Workflow-Modell für eine E-Company bezeichnet eine Systemlösung, bei der die Partner und ihre Arbeitsgruppen (teil)formalisierte Arbeitsprozesse erfassen und so die Strukturen von Daten, Funktionen, Organisationen und Prozessen abbilden und verknüpfen können.

Fallbeispiel: Sophos

Sophos ist ein in über 119 Ländern tätiges IT-Cybersicherheitsunternehmen, das 1985 gegründet wurde. Das Unternehmen entwickelt und verkauft Sicherheitssoftware und hat laut eigenen Angaben über 3.300 Mitarbeiter. Einhergehend mit der Größe des Unternehmens wuchs auch die Anzahl der Aufgaben, die von der globalen und vernetzten Marketingabteilung von Sophos bewältigt werden mussten. Alle Aspekte, die im Zusammenhang mit der Marke Sophos stehen, sollten vom Corporate Marketing bearbeitet werden, so wie bspw. Anfragen für Web- und Markenressourcen oder Werbematerialien. Diese Abteilung dient der Sicherung der Markenkonsistenz. Vor der Einführung des Asana Workflow-Managementsystems bei Sophos wurden die Anfragen an das Corporate Marketing sehr intransparent und ineffizient gehandhabt. Dawn Jensen bezeichnet die Art und Weise der Verarbeitung von Anfragen und der Abbildung von Prozessen, die von der Marketingabteilung gehandhabt wurden, wie folgt: „Das war langsam und unzuverlässig. Manchmal hat wochenlang niemand reagiert. Und dann plötzlich hat man das angeforderte Material erhalten. Dieser Prozess war kein bisschen transparent und dauerte viel länger, als er sollte." Die Marketingabteilung entschied sich für die Einrichtung eines sog. Front Desk von Asana, das dem Team nun hilft, besser mit anderen Abteilungen zusammenzuarbeiten. Durch die Einführung des Front Desk von Asana könnten die verschiedenen formalisierten Arbeitsprozesse erfasst, abgebildet und verknüpft werden. Die neuartige Erfassung und Abbildung ermöglicht darüber hinaus langfristig auch die unternehmensübergreifende Integration in andere Workflow-Managementsysteme, hin zu einer Workflow-Management Coalition. Asana hilft darüber hinaus auch bei der Quantifizierung von Daten für das höhere Management. Dawn bemerkt: „Mit Asana können wir sehen, dass in sechs Monaten fast 11.000 Aufgaben zugewiesen wurden – das ist eine riesen Sache! Mit diesen Daten können wir Muster und auftretende Probleme identifizieren, die zusätzliche Ressourcen, neue Prozesse oder längere Durchlaufzeiten erfordern könnten."

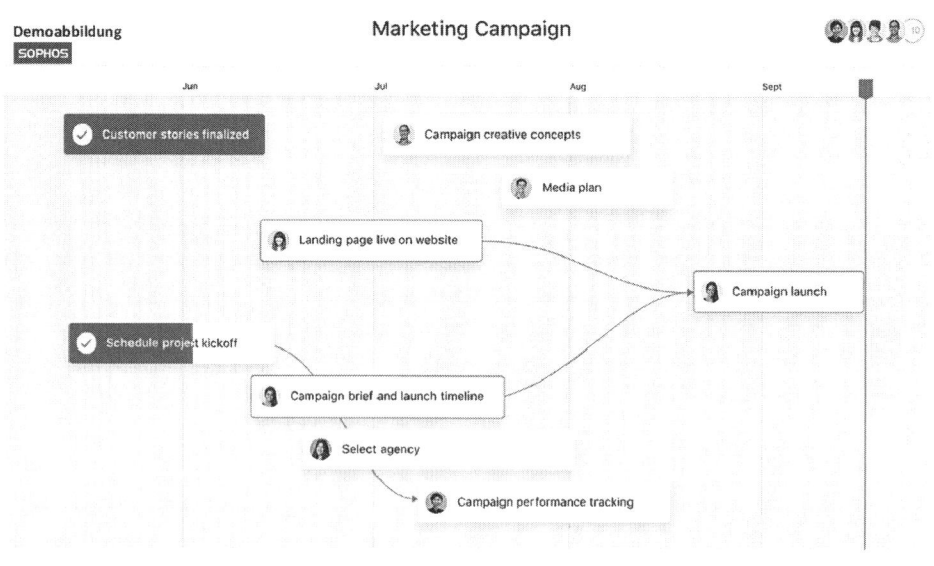

6.1.3   Das Executive Information-Modell

Ein **Executive Information System** (EIS) oder auch **Führungsinformationssystem** umfasst alle Formen der Unterstützung durch die Informations- und Kommunikationssysteme
für Führungskräfte auf der Managementebene in den einzelnen Kooperationsunternehmen. Insbesondere bei einem großen Netzwerk innerhalb der E-Company verlagert sich
der Schwerpunkt in dem Aufgabenspektrum hin zur Koordination und Organisation der
Kooperationspartner. Diese Zentralisierung führt zur Vereinheitlichung von verbindlichen
Prinzipien und sollte auch dementsprechend in der Vereinbarungsphase (s. Kapitel 6.2.2)
erfolgen, damit keine nachträglichen Anpassungen in der operativen Phase (s. Kapitel
6.2.2) geleistet werden müssen und die Kooperationspartner weiter flexibel agieren können. Insbesondere die Informationsbereitstellung hat die Hauptaufgabe, wichtige Informa-
tionsfelder aus der gesamten Wertschöpfungskette bereitzustellen und damit alle benötigten Informationen für das Management zusammenzutragen. Dazu gehören die Beschaffung, Auswertung und Präsentation dieser Informationen. Als Grundlage dienen interne
und externe Datenquellen, die nach der Aufbereitung einen entsprechenden Überblick,
z. B. über die verteilte Leistungserstellung aller Kooperationspartner, geben sollen. Im
Netzwerk wird ein gemeinsames Führungsinformationssystem genutzt, wobei die Daten
zum Teil automatisiert erfasst und zum Teil nur vom **Broker** gepflegt werden. Ein **Kon-
verter** übernimmt anschließend die Konvertierung der Daten (z. B. Kennzahlen) aus dem
zentralen Führungsinformationssystem in die entsprechenden Führungsinformationssys-
teme der jeweiligen Kooperationspartner (*Mertens/Griese/Ehrenberg* 1998, S. 118 ff.).

Vor diesem Hintergrund sind die entsprechenden Systemkomponenten eines Führungsinformationssystems in Abhängigkeit zum Bedarf unterschiedlich stark ausgeprägt. Dies fördern spezielle **Expertensysteme**, die einen Schritt weiter gehen und aus einer bestehenden Wissensbasis Schlussfolgerungen ziehen und dadurch neues Wissen generieren können, sodass ein noch höherer Grad im Bereich der Informationsunterstützung erreicht werden kann. Der Benutzer kann durch eine Anfrage auf die vorhandenen Datenmengen zugreifen und Schlussfolgerungen aus der Wissensbasis ziehen, die anhand von definierten Regeln abgebildet wird. Dazu wird die Anfrage durch einen Inferenzmechanismus in Bezug auf die Wissensbasis bewiesen, indem die vom Benutzer formulierte Anfrage auf eine Vereinbarkeit mit dem Wissen in dem Datenbestand überprüft wird. Dabei ist als Nebenprodukt die Ausgabe einer bestimmten Faktenmenge aus der Wissensbasis in Verbindung mit der Anfrage möglich. Beim Expertensystem ist die Dialogsteuerung als Schnittstelle zum Benutzer zu sehen und stellt ihm Erklärungskomponenten zur Verfügung, mit denen der Benutzer den Entscheidungs- und Schlussfolgerungsprozess nochmal kritisch nachvollziehen kann (*Picot/Reichwald/Wigand* 2003, S. 171 f.).

Das Executive-Modell für eine E-Company bezeichnet eine Systemlösung, bei der die Partner und ihre Managementebene über die spezifische Beschaffung, Auswertung und Präsentation von Informationen einzelne und kooperationsübergreifende Entscheidungen treffen können.

Fallbeispiel: TomTom

TomTom N.V. ist ein niederländisches Unternehmen mit Hauptsitz in Amsterdam, das seit 1991 besteht und sich zum einen auf die Herstellung von Navigationssystemen konzentriert und zum anderen Anbieter von Geodaten, Telemetrie- und Flottenlösungen ist. Bekannt geworden ist das Unternehmen mit seinen mobilen Navigationsgeräten, die in unterschiedlichen Varianten im Markt vertreten sind. Gleichzeitig bietet TomTom allerdings auch Navigationsgeräte für den Festeinbau in der Automobilindustrie an. Darüber hinaus hat das Unternehmen eine Navigationssoftware für das Smartphone, sowie GPS-Uhren für diverse Sportarten wie Golf, Laufen, Outdoor oder Fitness und eine Action-Cam mit dem Namen Bandit entwickelt. Millionen von Menschen verlassen sich weltweit jeden Tag auf die Navigationstechnologien von TomTom, um bessere Entscheidungen zu treffen. Anders herum, verlässt sich TomTom auf die Executive-Information-Software von Workday (workday.com) und im speziellen auf das Workday-Produkt „Human Capital Management", das dabei als Informations- und Kommunikationssystem für Führungskräfte auf der Managementebene dient. Workday nimmt dabei die Rolle als Führungsinformationssystem ein, das ebenso als zentrales System fungieren kann, sobald TomTom mit anderen Unternehmen kooperiert. Darüber hinaus bietet Workday mittels seiner Softwarelösung an, bestimmte Organisationsstrukturen zu konfigurieren, flexible Workflow-Prozesse zu erstellen oder problemlose Umstrukturierungspläne zu entwickeln. Ferner können Mitarbeiter, Organisationen, Aufgabenzuteilungen und Geschäftsvorgänge sowie bestimmte relevante Kennzahlen für die Managementebene in einem einzigen Modell zusammengefasst werden. Dieses Modell ermöglicht gleichzeitig geschäftsübergreifende Einblicke in die Unternehmensabläufe.

6.2   Die Prozesse bei der elektronischen Kooperation

Nach den Darstellungen der Systemebene (s. Kapitel 6.1) gilt es nun auf der **Prozessebene** die spezifischen Anforderungen an elektronische Kooperationsprozesse und deren besondere Gestaltung zu beschreiben. Die Prozessebene stellt somit den Ablauf sämtlicher Arbeitsschritte dar, die in einer E-Company gewährleistet sein müssen, damit Kooperationen von der Identifikation bis zu ihrer Auflösung optimal durchgeführt werden können. Dabei ist jeder Prozess eine Art „Baustein" in dem Gesamtkonzept der E-Company. Je besser die Bausteine zusammengesetzt und aufeinander abgestimmt sind, desto schneller, kostengünstiger und gehaltvoller können Daten verarbeitet werden und damit Kooperationen durchgeführt werden. Zum Abschluss des Kapitels geht es um die Frage, wie sich die Kooperationsprozesse einer E-Company aus operativer, taktischer und strategischer Perspektive bewältigen lassen.

 Die E-Company soll die bestehenden Kooperationsprozesse digitalisieren und wenn möglich vollständig zu einer strukturierten Zusammenführung von beteiligten Partnern über das Internet zur Steigerung von Effektivität und Effizienz der Zusammenarbeit führen.

6.2.1 Die Prozessanforderungen

Die Prozessanforderungen einer E-Company adressieren im Kern die **Ziele der elektronischen Koordination und der zugehörigen Vernetzung** und setzt diese um. Hierzu zählen insbesondere die Online-Kooperationskosten, -flexibilität und die -komplexität (*Kollmann* 2019a).

Online-Kooperationskosten

Die **Kosten** der Kooperation von Partnerunternehmen innerhalb einer E-Company werden über Verrechnungspreise erfasst. Mit ihnen ist es möglich sowohl eine auftragsspezifische Konfiguration des Netzwerks durchzuführen als auch den Preis für das Endprodukt festzulegen. Davon ist zum einen die Zusammensetzung des Projektnetzwerks abhängig und zum anderen auch die Bestimmung des Gesamtpreises für einen Auftrag. Neben den Methoden der Verhandlungen und Auktionen (s. Kapitel 6.2.2) kann mit Hilfe der **Orientierung an Marktpreisen** oder der **Kostenorientierung** ein Verrechnungspreis gefunden werden. Im ersten Fall müssen spezielle Prämissen auftreten, die in der Realität nur sehr selten anzutreffen sind, z. B. das Vorliegen eines vollkommenen Marktes mit unbeschränkten Marktkapazitäten. Außerdem würde das Ziel einer virtuellen Unternehmung, durch eine Kooperation Verbundeffekte zu erzeugen, nicht mehr greifen, weil eine Rekonstruktion des Marktes innerhalb der virtuellen Unternehmung nicht zweckmäßig ist. Im zweiten Fall, der Kostenorientierung, werden Zwischenprodukte mit kostenorientierten Verrechnungspreisen bewertet, da Markpreise nicht immer feststellbar sind. Unterscheiden lassen sich die kostenorientierten Verrechnungspreise nach dem Zeithorizont, dem Kostenvolumen und nach dem Gewinnaufschlag (*Tantzen* 2006, S. 103 f.) Weiterhin bleiben bei der Berechnung der Kooperationskosten die Komplexitätskosten und -kostenarten (s. Kapitel 6.2.1.3) unberücksichtigt, weil kein Kostenrechnungssystem diese beinhaltet. Dies verhindert eine erforderliche Transparenz, wenn es darum geht, Entscheidungen trotz vorhandener Komplexität zu treffen oder herauszufinden, welche Kostenarten im besonderen Maße auffallen (*Pindl* 2002, S. 96 f.).

Online-Kooperationsflexibilität

Eines der größten Ziele einer E-Company ist die **Flexibilität** der Online-Kooperation, um sich den ständig ändernden Umweltbedingungen anpassen zu können. Dazu konfigurieren sich die virtuellen Organisationen auftragsbezogen und nutzen alle Potenziale der Flexibilität aus den Informations- und Kommunikationssystemen. Dieser Einsatz erfolgt schon seit längerer Zeit nicht mehr unter dem Standpunkt der Rationalisierung, bei der es nur darum geht, die Produktivität zu Lasten der Flexibilität zu steigern. Aus diesem Einfluss moderner Information- und Kommunikationssysteme auf die organisatorische Flexibilität können beide Zielsetzungen, Produktivität und Flexibilität, gemeinsam erreicht werden und stellen keine konkurrierenden Bestrebungen mehr dar. Ungeachtet dessen existiert jedoch beim Einsatz von Informations- und Kommunikationssystemen in Organisationen ein Flexibilitätsparadoxon, das zwischen organisatorischer und technischer Flexibilität entscheidet. Zwar kann die organisatorische Flexibilität durch moderne Informations- und Kommunikationssysteme erhöht werden, durch die alternde technische Infrastruktur kann sich dieser Effekt allerdings bis hin zur Starrheit und Inflexibilität wandeln (*Picot/Reichwald/Wigand* 2003, S. 424 f.). Einhergehend können sich somit **positive wie auch negative Effekte** durch die Verstärkung bzw. Minderung der Flexibilität in den Organisationen ergeben (s. Abb. 61).

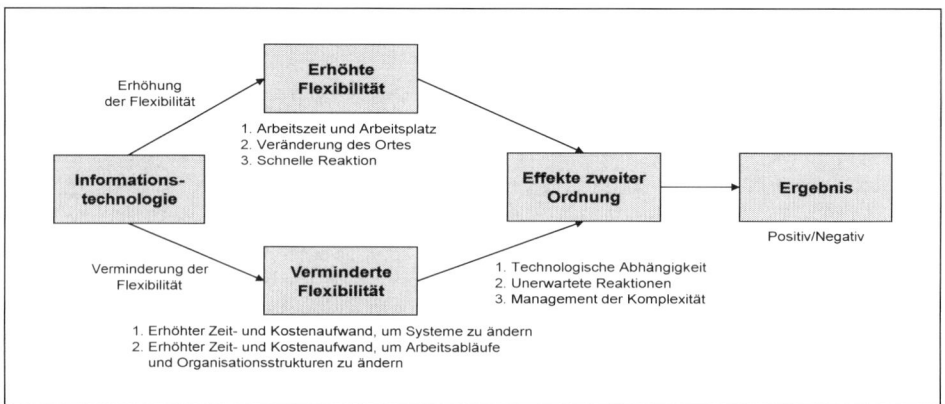

Abb. 61:   Auswirkungen der IuK-Systeme auf die organisatorische Flexibilität
Quelle: in Anlehnung an *Picot/Reichwald/Wigand* 2003, S. 427.

Online-Kooperationskomplexität

Neben den prozessbezogenen Anforderungen der Kosten und der Flexibilität in einer E-Company, ist der Aspekt der **Komplexität** (und insbesondere der Umgang mit ihr) ein weiterer Gesichtspunkt, den es in virtuellen Netzwerken zu behandeln gilt. Denn im Vergleich zu den klassischen Unternehmen bewältigen E-Companys durch die Netzwerkbildung nicht nur ein sehr hohes Maß an Komplexität, sie finden zudem ein ebensolches auch vor. Außerdem ist den E-Companys der Aspekt der Komplexität schon vorher bewusst und stellt sich nicht am Ende als Überraschung in Form eines Projektabbruchs heraus. Unterschieden wird die Komplexität im Umfeld einer E-Company nach einer **externen Komplexität** der Umwelt und nach einer **internen Komplexität** im Netzwerk (*Pindl* 2002, S. 91 ff.):

▓   **Externe Komplexitätseinflüsse**: Aus den externen Treibern der Globalisierung und der Marktdynamik entstehen Marktanforderungen (z. B. Nachfrageschwankungen oder Sortimentsvergrößerung), die einen Großteil der Komplexität in die E-Company tragen. Dies wirkt sich besonders auf die Anzahl und Änderungshäufigkeiten der angebotenen Leistungen aus, die zwar einen höheren Aufwand und höhere Kosten bedeuten, aber auch eine Kundenzunahme garantieren. Intern führt das zum Anstieg der prozessbezogenen Komplexität (durch eine Zunahme der Funktionsbereiche und heterogene Aktionen) inklusive der entsprechenden Kosten.

■ **Interne Komplexitätseinflüsse**: Im Rahmen der internen Komplexitätseinflüsse lassen sich diese nach den strukturellen, individuellen und nach den informations- und kommunikationsbezogenen Komplexitätstreibern differenzieren. Dabei beziehen sich die strukturellen Komplexitätstreiber auf die Ablauf- und Aufbauorganisation und die Produktstruktur, z. B. bei zu langen Entscheidungswegen und Intransparenz der Aufgaben(verteilungen) in den Abteilungen. Zusätzlich bestimmt die Spezialisierung der Mitarbeiter die strukturelle Komplexität, indem gering automatisierte Aufgaben einen höheren Abstimmungsbedarf erfordern. Ähnlich gelagert stehen die informations- und kommunikationsbezogenen Komplexitätstreiber. Mit ihnen wird versucht den strukturellen Komplexitätstreibern zu begegnen, was jedoch zum weiteren Anstieg der Komplexität führen kann, z. B. bei angepassten Formularen, die nicht direkt verständlich sind und weitere Verzögerungen verursachen. Über allen Bereichen stehen die individuellen Komplexitätstreiber, die nicht eindeutig gemessen werden können. Diese betreffen das individuelle Ergebnis eines jeden Mitarbeiters, das immer von der jeweiligen Motivation oder dem Arbeitsklima abhängig ist.

Prozessbezogene Kosten	Kostenarten der Komplexität
• Schlecht organisierte Abläufe • Geringe Mitarbeiterqualifikation • Fehlende Zusammenführung von Aufgaben, Kompetenzen, Verantwortung • Medienbrüche • Dateninkonsistenzen • Vermeidbare Aktivitäten • Geringe Standardisierung • Mehrfachverwendung	• Kommunikationsaustauschkosten • Informationsaustauschkosten • Entscheidungskosten • Abstimmungskosten • Anpassungskosten • Doppelerfassungskosten • Suchkosten • Verwechslungskosten • Qualitätsabweichungskosten • Planungskosten • Steuerungskosten • Datenpflegekosten • Systemkosten • Lieferantenwechselkosten • Lieferantenpflegekosten • Kapitalbindungskosten

Abb. 62:   Kosten der Komplexität
Quelle: in Anlehnung an *Pindl* 2002, S. 96.

Grundsätzlich variiert die Komplexität daher immer mit der Anzahl der teilnehmenden Kooperationspartner und den dadurch ausgelösten Aktionen, Beziehungen und Prozessen zwischen den Kooperationspartnern. Des Weiteren bildet die aus einem Projekt resultierende individuelle Dynamik auf die Kooperationspartner einen wesentlichen Bestimmungsfaktor für den Komplexitätsgrad einer E-Company (*Pindl* 2002, S. 92 f.). Daraus entstehen auf der Kostenseite neben den **prozessbezogenen Kosten** auch spezielle **Kostenarten der Komplexität**. Komplexität in Unternehmensnetzwerken entsteht nicht nur von selbst, sondern auch durch Unwissenheit über Prozesse, mangelnde Weitsicht oder fehlerhaftes Management. Deswegen ist die **Reduzierung von Komplexität**, insbesondere in Unternehmensnetzwerken, ein Thema, das nicht vernachlässigt werden darf. Punkte wie eine vermehrte Umsicht, Wissen über Wechselwirkungen und weiteren Erkenntnissen eigener und fremder Prozesse tragen einen ersten Schritt dazu bei, die Komplexität zu reduzieren.

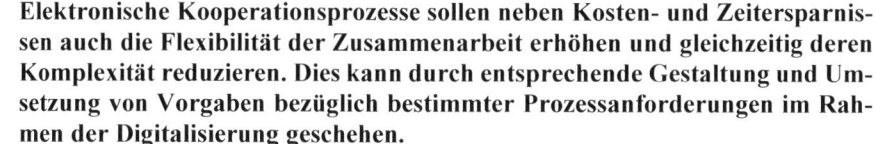

Elektronische Kooperationsprozesse sollen neben Kosten- und Zeitersparnissen auch die Flexibilität der Zusammenarbeit erhöhen und gleichzeitig deren Komplexität reduzieren. Dies kann durch entsprechende Gestaltung und Umsetzung von Vorgaben bezüglich bestimmter Prozessanforderungen im Rahmen der Digitalisierung geschehen.

Fallbeispiel: Star Alliance

Die Star Alliance ist eine strategische Allianz aus verschiedenen Fluggesellschaften, die sich im Jahr 1997 auf eine gemeinsame Kooperation geeinigt haben. Heute ist es die größte Luftfahrtallianz weltweit und das führende Netzwerk von Fluglinien mit 28 Partner-Airlines (u. a. United Airlines und Deutsche Lufthansa AG). Obgleich international operierend, ist gerade im europäischen Luftverkehr die Star Alliance mit mehr als zehn Airlines der klare Marktführer und bietet mit Abstand die meisten Destinationen im Vergleich zum Wettbewerb an. Aufgrund ihres Charakters als strategisch ausgerichtete Allianz, ist die Star Alliance auf klar formulierte und somit abgegrenzte Kooperationsgebiete ausgerichtet (begrenzte Komplexität der Organisation) und jeder Kooperationspartner innerhalb der Allianz bleibt weiterhin wirtschaftlich unabhängig (Erhalt gewisser Flexibilität). Ziel des Verbundes ist laut Unternehmensseite die Gewährleistung höchster Sicherheitsstandards sowie des bestmöglichen Kundenservice, sodass Kunden u. a. bei allen Airlines Meilen sammeln, einlösen und weitere Vielflieger-Vorteile genießen können. Darüber hinaus sollen durch die Kooperation der internationalen Airlines Verbundeffekte geschaffen werden, welche z. B. in der gemeinsamen Nutzung und Koordination von Über- und Unterkapazitäten bestehen. In diesem Sinne kann die Star Alliance als Beispiel für die Prozessanforderungen im Sinne der Online-Kooperationsflexibilität und Online-Kooperationskomplexität und die damit verbundenen Kosten genannt werden. Unter Berücksichtigung dieser Prozessanforderungen einer E-Company hat die Star Alliance insbesondere im Rahmen der externen und internen Komplexitätseinflüsse sowie dem entsprechenden Umgang damit einen Mehrwert für die beteiligten Parteien geschaffen. So können Mitglieder der Star Alliance z. B. aufgrund eines Poolings von Sitzplatzkapazitäten besser auf externe Nachfrageschwankungen antworten als einzeln operierende Airlines dies könnten. Die Einigung auf gemeinsame Loyalitätsprogramme und Standards zum schnellen elektronischen Datenaustausch verringert außerdem die interne Komplexität innerhalb der Prozessabläufe der Mitglieder und reduziert somit langfristig damit verbundene Kosten.

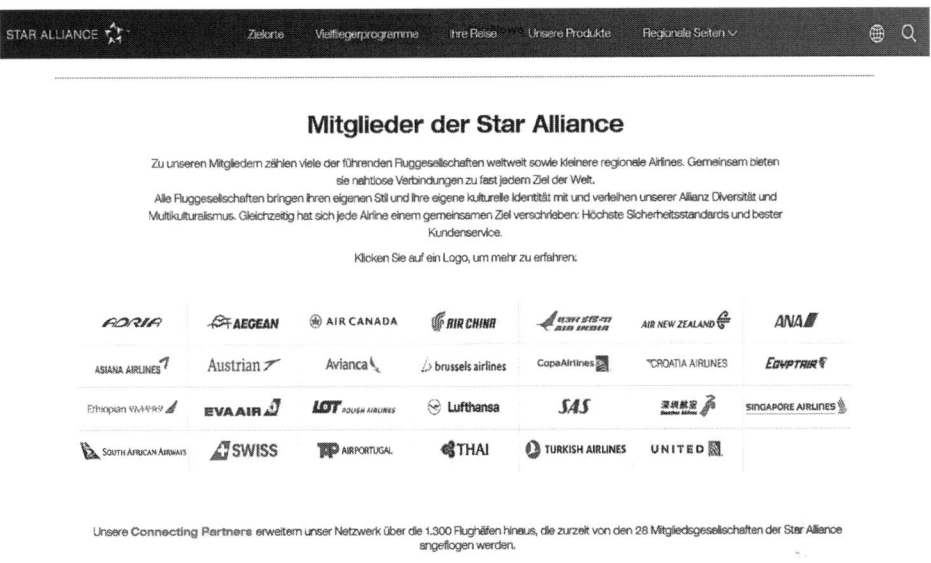

6.2.2 Die Prozessgestaltung

Die Gestaltung der Prozesse bei einer E-Company adressiert im Wesentlichen die **Abfolge der elektronischen Kooperation und der zugehörigen Vernetzung** und setzt diese um. Hierzu zählen insbesondere der Identifikations- und Initiationsprozess sowie der Vereinbarungs- und Durchführungsprozess (*Kollmann* 2019a).

eIdentification-Prozess

Liegt für ein Unternehmen eine lukrative Marktchance oder ein spezieller Kundenauftrag vor, so sind das die besten Voraussetzungen, um auf die Suche nach passenden Kooperationspartnern im Rahmen einer E-Company zu gehen. Entsprechend wird in einem ersten Schritt ein **eIdentification** durchgeführt, um mit Hilfe digitaler Suchmechanismen eine erste Sondierung und Identifikation von elektronischen Kooperationsmöglichkeiten im Markt durchzuführen. Eine erste Recherche kann z. B. unter Anwendung von Online-Datenbanken, Newsgroups oder einer einfachen Suche im Internet erfolgen (s. Kapitel 6.3.2). Dort können zudem auch Experten die Chance nutzen eine lukrative Marktlücke zu bewerten, wenn es darum geht, den Initiator bzw. den Netzwerkmanager bei der Kalkulation der Kosten und Erlöse einer Bildung des virtuellen Unternehmens zu unterstützen. Auf der Seite der Kosten fallen insbesondere leistungsbezogene Kosten sowie auch Transaktions-, Kommunikations-, Koordinations- und Konfliktlösungskosten an (*Mertens/Griese/ Ehrenberg* 1998, S. 94 f.).

eInitiation-Prozess

In dem folgenden Prozessschritt der **eInitiation** wird versucht, eine Anbahnung einer E-Company mit den für eine Kooperation in Betracht kommenden Unternehmen durchzuführen. Die bedeutendste Rolle nimmt hier der **Netzwerkmanager** (auch Broker genannt) der E-Company ein. Er hat die Aufgabe, Anforderungsprofile zu erstellen, die Kooperationspartner auszusuchen und diese zu bewerten. Das Erstellen des **Anforderungsprofils** ist eine Aufgabe, die eine Idee oder ein Ziel der möglichen E-Company voraussetzt. Nur so lässt sich der Bedarf an Kompetenzen und Aktivitäten ableiten, die anschließend in einzelne (Teil-)Aufgaben differenziert werden können, um eine genaue Zuteilung an die teilnehmenden Unternehmen zu ermöglichen (*Mertens/Griese/Ehrenberg* 1998, S. 95).

Danach erfolgt ein **Matching**, bei dem das Anforderungsprofil mit den Kompetenzen und Kapazitäten der möglichen Unternehmen aus einem Pool aller in Frage kommenden Kooperationsunternehmen verglichen wird. Ist das Matching erfolgreich, wird der Kontakt zu den betreffenden Unternehmen hergestellt und über die entsprechende (Teil-)Aufgabe informiert (*Schumann* et al. 2004, S. 11 f.). In diesem Fall prüft der Netzwerkmanager alle Schnittstellen zwischen den kooperierenden Unternehmen auf technologische, strukturelle, personalpolitische und informationelle Integrationsmöglichkeiten. Informations- und Kommunikationssysteme können die beschriebenen Prozesse der **Partnersuche und -bewertung** in jeglicher Hinsicht unterstützen. Zum einen können aktiv interne und öffentliche Datenbanken zur Partnersuche sowohl im Intranet als auch im Internet genutzt werden, zum anderen ist auch eine passive Suche in Form von Inseraten in Kooperationsbörsen, weiteren Online-Datenbanken oder Newsgroups möglich (*Mertens/Griese/Ehrenberg* 1998, S. 95 ff.).

eAgreement-Prozess

Im Rahmen des **eAgreement** wird ein Grundkonsens in Form von Regeln der Zusammenarbeit für die zu schaffende E-Company unter Einbeziehung aller möglichen Partnerunternehmen konzipiert. Der Grundkonsens basiert auf der Entwicklung einer kollektiven Strategie und eines gemeinsamen Geschäftsverständnisses und bildet die Basis für alle darauffolgenden Aktivitäten. In diesem verhandlungsintensiven **Vereinbarungsprozess** organisiert der Netzwerkmanager die Treffen der Kooperationspartner entweder „Face-to-Face" oder mithilfe von Kommunikationssystemen (z. B. per Video- oder Telefonkonferenz), um die Abstimmung der Kooperationsziele, Zeitpläne etc. zu ermöglichen und zu vereinfachen. Während dieser Begegnungen agiert er als Moderator, d. h. als Gesprächsleiter und als Vermittler, falls Konflikte in der kollektiven Entscheidungsfindung auftreten (*Mertens/Griese/Ehrenberg* 1998, S. 104 f.). Ferner wird in diesen Treffen über Preis und Leistungsumfang der möglichen Teilleistungen verhandelt. Dazu gibt es drei **Verhandlungsformen**, die sich nach der Anzahl der beteiligten Transaktionspartner richten (*Schumann* et al. 2004, S. 12 f.):

- **Freie Verhandlungen**: In dieser direkten Verhandlungsform finden die Verhandlungen innerhalb einer 1:1-Beziehung zwischen dem Netzwerkmanager und einem der möglichen Partnerunternehmen statt. Diese Verhandlungsform eignet sich speziell für neuartige Projekte, bei denen Erfahrungswerte oder Standards fehlen.

▨ **Auktionen**: Das Netzwerkmanagement hat in dieser Verhandlungsform innerhalb einer 1:n-Beziehung eine große Auswahl an Partnerunternehmen. Diese Auktionsform läuft gegensätzlich zu den klassischen Auktionen, weil in diesem Fall der Netzwerkmanager als Nachfrager auftritt und eine Leistung spezifiziert, um die die Partnerunternehmen konkurrieren.

▨ **Börsen**: Stehen auf beiden Marktseiten mehrere Anbieter und mehrere Nachfrager gegenüber, so wird innerhalb dieser m:n-Beziehung die Börse als Verhandlungsform genutzt. Bei einer E-Company kommt diese Verhandlungsform jedoch nicht zum Einsatz, weil es immer nur einen einzigen Nachfrager gibt und 1 bis n Anbieter für die nachgefragte Leistung.

Neben dem Grundkonsens und den Leistungskonditionen ist im Vereinbarungsprozess insbesondere auch der **rechtliche Rahmen** zu regeln. Wenngleich zu einer E-Company Vertrauen der Kooperationspartner zugehört, so ist die Regelung der Zusammenarbeit auf formeller Basis unerlässlich. Nur so können die gegenseitigen Rechte und Pflichten in Verträgen fixiert werden, was insbesondere bei neuen Beziehungen wichtig ist, weil noch keine Vertrauensbasis vorhanden ist. Je länger eine Kooperationsbeziehung andauert oder die Kooperationspartner von einer vorherigen Zusammenarbeit bekannt sind, desto weniger Ressourcen müssen für eine Vertragsvereinbarung eingesetzt werden, um die Gründung einer E-Company zu beschleunigen. Einen Mittelweg bilden dabei Standardverträge aus vorgefertigten Vertragsbestandteilen, die z. B. mit einem elektronischen Vertragskonfigurator erstellt werden. Damit ist der Ressourcenaufwand für den Vertrag überschaubar und es werden alle gegenseitigen Rechte und Pflichten einer elektronischen Kooperation festgehalten (*Mertens/Griese/Ehrenberg* 1998, S. 105 f.).

eExecution-Prozess

Nachdem der Vereinbarungsprozess für alle beteiligten Kooperationspartner erfolgreich verlaufen ist, werden in der **eExecution** die festgelegten Ziele der zustande gekommenen E-Company erfüllt. Hierbei steht die eigentliche elektronische Wertschöpfung einer E-Company in Form der exekutiven Kooperation im Mittelpunkt. In diesem Fall schafft die Online-Kooperation die Möglichkeit, dass verschiedene Anbieter ihr Leistungsangebot effizienter und effektiver miteinander verzahnen können. Damit wird der bereits beschriebene **elektronische Abstimmungswert** geschöpft (s. Kapitel 1.2.1). Somit findet in dieser Phase die Wertschöpfung statt, die durch das Netzwerkmanagement mit einem konzipierten Projektmanagement und -controlling speziell gesteuert und überwacht wird. Dabei steht das Projektmanagement durch die räumliche und zeitliche Leistungserstellung vor speziellen Herausforderungen, denen das Netzwerkmanagement mit einem effektiven Projektmanagement entgegnen muss. Zum Beispiel muss das Projektmanagement über die

typischen Aufgaben hinaus den Informationsbedarf der verschiedenen Schnittstellen ermitteln und weiterleiten. Im Projektcontrolling wird die Einhaltung der Vorgaben aus der
Projektplanung überwacht, der Zahlungsverkehr geregelt, Abweichungen analysiert und
bei notwendigen Steuerungsmaßnahmen ggf. in die Leistungserstellung eingegriffen
(*Schumann* et al. 2004, S. 13 f.). Im Folgenden werden für den operativen Prozess Beispiele für **(über)betriebliche Funktionen** aufgezeigt, die durch einen speziellen Einsatz
von Informations- und Kommunikationssystemen in einem Partnerunternehmen innerhalb
einer E-Company unterstützt werden können (*Mertens/Griese/Ehrenberg* 1998, S. 107 f.):

▪ **Forschung und Entwicklung**: In diesem Bereich können sich die räumlich verteilten
Mitglieder als virtuelles Team in „Design-Konferenzen" treffen, um gemeinsam in
einer virtuellen Umgebung an z. B. Konstruktionen zu arbeiten.

▪ **Marketing und Vertrieb**: Der Netzwerkmanager oder auch ein Netzwerkpartner
übernimmt die Hauptaufgabe des Marketings und des Vertriebs, die E-Company nach
außen einheitlich darzustellen. Dies beinhaltet auch einen gemeinsamen Webauftritt
(inkl. E-Shop) sowie eine gemeinsame Anlaufstelle für Kundenanfragen. Insbesondere das Marketing hat in einer E-Company enorme Vorteile. Durch die Zusammenführung der Marketingdaten aus den einzelnen Partnerunternehmen ist es möglich,
große Kundenanalysen durchzuführen. Das Vorgehen ist jedoch relativ aufwendig
(bspw. durch die Konsolidierung der Datenstrukturen) und nicht jedes Partnerunternehmen gibt eigene Daten von strategischer Bedeutung so einfach frei.

▪ **Beschaffung und Lagerhaltung**: Ein speziell konzipiertes Supply Chain Management unterstützt die Planung, Steuerung, Administration und Kontrolle der Güter und
Informationen zwischen den einzelnen Partnerunternehmen. Dies ist zwar ein auf-
wendiger Prozess, kann sich aber am Ende mit z. B. hohen Rabatten lohnen, wenn
Bündelungseffekte durch ein E-Company-weites Beschaffungssystem erzielt werden
können.

▪ **Versand**: Das Tracking hat in diesem Bereich eine wichtige Bedeutung. Speziell bei
den physischen Gütern, die von mehreren Partnerunternehmen hergestellt und versendet werden (z. B. bei verteilter Produktion) müssen sie mit Angabe der genauen
Standorte nachverfolgbar sein und bei Verspätungen eine Benachrichtigung ausgeben. Dies hilft sowohl den Partnerunternehmen, die auf die Güter angewiesen sind,
als auch den Kunden, die den Sendungsverlauf der eingekauften Ware verfolgen
möchten. Das Tracking erleichtert durch eine elektronische Aufzeichnung zusätzlich
die Rekonstruktion des Sendungsverlaufs inklusive möglicher Störungsursachen.

! **Eine gut ausgestaltete E-Company sollte den gesamten Kooperationsprozess
digital abdecken. Dies umfasst insbesondere die größeren Prozess-Teilbereiche eIdentification, eInitiation, eAgreement und eExecution.**

Fallbeispiel: Virtuelle Fabrik

Die Virtuelle Fabrik (virtuellefabrik.ch) ist ein virtuelles Unternehmen aus der Schweiz, das sich aus einem Netzwerk von Industriepartnern in der Mechatronik-Branche zusammensetzt, die in verschiedenen Innovations-, Entwicklungs- und Fertigungsbereichen angesiedelt sind. Das Netzwerk wirbt damit, dass durch eine optimale Vernetzung und hohe Kooperationskultur Zeit und Geld bei verschiedensten Projekte gespart werden können. Im Rahmen der digitalisierten Prozessgestaltung dieser E-Company werden sämtliche Prozessbereiche von der initialen eIdentification bis hin zur finalen eExecution abgedeckt. Ein Ansprechpartner bei der Virtuellen Fabrik nimmt dabei die gewünschten Anforderungen und geplanten Aufgaben für das Projekt entgegen und führt bei Bedarf auch entsprechende Analysen der potenziellen Marktchance durch. Im Rahmen der eInitiation organisiert virtuellefarbik.ch die benötigten Partner und Spezialisten, die das gewünschte Projekt durchführen und nehmen so ein Matching anhand des Anforderungsprofils vor. Der Netzwerkmanager vermittelt weiterhin auch bei den Verhandlungen über Leistungen und Preise im Rahmen des eAgreement-Prozesses zwischen den Parteien. Je nach Art und Umfang des Projekts kommt es im eExecution-Prozess zur Umsetzung des konkreten Projektvorhabens, welches durch die Virtuelle Fabrik laufend überwacht wird. Die Projekte können dabei entweder einzelne Ausschnitte der Wertschöpfungskette betreffen (z. B. nur Forschung und Entwicklung), aber auch bis hin zu einer kompletten Full-Service-Lösung inklusive Industrialisierung und Produktion der entsprechenden Produkte reichen. Ziel der gebündelten Leistung der Virtuellen Fabrik ist es somit, den Kunden Kosten, Zeit und Organisationsaufwand zu ersparen. Die E-Company organisiert und begleitet dabei den prozessualen Lebenszyklus. So soll insbesondere die Umsetzung der einzelnen Phasen erleichtert bzw. übernommen werden und hierdurch ein schnelleres und flexibleres Reagieren auf Veränderungen am Markt ermöglicht und die Kapitalbindung im Rahmen von Outsourcing reduziert werden.

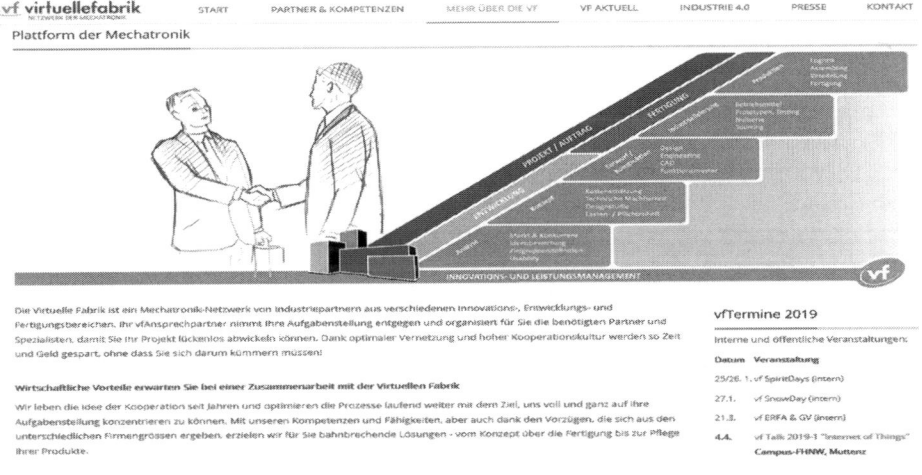

6.2.3   Das Prozessmanagement

Das Management der Prozesse bei einer E-Company lässt sich aufgrund der **Nutzung der generierten Informationen** aus der elektronischen Kooperation bzw. dem übergeordneten Partner-Netzwerk nach operativen, taktischen und strategischen Aufgaben differenzieren (s. Abb. 63; *Kollmann* 2019a).

Operative Kooperation

Die **operative Ebene** einer elektronischen Kooperation ist für den unmittelbaren Kooperationsprozess verantwortlich (s. Kapitel 6.2.2). Von dem Prozess der Identifikation möglicher Kooperationspartner und der eigentlichen Leistungserstellung bis hin zur Auflösung der Kooperation befindet sich die E-Company in einem permanenten Prozess der Umbildung. Getrieben wird dieser andauernde Prozess nicht von einem Streben der Gewinnmaximierung, sondern von immer neuen Produkt- und Projektideen. Jedes Unternehmen leistet dabei seinen eigenen Beitrag in Form von komplexen Prozessen, die den Kooperationspartnern zur Verfügung gestellt werden. Folglich werden die Kernkompetenzen der beteiligten Unternehmen als Input und die Wertschöpfung der einzelnen Partnerunternehmen als Output der E-Company betrachtet (*Pindl* 2002, S. 86 f.).

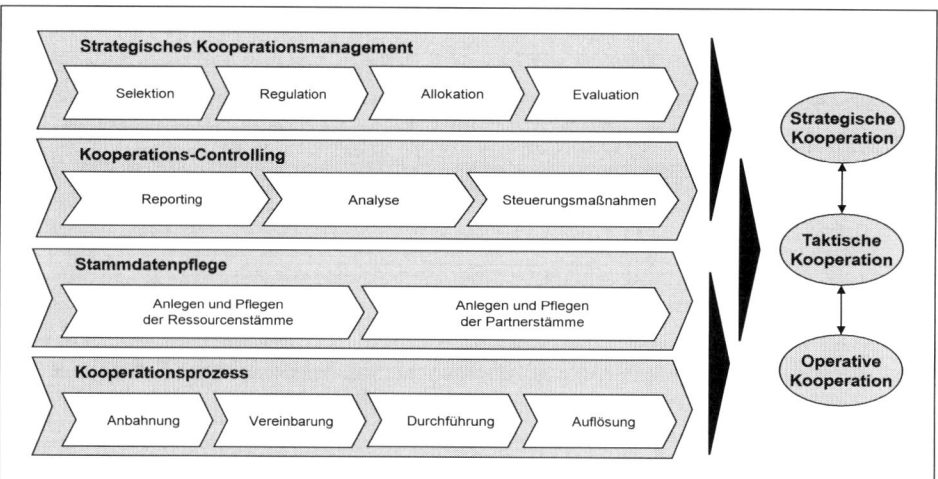

Abb. 63:   Prozessmanagement bei einer E-Company
Quelle: in Anlehnung an *Braustetter/Hasenstab* 2001, S. 508.

Im Mittelpunkt dieser Betrachtung stehen **Teilprozesse** aus den verschiedenen Unternehmensfunktionen, die durch das Zusammenspiel von Ressourcen die Ausführung eines Auftrags möglich machen. Um einen störungsfreien Ablauf in der gesamten E-Company zu gewährleisten, müssen die Teilprozesse folgende standardisierte **Merkmale** aufweisen (*Hoffmann/Hirschmann/Scheer* 1996, S. 13):

- **Schnittstellen**: Für jeden Teilprozess ist die logische Struktur sowohl für den Teilprozess selbst als auch im Netzwerk bekannt und es existieren klar definierte Schnittstellen. Diese Voraussetzungen erlauben dem Teilprozess den Informationsaustausch zu parallel arbeitenden Teilprozessen.

- **Qualitätsstandards**: Alle Teilprozesse und deren Outputs zum Endprodukt der E-Company werden nach denselben Kriterien bewertet und zertifiziert. Damit kann das Qualitätsniveau der einzelnen Teilprozesse gemessen, überprüft und verbessert werden.

- **Informations- und Kommunikationsstruktur**: Eine passende Infrastruktur für den Informationsaustausch und die Kommunikation ist für alle Partnerunternehmen der E-Company und deren Mitarbeiter unerlässlich. Diese können sowohl bei der Bildung eines virtuellen Netzwerks von Vorteil sein als auch bei der Koordination von Teilprozessen.

Taktische Kooperation

Die **taktische Ebene** einer elektronischen Kooperation zeichnet sich durch die Aufgaben aus, „die Verfügbarkeit von relevanten Informationen sicherzustellen (= Informationsversorgung), auf dieser Basis Wertschöpfungsprozesse zu planen, Zielerreichungsgrade zu messen und ggf. entstandene Abweichungen entgegenzusteuern (= Informationsverwendung)" (*Gölz* 2003a, S. 137). Diese Aufgaben stellen traditionelle Unternehmen immer noch vor große Herausforderungen, die sich nochmals erhöhen, wenn es darum geht ein **Controlling** über mehrere Partnerunternehmen hinaus auf Netzwerkebene durchzuführen. In diesem Fall ist ein zentrales Controlling in Erwägung zu ziehen. Dies macht insbesondere bei traditionellen Unternehmen Sinn, in denen übergeordnete Organisationseinheiten Zielgrößen vorgeben, die von den untergeordneten Organisationseinheiten erfüllt werden müssen. Zwar sind dabei die Koordinationskosten sehr niedrig, jedoch ist der Aufwand für den Aufbau eines übergreifenden Controllingsystems trotzdem nicht zu unterschätzen. Dieser Aufwand scheint auf den ersten Blick speziell bei einem virtuellen Unternehmen immens und nicht gerechtfertigt, da nur für eine befristete Projektlaufzeit ein Controllingsystem etabliert werden muss, das unternehmensübergreifend (unabhängig von der Größe, des verwendeten IT-Systems) agiert.

Des Weiteren werden nur wenige Partnerunternehmen bei einem zentralen Rechnungswesen tiefe Einblicke in die eigenen Kostenstrukturen gewähren und zusätzlich gibt es bei einem Zusammenschluss rechtlich unabhängiger Unternehmen keine Weisungsbefugnisse von höheren Stellen bzw. vorgegebenen Zielen. Allerdings haben Erfahrungen aus Theorie und Praxis gezeigt, dass trotzdem ein übergeordneter Rahmen existieren muss, will sich das Unternehmen bzw. die E-Company zielgerichtet entwickeln (*Gölz* 2003a, S. 143). Folglich bietet sich ein dezentrales Controlling auf direkter Partnerebene und ein passendes Controlling auf Netzwerkebene mit entsprechend eingerichteten Strukturen, die miteinander kompatibel sind, an. Zum Einsatz kommen sowohl **übergreifende Systeme** (bspw. zentralistische Führungssysteme oder Kennzahlen- und Zielsysteme) sowie **prozessorientierte Systeme**, die bspw. aus Basissystemen zur direkten Steuerung oder integrativen Systemen zur antizipativen Steuerung bestehen.

Strategische Kooperation

Die **strategische Ebene** einer elektronischen Kooperation umfasst vier grundlegende **Managementfunktionen** zur „Gestaltung, Lenkung und Entwicklung interorganisatorischer Beziehungen" (*Krystek/Redel/Reppegather* 1997, S. 310). Diese Managementfunktionen sind rekursiv miteinander verbunden, sodass eine Ausführung einer Funktion spezielle Bedingungen für die anderen Funktionen herstellt, die mitbeachtet werden müssen. Zudem gilt der umgekehrte Fall. Werden drei der vier Managementfunktionen ausgeführt, beeinflussen sie wesentlich die übrige Managementfunktion (*Sydow/Windeler* 1997, S. 4). Diese vier grundlegenden **Funktionen des Managements** in der strategischen Ebene der elektronischen Kooperation werden vor diesem Hintergrund wie folgt beschrieben (*Sydow/Windeler* 1997, S. 4 ff.):

- **Selektion**: Die Selektion geeigneter Kooperationspartner ist die Basis der zukünftigen Netzwerkbeziehungen und ist gewissenhaft anzugehen. Der Selektionsprozess selbst findet hier beidseitig statt, damit beide Seiten die Möglichkeiten haben Kosten und Nutzen einer Kooperation für sich zu bestimmen und sich dementsprechend zu entscheiden. Speziell die Frage nach der Übereinstimmung der verfolgten Strategie, Kompetenzen, Ressourcen und zeitlichen Umsetzung ist nach der jeweiligen Verwendung und vor allem Kompatibilität zu klären. Als Instrumente eignen sich hier bspw. die Bezugsquellenanalyse, der Vergleich alternativer Distributionskanäle und die Stärken/Schwächen-Analyse horizontaler Kooperationspartner.

- **Regulation**: Die Regulation von Aktivitäten und Beziehungen zwischen den Kooperationspartnern sowie die Allokation von Ressourcen haben das Ziel den Grad der strukturellen Kopplung und der gemeinsamen Nutzung von Ressourcen zwischen den Kooperationspartnern zu bestimmten. Als eine notwendige Voraussetzung für eine Zusammenarbeit und für die Ausführung der weiteren Managementfunktionen gilt insbesondere die Kompatibilität von Informations- und Kommunikationssystemen. Als Instrumente eignen sich in puncto Regulation bspw. die Gestaltung des Kooperationsvertrags, der Einsatz eines überbetrieblichen Projektmanagements bzw. von unternehmensübergreifenden Teams und die Implementierung von interorganisatorischen Informations- und Kommunikationssystemen.

- **Allokation**: Die Allokation der Ressourcen erfolgt je nach Kooperationspartner, der in einer vorhergehenden Managementfunktion selektiert wurde. Im Mittelpunkt stehen die Verteilung von Aufgaben, Wissen und Technologien sowie die Organisation von Unterstützungsleistungen mit den dazugehörigen materiellen Ressourcen für die E-Company.

▨ **Evaluation**: Die ökonomische Evaluation von Kooperationsbeziehungen stellt bisher die problematischste Managementfunktion dar. Die abgegebenen Bewertungen beziehen sich nicht nur auf die Beziehungen aus den übrigen Managementfunktionen, sondern auch auf die Managementfunktionen selbst. Somit wird nicht nur der einzelwirtschaftliche Erfolg betrachtet, sondern auch Erfolgsanteile bestimmt, die Kooperationserfolge auszeichnen. Typische Instrumente in dieser Managementfunktion sind bspw. die Lieferantenbewertungsverfahren, die netzwerkbezogene Kosten-/Nutzenrechnung und die Transaktionskostenrechnung.

Das Prozessmanagement bei einer E-Company erfolgt auf drei Ebenen. Dabei sollte die langfristige strategische Ausrichtung für die elektronische Kooperation und die Partnervernetzung auf dem mittelfristigen taktischen und dieser wiederum auf dem kurzfristigen operativen Partner-Management aufgebaut sein.

Fallbeispiel: Bosch/IBM

Das nach eigenen Angaben international führende deutsche Technologie- und Dienstleistungsunternehmen Bosch mit rund 410.000 Mitarbeitern und das US-amerikanische IT- und Beratungsunternehmen IBM mit rund 366.000 Mitarbeitern weltweit sind unlängst eine virtuelle Partnerschaft eingegangen, um ihren Kunden einen besseren Web-Service rund um IoT und Industrie 4.0 bieten zu können. In Kooperation bieten die beiden Unternehmen nun auf einer gemeinschaftlichen Plattform automatisierte Updates von Millionen vernetzter IoT-Geräte an. Laut Pressemitteilung vom 16.02.2017 ist das Kooperationsziel, den Kunden „software-basierte Services der Bosch IoT Suite über die auf offenen Standards basierenden Plattformen IBM Bluemix und IBM Watson [...] zur Verfügung zu stellen". Dadurch können Millionen vernetzte IoT-Geräte effizient aktualisiert werden. Die angebotenen Leistungen stellen im Sinne von Updates einen zusätzlichen Service zu bereits bestehenden Produkten und Dienstleistungen der beiden Unternehmen dar. Ziel des gemeinsamen Kanals ist somit die Verbesserung des Kundenerlebnisses. Die Kooperation von Bosch und IBM kann insofern als eine Maßnahme des strategischen Prozessmanagements kategorisiert werden, da es sich hierbei um die strategische Nutzung von gemeinsamen Informationen sowie technischen Möglichkeiten handelt, die zur Schaffung von Synergien genutzt werden. Herausfordernd waren laut gemeinsamen Angaben in diesem Zusammenhang die auf operativ-taktischer Ebene notwendige Stammdatenpflege im Sinne der initialen Anlage und anschließenden laufenden Pflege von gemeinsamen Ressourcen und Partnerstämmen für die gemeinsame Plattform, da beide Unternehmen aus verschiedenen Branchen stammen und somit eine gemeinsame Ebene sowohl als technischer als auch organisationaler Kooperationsstandard gefunden werden musste. Die gemeinsame virtuelle Kooperation erlaubt beiden Unternehmen dann jedoch durch regelmäßiges Steuerungsmaßnahmen eine gewinnversprechende Nutzung und Analyse von Daten aus den angebundenen IoT-Geräten und wertvolle Möglichkeiten zur Weiterentwicklung des jeweiligen Geschäftsmodells. Durch eine erfolgreiche mittel- bis langfristige Positionierung sollen beide Partner durch die virtuelle Kooperation im Wettbewerb gestärkt werden.

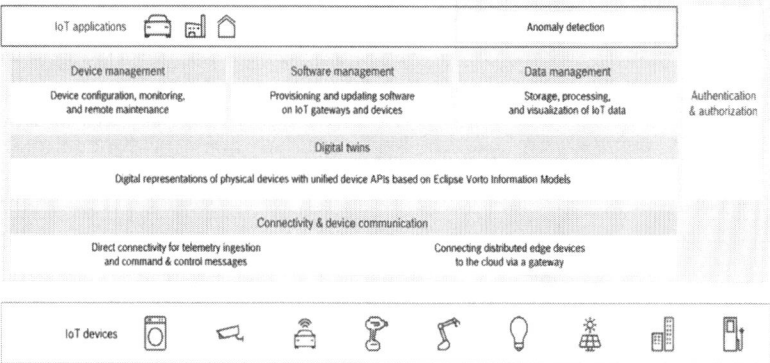

Device connectivity

Devices can be connected directly to the cloud via the Bosch IoT Hub and the Bosch IoT Remote Manager. Alternatively, the Bosch IoT Gateway Software supports connecting devices indirectly via gateways. This software is fully hardware independent and runs on Bosch gateways as well as on third-party devices. The Bosch IoT Suite's connectivity layer abstracts the devices' communication protocols and supports both telemetry ingestion and command and control messages.

6.3 Das Management bei der elektronischen Kooperation

Nach den Darstellungen der Systemebene (s. Kapitel 6.1) und den Ausführungen zur Prozessebene bei elektronischen Kooperationen (s. Kapitel 6.2) gilt es nun auf der **Managementebene**, die spezifischen Anforderungen an den Entscheidungsträger zu beschreiben. Die Grundentscheidung für eine Kooperation fällt in erster Linie durch eine passende Unternehmenskultur, die unter allen Kooperationspartnern gleich ist. Zum anderen gilt es aber auch, die Kooperation in einer E-Company über alle Lebenszyklusphasen hinweg attraktiv zu gestalten und auf die Bedürfnisse der Kooperationspartner in Form von Wünschen, Zielen und Eigenarten einzugehen. Aufgrund der bereits existierenden und wachsenden Konkurrenz müssen ferner Managemententscheidungen bezüglich einer Wettbewerbspositionierung getroffen werden. Aufbauend auf diesen Punkten der elektronischen Kooperation befassen sich folgende Ausführungen mit den managementbezogenen Aspekten einer E-Company (*Kollmann* 2019a).

 Die E-Community muss aus der Perspektive des Managements sicherstellen, dass die richtigen Kooperationspartner mit den passenden Kooperationsinhalten vernetzt werden und sich aus dieser Vernetzung eine intensive und dauerhafte Partnerschaft ergibt.

6.3.1 Die Arbeitsanalyse

Oft wird von einer allgemeinen Vorteilhaftigkeit der Kooperation über eine E-Company gesprochen. Diese Vorteilhaftigkeit wird deutlich bei der Betrachtung der sog. **Effectuation-Logik** (*Sarasvathy* 2001). Gemäß dieser Herangehensweise sehen Entrepreneure andere Unternehmen weniger als Konkurrenz, sondern begreifen diese eher als potenzielle Partner zur Erweiterung des eigenen Stakeholdernetzwerkes und zur Vergrößerung des zur Verfügung stehenden Ressourcenpools. Das Stakeholder Commitment und die zusätzlichen Ressourcen werden dann dazu genutzt, das Produkt sukzessive zu verbessern und neue Märkte zu explorieren.

Jedoch wird trotz all der Vorteilhaftigkeit einer Kooperation vernachlässigt, dass sich die Online-Kooperation keineswegs pauschal für alle Unternehmen eignet. Vielmehr sollte der Einsatz von E-Companies nur für diejenigen Unternehmen erfolgen, die über eine passende **Arbeitskultur** verfügen, in der die Mitarbeiter sich mit den Arbeitszielen identifizieren und eine Arbeitsveränderung erfolgreich begleiten. Ermöglicht wird das durch ein lernfreundliches Klima, das zugleich auf eine Kooperationsbereitschaft intern mit den Mitarbeitern im eigenen Unternehmen und auch extern mit den Mitarbeitern anderer Unternehmen abzielt. Grundlage dafür ist ein Vertrauen, das insbesondere bei virtuellen Unternehmen eine Zusammenarbeit verschiedener Unternehmens- und Arbeitskulturen gewährleistet und als Koordinationsherausforderung durch das Netzwerkmanagement abgedeckt wird. Nichtsdestotrotz darf bei der Etablierung einer Netzwerkkultur die eigene Unternehmenskultur nicht vernachlässigt oder verändert werden (*Pindl* 2002, S. 101 ff.). Vor diesem Hintergrund ist insbesondere die Analyse der Vertrauens-, Dialog- und Lernkultur über und mit Hilfe elektronischer Netzwerke bei einer E-Company differenziert zu betrachten.

Online-Vertrauenskultur

Die angesprochene Grundlage für eine erfolgreiche Netzwerk- bzw. Arbeitskultur ist das **Vertrauen**. Diese ist nicht nur der Ausgangspunkt, sondern auch das Ziel einer elektronischen Kooperation und garantiert eine Einhaltung der zugesicherten Vereinbarungen der Kooperationspartner. Damit beeinflusst sie den Unternehmenserfolg auf entscheidende Weise und sorgt bei den Mitarbeitern für eine hohe Arbeitszufriedenheit. Das Vertrauen steht aber auch mit den vertraglichen und damit verbindlichen Vereinbarungen in einem direkten Zusammenhang. Durch die konkret festgelegten Zielvereinbarungen in einem Kooperationsvertrag (s. Kapitel 6.2.2) gibt es für das Vertrauen einen Anhaltspunkt für alle Kooperationspartner, an dem es sich messen lässt und zugleich als eine Art Fremdkontrolle agieren kann. Missachtet ein Kooperationspartner bestimmte Regeln oder missbraucht er das Vertrauen, so schließt er sich selbst für eine zukünftige Arbeit in der E-Company aus (*Pindl* 2002, S. 105 f.). Voraussetzung für ein Vertrauensverhältnis zwischen den Kooperationspartnern in einer E-Company ist neben persönlichen und fachlichen Bindungsfaktoren auch die **Bindung an das gemeinsame Projekt** durch das gemeinsame Ziel und durch dessen Transparenz, die insbesondere die Mitarbeiter motiviert und letztendlich den Projekterfolg ausmacht. Vertrauensbeziehungen sind auch speziell für Mitarbeiter in virtuellen Teams (s. Kapitel 6.1.1) essentiell. Die reine Verwendung von Informations- und Kommunikationssystemen ohne persönlichen Kontakt verlangt ein hohes Vertrauen sowohl in das Kooperationsnetzwerk selbst als auch in das Management der verteilten Aufgaben. Dabei stellen vertrauenswürdige Manager einen wichtigen Faktor für die gesamte E-Company dar (*Pindl* 2002, S. 106 f.).

Online-Dialogkultur

Beim Aufbau einer E-Company und dem stetigen Wandel eires Unternehmens selbst spielt immer die Veränderung eine große Rolle. Diese Veränderungen begleiten die Mitarbeiter häufig mit Angst, weil sie fürchten ihren Arbeitsplatz aufgeben zu müssen, ungewollte Kollegen zu bekommen oder ihnen noch mehr Aufgaben ohne Lohnausgleich zugemutet werden. Diesbezüglich existieren sieben **organisatorische Sperren** (s. Abb. 64), die sich **destruktiv** auf das Vertrauen in einem Unternehmen und folglich auch auf das Netzwerk einer E-Company auswirken (*Pindl* 2002, S. 109).

Die dargestellten Vertrauenshindernisse können durch bestimmte vertrauensbildende Faktoren abgebaut werden, um das Vertrauen wieder zu fördern. Dies geschieht durch einen **Dialog**, der besonders in Unternehmenskulturen bspw. bei Konfliktlösungen oder bei Entscheidungsfindungen eingesetzt wird und dem Austausch von Meinungen dient. Voraussetzung dazu sind gleichberechtigte Gesprächspartner und im optimalen Fall ein Moderator, der auf ein ausgeglichenes Verhältnis zwischen Diskussion, Disput und Dialog achtet. Der erforschende Charakter des Dialogs und die Berücksichtigung von individuellen Wünschen und Bedürfnissen haben zudem den Vorteil, offen für eine Zusammenarbeit mit neuen Mitarbeitern der Partnerunternehmen zu sein und bspw. neue Märkte für die eigenen Produkte zu erkennen. Somit ist der Dialog eine wichtige Voraussetzung für eine Akzeptanz und für das Vertrauen in neue Entwicklungen, denen ein Unternehmen bzw. eine E-Company ständig unterliegt (*Pindl* 2002, S. 110 ff.).

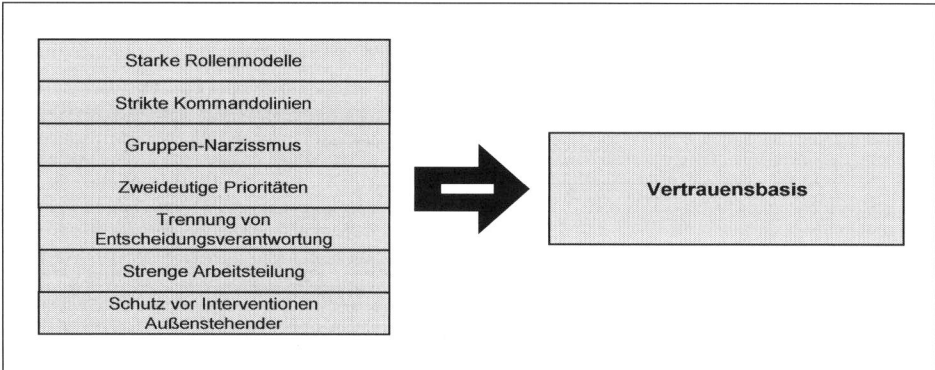

Abb. 64:   Organisatorische Sperren für die Vertrauensbasis
Quelle: in Anlehnung an *Pindl* 2002, S. 109 f.

Online-Lernkultur

Die Transformation von einem zentral organisierten Unternehmen zu einem virtuellen dezentralen Unternehmen in Form einer E-Company stellt viele Unternehmen vor eine große Herausforderung. Eine erfolgreiche Durchführung hängt deshalb auch von der „Kooperation, Kommunikation und Koordination der Arbeitsprozesse" (*Pindl* 2002, S. 113) ab und folglich von einer **Lernkultur** im Unternehmen, in der die Mitarbeiter bereit sind zu lernen und dieses Lernen auch explizit gefördert wird. Das Lernen ist ein systemrelevanter und bildender Bestandteil von virtuellen Netzwerken und somit ist die Fähigkeit zu lernen unerlässlich in einer Zeit der Globalisierung (s. Einleitung Kapitel 6). Eine E-Company unterliegt einem stetigen Wandel, beeinflusst nicht nur durch äußere Faktoren, sondern auch durch interne Wechselwirkungen und Rückkopplungen. Dabei stellen die Online-Vertrauenskultur (s. Kapitel 6.3.1) und die Online-Dialogkultur (s. Kapitel 6.3.1) wichtige Strukturelemente in dem virtuellen Unternehmen dar, müssen jedoch von einer Veränderungsbereitschaft und -förderung in Form von einer Online-Lernkultur gestützt werden (*Pindl* 2002, S. 113 f.).

Mit dem Einsatz von Informations- und Kommunikationssystemen können die Lernprozesse unabhängig von der Zeit und von dem Ort durchgeführt werden. Dazu wird das Stichwort **E-Learning** als Oberbegriff für „alle Varianten internetbasierter Lehr- und Lernangebote" verwendet, worunter auch die didaktischen Formen des **Computer Based Training** (CBT) und **Web Based Training** (WBT), bezüglich der Nutzung digitaler Hilfsmittel zu Lernzwecken fallen (*Kerres* 2018, S. 14). Dem gegenüber stehen jedoch die Selbstmotivation eines jeden Mitarbeiters und die Motivation des Managements für die Mitarbeiter entsprechende Anreize zu setzen, da auch die individuellen Wünsche mit dem betrieblichen Bedarf abgestimmt werden müssen. Diesbezüglich gibt es unterschiedliche **Klärungsaspekte**, die sich auf die Wirksamkeit von Lernprozessen in Organisationen und virtuellen Unternehmen, also auch auf die betroffenen Mitarbeiter, auswirken (Beispiele für diese Aspekte sind: Wie sieht die Ausgangssituation aus? Welche Gründe führen zu dieser Maßnahme? Welche Ressourcen sind vorhanden? Gibt es Wechselwirkungen?).

Die Partner einer E-Company müssen im Hinblick auf ihre Kooperationsplattform festlegen, unter welchen Regeln die Zusammenarbeit stattfinden soll. Hierbei spielen die Arbeitskultur mit den Aspekten Vertrauen, Dialog und dem gegenseitigen Lernen eine wichtige Rolle.

Fallbeispiel: Suzuki/VW

Die 2009 initiierte Kooperation zwischen dem japanischen Autobauer Suzuki und dem deutschen Autobauer VW sollte den beiden Unternehmen helfen, durch die Nutzung von Synergien kostensparender zu agieren. Insbesondere in den Bereichen der Produktion sowie dem gemeinsamen Einkauf und der Forschungs- und Entwicklungsabteilung sollten

*Kostenvorteile durch die Kooperation generiert werden. Gemeinsam war geplant, güns-
tige Kleinwagen für Entwicklungsländer zu entwickeln und herzustellen. Aufgrund der
räumlichen Trennung beider Partner mussten bei dieser Kooperation mehrere Tausende
Kilometer Entfernung mit der Hilfe virtueller Informations- und Kommunikationsmittel
überbrückt werden. Doch die Partnerschaft scheiterte laut Medienberichten von u. a. der
FAZ und n-tv, da beide Parteien andere Vorstellungen über die Ausgestaltung der Partnerschaft und der zugehörigen Arbeitskultur hatten. Bereits zu Beginn der Zusammenarbeit wurden gegenseitige Vorwürfe publik, welche das Vertrauensverhältnis zwischen den
beiden vermeintlichen Partnern belasteten. VW lastete Suzuki an, dass Motoren entgegen
der Absprachen bei einem Konkurrenten bestellt werden würden. Auf der anderen Seite
bemängelte Suzuki die fehlende Offenheit in der Arbeitskultur der Forschungs- und Entwicklungsabteilung bei VW. Von einer angemessenen Dialogkultur konnte hier bereits
früh nicht mehr gesprochen werden. Die Mitarbeiter beider Unternehmen nahmen die Kooperation durch die mediale Negativberichterstattung als destruktiv war und errichteten
insofern statt einer gemeinsamen Dialogkultur mit dem Partnerunternehmen vielmehr organisatorische Sperren. Die Vorwürfe erschwerten die Zusammenarbeit zunehmend und
führten zu einem öffentlichen Streit, der schließlich in der Trennung der beiden Partner
resultierte. Inwiefern beide Unternehmen durch das Scheitern jedoch im Rahmen einer
Fehlerkultur für künftige Projekte dazulernen konnten, wird sich in den kommenden Jahren zeigen, da in der Automobilindustrie aufgrund der Elektromobilität wieder vermehrt
vielfältige Kooperationsmöglichkeiten im Gespräch sind.*

PARTNERSCHAFT MIT VW

Suzuki zieht einen Schlussstrich

AKTUALISIERT AM 18.11.2011 - 12:48

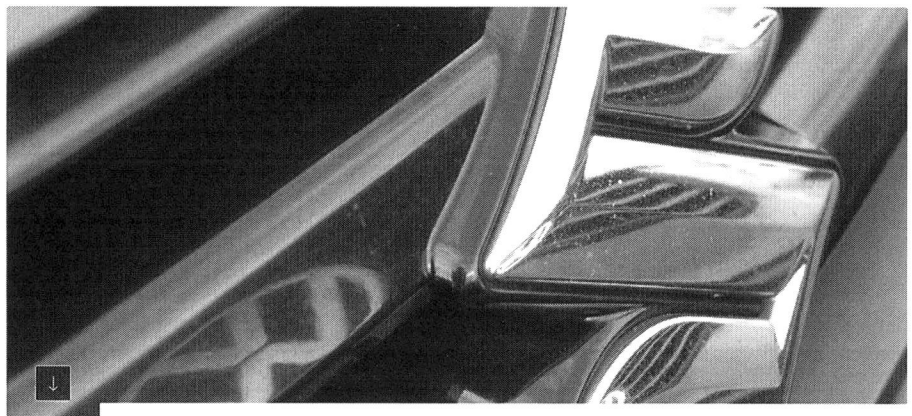

**Suzuki leitet nach monatelangem Gezerre die Trennung von seinem ungeliebten
Partner Volkswagen ein. Der viertgrößte japanische Autobauer will bis zu 20
Prozent seiner Aktien zurückzukaufen, die VW derzeit hält.**

6.3.2 Die Partneranalyse

Neben der differenzierten Analyse der Unternehmens- bzw. Arbeitskultur als Produkt im Kontext einer elektronischen Kooperation spielt die **Analyse der Partner** (Kooperationsteilnehmer) in einer E-Company eine ebenso entscheidende Rolle für die Managementebene bei der elektronischen Kooperation, wobei die Teilnehmeranalyse speziell in dem Prozess der Identifikation (s. auch Kapitel 6.2.2 bzw. 6.2.2) bis hin zur Integration der Kooperationspartner in die E-Company angesetzt ist. Daher müssen sich Unternehmen vor allem detailliert mit den möglichen Kooperationspartnern befassen und eine aufwändige Analyse in Form der Suche, Auswahl und Integration betreiben (*Kollmann* 2019a).

Online-Partnersuche

Die **Partnersuche** ist der entscheidende Meilenstein, um eine E-Company erfolgreich aufzustellen und zu betreiben. Diesbezüglich müssen die Kooperationspartner die gleichen Ziele verfolgen, zum eigenen Unternehmen ergänzende Kernkompetenzen aufweisen und die nötige Kooperationsbereitschaft mitbringen (*Howaldt/Ellerkmann* 2011, S. 25). Deshalb ist zu Beginn einer Kooperation die grundsätzliche Frage zu klären, wie passende Kooperationspartner gesucht werden können und wer dafür überhaupt in Frage kommt. Dabei spielt die Unsicherheit eine große Rolle, der mit Hilfe von Informations- und Kommunikationssystemen, insbesondere dem Internet, begegnet wird, um eine Partnersuche ohne großen Aufwand beginnen zu können (vorausgesetzt es liegen keine Vorerfahrungen als Teilnehmer in einer E-Company vor, die bekannte und zuverlässige Kooperationspartner hervorgebracht haben). Allerdings gibt es auch Möglichkeiten, die **Partnersuche ohne das Internet** zu beginnen (*Benz* 2003, S. 41 f.):

- **Empfehlungen**: Persönliche Empfehlungen aus dem vertrauten Geschäftsumfeld stellen den einfachsten Schritt dar, mögliche Kooperationspartner zielgerichtet anzuwerben. Zudem sind persönliche Empfehlungen auch bei der Beurteilung zur Eignung des Kooperationspartners sowie bei der Auswahl nützlich. In Kombination mit den anderen Informationsquellen kann die Suche mithilfe von Empfehlungen sehr effektiv und effizient gestaltet werden.

- **Printmedien**: Sind keine persönlichen Empfehlungen aus dem Geschäftsumfeld gegeben, so sind Anzeigen in Printmedien (speziell in Fachzeitschriften oder Mitteilungsblättern von Berufsverbänden) eine weitere Möglichkeit geeignete Kooperationspartner zu suchen.

- **Veranstaltungen**: Um den persönlichen Kontakt zwischen möglichen Kooperationspartnern zu erleichtern, existieren spezielle Veranstaltungen in Form von Gesprächsplattformen oder Foren. Dort können vorher entwickelte Ideen dem Geschäftsumfeld präsentiert, weiterentwickelt oder auch direkt als neue Geschäftsbeziehung umgesetzt werden.

Wird die Suche auf das Internet ausgeweitet, so bietet es einen guten Überblick der ersten fachlichen und sachlichen Informationen über die möglichen Kooperationspartner und die Möglichkeit, eine direkte Kommunikation zu führen. Somit stellt das Internet den Kernaspekt der Online-Teilnehmersuche dar und eignet sich besonders für den Erstkontakt im Kontext einer E-Company. Entsprechend lassen sich die Möglichkeiten der **Partnersuche mit dem Internet** in vier Kategorien aufteilen (*Benz* 2003, S. 44 f.):

▪ **Datenbanken**: Internet-Verzeichnisse bieten nur die Möglichkeit an, Firmen (inklusive Standort), Kontaktpersonen und das jeweilige Leistungsspektrum nachzuschlagen. Neben diesen Informationen sind aus den Verzeichnissen keine weiteren relevanten Informationen zu erwarten. Jedoch besteht die Möglichkeit, eine direkte Nachricht an den möglichen Kooperationspartner bspw. per E-Mail zu versenden.

▪ **Netzwerke**: Schon vorhandene Unternehmenskooperationen bieten Webseiten im Internet an, um sich vorzustellen und um weitere Kooperationspartner zu werben. Dort erhalten Interessenten eine weitere direkte Möglichkeit zu einem Kontakt.

▪ **Communities**: Der Zusammenschluss von Personen, die bspw. in Internetforen themenspezifische Diskussionen führen, bietet für die Interessenten an einer Kooperation einen sehr guten Einblick über einzelne Teilnehmer. Nicht zuletzt durch die Nachverfolgbarkeit von einzelnen Beiträgen kann von den Teilnehmern ein fachliches Bild zusammengestellt und für die eigene Bewertung und Auswahl genutzt werden.

▪ **Projekt-/Kooperationsbörsen**: In diesen speziellen Börsen werden gesuchte und angebotene Leistungen veröffentlicht oder zum Teil auch direkt als Projekt inseriert, sodass Interessenten sich ein genaues Bild über die detaillierten Rahmenbedingungen und Konditionen machen können. Bei Bedarf sind ein näherer Kontakt und vertiefende Verhandlungen im Anschluss möglich.

Bringt die Online-Partnersuche mehrere Parteien zusammen, werden im weiteren Verlauf der Vertiefung eines Kontakts die Projektideen weiterentwickelt und konkretisiert. Die möglichen Kooperationspartner können dabei ihre Kernkompetenzen miteinbringen und etwaige Anforderungen formulieren, um eine erste Grundlage für eine mögliche E-Company zu schaffen (*Howaldt/Ellerkmann* 2011, S. 26).

Online-Partnerauswahl

Sind die Quellen der Online-Partnersuche identifiziert und hat sich eine Gruppe potenzieller Kandidaten gebildet, so kann die spezifische **Partner- bzw. Teilnehmerauswahl** beginnen. Dazu existiert eine Reihe von **Auswahlkriterien**, die unabhängig von der Branche bei der Auswahl möglicher Kooperationspartner mitbeachtet werden müssen (*Benz* 2003, S. 47 ff.):

- **Qualifikation**: Die fachliche Qualifikation muss bei den Kooperationspartnern passend zu dem Projekt vorhanden sein. Diese gleicht sich oft vom Anspruch her mit dem eigenen Niveau, sollte aber definitiv Synergien erzeugen können.

- **Organisationsgrad**: Der Definitionsgrad der Prozesse muss sich zwischen den Kooperationspartnern gleichen oder wenigstens kompatibel zueinander sein. Dies betrifft sowohl externe Prozesse (bspw. Kundenansprache) als auch interne Prozesse (bspw. Methoden des Projektmanagements oder bestimmte Arbeitstechniken).

- **Ausstattung**: Die technische Ausstattung ist ein weiteres Auswahlkriterium für die Kompatibilität zwischen den Kooperationspartnern. Alleine schon die genutzten Kommunikationssysteme lassen die Auswahl auf bestimmte Teilnehmer lenken. Aber auch die Nutzung verschiedener „Technologiewelten" (*Microsoft* vs. *Apple*) schließt viele Teilnehmer für eine Unternehmenskooperation aus. Die größten Probleme ergeben sich jedoch bei Spezialanwendungen, die hauptsächlich für die Branche und den Einsatz entwickelt wurden und über mehrere Gerätegenerationen am Laufen gehalten werden (bspw. Buchhaltungssysteme).

- **Wirtschaftlichkeit**: Wirtschaftlich starke Kooperationspartner sind bei allen Teilnehmern beliebt. Neben dem Argument einen starken Partner an seiner Seite zu haben, bedeutet eine hohe Wirtschaftlichkeit des möglichen Partners die Garantie, dass dieser über die gesamte Projektlaufzeit nicht insolvent geht und damit auch nicht das Projekt gefährdet. Ferner ist es wichtig, das Marktumfeld des Partners mit in Betracht zu ziehen, um negative Entwicklungen zu vermeiden.

- **Stellenwert**: Der Stellenwert der geplanten Kooperation auf allen Managementebenen (von operativ bis strategisch) sollte sich im Rahmen der Unternehmensstrategie unter allen Kooperationspartnern auf einem ähnlichen Niveau befinden. Das bedeutet, dass Aufträge der E-Company nicht unterpriorisiert werden dürfen und die Kooperationsbereitschaft aufrechterhalten werden muss. Unternehmen mit ähnlichen Mitarbeiter- oder Umsatzgrößen haben in dieser Hinsicht den Vorteil, sich auf einer gleichmäßigen Ebene bewegen zu können.

- **Kooperationserfahrung**: Erfahrungen in Kooperationen bzw. Netzwerken sind immer von Vorteil, wenn es darum geht, neue Kooperationen einzugehen. Damit kann ein Unternehmen zeigen, dass es das Konzept des virtuellen Unternehmens verstanden und für sich genutzt hat. Dies ist ein überzeugendes Argument für zukünftige Kooperationspartner, insbesondere wenn sich die Unternehmens- bzw. Kooperationskulturen sehr stark ähneln.

- **Reputation**: Zusammenhängend mit der Kooperationserfahrung erwirbt jedes Unternehmen eine gewisse Reputation innerhalb der eigenen Branche. Folglich sind Empfehlungen (s. Kapitel 6.3.2) über mögliche Kooperationspartner zwar wichtig, jedoch auch kritisch zu sehen – je nach Vertrauenswürdigkeit der Quelle.

▦ **Persönlichkeit**: Eine persönliche Beurteilung des möglichen Kooperationspartners unterliegt gegenüber den anderen Kriterien einer subjektiven Wahrnehmung. Dabei spielen z. B. der Ruf als Mensch und nicht als Unternehmen, die soziale Einstellung, der Umgang mit den eigenen Mitarbeitern oder die Partnerschaftlichkeit eine Rolle.

Am Ende der Vorauswahl aller möglicher Kooperationspartner nach den vorgestellten Auswahlkriterien werden den Teilnehmern **Teilaufgaben** zugeordnet. Anschließend kann für jede Lösungsalternative der erreichbare Nutzen und die Kosten der einzelnen Partner in der E-Company berechnet und bewertet werden. Als Ergebnis wird eine **Rangliste** der möglichen Kooperationspartner festgelegt und die geeignetsten Kandidaten (bzw. bei Absagen die entsprechenden alternativen Kooperationspartner) zur Gründung der E-Company ausgewählt (*Mertens/Griese/Ehrenberg* 1998, S. 104).

Online-Partnerintegration

Nach der Auswahl der passenden Kooperationsteilnehmer geht es nun um die **Partnerintegration** in die Wertschöpfungskette der E-Company. Dazu müssen die Schnittstellen zwischen allen Kooperationspartnern auf technologische, technische, strukturelle, personalpolitische und informationale Integrationsmöglichkeiten überprüft werden. Sind diese vorhanden oder eingerichtet, kann eine detaillierte Ausarbeitung dahingehend erfolgen, dass einzelne Teilaufgaben den jeweiligen Kooperationspartner zugewiesen werden (*Mertens/Griese/Ehrenberg* 1998, S. 104). Allerdings ist diese Art der Integration von Kooperationspartnern nicht für jede Unternehmensform geeignet. Für Neugründer ist es z. B. sinnvoller, zuerst eine eigenständige Leistung am Markt und für den Kunden anzubieten, sodass um das Unternehmen herum schließlich ein Partnernetzwerk entstehen kann (*Benz* 2003, S. 53).

Anschließend ist die Bildung einer **Netzwerkidentität** für die E-Company von Bedeutung, um nach außen am Markt ein eigenständiges Bild zu vermitteln. Dazu können unterschiedliche Instrumente und Formen genutzt werden, z. B. Kick-off-Workshops, eine öffentlichkeitswirksame Konferenz oder eine konstituierende Mitgliederversammlung. Diese gemeinsamen Sitzungen sind auch im weiteren Verlauf für die E-Company wichtig, da sich in regelmäßigen Abständen eine Reihe von Änderungen in den produkt- und prozessorientierten Aspekten der Wertschöpfungskette ergeben, die gemeinsam besprochen und gestaltet werden müssen (*Howaldt/Ellerkmann* 2011, S. 27 f.).

 Die Online-Partneranalyse umfasst im Kern drei Schritte, welche von der initialen Identifikation der passenden Kooperationspartner und deren Auswahl bis hin zu deren Integration in einem Partnernetzwerk zum gegenseitigen Vorteil gehen.

Fallbeispiel: Interkommunales.NRW

Interkommunales.NRW ist eine durch das Land Nordrhein-Westfalen gefördertes Online-Portal, das von der Arbeitsgemeinschaft der kommunalen Spitzenverbände und der Kommunal Agentur NRW bereitgestellt wird. Das Portal bietet Kommunen die Möglichkeit zur Ausschreibung von Projekten und Veranstaltungen, die die Online-Kooperation von Kommunen vereinfachen und fördern soll. So standen bspw. die Kommunen Eschweiler, Herzogenrath, Monschau sowie die Städteregion Aachen vor der Herausforderung der strategischen Personalplanung. Problematisch dabei war insbesondere der Ausgleich von Personalengpässen bzw. -bedarf. Während in einigen Kommunen dringend Personal benötigt wurde, hatten andere zu viel Personal eingestellt und mussten diesen Überschuss möglichst schnell wieder abbauen. Um diesem Problem zu begegnen, wurde eine Datenbank ins Leben gerufen, auf die alle Partner zugreifen können. In dieser Datenbank werden von den verschiedenen Partnern Personalbögen von Mitarbeitern eingestellt. Geeignetes Personal kann so transparent erkannt, angeworben und hoher Aufwand für Bewerbungs- und Auswahlverfahren deutlich reduziert werden. Die Koordination und Organisation dieser Datenbank liegt bei der Stadt Eschweiler. Um das Projekt zu realisieren mussten in einem ersten Schritt geeignete Partner gesucht werden. Über das Online-Portal Interkommunales.NRW konnten potentielle Partner und Netzwerke gezielt gesucht werden, indem Kurzprofile der Kommunen mit Kontaktinformationen, aber auch einer Beschreibung von durchgeführten Projekten in der öffentlich zugänglichen Datenbank analysiert wurden. In einem zweiten Schritt konnten dann passende Partner kontaktiert und so Erfahrungen bzw. weitere Informationen über die Kommune und das Projekt eingeholt werden. Diese detaillierteren Informationen dienen zur passenden Partner-Auswahl, indem Auswahlkriterien geprüft werden. So kann bspw. festgestellt werden, ob die benötigte fachliche Qualifikation bei den Kooperationspartnern vorhanden ist, damit Synergien erzeugt werden können. Auch sollte u.a. das Vorhandensein der technischen Grundausstattung überprüft sowie der Stellenwert der gemeinsamen Kooperation erfragt werden.

PORTAL ZUR
INTERKOMMUNALEN ZUSAMMENARBEIT

| START | AKTUELLES | KOMMUNE ▾ | DOKUMENT ▾ | VERANSTALTUNGEN | KONTAKT ▾ | FAQ ▾ | IMPRESSUM |

Radschnellweg Ruhr 1

Mülheim a.d. Ruhr, Bochum, Dortmund, Essen,
Gelsenkirchen, Hamm, Kamen, Kreis Unna, Unna

Hauptverantwortlich:
Mülheim a.d. Ruhr

Sonstige Beteiligte:
RVR – Regionalverband Ruhr

Kurzprofil:
RVR – Regionalverband Ruhr
Regierungsbezirke Düsseldorf / Münster / Arnsberg

SUCHE

Suche ... | Suche |

NEUESTE BEITRÄGE

- Radschnellweg Ruhr 1
- Zusammenarbeit Feuerwehr
- Verwertung und Beseitigung von Klärschlämmen in OWL
- Gewässerentwicklungskonzept
- Rest-, Sperrmüll und Bioabfallentsorgung

6.3.3   Die Strategieanalyse

Neben der Analyse der Unternehmens- und Arbeitskultur als Produkt im Kontext einer elektronischen Kooperation (s. Kapitel 6.3.1) und der Analyse der Partner im Rahmen einer E-Company (s. Kapitel 6.3.2) spielt auch die **Strategieanalyse** eine wichtige Rolle für die Managementebene in der virtuellen Zusammenarbeit. Dabei geht es in erster Linie um die Positionierung der initiierten E-Company im Vergleich zu konkurrierenden Unternehmenskooperationen. Um dafür eine eigene Strategie entwickeln zu können, ist die eingehende Betrachtung der Konkurrenz eine Grundvoraussetzung. Diesbezüglich bezieht sich die Strategieanalyse insbesondere auf die Verzerrungen, explizite Strategien und Vorteile, die sich im Wettbewerb für eine E-Company eröffnen (*Kollmann* 2019a).

Online-Wettbewerbsverzerrungen

Ein Zusammenschluss mehrerer (großer) Unternehmen, die kooperativ an einem Projekt arbeiten, steht oft im Verdacht der **Wettbewerbsverzerrung**. Speziell horizontal ausgerichtete strategische Netzwerke, zu denen Dritte keinen Zugang erhalten, werden schneller von der Konkurrenz wahrgenommen und müssen kartellrechtlich überprüft werden. Allerdings grenzen sich strategische Netzwerke von Kartellen u. a. durch die allgemeingehaltenen Absprachen, eine unberechenbare Dynamik und durch günstige Konditionen für den Kunden ab. Zudem sprechen mehrere Ansätze dafür, dass die Kooperation und der Wettbewerb bei strategischen Netzwerken koexistieren können. Zum einen können die Unternehmen durch eine Kooperation wirtschaftliche Vorteile erzielen, die wiederum einen wirtschaftlichen Nachteil für ein anderes Unternehmen darstellen. Zum anderen können im Zeitverlauf entstandene Unternehmensbeziehungen durch neue und günstigere Unternehmensbeziehungen ersetzt werden. Ein interner Wettbewerb kann auch so weit gehen, dass eine Gewinnreduzierung eintreten kann. Hingegen sind virtuelle Unternehmen von der kartellrechtlichen Prüfung ausgenommen, die vertikal agieren oder deren Angebot stärker auf dem Weltmarkt vertreten ist. Ferner sind bei allen möglichen Bedenken die Wettbewerbsvorteile nicht zu vergessen, die durch virtuelle Unternehmen entstehen, z. B. die Entstehung von gleichwertigen Wettbewerbern in einem Markt, der vorher durch einen monopolistischen Wettbewerber geprägt war. Aus diesem Grund muss im Kontext von virtuellen Unternehmen von einem **neuen Wettbewerbsverständnis** ausgegangen werden, in dem nicht mehr die Anzahl isolierter und unabhängiger Wirtschaftseinheiten die Grundlage für den Markt und letztendlich den Wettbewerb darstellen. Damit wird sowohl das kooperative Handeln von Unternehmern als auch der Fortschritt zu einem weltweiten Wissensausgleich durch Synergieeffekte greifbarer (*Krystek/Redel/Reppegather* 1997, S. 239 ff.).

Online-Wettbewerbsstrategien

Die zwischen den Kooperationspartnern entwickelte und getragene Vision als Kernelement der E-Company zur weiteren Integration aller Partner mündet in einer Konkretisierung in Form **kollektiver Strategien**. Mit diesen können die strategischen Vorgehensweisen der einzelnen Unternehmen unternehmensübergreifend abgestimmt und weiterentwickelt werden, um im Wettbewerb mithalten zu können. Sie sind weiterhin auf die gesamte Umwelt des Netzwerks ausgerichtet und daher auch für den Einsatz in solch einem komplexen und dynamischen Umfeld geeignet. Neben den **Unternehmensstrategien** der einzelnen Kooperationspartner stellen ferner die **Geschäftsfeldstrategien** eine weitere Form der Konkretisierung dar, die marktlichen Gegebenheiten (z. B. Kunden- und Wettbewerbsverhalten) sowie den technologischen Kontext noch enger einzugrenzen. Dabei sind alle drei genannten Planungsebenen zwar eng miteinander verknüpft, jedoch nicht hierarchisch aufgebaut (*Krystek/Redel/Reppegather* 1997, S. 302 ff.).

Eine kollektive Strategie in einer E-Company ermöglicht die Konstruktion einer Umwelt, in der Entscheidungssicherheit herrscht, individuelles Wettbewerbsverhalten innerhalb der E-Company reduziert und die Anpassungsfähigkeit verbessert wird. Im Ergebnis zielt die kollektive Strategie auf eine **Verbesserung der Wettbewerbsposition** der E-Company ab und damit auch auf die Überlebensfähigkeit der kooperierenden Unternehmen. Allerdings folgt aus diesem Nutzen auch das Risiko, dass durch eine kollektive Strategie jedes beteiligte Unternehmen eine **Inflexibilität** bei seinen strategischen Entscheidungen erleidet, weil immer auf die kollektive Strategie Rücksicht genommen werden muss. Ferner können sich dadurch Störungen innerhalb des Netzwerks leichter ausbreiten und den Markteintritt für innovative Unternehmen leichter machen, insbesondere wenn die kollektive Strategie im Zeitverlauf zu einer Marktträgheit führt und damit die Förderung eigener Innovationen verhindert wird (*Krystek/Redel/Reppegather* 1997, S. 304 ff.).

Online-Wettbewerbsvorteile

Das Hauptziel aus den Online-Wettbewerbsstrategien (*Kollmann* 2019b) ist neben der Verbesserung der Wettbewerbssituation im relativen Vergleich zur Konkurrenz und dem Aufbau von Erfolgspotenzialen vor allem die Realisierung von **Wettbewerbsvorteilen**, die durch eine Kooperation entstehen (*Picot/Reichwald/Wigand* 2003, S. 523). Diesbezüglich gestalten sich die **Vorteile** für eine E-Company im Online-Wettbewerb sehr vielfältig und beziehen sich auf die folgenden **betriebswirtschaftlichen Ebenen** (*Bickhoff* et al. 2003, S. 4):

- **Ertrag**: Die ertragsorientierten Vorteile zeichnen sich vornehmlich durch eine Effizienzsteigerung aus, die mit einer gleichzeitigen Kostensenkung einhergehen. Zudem werden durch den Austausch von Kernkompetenzen Synergieeffekte erzielt, die Skaleneffekte und damit niedrige Stückkosten fördern können.

- **Risiko**: Durch die Aufteilung von Kosten und der Infrastruktur nimmt das Risiko für jedes einzelne Partnerunternehmen ab. Mit Zunahme einer höheren Vernetzung kann zudem die Kapazitätsauslastung optimiert und gleichmäßig verteilt werden.

▨ **Kunde**: Für die Kunden entsteht ein hoher Mehrwert, da ihnen individuelle Gesamt-
lösungen als Produkt angeboten werden können und dies erst durch die Zusammenarbeit in einem Unternehmensnetzwerk möglich wird. Außerdem können virtuelle
Unternehmen dem Kunden ein breites Leistungsspektrum anbieten.

▨ **Markt**: Dementsprechend können alle beteiligten Kooperationspartner in der E-Company große Hürden, wie z. B. vorhandene Markeintrittsbarrieren, überwinden und in
den Markt eintreten sowie auch langfristig am Markt bestehen.

Ein weiterer Wettbewerbsvorteil ist die hohe **Flexibilität** in der Zusammensetzung und
Auflösung virtueller Unternehmen und die damit verbundene Steigerung der Wettbewerbsfähigkeit durch eine höhere Kooperationskompetenz (*Albers* et al. 2003, S. 12 f.).
Vor diesem Hintergrund eröffnen sich durch das Vernetzen von intelligenten Gegenstän-
den im Sinne des „**Internet of Things**" neue Chancen im Bereich elektronischer Kooperationen zur Generierung von Wettbewerbsvorteilen. Besitzen zwei oder mehr Kooperationspartner kompatible Schnittstellen, so können Produktionsprozesse flexibel eingerichtet
und auch wieder aufgehoben werden. Sowohl für Kooperationspartner selbst als auch für
Kunden können einheitliche Schnittstellen so zu Vorteilen führen.

 **Bei der Analyse der Kooperationsstrategie sollte in erster Linie die Positionie-
rung der initiierten E-Company im Vergleich zu konkurrierenden Unternehmenskooperationen betrachtet werden. Hierzu sind primär mögliche Wettbe-
werbsverzerrungen, -strategien und -vorteile näher zu analysieren.**

Fallbeispiel: Open Connectivity Foundation

*Die Open Connectivity Foundation (openconnectivity.org) stellt den Verbund einer Viel-
zahl diverser, aber primär technologieorientierter Unternehmen dar, die gemeinsam auf
die Schaffung von einheitlichen Spezifikationsstandards und Richtlinien für einheitliche
Schnittstellen im Bereich des „Internet of Things" abzielen. Die Open Connectivity Foundation widmet sich den Verbrauchern, Unternehmen und Branchen, indem die Interope-
rabilität von Geräten durch die Bereitstellung einer standardisierten Kommunikationsplattform, Überbrückungen von Spezifikationen, einer Open-Source Implementierung sowie eines Zertifizierungsprogramms ermöglicht wird. Somit wird die Kommunikation unabhängig vom Faktor, dem Betriebssystem, dem Dienstanbieter, der Übertragungstechnik
sowie dem Ökosystem ermöglicht. Alle teilnehmenden Kooperationspartner versuchen mit
ihren Kernkompetenzen und durch die kollektive Strategie ein Ökosystem aufzubauen. Das
anvisierte Ökosystem soll dann wiederum langfristig auch zur verbesserten Wettbewerbsposition der E-Company sowie der einzelnen Unternehmen beitragen, indem zukünftige
Standards antizipiert und unternehmerische Aktivitäten auf diese Standards abgestimmt
werden können. Zugleich können die Kooperationspartner weiterhin ihre individuellen
Unternehmens- und Geschäftsfeldstrategien verfolgen und bleiben unabhängig. Die Ko-*

operationspartner haben also eine gemeinsame Vision entwickelt, konkretisiert und umgesetzt, die nun als Kernelement der Open Connectivity Foundation dient. Diese kollektive Strategie birgt zwar die Gefahr gewisser Inflexibilität bei langfristigen Entscheidungen, bietet jedoch insbesondere die Chancen zur Generierung von Erträgen und einer Teilung des finanziellen Risikos. Somit kann die Gründung der Open Connectivity Foundation als beispielhafte Umsetzung einer Online-Wettbewerbsstrategie angeführt werden.

6.4 Das Marketing bei der elektronischen Kooperation

Nach den Darstellungen bezüglich der System- (s. Kapitel 6.1), der Prozess- (s. Kapitel 6.2) und der Managementebene (s. Kapitel 6.3) gilt es nun auf der **Marketingebene**, die spezifischen Anforderungen an die Gestaltung von Marketingmaßnahmen zur gemeinsamen oder getrennten Marktbearbeitung und die Gestaltung des Wissensmanagements im Rahmen einer E-Company zu beschreiben. Auf dieser Ebene in der elektronischen Kooperation steht daher neben der individuellen und gemeinsamen Vermarktung von Kooperationsleistung am Markt auch das unternehmensübergreifende Markenmanagement im Vordergrund, das die Durchsetzung der Marke des virtuellen Unternehmens am Markt fördern soll. Weiterhin behandelt das Wissensmanagement die entsprechenden Online-Prozesse, -Gemeinschaften und -Leitlinien, die für ein wirksames Wissensmanagement innerhalb eines Kooperationsnetzwerks der E-Company entscheidend sind.

 Das Kooperationsmarketing im Rahmen einer E-Company hat das gemeinsame themenorientierte Markt- und Wissensmanagement zum Ziel, um für die Partnerschaft diesbezügliche kollaborative Erkenntnisse aufzubauen.

6.4.1   Das Marktmanagement

Auf die Relevanz der Analyse geeigneter Kooperationspartner in Form einer Suche, Auswahl und Integration dieser wurde bereits detailliert eingegangen (s. Kapitel 6.3.2). Daneben gehört für eine E-Company auch die **Gewinnung der (gemeinsamen) Kunden** in
Form eines mehr oder weniger gemeinsamen **Marktmanagements** zu den Hauptaufgaben
im aktuellen Tagesgeschäft. Denn die Netzwerke müssen ihre Leistungen auf den Markt
und letztendlich auf den Kunden ausrichten und diesen für sich gewinnen, um einen Absatz zu generieren. In der Kundengewinnung bei der elektronischen Kooperation geht es
folglich um alle Maßnahmen und Rahmenbedingungen, die vom Marketing geschaffen
werden müssen, um die (zum Teil auch latenten) Anforderungen der zukünftigen Kunden
der E-Company zu erfüllen (*Gölz* 2003b, S. 130). Diesbezüglich werden in den folgenden
Abschnitten die **individuellen** und **gemeinsamen Marketingstrategien** aus den virtuellen Unternehmen heraus erläutert sowie der Aufbau und die Umsetzung von **unternehmensübergreifenden Markensystemen** beschrieben. Im Hinblick auf die konkreten
Maßnahmen und Tools sei an dieser Stelle auf die Ausführungen zum E-Shop (s. Kapitel
3.4) verwiesen, auf die natürlich auch eine E-Company zurückgreifen kann. Somit geht es
an dieser Stelle eher um die Abstimmung zwischen den Kooperationspartnern und die
strategische Ausgestaltung des Marktauftrittes (*Kollmann* 2019a).

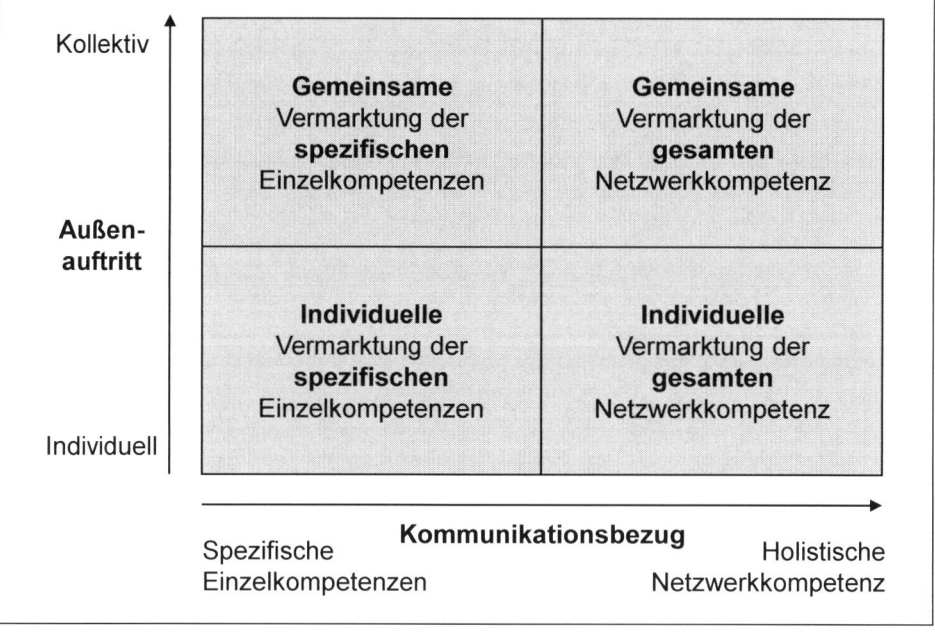

Abb. 65:   Marketingvarianten in einer E-Company
Quelle: in Anlehnung an *Mayer* 2000, S. 443 ff.

Als Ausgangspunkt für die Gestaltung von Werbe- und Kommunikationsmaßnahmen stellt sich vornehmlich eine Frage: **Wer** will **Was** kommunizieren? Dabei bezeichnet das „Wer", ob ein einzelner Kooperationspartner (individuell) oder das gesamte Netzwerk (kollektiv) eine Marketingmaßnahme anstößt. Hingegen wird bei dem „Was" nach dem Inhalt der Marketingmaßnahme gefragt, d. h. ob es um die Vermarktung der gesamten Netzwerkkompetenz (holistisch) oder um einzelne Komponenten, z. B. Leistungen oder Kompetenzen einzelner Partner in diesem Netzwerk geht (spezifisch). Anhand dieser Fragestellung(en) lassen sich **vier Dimensionen** bilden und die daraus entstehenden Marketingvarianten aufzeigen (s. Abb. 65), für die die Kooperationspartner entsprechende Werbe- und Kommunikationsmaßnahmen konstruieren müssen (*Gölz* 2003b, S. 131).

Vor diesem Hintergrund können auf der **individuellen Ebene** die Kooperationspartner alleine auf dem Markt auftreten, um mit spezifischen Einzelkompetenzen oder der gesamten Netzwerkkompetenz zu werben. Demgegenüber steht die **kollektive Ebene**, in der zwar eine gemeinsame Vermarktung spezifischer Einzelkompetenzen oder der gesamten Netzwerkkompetenz möglich ist, jedoch auch ein höherer Abstimmungsbedarf notwendig ist. Alle dargestellten Varianten schließen sich nicht gegenseitig aus. Je nach aktueller Marktsituation und Netzwerkphase ist die richtige Variante und Strategie auszuwählen und umzusetzen (*Gölz* 2003b, S. 131 f.), sodass im optimalen Fall ein unternehmensübergreifendes (Dach-)Markenmanagement in der E-Company Verwendung findet. Das Marktmanagement bei eine E-Company kann also vor diesem Hintergrund sowohl ein individuelles Marketing eines einzelnen Partners im Hinblick auf die Kooperation als auch ein diesbezüglich gemeinsames Marketing bis hin zur Bildung einer gemeinsamen Dachmarke mit einem übergeordneten Marketing beinhalten (*Kollmann* 2019a).

Individuelles Marketing

Im Mittelpunkt der Variante des **individuellen Marketings** steht ein einzelner Kooperationspartner mit seiner einzelnen Partnermarke (Variante 1, s. Abb. 66). Dabei positioniert sich der Partner entweder selbst außerhalb des Netzwerks und bewirbt spezifische Einzelkompetenzen oder es erfolgt die Vermarktung von der gesamten Netzwerkkompetenz z. B. mit Hinweis der Mitgliedschaft in Form eines „*Microsoft Certified Partners*". Entscheidend ist hier, dass die E-Company mit den gemeinsamen Leistungen durch den einzelnen Partner vertreten wird. Allerdings erscheint es unwahrscheinlich, dass sich ein Partner im gleichen Markt wie das Netzwerk präsentiert und sich als offiziellen Netzwerkpartner vorstellt, ohne jedoch dort eigene Leistungen anzubieten, weil diese im Netzwerk erbracht werden müssen. Alle Punkte, die dabei zu beachten sind, haben die Netzwerkpartner vorher in dem Kooperationsvertrag (s. Kapitel 6.2.2) festgelegt und diesem zugestimmt. Ist das Netzwerk erfolgreich und eine Außerdarstellung lohnenswert, so ergeben sich nicht nur für die einzelnen Kooperationspartner, sondern auch für das gesamte Netzwerk neue Chancen einzelne Unternehmen zu binden. Zum Beispiel eignet sich das Instrument der Partnerklassifikation, um den Partnern einen bestimmten Status zu verleihen (z. B. Premium), die mit einer Gegenleistung verbunden ist und im Netzwerk erbracht werden muss (*Gölz* 2003b, S. 135).

Gemeinsames Marketing

In der Variante des **gemeinsamen Marketings** tritt das Netzwerk als eine Einheit nach Außen auf und vermarktet entweder einzelne Kompetenzen aus dem Netzwerk oder die Netzwerkkompetenz selbst, wobei die einzelnen Partnermarken erhalten bleiben (Variante 2, s. Abb. 66). Entscheidend ist hier, dass die E-Company mit den gemeinsamen Leistungen durch die einzelnen **Partner im Verbund** vertreten wird. Oftmals werden hierfür dann Formulierungen wie *„A in Kooperation mit B…"* oder *„A und B gemeinsam im Verbund…"* genutzt. Diese Marketingvariante wird insbesondere genutzt, wenn ein neues Netzwerkunternehmen nach außen zum ersten Mal vorgestellt wird. Allerdings können auch alteingesessene Unternehmen diese Form des Marketings nutzen und je nach Lebenszyklusphase bestimmte Kompetenzen hervorheben, um sich damit Wettbewerbsvorteile zu sichern. Davon profitieren insbesondere die vertikalen Netzwerke, die sich gerade durch die Einzelkompetenzen der Kooperationspartner ergänzen und ein umfassendes Kompetenzportfolio anbieten können. Deshalb sind in diesem Fall die horizontalen Netzwerke mit zum Teil überschneidenden Kompetenzen eher im Nachteil und mehr für die Variante der Vermarktung der gesamten Netzwerkkompetenz geeignet. Diese Variante wird häufig zum sog. „Vorgeldmarketing" eingesetzt. Das bedeutet zugleich einen erheblichen Aufwand zum Markenaufbau, der vornehmlich in der operativen Phase stattfindet und sich besonders bei der Abstimmung aller beteiligten Kooperationspartner niederschlägt. Zu den Maßnahmen gehören z. B. der Entwurf der Identität einer gemeinsamen Kommunikationsstrategie unter Beibehaltung der einzelnen Markenausprägungen, Festlegung von Handlungsstandards für spezielle Marketingmaßnahmen und ein Monitoring der Markenentwicklung (*Gölz* 2003b, S. 132 ff.).

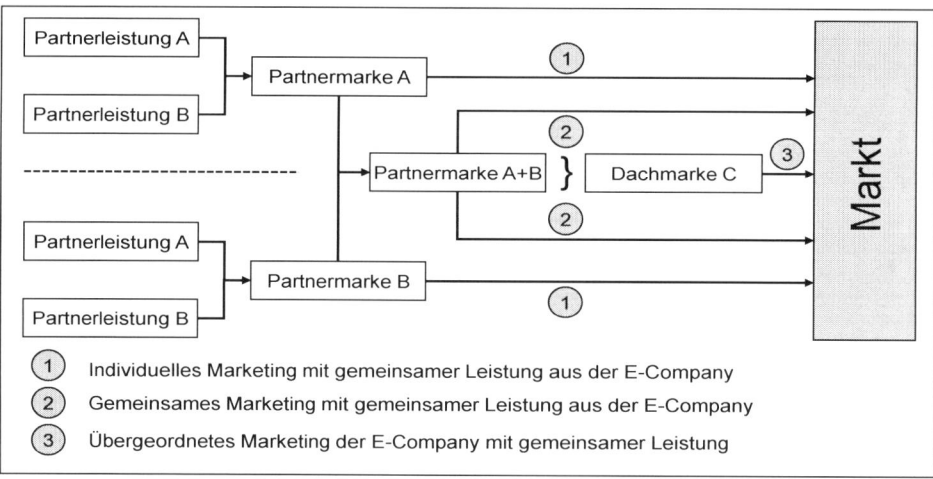

Abb. 66:   Die Marketingvarianten einer E-Company für die Marktbearbeitung

Übergeordnetes Marketing

Der Aufbau eines **übergeordneten Marketings** resultiert aus der Vorstellung, ein Unternehmensnetzwerk mit seiner Gesamtkompetenz zur Außendarstellung bewerben zu wollen, weil sonst ein zu dichtes Netz an komplexen Markensystemen mit unternehmensinternen Marken der Kooperationspartner mit gegensätzlichen Strategien zu Konflikten führt. Entscheidend ist hier, dass die E-Company mit den gemeinsamen Leistungen durch eine eigenständige und **gemeinsame Dachmarke** und nicht durch die Einzelmarken der beteiligten Partner vertreten wird (Variante 3, s. Abb. 66). Es muss hierbei geklärt werden, welche Einzelmarken der Partner sich ergänzen und welche doch eher unabhängig sind. Ferner müssen alle Kooperationspartner entscheiden, ob sie die netzgeführte Dachmarke annehmen oder ihre ursprüngliche Marke beibehalten (*Kreuzpaintner* 2006, S. 160). Die netzgeführten Dachmarken zeichnen sich durch folgende **Aspekte** aus (*BBE* 1999, S. 161):

▨ Die **Steuerung** erfolgt über eine Zentrale. Alle Maßnahmen in Bezug auf die netzgeführte Marke werden von dort aus entschieden.

▨ Es werden alle **Investitionen** in die Marke, statt in Sachgüter, vorgenommen. Insbesondere die Punkte Marketing und Kreativität sind das Hauptinvestment der Zentrale, wohingegen die Sachgüter von dem jeweiligen Kooperationspartner zur Verfügung gestellt werden.

▨ Die **rechtlichen Rahmenbedingungen** werden durch den Aufbau eines Vertragsnetzes geschaffen. Dabei verrichten die Kooperationspartner die operative Arbeit und nutzen die Marke als Miteigentümer.

▨ Eine **Risikoverteilung** entsteht automatisch durch die Arbeit aller Kooperationspartner an einem Projekt und Investition des eigenen Potenzials in den Erfolg der virtuellen Unternehmung.

Eine unternehmensübergreifende Markenstrategie stellt eine besondere Ausgestaltungsmöglichkeit dar, um mit den beteiligten Kooperationspartnern markenspezifische Ziele zu erreichen. Diese können die rein betriebswirtschaftlichen Ziele ergänzen, verstärken oder diesen sogar entgegenwirken. Die Herausforderung besteht hierbei darin, ein **Trade-off** zu erreichen, der die Verfolgung von betriebswirtschaftlichen Zielen und der Verfolgung markenstrategischer Ziele in Einklang bringt (*Kreuzpaintner* 2006, S. 161 f.).

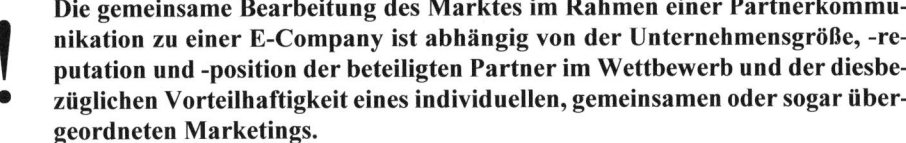

! **Die gemeinsame Bearbeitung des Marktes im Rahmen einer Partnerkommunikation zu einer E-Company ist abhängig von der Unternehmensgröße, -reputation und -position der beteiligten Partner im Wettbewerb und der diesbezüglichen Vorteilhaftigkeit eines individuellen, gemeinsamen oder sogar übergeordneten Marketings.**

Fallbeispiel: About You/GNTM

Der Online-Shop About You wurde 2014 in Hamburg gegründet und ist laut eigenen Angaben seitdem auf eine Größe von über 500 Mitarbeitern gewachsen und auf 7 Märkten aktiv. Im Rahmen des Vertriebs ist das Unternehmen About You und das Fernsehformat Germany's next Topmodel (GNTM) eine Marketingkooperation eingegangen. So wirbt About You mit den „Looks" der Teilnehmerinnen der aktuellen Staffel von Germany's next Topmodel und bietet diese direkt zum Kauf an. Ziel der Marketingkooperation ist es den Verkauf der angebotenen Produkte anzukurbeln und das Publikum, das Germany's next Topmodel verfolgt, für About You als neue Kunden zu gewinnen, oder Kundenbeziehungen zu festigen. Das zugehörige Fernsehformat nutzt die Möglichkeit wiederum, um die eigene Bekanntheit zu erhöhen und Werbeeinnahmen zu generieren. Dabei ist der Außenauftritt dieser Marketingkooperation kollektiv, da beide Partnerunternehmen nach Außen in der Werbeaktion separat aufgeführt werden. Hierzu wird der E-Shop von About You als Basis genommen und die Germany's next Topmodel Kollektion als besonderes Angebot beworben. Der Kommunikationsbezug wird dabei zu spezifischen Einzelkomponenten hergestellt, wodurch ein sog. gemeinsames Marketing spezifischer Einzelkomponenten, nämlich der jeweiligen Kleidungsstücke der Kollektion, stattfindet. Auf diese Art und Weise erhalten beide Unternehmen ihre Eigenständigkeit und treten nur als Partner für die Außenwelt auf, nicht jedoch als geschlossene Einheit. Zwar können hierdurch keine tiefergehenden Synergien auf firmenübergreifende Marketingmaßnahmen im Sinne von langfristigen und strukturellen Kostenersparnissen realisiert werden, dafür sind jedoch die Partnerunternehmen in diesem Bereich weiter eigenständig und flexibel. Die beschriebene Marketingkooperation bietet somit Vorteile für beide Partner in Bezug auf die Außenwirkung, ohne ein großes Risiko der Gebundenheit eingehen zu müssen.

6.4.2 Das Wissensmanagement

Der Produktionsfaktor **Wissen** nimmt in der Digitalen Wirtschaft eine gewichtigere Rolle gegenüber den bisherigen Produktionsfaktoren in der realen Wirtschaft ein. Durch die Möglichkeiten der E-Company bei den teilnehmenden Kooperationspartnern die Prozesse zu restrukturieren, können Informationen in einem großen Umfang digital bereitgestellt und nutzbar gemacht werden. Vor diesem Hintergrund hängt der Erfolg einer E-Company von dem Informations- und Wissensaustauschs über moderne Informations- und Kommunikationssysteme zwischen den Kooperationspartnern ab. Das entsprechende **Wissensmanagement** ist daher spezifisch auf die jeweiligen Online-Unternehmen anzupassen und das Nutzenpotenzial direkt in der Anfangsphase zu identifizieren. Trotz des Aufwands beim Aufbau eines Wissensmanagements in einer E-Company zeichnen sich erhebliche Vorteile ab. Zum Beispiel wird dadurch das Ressourcen- und Knowledge-Sharing zwischen den Kooperationspartnern effizienter unterstützt und durch die Nutzung von synchronen und asynchronen Informations- und Kommunikationsmedien die Erarbeitung von Problemlösungen erleichtert. Hier hat das Wissensmanagement die Aufgabe, die Informationen und Daten aus unterschiedlichen Quellen mit Hilfe der Informationstechnik und dem vorhandenen Kommunikationsverhalten in der Art zu verknüpfen, dass ein Nutzen für alle abgeleiteten Ziele der E-Company geschaffen wird (*Gora/Scheid* 2001, S. 16 ff.).

Online-Wissensprozesse

Das Wissensmanagement findet in einer E-Company mittels speziellen Wissensmanagementsystemen phasen- bzw. prozessübergreifend statt und bildet somit einen zentralen Aspekt in dem Lebenszyklusmodell einer E-Company (s. Kapitel 6.2.2). Es empfehlen sich daher für jede einzelne Prozessphase ganz spezifische Informations- und Kommunikationssysteme, die sowohl zur Unterstützung der einzelnen Prozessphasen dienen als auch eine Verbindung zu einem übergreifenden Wissensmanagementsystem mit z. B. einer Erfahrungsdatenbank herstellen können. Dies hat den Vorteil, auf das Wissensmanagementsystem der gesamten E-Company und damit auf die relevanten Wissensinhalte ohne Umwege und von überall aus auf der Welt online zugreifen zu können. Im Rahmen der Einführung dieser **Online-Wissensprozesse** ist diesbezüglich ein tiefgreifender Wandel sowohl organisatorischer als auch technischer Art erforderlich. Um die üblichen Fehler bei solch einer Implementierung zu vermeiden, ist ein **ganzheitlicher Ansatz** notwendig, der die folgenden **Bereiche** und Aktivitäten miteinbezieht (*Gora/Scheid* 2001, S. 18 ff.):

■ **Strategie**: Der erwartete strategische und wirtschaftliche Nutzen einer Online-Kooperation wird anhand einer Zieldefinition bestimmt, sodass konkrete Einzelaktivitäten und ihre Implikationen aufbauend auf der Zieldefinition festgelegt werden können. Daneben wird insbesondere das zukünftige Wissensmanagement durch Visionen in der Zieldefinition berücksichtigt und eine Kommunikationsstrategie erarbeitet, die den Mitarbeitern aller Kooperationspartner die Ziele nahebringt und vor diesem Hintergrund durch „Quick Wins" das Interesse am Wissensmanagement immer weiter weckt.

▓ **Führung**: Der Führungsaspekt ist in einer Online-Kooperation zum einen als Kontrollfunktion im Wissensmanagement und zum anderen als die persönliche Haltung der einzelnen Führungskräfte zu verstehen. Dazu werden Führungs-Audits durchgeführt, die das Führungsverhalten und die Führungsinstrumente analysieren und als Ergebnisse die entsprechenden Leitfäden zur Personal- und Organisationsentwicklung ermöglichen.

▓ **Kommunikationskultur**: Die Analyse der vorhandenen Kommunikationsstruktur in der E-Company, um daraus passende Änderungsprozesse einzuleiten, spielt eine zentrale Rolle. Im Mittelpunkt steht das Streben nach einer offenen Kommunikationskultur, die vor allem vorgelebt werden muss, soll sich diese im Unternehmen etablieren. Damit wird erreicht, dass kein Mitarbeiter mehr so viel Wissen wie möglich für sich anhäuft, um dieses als Machtmittel gegenüber anderen Mitarbeitern zu missbrauchen oder karrieretechnische Vorteile durchzusetzen. Entsprechende Maßnahmen des Managements sind hierbei z. B. eine Politik der offenen Türen. Weiterhin kann eine offene Kommunikationskultur dabei helfen, bei den Mitarbeitern Vorbehalte abzubauen ein Wissensmanagementsystem zu nutzen und z. B. eine Erfahrungsdatenbank zu füllen, um möglicherweise anderen Mitarbeitern der Online-Kooperation weiterzuhelfen.

▓ **Prozesse**: Die Systeme des Wissensmanagements bauen auf den Unternehmensprozessen auf und analysieren die wertschöpfenden Kernprozesse sowie die unterstützenden Prozesse auf eine optimale Unterstützung des zu den Prozessen passenden Wissens. Dadurch können Wissensdefizite in der Online-Kooperation aufgedeckt und Lösungen entwickelt werden, wie diese Defizite geschlossen werden können. Als ganzheitliche Lösung bietet sich für die E-Company ein Prozess des Wissensmanagements an, der das Wissen entlang aller Geschäftsprozesse den Mitarbeitern in strukturierter und unstrukturierter Form zur Verfügung stellt. Im besten Fall gibt es einen verantwortlichen Mitarbeiter für das Wissensmanagement, der als **Chief Knowledge Officer** (CKO) den Kreislauf-Prozess des Wissensmanagements begleitet und versucht alle Mitarbeiter einzubeziehen. Damit können vorhandene Potenziale ausgeschöpft, eine lernende Organisation etabliert und die Verfolgung der Unternehmensziele unterstützt werden.

▓ **IuK-Systeme**: Die Hauptaufgabe der einzelnen Informations- und Kommunikationssysteme im Wissensmanagement ist eine reibungslose Kommunikation und einen einfachen Zugriff auf Informationen allen Mitarbeiten im jeweiligen Unternehmen und in der E-Company zu ermöglichen. Dabei kann die konkrete Gestaltung der Informations- und Kommunikationssysteme variieren und muss je nach Einsatzzweck analysiert und integriert werden. Besondere Anforderungen sind in diesem Fall eine hohe Verfügbarkeit, Zuverlässigkeit und Sicherheit mit den entsprechenden Zugangs-/Schreibberechtigungen. Die Einführung solch evolutionärer Informations- und Kommunikationssysteme erfordert zudem ein entsprechendes Projektmanagement.

Losgelöst von einer prozessualen Perspektive lassen sich die **Aufgaben des Wissensmanagements** in einer Online-Kooperation mit der Gestaltung der Fachkompetenz, der internen Struktur und der externen Struktur in drei **Stufen** aufteilen, um eine höhere Flexibilität der Organisationsformen zu erreichen (*Picot/Reichwald/Wigand* 2003, S. 566 f.):

- **Stufe 1**: In der Stufe der Entwicklung und Nutzung von Fachkompetenzen geht es um die Identifikation des für die Aufgaben notwendigen Wissens, woher dieses beschafft werden kann und wie diese Beschaffung durch die Kooperationen aussehen könnte. Demzufolge ist in einer E-Company ein effizienter Wissensaustausch aller Kooperationspartner und der Zugriff auf das interne und externe Wissen essentiell. Speziell in der Auflösungsphase (s. Kapitel 6.2.2) ist es für die Weiterentwicklung der E-Company wichtig, die gemachten Erfahrungen und Ergebnisse in einer Wissensdatenbank zu speichern und einen elektronischen Zugriff darauf sicherzustellen.

- **Stufe 2**: In der Stufe der Entwicklung einer internen Struktur geht es um den Aufbau von Infrastrukturen und Regeln, wodurch das notwendige Wissen identifiziert, repräsentiert, kommuniziert und transferiert wird. In dieser Stufe steht vor allem der Einsatz entsprechender Partner-Datenbanken im Mittelpunkt, die eine Suche nach notwendigen Kompetenzen bei den Kooperationspartnern erleichtern (s. Kapitel 6.2.2).

- **Stufe 3**: In der Stufe der Gestaltung der externen Struktur geht es um die Identifikation externer Wissensquellen und wie diese einbezogen werden können. Die Maßnahmen aus der Stufe 2 lassen sich auf diese Stufe mitübertragen, da eine Unterscheidung nach internen und externen Strukturen in einer E-Company schwierig ist. Die bedeutendste externe Quelle ist jedoch der Kunde, dessen Bedürfnisse es zu identifizieren und zu befriedigen gilt. Es ist wichtig, einen Kundenservice auch nach der Auflösungsphase (s. Kapitel 6.2.2) anzubieten und aufrechtzuerhalten.

Somit werden gerade die **Aufgaben** in einer Online-Kooperation in den Mittelpunkt gestellt, für die eine passende Kompetenz zu suchen ist und für die passenden Strukturen gestaltet werden müssen. Die konkrete Gestaltung hängt auch davon ab, welches Wissen vorhanden ist. **Explizites Wissen** liegt in einer leicht kommunizierbaren Form vor, wohingegen **implizites Wissen** subjektiv und schwer artikulierbar bzw. technisch greifbar ist. Deshalb müssen alle aufzubauenden Infrastrukturen im Wissensmanagement diese beiden Wissenskategorien berücksichtigen (*Picot/Reichwald/Wigand* 2003, S. 566 f.).

Online-Wissensgemeinschaften

Weil das Wissen nicht alleine in den Datenbanken entsteht und auch nicht immer automatisch von ihrem Träger trennbar ist, kann es für die jeweiligen Kooperationspartner zusätzlich von Nöten sein, einen Wissensaustausch zwischen den Unternehmen oder im Unternehmen selbst über spezielle Informations- und Kommunikationssysteme zu fördern. In diesen **Online-Wissensgemeinschaften** geschieht ein Wissensaustausch, bei dem ein freier Wissensfluss nicht gestört ist und von einer Atmosphäre der Offenheit und des Vertrauens geprägt ist, um neue Lösungsmöglichkeiten für bestehende Probleme zu entwickeln. Folgende **Kernmotive** stehen dabei für die Unternehmen der Online-Kooperation im Vordergrund, um unternehmensinterne und -übergreifende Wissensgemeinschaften zu fördern (*Schmalzl/Imbery/Merkl* 2004, S. 442 f.):

▓ **Erfahrungsaustausch**: Bei der Einstellung von neuen Mitarbeitern profitieren diese von erfahrenen Kollegen, wenn bei bestimmten Fragestellungen Strukturen und Prozesse geschaffen wurden, um den Kontakt zwischen den Wissenden und Unwissenden vor diesem Hintergrund aus verschiedenen Unternehmen des Kooperationsnetzwerks zu ermöglichen.

▓ **Wissensintransparenz**: Wird z. B. ein neuer Markt analysiert, bewegt man sich in einem unbekannten Feld. Um das zu verstehen ist das Wissen aus so vielen Quellen wie möglich zu entnehmen. Dazu zählen nicht nur Datenbanken, sondern auch Dialoge mit Experten oder Mitarbeitern von Kooperationspartnern, die entsprechend Erfahrungen vorweisen können. Ferner ist in diesem Fall der Kontakt zum Kunden zu suchen.

▓ **Synergien**: Bei einer Wissensgemeinschaft ergeben sich in Gesprächen häufig Synergien, die nicht vorhersehbar waren. Innerhalb einer offenen Atmosphäre tauschen sich die Mitarbeiter häufiger über verwandte Themenstellungen aus und entwickeln neue mögliche Geschäftsfelder für das Unternehmen.

▓ **Grundbedürfnis**: Das menschliche Grundbedürfnis sein Wissen zu teilen, andere davon profitieren zu lassen und zu sehen wie die eigenen Erfahrungen in einem Nutzen resultieren, ist für viele Mitarbeiter ein befriedigendes Gefühl. Arbeiten die Mitarbeiter gerne zusammen, auch über die Arbeitszeiten hinweg, entsteht ein lebendiger Wissensaustausch, der sich vorteilhaft auf das gesamte Unternehmen und die zugehörigen Arbeitsergebnisse auswirkt.

Wissensgemeinschaften sind somit ein entscheidendes Element, um neues Wissen in einer E-Company zu entwickeln, in Wissensmanagementsystemen zu sammeln und über moderne Informations- und Kommunikationssysteme zu verteilen. Diesbezüglich agieren die Wissensgemeinschaften auch als **zentrale Knoten**, die sich jedoch auch über die Unternehmensgrenzen hinweg ziehen können (*Schmalzl/Imbery/Merkl* 2004, S. 444). Vor diesem Hintergrund lassen sich die Wissensgemeinschaften wie folgt definieren (*North/Romhardt/Probst* 2000, S. 54): „Wissensgemeinschaften sind über einen längeren Zeitraum bestehende Personengruppen, die Interesse an einem gemeinsamen Thema haben und Wissen gemeinsam aufbauen und austauschen wollen. Die Teilnahme ist freiwillig und persönlich. Wissensgemeinschaften sind um spezifische Inhalte gruppiert." Im Falle einer E-Company gruppieren sich die Wissensgemeinschaften insbesondere mit Hilfe elektronischer Datennetzwerke.

Um eine erfolgreiche Online-Wissensgemeinschaft aufzubauen sind bestimmte Rahmen-bedingungen in Form der vier **Gestaltungsdimensionen** Person, Interaktion, organisato-rische Verankerung und Wissenstransformation zu schaffen. In diesem Gestaltungsrah-men tragen die Personen durch ihre Interaktionen zur Wissenstransformation und der or-ganisatorischen Verankerung des Wissens im Unternehmen und im Online-Netzwerk bei. Darunter fallen auch **Gestaltungskriterien**, die leicht zu beeinflussen sind oder wo erst eine Beeinflussung durch den Eingriff auf die Rahmenbedingungen stattfinden kann. Im Folgenden werden die zuvor genannten vier **Gestaltungsdimensionen** näher beschrieben (*Schmalzl/Imbery/Merkl* 2004, S. 452 ff.):

▨ **Person**: Die Motivation der Mitarbeiter ist ein erstes Gestaltungskriterium, das nur indirekt über die Rahmenbedingungen beeinflussbar ist. Zum Beispiel müssen ver-pflichtende Unternehmensziele der Online-Kooperation (z. B. die Steigerung der Kundenzufriedenheit) zusätzlich mit persönlichen Zielen in Verbindung gebracht werden, sodass nicht nur der Mitarbeiter selbst, sondern auch das Unternehmen und das Netzwerk von den Aktivitäten in der Wissensgemeinschaft profitiert. Die Zuge-hörigkeit zu den Wissensgemeinschaften wird durch eine selbstorganisierte Selektion geregelt, weil eine Kontrolle von außen (z. B. durch Quotendenken oder durch spezi-ell berufene Mitglieder, die das Management vertreten) zu unvorhergesehenen Kon-flikten führen kann und damit das Vertrauen in der Wissensgemeinschaft zerstört wird. Ferner ist das Expertiseniveau direkt gestaltbar. Dieses wird durch Kenner (mit geringen Anwendungserfahrungen), Könner (mit vertiefenden Anwendungserfahrun-gen) und Experten (mit führenden Kompetenzen) innerhalb der E-Company differen-ziert. Neben dem Expertiseniveau unterscheiden sich die Personen auch durch die Wissensdiversität, also den unterschiedlichen Erfahrungswerten, die sowohl einen fachlichen als auch einen kulturellen Hintergrund haben können.

▨ **Interaktion**: Auch bei der Interaktion von Personen in Online-Wissensgemeinschaf-ten sind mehrere Gestaltungskriterien zu berücksichtigen. Dabei spielt die Intensität eine große Rolle, die sich jedoch nicht nur auf die Häufigkeit und Dauer der Treffen oder der Kommunikation über spezielle Systeme bezieht, sondern auch in welcher Form diese stattfinden (z. B. persönlich, über Videokonferenzen oder einen Internet-Chat). Diese Kommunikationsform ist entscheidend für die Qualität der Interaktion und den Grad des Austausches von implizitem und explizitem Wissen zwischen den Teilnehmern der Wissensgemeinschaft. Auch wird die Interaktion durch die Atmo-sphäre geprägt, die zwischen den Teilnehmern herrscht. Vertrauen und Offenheit kön-nen z. B. über einen Verhaltenskodex, bei dem die Anrede nur über den Vornamen erfolgt, entwickelt werden. Weiterhin kann die Wissensgemeinschaft eine Identität (im Vergleich zur Corporate Identity eines Unternehmens) entwickeln und sich z. B. über eine eigene Internetseite mit einem eigenen Logo von den restlichen Organisati-onen abgrenzen. Dies stärkt das Zugehörigkeitsgefühl und hält die Interaktionsinten-sität zwischen den Teilnehmern in der Wissensgemeinschaft aufrecht.

▨ **Wissenstransformation**: Durch die Interaktion zwischen den Personen wird nicht nur das Wissen ausgetauscht, sondern es findet auch die Entstehung neuen Wissens statt. Jedoch sind viele Erkenntnisse Dritten nicht zugänglich und durch implizites Wissen auch nicht direkt vermittelbar. Um die Wissenstransformation nachvollziehen zu können, können einige Bestandteile mit Hilfe von entsprechenden Internet- oder Intranet-Anwendungen visualisiert und bewertet werden. Dabei wird die Wissenstransformation aus einer individuellen Sichtweise heraus und auf einer Ebene der Wissensgemeinschaft betrachtet.

 Organisatorische Verankerung: Für die Umsetzung des Wissens in einen Mehrwert für das jeweilige Unternehmen in einer Online-Kooperation ist die organisatorische Verankerung durch die entsprechenden Gestaltungskriterien wichtig. Dabei kann es je nach Formalisierungsgrad der Wissensgemeinschaft zu unterschiedlichen Wahrnehmungen durch das Unternehmen kommen. Weiterhin kann die Wissensgemeinschaft durch eine Begrenzung bzw. Abgrenzung innerhalb von Geschäftsbereichen, außerhalb von Geschäftsbereichen oder sogar außerhalb des Unternehmens eine Unterscheidung treffen. Daneben besteht die Möglichkeit, eine geographische Be-/Abgrenzung (lokal, regional, national, international, global) durchzuführen. Ein weiteres Gestaltungskriterium ist der Zeithorizont, der speziell an den Kontext, den Erfahrungszeitraum und den Gebrauchsraum gebunden ist.

Online-Wissensgemeinschaften leben von einer Eigendynamik und brauchen positive Vorbilder, um sich den idealtypischen Vorstellungen zu nähern. Damit muss neben der technischen bzw. prozessualen Perspektive das Wissensmanagement auch in Form von Gemeinschaften und persönlicher Bindung den Online-Kooperationspartnern und den Mitarbeitern in einer E-Company Vorteile bieten, damit sie ihr Wissen preisgeben (*Schmalzl/Imbery/Merkl* 2004, S. 457). Insbesondere bei einmaligen Kooperationsprojekten steht somit eine Kultur im Vordergrund, die durch ein bestehendes oder ein geschaffenes Vertrauen (s. Kapitel 6.3.1) entsprechende Interaktionen fördert und eine Wissenstransformation in Mehrwerte für alle Kooperationspartner über moderne Informations- und Kommunikationssysteme schafft.

! **Das Wissensmanagement einer E-Company sollte spezifisch auf die jeweiligen Online-Unternehmen angepasst und deren Potenziale frühzeitig identifiziert werden. Relevant sind dabei insbesondere der Aufbau von Wissensprozessen und einer Wissensgemeinschaft.**

Fallbeispiel: Daimler/Google

Daimler ist ein börsennotierter und international tätiger Automobilhersteller sowie Mobilitäts- und Finanzdienstleister mit Sitz in Stuttgart. Daimler gehört mit knapp 300.000 Mitarbeitern und rund 3,4 Mio. abgesetzten Fahrzeugen zu den größten Unternehmen der Welt. Dabei sieht sich der Konzern dem Wandel der Automobilbranche und den damit verbundenen Herausforderungen der zukünftigen Art und Weise der Mobilität ausgesetzt.

Im Segment der zukünftigen Mobilität nehmen moderne Informations- und Kommunikationstechnologien zunehmend eine entscheidende Rolle ein. Insbesondere ist der Aufbau von spezifischem Wissen und Fähigkeiten in diesem Bereich von großer Relevanz, um langfristig wettbewerbsfähig zu bleiben. Vor diesem Hintergrund suchte Daimler nach Mitteln und Wegen, um das eigene Wissen sowie das Wissensmanagement im eigenen Unternehmen auszubauen. Hierzu formten der Automobilkonzern und das Informations- und Kommunikationsunternehmen Google im Rahmen der Erforschung von zukünftigen Technologien im Bereich der Mobilität eine strategische Forschungskooperation. Konkretes Ziel dieser Partnerschaft ist die weitere Erforschung des Quantencomputings, das zukünftig dabei helfen soll Fragestellungen in Bezug auf die Mobilität der Zukunft zu beantworten und laut Ola Källenius, Vorstandsmitglied bei Daimler, in den verschiedensten Anwendungsbereichen zum Einsatz kommen könnte. Daimler erhofft sich mit der Forschungskooperation einen Teil dazu beizutragen den angestrebten Wandel des gesamten Unternehmens von einem Fahrzeughersteller hin zu einem Mobilitätsdienstleister zu meistern. Jan Brecht, CIO von Daimler sagt folgendes zur Kooperation: „Quantencomputing hat das Potential, die gesamte IT-Branche zu revolutionieren – und damit auch alle anderen Industriebereiche. Noch befindet sich diese Technologie im frühen Forschungs- und Entwicklungsstadium – aber die Möglichkeiten sind enorm. Wir wollen frühzeitig Erfahrungen mit dieser neuen Technologie sammeln. Daher bringen wir in die Forschungskooperationen konkrete Use Cases aus dem Automobil- und Mobilitätsbereich ein". Aus diesem Grund entschloss sich Daimler für eine Forschungskooperation mit Google und verfolgt damit den tiefergehenden Aufbau einer Wissensgemeinschaft im Bereich der Mobilität der Zukunft, die den Wissensaustausch der beiden Unternehmen forciert und vorantreibt. Im Vordergrund der Kooperation stehen somit die Motive des Erfahrungsaustausches, des Überkommens von Wissensintransparenzen und der Nutzung von Synergien, um die bevorstehenden Herausforderungen einer sich wandelnden Branche zu bewältigen.

Literaturverzeichnis

Adomavicius, G./Tuzhilin, A. (2005): Toward the Next Generation of Recommender Systems: A Survey of the State-of-the-Art and Possible Extensions, in: IEEE Transactions on Knowledge and Data Engineering, Jg. 17, Nr. 6, S. 734-749.

Ahlers, T. (2008): Neue Anwendungen und Geschäftsfelder im Web 2.0, in: Meckel, M./Stanoevska-Slabeva, K. (Hrsg.): Web 2.0 – Die nächste Generation Internet, Baden-Baden, S. 93-108.

Ahlert, D./Evanschitzky, H./Hesse, J. (2004): Konsumentenverhalten im Internet: Die E-Zufriedenheit, in: Wiedmann, K.-P./Buxel, H./Frenzel, T./Walsh, G. (Hrsg.): Konsumentenverhalten im Internet, Wiesbaden, S. 119-144.

Albers, S./Bisping, D./Teichmann, K./Wolf, J. (2003): Management Virtueller Unternehmen, in: Albers, S./Wolf, J. (Hrsg.): Management Virtueller Unternehmen, Wiesbaden, S. 3-60.

Albers, S./Jochims, H. (2003): Erscheinungsformen, strategische Bedeutung und Gestaltung von Online-Marketing-Kooperationen, in: Büttgen, M./Lücke, F. (Hrsg.): Online-Kooperationen. Erfolg im E-Business durch strategische Partnerschaften, Wiesbaden, S. 15-40.

Alby, T. (2008): Web 2.0 – Konzepte, Anwendungen, Technologien, 3. Aufl., München.

Alpar, A./Wojcik, D. (2012): Webselling: Das große Online Marketing Praxisbuch, Düsseldorf.

Alpar, P./Blaschke, S./Keßler, S. (2007): Web 2.0: Neue erfolgreiche Kommunikationsstrategien für kleine und mittlere Unternehmen, Wiesbaden.

Altmeyer, T. (2018): Digitalisierung in den Bereichen Handel und Konsumgüter, in: Fend L./Hofmann J. (Hrsg.) Digitalisierung in Industrie-, Handels- und Dienstleistungsunternehmen, Wiesbaden.

Amtsblatt der Europäischen Union (2016): Verordnung des europäischen Parlaments und des Rates zum Schutz natürlicher Personen bei der Verarbeitung personenbezogener Daten zum freien Datenverkehr und zur Aufhebung der Richtlinie 95/46/EG (Datenschutz-Grundverordnung), https://www.datenschutz-grundverordnung.eu/wp-content/uplo-ads/2016/05/CELEX_32016R0679_DE_TXT.pdf, Zugriff am 16.08.2018.

Andreßen, T. (2010): Erfolgreiches strategisches Management des E-Procurement, in: Bogaschewsky, R./Eßig, M./Lasch, R./Stölzle, W. (Hrsg.): Supply Management Research – Aktuelle Forschungsergebnisse 2009, Wiesbaden, S. 291-312.

© Springer Fachmedien Wiesbaden GmbH, ein Teil von Springer Nature 2019
T. Kollmann, *E-Business kompakt*, https://doi.org/10.1007/978-3-658-26978-4

Appelfeller, W./Feldmann, C. (2018): Die digitale Transformation des Unternehmens – Systematischer Leitfaden mit zehn Elementen zur Strukturierung und Reifegradmessung, Wiesbaden.

Arcache, A. (2003): Einsatz von E-Procurement-Systemen im Beschaffungsprozess der Abnehmer-Zulieferer-Kooperation, Frankfurt a. M.

Axson, D./Delawalla, A. (2016): CFO reality check – Good intentions in cost management are not good enough, Accenture, https://de.slideshare.net/accenture/cfo-reality-check-good-intentions-in-cost-management-are-not-good-enough, Zugriff am 14.11.2018.

Bachem, C. (2002): Multi-Channel Marketing, in: Manschwetus, U./Rumler, A. (Hrsg.), Strategisches Internetmarketing, Wiesbaden, S. 259-277.

Bächle, M. (2006): Social Software, in: Informatik Spektrum, Jg. 29, Nr. 2, S. 121-124.

Bächle, M. (2008): Ökonomische Perspektiven des Web 2.0 – Open Innovation, Social Commerce und Enterprise 2.0, in: Wirtschaftsinformatik, Jg. 50, Nr. 2, S. 129-132.

Bailey, J. P./Bakos, Y. (1997): An Exploratory Study of the Emerging Role of Electronic Intermediaries, in: International Journal of Electronic Commerce, Jg. 1, Nr. 3, S. 7-20.

Bakos, Y. (1991): A Strategic Analysis of Electronic Marketplaces, in: MIS Quarterly, Jg. 15, Nr. 3, S. 295-310.

Bakos, Y. (1997): Reducing Buyer Search Costs: Implications for Electronic Marketplaces, in: Management Science, Jg. 43, Nr. 12, S. 1676-1692.

Barreca, H./O'Neill, J. K. (2003): The Entrepreneur's Internet Handbook, Naperville.

Bauer, H. H./Hammerschmidt, M. (2003): Marketing für elektronische Marktplätze, Mannheim.

Bauer, H. H./Martin, I./Albrecht, C.-A. (2008): Virales Marketing als Weiterentwicklung des Empfehlungsmarketing, in: Bauer, H. H./Große-Leege, D./Rösger, J. (Hrsg.): Interactive Marketing im Web 2.0+. Konzepte und Anwendungen für ein erfolgreiches Marketingmanagement im Internet, 2. Aufl., München, S. 57-71.

Bauer, H. H./Sauer, N. E./Becker, S. (2003): Risikowahrnehmung und Kaufverhalten im Internet, in: Marketing ZFP, Jg. 25, Nr. 3, S. 183-199.

BBE (1999): System-Handel und Systemvertrieb – Strategien für ein neues Jahrtausend, Köln.

Bekmeier-Feuerhahn, S. (1998): Marktorientierte Markenbewertung – Eine konsumenten- und unternehmensbezogene Betrachtung, Wiesbaden.

Bellinger, A./Krieger, D. (2018): „You Have Zero Privacy Anyway – Get Over It", in: Informatik Spektrum, Jg. 41, Nr. 5, S. 328-347.

Bender, G. (2008): Kundengewinnung und -bindung im Web 2.0, in: Kilian, T./Hass, B.H./Walsh, G. (Hrsg.): Web 2.0 – Neue Perspektiven für Marketing und Medien, Berlin, S. 173-190.

Benz, H. (2003): Kooperationspartner – Suchen, Finden, Integrieren, in: Hofmann, J. unter Mitarbeit von: Arnold, H./Benz, H./Bonnet, P. B./Gölz, A./Jacobi, J./Schulte-Wieking, J. (Hrsg.): Besser arbeiten in Netzwerken – Wie virtuelle Unternehmen Erfolg haben, Aachen, S. 39-62.

Berge, S./Buesching, A. (2008): Strategien für Communities im Web 2.0, in: Kilian, T./Hass, B. H./Walsh, G. (Hrsg.): Web 2.0 – Neue Perspektiven für Marketing und Medien, Berlin, S. 23-37.

Berlecon Research (2000): Virtuelle Vermittler: Business-to-Business-Marktplätze im Internet, Berlin.

Bernecker, M./Beilharz, F. (2012): Social Media Marketing – Strategien, Tipps und Tricks für die Praxis, 2. Aufl., Köln.

Berners-Lee, T. (1999): Der Web-Report. Der Schöpfer des World Wide Web über das grenzenlose Potenzial des Internets, München.

Bichler, M. (2001): The Future of e-Markets – Multidimensional Market Mechanisms, Cambridge.

Bickhoff, N./Böhmer, C./Eilenberger, G./Hansmann, K.-W. (2003): Mit Virtuellen Unternehmen zum Erfolg. Ein Quick-Check für Manager, Berlin/Heidelberg.

Billen, P. (2004): Analyse des Internet-Nutzungsverhaltens – Wege zur Steigerung der Online-Kaufbereitschaft, in: Bauer H. H./Rösger, J./Neumann, M. M. (Hrsg.): Konsumentenverhalten im Internet, München, S. 333-351.

BITKOM (2014): Big-Data-Technologien – Wissen für Entscheider, https://www.bitkom.org/Publikationen/2014/Leitfaden/Big-Data-Technologien-Wissen-fuer-Entscheider/140228_Big_Data_Technologien_Wissen_fuer_Entscheider.pdf, Zugriff am 05.06.2018.

Blanchard, A. L./Markus, M. L. (2004): The Experienced "Sense" of Virtual Community: Characteristics and Processes, in: The Data Base for Advances in Information Systems, Jg. 35, Nr. 1, S. 65-79.

Bliemel, F./Eggert, A./Adolphs, K. (2000): Preispolitik mit Electronic Business, in: Bliemel, F./Fassott, G./Theobald, A. (Hrsg.): Electronic Commerce: Herausforderungen – Anwendungen – Perspektiven, Wiesbaden, S. 205-217.

Bliemel, F./Theobald, A. (1997): Determinanten der Produkteignung zum Internetvertrieb – eine empirische Studie. Kaiserslauterer Schriftenreihe Marketing, Nr. 3.

Block, C. H. (2001): Professionell einkaufen mit dem Internet: E-Procurement – Direct Purchasing, München.

Bogaschewsky, R. (1999): Elektronischer Einkauf, Gernsbach.

Bogaschewsky, R. (2015): State of the Art und Trends im eProcurement – Ergebnisse der jährlichen BME-Studie, http://www.cfsm.de/fileadmin/Downloads/E-Procure ment/e_ltage_2015.pdf, Zugriff am 04.10.2018.

Bohr, K. (1993): Effizienz und Effektivität, in: Wittmann, W./Kern, W./Köhler, R./Küpper, H. U./von Wysocki, K. (Hrsg.): Handwörterbuch der Betriebswirtschaft, 5. Aufl., Stuttgart, S. 855-869.

Bouwman, V. (2018): Digital in 2018: Die Anzahl der Internetnutzer weltweit knackt die 4 Milliarden Marke, in: Global Digital Report 2018, https://weare social.com/de/blog/2018/01/global-digital-report-2018, Zugriff am 16.11.2018.

Braunstetter, J./Hasenstab, H. (2001): Anwendungsmöglichkeiten des E-Procurement – Erfahrungen und Beispiele aus der Praxis, in: Hermanns, A./Sauter, M. (Hrsg.): Electronic Commerce, 2. Aufl., München, S. 503-513.

Brix, R. (2018): Wie sieht das Marketing im Influencer-Zeitalter aus?, in: Jahnke, M. (Hrsg.): Influencer Marketing – Für Unternehmen und Influencer: Strategien, Plattformen, Instrumente, rechtlicher Rahmen. Mit vielen, Beispielen, Wiesbaden, S. 15-51.

Brunold, J./Merz, H./Wagner, J. (2000): www.cybercommunities.de: Virtual Communities: Strategie, Umsetzung, Erfolgsfaktoren, Landsberg.

Buhse, W. (2014): Management by Internet: Neue Führungsmodelle für Unternehmen in Zeiten der digitalen Transformation, Kulmbach.

Bundesverband Digitale Wirtschaft e.V./INFLURY GmbH (2017): Bedeutung von Influencer Marketing in Deutschland 2017, Eine Studie im Auftrag von BVDW und INFLURY, Berlin, https://www.bvdw.org/fileadmin/bvdw/upload/studien/171128 _IM-Studie_final-draft-bvdw_low.pdf, Zugriff am 25.09.2018.

Burge, M. E. (2016): Apple pay, bitcoin, and consumers: The ABCs of future public payments law, in: The Hastings Law Journal, Jg. 67, Nr. 6, S. 1493-1550.

Butler, B. S. (2001): Membership Size, Communication Activity, and Sustainability: A Resource-Based Model of Online Social Structures, in: Information Systems Research, Jg. 12, Nr. 4, S. 346-362.

Chaudhuri, O. (2018): Anders netzwerken? Wie interne Communities zum Erfolg geführt werden, https://www.bvcm.org/2018/01/anders-netzwerken-wie-interne-com munities-zum-erfolg-gefuehrt-werden/, Zugriff am 04.10.2018.

Choi, S.-Y./Stahl, D. O./Whinston, A. B. (1997): The Economics of Electronic Commerce, Indianapolis.

Cialdini, R. (1987): Einfluss. Wie und warum sich Menschen überzeugen lassen, Landsberg a. L.

Clement, R./Schreiber, D. (2016): Internet-Ökonomie – Grundlagen und Fallbeispiele der vernetzten Wirtschaft, 3. Aufl., Heidelberg.

Cornelsen, J. (2000): Kundenwertanalysen im Beziehungsmarketing – Theoretische Grundlegung und Ergebnisse einer empirischen Analyse im Automobilbereich, Nürnberg.

Cravens, K. S./Guilding, C. (1999): Strategic Brand Valuation – A Cross-Functional Perspective, in: Business Horizons, Jg. 42, Nr. 4, S. 53-62.

Crosby, M./Nachiappan, P./Pattanayak, P./Verma, S./Kalyanaraman, V. (2016): Blockchain Technology: Beyond Bitcoin. Sutardja Center for Entrepreneurship & Technology Technical Report, http://scet.berkeley.edu/wp-content/uploads/AIR-2016-Blockchain.pdf, Zugriff am 06.02.2019.

Crummenerl, C./Kemmer, K. (2015): Digital Leadership – Führungskräfteentwicklung im digitalen Zeitalter, in Personal Entwickeln Dezember 2015, Capgemini, https://www.capgemini.com/consulting-de/wp-content/uploads/sites/32/2017/08/14-10-16_digital_leadership_v11_web_17102016.pdf, Zugriff am 14.11.2018.

Day, G. S./Wensley, R. (1988): Assessing Advantage – A Framework for Diagnosing Competitive Superiority, in: Journal of Marketing, Jg. 52, Nr. 2, S. 1-20.

Diemand, V./Mangold, M./Weibel, P. (2006): Weblogs, Podcasting und Videojournalismus: Neue Medien zwischen demokratischen und ökonomischen Potentialen, Hannover.

Dolmetsch, R. (2000): eProcurement – Einsparungspotentiale im Einkauf, München.

Dorfer, L. (2016): Datenzentrische Geschäftsmodelle als neuer Geschäftsmodelltypus in der Electronic-Business-Forschung: Konzeptionelle Bezugspunkte, Klassifikation und Geschäftsmodellarchitektur, in: Schmalenbachs Zeitschrift für betriebswirtschaftliche Forschung, Jg. 68, Nr. 3, S. 307-369.

Döring, N. (2003): Sozialpsychologie des Internet: Die Bedeutung des Internet für Kommunikationsprozesse, Identitäten, soziale Beziehungen und Gruppen, 2. Aufl., Göttingen.

Dörner, J. H. (2003): Personalisierung im Internet: persönliche Empfehlungen mit "collaborative filtering", Hamburg.

Dörner, S. (2015): Shoppen per iPhone ist günstiger als mit dem PC, http://www.welt.de/wirtschaft/webwelt/article146872671/Shoppen-per-iPhone-ist-guenstiger-als-mit-dem-PC.html, Zugriff am 28.05.2018.

Dourish, P./Chalmers, M. (1998): Running Out of Space: Models of Information Navigation, in: Proceedings of HCI'94, Glasgow 1998, ACM Press, https://www.lri.fr/~mbl/ENS/CSCW/2013/papers/Dourish-HCI94.pdf, Zugriff am 14.02.2019.

Dye, R. (2000): The Buzz on Buzz, in: Harvard Business Review, Jg. 78, Nr. 6, S. 139-146.

Earston, A. (1980): Viewpoint, in: Telecommunications Policy, Jg. 4, Nr. 9, S. 220-225.

Ebersbach, A./Glaser, M./Heigl, R. (2011): Social Web, 2. Aufl., Konstanz.

Elliot, P. (1974): Uses and Gratifications Research: A Critique and a Social Alternative, in: Blumler, J. G./Katz, E. (Hrsg.): The Uses of Mass Communications, Beverly Hills/London, S. 249-268.

Elter, C. (2014): Rechnung stellen – Umsatz sichern: Alle Vorschriften mit Tipps und Beispielen, Wiesbaden.

Engelhardt, W. H./Freiling, J. (1994): Integrativität als Brücke zwischen Einzeltransaktionen und Geschäftsbeziehung, in: Backhaus, K./Diller, H. (Hrsg.): Beziehungsmanagement, Dokumentation des 1. Workshops der Arbeitsgruppe „Beziehungsmanagement" vom 27.-28.09.1993 in Frankfurt a.M., Münster/Nürnberg, S. 53-68.

Fantapié Altobelli, C./Fittkau, S. (1997): Formen und Erfolgsfaktoren der Online-Distribution, in: Trommsdorff, V. (Hrsg.): Handelsforschung: Jahrbuch der Forschungsstelle für den Handel, Berlin (FfH) e.V., Band 1997/1998, Kundenorientierung im Handel, Wiesbaden, S. 397-416.

Farrell, J./Saloner, G. (1985): Standardisation, Compatability and Innovation, in: The Rand Journal of Economics, Jg. 16, Nr. 1, S. 940-955.

Farrell, J./Saloner, G. (1986): Installed Base and Compatibility: Innovation, Product, Preannouncement and Predation, in: American Economic Review, Jg. 76, Nr. 5, S. 940-955.

Faulstich, W. (2000): Grundwissen Medien, 4. Aufl., München.

Fernandes, T./Vieira, V. (2015): Public e-procurement impacts in small-and medium-enterprises, in: International Journal of Procurement Management, Jg. 8, Nr. 5, S. 587-607.

Figallo C./Rhine, N. (2002): Building the Knowledge Management Network. Best Practices, Tools and Techniques for Putting Online Conversation to Work, New York.

Finne, A./Grönroos, C. (2017): Communication-in-use: customer-integrated marketing communication, in: European Journal of Marketing, Jg. 51, Nr. 3, S. 445-463.

Fischer, S. (2016): Agilität als höchste Form der Anpassungsfähigkeit, https://www.haufe .de/personal/hr-management/agilitaet/definition-agilitaet-als-hoechste-form-der-anpassungsfaehigkeit_80_378520.html, Zugriff am 14.11.2018.

Fleisch, E. (2001): Das Netzwerkunternehmen. Strategien und Prozesse zur Steigerung der Wettbewerbsfähigkeit in der „Networked Economy", Berlin/Heidelberg.

Franke, T. S. (2002): Strategische Analyse der E-Commerce-Situation von Unternehmen. Systematik und Verfahren, Hamburg.

Fritz, W. (2004): Internet-Marketing und Electronic Commerce. Grundlagen, Rahmenbedingungen, Instrumente, 3. Aufl., Wiesbaden.

Frohmann, F. (2018): Digitales Pricing – Strategische Preisbildung in der digitalen Wirtschaft mit dem 3-Level-Modell, Wiesbaden.

Ganser, A./Frick, D./Maucher, I. (2003): E-Business – Gestaltungs- und Anwendungssicht am Beispiel „Telekom", in: Beyer, L./Frick, D./Gadatsch, A./Maucher, I./Paul, H. (Hrsg.): Vom E Business zur E-Society. New Economy im Wandel, München/Mering, S. 55-79.

Gareis, K./Korte, W./Deutsch, M. (2000): Die E-Commerce Studie, Wiesbaden.

Genth, 3./Schleusener, M./Kenning, K./Pohst, M. (2016): Dynamische Preissetzung – Wer profitiert?, in: Wirtschaftsdienst, Jg. 96, Nr. 12, S. 863-882.

Gerst, M. (2002): Die Anbindung von Lieferanten an elektronische Marktplätze, in: Nenninger, M./Lawrenz, O. (Hrsg.): B2B-Erfolg durch e-markets und e-procure-ment. Strategien und Konzepte, Systeme und Architekturen, Erfahrungen und best practice, 2. Aufl., Braunschweig, S. 59-75.

Gilmore, W./Erdem, S. A. (2008): The Future of Online Internet Marketing, in: Journal of Business and Economics Research, Jg. 6, Nr. 2, S. 23-26.

Gläß, R. (2018): Künstliche Intelligenz im Handel 2 – Anwendungen: Effizienz erhöhen und Kunden gewinnen, Wiesbaden.

Golovatchev, J./Schepurek, S./Redeker, F. (2015): How to Turn Early Failure into Lasting Success: A Management Framework for Effective Prototyping in Digital Product Development, Detecon Consulting, Köln.

Gölz, A. (2003a): Controlling in virtuellen Dienstleistungsnetzwerken, in: Hofmann, J. unter Mitarbeiter von: Arnold, H./Benz, H./Bonnet, P. B./Gölz, A./Jacobi, J./Schulte-Wieking, J.: Besser arbeiten in Netzwerken – Wie virtuelle Unternehmen Erfolg haben, Aachen, S. 137-156.

Gölz, A. (2003b): Marketing und Kommunikation für virtuelle Netzwerke, in: Hofmann, J. unter Mitarbeiter von: Arnold, H./Benz, H./Bonnet, P. B./Gölz, A./Jacobi, J./Schulte-Wieking, J.: Besser arbeiten in Netzwerken – Wie virtuelle Unternehmen Erfolg haben, Aachen, S. 130-136.

Gora W./Scheid, E. M. (2001): Organisation auf dem Weg zur Virtualität, in: Gora, W./Bauer, H. (Hrsg.): Virtuelle Organisationen im Zeitalter von E-Business und E-Government. Einblicke und Ausblicke, Berlin/Heidelberg, S. 9-24.

Goran, J./Srinivasan, R./LaBerge, L. (2016): Culture for a digital age, in McKinsey Quartely, July 2017, https://www.mckinsey.com/business-functions/digital-mc kinsey/our-insights/culture-for-a-digital-age, Zugriff am 14.11.2018.

Granovetter, M. (1967): The Strength of Weak Ties, in: American Journal of Sociology, Jg. 78, Nr. 6, S. 1360-1380.

Große-Wilde, J. (2004): SRM – Supplier Relationship Management, in: Wirtschaftsinformatik, Jg. 46, Nr. 1, S. 61-63.

Güller, K./Huck, S./Mast, C. (2005): Kundenkommunikation: Ein Leitfaden, Stuttgart.

Günter, M. (2007): Web Security 2.0, in: Kollmann, T./Häsel, M. (Hrsg.): Web 2.0 – Trends und Technologien im Kontext der Net Economy, Wiesbaden, S. 143-158.

Hagel, J./Armstrong, A. G. (1998): Net Gain – Profit im Netz. Märkte erobern mit virtuellen Communities, Wiesbaden.

Hartner, A. (2008): e-Procurement, Saarbrücken.

Hausen, T. (2005): Elektronischer Handel. Einbettung in Geschäftsbeziehungen und Supply Chains, Wiesbaden.

Hedemann, F. (2014): Influencer Marketing I: Was sind Influencer und wie findet man sie?, in: UPLOAD Magazin, https://upload-magazin.de/blog/9469-influencer-marketing-i-was-sind-influencer-und-wie-findet-man-sie/, Zugriff am 25.09.2018.

Heinemann, G. (2018): Der neue Online-Handel – Geschäftsmodelle, Geschäftssysteme und Benchmarks im E-Commerce, 9. Aufl., Wiesbaden.

Helm, S. (2000): Kundenempfehlungen als Marketinginstrument, Wiesbaden.

Herrmann, C./Sulzmeier, S. (2001): Economics, Grundlagen einer Ökonomie im Netz, in: Herrmann, C./Sulzmeier, S. (Hrsg.): E-Marketing, Erfolgskonzepte der 3. Generation, Frankfurt a. M., S. 19-37.

Hilker, C. (2010): Social Media für Unternehmer – Wie man Xing, Twitter, YouTube und Co. erfolgreich im Business einsetzt, Wien.

Hirn, W./Rickens, C. (2003): Das Internet lebt – allen Skeptikern zum Trotz, in: Manager Magazin, Jg. 33, Nr. 6, S. 72-86.

Hirschmann, A. O. (1974): Abwanderung und Widerspruch, Tübingen.

Hoffmann, W./Hirschmann, P./Scheer, A. W. (1996): Initiierung Virtueller Unternehmen – leisten Kooperationsbörsen Unterstützung?, in: Industrie-Management, Jg. 12, Nr. 6, S. 10-14.

Hommen, N. (2007): Mashups und weborientierte Architekturen als Technologie-Trends des Web 2.0, in: Kollmann, T./Häsel, M. (Hrsg.): Web 2.0 – Trends und Technologien im Kontext der Net Economy, Wiesbaden, S. 103-120.

Howaldt, J./Ellerkmann, F. (2011): Entwicklungsphasen von Netzwerken und Unternehmenskooperationen, in: Becker, T./Dammer, I./Howaldt, J./Killich, S./Loose, A. (Hrsg.): Netzwerkmanagement. Mit Kooperation zum Unternehmenserfolg, 3. Aufl., Berlin/Heidelberg, S. 23-36.

Jahnke, M. (2018): Influencer Marketing – Für Unternehmen und Influencer: Strategien, Plattformen, Instrumente, rechtlicher Rahmen. Mit vielen Beispielen, Wiesbaden.

Kamps, I./Schetter, D. (2018): Performance Marketing. Der Wegweiser zu einem mess- und steuerbaren Marketing – Einführung in Instrumente, Methoden und Technik, Wiesbaden.

Katz, M. L./Shapiro, C. (1985): Network Externalities, Competition, and Compatibility, in: American Economic Review, Jg. 75, Nr. 3, S. 424-440.

Keding, T. (2007): Virtuelle Communities: Erfolgsfaktoren für das Internet-Geschäftsmodell virtueller Gemeinschaften, Saarbrücken.

Keller, K. L. (2008): Strategic Brand Management: Building, Measuring, and Managing Brand Equity, 3. Aufl., Upper Saddle River.

Keller, M. (2017): Digitale Prozesse: 8 Stolpersteine für Unternehmen im digitalen Wandel, in: IT-Support, https://it-service.network/blog/2017/04/18/digitale-prozesse/, Zugriff am 14.11.2018.

Kemkes, S. (2015): E-Commerce. Möglichkeiten und Grenzen von Multichannel-Marketing und E-Logistiksystemen, Hamburg.

Kensbock, J. M. (2018): Building Bridges over Troubled Waters : How Individuals, New Ventures, and Established Organizations Are Facing Challenges in Dynamic Contemporary Business Environments : An Approach Linking Entrepreneurship, Psychology, and Organizational Behavior.

Kerres, M. (2018): Mediendidaktik – Konzeption und Entwicklungdigitaler Lernangebote, 5. Aufl., Berlin.

Keßler, E./Rabsch, S./Mandić, M. (2015): Erfolgreiche Websites: SEO, SEM, Online-Marketing, Usability, 3. Aufl., Bonn.

Kilian, K. (2011): Determinanten der Markenpersönlichkeit. Relevante Einflussgrößen und mögliche Transfereffekte, Wiesbaden.

Kim, A. J. (2000): Community Building on the Web: Secret Strategies for Successful Online Communities, Boston.

Kim, M./Suresh, N./Kocabasoglu-Hillmer, C. (2015): Impact of strategic sourcing and E-procurement, in: Journal of Business & Industrial Marketing, Jg. 30, Nr. 1, S. 1-16.

Kirzner, I. M. (1974): Competition and Entrepreneurship, 2. Aufl., Chicago.

Klein, S. (1994): Virtuelle Organisationen, in: Wirtschaftswissenschaftliches Studium, Jg. 23, Nr. 6, S. 309-311.

Kleinecken, A. (2004): eProcurement, in: Wannenwetsch, H./Nicolai, S. (Hrsg.): E-Supply-Chain-Management, Wiesbaden, S. 90-118.

Kober, C. (2018): Digitale Einkaufsverfahren, in: Die Verhandlungsmethoden der Einkäufer, Wiesbaden.

Koch, M./Richter, A. (2009): Enterprise 2.0: Planung, Einführung und erfolgreicher Einsatz von Social Software in Unternehmen, München.

Koch, M./Richter, A./Schlosser, A. (2007): Produkte zum IT-gestützten Social Networking in Unternehmen, in: Wirtschaftsinformatik, Jg. 49, Nr. 6, S. 448-455.

Kollmann, T. (1998a): Akzeptanz innovativer Nutzungsgüter und -systeme: Konsequenzen für die Einführung von Telekommunikations- und Multimediasystemen, Wiesbaden.

Kollmann, T. (1998b): The Information Triple Jump as the Measure of Success in Electronic Commerce, in: Electronic Markets, Jg. 8, Nr. 4, S. 44-49.

Kollmann, T. (1998c): Marketing for Electronic Market Places – the Relevance of Two "Critical Points of Success", in: Electronic Markets, Jg. 8, Nr. 3, S. 36-39.

Kollmann, T. (1999a): Wie der virtuelle Marktplatz funktionieren kann, in: Harvard Business Manager, Jg. 21, Nr. 4, S. 27-34.

Kollmann, T. (1999b): Virtual Marketplaces: Building Management Information Systems for Internet Brokerage, in: Virtual Reality, Jg. 4, Nr. 4, S. 275-290.

Kollmann, T. (2000a): Elektronische Marktplätze – Die Notwendigkeit eines bilateralen One to One-Marketingansatzes, in: Bliemel, F./Fassott, G./Theobald, A. (Hrsg.): Electronic Commerce – Herausforderungen – Anwendungen – Perspektiven, 3. Aufl., Wiesbaden, S. 123-144.

Kollmann, T. (2000b): Competitive Strategies for Electronic Marketplaces, in: Electronic Markets, Jg. 10, Nr. 2, S. 102-109.

Kollmann, T. (2000c): Virtuelle Marktplätze, in: Die Betriebswirtschaft, Jg. 60, Nr. 6, S. 816-819.

Kollmann, T. (2001a): Virtuelle Marktplätze. Grundlagen – Management – Fallstudie, München.

Kollmann, T. (2001b): Virtuelle Marktplätze im Electronic Commerce, in: Hermanns, A./Sauter, M. (Hrsg.): Management-Handbuch Electronic Commerce, 2. Aufl., München, S. 43-53.

Kollmann, T. (2002): E-Venture – Unternehmensgründung im Electronic Business, in: Weiber, R. (Hrsg.): Handbuch Electronic Business: Informationstechnologien – Electronic Commerce – Geschäftsprozesse, 2. Aufl., Wiesbaden, S. 881-907.

Kollmann, T. (2003): Vertrauensmanagement – Erfolgsfaktoren für die Kundengewinnung im E Business, Frankfurt a. M.

Kollmann, T. (2004): E-Venture – Grundlagen der Unternehmensgründung in der Net Economy. Mit Multimedia-Fallstudie auf CD-ROM, Wiesbaden.

Kollmann, T. (2005): The Matching Function for Electronic Market Places – Determining the Probability of Coordinating of Supply and Demand, in: International Journal of Electronic Business, Jg. 3, Nr. 5, S. 461-472.

Kollmann, T. (2006): What is E-Entrepreneurship? – Fundamentals of Company Founding in the Net Economy, in: International Journal of Technology Management, Jg. 33, Nr. 4, S. 322-340.

Kollmann, T. (2013): Online-Marketing: Grundlagen der Absatzpolitik in der Net Economy, 2. Aufl., Stuttgart.

Kollmann, T. (2018): Digitale Meinungsmache – 60 Ratschläge an Gründer, Unternehmer und Politik für die Digitale Transformation, Essen/Köln 2018, www.digitale-meinungsmache.de, Zugriff am 31.01.2019.

Kollmann, T. (2019a): E-Business: Grundlagen elektronischer Geschäftsprozesse in der Digitalen Wirtschaft, 7. Aufl., Wiesbaden.

Kollmann, T. (2019b): E-Entrepreneurship: Grundlagen der Unternehmensgründung in der Digitalen Wirtschaft, 7. Aufl., Wiesbaden.

Kollmann, T./Häsel, M. (2006): Cross-Channel Cooperation – The Bundling of Online and Offline Business Models, Wiesbaden.

Kollmann, T./Häsel, M. (2008): Cross-channel Cooperation: On the Collaborative Integration of Online and Offline Business Models of E-Entrepreneurs and Traditional SMEs, in: International Journal of Entrepreneurship and Small Business, Jg. 6, Nr. 2, S. 212-229.

Kollmann, T./Häsel, M. (2009): Cross-Channel Cooperation, in: Pagani, M. (Hrsg.), Encyclopedia of Multimedia Technology and Networking, 2. Aufl., Hershey, S. 299-304.

Kollmann, T./Hensellek, S./de Cruppe, K./Sirges, A. (2019): Toward a Renaissance of Cooperatives Fostered by Blockchain on Electronic Marketplaces – A Theory-Driven Case Study Approach, Whitepaper.

Kollmann, T./Herr, C. T. (2003): Online-Kooperationen als Markteintrittschance für Startups im E-Business, in: Büttgen, M./Lücke, F. (Hrsg.): Online-Kooperationen, Wiesbaden, S. 99-112.

Kollmann, T./Kayser, I. (2010): E-Government. Status Quo and Future Trends, in: Lee, I. (Hrsg.): Encyclopedia of E-Business Development and Management in the Digital Economy, Hershey, S. 1266-1274.

Kollmann, T./Kayser, I./Stöckmann, C. (2012): Acceptance of Electronic Democracy: an Empirically Validated Approach, in: Electronic Government, An International Journal, Jg. 9, Nr. 4, S. 370-387.

Kollmann, T./Krell, P. (2011): Innovationsmanagement in der Net Economy – E-Business, in: Albers, S./Gassmann, G. (Hrsg.): Handbuch Technologie- und Innovationsmanagement, 2. Aufl., Wiesbaden, S. 665-688.

Kollmann, T./Kuckertz, A./Kayser, I. (2012): Cannibalization or Synergy? Consumer's Channel Selection in Online-Offline Multichannel Systems, in: Journal of Retailing and Consumer Services, Jg. 19, Nr. 2, S. 186-194.

Kollmann, T./Kuckertz, A./Stöckmann, C. (2010): E-Entrepreneurship and ICT Ventures: Strategy, Organization and Technology, Hershey, PA.

Kollmann, T./Schmidt, H. (2016): Deutschland 4.0 – Wie die digitale Transformation gelingt, Wiesbaden.

Kollmann, T./Stöckmann, C. (2007): Oszillationseffekte für Web 2.0-Plattformen – Kritische-Masse-Probleme im virtuellen Wettbewerb, in: Kollmann, T./Häsel, M. (Hrsg.): Web 2.0 – Trends und Technologien im Kontext der Net Economy, Wiesbaden, S. 207-224.

Kollmann, T./Stöckmann, C./Schröer, C. (2009): The Diffusion of Web 2.0 Platforms: The Problem of Oscillating Degrees of Utilization, in: Xu, J./Quaddus, M. (Hrsg.), E-Business in the 21st Century: Realities, Challenges, and Outlook, World Scientific Publishing, S. 255-273.

Kollmann, T./Suckow, C./Peschl, A. (2015): Die Besonderheiten des Gründungsmarketings für Internet-Unternehmen, in: Jörg Freiling, J./Kollmann, T. (Hrsg.): Entrepreneurial Marketing – Besonderheiten, Aufgaben und Lösungsansätze für Gründungsunternehmen, 2. Aufl., Wiesbaden, S. 155-176.

Kollmann, T./Tanasic, J. (2012): Herausforderung Online-Marketing – Neue Marketinginstrumente zur verbesserten Kundenansprache durch Personalisierung und Individualisierung, in: digma, Jg. 12, Nr. 3, S. 98-102.

Koppelmann, U. (2004): Beschaffungsmarketing, 4. Aufl., Berlin.

Koppelmann, U./Brodersen, K./Volkmann, M. (2001): Electronic Procurement im Beschaffungsmarketing, in: Wirtschaftswissenschaftliches Studium, Jg. 30, Nr. 2, S. 79-86.

Korell, T./Kiefer, T. (2001): Zahlungsverfahren und Zahlungsmittel der deutschen Finanzindustrie im Marketspace, in: Eggers, B./Hoppen, G. (Hrsg.): Strategisches E-Commerce-Management, Wiesbaden, S. 243-268.

Kotler, P. (1995): Marketing-Management: Analyse, Planung, Umsetzung und Steuerung, 8. Aufl., Stuttgart.

Kotler, P./Keller, K. L. (2016): Marketing Management, 15. Aufl., Harlow.

KPMG (1999): Electronic Procurement, München.

Krause, J. (2000): E-Commerce und Online-Marketing – Chancen, Risiken und Strategien, 2. Aufl., München.

Kreutzer, R. T. (2018): Praxisorientiertes Online-Marketing: Konzepte – Instrumente – Checklisten, 3. Aufl., Wiesbaden.

Kreutzer, R.T./Land, K.H. (2017): Digitale Markenführung – Digital Branding im Zeitalter des digitalen Darwinismus, Springer Gabler, Wiesbaden.

Kreuzpaintner, S. (2006): Markenmanagement virtueller Dienstleistungsunternehmen, in: Bieger, T./Beritelli, P. (Hrsg.): Dienstleistungsmanagement in Netzwerken – Wettbewerbsvorteile durch das Management des virtuellen Dienstleistungsunternehmens, Basel, S. 159-185.

Kroeber-Riel, W./Gröppel-Klein, A. (2013): Konsumentenverhalten, 10. Aufl., München.

Kroker, M. (2015): Big Data: 2,5 Trillionen Byte Daten jeden Tag, wächst vier Mal schneller als Weltwirtschaft, http://blog.wiwo.de/look-at-it/2015/04/22/big-data-25-trillionen-byte-daten-jeden-tag-wachst-vier-mal-schneller-als-weltwirtschaft, Zugriff am 29.05.2018.

Kroker, M. (2017): Weltweite Datenmengen verzehnfachen sich bis zum Jahr 2025 gegenüber heute, http://blog.wiwo.de/look-at-it/2017/04/04/weltweite-datenmengen-verzehnfachen-sich-bis-zum-jahr-2025-gegenueber-heute/, Zugriff am 30.07. 2018.

Krüger, W./Pfeiffer, P. (1991): Eine konzeptionelle und empirische Analyse der Informationsstrategien und Aufgaben des Informationsmanagements, in: Zeitschrift für betriebswirtschaftliche Forschung, Jg. 43, Nr. 1, S. 21-43.

Krylov, V.A./Kenny, E./Dahyot (2018): Automatic Discovery and Geotagging of Objects from Street View Imagery, in: Remote Sensing, Jg. 10, Nr. 5.

Krystek, U./Redel, W./Reppegather, S. (1997): Grundzüge virtueller Organisationen – Elemente und Erfolgsfaktoren, Chancen und Risiken, Wiesbaden.

Kuhl, J. (2002): Application Service Providing, Lösungen für den Mittelstand? Überlegungen am Beispiel betriebswirtschaftlicher Standardsoftware, in: Gabriel, R./Hoppe, U. (Hrsg.): Electronic Business – Theoretische Aspekte und Anwendungen in der betrieblichen Praxis, Heidelberg, S. 299-326.

Laga, G. (2013): Fünf Thesen zur E-Rechnung, in Laga, G. (Hrsg.): Handbuch E-Rechnung und E-Procurement – Rechtliche und technische Rahmenbedingungen, Wien, S. 9-34.

Lammenett, E. (2017): Praxiswissen Online-Marketing: Affiliate- und E-Mail-Marketing, Suchmaschinenmarketing, Online-Werbung, Social Media, Facebook-Werbung, 6. Aufl., Wiesbaden.

Lampe, C./Johnston, E. (2005): Follow the (Slash) dot: Effects of Feedback on New Members in an Online Community, Proceedings of the 2005 international ACM SIGGROUP conference on Supporting group work, S. 11-20.

Langerak, F./Verhoef, P. C./Verlegh, P. W. J./deValck, K. (2003): The Effect of Members' Satisfaction with a Virtual Community on Member Participation, Arbeitspapier Nr. 51, Erasmus Research Institute of Management, Rotterdam School of Management, Rotterdam.

Lawrenz, O./Nenninger, M. (2002): Von e-Procurement zu e-Markets – Eine Einführung, in: Nenninger, M./Lawrenz, O. (Hrsg.): B2B-Erfolg durch e-markets und e-procurement. Strategien und Konzepte, Systeme und Architekturen, Erfahrungen und best practice, 2. Aufl., Braunschweig, S. 1-29.

Lee, S./Zufryden, F./Drèze, X. (2003): A Study of Consumer Switching Behavior across Internet Portal Web Sites, in: International Journal of Electronic Commerce, Jg. 7, Nr. 3, S. 39-63.

Loevenich, P./Lingenfelder, M. (2004): Kundensegmentierung im E Commerce: Eine verhaltenswissenschaftliche Typisierung von Online-Käufern, in: Bauer, H. H./Neumann, M./Rösger, J. (Hrsg.): Konsumentenverhalten im Internet, München, S. 41-57.

Lommatzsch, T. (2018): Begriffserklärung: Influencer Marketing vs. Influencer Relations, in: Schach, A./Lommatzsch, T. (Hrsg.): Influencer Relations – Marketing und PR mit digitalen Meinungsführern, Wiesbaden, S. 23-26.

Lovink, G. (2006): Digitale Nihilisten: Die Blogospähre unterminiert den Medienmainstream, in: Lettre International, Nr. 73, S. 95.

Markotten, D. G./Kaiser, J. (2000): Benutzbare Sicherheit – Herausforderungen und Modell für E-Commerce-Systeme, in: Wirtschaftsinformatik, Jg. 42, Nr. 6, S. 531-538.

Markus, U. (2002): Integration der virtuellen Community in das CRM: Konzepte, Rahmenmodell, Realisierung, Lohmar/Köln.

Mattmüller, R./Tunder, R. (2002): Zur Bedeutung von Marken und Markenwert für Anbieter und Nachfrager, in: Hommel, U./Knecht, T. C. (Hrsg.): Wertorientiertes Start-Up-Management, München, S. 335-354.

Mayer, A. G. (2000): Strategische Unternehmensnetzwerke und Marketing. Aufbau und Management von marktorientierten strategischen Interorganisationsbeziehungen, Univ. Diss., Regensburg.

McKinney, V./Kanghyun, Y./Zahedi, F. M. (2002): The Measurement of Web-Customer Satisfaction: An Expectation and Disconfirmation Approach, in: Information Systems Research, Jg. 13, Nr. 3, S. 296-315.

Meier, A./Stormer, H. (2012): eBusiness & eCommerce – Management der digitalen Wertschöpfungskette, 3. Aufl., Wiesbaden.

Mertens, P./Griese, J./Ehrenberg, D. (1998): Virtuelle Unternehmen und Informationsverarbeitung, Berlin/Heidelberg.

Merz, M. (2002): E-Commerce und E-Business. Marktmodelle, Anwendungen und Technologien, 2. Aufl., Heidelberg.

Metzner, S. (2016): Blockchain – Wie der Markt sich an die neuen Möglichkeiten herantastet, https://blog.trendone.com/2016/07/13/blockchain-wie-der-markt-sich-an-die-neuen-moeglichkeiten-herantastet/, Zugriff am 06.02.2019.

Mikloweit, T. (2007): Social Software – Zusammengehörigkeit und Demokratisierung im Web 2.0, in: Kollmann, T./Häsel, M. (Hrsg.): Web 2.0 – Trends und Technologien im Kontext der Net Economy, Wiesbaden, S. 53-68.

Mises, L. v. (1940): Nationalökonomie, Genf.

Mödinger, W. (2008): Marketing to the Social Web. Die Rolle von Web 2.0 im Marketing-Mix, in: Haasis, K./Zaboura, N. (Hrsg.): A Digital Lifestyle. Leben und Arbeiten mit Social Software, Stuttgart, S. 83-91.

Möhrstädt, D. G./Bogner, P./Paxian, S. (2001): Electronic Procurement planen, einführen, nutzen, Stuttgart.

Möller, E. (2006): Die heimliche Medienrevolution: Wie Weblogs, Wikis und freie Software die Welt verändern, 2. Aufl., Hannover.

Mueller, W./Windhaus, M. (2002): Reverse Auctions gelangen im Unternehmenseinkauf zur Reife, in: Nenninger, M./Lawrenz, O. (Hrsg.): B2B-Erfolg durch eMarkets und eProcurement – Strategien und Konzepte, Systeme und Architekturen, Erfahrungen und Best Practice, 2. Aufl., Braunschweig/Wiesbaden, S. 131-152.

Mühlenbeck, F./Skibicki, K. (2008): Community Marketing Management: Wie man Online-Communities im Internet-Zeitalter des Web 2.0 zum Erfolg bringt, 2. Aufl., Köln.

Müller, D. (2003): IT-Werkzeuge für das Management Virtueller Unternehmen, in: Albers, S./Wolf, J. (Hrsg.): Management Virtueller Unternehmen, Wiesbaden, S. 89-130.

Müller, E. (2017): Interview mit TUI-Chef Fritz Joussen: Blockchain ist die Zukunft – da muss die gesamte deutsche Industrie hin, http://www.manager-magazin.de/unternehmen/artikel/blockchain-monopole-wie-booking-oder-airbnb-brechen-a-1140811.html, Zugriff am 06.02.2019.

Müller, U. (2005): Kundenbindung im E-Commerce: Personalisierung als Instrument des Customer Relationship Marketing, Wiesbaden.

Nekolar, A. (2003): E-Procurement – Euphorie und Realität, Berlin.

Nenninger, M./Hillek, T. (2000): eSupply Chain Management, in: Lawrenz, O./Hilde-brand, K./Nenninger, M. (Hrsg.): Supply Chain Management – Strategien, Konzepte und Erfahrungen auf dem Weg zu E Business Networks, Braunschweig, S. 1-14.

Noam, E. M. (1997): Systemic Bottlenecks in the Information Society, in: European Communication Council (ECC) – Report 1997 (Hrsg.): Exploring the Limits, Berlin, S. 35-44.

North, K./Romhardt, K./Probst, G. (2000): Wissensgemeinschaften – Keimzelle lebendigen Wissensmanagements, in: io management, Jg. 69, Nr.7-8, S. 52-62.

o. V. (2017): SAP Digital Transformation Executive Study: 4 Ways Leaders Set Themselves Apart, An SAP Center for Business Insight study with research and analysis support from Oxford Economics, https://www.sap.com/cmp/dg/innovation-is-live/typ.html#pdf-asset=9ec2900c-c67c-0010-82c7-eda71af511fa&page=2, Zugriff am 12.11.2018.

O'Murchu, I./Breslin, J. G./Decker, S. (2004): Online Social and Business Networking Communities, Technical Report 2004-08-11, Digital Enterprise Research Institute, National University of Ireland, Galway.

Oram, A. (2001): Peer-to-Peer: Harnessing the Benefits of a Disruptive Technology, Sebastopol.

Orton, J. D./Weick, K. E. (1990): Loosely Coupled Systems: A Reconceptionalization, in: Academy of Management Review, Jg. 15, Nr. 2, S. 203-223.

Panten, G. (2005): Internet-Geschäftsmodell Virtuelle Community: Analyse zentraler Erfolgsfaktoren unter Verwendung des Partial-Least-Squares (PLS)-Ansatzes, Wiesbaden.

Peppers, D./Rogers, M. (1997): Enterprise One to One: Tools for Competing in the Interactive Age, New York.

Peter, J. P./Olson, J. C. (2010): Consumer Behaviour and Marketing Strategy, 7. Aufl., Columbus.

Peter, S. I. (1999): Kundenbindung als Marketingziel: Identifikation und Analyse zentraler Determinanten, 2. Aufl., Wiesbaden.

Peukert, J./Ghazvinian, A. (2001): E-Procurement als neue Beschaffungsstrategie, in: Eggers, B./Hoppen, G. (Hrsg.): Strategisches E-Commerce-Management, Wiesbaden, S. 187-218.

Picot, A./Reichwald, R./Wigand, R. T. (2003): Die grenzenlose Unternehmung. Information, Organisation und Management, 5. Aufl., Wiesbaden.

Pindl, T. (2002): Führen und Coachen von virtuellen Netzwerken. Arbeiten und Führen – unabhängig von Ort und Zeit, Köln.

Pippow, I. (2004): Software-Agenten in Distributionsnetzen – Potenziale vertikaler Informationsteilung zur Senkung von Transaktionskosten, Wiesbaden.

Pohl, A./Kluge, B. (2001): Pricing – der richtige Preis im Zeitalter von Agenten und Reverse Auctions, in: Klietmann, M. (Hrsg.): Kunden im E Commerce. Verbraucherprofile, Vertriebstechniken, Vertrauensmanagement, Düsseldorf, S. 133-159.

Pohl, A./Litfin, T./Wilger, G. (2001): Marktauftritt Internet: Strategische Herausforderung und Umsetzung im Marketing-Mix, in: Weiber, R. (Hrsg.): Handbuch Electronic Business: Informationstechnologien – Electronic Commerce – Geschäftsprozesse, Wiesbaden, S. 209-233.

Pohl, A./Weiber, R. (2014): Neue Technologien – neue Marketing-Regeln, in: Das Wirtschaftsstudium, Jg. 43, Nr. 6, S. 754-759.

Porter, M. (2013): Wettbewerbsstrategie: Methoden zur Analyse von Branchen und Konkurrenten, 12. Aufl., Frankfurt a. M./New York.

Präuer A./Thies, A. (2016): Digitalisierung und Cognitive Sourcing, https://beschaffung-aktuell.industrie.de/einkauf/digitalisierung-und-cognitive-sourcing/, Zugriff am 04.10.2018.

Präuer, A. (2004): Solutions Sourcing: Strategien und Strukturen interorganisationaler Wertschöpfungssysteme, Wiesbaden.

Rayport, J. F./Jaworski, B. J. (2002): Introduction to E-Commerce, New York.

Rebstock, M. (2000): Elektronische Geschäftsabwicklung, Märkte und Transaktionen – eine methodische Analyse, in: HMD Praxis der Wirtschaftsinformatik, Jg. 37, Nr. 215, S. 5-15.

Richard, O. (2003): Bedeutung von Kooperationen für Unternehmen der Net-Economy, in: Kollmann, T. (Hrsg.): E-Venture-Management – Neue Perspektiven der Unternehmensgründung in der Net Economy, Wiesbaden, S. 467-477.

Richter, A./Koch, M./Krisch, M. J. (2007): Social Commerce – Eine Analyse des Wandels im E-Commerce, Technischer Bericht Nr. 2007-03, Fakultät für Informatik, Universität der Bundeswehr, München.

Riemer, K./Klein, S. (2001): Personalisierung von Online-Shops – und aus Distanz wird Nähe, in: Klietmann, Markus (Hrsg.): Report Online-Handel, Düsseldorf, S. 141-163.

Riemer, K./Klein, S. (2002): Supplier Relationship Management: Supplier Relationships im Rahmen des Partnership Managements, in: Hildebrandt, K. (Hrsg.): HMD – Praxis der Wirtschaftsinformatik: Supplier Relationship Management, Jg. 39, Nr. 228, S. 5-22.

Riemer, K./Totz, C. (2002): Virales Marketing – Eine Werbebotschaft breitet sich aus, in: Schögel, M./Schmidt, I. (Hrsg.): eCRM mit Interformationstechnologien Kundenpotenziale nutzen, Düsseldorf, S. 415-442.

Rogge, P. S. (2007): Nutzergenerierte Inhalte als Erlösquelle für Medienunternehmen, Arbeitspapiere des Instituts für Rundfunkökonomie, Nr. 320, Köln.

Rohde, H. (2017): Blockchain wird Vermittler arbeitslos machen, https://kommunikation-mittelstand.digital/blockchain-wird-vermittler-arbeitslos-machen/, Zugriff am 06.02.2019.

Röhle, T. (2010): Der Google-Komplex – Über Macht im Zeitalter des Internets, Wetzlar.

Roland, F./Kleeberg, L. (2002): Strategisches Beschaffungsmarketing, in: Manschwetus, U./Rumler, A. (Hrsg.): Strategisches Internetmarketing – Entwicklungen in der Net Economy, Wiesbaden, S. 303-327.

Sarasvathy, S. D. (2001): Causation and Effectuation: Toward a Theoretical Shift from Economic Inevitability to Entrepreneurial Contingency, in: The Academy of Management Review, Jg. 26, Nr. 2, S. 243-263.

Schackmann, J./Schüh, J. (2001): Personalisierte Portale, in: Wirtschaftsinformatik, Jg. 43, Nr. 6, S. 623-625.

Scheer, C./Hansen, T./Loos, P. (2003): Erweiterung von Produktkonfiguratoren im Electronic Commerce um eine Beratungskomponente, ISYM – Information Systems & Management Arbeitspapier Nr. 11, Johannes Gutenberg-Univeristät Mainz, August 2003.

Schenk, G. (2007): Individualisierung und Personalisierung – Kernprinzipien für Online-Geschäftsmodelle im Web 2.0, in: Kollmann, T./Häsel, M. (Hrsg.): Web 2.0 – Trends und Technologien im Kontext der Net Economy, Wiesbaden, S. 35-51.

Scherff, D. (2018): Der verrückte Aufstieg von Wirecard, in: Frankfurter Allgemeine Sonntagszeitung, Ausgabe 9 September, Nr. 36.

Schmalzl, B./Imbery, H./Merkl, A. (2004): Wissensmanagement – Wissen in der Gemeinschaft teilen und nutzen, in: Schmalzl, B. (Hrsg.): Arbeit und elektronische Kommunikation der Zukunft. Methoden und Fallstudien zur Optimierung der Arbeitsplatzgestaltung, Berlin/Heidelberg, S. 441-458.

Schmid, B. (1993): Elektronische Märkte, in: Wirtschaftsinformatik, Jg. 35, Nr. 5, S. 465-480.

Schmidt, J. (2006): Weblogs: Eine kommunikationssoziologische Studie, Konstanz.

Schoder, D./Fischbach, K. (2002): Die Bedeutung von Peer-to-Peer-Technologien für das Electronic Business, in: Weiber, R. (Hrsg.): Handbuch Electronic Business, Informationstechnologien – Electronic Commerce – Geschäftsprozesse, 2. Aufl., Wiesbaden, S. 99-115.

Scholz, T. (2017): Uberworked and underpaid – how workers are disrupting the Digital Economy. Malden, MA, USA: Polity Press.

Schramm, W. (1955): Information Theory and Mass Communication, in: Journalism Quarterly, Jg. 32, Nr. 2, S. 131-146.

Schubert, H. (2018): Netzwerkmanagement in Kommune und Sozialwirtschaft – Eine Einführung, Springer VS, Wiesbaden.

Schubert, P. (2000): Virtuelle Transaktionsgemeinschaften im Electronic Commerce: Management, Marketing und soziale Umwelt, 2. Aufl., Lohmar.

Schubert, P. (2002): E Procurement: Elektronische Unterstützung der Beschaffungsprozesse in Unternehmen, in: Schubert, P./Wölfle, R./Dettling, W. (Hrsg.): Procurement im E Business – Einkaufs- und Verkaufsprozesse elektronisch optimieren, München, S. 1-28.

Schumann, M./Hess, T./Wittenberg, S./Burghardt, M./Wilde, T. (2004): Management von virtuellen Unternehmen. Softwareunterstützung und innovative Technologien, Göttingen.

Schwarze, J./Schwarze, S. (2002): Electronic Commerce, Grundlagen und praktische Umsetzung, Verlag Neue Wirtschafts-Briefe, Herne.

Schwerdt, Y. (2005): Bürgermarketing, in: Absatzwirtschaft 10/2005, S. 26.

Seifert, D. (2013): Electronic-Commerce – Mobile-Commerce – Social-Commerce Guide: Lexikon mit den relevanten Definitionen und KPIs in der digitalen Welt, Mönchengladbach.

Seufert, S./Moisseeva, M./Steinbeck, R (2002): Virtuelle Communities gestalten, in: Hohenstein, A./Wilbers, K. (Hrsg.): Handbuch E-Learning für Wissenschaft und Praxis, Köln, S. 35-52.

Silberer, G. (2000): Online-Marketing in deutschen Unternehmen. Einsatz – Akzeptanz – Wirkung. Wiesbaden.

Silberer, G. (2002): Interaktive Kommunikationspolitik im Electronic Business, in: Weiber, R. (Hrsg.): Handbuch Electronic Business: Informationstechnologien – Electronic Commerce – Geschäftsprozesse, Wiesbaden, S. 709-731.

Simon, H. (1988): Management strategischer Wettbewerbsvorteile, in: ZfB, Jg. 58, Nr. 4, S. 461-480.

Simon, R. (2000): E-Procurement, in: Cybiz, Nr. 9, S. 24-30.

Skiera, B./Spann, M. (2002): Flexible Preisgestaltung im Electronic Business, in: Weiber, R. (Hrsg.): Handbuch Electronic Business: Informationstechnologien – Electronic Commerce – Geschäftsprozesse, 2. Aufl., Wiesbaden, S. 687-707.

Smeltzer, L. R./Carter, J. R. (2001): How to Build an E-Procurement Strategy, in: Supply Chain Management Review, Jg. 2, Nr. 5, S. 76-83.

Spohrer, M./Blackert, S. (2001): E-Commerce – die Kundenperspektive, in: Hermanns, A./Sauter, M. (Hrsg.): Management-Handbuch Electronic Commerce, München, 2. Aufl., S. 75-83.

Statista (2018): Number of world of Warcraft subscribers by quarter, https://www.sta tista.com/statistics/276601/number-of-world-of-warcraft-subscribers-by-quarter/, Zugriff am 04.10.2018.

Stauss, B. (2008): Weblogs als Herausforderung für das Customer Care, in: Bauer, H. H./Große-Leege, D./Rösger, J. (Hrsg.): Interactive Marketing im Web 2.0+. Konzepte und Anwendungen für ein erfolgreiches Marketingmanagement im Internet, 2. Aufl., München, S. 251-266.

Stoll, P. P. (2007): E-Procurement: Grundlagen, Standards und Situation am Markt, Wiesbaden.

Stormer, H. (2007): Improving E-Commerce Recommender Systems by the Identification of Seasonal Products, in: Mobasher, B./Annand, S. S./Kobsa, A./Jannach, D. (Hrsg.): Proceedings of the Workshop of Intelligent Techniques for Web Personalization and Recommender Systems in E-Commerce, CA.

Ströbel, M. (2002): A Design and Implementation Framework for Symmetric Multi-Attribute Negotiation Intermediation in Electronic Markets, Zürich.

Subramaniam, C./Shaw, M. J. (2004): The Effects of Process Characteristics on the Value of B2B E-Procurement, in: Information Technology and Management, Jg. 5, Nr 1-2, S. 161-180.

Sydow, J./Windeler, A. (1997): Über Netzwerke, virtuelle Integration und Interorganisationsbeziehungen, in: Sydow, J./Windeler, A. (Hrsg.): Management interorganisationaler Beziehungen. Vertrauen, Kontrolle und Informationstechnik, Opladen, S. 1-21.

Szymanski, D. M./Hirse, R. T. (2000): E-Satisfaction: An Initial Examination, in: Journal of Retailing, Jg. 76, Nr. 3, S. 309-322.

Talin, B. (2018): Blockchain – Möglichkeiten und Anwendungen der Technologie, in: More than digital, https://morethandigital.info/blockchain-moeglichkeiten-und-anwendungen-der-technologie/, Zugriff am 19.09.2018.

Tannenbaum, R./Weschler, I.R./Massarik, F. (1961): Leadership Organization: A Behavioural Approach, New York.

Tantzen, N. (2006): Organisatorische Gestaltung Virtueller Unternehmen, Univ. Diss., Aachen.

Teten, D./Allen, S. (2005): The Virtual Handshake: Opening Doors and Closing Deals Online, New York.

Tiedke, D. (2000): Bedeutung des Online Marketing für die Kommunikationspolitik, in: Link, J. (Hrsg.): Wettbewerbsvorteile durch Online-Marketing. Die strategischen Perspektiven elektronischer Märkte, 2. Aufl., Berlin, S.77-119.

Tietz, R. (2007): Virtuelle Communities als innovatives Instrument für Unternehmen: Eine explorative Fallstudienanalyse im Hobby- und Freizeitgüterbereich, Hamburg.

Toporowski, W./Zielke, S. (2006): Supplier-Relationship-Management, in: Zentes, J. (Hrsg.): Handbuch Handel: Strategien – Perspektiven – Internationaler Wettbewerb, Wiesbaden, S. 759-779.

Tripp, H. (2002): Electronic Procurement Services, Lohmar.

Voigt, K.-I./Landwehr, S./Zech, A. (2003): Elektronische Marktplätze. E-Business im B2B-Bereich, Heidelberg.

Von Lingen, T. (1993): Marktgleichgewicht oder Marktprozess – Perspektiven der Mikroökonomie, Wiesbaden.

Wamser, C. (2001): Strategisches Electronic Commerce. Wettbewerbsvorteile auf elektronischen Märkten, München.

Wang, H.C./Fussell, S. R./Cosley, D. (2013): Machine Translation vs. Common Language: Effects on Idea Exchange in Cross-Lingual Groups, in: Proceedings of the 2013 conference on Computer supported cooperative work, ACM, S. 935-937.

Wannenwetsch, H. (2002): E-Logistik und E Business, Stuttgart.

Weber, W./ Kabst, R./ Baum, M. (2018): Einführung in die Betriebswirtschaftslehre, 10. Aufl., Wiesbaden.

Weiber, R. (1992): Diffusion von Telekommunikation, Wiesbaden.

Weiber, R./Egner-Duppich, C. (2006): Vertrauen bei Online Käufen: Ein transaktionsphasenbezogener Ansatz aus informationsökonomischer Sicht in: Bauer, H./ Neumann, M./Schüle, A. (Hrsg.): Konsumentenvertrauen: Konzepte und Anwendungen für ein nachhaltiges Kundenbindungsmanagement, München, S. 341-354.

Weiber, R./Jacob, F. (2000): Kundenbezogene Informationsgewinnung, in: Kleinaltenkamp, M./Plinke, W. (Hrsg.): Technischer Vertrieb – Grundlagen des Business-to-Business Marketing, 2. Aufl., Berlin, S. 523-612.

Weiber, R./Kollmann, T. (1997): Wettbewerbsvorteile auf virtuellen Märkten – Vom Marketplace zum Marketspace, in: Link, J./Brändli, D./Schleuning, Ch./Kehl, R. E. (Hrsg.): Handbuch Database Marketing, Ettlingen, S. 513-530.

Weiber, R./Kollmann, T. (1998): Competitive Advantages in Virtual Markets – Perspective of „Information-based-Marketing" in Cyberspace, in: EJM – European Journal of Marketing, Jg. 32, Nr. 7/8, S. 603-615.

Weiber, R./Meyer, J. (2005): Grundlagen des Community Marketing: Bezugsrahmen und empirische Prüfung des Virtual Community-Konzepts, in: Thexis, Sonderheft Community Marketing, Jg. 22, Nr. 3, S. 42-46.

Weiber, R./Mühlhaus, D./Egner-Duppich, C. (2007): Instrumente des E-Procurement, in: Das Wirtschaftsstudium, 11/2007, S. 1449-1454.

Weiber, R./Mühlhaus, D./Hörstrup, R. (2010): Auswahlentscheidungen bei heterogenen Angebotssets, in: Marketing ZFP, Jg. 32, Nr. 1, S. 7-18.

Weiber, R./Wolf, T. (2013): Word-of-Mouth-Marketing, in: WiSt – Wirtschaftswissenschaftliches Studium, Nr. 4, S. 210-212.

Weiber, R/Hörstrup, R. (2009): Von der Kundenintegration zur Anbieterintegration: Die Erweiterung anbieterseitiger Wertschöpfungsprozesse auf kundenseitige Nutzungsprozesse, in: Brun, M./Strauss, B. (Hrsg.): Kundenintegration, Wiesbaden, S. 281-312.

Weitzman, M. (1984): The Share Economy: Conquering Stagflation. Harvard Business Press, Cambridge.

Weller, T. C. (2000): BtoB eCommerce. The Rise of eMarketplaces. Equity Research, Legg Mason.

Wenzlaff, K./Pelzer, C./Eisfeld-Reschke, J. (2012): Crowdsourcing Report 2012: Neue Digitale Arbeitswelten, Berlin.

Werner, H. (2017): Supply Chain Management. Grundlagen, Strategien, Instrumente und Controlling, 6. Aufl., Wiesbaden.

Wiedmann, K.-P./Langner, S./Hennigs, N. (2011): Motive des Konsumentenengagements im Open-Source-Marketing, in: Kilian, T./Hass, B. H./Walsh, G. (Hrsg): Web 2.0 – Neue Perspektiven für Marketing und Medien, 2. Aufl., Heidelberg, , S. 201-215.

Wiese, H. (1990): Netzeffekte und Kompatibilität – ein theoretischer und simulationsgeleiteter Beitrag zur Absatzpolitik für Netzeffekt-Güter, Stuttgart.

Wildemann, H. (2001): Supply Chain Management mit E-Technologien, in: Zeitschrift für Betriebswirtschaft (ZfB), Ergänzungsheft 3, E-Business – Management mit E-Technologien, S. 1-20.

Wilson, A. (1994): Stimulating Referrals, in: Management Decision, Jg. 32, Nr. 7, S. 13-15.

Wirtz, B. W. (2003): Geschäftsmodelle in der Net Economy, in: Kollmann, T. (Hrsg.): E-Venture-Management – Neue Perspektiven der Unternehmensgründung in der Net Economy, Wiesbaden, S. 101-130.

Wirtz, B. W. (2008): Deutschland Online 5, Deutsche Telekom AG.

Wirtz, B. W. (2018): Electronic Business, 6. Aufl., Wiesbaden.

Wirtz, B. W./Eckert, U. (2001): Electronic Procurement – Einflüsse und Implikationen auf die Organisation der Beschaffung, in: Zeitschrift Führung und Organisation (ZFO), Jg. 70, Nr. 3, S. 151-158.

Wirtz, B. W./Vogt, P. (2003): E-Collaboration im B2B-Bereich, in: Büttgen, M./Lücke, F. (Hrsg.): Online-Kooperationen – Erfolg im E-Business durch strategische Partnerschaften, Wiesbaden, S. 265-284.

Wirtz, B. W./Werner, J. (1999): Management der Kundenzufriedenheit und der Kundenbindung – Ein Erfolgsfaktor im Rahmen der Unternehmensstrategie, in: Deutsche Bank – Unternehmer Spezial, Nr. 4, S. 24-28.

Wohlenberg, H./Krause, A. (2001): Branchentransformation durch E-Commerce, in: Egger, B./Hoppen G. (Hrsg.): Strategisches E-Commerce-Management. Erfolgsfaktoren für die Real Economy, Wiesbaden, S. 73-93.

Woitke, T. (2003): Web-Bugs – Nur lästiges Ungeziefer oder datenschutzrechtliche Bedrohung?, in: Multimedia und Recht, Jg. 6, Nr. 5, S. 310-314.

Yli-Huumo, J./Ko, D./Choi, S./Park, S./Smolander, K. (2016): Where Is Current Research on Blockchain Technology? – A Systematic Review. PLoS ONE, 11(10).

Zarrella, D. (2012): Das Social Media Marketing Buch, 2. Aufl., Köln.

Zelewski, S. (1997): Elektronische Märkte zur Prozesskoordinierung in Produktionsnetzwerken, in: Wirtschaftsinformatik, Jg. 39, Nr. 3, S. 231-243.

Zentes, J./Knörr, E. (2004): SRM – Ein innovativer Ansatz zur Evaluierung von Lieferanten, in: Zentes, J./Biesiada, H./Schramm-Klein, H. (Hrsg.): Performance Leadership im Handel, Frankfurt a. M., S. 191-225.

Zentes, J./Swoboda, B./Foscht, T. (2012): Handelsmanagement, 3. Aufl., München.

Zerdick, A./Picot, A./Schrape, K./Artopé, A./Goldhammer, K./Heger, D. K./Lange, U. T./Vierkant, E./López-Escobar, E./Silverstone, R. (2001): Die Internet-Ökonomie – Strategien für die digitale Wirtschaft, 3. Aufl., Berlin.

Zwißler, S. (2002): Electronic Commerce und Electronic Business, Heidelberg.

Begriffsdefinitionen

Die „**Digitale Wirtschaft**" bzw. „Net Economy" bezeichnet den wirtschaftlich genutzten Bereich von elektronischen Datennetzen (E-Business) und ist damit eine digitale Netzwerkökonomie, welche über verschiedene elektronische Plattformen die direkte oder indirekte Abwicklung oder Beeinflussung von Informations-, Kommunikations- und Transaktionsprozessen erlaubt.

„**E-Business**" ist die Nutzung von innovativen Informationstechnologien, um über den virtuellen Kontakt etwas zu verkaufen, Informationen anzubieten bzw. auszutauschen, dem Kunden eine umfassende Betreuung zu bieten und einen individuellen Kontakt mit den Marktteilnehmern zu ermöglichen.

Mit dem Begriff „**E-Commerce**" wird die Nutzung von stationären Computer-Endgeräten als Informationstechnologie bezeichnet, um über Informations-, Kommunikations- und Transaktionsprozesse zwischen den Netzteilnehmern reale oder elektronische Waren und Dienstleistungen anzubieten und abzusetzen, wobei der tatsächliche Verkauf im Mittelpunkt steht.

Unter „**E-Entrepreneurship**" wird die Schaffung einer selbstständigen und originären rechtlichen Wirtschaftseinheit in der Net Economy (E-Venture; Startup) verstanden, innerhalb der die selbständige(n) Gründerperson(en) mit einem spezifischen Online-Angebot (Produkt bzw. Dienstleistung) einen fremden Bedarf decken möchte(n).

Unter einem „**E-Startup**" bzw. „E-Venture" wird ein neu gegründetes und damit junges Unternehmen mit einer innovativen Geschäftsidee innerhalb der Net Economy verstanden, welches über eine elektronische Plattform in Datennetzen seine Produkte und/oder Dienstleistungen auf Basis einer rein elektronischen Wertschöpfung

Unter „**Online-Marketing**" wird die absatzpolitische Verwendung elektronisch vernetzter Informationstechnologien verstanden, um unter deren technischen Rahmenbedingungen, die Produkt-, Preis-, Vertriebs- und Kommunikationspolitik mit Hilfe der innovativen Möglichkeiten der Online-Kommunikation marktgerecht zu gestalten.

Unter dem „**Digital Leadership**" wird ein Führungsstil speziell für die Digitale Wirtschaft verstanden. Dieser besteht aus den Komponenten Digital Mindset (Wollen), Digital Skills (Können) und Digital Execution (Machen) und befähigt, digitale Prozesse, Produkte und Plattformen zu gestalten und die zugehörigen Mitarbeiter proaktiv und agil zu führen.

„**Digitale Transformation**" (auch „digitaler Wandel") bezeichnet einen fortlaufenden und tiefgreifenden Veränderungsprozess für Gesellschaft, Wirtschaft und Politik auf Basis digitaler Technologien, der Information, Kommunikation und Transaktion zwischen den hier jeweils beteiligten Akteuren elementar beeinflusst und zu einem neuen Verständnis und Verhalten in den gesellschaftlichen, wirtschaftlichen und politischen Lebensbereichen führt.

© Springer Fachmedien Wiesbaden GmbH, ein Teil von Springer Nature 2019
T. Kollmann, *E-Business kompakt*, https://doi.org/10.1007/978-3-658-26978-4

Autor

Univ.-Prof. Dr. Tobias Kollmann studierte an den Universitäten Bonn und Trier Volkswirtschaftslehre mit dem Schwerpunkt Marketing und wurde 1995 nach dem Abschluss zum Diplom-Volkswirt wissenschaftlicher Mitarbeiter am Lehrstuhl für Marketing von *Prof. Dr. Rolf Weiber*. Dort promovierte er 1997 mit Auszeichnung (summa cum laude) mit einer Arbeit zur Akzeptanz innovativer Telekommunikations- und Multimediasysteme. Bereits seit 1996 beschäftigt er sich aber auch wissenschaftlich mit Fragen des E-Business, E-Commerce und dem Phänomen der „virtuellen Marktplätze" und war damit einer der Pioniere auf diesem Gebiet.

Zwischen 1997 und 2001 arbeitete er in der Praxis und unterstützte dort insbesondere den Aufbau von virtuellen Marktplätzen im Rahmen der Aktivitäten der *Scout24-Holding*, Schweiz. Im Zuge dieser Tätigkeit war er auch einer der Gründungsgesellschafter der *Auto Scout24 GmbH*, der größten elektronischen Gebrauchtwagenbörse im europäischen Internet. 2001 veröffentlichte er das erste deutschsprachige Fachbuch zum Thema „Virtuelle Marktplätze". Im Oktober 2001 folgte er zunächst dem Ruf an die *Christian-Albrechts-Universität zu Kiel*, wo er Inhaber einer C4-Professur für E-Business wurde. Mit knapp 31 Jahren war er zu diesem Zeitpunkt der jüngste Professor auf diesem Gebiet in Deutschland und baute gerade nach dem Zusammenbruch des Neuen Marktes die Forschung und Lehre für die Digitale Wirtschaft in Deutschland maßgeblich mit auf. Seit April 2005 ist er Inhaber des Lehrstuhls für BWL und Wirtschaftsinformatik, insbesondere E-Business und E-Entrepreneurship an der *Universität Duisburg-Essen*, Campus Essen.

Innerhalb der Forschung konzentriert er sich insbesondere auf das Thema „E-Entrepreneurship" und damit auf alle Fragen rund um die Unternehmensgründung und -entwicklung in der Digitalen Wirtschaft. Neben zahlreichen internationalen TOP-Publikationen u.a. in amerikanischen A-Journalen, baute er auch das Grundgerüst für die Ausbildung im Bereich der Digitalen Wirtschaft in Deutschland auf. So hat er 2004 u.a. mit dem Werk „*E-Venture*" (ab 2006 in Folgeauflagen mit dem Titel „*E-Entrepreneurship*") das erste Lehrbuch nur für Unternehmensgründungen in der Digitalen Wirtschaft und 2005 das erste deutschsprachige *Lexikon zur Unternehmensgründung* verfasst. Das Magazin „*Mobile Business*" bezeichnete das Lehrbuch „*E-Entrepreneurship*" am 08.09.16 als „eines der wichtigsten deutschen Grundlagenwerke für Digitalunternehmen". Sein Lehrbuch „*E-Business*" ist ebenfalls seit 2004 das führende Standardwerk für die Vermittlung der Grundlagen von elektronischen Geschäftsprozessen und -modellen und an zahlreichen Hochschulen und Weiterbildungseinrichtungen im Einsatz. Aktuell ist es schon in der 7. Auflage verfügbar. Der Informationsdient „*media.valley*" schrieb schon am 26.02.2007, dass „das Buch für jeden Top-Manager eine notwendige Pflichtlektüre sei, um auch in Zukunft sein Unternehmen in der Digitalen Wirtschaft am Leben zu halten".

Neben seiner Forschung hat *Prof. Kollmann* aber auch Maßstäbe für die Förderung von universitären Ausgründungen durch Studenten der BWL, Wirtschaftsinformatik und Informatik gesetzt. Für sein besonderes Lehr- und Förderkonzept in diesem Bereich erhielt er im Jahre 2007 beim *UNESCO Entrepreneurship Award* „Entrepreneurial Thinking and Acting" einen Sonderpreis. In der Studie „Vom Studenten zum Unternehmer: Welche Universität bietet die besten Chancen? – Ranking 2007" wurde ferner festgestellt, dass im Hinblick auf die Anzahl aktiver Teilnahmen an einschlägigen Tagungen sowie der Publikationsleistung der Forscher er mit seiner *Universität Duisburg-Essen* den Spitzenplatz belegt. Laut dem Ranking der Zeitung „*Handelsblatt*" (2009) gehörte er ferner zudem zu den Top-10 % der Forscher in der deutschsprachigen Betriebswirtschaftslehre. Aufgrund des Lehrangebots von *Prof. Kollmann* wurde die *Universität Duisburg-Essen* vom Magazin „*iBusiness*" am 28.07.16 diesbezüglich als „Vorzeige-Campus für die digitale Ökonomie" in Deutschland bezeichnet, da längst nicht alle so deutlich auf die Digitale Wirtschaft ausgerichtet sind, wie sein Lehrstuhl an der *Universität Duisburg-Essen*. *Prof. Kollmann* ist Autor zahlreicher Fach- und Praxisbeiträge zu den Bereichen „Entrepreneurship", „E-Business" und „Akzeptanz/Marketing bei neuen Medien" in nationalen und internationalen Zeitschriften bzw. Sammelbänden. Er schreibt regelmäßige eine vielbeachtete Kolumne auf *manager-magazin.de* sowie der *huffingtonpost.de* zum Thema „Digitalisierung". Die Bandbreite der Inhalte geht dabei von konkreten Tipps für digitale Gründer, über Hinweise an etablierte Unternehmen für ihre digitale Transformation bis hin zu Forderungen an die Politik für ein Deutschland 4.0 und die zugehörigen Rahmenbedingungen. Eine Auswahl der spannendsten Kolumnen hat er in dem Werk „*Digitale Meinungsmache*" zusammengeführt (*www.digitale-meinungsmache.de*). Von der Bundestagswahl 2002 bis hin zum Digital Leadership 2018 findet jeder Leser wertvolle Anregung für die eigene Digitale Transformation. Er ist zudem Verfasser mehrerer Bücher in diesem Bereich. Neben zahlreichen Vorträgen auf Kongressen und Seminaren war er auch Inhaber eines Lehrauftrags an der *Universität Köln* für E-Business.

Er ist Herausgeber bzw. Gutachter für nationale und internationale Zeitschriften im E-Business-Bereich und war Mitglied der Jury zum *Deutschen Multimedia Award* 2002 und 2003. Auch beim Wettbewerb „Startup des Jahres" der Internetplattform *„deutsche-start ups.de"* ist er seit Jahren ein Mitglied der Jury. Ebenso beim Gründerwettbewerb „Neumacher" der *Wirtschaftswoche* und zahlreicher anderer Wettbewerbe und Veranstaltungen. 2014 ist er Gutachter für das *Horizon 2020-Programm* der Europäischen Kommission für DG Communication Networks, Content and Technology. Er ist einer der Herausgeber der Schriftenreihe „Entrepreneurship" im *Springer Gabler-Verlag* und gehört auch zum Coaching-Netzwerk vom Gründer-Wettbewerb „Mit Multimedia erfolgreich starten" des *Bundesministeriums für Wirtschaft und Energie* (BMWi), für das er auch seit vielen Jahren als Sachverständiger im Beirat des *EXIST-Förderprogramms* tätig ist. Für das *BMWi* und das Land NRW organisierte er 2012 zudem den 1. Startup-Battle, ein Pitching für Unternehmensgründer der IKT-Branche im Rahmen des bundesweiten IT-Gipfels in Essen.

Während des „Wissenschaftsjahres 2014 – Die digitale Wirtschaft" war er verantwortlich für den „E-Entrepreneurship Flying Circus" (#EEFC14), einer bundesweiten Bustour über 2.000 km an die Hochschulen in Köln, Hamburg, Berlin, Dresden, Nürnberg und Stuttgart zur Förderung der Gründerausbildung für die Digitale Wirtschaft. Mit über 60 teilnehmenden Persönlichkeiten aus Politik, Wirtschaft, Hochschule und Startup-Szene war der *E-Entrepreneurship Flying Circus* damit die erste und größte Impulsserie dieser Art in Deutschland. Teilnehmer waren u.a. *Brigitte Zypries* – Bundeswirtschaftsministerin, *Thomas Jarzombek* – MdB/CDU, *Lars Klingbeil* – MdB/SPD, *Lars Hinrichs* – Gründer von XING, *Tim Schumacher* – Gründer von Sedo, *Stephan Uhrenbacher* – Gründer von Qype, *Ulrich Dietz* – Präsidiumsmitglied beim *BITKOM*. Von 2005 bis 2008 war *Prof. Kollmann* ferner Mitglied im Präsidium des *„Förderkreis Gründungs-Forschung e. V.* (FGF)" und hier zuständig für die wissenschaftliche Nachwuchsförderung. 2012 wurde sein Thesenpapier „IKT.Gründungen@Deutschland – Essener Thesen zum E-Entrepreneurship" ein in der Politik viel beachteter Impuls zur Verbesserung der Rahmenbedingungen für IKT-Gründer, der u. a. mit einer persönlichen Einladung von Bundeskanzlerin *Angela Merkel* ins Kanzleramt gewürdigt wurde. Im gleichen Jahr war er ferner einer der Initiatoren und ein Gründungsmitglied vom *Bundesverband Deutsche Startups e.V.* und wurde zudem von dessen Vorstand in den ersten Beirat des Verbandes berufen. Dieser Bundesverband ist heute die zentrale politische Stimme der Startups in Deutschland.

2013 berief der Bundesminister für Wirtschaft und Technologie, *Philipp Rösler*, ihn als Kernmitglied in seinen 24-köpfigen Beirat „Junge Digitale Wirtschaft" (BJDW) beim BMWi. Dieser Beirat berät den Bundeswirtschaftsminister in allen wichtigen Fragen der digitalen Wirtschaft. Am 22. April 2013 wird er zum Vorsitzenden dieses Gremiums gewählt und übernimmt damit die Rolle eines wichtigen Mittlers zwischen der Politik und der Digitalen Wirtschaft in Deutschland. Die Ergebnisse der Beiratsarbeit münden nicht nur in ein viel beachtetes Vorschlagspapier, sondern werden unter seiner Führung auch ein wichtiger Bestandteil des aktuellen Koalitionsvertrags. Am 5. März 2014 wurde er im

Rahmen der ersten Sitzung nach der letzten Bundestagswahl unter der Leitung des ehemaligen Bundeswirtschaftsministers *Sigmar Gabriel* als Vorsitzender des Beirats bestätigt und von den Mitgliedern wiedergewählt. Auch für eine dritte Amtszeit als Vorsitzender des BJDW wurde er am 16. Juni 2015 erneut einstimmig gewählt. In diese laufende Periode fällt auch der Start einer Kooperation mit dem „Conseil national du numérique", dem Beirat im französischen Wirtschaftsministerium und damit die Internationalisierung der Gremiumsarbeit.

Am 27.10.2015 überreichte er vor diesem Hintergrund auf der französisch-deutschen Konferenz zur Digitalen Wirtschaft nach einer Rede im Élysée-Palast zusammen mit Benoît Thieulin, dem Vorsitzenden des französischen „Nationalrat für Digitales" (Conseil national du numérique, CNNum), den Aktionsplan für Innovation (API) „Digitale Innovation und Digitale Transformation in Europa" an den damaligen Bundeswirtschaftsminister *Sigmar Gabriel* und an Präsident *Emmanuel Macron*, damals noch Frankreichs Minister für Wirtschaft, Industrie und Digitales. Enthalten sind 15 Vorschläge zur Stärkung einer international wettbewerbsfähigen europäischen Digitalwirtschaft. Zentrale Themen sind die Ausbildung und Förderung von digitalen Kompetenzen, der Aufbau eines europäischen Ökosystems für digitale Startups, die Finanzierung von digitalen Innnovationen, die Etablierung eines Digitalen Binnenmarktes und die digitale Transformation der europäischen Wirtschaft. Am 25.04.2016 besuchte er zusammen mit *Mounir Mahjoubi*, dem damaligen Vorsitzenden des *Conseil national du numérique* (CNNum) in Brüssel den Vice-Commissioner *Andrus Ansip* und am 27.04.2016 den Commissioner für Digitale Wirtschaft und Gesellschaft *Günther Oettinger*, um über die weitere Entwicklung des Digitalen Binnenmarktes zu sprechen. Auf seine Initiative hin soll ein europäischer Beirat für die (junge) Digitale Wirtschaft gegründet werden, der sich aus Vertretern der einzelnen Beiräte aus den jeweiligen EU-Ländern zusammensetzen soll. Am 07. Juli 2016 wurde er einstimmig als Vorsitzender des BJDW für eine vierte und am 06. Juni 2017 für eine fünfte Amtszeit wiedergewählt.

Am 13. Dezember 2016 überreichte er zusammen mit dem Vorsitzenden des französischen CNNum das gemeinsame Maßnahmenpapier „Digitalisierung ist eine Grundfrage für Europa!" an den damaligen Bundeswirtschaftsminister *Sigmar Gabriel* und seinen französischen Amtskollegen *Michel Sapin* in Berlin im Rahmen der zweiten dt.-fr. Digitalkonferenz. Der Maßnahmenkatalog enthält sechs konkrete Vorschläge für den gemeinsamen digitalen Binnenmarkt in Europa zu den Themen europäische Standards für Datensicherheit, einheitliche Regelungen zur Datennutzung, Unterstützung der Internationalisierung von Start-ups, Aufbau europäischer Hubs für Industrie 4.0 und Internet of Things, Forschung und Förderung zum Bereich Künstliche Intelligenz sowie Harmonisierung der europäischen Steuersysteme für Digitalunternehmen. Die Redaktion von *politik & kommunikation* (Ausgabe 117/2016) zählt ihn zu den bedeutendsten Akteuren der Digitalisierung im politischen Berlin.

Im März 2014 wurde er vom Wirtschaftsminister des Landes Nordrhein-Westfalen, *Garrelt Duin*, zum Beauftragten für die Digitale Wirtschaft in NRW ernannt. In dieser Funktion soll er als direkter Ansprechpartner die Brücke zwischen Gründern, Wissenschaft,

Kapital und Industrie schlagen und eine Strategie für die Digitale Wirtschaft als Quer-
schnittsbranche aus Internetwirtschaft, Informations- und Kommunikationswirtschaft in
bzw. für NRW entwickeln. Am 19.06.2015 stellte er zusammen mit dem NRW-Wirt-
schaftsminister eben diese Strategie unter dem Titel „Köpfe, Kapital und Kooperation von
und für Startups, Mittelstand sowie Industrie für digitale Geschäftsprozesse und -modelle"
mit dem zugehörigen Maßnahmenpaket im Umfang von 42 Mio. Euro aus dem Landes-
haushalt für die Digitale Wirtschaft in NRW vor. Über die zugehörigen Hebelwirkungen
einer Co-Finanzierung von Antragsstellern hat das DWNRW-Programm einen Gesamtumfang von 142 Mio. Euro. Im Mittelpunkt stehen die sog. *DWNRW-Hubs*, bei denen in
sechs NRW-Städten zentrale Anlaufpunkte für die Region entstehen, die als Drehscheibe
für Digitalprojekte zwischen Startups, Mittelstand und Industrie fungieren werden. Am
08. Juli 2016 stellte er zusammen mit Wirtschaftsminister *Garrelt Duin* die Gewinner des
zugehörigen Landeswettbewerbs vor: Aachen, Bonn, Düsseldorf, Essen/Ruhrgebiet, Köln
und Münster. Das Magazin „*IT-ZOOM*" bezeichnete daraufhin NRW am 12. Juli 2016 als
„politischen Vorreiter der Digitalisierung". Im Ergebnis zeigte eine Studie vom Institut
der deutschen Wirtschaft aus Köln, welche am 3. April 2017 vorgestellt wurde, dass diese
Strategie mit den zugehörigen Maßnahmen nach nur drei Jahren schon über 1.000 neue
Startups für die Digitale Wirtschaft in NRW hervorgebracht hat, der Digitalisierungsgrad
im NRW-Mittelstand über dem Bundesdurchschnitt lag und sich die Industrie-Unterneh-
men aus NRW im Digitalisierungsindex vor ihrer Konkurrenz aus dem übrigen Bundes-
gebiet positionieren konnten. Das Engagement von *Prof. Kollmann* als Landesbeauftragter
endete mit dem Regierungswechsel in NRW im Jahr 2017. Politisch aktiv blieb er aber,
denn auch der nachfolgende Bundeswirtschaftsministers *Peter Altmaier* berief ihn 2018
erneut in den Beirat für Junge Digitale Wirtschaft im BMWi, welcher ihn am 30.08.18
wieder einstimmig zum Vorsitzenden wählte. Zuletzt machte der Beirat über seine Empfehlungen zu der KI-Strategie der Bundesregierung und der Forderung nach einer „*Deutschen Stiftung für Digitale Innovationen*" auf sich aufmerksam.

Neben seiner Forschungs- und Lehrtätigkeit war er zudem von 2001 bis 2015 der Inhaber
und Geschäftsführer der *netSTART Venture GmbH* in Köln, einem Beratungs- und Betei-
ligungsunternehmen für Startups, Mittelstand und Industrie rund um Fragen von elektronischen Geschäftsprozessen und -modellen. Als Business Angel finanzierte er über dieses
Unternehmen in den letzten 15 Jahren auch zahlreiche Startups der Digitalen Wirtschaft,
wofür er 2005 vom *Business Angels Netzwerk Deutschland e.V.* in den „BAND Heaven
of Fame" aufgenommen und 2012 sogar zum „*Business Angel des Jahres*" gewählt wurde.
2015 verkaufte er erfolgreich die *netSTART Venture GmbH* im Rahmen eines Exits an die
Mountain Partners Holding aus der Schweiz. Im gleichen Jahr wurde er vor diesem Hintergrund sowohl in den Verwaltungsrat der *Mountain Partners AG* als auch in den Aufsichtsrat des MDAX-Unternehmens *Klöckner & Co SE* aus Duisburg berufen. Seit 2018
ist er Inhaber und Geschäftsführer der *netSTART GmbH* in Köln. Gegenstand des Unternehmens ist der Aufbau und Betrieb eines umfassenden Aus- und Weiterbildungssystems
inkl. Vortrags- und Beratungsleistungen rund um das Thema Digitalisierung (*www.net
start-academy.de*). Dazu zählen sowohl Online-Kurse als auch Zertifikatskurse zum *E-
Business-Manager* und *E-Business-Leader* in Kooperation mit der Universität Duisburg-
Essen.

Im Rahmen seiner zahlreichen Praxisprojekte konnte er 2004 als Initiator und Projektleiter zusammen mit *T-Mobile* und *Motorola* die erste mobile Applikation in Form des ersten UMTS-Eventportals in Deutschland zur *Kieler Woche* realisieren. Er ist damit einer der Pioniere der mobilen Apps und ein Sprecher von *Apple* würdigte ihn zum 10-jährigen Jubiläum 2014 mit den Worten „Seine Applikation kannten wir auch, als erste deutsche Vorstufe heutiger Apps". 2006 erfand er zudem mit der *Virtual Kicker League* ein Multiplayer-Spiel, bei dem die Fans der Fußball-Bundesligavereine gegeneinander antreten und das reale Ligageschehen über einen Online-Kicker begleiten können. Rund 150.000 Fußball-Fans nutzen diese Gelegenheit, um die virtuelle Kicker-Meisterschaft für ihre Vereine auszuspielen. Insgesamt konnte er darüber hinaus schon zahlreiche Unternehmen vom Konzern bis zum KMU umfassend und kompetent in allen Fragen rund um das E-Business (Internet), M-Business (Mobile) und T-Business (Interaktives Fernsehen) beraten und somit seine Mandanten und Kunden fit für die Zukunft der elektronischen Geschäftsmodelle und -prozesse in der Digitalen Wirtschaft machen.

Laut dem Magazin „*Business Punk*" (Ausgabe 02/2014) gehört *Prof. Kollmann* zu den 50 wichtigsten Köpfen der Startup-Szene in Deutschland. Er ist zudem ein gefragter Speaker und Moderator für Veranstaltungen rund um die Themen „Digitale Wirtschaft", „Digitale Transformation" und „Digitale Innovationen" für Konzerne und KMUs, Verlage, Banken, Bildungseinrichtungen und Hochschulen, Interessensvertretungen und politischen Parteien bzw. Organisationen, Messen und Seminarveranstaltern, Berufsverbänden, Clubs, Kundenversammlungen, Initiativkreisen, Medienunternehmen usw. Er war und ist einer der führenden Experten für die Digitale Wirtschaft in Deutschland und hat als Forscher, Ausbilder, Berater, Entwickler, Investor aber auch als politischer Vordenker, einen wesentlichen Teil für deren Entwicklung in unserem Land beigetragen. Im September 2016 veröffentlichte er vor diesem Hintergrund zusammen mit *Dr. Holger Schmidt*, dem Internet-Chefkorrespondent des Magazins *FOCUS*, den Bestseller „*Deutschland 4.0*". Dieses Buch zeigt, wie die Digitale Transformation für Gesellschaft, Wirtschaft und Politik für unser Land gelingt. Brandwatch zählt *Prof. Kollmann* im November 2017 zu den TOP-10 der einflussreichsten Twitter-Autoren rund um das Thema „Digitale Transformation" und „Digital Leadership". Seit 2018 gehört er laut der *FAZ* zu den 100 einflussreichsten Ökonomen in Deutschland und hat „Gewicht in Medien, Forschung und Politik". 2019 wurde er in den Aufsichtsrat der COMECO GmbH & Co. KG, einem FinTech-Spin-off der Sparda Banken, berufen und zum stellvertretenden Vorsitzenden gewählt.

Forschung und Lehre: www.netcampus.de
Transfer und Vorträge: www.netstart.de
Weiterbildung: www.netstart-academy.de

LEHRBUCH

Tobias Kollmann

E-Business

Grundlagen elektronischer Geschäftsprozesse in der Digitalen Wirtschaft

7. Auflage

EXTRAS ONLINE

Springer Gabler